TRANSMISSÃO CONTRATUAL DO DIREITO DE CRÉDITO

Do carácter real do direito de crédito

MARIA DE ASSUNÇÃO OLIVEIRA CRISTAS

DOUTORA EM DIREITO
PROFESSORA DA FACULDADE DE DIREITO DA UNIVERSIDADE NOVA DE LISBOA

TRANSMISSÃO CONTRATUAL DO DIREITO DE CRÉDITO

Do carácter real do direito de crédito

Dissertação de Doutoramento em Direito Privado na Faculdade de Direito da Universidade Nova de Lisboa

ALMEDINA
1955-2005

TRANSMISSÃO CONTRATUAL DO DIREITO DE CRÉDITO
Do carácter real do direito de crédito

AUTOR
MARIA DE ASSUNÇÃO OLIVEIRA CRISTAS

EDITOR
EDIÇÕES ALMEDINA, SA
Rua da Estrela, n.° 6
3000-161 Coimbra
Tel.: 239 851 904
Fax: 239 851 901
www.almedina.net
editora@almedina.net

EXECUÇÃO GRÁFICA
G.C. – GRÁFICA DE COIMBRA, LDA.
Palheira – Assafarge
3001-453 Coimbra
producao@graficadecoimbra.pt

Julho, 2005

DEPÓSITO LEGAL
230266/05

Toda a reprodução desta obra, por fotocópia ou outro qualquer processo,
sem prévia autorização escrita do Editor,
é ilícita e passível de procedimento judicial contra o infractor.

Ao Tiago e aos nossos queridos filhos,
a pensar neles escrevi esta tese

Nenhum poder ordena/em papel de prata essa dança inquieta. Os versos são do poeta e amigo José Tolentino Mendonça e ocorreram-me quando, neste momento de contar o percurso do trabalho que agora se publica, me apercebo da quantidade de pessoas, sítios, estórias, momentos, segredos, que os anos de preparação de uma dissertação trazem consigo. Todos esses fragmentos acompanham a própria inquietude que é a concepção e redacção de uma tese e, no momento de ordená-los, sinto-me verdadeiramente incapaz de o fazer. Apetece-me agradecer ao mundo inteiro e dizer apenas que, mais do que um trabalho, uma dissertação é uma experiência de profundo conhecimento de si próprio e da natureza humana. Por isso me sinto feliz. É um trabalho solitário, mas, ao contrário do que se possa pensar, não é algo que se consiga fazer sozinho. Os recados, por vezes imperceptivelmente deixados por tantos, são essenciais neste percurso. Por todos eles, muito obrigada.

Agora que acabou – e só verdadeiramente agora acaba –, agora que a vida deixa de estar entre parêntesis, não posso, no entanto, deixar de agradecer em particular a algumas pessoas e instituições.

O texto que se publica corresponde, sem actualizações, à dissertação para doutoramento apresentada na Faculdade de Direito da Universidade Nova de Lisboa em Março de 2004 e discutida em Janeiro de 2005 perante um júri composto pelos Senhores Professores Doutores António Manuel Hespanha (presidente), José de Oliveira Ascensão, Diogo Freitas do Amaral, José Lebre de Freitas (arguente), João Calvão da Silva (arguente), Carlos Ferreira de Almeida, Rui Pinto Duarte e pela Senhora Professora Doutora Ana Prata. A todos, e em especial aos arguentes, o meu sincero agradecimento. Ao Senhor Professor Rui Pinto Duarte ainda um especial agradecimento pelos preciosos conselhos em fase importante da preparação da dissertação.

"Rigor, eficácia, paciência e ânimo!" foram palavras que o Senhor Professor Carlos Ferreira de Almeida, meu orientador, me enviou numa mensagem de correio electrónico, em Novembro de 2000. Representam a sua presença constante, a sua dedicação e acompanhamento inexcedíveis, o seu entusiasmo permanente, o seu desejo de qualidade, a sua extrema generosidade e a sua alegria com o sucesso dos outros. Transcrevê-las aqui é, para mim, o maior agradecimento que lhe posso dirigir. Jamais as esquecerei; se as tive presentes durante todo o período de preparação da dissertação, sei que, como tantas outras coisas que me disse, me acompanharão ao longo da vida. A sua orientação e o seu exemplo não terminam com o fim deste trabalho.

Pertenço ao primeiro curso do Programa de Doutoramento da Faculdade de Direito da Universidade Nova de Lisboa, iniciado em Novembro de 1997. Sem este programa e sem o apoio constante que a Faculdade demonstrou, não teria sido possível a uma então recém licenciada iniciar este caminho. Agradeço por isso à Faculdade e em especial aos Senhores Professores Diogo Freitas do Amaral e Carlos Ferreira de Almeida, que então nos receberam. Agradeço-lhes por não terem tido receio em apostar num desafio novo e em pessoas novas, a quem transmitiram tanto entusiasmo, por terem criado um curso, que me permitiu olhar para a Mariana, a Sofia, o Tiago ou o Vitor como verdadeiros colegas.

Entre Novembro de 1999 e Abril de 2002, a maior parte do tempo da investigação e redacção da dissertação, fui bolseira da Fundação para a Ciência e a Tecnologia, a quem agradeço todo o apoio concedido. Tal apoio permitiu-me não só desenvolver o meu trabalho, serenamente, em exclusividade, em Portugal, como passar um período de três meses em Hamburgo (Fevereiro a Abril de 2000), no *Max-Planck-Institut für ausländisches- und internationales Privatrecht*, a quem agradeço todo o apoio dado, e fazer deslocações mais ou menos prolongadas a alguns centros importantes de investigação em Roma, Londres, Nova Iorque e Madrid.

Nessas deslocações, tive a oportunidade de contactar com alguns professores, que tiveram a generosidade de me receber e discutir comigo o tema do meu estudo, quer nas perspectivas dos respectivos ordenamentos, quer numa vertente comparatista. Agradeço, pois, aos Senhores Professores Ulrich Drobnig e Hein Kötz, do *Max-Planck-Institut für ausländisches- und internationales Privatrecht* (Hamburgo), ao Senhor Professor Roy Goode, do St. John's College (Oxford) e ao Senhor Professor Joachim Bonell, do Unidroit – Instituto Internacional para a Unificação do Direito Privado (Roma). Destes contactos colhi importantes contributos para a formação do meu pensamento.

Acompanharam-me diariamente neste trajecto dois amigos que quero referir especialmente e a quem agradeço do fundo do coração: o Duarte Bué Alves e a Mariana França Gouveia. Conheci o Duarte na Faculdade de Direito da Universidade de Lisboa, onde fomos colegas e nos tornámos amigos para sempre. À parte de tudo o resto, que não interessa aqui relatar, não posso deixar de referir que foi a única pessoa, para além do meu orientador, que leu todas as linhas desta dissertação antes da mesma ser entregue. A Mariana também foi colega de licenciatura, mas verdadeiramente só a conheci no curso de doutoramento. O seu empenho, ânimo e pragmatismo, durante todo o período de preparação das nossas dissertações, foi um exemplo e um motor para chegar ao fim. Para além da admiração, nasceu uma profunda amizade. Devo ainda referir a Andreia Sofia Pinto Oliveira. Embora geograficamente mais distante, foi presença pronta e amiga nos momentos mais difíceis e também nos mais alegres. Uma verdadeira amizade, para a vida, nascida do curso de doutoramento.

Importa agradecer a toda a minha família. E quando penso nela penso numa família alargada, com pais e irmãos e sogros e cunhados. Todos desempenharam um papel imprescindível ao longo deste tempo. Um agradecimento especial é devido aos meus pais, cujo esforço e determinação ao longo da vida sempre me serviram de exemplo. Agradeço-lhes ainda a ajuda inexcedível na criação dos netos, sem a qual seria tão mais difícil, neste tempo, terminar a dissertação.

Por fim, agradeço ao Tiago toda a paciência e dedicação nestes anos. Conto com frequência que, quando comecei o programa de doutoramento e uns meses depois nos casámos, estávamos os dois convencidos que só iríamos ter filhos depois de eu acabar a tese. Como estávamos enganados! A Maria do Mar nasceu em 2001 e o José Maria em 2003. A tese foi o meu "terceiro filho". É certo que tudo mudou, mas longe de serem uma dificuldade, foram um estímulo adicional para acelerar os trabalhos. Enquanto esperava a Maria do Mar, fiz a generalidade das deslocações ao estrangeiro. Enquanto esperava o José Maria, e nos primeiros meses da sua vida, terminei a dissertação. Com a graça de Deus, tive a alegria de discutir a dissertação à espera do nosso terceiro filho, que ainda vem a caminho!

Lisboa, Março de 2005

Ia e vinha
E a cada coisa perguntava
Que nome tinha

SOPHIA DE MELLO BREYNER

É absolutamente desnecessário que uma coisa seja estética
para ser esteticamente estudada.

FERNANDO PESSOA

MODO DE CITAR E OUTRAS CONVENÇÕES

– As citações são feitas com indicação de autor, título completo, data e página, aparecendo a citação completa na bibliografia final. Nas obras com três ou mais autores é citado no texto apenas o primeiro, contendo a indicação "*et al*". No caso de citações de comentários ao código civil alemão ou ao código civil austríaco, em vez de se referir a página, segue-se o modo de citação indicado na obra, no que respeita ao artigo comentado e ao parágrafo. Quando a obra corresponde a uma reimpressão é feita essa indicação.

– Dentro de cada nota de pé de página, e no que se refira ao mesmo aspecto, o rol de citações está tendencialmente ordenado cronologicamente, do mais antigo para o mais recente. Por vezes, quando se trata de reimpressão, a ordenação é feita tendo em conta a data da edição reimpressa. Idêntico critério é adoptado quando estejam em causa edições mais recentes da mesma obra: para efeito de ordenação tem-se em conta, em princípio, a data da edição mais antiga.

– A citação de acórdãos não publicados é feita pela indicação do tribunal, data e n.º de processo.

– Os preceitos legais sem outra indicação além do n.º do artigo pertencem ao código civil português vigente, excepto se do contexto resultar que se está a tratar de outro direito, pertencendo então ao código civil correspondente.

– As citações, ainda que de textos em língua estrangeira, são feitas em português, excepto quando se considerar mais conveniente, dada a expressividade intransponível da língua original, citar nessa língua.

– No texto escreve-se "artigo" por extenso, exceptuando quando aparece apenas a referência entre parêntesis, caso em que se escreve abreviadamente (art.). Também em nota de pé de página se escreve artigo abreviadamente (art.).

ABREVIATURAS

A-A L.Rev.	Anglo-American Law Review
ABGB	Allgemeines Bürgerliches Gesetzbuch (código civil austríaco)
Ac	Acórdão
AcP	Archiv für Civilistische Praxis
ADC	Anuario de Derecho Civil
All ER	All English Reports
BB	Betriebs-Berater
BFD	Boletim da Faculdade de Direito (Universidade de Coimbra)
BGB	Bürgerliches Gesetzbuch (código civil alemão)
BGH	Bundesgerichtshof
BGHZ	Entscheidungen des Bundesgerichtshofes in Zivilsachen
BMJ	Boletim do Ministério da Justiça
BBTC	Banca, Borsa e Titoli di Credito
C.A.	Court of Appeal
CadMVM	Cadernos do Mercado de Valores Mobiliários
CC	Código civil português
CCom	Código comercial português
CIRE	Código da insolvência e recuperação de empresas (projecto)
CJ	Colectânea de Jurisprudência
CJSTJ	Colectânea de Jurisprudência do Supremo Tribunal de Justiça
CLJ	The Cambridge Law Journal
CódMVM	Código do mercado dos valores mobiliários
Cont. impr.	Contratto e Impresa
CPC	Código de processo civil
CPEREF	Código dos processos especiais de recuperação da empresa e de falência

CRM	Código de registo de bens móveis
CRPr	Código de registo predial
CSC	Código das sociedades comerciais
CVM	Código dos valores mobiliários
D.	Recueil Dalloz Sirey
DB	Der Betrieb
Digesto civ.	Digesto delle Discipline Privatistiche Sezione Civile
Digesto comm.	Digesto delle Discipline Privatistiche Sezione Commerciale
Dir. del comm. internaz.	Diritto del Commercio Internazionale
Dir. econ.	Il Diritto dell'Economia
Dir. fall.	Il Diritto Fallimentare e delle Società Commerciali
DJ	Direito e Justiça
DL	Decreto-Lei
Enc. dir.	Enciclopedia del Diritto
ER	English Reports
FS	Festschrift
Galileu RED	Galileu Revista de Economia e Direito
Giur. comm.	Giurisprudenza commerciale
Giur. it.	Giurisprudenza italiana
J.B.L.	Journal of Business Law
J.Cl.Civ.	Juris-Classeur Civil
J.C.P.	Juris Classeur Périodique
JA	Juristische Arbeitsblätter
JR	Juristische Rundschau
JT	Journaux des Tribunaux
JZ	Juristenzeitung
JuS	Juristische Schulung
KB	King's Bench
L.Q.R.	The Law Quarterly Review
LULL	Lei uniforme relativa a letras e livranças
LUC	Lei uniforme relativa ao cheque
MDR	Monatschrift für Deutsches Recht
NBW	Nieuw Nederlands Burgerlijk Wetboek (código civil holandês)
NJW	Neue Juristische Wochenschrift
Nss.DI	Novissimo digesto italiano

Abreviaturas 17

Nuove leggi civ.comm.	Le Nuove Leggi Civile Commentate
N.Y.U.L.Rev.	New York University Law Review
O.J.L.S.	Oxford Journal of Legal Studies
OR	Schweiz Obligationenrecht (código das obrigações suíço)
PEB	Permanent Editorial Board for the Uniform Commercial Code
QB/Q.B.D.	Queen's Bench Division
Quadrimestre	Quadrimestre Rivista di Diritto Privato
RB	Revista da Banca
RassDC	Rassegna di Diritto Civile
RDCiv	Rivista di Diritto Civile
RDE	Revista de Direito e Economia
RDES	Revista de Direito e de Estudos Sociais
RDN	Revista de Derecho Notarial
Rev.Trim.Droit Civil	Revue Trimestrielle de Droit Civil
RFDUL	Revista da Faculdade de Direito da Universidade de Lisboa
RMP	Revista do Ministério Público
Riv. dir. imp.	Rivista di Diritto dell'Impresa
Riv. it. leasing	Rivista Italiana del Leasing
RJ	Revista Jurídica
RLJ	Revista de Legislação e Jurisprudência
ROA	Revista da Ordem dos Advogados
RP	Tribunal da Relação do Porto
RTDPC	Rivista trimestrale di diritto e di procedura civile
SI	Scientia Iuridica
STJ	Supremo Tribunal de Justiça
UCC	Uniform Commercial Code
U.of Pa.L.Rev.	University of Pennsylvania Law Review
Virginia L.Rev.	Virginia Law Review
WM	Zeitschrift für Wirtschaft und Bankrecht, Wertpapiermitteilungen
W.L.R.	Weekly Law Reports
ZHR	Zeitschrift für das gesamte Handels- und Wirtschaftsrecht

INTRODUÇÃO

I. O direito de crédito é um elemento essencial na dinamização da economia[1], em função das múltiplas formas em que se constitui como matéria-prima para a montagem de operações mais ou menos complexas de financiamento, frequentemente alicerçadas na sua transmissão[2]. Basta pensarmos na cessão financeira (*factoring*) em diversas modalidades, na utilização da cessão de créditos em garantia ou na titularização de créditos.

Liberto das restrições impostas pelo carácter eminentemente pessoal da relação obrigacional, herdado do direito romano[3] e que marcou indelevelmente os direitos continentais e anglo-saxónicos[4], o direito de crédito ganhou foros de cidade, sendo um sinal paradigmático de uma interdisciplinaridade a que o direito não se pode furtar. Para além de poder ser analisado como um direito subjectivo relativo, o direito de crédito passou a poder ser encarado como um activo patrimonial susceptível de ser trans-

---

[1] Muitos autores norte-americanos enfatizam este aspecto, citando MacLeod (*Principles of Economical Philosophy* – Vol. I, 1872, p. 481) quando afirma que quem fez a descoberta que mais profundamente afectou as riquezas da raça humana foi o homem que primeiro descobriu que o direito de crédito é um bem susceptível de ser vendido. Veja-se, por exemplo, Fuller e Braucher, *Basic Contract Law*, 1964, p. 493, que, precisamente, abrem com esta citação o capítulo dedicado à cessão de créditos, ou Farnsworth, *Contracts*, 1990, p. 780, nota 1.

[2] Fuller e Eisenberg, *Basic Contract Law*, 1996, pp. 822 e 823, realçam este aspecto, explicando que a flexibilidade dos processos económicos que resultam da disponibilidade do crédito é aumentada quando é possível vender créditos pecuniários. Já Ascarelli, *Teoria Geral dos Títulos de Crédito*, 1943, afirmava que a economia moderna é uma economia creditória, essencialmente baseada no crédito (p.10) e que o recurso ao crédito em grande escala exige a possibilidade de circulação do mesmo (p.12).

[3] Que obrigou a buscar soluções aptas, embora imperfeitas, a transmitir um direito de crédito sem ofender esse carácter pessoal. Veja-se Kaser, *Direito Privado Romano*, 1999, pp. 304 e 305.

[4] Nos primeiros, o código civil francês foi pioneiro a excluir a intervenção do devedor na cessão de créditos, nos segundos, o *Judicature Act* de 1873 admitiu a cessão de créditos *in law* até aí apenas possível *in equity*.

mitido com alguma facilidade, uma vez que a sua transmissão não depende nem da intervenção nem do consentimento do devedor. Sem prejuízo das especificidades próprias da cessão de créditos quer no seu regime geral quer nos regimes particulares, há um aspecto comum aos casos de transmissão de créditos: o direito de crédito é visto e tratado como um bem com valor económico transaccionável.

II. É esta a faceta do direito de crédito tratada na presente dissertação: o direito de crédito enquanto objecto de um contrato destinado a obter a sua transmissão[5]. E é precisamente este o enfoque escolhido. Não se estuda a vasta matéria da cessão de créditos, mas apenas o seu problema central: a transmissão do direito de crédito.

Trata-se de um aspecto pouco aprofundado pela doutrina portuguesa, não obstante a sua grande importância, quer do ponto de vista teórico, quer do ponto de vista da aplicabilidade prática. É essencial, para uma correcta compreensão da cessão de créditos e do seu hábil manejo prático, perceber, rigorosamente, como se transmite o direito de crédito e a razão desse mecanismo de transmissão.

Quando afirmo que o tema escolhido é a transmissão do direito de crédito, poderia escrever que o tema é a eficácia "transmissiva" do contrato e/ou de outros actos destinados a transmitir os direitos de crédito, ou seja, é o estudo do aspecto "transmissivo" do instituto da cessão de créditos. Por isso, o título desta dissertação não é "cessão de créditos", mas "transmissão contratual do direito de crédito". Com esta escolha não pretendo indiciar que também vai ser estudada, por exemplo, a sub-rogação pelo credor, mas apenas frisar que o ponto fulcral da dissertação não é a cessão de créditos, entendida na sua complexidade, mas tão-só o efeito transmissivo da mesma. O que procuro apreender são as condições de oponibilidade da transmissão convencional do direito de crédito, ou seja, quando e como a transmissão do crédito é plenamente eficaz. Simpli-

---

[5] Uma vez que o aspecto desenvolvido neste trabalho é apenas o efeito transmissivo, ou melhor, os actos necessários para produzir o efeito transmissivo, não se vê necessidade de restringir o tema a categorias de direitos de crédito ou a tipos contratuais transmissivos. No entanto, a relevância prática da matéria da transmissão contratual do direito de crédito está naturalmente ligada à transmissão onerosa de créditos pecuniários. A exposição da matéria e os exemplos escolhidos não andam, por isso, longe da compra e venda de créditos pecuniários, entendida como paradigma da transmissão onerosa de créditos.

Introdução 21

ficando, tentarei indagar como é que o crédito deixa o património do cedente e passa a integrar o do cessionário[6].

Assim, o fio condutor da investigação é o da análise do facto ou dos factos transmissivos do direito de crédito, atendendo, primordialmente, à sua eficácia perante terceiros, de maneira a descobrir qual o facto ou qual o conjunto de factos cuja eficácia é a transmissão, com oponibilidade *erga omnes*, do direito de crédito.

Se se quiser colocar sob a forma de interrogação e atender a situações patológicas, que obrigam a afinar a explicação teórica, o objectivo da tese é responder sustentadamente a esta pergunta exemplar: *Se tiver ocorrido uma transmissão de créditos sem que o devedor cedido tenha sido notificado, poderão, posteriormente, os credores do cedente penhorar o direito de crédito ou, em caso de falência, considerar o direito de crédito integrado na massa falida?*[7]

---

[6] A problemática que me ocupa está muitíssimo bem registada por Kötz, quando afirma que com a cessão de créditos se pretende prosseguir o objectivo de tornar o cessionário no novo credor e este objectivo é alcançado – dito de outro modo, a cessão é eficaz – quando o crédito deixa o património do cedente, deixando de ser perante os seus credores um objecto de responsabilidade susceptível de disposição, e quando o cessionário pode opô-lo a todas as pessoas como único titular do crédito. Por resumir tão bem o tema da minha tese, vale a pena citar a versão original alemã e a versão traduzida em inglês, pela expressividade da linguagem utilizada e dificilmente reproduzível em português (o que aliás é patente nas diferenças subtis – e sobretudo ao nível da expressividade – das duas versões).

"*Mit einer Abtretung wird das Ziel verfolgt, den Zessionar zum neuen Gläubiger der Forderung zu machen. Dieses Ziel ist erreicht – anders gesagt: die Abtretung ist «wirksam» –, wenn die Forderung aus dem Vermögen des Zedenten ausscheidet und damit auch seinen Gläubigern nicht mehr als Haftungsobjekt zur Verfügung steht, und wenn ferner der Zessionar sich allen anderen Personen gegenüber darauf berufen kann, dass nunmehr allein er Inhaber der Forderung ist.*". Kötz, *Europäisches Vertragrecht – Band I*, 1996, p. 406. Em inglês: "*The purpose of transferring a right is to make the transferee creditor, and this aim is achieved – the transfer is effective – when the right leaves the estate of the transferor, thereby ceasing to be available to his creditors, and the transferee thenceforth stands against all the world as creditor of the right.*". Kötz, *European Contract Law – Vol. 1*, 1997, p. 266.

[7] Esta é a questão mais comum a propósito da transmissão do direito de crédito, o que não quer dizer que só interesse problematizar em torno da ausência de notificação. É possível, simetricamente, perguntar se a notificação, sem, na terminologia da lei, um negócio que sirva de base à cessão, é suficiente para operar a transmissão do direito de crédito. Este problema será analisado a propósito da configuração da notificação e da sua eficácia, nomeadamente por referência à posição do devedor cedido e ao grau de diligência de que deve usar quando é destinatário de uma notificação. A perspectiva privilegiada no

Para responder a esta questão é necessário encetar uma linha de investigação que permitirá, no final, encontrar o lugar da cessão de créditos no sistema português de transmissão de direitos e resolver alguns problemas de índole prática.

Atrever-me-ia a dizer que a importância teórica é manifesta não só para a compreensão da própria figura da cessão de créditos, mas para a compreensão do sistema de transmissão dos direitos no direito civil português. A investigação que se inicia permitirá optar sobre a existência de um sistema único ou de um sistema dual de transmissão dos direitos. Haverá, por um lado, o sistema de transmissão de direitos reais, e, por outro, o sistema de transmissão dos restantes direitos, que corresponde ao esquema da cessão de créditos, ou, pelo contrário, existe um sistema único?

III. Duas vias se afiguravam possíveis para a organização do estudo: analisar a eficácia translativa na perspectiva dos interessados, distinguindo a produção do efeito transmissivo entre as partes, perante o devedor cedido e perante outros terceiros, ou procurar organizar a problemática em torno dos factos potencialmente geradores da eficácia translativa.

A primeira via tem a vantagem da clareza e simplicidade de exposição, mas gera, quase inevitavelmente, repetições de conteúdo e perde em abstracção conceptual. A segunda via ganha na análise dos diversos factos potencialmente geradores da eficácia translativa, evitando repetições e favorecendo uma melhor compreensão da razão e do peso dos diferentes factores. Além disso, esta opção é bastante mais interessante do ponto de vista argumentativo, o que, tratando-se de uma dissertação e não de um trabalho de outra índole, nomeadamente pedagógica, pesou na opção. Foi, por isso, a via escolhida.

Dividi pois o trabalho em duas partes. Na primeira, a transmissão do direito de crédito aparece organizada em torno de dois vectores fundamentais: o negócio que serve de base e a notificação ao devedor cedido. Procura-se analisar e problematizar a doutrina tida por assente e lançar dúvidas sobre as diversas soluções possíveis, criticando-as do ponto de vista das aplicações práticas. Na segunda parte, procura-se a solução para

---

texto resulta da própria configuração do instituto da cessão de créditos no nosso código civil, que, ver-se-á, aborda a notificação sob o prisma da eficácia da cessão em relação ao devedor cedido e a adquirentes concorrenciais do mesmo crédito, esquecendo outros terceiros, e é tributária dos princípios do consensualismo e da causalidade, enquanto estruturantes do direito contratual português. É esta a perspectiva norteadora da investigação, o que não exclui, no curso dessa mesma investigação, o tratamento de outras questões.

Introdução 23

a questão enunciada com recurso à recolha crítica dos elementos encontrados na primeira parte e ao relançamento da discussão à luz do sistema de transmissão dos direitos reais.

A resposta à questão colocada implica a explicação do regime legal da cessão de créditos. Perceber este regime envolve, seguramente, compreender a articulação da transmissão do direito de crédito com o sistema mais vasto de transmissão dos direitos, com especial atenção para os direitos reais, pois é aí que a posição dos terceiros está amplamente trabalhada. Percebendo a posição dos terceiros perante a transmissão de um direito real, procura-se tirar conclusões para a compreensão da posição dos terceiros perante a transmissão de um direito de crédito. Ganha particular relevância aferir o peso da publicidade da titularidade dos direitos no ordenamento jurídico português.

IV. Exposto o tema da investigação e delineado o percurso que se vai seguir, importa ainda esclarecer alguns aspectos de índole metodológica.

A minha dissertação é sobre direito português vigente. Significa que não é um trabalho sobre direitos estrangeiros ou sobre a história do instituto da cessão de créditos. Consequentemente, não existe um capítulo exclusivamente dedicado aos direitos estrangeiros, ao direito comparado ou à história. Também se exclui a análise das questões relativas ao direito internacional privado, cingindo-se o estudo ao regime do direito material português[8].

---

[8] Se é certo que existe já algum direito uniforme sobre cessão de créditos, como seja, no caso do *factoring*, certas regras da Convenção do Unidroit sobre *Factoring* Internacional (também conhecida por Convenção de Otava), na cessão de créditos internacional é necessário recorrer às regras de conflitos para determinar a lei aplicável. Esta análise é particularmente complexa. Veja-se, por exemplo, o art. 12.º da Convenção de Roma sobre a Lei Aplicável às Obrigações Contratuais, que, embora intitulado de cessão de créditos, não engloba (compreensivelmente) a matéria da transmissão do direito de crédito, nomeadamente no que se prende com a eficácia perante terceiros. O preceito aplica-se apenas às obrigações entre cedente e cessionário e à relação entre o cessionário e o devedor cedido, abrangendo o que respeita à oponibilidade da cessão ao devedor e à eficácia liberatória do cumprimento efectuado pelo devedor cedido. Também o art. 41.º do código civil, embora se refira não apenas às obrigações provenientes do negócio jurídico, mas também à sua própria substância, não é totalmente esclarecedor. É, pois, matéria suficientemente vasta e complexa para ser ela própria objecto de uma dissertação de doutoramento, que aliás está a ser elaborada por outra estudante deste primeiro curso de doutoramento da Faculdade de Direito da Universidade Nova de Lisboa. Se outra razão não existisse para excluir a matéria da presente dissertação, esta seria sem dúvida razão válida e suficiente.

Embora se partilhe da visão do direito enquanto ciência transnacional e seja evidente a similitude de problemas nascentes de um mesmo sistema social, os elementos de direitos estrangeiros, com especial incidência para os elementos doutrinais, são utilizados apenas na medida em que permitam lançar alguma luz sobre as questões que, em cada momento, estão a ser analisadas. O ponto de partida e de chegada no estudo a desenvolver é sempre o direito português, pelo que ele é determinante da estrutura de análise encontrada.

Um direito estrangeiro pode revestir grande interesse e apresentar soluções louváveis para o direito português, mas nem por isso as suas respostas podem ser transpostas, sem mais, para o campo nacional. Por isso, muitas vezes, o critério de agrupamento e de exposição é o da "tese" e não o da "nacionalidade": referem-se autores de diversos ordenamentos, enquanto partidários de uma mesma tese, de uma mesma solução, e não enquanto doutrinadores de determinado sistema estrangeiro.

A comparação jurídica é utilizada como método auxiliar de análise, não é utilizada sistematicamente. Por isso, não há a preocupação de seguir com rigor os princípios da micro-comparação jurídica[9]. Não se elabora qualquer grelha comparativa, identificando elementos de comparação e ordenamentos em análise, nem se analisam os diferentes direitos com o mesmo rigor e peso. Dir-se-ia que a utilização de elementos de direitos estrangeiros é em tudo desequilibrada e assimétrica: eles aparecem quando se entende necessário para justificar, esclarecer ou fundamentar um ponto ou outro e por isso a propósito de aspectos diferentes.

Há dois objectivos centrais na utilização dos direitos e dos textos de autores estrangeiros: por um lado, a procura de alguma similitude com o direito português que consiga, porventura, explicar e fundamentar determinadas soluções da nossa lei e, por outro, a consideração da profusão de dúvidas e problemas patentes na doutrina estrangeira, que, naturalmente, autorizam perguntar se dúvidas e problemas próximos encontram pertinência e solução no direito português. O que de melhor se procura colher nos direitos estrangeiros são, portanto, sempre e tão-só, pontos essenciais de contacto ou de contraste com as soluções portuguesas que permitam esclarecer, fundar ou problematizar essas soluções e, nessa medida, contribuir, eventualmente, para preencher alguma lacuna[10]. Por isso, não se

---

[9] Ferreira de Almeida, *Introdução ao Direito Comparado*, 1998, pp. 22 e ss..

[10] São estas, em geral, as funções da comparação jurídica relativamente aos direitos nacionais. Ferreira de Almeida, *Introdução ao Direito Comparado*, 1998, p. 16.

deve estranhar que um determinado ordenamento seja tido em conta para certo aspecto e já não para outro.

Diga-se apenas que os direitos estrangeiros mais utilizados são os direitos alemão, italiano, espanhol, francês, inglês e norte-americano. É incontornável a importância dos direitos alemão e italiano pela influência marcada na construção do código civil actual. Além disso, a doutrina alemã é insubstituível na construção dogmática do instituto, enquanto a doutrina italiana prima pela criatividade e pela capacidade de análise renovada, gozando de influências do sistema alemão e do sistema francês.

O direito francês, como grande pilar de um sistema por ele influenciado, mantém a sua importância na compreensão do instituto, sobretudo através da influência marcada no texto português de 1867 e que se continua a identificar em alguns pontos do texto actual.

O direito espanhol importa, primordialmente, ao nível da abundante produção doutrinária que, um pouco como a portuguesa, tem a mais-valia de analisar os direitos estrangeiros e de, através dessa análise, descobrir e criar aspectos importantes.

Já os direitos anglo-saxónicos encontram o seu lugar não tanto ao nível da compreensão, interpretação e fundamentação das soluções nacionais – porque é por demais conhecida a escassa ou mesmo nula influência que tiveram na construção do nosso código –, mas ao nível da problematização e da resolução de questões de índole mais prática, o que não deixa de se reflectir na construção da figura. Além disso, a sua importância é muito significativa ao nível da contratação internacional.

Tratar-se de uma tese de direito português vigente significa também não incluir uma parte histórica autónoma e desenvolvida. É naturalmente analisado o texto de Seabra, de forma a cotejar as soluções então estabelecidas com as do código actual, possibilitando uma melhor percepção das dúvidas a que se procurou pôr cobro e das inovações introduzidas. Por isso, é dada importância ao trabalho de Vaz Serra na preparação do código de 1966. Elementos históricos mais remotos são referidos apenas pontualmente como argumento ou amparo na dilucidação de um qualquer aspecto.

A lei e a doutrina portuguesas foram os pontos de partida na análise do problema enunciado. Procurou-se também buscar a aplicação prática da lei através da análise da jurisprudência. Infelizmente, esta revelou-se escassa e pouco proveitosa, porquanto se limita a citar a lição dos autores. Relativamente à jurisprudência estrangeira, e porque é curial evitar o risco de escrever erradamente sobre direitos que, necessariamente, nos são

26 Transmissão Contratual do Direito de Crédito

alheios, procurou-se reflectir as suas tendências, mas sempre através da visão que é dada pela doutrina qualificada dos respectivos países.

Por fim, procurou-se testar no campo das aplicações práticas, as hipóteses que se foram colocando em sede de teoria. São variadas as figuras de direito comercial que recorrem ao esquema da cessão de créditos. As conclusões que se puderem retirar ao nível de construção dogmática têm implicações profundas ao nível da casuística. Por isso, apesar de se tratar de um tema central de direito civil, de direito das obrigações (embora não desligado dos direitos reais ou, como se constatará no final da tese, porventura um tema de direitos reais), a recolha de elementos na prática jurídica, nomeadamente comercial – pense-se, por exemplo, nos contratos de *factoring*[11] – e o teste da aplicação das conclusões teóricas a esses aspectos, reveste uma importância inigualável[12]. Procura-se ir do centro para a periferia e desta novamente para o centro, de forma a obter uma construção lógica, sistemática, mas igualmente viável e justa do ponto de vista dos problemas que resolve, das soluções a que conduz[13].

---

[11] Serão muitas as referências ao contrato de cessão financeira ou de *factoring* feitas ao longo da presente dissertação, porque ele assenta, normalmente, numa cessão de créditos. Como a perspectiva que me interessa é precisamente a da transmissão do direito de crédito, não existe um capítulo especialmente dedicado ao *factoring* nem são abordadas questões de grande interesse, e que ocupam a doutrina nacional e estrangeira, como a qualificação do contrato. Aparecerão, no entanto, referências a propósito de diferentes matérias, nomeadamente, a propósito de problemas de conflitos de titularidade potenciados pela transmissão em massa de direitos de crédito (veja-se, mais adiante, pp. 290 e ss.).

[12] Haverá aqui porventura uma abordagem próxima da análise económica do direito (em geral, Posner, *Economic Analysis of Law*, 1992; Cooter e Ulen, *Law and Economics*, 1997), uma vez que se faz uma previsão dos efeitos das normas jurídicas em vigor consoante a solução acolhida (veja-se Friedman, *Direito e Ciência Económica*, 1992, p. 31; entre nós, Sousa Franco, *Análise Económica do Direito: Exercício Intelectual ou Fonte de Ensinamento*, 1992, p. 64). Procura-se pois, no campo da prática negocial, avaliar as vantagens e desvantagens da adopção de uma ou outra solução. Tratando-se, no entanto, de uma análise de direito constituído e não de direito a constituir, outras vertentes características da análise económica do direito, como a proposta de normas que devam existir para promover a eficiência da economia (Friedman, *Direito e Ciência Económica*, 1992, pp. 33 e ss.), só muito marginalmente se podem sub-entender.

[13] Defende a necessidade de um controle teleológico das soluções que sistematicamente se encontram, não deixando de alertar para a justiça material que, em princípio, subjaz ao sistema enquanto conjunto dos valores fundamentais constitutivos para uma ordem jurídica, Canaris, *Pensamento Sistemático e Conceito de Sistema na Ciência do Direito*, 1996, pp. 187 e ss..

V. Trata-se, em suma, de um trabalho que se quer orientado para tornar possível uma resposta fundamentada a uma questão modular, colocada nesta introdução e que será respondida, no final, na "tese". O caminho a percorrer é aquele que, para a prossecução deste objectivo, se foi afigurando o necessário. No percurso trilhado foram-se elencando questões, decidindo caminhos, fazendo, no final, as inevitáveis opções.

PARTE I

A CESSÃO DE CRÉDITOS COMO ESTRUTURA CONTRATUAL COM EFICÁCIA TRANSLATIVA

CAPÍTULO I
Enunciação do problema

1. Apresentação teórica e prática do problema

I. O código civil português, ao regular a matéria da cessão de créditos, e ainda um pouco na esteira do código francês (embora com inúmeros desvios colhidos da experiência italiana), distingue entre efeitos a produzir entre as partes e efeitos a produzir perante o devedor cedido. Entre as partes, rege o negócio que serve de base à transmissão (art. 578.º/1); em relação ao devedor cedido, é necessária a notificação ou aceitação para que, perante ele, o contrato transmissivo produza efeitos (art. 583.º). No que respeita a outros terceiros para além do devedor cedido, o legislador apenas contemplou a situação de adquirentes concorrentes do mesmo crédito, ou seja, a situação em que o credor cede o mesmo crédito a diferentes pessoas. Decide a lei que prevalece a transmissão primeiro notificada ao devedor ou por este aceite (art. 584.º).

Assim, o código civil português apenas refere expressamente a produção de efeitos entre as partes, perante o devedor cedido e, no caso de uma múltipla transmissão de um mesmo crédito, perante adquirentes concorrentes. Fica de fora o que respeita à produção de efeitos perante os demais terceiros.

A problemática da produção de efeitos perante as partes e perante o devedor cedido ou vários adquirentes do mesmo crédito será analisada mais adiante[14], pois afigura-se essencial para resolver o problema colocado. O estudo que lhe será dedicado é absolutamente determinante para a compreensão dos vectores, das preocupações, dos valores que perpassam na solução da lei. É necessário examinar a maneira como o legislador resolveu o problema da eficácia da transmissão contratual de créditos,

---

[14] Veja-se, pp. 123 e ss..

32   *A Cessão de Créditos como Estrutura Contratual com Eficácia Translativa*

conjugando o contrato que serve de base à transmissão com a notificação ao devedor cedido e a importância que esta tem perante devedor e outros terceiros, para se perceber, depois, qual a melhor solução para a questão que, definitivamente, me ocupa.

Seria impossível partir para esta análise sem uma explicação detalhada da teia de eficácia jurídica que o legislador criou associada à figura da cessão de créditos. Só da identificação dos diversos elementos, da forma como se relacionam e do valor que têm, se pode retirar a solução para este problema não resolvido. Só a partir da compreensão do sistema se podem identificar e resolver as lacunas dentro do espírito do próprio sistema[15].

Por agora, retém-se a ideia de que a lei resolve parte dos problemas da eficácia da transmissão contratual de créditos – em moldes adiante discutidos e não de todo pacíficos[16] –, esquecendo a posição de outros terceiros para além do devedor cedido ou dos adquirentes do mesmo crédito[17].

II. Há razões para entender que esta opção foi deliberada. Não se tratando de questão desconhecida, é legítimo presumir que tenha sido considerada e debatida.

Não era desconhecida, desde logo, porque o Código de Seabra, na esteira do *code civil*[18], resolvia expressamente o problema: estatuía, no seu

---

[15] É a forma correcta de operar a identificação e posterior integração das lacunas: "[s]ó após termos, pela interpretação, apurado qual o sentido das fontes existentes, podemos concluir que o caso não está especificamente regulado." (Oliveira Ascensão, *O Direito, Introdução e Teoria Geral*, 2001, p. 425). É esse, aliás, todo o sentido da obra de Canaris, *Die Feststellung von Lücken im Gesetz*, 1983. O A. dedica-se à construção de critérios operativos de identificação das lacunas, para só depois tratar da sua integração, defendendo serem dois processos perfeitamente distintos (em especial, pp. 148 e ss.).

[16] Ver-se-á, nomeadamente (pp. 44 e ss.), a ampla discussão que a doutrina italiana trava sobre um texto legal do qual o código português muito colheu.

[17] Esta matéria é absolutamente central. Como bem frisa Villa, *Le condizione generali di factoring e la costruzione di un modello contrattuale uniforme*, 1988, p. 607, assumem importância crucial, na cessão de créditos, todas as relações referentes às relações com sujeitos estranhos ao negócio de transferência e, relativamente a elas, a regulamentação convencional tem um impacto absolutamente insignificante, porquanto, no que respeita a terceiros, não se pode recorrer a disciplina diversa da legislativa. Haverá oportunidade de, face ao ordenamento português, testar esta afirmação e retirar conclusões que não são necessariamente iguais às encontradas no direito italiano.

[18] Artigo 1690.º – "*Le cessionnaire n'est saisi à l'égard des tiers que par la signification du transport faite au débiteur.*

Néamoins le cessionaire peut être également saisi par l'acceptation du transport faite par le débiteur dans un acte authentique."

artigo 789.º que "[...] *em relação ao devedor ou a terceiro, a cessão só pode produzir o seu efeito, desde que notificada ao devedor, ou por outro modo levada ao seu conhecimento, contando que o fosse de forma autêntica"* e o artigo 792.º especificava que *"[o]s credores do cedente podem igualmente exercer os seus direitos sobre a dívida cedida, enquanto a cedência não for notificada, ou conhecida na forma sobredita.".*

Este artigo 792.º, sendo já uma decorrência lógica do disposto no artigo 789.º, reforça[19], de qualquer modo, a ideia de que, à luz do código antigo, quando se fazia menção de "terceiro" se estava a pensar em qualquer terceiro, sem fazer distinção. O artigo 789.º abrangia não apenas adquirentes concorrentes do mesmo crédito, mas todo e qualquer terceiro, inclusivamente os credores das partes. Terceiros seriam, além do devedor, todos os que fossem estranhos à cessão, ou seja, os que não fossem partes nem seus sucessores, nomeadamente os credores das partes e do devedor a quem aproveitaria a eficácia ou ineficácia da cessão[20]. Dir-se-ia, todavia, que o conteúdo útil do artigo 792.º era escasso, tratava apenas de enfatizar o que já decorria da regra acima enunciada.

Nos trabalhos preparatórios o problema não ficou esquecido. Vaz Serra dedicou extensas páginas à análise da eficácia da cessão e por várias vezes se referiu ao problema dos terceiros[21].

Na primeira revisão ministerial, curiosamente, desaparece qualquer menção à notificação ou aos terceiros: há um claro afastamento da orientação que vinha do Código de Seabra, parecendo implícita a intenção de deixar para outra sede, possivelmente para as regras gerais, a análise dos

---

[19] Ou porventura vai mais longe. Pense-se, por exemplo, nas palavras de Pessoa Jorge, *O Mandato Sem Representação*, 1961 (reimpressão 2001), ao equiparar ao registo a notificação da cessão enquanto "formalidades *ad opositionem*" (p.360) e um pouco adiante (p.362) ao explicar que em matéria de oponibilidade interessa apenas a categoria de terceiros em sentido estrito, categoria que exclui, nomeadamente, os credores das partes.

[20] Cunha Gonçalves, *Tratado de Direito Civil* – Vol. V, 1932, pp. 66 e 67. Esta posição parece alargar a concepção de terceiros que vinha de Guilherme Moreira, *Instituições do Direito Civil Português* – Vol. 2.º, Das Obrigações, 1925, pp. 191 e 192, para quem terceiros eram "todas as pessoas estranhas ao contrato de cessão que possam ser lesadas por êle nos seus direitos, como os credores do cedente e quaisquer pessoas com quem o cedente realize um novo contrato relativo ao crédito.". No que se prende com o conceito de terceiro face ao registo predial, veja-se a explicação de Manuel de Andrade, *Teoria Geral da Relação Jurídica* – Vol. II, 1998 (reimpressão), pp. 19 e 20, que parece acolher uma concepção mais estrita. Voltar-se-á a este aspecto mais adiante, nas pp. 213 e ss..

[21] Veja-se, já de seguida, pp. 30 e ss..

34   *A Cessão de Créditos como Estrutura Contratual com Eficácia Translativa*

efeitos perante terceiros[22]. Reveste, por isso, particular interesse verificar que o texto definitivo do código acaba por se afastar, na sua letra, do texto da primeira revisão ministerial e por fazer uma aproximação à solução do anterior código, sem, todavia, se referir a terceiros para além do devedor ou dos terceiros adquirentes do mesmo crédito.

Talvez não se tenha querido optar expressamente por uma das soluções possíveis, talvez não tenha havido acordo possível ou, talvez, simplesmente, se tenha entendido que não era necessário criar um preceito a esse respeito, porque o regime construído era suficiente para dele resultar, naturalmente, a solução. Todavia, ainda que se conclua existir uma lacuna voluntária da lei, tal não obsta a procurar a sua integração. Independentemente da vontade do legislador expressa em determinado contexto histórico, identificada uma lacuna, ainda que intencional, há o dever de a integrar tal como existe para as restantes lacunas[23].

III. É esse, portanto, o primeiro problema que se coloca. O código não tem um preceito especificamente dirigido à identificação do facto que determina a eficácia jurídica perante outros terceiros para além do devedor cedido e de adquirentes concorrentes do mesmo crédito. Não há nenhum artigo correspondente aos artigos 578.º/1, 583.º e 584.º que se refira a outros terceiros. Não há um artigo semelhante aos antigos artigos 789.º e 792.º.

---

[22] Repare-se que não existe, na primeira revisão ministerial, qualquer preceito semelhante ao contido na primeira parte do actual art. 583.º, nem qualquer artigo correspondente ao actual art. 584.º. A palavra "notificação", simplesmente, não consta do vocabulário usado. *Código Civil- Livro II- Direito das Obrigações (1ª Revisão Ministerial)*, Lisboa, 1962, p. 90.

[23] É sabido que no nosso direito o julgador não pode declarar "*non liquet*", devendo socorrer-se dos processos normativos previstos na lei (como os constantes do art. 10.º) para integrar as lacunas que identifique. Naturalmente que todo o processo pressupõe que a questão omissa corresponda a uma incompletude do próprio sistema, no sentido em que a sua não resolução deixa uma falha no plano do sistema jurídico ("*planwidrige Unvollständigkeit*": Canaris, *Die Feststellung von Lücken im Gesetz*, 1983, pp. 16 e 17). Ficam de fora todas as questões não jurídicas e todas aquelas que o legislador, por opção deliberada, remeteu para esse plano. Veja-se Canaris, *ibidem*, em especial pp. 32 e ss.; Engisch, *Introdução ao Pensamento Jurídico*, 1988, pp. 276 e ss., em particular, p. 280; Larenz, *Metodologia da Ciência do Direito*, 1989, pp. 447 e ss., especialmente, pp. 450 a 452; na doutrina portuguesa, no mesmo sentido da doutrina alemã, Oliveira Ascensão, *O Direito, Introdução e Teoria Geral*, 2001, pp. 421 e ss., em especial, pp. 422 e 423, e Oliveira Ascensão, *Interpretação das Leis. Integração das Lacunas. Aplicação do Princípio da Analogia*, 1997, p. 919.

Enunciação do problema   35

Isto significa que temos uma lacuna da lei, ainda que intencional, ou, pelo contrário, que não existe lacuna[24]? Pode concluir-se que, embora não haja um preceito expressamente dedicado a esse aspecto, a solução se retira de outros preceitos do código e de uma correcta interpretação sistemática? Uma aparente lacuna da lei, por falha de regulação dentro do local dedicado à matéria em questão, pode revelar-se uma falsa lacuna, por se achar regulação em outro lugar da lei ou porque, interpretada a lei com correcção, a solução é encontrada.

Para saber por efeito de quê e em que momento se verificam, perante todos, os efeitos de um 'contrato de cessão de créditos' é necessário perceber se existe uma verdadeira lacuna da lei – e depois, caso exista, ver em que moldes pode ser integrada – ou se tal resposta decorre de correcta interpretação (nomeadamente com recurso ao elemento sistemático) dos vários preceitos legais implicados, ainda que não lhes sejam clara ou inequivocamente dirigidos[25].

---

[24] A dúvida coloca-se apenas relativamente a saber se a lacuna é meramente aparente. Dada a relevância e centralidade do problema, é desnecessário justificar tratar-se de uma falha que, a existir, se traduz numa verdadeira incompletude do sistema, porquanto contraria o plano deste.

[25] Não contende com esta afirmação a consideração da interpretação decorrente do sistema como modo próprio de operar a integração de lacunas. Nesse caso há uma lacuna identificada e, de seguida, há a busca de uma solução conforme ao sistema. Na situação referida no texto há uma lacuna aparente, porque uma interpretação adequada das regras dentro do espírito sistemático permite encontrar nelas a solução que se busca. Lembre-se Canaris, *Die Feststellung von Lücken im Gesetz*, 1983, p. 198, quando, sumariando o seu estudo, explica que o passo mais simples é a identificação da lacuna como resulta do ordenamento, ou seja, atendendo quer a uma norma isolada quer ao jogo conjunto de mais regras (*Zussammenspiel mehrerer Vorschriften*). A existir lacuna, neste caso, seria uma lacuna de previsão (veja-se Oliveira Ascensão, *Interpretação das Leis. Integração das Lacunas. Aplicação do Princípio da Analogia*, 1997, p. 917), porque a lei não tem um preceito que preveja a eficácia da cessão perante terceiros em geral. A questão que se coloca é a de saber se, verdadeiramente, a inexistência expressa de tal preceito na parte relativa à cessão de créditos significa que há uma lacuna de previsão ou se a circunstância de a lei remeter para o negócio que está na base e a existência de preceitos como os do art. 408.º permite concluir que o caso está previsto noutros locais do código, o que se consegue porventura através de interpretação ancorada no espírito do sistema. Estou convencida, no entanto, de que se trata apenas de percursos metodologicamente distintos, sendo o resultado final, em qualquer dos casos, o mesmo. Não se tratando de matéria excepcional, que impediria o uso de analogia, mas comportaria interpretação extensiva, é indiferente, neste caso, dizer-se que existe uma lacuna de previsão que deve ser integrada, em última análise, de acordo com o próprio sistema no quadro da *analogia iuris* (Oliveira Ascensão, *Interpretação das Leis. Integração das Lacunas. Aplicação do Princípio da Analogia*, 1997,

36 *A Cessão de Créditos como Estrutura Contratual com Eficácia Translativa*

Referia-se acima que esta questão não está desligada das que serão tratadas adiante, porque perguntar por efeito de quê se verificam os efeitos do 'contrato de cessão de créditos' implica, desde logo, saber de que efeitos e de que contrato se trata.

O que se pretende saber é, exactamente, por efeito de quê – por efeito de que facto jurídico – e em que momento um terceiro pode considerar que o crédito não está mais na esfera jurídica do cedente, mas sim na esfera jurídica do cessionário. É por efeito de um contrato de cessão de créditos? De uma compra e venda de um crédito? Da notificação ao devedor cedido?

Como e quando se opera a transmissão do direito de crédito na perspectiva dos terceiros é, pois, a problemática sobre a qual me vou debruçar.

Tratar-se-á de um problema de eficácia externa das obrigações? De um problema de eficácia de uma relação contratual para além dos limites subjectivos do próprio contrato? Se é doutrina comum dizer-se que o contrato produz efeitos meramente entre as partes e que um direito de crédito só vincula credor e devedor, qual a relevância deste entendimento para a questão ora a analisar?

Não se trata da análise de uma relação contratual ou creditícia na sua estrutura, mas sim da análise da eficácia de um contrato na transmissão do direito de crédito.

IV. Este aspecto é central na matéria da transmissão do direito de crédito e também, em virtude do artigo 588.°, em toda a matéria da transmissão de direitos[26-27]. Acresce que reveste a maior importância em todo

---

pp. 925 e 926) ou dizer-se que não há lacuna, porque uma interpretação condizente com o espírito das regras, que pode implicar uma interpretação extensiva, permite concluir que o caso está previsto. Sendo o sistema um só, norteado pelos mesmos princípios, sendo as regras expressão desses mesmos princípios, naturalmente que a solução encontrada por uma via será igual à solução encontrada pela outra.

[26] Que não sejam direitos reais, pois, para esses, a solução encontra-se expressamente no art. 408.°, ou direitos de âmbito familiar, que seguem regime próprio. A doutrina refere a este propósito os direitos da propriedade industrial, os direitos de autor e os direitos potestativos autónomos. Larenz, *Lehrbuch des Schuldrechts* – Band I, Allgemeiner Teil, 1987, p. 601, ensinamento seguido por Antunes Varela, *Das Obrigações em Geral* – Vol. II, 1997, p. 333, e Pires de Lima e Antunes Varela, *Código Civil Anotado* – Vol. I (com a colaboração de Manuel Henrique Mesquita), 1987, p. 603. Aderindo à posição de Antunes Varela, Almeida Costa, *Direito das Obrigações*, 2001, p. 762, nota 2, chama a atenção para o facto de nem todos os direitos reais ficarem de fora do regime da cessão de créditos: dá o exemplo da transmissão da hipoteca (art. 727.°). Todavia, é de notar que, se não existisse o art. 727.°, o regime da cessão de créditos não seria aplicável à transmissão da hipoteca, pois, tratando-se de um direito real (ainda que de garantia), deveria seguir o

o sistema de transmissão dos direitos, na medida em que contende com os vectores da justiça e da segurança, da autonomia privada e da necessidade de dar conhecimento, exteriorização, publicidade aos actos jurídicos.

Não se pensa apenas em situações onde existe um natural desfasamento temporal entre o momento em que as partes contratam transmitir o crédito e o momento em que se dá conhecimento desse facto ao devedor. Muitas vezes, são as próprias partes que não têm interesse em notificar o devedor cedido, preferindo manter alguma discrição em relação ao contrato realizado. Esta situação é frequente em casos de cessão financeira (mas não só) em que, por razões comerciais, nomeadamente ligadas às relações com a banca, as partes optam por manter em segredo a transmissão realizada[28], não notificando o devedor e aparecendo o cedente a cobrar o crédito. Então, a dúvida reside em saber, por hipótese, se os seus credores podem ou não penhorar esse crédito, ou seja, se o cedente pode excepcionar, num processo de execução, que o crédito já não lhe pertence (arts. 814.º/g) e 816.º/1 do CPC), ou se o cessionário se pode opor como terceiro titular do crédito (arts. 342.º e ss. CPC).

Também na matéria da titularização de créditos é importante saber se a transmissão de créditos para o veículo de titularização é totalmente eficaz apenas com a notificação ao devedor cedido. Na verdade, como será analisado mais adiante, este instrumento só tem interesse para satisfazer as necessidades económicas se assegurar uma titularidade quase intocável ao cessionário que reúne a massa de créditos sobre a qual se emitirão os títulos[29].

Esse desfasamento temporal entre o contrato e a notificação reveste especial dramatismo nas situações de falência. É muito diferente dizer-se que com o contrato se transmite o crédito e, portanto, para todos os efeitos – excluindo os que se destinam a proteger especificamente o devedor – o titular daquele direito de crédito já não é o cedente, mas o cessionário, ou dizer-se que só com a notificação ao devedor cedido o crédito se transmite e que, portanto, até aí o crédito pertence ao cedente. Imagina-se facil-

---

regime comum de transmissão dos direitos reais. Vale, pois, como regra, que não se aplica o regime da cessão de créditos à transmissão dos direitos reais.

[27] Oliveira Ascensão, *Direito Civil – Sucessões*, 1989, pp. 453 e 454, escreve que o art. 588.º "transforma o instituto da cessão num manancial a que todas as figuras de transmissão deverão, em geral, recorrer".

[28] Este problema da cessão fechada (também designada por oculta ou silenciosa) é aprofundado mais adiante, nas pp. 271 e ss..

[29] Estes aspectos serão trabalhados quando se analisar a figura da titularização como campo de aplicação prática da estrutura da cessão de créditos. Veja-se *infra*, pp. 279 e ss..

38   A Cessão de Créditos como Estrutura Contratual com Eficácia Translativa

mente uma situação em que entre a celebração do contrato-fonte da transmissão de créditos e a notificação ao devedor cedido, o cedente ou o cessionário entram em falência e é necessário saber se o crédito pertence ou não à massa falida, porque ainda não saiu ou porque já saiu daquele património. O mesmo se diga quando os credores pretendem penhorar determinado crédito e é necessário saber, com todo o rigor, quem é o seu titular.

2. Posições da doutrina portuguesa

2.1. *As soluções de Vaz Serra*

I. Trabalhando sobre o texto do Código de Seabra que, como se referiu, aderia à solução de matriz francesa, fazendo depender a eficácia da cessão perante o devedor e outros terceiros da notificação ao devedor ou do seu conhecimento por forma autêntica, Vaz Serra analisa aprofundadamente os diferentes sistemas legislativos de tratamento da eficácia da cessão de créditos perante terceiros (basicamente, o sistema francês, que faz depender a eficácia da transmissão da notificação ao devedor cedido, e o sistema alemão, para o qual os efeitos se produzem de imediato por efeito do contrato de cessão[30]). Depois de pesar as várias possibilidades, faz uma dupla proposta de redacção[31], consoante se adopte, dentro de uma linha de continuidade, o sistema do código francês, com desvios inspirados no então recente código italiano, ou, pelo contrário, o sistema do código alemão.

Deixa, pois, a questão em aberto, porque depende de uma opção política que, claramente, entende não dever fazer. Prefere, contudo, a ruptura com o sistema francês, inclinando-se para a adopção da solução do sistema

---

[30] Embora se possa pensar ainda num outro sistema a que Arndt, *Zessionrecht, 1.Teil- Rechtsvergleichung*, 1932, p. 81, chama, sugestivamente, de "relatividade em três degraus" (*dreigestufte Relativität*) e que se caracteriza por uma eficácia tripartida: eficácia entre as partes com a celebração do contrato, eficácia em relação ao devedor com a notificação e eficácia em relação a outros terceiros com o cumprimento de mais formalidades. Os exemplos dados na altura foram o do código civil brasileiro e o do código civil da Costa Rica. Pode acrescentar-se a solução do código civil espanhol. Ao contrário de exigências mais apertadas no que respeita a outros terceiros para além do devedor cedido, é curioso que actualmente há alterações no sentido de admitir a eficácia perante terceiros sem qualquer formalidade. É o caso da recente alteração ao art. 1690 do código civil belga, através da Lei de 6 de Julho de 1994.

[31] Vaz Serra, *Cessão de Créditos ou de Outros Direitos Mora do Credor*, 1955, pp. 365 e ss..

Enunciação do problema 39

germânico: eficácia da cessão de créditos desde logo *erga omnes*, embora com medidas de protecção do devedor cedido, desde que esteja de boa fé[32].

Não seria razoável que, uma vez cedido o crédito, o cedente o pudesse fazer valer contra o cessionário, chocando "o sentimento jurídico"[33] a eficácia de actos realizados entre o devedor e o cedente que, em virtude da cessão, já não é credor. Além disso, a notificação é reputada de "forma de publicidade extremamente imperfeita"[34], uma vez que o devedor pode não saber a verdade ou, sabendo-a, simplesmente, mentir. Nessa medida, no caso de múltiplas cessões do mesmo crédito, deve prevalecer a primeira, independentemente da notificação[35], e em relação aos credores do cedente vale a cessão, ainda que não notificada[36]. A admitir-se a inoponibilidade da cessão não notificada perante os credores do cedente, estar-se-ia a autorizá-los a "a pagarem-se por um valor que já não pertence ao seu devedor", além de que a publicidade da cessão de créditos não é equiparável à publicidade segura que resulta do registo predial, uma vez que está na dependência da informação e da vontade do devedor[37].

---

[32] Vaz Serra, *Cessão de Créditos ou de Outros Direitos Mora do Credor*, 1955, pp. 283 e ss..

[33] *Ibidem*, p. 283, nota 528.

[34] *Ibidem*, p. 284. Na vigência do Código de Seabra, esta observação já era feita, por referência a Planiol, por Cunha Gonçalves, *Tratado de Direito Civil* – Vol. V, 1932, p. 66.

[35] Vaz Serra, *Cessão de Créditos ou de Outros Direitos Mora do Credor*, 1955, p. 368: art. 29.°§3 – "O devedor, ainda que outra cessão lhe seja notificada, deve tratar como credor o cessionário mais antigo, salvo o disposto no §1.°.". Este parágrafo dispõe que o devedor paga bem ao cessionário mais recente se ignorar as cessões mais antigas, o que denota a preocupação de proteger o devedor de boa fé.

[36] *Ibidem*, pp. 365 e ss.. Repare-se que, na proposta em que se mantém a necessidade de notificação para a eficácia da cessão perante terceiros, aparece um preceito especificamente a tal dirigido (art. 27.°§9: "Em relação a terceiros, não é necessário que o devedor possa verificar pela notificação a validade da cessão, mas é preciso que possa tomar conhecimento desta de maneira a poder informar os aludidos terceiros."), do qual resulta a investidura do devedor no dito papel de publicitar a ocorrência da cessão. Já na proposta em que não se mantém a necessidade de notificação, não encontramos um preceito especificamente dirigido aos terceiros, sendo que a preocupação é tão-só de introduzir preceitos que protejam o devedor no caso de cumprir de boa fé perante quem não é titular do crédito – veja-se os arts.28.°§1 e 19.°§1 (que, aliás, têm como epígrafe "Devedor de boa fé") – e preceitos que responsabilizem o devedor no caso de estar de má fé – arts.28.°§§4 e 5 (má fé do devedor) e 30.°§1.

[37] Vaz Serra, *Cessão de Créditos ou de Outros Direitos Mora do Credor*, 1955, pp. 285 e 287, embora não se esqueça (pp. 285 e 286) que o devedor incorre em responsabi-

40 *A Cessão de Créditos como Estrutura Contratual com Eficácia Translativa*

II. Nem esta proposta nem a proposta que, na continuidade, mantinha a necessidade de notificação foram totalmente acolhidas no texto vigente. Alguns aspectos, porque se encontram tratados noutra sede[38], outros, porque se entendeu, porventura, que não se deveria pormenorizar tanto[39], e outros, porque, provavelmente, com eles se não concordou ou sobre eles não se quis decidir[40].

A ideia que passa para quem compara o pormenorizado texto de Vaz Serra com o texto vigente é a de que não se terá querido uma adesão tão vincadamente marcada a um sistema ou a outro.

Se é mais ou menos clara a continuidade dentro do sistema francês[41], e são facilmente identificáveis as influências das soluções italianas[42-43], há questões em que implicitamente se nega a adesão a uma ou a outra opção. É o caso da eficácia da transmissão perante terceiros, exceptuando o devedor cedido e os adquirentes concorrenciais do crédito. Se o antigo código assumia claramente uma posição, ao afirmar, no artigo 789.°, a necessidade de notificação para a produção de efeitos perante devedor e terceiros, o código actual refere-se no artigo 578.° às partes, no 583.° ao devedor cedido e no 584.° a adquirentes do mesmo crédito, deixando de contemplar outros terceiros.

---

lidade como litigante de má fé se, em sede de penhora do crédito, não declarar qualquer circunstância de interesse para a execução.

[38] A título de exemplo, a questão da eficácia da notificação que, enquanto declaração negocial, encontra tratamento em sede geral no art. 224.° ou o problema da prevalência temporal de actos praticados no mesmo dia, também regulado em termos gerais no art. 279.°.

[39] Veja-se, por exemplo, o art. 27.°§§6,7 e 8 ou o art. 28.°§§2,3 e 4 da proposta de Vaz Serra (Vaz Serra, *Cessão de Créditos ou de Outros Direitos Mora do Credor*, 1955, pp. 366 e 367, respectivamente).

[40] É, justamente, o caso do proposto art. 27.°§9: estatuía em relação a terceiros ser necessário que o devedor pudesse tomar conhecimento da cessão para que os pudesse informar. Vaz Serra, *Cessão de Créditos ou de Outros Direitos Mora do Credor*, 1955, p. 367.

[41] O texto actual continua a distinguir os efeitos entre as partes dos efeitos perante o devedor cedido e, pelo menos, alguns terceiros – adquirentes concorrentes do crédito-, atribuindo aqui papel relevante à notificação. Veja-se os arts.1689 e 1690 do *code civil* relativamente aos efeitos entre as partes e em relação a terceiros, respectivamente.

[42] Veja-se o art. 583.°, que é em tudo semelhante ao art. 1264 do código italiano, bem como o art. 584.°, que tem o seu paralelo no art. 1265.

[43] Há questões em que não será despiciendo perguntar se haverá uma influência marcada das soluções alemãs. Estes aspectos não se analisam, por ora, em profundidade, pois a eles se voltará, mais adiante, nas pp. 64 e ss. e 190 e ss..

Para quem leia o texto vigente, poderá perpassar a ideia de que não há outros terceiros em relação aos quais, nesta sede, se coloquem problemas de pertinente resolução. Tal seria até bastante convincente, não fosse saber-se que esta questão não era desconhecida à época, que tinha uma solução expressa no código anterior e que a ela estavam devotadas várias páginas nos trabalhos de Vaz Serra.

É possível concluir que o legislador não quis resolver em sede de cessão de créditos o problema da oponibilidade desta perante terceiros. Matéria que estava expressamente legislada no código anterior foi completamente retirada[44], pelo que parece existir aqui uma verdadeira lacuna voluntária da lei.

Poderia pensar-se, não fosse esta a matéria, que tal tinha ocorrido porque o problema era puramente académico, sem relevância prática alguma, ou que por ser obsoleto tinha caído no esquecimento e, por isso, não fazer sentido legislar sobre ele. Mas é sabido que tal não acontece no caso da eficácia da transmissão perante terceiros. Sabemos quão importante é para um credor saber se, penhorando determinado direito de crédito, vai ou não encontrar oposição de um pretenso cessionário; ou se dado crédito pertence ou não à massa falida do seu devedor. E, se isto já era conhecido à época[45], a importância não se esvaiu com o tempo. A actividade de cessão financeira é palco bastante para trazer a cena toda a problemática dos efeitos perante terceiros[46].

Talvez por tudo isto a doutrina mais recente não se tenha esquivado a escrever umas linhas sobre o assunto. Dessas escassas linhas resulta não ser a questão de todo ignorada, como não o era à época, mas também

---

[44] Poderá perguntar-se se não continuará em vigor a solução da lei anterior, uma vez que a lei nova não regula essa matéria nem a matéria que regula entra em contradição com essa solução. Esta hipótese é de afastar na medida em que a revogação operada pelos códigos é uma revogação global: a revogação opera instituto por instituto, o código novo revoga, ainda que tacitamente (o que não é o caso do nosso código, que contém uma cláusula expressa de revogação global), todos os institutos regulados pelo código antigo. Embora os institutos não regulados possam continuar em vigor, isso não quer dizer que uma concreta solução não regulada dentro de um instituto regulado de novo se possa manter. Veja-se Oliveira Ascensão, *O Direito, Introdução e Teoria Geral*, 2001, pp. 302 e ss., em especial pp. 304 e 305.

[45] Veja-se Vaz Serra, *Cessão de Créditos ou de Outros Direitos Mora do Credor*, 1955, pp. 229, 242, 254 e 255 e, em especial, 279 e ss., relativas à penhora de um crédito cedido entre o momento da cessão de créditos e o da notificação ao devedor.

[46] Veja-se, nomeadamente, *infra*, pp. 294 e ss..

42 *A Cessão de Créditos como Estrutura Contratual com Eficácia Translativa*

resulta ter sido devotado pouco interesse ao problema, o que não deixa de ser curioso, se atendermos à existência de posições antagónicas entre os autores.

2.2. *Posições de Antunes Varela e Almeida Costa*

I. Na doutrina mais recente que trabalha sobre o texto de 1966, descortinam-se duas posições timidamente distintas. Diz-se timidamente, porque parecem não dar conta de quão distintas são, uma vez que não se referem nem se rebatem mutuamente.

Por um lado, afirma-se que a cessão de créditos produz desde logo efeitos perante as partes e outros terceiros, ficando apenas dependentes de notificação os efeitos a produzir perante o devedor cedido e terceiros adquirentes do mesmo crédito. Por outro lado, diz-se que a cessão produz efeitos perante as partes por efeito do contrato e perante devedor cedido e outros terceiros por efeito da notificação.

A primeira posição, na esteira da opção defendida por Vaz Serra, é perfilhada por Antunes Varela[47]. A segunda posição é assumida por Almeida Costa.

Quando se menciona este elenco de autores é necessário alertar para o facto de ser difícil encontrar nos seus textos uma tomada de posição muito clara sobre o problema. Na parte dos manuais dedicada à cessão de créditos são muito escassas as referências a este aspecto, pelo que o descortinar da posição defendida por cada autor resulta frequentemente de algumas, por vezes subtis, afirmações e não de um acolhimento claro e expresso de determinada solução.

No capítulo dedicado à cessão de créditos, Antunes Varela apenas se refere ao problema por duas vezes e em notas de pé de página, nunca no texto principal. Uma vez, para afirmar que da aplicação do artigo 408.°/1 resulta que, no caso de conflito entre credores do cedente, que queiram penhorar o crédito cedido antes de ter havido notificação da cessão, e os credores do cessionário, são os interesses destes que prevalecem[48]. Num outro momento, afirma que, se o cedente, depois de ter recebido indevidamente o objecto da prestação (por já ter cedido o crédito), tiver caído em

---

[47] Como se verá, com ele concordam expressamente Menezes Cordeiro e Ribeiro de Faria e implicitamente Menezes Leitão.

[48] Antunes Varela, *Das Obrigações em Geral* – Vol. II, 1997, p. 313, nota 1.

falência, o cessionário e seus credores gozam do direito de separação em relação à massa falida[49].

A sua preocupação maior é refutar a tese de Mancini, crítica, como se verá[50], da doutrina tradicional, por cindir o momento da eficácia da cessão entre as partes e em relação a terceiros, defendendo, ao invés, que os efeitos só se produzem, em relação a todos, com a notificação. Por isso, quando Antunes Varela se refere a este problema, é apenas para ilustrar o que defende numa sede mais vasta: que faz todo o sentido distinguir um momento em que a cessão produz efeitos perante as partes e outro em que produz efeitos perante o devedor cedido, atribuindo a eficácia liberatória do pagamento feito ao cedente à necessidade de protecção do pagamento feito a credor aparente[51]. Mas, embora não haja neste ponto de explicação a assunção clara de uma posição, a verdade é que de ambas as afirmações referidas resulta a adopção da teoria segundo a qual o crédito se transmite com efeitos perante terceiros (excluindo o devedor) desde logo no momento do contrato[52].

Esta posição só é claramente assumida em capítulo posterior: ao analisar o penhor de direitos afirma expressamente, como forma de distinguir com clareza o penhor de créditos da cessão dos mesmos, que "[n]a cessão, o negócio produz imediatamente efeitos entre as partes (cedente e cessionário) e em relação a terceiros e só a sua eficácia em relação ao devedor fica dependente da notificação deste ou do conhecimento do acto por parte deste."[53].

A posição adoptada no *Código Civil Anotado* é também esta, embora a referência seja mínima. Diz-se apenas que, tendo sido abolida a limitação do antigo artigo 789.° no que toca a demais terceiros, em relação a eles a cessão fica sujeita aos princípios gerais sobre eficácia dos negócios jurídicos[54], sem que seja dada qualquer explicação adicional nesse sentido.

---

[49] Antunes Varela, *Das Obrigações em Geral* – Vol. II, 1997, p. 315, nota 2.

[50] Veja-se *infra*, pp. 195 e ss..

[51] Antunes Varela, *Das Obrigações em Geral* – Vol. II, 1997, pp. 313 e 314.

[52] Aliás, a propósito da primeira afirmação, Antunes Varela, *Das Obrigações em Geral* – Vol. II, 1997, pp. 313 e 312, nota 1, adere expressamente à posição defendida por Vaz Serra.

[53] ANTUNES Varela, *Das Obrigações em Geral* – Vol. II, 1997, p. 545.

[54] Pires de Lima e Antunes Varela, *Código Civil Anotado* – Vol. I (com a colaboração de Manuel Henrique Mesquita), 1987, pp. 599 e 600.

44 *A Cessão de Créditos como Estrutura Contratual com Eficácia Translativa*

Menezes Cordeiro limita-se a aderir à posição de Antunes Varela[55], fundando-se expressamente na produção imediata dos efeitos do contrato – nos termos gerais –, por referência à fonte da cessão[56]. Ribeiro de Faria faz uma análise em tudo semelhante à de Antunes Varela no que respeita à crítica a Mancini e igualmente a esse propósito afirma que os credores do cessionário devem preferir aos do cedente, mesmo antes da notificação[57]. Menezes Leitão refere apenas, expressamente, que "a cessão produz efeitos independentemente de qualquer notificação, pelo que, a partir da sua verificação, os credores do cessionário podem executar o crédito ou exercer a acção sub-rogatória"[58].

Contrariamente, Almeida Costa, depois de escrever que entre as partes os efeitos se produzem segundo o tipo de negócio-base e que em relação ao devedor cedido é necessária a notificação ou aceitação, afirma: "[a] notificação da cessão ao devedor ou a aceitação desta (art. 583.°/1) serve ainda para lhe atribuir eficácia *quanto a terceiros*. Na verdade, qualquer dos referidos actos apresenta um alcance análogo ao que se consegue, noutros casos, com os meios de publicidade. Particularmente, se o mesmo crédito for cedido a várias pessoas, prevalecerá a cessão primeiro notificada ao devedor ou aceita por este (art. 584.°)."[59]. Em harmonia com esta posição, na exposição sobre o penhor de créditos, equipara-o, para efeito de

---

[55] No que toca à solução, ver-se-á adiante (pp. 44 e ss.) que o entendimento da cessão de créditos não é em tudo equivalente nos dois autores.

[56] "A razão está, indubitavelmente, na segunda orientação. Efectivamente, não devemos, em rigor, perguntar quando se produzem os efeitos da cessão, mas antes a partir de que momento opera a fonte da cessão. Ora esta, nomeadamente quando redunde, como é natural, num contrato, produz efeitos imediatos, nos termos gerais. Apenas esses efeitos não se manifestam face ao devedor de boa fé – art. 583.°.". Menezes Cordeiro, *Direito das Obrigações* – 2.° Vol. , 1980 (reimpressão 1994), pp. 96 e 97. Já na nota 30 da p.96 se referia à posição de Antunes Varela como defendida "em termos que pensamos decisivos". Reportava-se então à edição de 1978 do Vol. II de *Das Obrigações em Geral*; todavia, a posição não mereceu alterações.

[57] Ribeiro de Faria, *Direito das Obrigações* – Vol. II, 1990, p. 519, nota 1. Curioso é que, mais adiante, não dedique uma palavra a outros terceiros para além do devedor cedido. Quando trata do efeito da transmissão do direito à prestação, afirma apenas que entre as partes ele tem lugar por força do próprio contrato e que relativamente ao devedor é preciso ter em conta o seu conhecimento da cessão. Não faz qualquer menção a outros terceiros. Veja-se *ibidem*, p. 526 e 527.

[58] Menezes Leitão, *Direito das Obrigações* – Vol. II, 2002, p. 28.

[59] Almeida Costa, *Direito das Obrigações*, 2001, p. 761, e Almeida Costa, *Noções Fundamentais de Direito Civil*, 2001, p. 181.

Enunciação do problema 45

regime, à cessão de créditos, sem ter havido uma preocupação em frisar o papel diferente desempenhado pela notificação num caso e noutro[60].

Desta posição resulta que a notificação é um facto necessário para que a transmissão de créditos produza efeitos também em relação a outros terceiros além do devedor e dos adquirentes do mesmo crédito. Se assim não fosse, o A. não teria utilizado a expressão "particularmente" para se referir a estes últimos. A notificação e a aceitação são expressamente elevadas a meio de publicidade, na medida em que desempenharão um papel análogo ao desempenhado pelos meios de publicidade.

II. É, pois, com alguma estranheza que se verifica esta divisão nas obras mais significativas da doutrina portuguesa sem que a tal corresponda uma mútua e forte intenção de rebater e analisar a posição contrária.

Quer uma posição quer outra são pouco mais que enunciadas, inexistindo, claramente, uma preocupação de fundamentação exaustiva das posições perfilhadas. Acresce que, quase sempre, o problema é aflorado a propósito de questões próximas e não directamente. A doutrina portuguesa é, pois, neste ponto, o espelho fiel do não comprometimento do texto legal. Tal como o código não assume uma posição expressa a esse propósito e deixa apenas pistas de solução do problema, também a doutrina se furta a uma análise mais vasta da matéria, enunciando apenas, com pouco labor argumentativo, a solução que lhe parece mais curial.

A jurisprudência, por seu turno, pouco criativa tem sido. Em sede do código antigo, as suas inquietações centravam-se, sobretudo, em saber como deveria ser feita a notificação e que actos poderiam ser equiparados a ela[61].

Com o novo código, pouco ou nada se adianta em relação às posições da doutrina e ao texto legal. A cessão de créditos é apresentada como tendo uma eficácia temporalmente distinta consoante se trate das partes ou do devedor cedido: para aquelas, o contrato, para este, a notificação ou a

---

[60] Almeida Costa, *Direito das Obrigações*, 2001, pp. 869 e ss., e Almeida Costa, *Noções Fundamentais de Direito Civil*, 2001, pp. 244 e 245.

[61] Veja-se a indicação de jurisprudência feita por Guilherme Moreira, *Instituições do Direito Civil Português* – Vol. 2.°, Das Obrigações, 1925, p. 195, nota 1, sobre a possibilidade de a citação e o arresto suprirem a notificação. Veja-se também a divergência de posições, a esse propósito, de Guilherme Moreira, *Instituições do Direito Civil Português* – Vol. 2.°, Das Obrigações, 1925, pp. 195 e 196, e Cunha Gonçalves, *Tratado de Direito Civil* – Vol. V, 1932, pp. 67 e 68. Este ponto é retomado mais adiante, a propósito do entendimento actual da possibilidade de a citação poder valer como notificação. Veja-se p.120.

aceitação. De outros terceiros pouco ou nada se fala; quando muito, o problema coloca-se perante vários adquirentes do mesmo crédito e aí, aplicando-se o artigo 584.º, conclui-se que a notificação desempenha um papel análogo ao do registo[62].

É necessário, por consequência, analisar aprofundadamente o contrato (e para isso é necessário perceber de que contrato se trata) e a notificação, tal como foram entendidos no nosso código, para dessa análise se poder ou não retirar a solução para a questão colocada.

Viu-se que, na omissão de um preceito directamente dirigido a tal problema, a doutrina pouco se debruça sobre o tema, apesar de conter no seu seio posições divergentes, e a jurisprudência limita-se a referir o que resulta da lei e da lição dos autores.

Seria, todavia, precipitado, nesta fase, não atender ao que foi sendo escrito sobre contrato e notificação para tentar retirar desses elementos, por decorrência lógica, a solução do problema. Há que analisar o que está assente na lei e no ensinamento da doutrina para se encontrar o máximo para a resolução da dúvida.

Vou pois analisar sucessivamente o 'contrato de cessão de créditos' e a notificação ao devedor cedido para perceber se o código, afinal, ainda que subtilmente, dá resposta.

---

[62] STJ 25-Mai.-1999 (Torres Paulo), BMJ 487 (1999), 299-302, p. 302.

CAPÍTULO II

A construção do código civil: contrato e notificação

3. Razão de ordem

Para se compreender a transmissão contratual de créditos no direito português[63] há dois pontos fundamentais de análise: a relação entre o efeito de transmissão do crédito e o negócio que as partes celebram para alcançar esse efeito e a relação entre o efeito de transmissão do crédito e a notificação ao devedor cedido.

No primeiro ponto deste capítulo, relativo ao contrato de 'cessão de créditos', vai tratar-se, principalmente, do primeiro aspecto e no segundo ponto, relativo à notificação, tratar-se-á do segundo. Os objectivos são, respectivamente, encontrar o cerne da estrutura da cessão de créditos no nosso direito dos contratos e, em relação com o que se for concluindo, definir o valor e o papel da notificação no contexto da eficácia da transmissão.

4. O contrato de 'cessão de créditos'

I. O código civil português enceta a matéria da transmissão dos direitos de crédito com a indicação expressa de que o credor pode ceder o

---

[63] Noutros ordenamentos a análise impõe uma organização algo diversa que se prende sobretudo com a matéria da forma. É pacificamente aceite que no nosso direito não se exigem para o contrato-fonte da cessão de créditos especiais requisitos de forma, sendo a notificação vista, quando muito, como uma formalidade da cessão de créditos. Noutros direitos, a forma exigida para a cessão de créditos desempenha um papel fundamental e varia, por vezes, de acordo com o tipo de cessão que se pretende efectuar. Por isso, se o ponto de partida não fosse o código civil português, porventura a organização da matéria exposta seria diversa. Veja-se, por exemplo, numa perspectiva comparatista, Kötz, *The Transfer of Rights by Assignment*, 1992, onde toda a matéria da notificação é tratada, a par com outros actos, a propósito dos requisitos formais da cessão de créditos.

seu crédito, independentemente do consentimento do devedor (art. 577.º/1). Ao contrário dos diversos preceitos que, na parte especial do livro das obrigações, iniciam a regulação dos diferentes tipos contratuais com definições legais que se podem qualificar de performativas[64], aqui não é oferecida uma noção do que seja a cessão de créditos. A primeira preocupação da lei centra-se na admissibilidade da cessão sem o consentimento do devedor e a expressão utilizada é, simplesmente, "*o credor pode ceder*". Ao intérprete cabe a tarefa de buscar o que seja "*ceder*".

Da leitura da lei resulta que a expressão legal "*cessão*" parece ser usada para designar, exclusivamente, a transmissão convencional do crédito[65], ou seja, a transmissão do crédito através de acordo celebrado entre cedente e cessionário. Com efeito, quando a lei se refere aos outros factos potencialmente geradores de eficácia idêntica – lei e acto judicial –, refere-se a "*transferência legal ou judicial de créditos*" (art. 588.º *in fine*) e já não a "*cessão*"[66].

A expressão cessão de créditos é usada na lei com uma pluralidade de sentidos. Ela designa quer o instituto da cessão de créditos (epígrafe da Secção I e 1ª menção no art. 588.º), quer o contrato (arts. 578.º, 579.º, 580.º, 583.º/1), quer o contrato e/ou efeito (arts. 577.º, 581.º, 583.º/2, 584.º, 585.º, 587.º/1, 2ª menção no art. 588.º)[67], quer apenas o efeito (art. 582.º/1).

Relacionado com estes aspectos que, embora terminológicos, são abundantemente indiciadores da configuração substancial do instituto,

---

[64] Porque não descrevem apenas determinada realidade social, antes estabelecem um quadro de circunstâncias às quais associam determinados efeitos jurídicos. Sobre a noção de performatividade direccionada para o negócio jurídico, Ferreira de Almeida, *Texto e Enunciado na Teoria do Negócio Jurídico* – Vol. I, 1992, pp. 121 e ss..

[65] Sentido aliás equivalente quando se fala em cessão da posição contratual. Também aí se quer designar a transferência convencional do complexo de posições activas e passivas criadas por um contrato. Mota Pinto, *Cessão da Posição Contratual*, 1970 (reimpressão 1982), pp. 71 e 72, designa como a "transferência *ex negotio*" e, em outro momento (p.90), exclui os casos de transmissão por força da lei do âmbito de uma verdadeira cessão, apelidando-os de sub-rogação legal.

[66] Todavia, os autores distinguem, por vezes, entre cessão convencional, legal ou judicial dos créditos. Cunha Gonçalves, *Tratado de Direito Civil* – Vol. V, 1932, p. 71, intitula justamente um parágrafo de "cessão judicial".

[67] Por exemplo: não é claro, quando se lê "*contanto que a cessão não esteja interdita*" (art. 577.º/1) ou "*se proíba ou restrinja a possibilidade de cessão*"(art. 577.º/2) ou ainda "*salvo se este a conhecia no momento da cessão*" (art. 577.º/2 *in fine*) que a lei se esteja a reportar ao 'contrato de cessão' ou ao efeito de cessão.

colocam-se algumas questões pertinentes. Em que sentido é que a lei emprega o substantivo "cessão" ou o verbo "ceder" quando se refere a "*cessão de créditos*" (epígrafe da Secção I, arts. 578.º/2, 579.º, 588.º), a "*cessão*" (arts. 577.º, 578.º, 579.º, 580.º, 583.º, 584.º, 585.º, 587.º), a "*cessão do crédito*" (art. 582.º), ou a "*ceder*" (art. 577.º/1)? Está a nominar um tipo contratual ou a qualificar um negócio como dispositivo ou a referir-se apenas a um efeito e não a um acto negocial? Há dois actos negociais ou apenas um? Qual é o acto que tem como efeito a transmissão do crédito? Entre as partes? Em relação ao devedor? Em relação a outros terceiros?

II. Todas estas questões ganham relevância quando se constata que, numa secção dedicada na íntegra à cessão de créditos, não se encontra, propositadamente[68], regulamentação suficiente para abarcar alguns problemas susceptíveis de ser colocados. Isto mesmo é corroborado pela leitura do n.º 1 do artigo 578.º (que retira desta secção parte do regime da cessão de créditos, determinando que, quanto aos requisitos e efeitos entre as partes, rege o tipo de negócio que serve de base à cessão) e do n.º 1 do artigo 587.º (que, *in fine*, remete para a regulação do "*negócio, gratuito ou oneroso, em que a cessão se integra*"). Em consequência, parte do regime da cessão de créditos é remetido para a regulação dos tipos contratuais que estão na base da cessão de créditos. Perceber qual é o alcance dessa remissão e o que significa "*tipo de negócio que serve de base*" ou "*negócio em que a cessão se integra*" é imprescindível ao entendimento do instituto da cessão de créditos.

Quando a lei e a doutrina se referem a "cessão de créditos" estão, geralmente, a acolher duas perspectivas diferentes: a cessão do crédito enquanto efeito e a cessão de créditos enquanto acto que gera esse mesmo efeito.

Seria porventura útil, para efeito de estudo, procurar isolar esses dois aspectos[69].

Todavia, a sua conexão é de tal forma imbricada e a terminologia da lei e dos autores[70] tão indiferenciada que dificulta a tentativa de divisão.

---

[68] Veja-se, *supra*, pp. 26 e ss..

[69] Atente-se à explicação de Panuccio, *La cessione volontaria dei crediti nella teoria del trasferimento*, 1955, pp. 5 e ss., acerca da necessidade de não confundir a cessão de créditos enquanto efeito e a cessão de créditos enquanto acto negocial que produz esse mesmo efeito.

[70] Registe-se como uma mesma expressão "acto de cessão" pode significar, segundo os autores, realidades tão diversas. Em geral, quando se fala em "acto de cessão" está a

50   *A Cessão de Créditos como Estrutura Contratual com Eficácia Translativa*

Além disso, qualquer distinção que se procure agora fazer está comprometida e revela, naturalmente, a posição perfilhada. Neste momento de análise, é importante expor a matéria com isenção e só depois analisar criticamente e retirar conclusões. Isto não quer dizer que, sem isolar totalmente os dois aspectos, não se ensaie dividir as posições da doutrina de acordo com a ênfase que dão a uma ou outra perspectiva

Procurando fugir à tentação de negligenciar posições menos atraentes, analisar-se-ão primeiro as diferentes opções possíveis e, em relação a cada uma delas, procurar-se-á aferir se encontram sem dificuldade correspondente face ao direito português ou se, não existindo essa correspondência, é pertinente transpô-las para o direito nacional. Só no final dessa análise se poderá concluir sobre a orientação da lei portuguesa.

Um aspecto é o efeito de transmissão do crédito obtido convencionalmente e outro é o negócio que as partes celebram com vista à obtenção desse mesmo efeito. Quando se fala em cessão de créditos e se diz, por exemplo, que a transmissão pode ser convencional, legal ou judicial, atende-se apenas ao segundo aspecto: diz-se que o efeito de transmissão de um crédito pode ser obtido por vontade das partes manifestada negocialmente, por força da lei ou de decisão judicial. Mas é inegável que também se quer dizer que por todas essas vias se pode alcançar o efeito de transmissão do crédito. Quando se refere, em particular, a transmissão convencional do crédito é inevitável atender não apenas ao efeito, mas também ao acto (ou aos actos) gerador desse mesmo efeito.

É depois do estudo da articulação destes dois aspectos – efeito e negócio – que se pode compreender a estrutura do instituto da transmissão convencional de créditos e o seu regime no direito português. Esta compreensão é, portanto, resultado da análise anterior da relação entre o efeito transmissivo e o negócio celebrado com essa finalidade.

III. Considerando que a divisão entre o estudo do contrato e o estudo do efeito é difícil e denota, necessariamente, um elevado nível de abstracção, não se analisam sem mais, em separado, os dois aspectos. Mas, para maior facilidade de apreensão, agrupam-se as diferentes posições legislativas e doutrinárias sob a égide dessa distinção. Assim, tendo em atenção

---

querer dizer-se "contrato dirigido à transmissão do direito de crédito", mas nem sempre é assim. Cunha Gonçalves, *Tratado de Direito Civil* – Vol. V, 1932, p. 75, por exemplo, afirma que se deve distinguir entre acto da cessão e causa da cessão. O acto da cessão é a transmissão do crédito e a causa da cessão pode ter diversas origens: é a venda ou a doação do mesmo crédito.

A construção do código civil: contrato e notificação

a distinção entre os dois aspectos, mas, simultaneamente a sua íntima ligação, vão estudar-se, numa primeira alínea, as posições que vêem na cessão
de créditos um contrato e, numa segunda, as posições que estudam a cessão como um efeito. Ver-se-á como as duas perspectivas abarcam posições
diversas e implicam soluções diferentes. Ver-se-á também como, por
exemplo na doutrina italiana, são defendidas posições substancialmente
diferentes para explicar o mesmo regime legal. Por isso, a sistemática que
se acolhe não resulta da divisão dos diferentes sistemas estrangeiros, mas
sim das diferentes posições legais e doutrinais que de alguma forma relevam para a compreensão do direito português.

Não se esquece, todavia, sob pena de esta divisão dificultar mais do
que esclarecer, que contrato e efeito, na prática, pertencem a uma mesma
realidade que, como tal, deve ser vista conjuntamente. Na verdade, para
qualquer das posições analisadas o contrato em questão terá sempre em
vista a transmissão do direito de crédito – portanto, o efeito – e o efeito
reportar-se-á também – ainda que porventura não exclusivamente – ao
contrato.

Olhando para os códigos civis europeus e para a doutrina que sobre
eles foi trabalhando, descobre-se, com relativa facilidade, que um instituto
com raízes comuns e aparentemente igual nos diversos ordenamentos
ganha contornos legais diferentes e matizes doutrinais de relevo. Autores
de diferentes origens procuraram sintetizar e agrupar essas diversas posições[71]. Simplificando estas divisões, dir-se-ia que há duas perspectivas
fundamentais: a que coloca o acento tónico na cessão enquanto contrato –
a cessão de créditos é, no essencial, um contrato por efeito do qual o crédito se transmite – e a que enfatiza o efeito – a cessão do crédito é o efeito
produzido por um contrato a tal dirigido. Não se pense que se trata apenas
de uma mesma realidade, embora construída inversamente. Ver-se-á como
estes entendimentos influenciam de modo determinante as soluções adop-
tadas.

Em cada posição que se vai analisar procura-se encontrar em que
medida os seus pressupostos e as suas conclusões são pertinentes à luz do
direito português.

---

[71] Veja-se, a título de exemplo, Mancini, *La cessione dei crediti futuri a scopo di
garanzia*, 1968, pp. 117 e ss., e Navarro Pérez, *La Cesión de Créditos en el Derecho Civil
Español*, 1998, pp. 68 e ss, para não mencionar a análise naturalmente feita pelos comparatistas: Kötz, *The Transfer of Rights by Assignment*, 1992; Kötz, *Europäisches Vertragrecht – Band I*, 1996, pp. 399 e ss.; Zweigert e Kötz, *Einführung in die Rechtsvergleichung*, 1996, pp. 438 e ss..

4.1. *A cessão de créditos enquanto contrato*

A cessão de créditos é vista como um contrato cujo efeito é a transmissão do direito de crédito segundo orientações bastante diversas. Podem encerrar-se nesta perspectiva, sendo, no entanto, entre si, substancialmente diferentes, quer a postura que confere à cessão o carácter de negócio com causa variável, quer a que vê nela um negócio dispositivo abstracto. Têm em comum a circunstância de, para ambas, a cessão de créditos ser, ela própria, um negócio jurídico, um contrato celebrado entre cedente e cessionário com vista à transmissão de um determinado crédito.

4.1.1. *Negócio de causa variável*

I. Maioritariamente por impulso da doutrina italiana, mas com adeptos noutros direitos[72], foi sendo desenvolvida a posição que defende ser a cessão de créditos, embora gozando de autonomia, um negócio de causa variável, fungível ou genérica. O principal objectivo desta construção foi o de conseguir separar a figura da cessão de créditos do contrato de compra e venda[73].

Ao contrário do que sucedia com o código italiano de 1865, que, na esteira do código francês, regulava a cessão de créditos no título da compra e venda, o código italiano de 1942 deslocou a cessão de créditos para a parte geral das obrigações. Esta alteração deu lugar a um vivo debate doutrinário. Se houve autores que, preocupados em desfazer a íntima ligação entre a compra e venda e a cessão de créditos, sustentaram firmemente ser a cessão de créditos um negócio de causa variável, incapaz, só por si, de determinar os efeitos pretendidos, devendo, para tal, ser integrado num

---

[72] Veja-se, talvez numa posição isolada no direito espanhol, Diéz-Picazo, *Prólogo* a Julio Vicente Gavídia Sanchez, *La Cesión de Créditos*, 1993, p. 12. Mas posição algo diferente é a que Diéz-Picazo defende, com Gullón, em obra mais recente. Afirmam estes autores que a transmissão do crédito é, normalmente, consequência de um negócio jurídico em virtude do qual se produz a deslocação patrimonial (Diéz-Picazo e Gullón, *Sistema de Derecho Civil* – Volumen II, 1995, p. 257).

[73] Mas mesmo quando acolhe esta perspectiva, ao tratar a matéria da compra e venda, a doutrina continua a fazer referência à cessão de créditos. Por exemplo, Bonfante, *Il contrato di vendita*, 1991, pp. 32 e ss., explicando, no entanto, que, no caso de cessão a título oneroso mediante o pagamento do preço correspectivo, se deve falar de cessão de créditos operada através do esquema da compra e venda.

A construção do código civil: contrato e notificação   53

esquema mais vasto[74], outros defenderam, como se registará adiante, ser a cessão de créditos tão-só o efeito de uma factispécie negocial típica[75].

A primeira posição configura a cessão de créditos como um esquema incompleto: entende que a cessão de créditos contém uma causa genérica constante – que é a transmissão do crédito – e uma causa específica variável que vai integrando, caso a caso, a causa constante[76]. Na prática, este entendimento leva a que, na falta de regulação da lei na parte da cessão de créditos, se possa colmatar a lacuna recorrendo à disciplina normativa do tipo contratual que integra, naquele caso concreto, a disciplina da cessão de créditos[77]. Aplica-se primeiro o regime da cessão de créditos e, em tudo o que não estiver aí contemplado, recorre-se à regulação do tipo-causa da cessão.

II. Esta tese é criticada por inúmeros sectores da doutrina italiana por razões muito diversas, como seja o acolhimento da ideia de causa variável levar, necessariamente, ao entendimento da cessão como efeito de outra factispécie, com a consequente negação de autonomia institucional[78], ou ser manifestamente artificioso defender ser uma causa genérica integrada por um negócio completo dotado de uma causa típica e portanto inidónea para justificar a transmissão[79].

Mas as posições críticas da doutrina da causa variável não deixam de defender uma postura que também acolhe a cessão de créditos como contrato, aliás, como tipo contratual. A crítica desenvolvida por Mancini é sustentada, justamente, por advogar que, em última análise, a causa concreta não completa, mas absorve, o esquema da cessão, pelo que, em con-

---

[74] Veja-se, por todos, Panuccio, *La cessione volontaria dei crediti nella teoria del trasferimento*, 1955, pp. 20 e ss., e Panuccio, *Cessione dei crediti*, 1960, pp. 849 e ss..

[75] Veja-se, sobretudo, Franceschelli, *Appunti in tema di cessione dei crediti*, 1957, pp. 4 e ss., mas também Rubino, *La Compravendita*, 1952, p. 179 ou Bianca, *La Vendita e la Permuta*, 1993, p. 207.

[76] Panuccio, *La cessione volontaria dei crediti nella teoria del trasferimento*, 1955, p. 27. Esta causa variável não significa, todavia, que a cessão de créditos seja um negócio abstracto, pelo contrário, de harmonia com o sistema italiano, a cessão de créditos deve entender-se causal. *Ibidem*, pp. 15 e ss., em especial, p. 24.

[77] *Ibidem*, p. 25.

[78] Mancini, *La cessione dei crediti futuri a scopo di garanzia*, 1968, pp. 146 e ss., em especial, pp. 149 e 150.

[79] Perlingieri, *Cessione dei crediti*, 1982, p. 12.

54   A Cessão de Créditos como Estrutura Contratual com Eficácia Translativa

sequência, lhe nega a sua autonomia como tipo[80]. Apesar de defender que a cessão é um esquema incompleto (mas não vazio), um negócio de causa genérica[81] integrado pelas funções económicas e sociais da cessão – venda, doação, pagamento e garantia –, sustenta tratar-se de um acto translativo autónomo, de uma factispécie negocial autónoma[82].

A cessão, para além das funções concretas que nela se vão inserir, contém um interesse muito específico e irredutível, que é o interesse na transmissão do crédito. Não há um fenómeno de relação entre factispécies negociais autónomas, mas de penetração de uma função específica num esquema que tem uma causa genérica e incompleta[83]. Todavia, o negócio permanece uno, ainda que a função concreta que ele satisfaz seja análoga à de outra factispécie negocial[84].

Repare-se como esta posição acaba por não se afastar, em termos práticos, verdadeiramente, do entendimento da cessão de créditos enquanto esquema de causa variável. A peculiaridade deste pensamento, no confronto com a tese da causa genérica incompleta, está no entendimento da cessão de créditos enquanto tipo contratual autónomo – marcado pela especificidade de transmissão do crédito –, ainda que integrado por diversas funções análogas às de outros tipos. Consequentemente, caracteriza-se pela quebra de qualquer ligação entre a cessão de créditos e outras factispécies negociais translativas de direitos subjectivos. Por isso também esta posição é profundamente crítica da tese que configura a cessão como simples efeito negocial[85].

---

[80] Mancini, *La cessione dei crediti futuri a scopo di garanzia*, 1968, pp. 146 e ss..

[81] Mancini, *La cessione dei crediti futuri a scopo di garanzia*, 1968, p. 147, explica que a defesa da existência de uma causa variável ou de uma causa genérica conduz a soluções totalmente diversas. Assumir a existência de uma causa específica variável ou fungível equivale a fazer da factispécie uma forma vazia, destinada a acolher a função de outros tipos negociais, enquanto que entender que a cessão é um negócio de causa genérica significa assumir a existência de uma função constante e determinada, mas que se apresenta de forma incompleta, pelo que deve ser especificada e caracterizada por uma função específica ulterior que nela se integra.

[82] Mancini, *La cessione dei crediti*, 1999, pp. 460 e 461.

[83] Mancini, *La cessione dei crediti futuri a scopo di garanzia*, 1968, pp. 146 e ss., e Mancini, *La cessione dei crediti*, 1999, pp. 463 e 464.

[84] Mancini contra-argumenta, nomeadamente, que o facto de o art. 1470, relativo à compra e venda, prever não só a compra e venda de coisas, mas também de outros direitos (aliás tal como se passa no direito português), em nada interfere com o regime da cessão de créditos, pois esses outros direitos mais não são do que os direitos reais limitados e os direitos potestativos. Mancini, *La cessione dei crediti futuri a scopo di garanzia*, 1968, pp. 120 e 121, e Mancini, *La cessione dei crediti*, 1999, p. 461.

[85] Quanto a esta perspectiva, veja-se pp. 64 e ss..

A construção do código civil: contrato e notificação

III. Na doutrina portuguesa, houve já quem entendesse, na vigência do Código de Seabra, que a cessão de créditos era um verdadeiro tipo contratual. Embora de forma não explícita e nem sempre coerente, afirmou-se, a propósito do problema da forma do negócio, não ser o contrato de cessão equiparável ao de compra e venda e ao de doação, visto estar especialmente regulado no código e não se exigirem em relação a ele formalidades especiais[86].

Actualmente, parte da doutrina portuguesa adere à posição que entende a cessão de créditos como um negócio de causa variável. Antunes Varela adopta a expressão de negócio policausal ou polivalente, preferindo-a à terminologia de causa genérica de Mancini[87]; Almeida Costa limita-se a referir que a cessão se apresenta como um contrato de causa variável, constituindo um esquema negocial genérico susceptível de diferentes concretizações[88]; Ribeiro de Faria refere-se ao carácter poli-causal da cessão[89].

Não se debruçando directamente sobre a questão em análise, outros autores parecem perfilhar esta posição. É o que parece poder deduzir-se, embora por razões totalmente diversas, de algumas passagens de Oliveira Ascensão[90] e de Pais de Vasconcelos[91-92]. Embora não adira à terminolo-

---

[86] Guilherme Moreira, *Instituições do Direito Civil Português* – Vol. 2.º, Das Obrigações, 1925, p. 191. Disse-se que a posição não era claramente enunciada e nem sempre coerente porque, um pouco antes, na p.184, dizia que a palavra "cessão" significava, tecnicamente, "a sucessão por negócio jurídico entre vivos num crédito". Ora aqui está a utilizar a palavra cessão apenas no sentido de efeito transmissivo que se obtém negocialmente, sem, contudo, se referir a esse negócio como contrato de cessão ou de compra e venda ou de doação.

[87] Antunes Varela, *Das Obrigações em Geral* – Vol. II, 1997, pp. 302 e 303. A esta posição adere expressamente Calvão da Silva, *Titul[ariz]ação de Créditos*, 2003, p. 33.

[88] Almeida Costa, *Direito das Obrigações*, 2001, p. 758, e Almeida Costa, *Noções Fundamentais de Direito Civil*, 2001, pp. 179 e 180.

[89] Ribeiro de Faria, *Direito das Obrigações* – Vol. II, 1990, p. 507.

[90] Debruçado sobre os casos em que há uma abstracção meramente aparente, o A. escreve que a cessão de créditos não é um negócio abstracto, mas um trecho de um negócio mais complexo em que se integra como seu aspecto. É esse negócio que, podendo ser de qualquer espécie, dá a causa da cessão. Oliveira Ascensão, *Direito Civil Teoria Geral* – Vol. III, 2002, p. 167.

[91] Analisando especificamente a problemática da admissibilidade, entre nós, do negócio fiduciário, defende a utilidade da fidúcia para a criação de novos tipos contratuais, escrevendo que "[a] partir dos tipos contratuais utilizados como instrumentos, os contratos fiduciários serviram, na história, para a criação e desenvolvimento de novos tipos contratuais. O penhor, o comodato, *a cessão de créditos*, o *factoring*, o trust, os acordos paras-

56   *A Cessão de Créditos como Estrutura Contratual com Eficácia Translativa*

gia referida de contrato de causa variável, também Ferreira de Almeida evidencia o carácter negocial da cessão de créditos, parecendo admitir a sua autonomia, embora haja uma estreita relação com um outro negócio que especifica a sua função[93]. Assim, a atribuição patrimonial a operar – neste caso, a transmissão do crédito – integra-se, como acto formativo ou de execução, numa operação sócio-económica mais ampla expressa pelo texto de um outro negócio jurídico[94].

IV. Genericamente, é legítimo afirmar que os autores portugueses (a cuja posição a casuística aderiu[95]) que escreveram sobre a natureza da cessão de créditos aderem à doutrina italiana exposta no aspecto da justi-

---

sociais, nasceram a partir da modificação fiduciária dos respectivos tipos de referência.". Pais de Vasconcelos, *Contratos Atípicos*, 1995, pp. 294 e 295 (itálico meu). Desta afirmação parece decorrer a configuração da cessão de créditos em garantia como modificação fiduciária do tipo contratual de referência "cessão de créditos". No entanto, não é isento de dúvidas que o A. perfilhe o entendimento referido. Na verdade, Pinto Duarte, que, como se verá (*infra*, p. 68), nega à cessão de créditos o estatuto de tipo contratual, qualifica-a como "espécie de contrato" e remete para a distinção que Pais de Vasconcelos faz entre tipos de contratos e classes de contratos, integrando-se a cessão de créditos numa classificação. Veja-se esta remissão em Pinto Duarte, *Tipicidade e Atipicidade dos Contratos*, 2000, p. 28, nota 46.

[92] Também Vitor Pereira das Neves, a propósito da admissibilidade da cessão de créditos em garantia, parece admitir (aderindo ao pensamento de Mancini), embora subtilmente, ser a cessão de créditos um verdadeiro tipo contratual, mas com causa variável e, portanto, conformado, em cada momento, pela causa concreta que o anima. Neves, *A Afectação de Receitas Futuras em Garantia*, 2000, p. 174 e ss., em especial p.176, onde, aderindo à posição de Mancini que postula que a função modela a cessão, escreve que "a cessão de créditos em garantia é um negócio translativo da titularidade do crédito que, na sua substância e com projecção no conteúdo do direito que é transferido, é permeável às incidências da causa que lhe serve de base.".

[93] A cessão de créditos pertencerá a um grupo de negócios jurídicos que "[...] não referem uma função metajurídica própria e admitem textualmente mais do que uma, ficando a sua especificação para o texto de outro negócio jurídico que com o primeiro se relaciona intrinsecamente". Ferreira de Almeida, *Texto e Enunciado na Teoria do Negócio Jurídico* – Vol. I, 1992, p. 543.

[94] Ferreira de Almeida, *Texto e Enunciado na Teoria do Negócio Jurídico* – Vol. I, 1992, p. 544.

[95] Depois de realçadas as diferenças entre um sistema de abstracção ou causalidade, o contrato de cessão de créditos é apresentado como um negócio causal, dependente do contrato mediante o qual se realiza a cessão: Ac STJ 15-Out.-1996, processo n.° 96A169. Num outro aresto (Ac STJ 25-Nov.-1997, processo n.° 97B731), em que a matéria em apreciação se prende com uma dação em cumprimento cujo objecto é um direito de crédito, o tribunal chama, repetidas vezes, "causa da cessão" à dação em cumprimento.

A *construção do código civil: contrato e notificação* 57

ficação do carácter causal da cessão de créditos e da negação da possibilidade de lhe ser conferida abstracção[96]. A concordância já não é tão perfeita no que se refere à autonomia da cessão de créditos em relação ao negócio que está na base.

Se, por um lado, os autores utilizam a expressão "cessão" para designar o negócio jurídico celebrado entre cedente e cessionário[97] e defendem que ele tem uma causa variável[98] – constituindo uma adesão clara à posição dos autores italianos –, por outro lado, constróem afirmações que apontam para a cessão enquanto efeito e parecem negar autonomia à cessão enquanto acto. Veja-se, por exemplo, neste sentido, "[...] se a cessão se realizar por meio de doação"[99], mas, ao mesmo tempo, em sentido já algo diverso e nebuloso, "[s]e o invólucro *causal* da transmissão do crédito for uma compra e venda [...]"[100]. Em sentido análogo, "[...] em ordem a que se verifique essa "cessão", tem lugar um acto instrumental dela, sua causa pois, e que se reconduz ou a uma compra e venda, ou a uma doação [...]"[101].

Em sentido totalmente diferente, os autores parecem fazer equivaler a cessão de créditos enquanto acto negocial autónomo ao contrato de cessão do direito alemão – *Abtretung*[102] – quando afirmam que à palavra portuguesa cessão correspondem quer a palavra alemã *Abtretung* quer a *Übertragung*[103] ou quando sustentam que "[...] o devedor não precisa de saber nada da cessão (*Abtretung*) [...]"[104]. Desta equivalência resultaria o entendimento da cessão enquanto contrato autónomo, desligado de qualquer causa e cuja eficácia seria a transmissão do crédito.

Quando se procura analisar o problema na perspectiva da compra e venda de direitos, expressamente referida no artigo 874.°, também os resultados são pouco seguros. Por um lado, é afirmado que tal preceito

---

[96] Veja-se, por todos, Antunes Varela, *Das Obrigações em Geral* – Vol. II, 1997, pp. 299 e ss, em especial, pp. 302 e 303.

[97] Antunes Varela, *Das Obrigações em Geral* – Vol. II, 1997, p. 295, Ribeiro de Faria, *Direito das Obrigações* – Vol. II, 1990, pp. 501 e 502.

[98] Antunes Varela, *Das Obrigações em Geral* – Vol. II, 1997, p. 302, Ribeiro de Faria, *Direito das Obrigações* – Vol. II, 1990, p. 507.

[99] Antunes Varela, *Das Obrigações em Geral* – Vol. II, 1997, p. 303.

[100] *Ibidem*, p. 304.

[101] Ribeiro de Faria, *Direito das Obrigações* – Vol. II, 1990, p. 502.

[102] Ver-se-á, de seguida, p. 57, de que se trata.

[103] Antunes Varela, *Das Obrigações em Geral* – Vol. II, 1997, p. 296, texto e nota 1.

[104] Ribeiro de Faria, *Direito das Obrigações* – Vol. II, 1990, p. 501.

58   A Cessão de Créditos como Estrutura Contratual com Eficácia Translativa

abrange "[...] não só os actos de transmissão onerosa da propriedade, mediante um preço, mas também os de transmissão onerosa de qualquer outro direito."[105]. Concluir-se-ia: isto significa que há compra e venda de direitos de crédito. Mas, logo de seguida, é explicado que "[é] em harmonia com esta orientação que dos artigos 578.° e 587.° resulta a aplicação das regras da compra e venda à cessão onerosa de créditos [...]"[106]. Parece decorrer desta afirmação ser a "cessão onerosa de créditos", afinal, algo diferente da compra e venda de créditos, o que exige uma remissão expressa para o regime da compra e venda que, de outra forma, não seria aplicado.

Há, evidentemente, algum desconforto desta doutrina na articulação da perspectiva da cessão de créditos enquanto negócio jurídico autónomo com uma causa variável (o negócio que serve de base) e a perspectiva da cessão de créditos enquanto efeito que nasce desse contrato de cessão autónomo ou do negócio que serve de base[107].

Apesar da omissão de uma expressa configuração da cessão de créditos enquanto tipo contratual e do carácter algo nebuloso desta posição na doutrina portuguesa, é possível concluir que é admitida entre nós a cessão de créditos como tipo contratual autónomo[108], embora ligado, em cada

---

[105] Pires de Lima e Antunes Varela, *Código Civil Anotado* – Vol. II, 1986, p. 167. Nesse "qualquer outro direito" é incluído, expressamente, um pouco a seguir, o direito de crédito.

[106] Pires de Lima e Antunes Varela, *Código Civil Anotado* – Vol. II, 1986, p. 167.

[107] Veja-se Antunes Varela, *Das Obrigações em Geral* – Vol. II, 1997, pp. 298 e 299: aplaude a evolução do código de 1966 ao ter deslocado para a parte geral das obrigações a matéria da cessão de créditos e, discordando de Mancini, afirma que a autonomia da cessão em relação aos tipos contratuais resulta, justamente, da peculiaridade da cessão ter uma causa variável (*ibidem*, p. 303), mas tem algum pudor em afirmar que o código construiu um tipo contratual *a se*, distinto e autónomo em relação aos demais. Consequentemente, dir-se-á que a sua postura procura ser algo descomprometida. Afirma, por um lado, que cessão tanto designa o acto como o efeito (*ibidem*, p. 296), que cessão é, pois, um contrato pelo qual o credor transmite a terceiro o seu crédito, que esse contrato tem causa variada e que, por isso, não está sistematicamente ao lado dos contratos em especial (*ibidem*, p. 302), que a autonomia do contrato resulta justamente dessa causa variável, mas não vai ao ponto de afirmar expressamente que o código criou um tipo contratual novo, que se caracteriza pela eficácia pretendida – a transmissão de um direito de crédito –, nem ao ponto de afirmar que a cessão de créditos, enquanto acto negocial, corresponde à *Abtretung* do direito alemão. Aliás, o afastamento em relação à *Abtretung* é claro quando nega o carácter abstracto da cessão de créditos no direito português, seguindo, ao invés, a postura da doutrina italiana da causa variável.

[108] Veja-se, aliás, que, em lugar paralelo – a cessão da posição contratual –, Mota Pinto entende tratar-se de um tipo contratual. Mota Pinto, *Cessão da Posição Contratual,*

A construção do código civil: contrato e notificação 59

caso, ao tipo negocial que serve de base. Essa ligação é evidente quando a doutrina chama a atenção para a necessidade de se atender, em cada caso, aos requisitos de validade dos tipos negociais que servem de causa à cessão de créditos[109] (dir-se-ia, ao tipo contratual cessão de créditos).

V. Esta posição, que entende a cessão de créditos como um tipo contratual autónomo, distinto dos tipos contratuais que estão na sua base, encontra suporte no texto legislativo. Como a doutrina tão bem acentua, o código retirou a matéria da cessão de créditos da proximidade da compra e venda, regulando-a autonomamente na parte geral das obrigações. Quebrou, assim, as amarras que ligavam a cessão de créditos à compra e venda e que, como se verá, entendiam a cessão de créditos como uma compra e venda especial, compra e venda cuja particularidade residia no seu objecto: um direito de crédito.

Desta modificação legislativa, a doutrina retirou consequências. Desde logo, advogou que a cessão de créditos, finalmente, ganhava grande autonomia e podia revelar toda a sua importância como contrato destinado a cumprir uma variedade de funções económico-sociais[110]. Com a multiplicidade de causas ou de finalidades que lhe podem estar associadas, a cessão de créditos nasce, então, como contrato destinado a produzir a transmissão do dircito de crédito em virtude de diferentes objectivos económicos. Qualquer que seja a intenção das partes – vender, doar, pagar, dar em garantia, dar como participação social – a regulação contratual serve a todos os casos e é aplicável sem qualquer dificuldade.

A lei poderia ter ficado por aqui: entendia-se a cessão de créditos como contrato cuja eficácia seria a transmissão do crédito e só ele importaria ao devedor e à comunidade em geral. Tal terá sido, porventura, o entendimento de Vaz Serra, quando advogava que entre as partes a cessão de créditos seria causal, mas em relação ao devedor revelaria um carácter

---

1970 (reimpressão 1982), pp. 71 e ss., em especial, p. 71, onde define a cessão da posição contratual como "tipo de contrato", p. 83, onde afirma que a cessão da posição contratual está dotada de "tipicidade legal", e p. 124, onde se refere ao "tipo negocial" em estudo.

[109] Antunes Varela, *Das Obrigações em Geral* – Vol. II, 1997, p. 304, escreve que, se estiver na base uma compra e venda, é necessário aditar as regras específicas da compra e venda relativamente à capacidade, poder de disposição, disponibilidade relativa dos contraentes ou forma do contrato. No mesmo sentido, Ribeiro de Faria, *Direito das Obrigações* – Vol. II, 1990, p. 510.

[110] Antunes Varela, *Das Obrigações em Geral* – Vol. II, 1997, pp. 298 e 299.

60 A Cessão de Créditos como Estrutura Contratual com Eficácia Translativa

abstracto[111]. Todavia, o código não acolheu esta sugestão e introduziu, porventura para esclarecimento do regime, um preceito que, expressamente, remete para o negócio que está na base e outro que remete para o negócio no qual a cessão se integra.

Com algum espanto, dir-se-ia que, afinal, para se transmitir um crédito não basta o contrato de cessão de créditos, mas é ainda necessário a celebração de um outro negócio jurídico que rege as relações entre cedente e cessionário. Não é este o entendimento registado. Haverá, outrossim, um contrato de cessão de créditos cuja regulamentação precisa de ser completada com a regulamentação de um tipo contratual que é a causa desse contrato de cessão de créditos. Consequentemente, para aferir os requisitos e efeitos da cessão de créditos na relação entre os contraentes[112], há que atender ao contrato que está na base da cessão de créditos, mas, no que respeita às relações das partes com a restante comunidade, *maxime* com o devedor, funciona toda a regulação do contrato de cessão de créditos[113].

A dualidade de regime é indispensável, porque o contrato de cessão de créditos pode ser feito com vários objectivos, desde logo, pode ser feito a título oneroso ou a título gratuito. Admitir outra solução seria sobrecarregar o capítulo da cessão de créditos com toda a regulação relativa a esses diferentes objectivos ou, dentro de cada tipo contratual, introduzir as especificidades resultantes do facto de o objecto ser um direito de crédito, gerando inúmeras repetições. Além do mais, levaria, porventura, a uma duplicação de preceitos, porquanto a regulação de todas as finalidades alcancáveis contratualmente já estava feita na tipificação dos contratos, na parte especial das obrigações.

---

[111] Vaz Serra, *Cessão de Créditos ou de Outros Direitos Mora do Credor*, 1955, p. 13.

[112] O preceito referir-se-á, nas palavras de Pires de Lima e Antunes Varela, nomeadamente, "à forma e à validade substancial da cessão, à capacidade de dispor e de receber, à impugnação pauliana, à revogação unilateral do contrato (com base na ingratidão do donatário), à sua eventual redução, à responsabilidade do cedente, às garantias por vícios de direito". Pires de Lima e Antunes Varela, *Código Civil Anotado* – Vol. I (com a colaboração de Manuel Henrique Mesquita), 1987, p. 596.

[113] Repare-se que esta leitura está bastante difundida. Mesmo autores, como Menezes Cordeiro, que, como se verá, adoptam uma perspectiva diversa da referida, parecem aderir à ideia da dupla regulação quando escrevem que, no caso de uma compra e venda de um direito de crédito, são aplicáveis as regras da compra e venda quanto à fonte da cessão e as regras próprias da cessão quanto à transmissão em si. Menezes Cordeiro, *Direito das Obrigações* – 2.º Vol. , 1980 (reimpressão 1994), p. 86.

A lei constrói este regime de forma engenhosa e a doutrina justifica-o com facilidade recorrendo ao conceito de negócio de causa variável e defendendo a necessidade de, perante cada caso, buscar partes de regime à regulação do tipo contratual que está na base[114]. Contudo, não se sustenta a definição do que é específico da cessão de créditos – a transmissão do direito de crédito – pelo tipo contratual que está na base. Este apenas importa para traçar as relações entre contraentes, atendendo à finalidade económica que procuraram alcançar.

Ou seja, parecerá que essa regulação importa mais para a definição da teia de obrigações geradas entre as partes do que, propriamente, para o efeito translativo. Todavia, parece-me evidente que, sendo este o efeito central da cessão de créditos, também ele se insere, no que respeita às relações entre as partes, na remissão legal para o tipo que serve de base.

Perguntar-se-á se esse efeito tem cabimento numa óptica exclusiva de relações entre cedente e cessionário: se fará sentido dizer-se que o crédito se transmite apenas entre cedente e cessionário ou se isso não será totalmente desprovido de conteúdo[115]. Na verdade, de pouco parece servir a titularidade do crédito se apenas for oponível à contraparte, se não for possível fazê-la valer perante terceiros, *maxime* perante o devedor cedido. Há, no entanto, aspectos cruciais: a partir do momento em que, entre as partes, se considere transferido o direito de crédito, transfere-se também o risco – não em relação à existência do crédito, porque tal está expressamente assegurado (art. 587.º/1), mas em relação à perda do mesmo, no caso de insolvência do devedor cedido – e há desde logo obrigações que têm todo

---

[114] Não deixa de ser interessante que a doutrina nunca tenha enveredado pelo campo dos contratos mistos ou da união interna de contratos. Provavelmente, sempre houve a percepção de que se tratava de estruturas algo diferentes e de que do relacionamento próprio entre a estrutura da cessão de créditos e os tipos contratuais establecidos resultaria que uma ou outros acabariam por se absorver mutuamente.

[115] Repare-se que, no nosso direito, não há dogmaticamente a ideia de transmissão entre as partes e transmissão em relação a terceiros. Quando a lei acolhe o consensualismo para a transmissão dos direitos reais não estatui que tal princípio se aplica apenas entre as partes e que, em relação a terceiros, é necessário algo mais. Ao invés, encontramos sistemas em que a distinção de transmissão entre as partes e transmissão em relação a terceiros faz todo o sentido. É o caso flagrante do direito inglês, que aparentemente adopta o princípio do consensualismo, mas, na realidade, limita-o às relações entre as partes, porque para resolver conflitos em relação a terceiros importa atender à melhor posse. Veja-se, quanto a este aspecto, a explicação de Mariana Gouveira em Cristas e Gouveia, *Transmissão da Propriedade e Contrato de Compra e Venda*, 2001, pp. 93 e ss., em especial pp. 118 e ss..

62   A Cessão de Créditos como Estrutura Contratual com Eficácia Translativa

o cabimento, como a da entrega ao cessionário dos documentos e outros meios probatórios do crédito (art. 586.°)[116].

Na prática, aplicar-se-á, em primeira linha, toda a regulamentação relativa ao contrato de cessão de créditos e só no que respeita às relações entre as partes, nomeadamente no que se prende com as garantias de exigência e exigibilidade do crédito ao tempo da cessão, se recorrerá à regulação específica do negócio que serve de base.

VI. É esta uma leitura possível do regime do nosso código e dir-se-ia bastante satisfatória, não fossem algumas dificuldades que levanta ao nível da articulação sistemática, *maxime* de articulação com o princípio do consensualismo. No aspecto que me ocupa: a remissão para o tipo que serve de base leva a que, entre as partes, e no caso de haver uma retribuição pecuniária do crédito, o crédito se transmita por efeito do acordo, mas que em relação ao devedor cedido esse momento seja, porventura, outro. Daqui resulta, possivelmente, uma brecha no sistema português de transmissão dos direitos, tanto mais que, contemplando uma solução sobejamente realçada pela doutrina, o artigo 874.° refere, amplamente, a compra e venda de direitos para além do direito de propriedade e nestes a doutrina inclui os direitos de crédito[117].

Significa isto que existe, por um lado, uma compra e venda de direitos de crédito, regida pelo princípio do consensualismo, logo, plenamente eficaz com a celebração do contrato, e, por outro lado, uma cessão de créditos onerosa submetida ao regime do contrato de cessão de créditos e por isso sujeita a um duplo momento de eficácia? Não parece justificável acolher este raciocínio por ser desprovido de sentido e eventualmente contrário ao princípio da igualdade, porquanto conduziria a que uma mesma realidade pudesse ter um regime substancialmente diferente consoante a qualificação que as partes lhe atribuíssem. Se as partes lhe chamassem contrato de compra e venda de direito de crédito, seria de aplicar o regime

---

[116] Veja-se, quanto a este aspecto, Antunes Varela, *Das Obrigações em Geral* – Vol. II, 1997, p. 313.

[117] Veja-se Pires de Lima e Antunes Varela, *Código Civil Anotado* – Vol. II, 1986, pp. 165 e ss., em especial, p. 167, frisando o facto de, através da compra e venda se transmitirem sempre direitos, que podem ser quer o direito de propriedade quer todo um leque variado de direitos como os direitos de crédito ou as quotas sociais; Menezes Cordeiro, *Direito das Obrigações* – 2.° Vol., 1980 (reimpressão 1994), p. 86, nota 16, parte final; Romano Martinez, *Direito das Obrigações* – (Parte Especial) Contratos, 2001, p. 33, dando o exemplo do direito de crédito e do direito de autor.

da compra e venda, se lhe chamassem contrato de cessão de créditos, aplicar-se-ia a regulação própria da cessão de créditos. Todavia, na realidade, não passaria de um mesmo e igual contrato cujo efeito central seria a transmissão de um direito de crédito, a título oneroso. E não se vê como seja possível defender a aplicação de um regime diferente para contratos exactamente iguais.

Não é este porém o entendimento da doutrina, nem é esta a leitura que se pode fazer da lei. Mesmo se se defender a existência de um contrato de cessão de créditos autónomo, perpassa pela solução legislativa uma estreita dependência do negócio que está na base. Esta dependência arreda a possibilidade de configurar o contrato de cessão de créditos como absolutamente desligado de qualquer outro. Se o contrato de cessão de créditos é um negócio causal, então a sua causa, que, na terminologia da lei, é "o negócio que está na base", interfere, necessariamente, na eficácia da cessão de créditos.

A verdade é que a notificação ao devedor cedido ou a aceitação da cessão, só por si, não bastam para que o crédito se transmita em relação ao devedor. Se o negócio que está na base, por qualquer razão, padecer de invalidade, o crédito não se considera transmitido. É óbvio que, se o devedor pagar ao cessionário, baseando-se na notificação que lhe foi feita, esse pagamento tem de ser considerado liberatório. Tal não quer dizer necessariamente que o pagamento foi feito ao titular do crédito, mas tão-só que se está a tutelar a confiança que o devedor depositou na notificação.

A lei não consagra expressamente esta solução[118], mas é imperioso retirá-la de todo o mecanismo construído para proteger o devedor. Se o devedor pode pagar com efeito liberatório a quem já não é titular do crédito, porque desconhece a ocorrência da transmissão, também deve poder pagar com efeito liberatório a quem lhe foi apresentado como novo titular do direito de crédito, embora, na verdade, o não seja[119]. Obviamente, o cessionário que receber o pagamento nessas condições tem o dever de entregar o produto desse pagamento ao verdadeiro titular do direito[120].

---

[118] Ao contrário da lei alemã que se refere à notificação, justamente, neste caso específico. Veja-se o §409 do BGB.

[119] Está a pensar-se aqui em situações em que a transmissão padece de invalidade. Próximo desta problemática está, todavia, a questão da confiança que o devedor pode ou deve poder depositar na notificação que lhe é feita. Este problema será tratado no ponto 5.3, dedicado aos requisitos da notificação.

[120] Ver-se-á, mais adiante, pp. 128 e ss., em que moldes e com que fundamento.

64   *A Cessão de Créditos como Estrutura Contratual com Eficácia Translativa*

4.1.2. *Negócio dispositivo abstracto*

I. Não interessa avançar já para conclusões sem atender a outras leituras possíveis. Ainda dentro da perspectiva da cessão de créditos como contrato, é importante analisar a segunda posição enunciada neste grupo, que corresponde ao modelo do sistema alemão (acolhido no ordenamento suíço[121]), embora encontre defensores noutros direitos, como o direito espanhol[122] e mesmo, em tempos, os direitos italiano[123] e português[124].

É importante analisar esta posição por duas razões fundamentais. Desde logo, porque a expressão portuguesa "negócio que está na base" é facilmente reconhecível na doutrina alemã[125] – apesar de o BGB não utilizar essa expressão, a doutrina fá-lo, unanimemente, para explicar existir no sistema alemão um negócio abstracto translativo e um negócio causal que lhe está na base. Depois, porque, na redacção das regras da cessão de créditos no código civil português, são visíveis "pormenores" de escrita que apontam para uma colagem ao sistema alemão.

Isto é visível, por exemplo, no artigo 578.º/2, quando a lei usa a expressão *"cessão"* no sentido de contrato celebrado entre as partes – aqui

---

[121] Embora esteja próximo em muitos aspectos do regime do direito alemão, o direito austríaco não entende o contrato de cessão como abstracto, mas sim como um negócio de disposição causal subordinado a um negócio subjacente válido. Ertl, *Zession*, 1992, §1392, 1, p. 930; Dittrich e Tades, *Das Allgemeine bürgerliche Gesetzbuch*, 1994, §1392, E3., p. 1988.

[122] Pérez González, *Anotações a* Enneccerus/Lehmann, *Derecho de Obligaciones – Volumen primero*, 1954, p. 388.

[123] Longo, *Diritto delle obbligazioni*, 1950, pp. 366 e 367; Stogia, *Cessione di crediti e di altri diritti (diritto civile)*, 1957, p. 166.

[124] Cunha Gonçalves, *Tratado de Direito Civil – Vol. V*, 1932, p. 75, sem excluir o carácter controvertido da questão, defendia que a cessão era um negócio jurídico abstracto, porque a sua subsistência jurídica era independente da sua causa. Por isso, afirmava que o devedor ao pagar ao cessionário só tinha de examinar a validade da cessão e não da sua causa. Registe-se que, para o A., causa da cessão era a doação ou a compra e venda do crédito, o que significa que, para ele, havia uma cisão evidente entre a cessão e o contrato causa dessa cessão. A somar a este aspecto a admissibilidade da abstracção, conclui-se que é uma posição muito próxima do sistema alemão.

[125] Veja-se a referência a um *"zugrundes Geschäft"*, Brox, *Allgemeines Schuldrecht*, 1999, p. 233; Medicus, *Shuldrecht I – Allgemeiner Teil*, 1999, p. 344, refere-se, por exemplo a *"zugrundeliegende Kauf"*. No direito austríaco, Ertl, *Zession*, 1992, §1392, 1, p. 930, reporta-se a um *"Grundgeschäft"*. Já a doutrina suíça chama sugestivamente a esse negócio subjacente *"pactum de cedendo"*. Veja-se, por todos, von Thur e Escher, *Allgemeiner Teil des Schweizerischen Obligationenrechts – Band II*, 1974, p. 337.

A construção do código civil: contrato e notificação

não se está a reportar ao efeito, mas sim ao acto, porque só em relação a ele faz sentido falar em requisitos e efeitos – e, de seguida, utiliza a expressão *"tipo de negócio que lhe serve de base"*, para designar o negócio que serve de causa à cessão. Duas leituras são possíveis: ou há um indício forte de que se segue o direito alemão, cuja construção se verá de seguida, ou há uma clara deficiência de redacção da lei, porque faz crer incorrectamente que existem dois negócios distintos celebrados pelas partes com o objectivo de transmitir um direito de crédito.

II. Enquanto na doutrina dos sistemas de matriz francesa, com especial relevância, como se viu, para a doutrina italiana, é debatida com vigor a problemática da estrutura e da causa da cessão de créditos, no direito alemão tais problemas não têm razão de ser. A doutrina alemã é consensual na explicação técnica da figura da cessão de créditos. A transmissão do crédito – *Übertragung der Forderung* – opera-se por efeito de um contrato de cessão – *Abtretung*[126]. Este contrato de cessão, à semelhança do negó-

---

[126] O §398 do BGB dispõe que *"Um crédito pode ser transmitido pelo credor através de contrato celebrado com outrem* (Abtretung*). Com a conclusão do contrato o novo credor assume a posição do anterior credor."*. Não é absolutamente claro se, quando a lei coloca entre parêntesis a palavra *Abtretung*, quer nominar o contrato entre cedente e cessionário a que o texto se refere ou se com essa palavra pretende designar a transmissão convencional do crédito que se opera através de um contrato celebrado entre cedente e cessionário. É com o primeiro sentido que a doutrina alemã, em geral, utiliza a palavra *Abtretung* (ou o seu sinónimo *Zession*): para designar o contrato que opera a transmissão do crédito. Na verdade, a palavra *Übertragung* referir-se-á ao fenómeno translativo, ao efeito de transmissão do crédito, enquanto que a expressão *Abtretung* designará o contrato de cessão. Veja-se Heck, *Grundriss des Schuldrechts*, 1929 (reimpressão 1994), p. 194; Brox, *Allgemeines Schuldrecht*, 1999, p. 233; Esser, *Schuldrecht* – Band I, Allgemeiner Teil – Teilband 2, 2000, p. 304. Parece apontar para o segundo sentido Medicus, *Shuldrecht I – Allgemeiner Teil*, 1999, p. 344, quando afirma que "a cessão realiza-se através de contrato [...] entre antigo e novo devedor.". Também Fikentscher, *Schuldrecht*, 1997, p. 356, adopta esta linha, quando escreve que o §398 1ª parte define *Abtretung* como a transmissão do crédito através de contrato entre cedente e cessionário. Todavia, um pouco mais adiante, parece aderir ao entendimento generalizado, escrevendo que *Abtretung* significa um contrato entre cedente e cessionário que tem como objecto a transmissão do crédito do cedente para o cessionário (*ibidem*, p. 357). É este o entendimento usualmente assumido por autores estrangeiros quando evidenciam que os alemães utilizam duas expressões para designar a cessão de créditos: *Abtretung*, que se refere ao acto jurídico que opera a transmissão, e *Übertragung*, que designa o efeito de transmissão do crédito. É o caso de Panuccio, *La cessione volontaria dei crediti nella teoria del trasferimento*, 1955, p. 5, nota 9, ou de Mancini, *La cessione dei crediti futuri a scopo di garanzia*, 1968, p. 3. Entre nós, Antunes Varela, *Das Obrigações em Geral* – Vol. II, 1997, p. 296, nota 1. Na doutrina alemã é ainda atribuído

66   *A Cessão de Créditos como Estrutura Contratual com Eficácia Translativa*

cio jurídico transmissivo da propriedade, tem a natureza de um negócio dispositivo (*Verfügunsgeschäft*)[127], na medida em que o seu efeito é a transmissão do direito de crédito da titularidade do cedente para a titularidade do cessionário[128]. O contrato de cessão tem na sua base um negócio causal, sendo, todavia, distinto desse negócio subjacente[129]. A doutrina aponta como negócios causais subjacentes a compra e venda, a doação, o pagamento e a garantia[130].

A transmissão do crédito opera-se como efeito imediato do contrato de cessão (*Abtretung*) que se celebra em cumprimento de um contrato cau-

---

um outro sentido a estes termos: embora não muito longe do referido, diz-se que *Übertragung* corresponderá à alteração do credor através de contrato, acto judicial ou lei, enquanto que a *Abtretung* se refere apenas à alteração do credor através de contrato. Brox, *Allgemeines Schuldrecht*, 1999, pp. 232 e 233. A análise desta questão não seria vazia de significado, mas não parece que seja este o local indicado para discutir pormenores técnicos do direito alemão. Assim, tem-se em conta a posição mais difundida, que faz corresponder a *Abtretung* o contrato que tem como efeito a transmissão do crédito. Traduzi, pois, *Abtretung* por contrato de cessão e não apenas por cessão, de forma a tornar evidente que se está a fazer referência ao acto e não ao efeito. A esta tradução corresponde, literalmente, a expressão *Abtretungsvertrag* que é acolhida no código das obrigaçãoes suíço (art. 165 (2)) e que a doutrina alemã utiliza por vezes como sinónimo de *Abtretung*. Veja-se Heck, *Grundriss des Schuldrechts*, 1929 (reimpressão 1994), p. 197); Larenz, *Lehrbuch des Schuldrechts – Band I, Allgemeiner Teil*, 1987, p. 575.

[127] Larenz, *Lehrbuch des Schuldrechts – Band I, Allgemeiner Teil*, 1987, p. 579; Roth, *Münchener Kommentar zum Bürgerliches Gesetzbuch – Band 2*, 1994, §398 RdNr.12, explica que, tratando-se de uma disposição, valem para a cessão de créditos as regras gerais relativas aos contratos de disposição; explicitamente, Weber, *BGB – RGRK-Band II, 1. Teil*, 1976, §398 Rdn.1, qualifica a cessão como *Verfügungsvertrag* e fala em *dingliche Vertrag*; Bülow, *Grundprobleme des Schuldnerschutzes bei der Forderungsabtretung*, 1983, p. 9, quando se refere à eficácia do contrato de cessão, reporta-se a este enquanto contrato real (*dingliche Vertrag*); Zeiss, *Soergel Kommentar zum BGB – Band 2*, 1990, §398 Rz 12; Kaduk, *Staudinger Kommentar zum Bürgerlichen Gesetzbuch*, 1994, Einl 22 zu §§398 ff; Busche, *Staudinger Kommentar zum Bürgerlichen Gesetzbuch*, 1999, Einl 12, 13 zu §§398 ff.. Em sede geral, Flume, *Allgemeiner Teil des Bürgerlichen Rechts – Zweiter Band – Das Rechtsgeschäft*, 1992, p. 173, refere-se à *Abtretung* como exemplo de *abstracktes Verfügungsgeschäft*; Baur e Stürner, *Sachenrecht*, 1999, p. 53, dão o exemplo da *Abtretung* como negócio dispositvo no campo do direito as obrigações.

[128] Fikentscher, *Schuldrecht*, 1997, p. 356; Brox, *Allgemeines Schuldrecht*, 1999, p. 233; Esser, *Schuldrecht – Band I, Allgemeiner Teil – Teilband 2*, 2000, p. 304.

[129] Veja-se como mesmo ao nível da forma eles podem apresentar um regime totalmente diverso: ainda que o negócio causal necessite de forma especial, o contrato de cessão não carece de forma específica. Heinrichs, *Palandt – Bürgerliches Gesetzbuch*, 2000, §398 Rn 7.

[130] Esser, *Schuldrecht – Band I, Allgemeiner Teil – Teilband 2*, 2000, p. 304.

A construção do código civil: contrato e notificação 67

sal obrigacional (anterior ou contemporâneo)[131-132]. Nesse sentido, só poderá dizer-se que a transmissão do crédito é efeito de uma compra e venda numa linguagem não técnica, porque a compra e venda do crédito tem apenas como efeito a obrigação de celebrar um negócio dispositivo abstracto, que é o negócio de cessão, não sendo seu efeito a transmissão do crédito.

Por si só, a compra e venda de um crédito não é suficiente para que esse crédito se transmita. A doutrina alemã chama a atenção repetidas vezes para o facto de, ainda que celebrados num mesmo acto, o negócio de cessão não se confundir com o negócio causal que lhe subjaz[133]. A compra e venda gera a obrigação de transmitir e o contrato de cessão opera a transmissão[134].

---

[131] Heck, *Grundriss des Schuldrechts*, 1929 (reimpressão 1994), p. 198; Roth, *Münchener Kommentar zum Bürgerliches Gesetzbuch* – Band 2, 1994, §398 RdNr.12; Esser, *Schuldrecht* – Band I, Allgemeiner Teil – Teilband 2, 2000, p. 304; Busche, *Staudinger Kommentar zum Bürgerlichen Gesetzbuch*, 1999, Einl 17 zu §§398 ff; Scheyling e Nörr escrevem que o contrato de cessão é um verdadeiro acto de transmissão (*Übertragungsakt*), nem mais, nem menos, pelo que pode apenas transmitir e não fundar deveres, esses deveres pertencem ao negócio fundamental (Nörr, *et al.*, *Sukzessionen: Forderungszession, Vertragsübernahme, Schuldübernahme*, 1999, p. 10).

[132] Construção em tudo idêntica (exceptuando os requisitos de forma) é a do direito suíço. Também aqui existe um negócio causal obrigacional subjacente – o *"pactum de cedendo"*- e o contrato de cessão, negócio dispositivo abstracto que a doutrina chama indistintamente de *Abtretung* ou *Zession*. Von Thur e Escher, *Allgemeiner Teil des Schweizerischen Obligationenrechts – Band II*, 1974, pp. 330 e ss.; Guhl, *Das schweizerische Obligationenrecht*, 1980, pp. 231 e 232; Bucher, *Schweizerisches Obligationenrecht – Allgemeiner Teil onhe Deliktsrecht*, 1988, p. 536, 552 e 553; Rey, *Schweizerisches Obligationenrecht- Allgemeiner Teil- Band II*, 1998, p. 294.

[133] Enneccerus e Lehmann, *Recht der Schuldverhältnis*, 1958, p. 309 e 310, afirmam que não se devem confundir as duas realidades, apesar de, regra geral, estar implícito um contrato tácito de cessão numa compra e venda de crédito (veja-se, na tradução espanhola, Enneccerus e Lehmann, *Derecho de Obligaciones* – Vol. I, 1954, p. 382). Também no sentido de se dever distinguir as duas realidades: Kaduk, *Staudinger Kommentar zum Bürgerlichen Gesetzbuch*, 1994, Einl 25 zu §§398 ff; Roth, *Münchener Kommentar zum Bürgerliches Gesetzbuch* – Band 2, 1994, §398 RdNr.22; Fikentscher, *Schuldrecht*, 1997, p. 356; Medicus, *Shuldrecht I – Allgemeiner Teil*, 1999, p. 344.

[134] Este sistema é comum aos direitos alemão, austríaco e suíço. Kötz, *Europäisches Vertragrecht – Band I*, 1996, p. 404, explica sucintamente que, nestes direitos, através do contrato de compra e venda, o vendedor fica apenas obrigado a transmitir o direito de crédito, enquanto que através do contrato de cessão cumpre essa obrigação, acordando com o comprador a transmissão da titularidade do crédito. A este propósito refere a concretização expressa que o código suíço faz ao distinguir entre contrato de cessão (*Abtretung*) e obrigação de celebrar um contrato de cessão (*Verplifchtung zum Abschluss eines Abtretungsvertrags*).

68   *A Cessão de Créditos como Estrutura Contratual com Eficácia Translativa*

Já se mencionou que o contrato de cessão – *Abtretung* – é um negócio dispositivo. Por isso, em harmonia com o sistema alemão de transmissão de direitos, o contrato de cessão é um negócio abstracto[135]. Isto significa que os vícios que afectam o negócio causal que é subjacente ao contrato de cessão – por exemplo, os vícios que afectam a compra e venda – não interferem na validade e na eficácia desse mesmo contrato de cessão[136]. Ainda que a compra e venda seja nula, o contrato de cessão permanece válido e o crédito transmite-se para o cessionário.

Num caso destes, o cedente, despojado do crédito, pode intentar contra o cessionário uma acção judicial com base no enriquecimento sem causa do cessionário[137], mas nada pode fazer contra a titularidade do mesmo por parte do cessionário. Consequentemente, também não pode fazer valer o seu pretenso direito contra os credores do cessionário.

Repare-se como o acento tónico é o contrato de cessão. É ele que é decisivo, é ele que tem por efeito a transmissão do crédito. O negócio causal que está na base serve apenas como fundamento de uma possível acção de enriquecimento sem causa, mas não interfere na transmissão do crédito. A participação ou o consentimento do devedor cedido são desnecessários e a notificação que lhe é feita tem, como veremos, alguns efeitos ao nível da sua protecção, mas também não interfere na validade da transmissão.

Ao contrário da posição que foi primeiramente apresentada, aqui a transmissão não ocorre por efeito de um contrato de cessão de créditos, que integra os requisitos do contrato que funciona como causa, mas exis-

---

[135] Heck, *Grundriss des Schuldrechts*, 1929 (reimpressão 1994), p. 198; Weber, *BGB – RGRK- Band II*, 1. Teil, 1976, §398 Rdn.2; Larenz, *Lehrbuch des Schuldrechts – Band I*, Allgemeiner Teil, 1987, p. 579; Kaduk, *Staudinger Kommentar zum Bürgerlichen Gesetzbuch*, 1994, Einl 24 zu §§398 ff; Roth, *Münchener Kommentar zum Bürgerliches Gesetzbuch – Band 2*, 1994, §398 RdNr.24; Brox, *Allgemeines Schuldrecht*, 1999, p. 234; Medicus, *Shuldrecht I – Allgemeiner Teil*, 1999, p. 344; Busche, *Staudinger Kommentar zum Bürgerlichen Gesetzbuch*, 1999, Einl 17, 100 zu §§398 ff.

[136] Sem prejuízo de as partes poderem ligar a eficácia do contrato de cessão à validade do negócio causal subjacente através da figura da condição. Kaduk, *Staudinger Kommentar zum Bürgerlichen Gesetzbuch*, 1994, §398 Rz 76; Roth, *Münchener Kommentar zum Bürgerliches Gesetzbuch – Band 2*, 1994, §398 RdNr.24; Nörr, *et al.*, *Sukzessionen: Forderungszession, Vertragsübernahme, Schuldübernahme*, 1999, p. 11; Busche, *Staudinger Kommentar zum Bürgerlichen Gesetzbuch*, 1999, Einl 21 zu §§398 ff e §398 Rz 2. A questão não é, no entanto, pacífica. Em sentido diverso parece inclinar-se Medicus, *Shuldrecht I – Allgemeiner Teil*, 1999, p. 344, quando entende que a admissibilidade deste mecanismo excepcional é, em princípio, de rejeitar.

[137] Larenz, *Lehrbuch des Schuldrechts – Band I*, Allgemeiner Teil, 1987, p. 579.

tem dois negócios distintos: o negócio transmissivo – o contrato de cessão – e um negócio que lhe é subjacente, que gera obrigações, mas que não opera a transmissão do crédito. Embora os autores dos diferentes sistemas se refiram ao "negócio que serve de base"[138], a verdade é que o entendimento técnico desse negócio é muito diferente consoante nos coloquemos num sistema de tipo francês ou de tipo alemão. A semelhança é apenas terminológica.

Este sistema não difere aliás do regime geral da compra e venda no direito alemão, que tem natureza meramente obrigacional (§433 BGB), sendo necessário um acto posterior de entrega (*Übergabe*) e respectivo acordo em transmitir (*Einigung*), acordo esse de natureza abstracta, para que o direito de propriedade se transmita (§929 BGB). Parece existir, portanto, um claro paralelismo entre a compra e venda de direitos de crédito e a compra e venda de direitos reais[139]. A diferença, no entanto, reside na falta da exigência de publicidade da transmissão, ou seja, num mecanismo análogo à *Übergabe*, uma vez que não é necessário notificar o devedor cedido para que o crédito se transmita[140].

---

[138] Numa perspectiva de direito comum europeu, Kötz, *European Contract Law – Vol. 1*, 1997, p. 266 e Kötz, *Europäisches Vertragrecht – Band I*, 1996, p. 404, explica que toda a transmissão de créditos é feita por alguma razão, conseguindo-se distinguir entre o contrato através do qual a transmissão é eficaz e o contrato subjacente que explica porque é que as partes o celebraram. Curioso é que na versão inglesa da obra esta distinção aparece com maior rigor do que na versão alemã, já que em língua inglesa o tradutor optou por chamar a esse contrato subjacente *"underlying contract"*, sem especificar, enquanto que na versão alemã o A. dá exemplos de negócios subjacentes sem os unificar sob um mesmo conceito.

[139] Num sentido muito elucidativo, Brox, *Allgemeines Schuldrecht*, 1999, p. 233, equipara a *Abtretung*, enquanto negócio dispositivo, à *Übereinigung* do §929. A *Übereinigung* é, justamente, o acordo sobre a transmissão da propriedade de coisa móvel realizado entre alienante e adquirente e que tem como efeito (conjuntamente com a entrega da coisa) a transmissão do direito de propriedade. Também, implicitamente, Baur e Stürner, *Sachenrecht*, 1999, p. 32, quando referem que a cessão de créditos (*Abtregung*) exige apenas um acordo – *Einigung* – entre cedente e cessionário (§398).

[140] Baur e Stürner, *Sachenrecht*, 1999, pp. 32 e 53, frisam que, embora a cessão seja um negócio de disposição idêntico aos negócios de disposição característicos dos direitos reais, diferem destes por não estarem sujeitos ao princípio da publicidade dos direitos reais. Assim, enquanto que para transmitir um direito real é necessário um negócio dispositivo acompanhado de *Einigung* e de *Übergabe* (entrega), para as coisas móveis, ou inscrição no registo, para as imóveis, a cessão de créditos (*Abtretung*) exige apenas um acordo (*Einigung*), prescindindo da publicidade que resultaria, por exemplo, da exigência de notificação ao devedor cedido.

70   *A Cessão de Créditos como Estrutura Contratual com Eficácia Translativa*

III. Próxima da posição do direito alemão, mas em moldes não totalmente equivalentes, está a posição que entende ser a cessão um modo de transmissão dos direitos de crédito semelhante à *traditio* para os direitos reais[141]. Tal como a *traditio*, necessita de uma causa que sirva de fundamento ao negócio em virtude do qual se realiza a cessão convencional.

Esta tese é particularmente debatida na doutrina espanhola, uma vez que o sistema espanhol de transmissão de direitos através de um contrato adopta, na linha do direito romano e da escolástica medieval, a teoria do *"título y modo"*[142]. Repare-se que, apesar de próximo do direito alemão, por não adoptar o consensualismo, o direito espanhol afasta-se dele justamente no aspecto da causalidade: enquanto que no direito alemão existe um negócio base e um negócio de disposição abstracto, no direito espanhol há uma relação de causalidade entre o acto que opera a transmissão e o negócio celebrado pelas partes[143].

A questão que se coloca na doutrina espanhola é a de saber se o artigo 609 do código civil espanhol – que exige a tradição mesmo para os bens incorpóreos (havendo para estes diversas disposições que a doutrina nomina de casos de entrega ficta) – é ou não aplicável à transmissão dos direitos de crédito, uma vez que o artigo 1526 não se refere à entrega. Se há quem entenda que esse requisito é perfeitamente aplicável à transmissão dos direitos de crédito, porque estão justamente previstos os moldes em que se opera a tradição de bens incorpóreos (nos quais se podem

---

[141] Embora haja quem faça equivaler as duas posições – veja-se Lacruz Berdejo, *et al.*, *Elementos de Derecho Civil* – II, Derecho de Obligaciones – Vol. I, 2000, p. 217 –, não parece que a leitura que se pode fazer do sistema alemão seja exactamente igual ao entendimento da cessão de créditos como *traditio* que é defensável à luz do direito espanhol. O que não quer dizer que esta leitura do direito espanhol seja a mais correcta. Lacruz Berdejo, justamente, chama a atenção para o facto de um ponto de vista crítico das posições que querem ver no direito espanhol um equivalente do direito alemão.

[142] O contrato é meramente obrigacional e é necessário um acto de entrega, posterior ou simultâneo, para que se opere a transmissão. Veja-se, quanto a este mecanismo, Cristas e Gouveia, *Transmissão da Propriedade e Contrato de Compra e Venda*, 2001, pp. 63 e ss..

[143] Repare-se que, no que toca à transmissão da propriedade através de contrato, o sistema espanhol faz depender o efeito translativo da entrega da coisa (entrega que pode ser simbólica e ficta) associada causalmente a um contrato que exprima a intenção das partes em transmitir o direito e ainda à boa fé do possuidor. Poderá traduzir-se por: contrato + entrega + boa fé. Veja-se Cristas e Gouveia, *Transmissão da Propriedade e Contrato de Compra e Venda*, 2001, p. 62 e ss., em especial pp. 85 e 86 e 129 e ss..

A construção do código civil: contrato e notificação | 71

incluir os direitos de crédito)[144] e não há por que desaplicar as regras da compra e venda (tanto mais que a cessão de créditos se encontra sistematicamente nesse capítulo)[145-146], contrariamente, uma boa parte da doutrina inclina-se para a sua desaplicação, entendendo a cessão de créditos, ela própria, como o "modo" de transmissão do crédito. Nesse sentido, argumenta que o sistema espanhol de transmissão dos direitos de crédito representa uma excepção ao sistema de transmissão dos direitos reais, funcionando, entre as partes, o princípio do consensualismo[147].

IV. Se esta última leitura parece dificilmente sustentável entre nós, face ao acolhimento do princípio do consensualismo pelo direito português[148], é possível que a construção da cessão de créditos no nosso código tenha nascido de uma adaptação do sistema alemão, tal como é possível que o mesmo tenha acontecido com a solução italiana.

Incitado pelas críticas à solução francesa da cessão de créditos como compra e venda especial e colhendo a ideia de negócio que serve de base da doutrina alemã, bem como a experiência italiana (que, ela própria, acusava influências alemãs), o legislador português quis criar um capítulo autónomo sobre cessão de créditos. Mas nessa construção esbarrou com

---

[144] Navarro Pérez, *La Cesión de Créditos en el Derecho Civil Español*, 1998, pp. 74 e 75.

[145] Badenes Gasset, *El Contrato de Compraventa* – Tomo II, 1995, pp. 983 e 984.

[146] O título carece de eficácia translativa imediata; apenas dá origem a uma obrigação de entrega que se entende cumprida por alguma das modalidades do art. 1464 (não havendo escritura pública, a entrega entende-se feita por pôr em poder do comprador os títulos de domínio ou pelo uso, consentido pelo vendedor, que o comprador faça do seu direito). Essa entrega ficta produz a aquisição do direito de crédito por parte do cessionário, mas não é ainda oponível perante terceiros. Para tal há que cumprir os requisitos do art. 1526.

[147] Madridejos Sarasola, *La Cesión de Créditos*, 1961, p. 390; Pantaleón Prieto, *César de Creditos*, 1988, p. 1037; Diéz-Picazo, *Prólogo* a Julio Vicente Gavídia Sanchez, *La Cesión de Créditos*, 1993, p. 12. Embora com algumas dúvidas, Albaladejo, *Derecho Civil II – Derecho de Obligaciones* – Vol. I, 1997, p. 349, uma vez que em outro local – Albaladejo, *Derecho Civil II Derecho de Obligaciones* – Vol. II, 1997, p. 59 – parece aderir à tese do simples efeito do contrato de compra e venda. Gavídia Sanchez, *La Cesión de Créditos*, 1993, p. 203, argumenta que o art. 1526 não faz menção da entrega porque não é necessário, uma vez que o disposto no art. 609 não é aplicável à transmissão e aquisição de créditos.

[148] Em moldes bastante mais amplos que o próprio direito francês, uma vez que não perfilhou a importante limitação, no que respeita à transmissão de coisas móveis, de que "posse de boa fé vale título" (veja-se, mais abaixo, pp. 403 e ss.).

72   *A Cessão de Créditos como Estrutura Contratual com Eficácia Translativa*

dois negócios perfeitamente autonomizados e com uma cessão de créditos construída com abstracção, o que chocava o princípio de direito português, consensualmente acolhido, de causalidade negocial[149]. Por outro lado, a manutenção de um sistema essencialmente de tipo francês, com as *nuances* das soluções italianas, levou à teorização da ideia de negócio de causa variável e à ligação entre contrato de cessão e contrato subjacente. Perguntar-se-á se esta construção não redunda, necessariamente, numa desvalorização do contrato dito de cessão em prol do contrato que serve de base a essa mesma cessão e que, na verdade, é o único existente.

Acolher esta perspectiva implica concluir que a cessão de créditos, como acto negocial, funciona isoladamente[150] do negócio que lhe serve de base e que a remissão feita para este pela lei diz respeito, tão-só, às relações puramente internas. Dir-se-ia que esta perspectiva é a que encontra maior suporte na letra da lei e que, a essa luz, é perfeitamente defensável.

Todavia, ou se entende que a lei construiu um regime excepcional para a transmissão dos créditos em ruptura com o sistema de transmissão dos direitos reais ou, pelo contrário, se reputa esta solução de inadmissível porque, justamente, representa um corte profundo com o sistema português de transmissão de direitos que até aqui é tido como paradigmático. Note-se que se diz direitos reais, porque, na verdade, todos os outros direitos seguem, em princípio, o regime da cessão de créditos (art. 588.º). Acolher esta posição levará à defesa de dois regimes totalmente diferentes de transmissão de direitos no direito português: um para a transmissão de direitos reais e outro para a transmissão dos restantes direitos, que encontra a sua sede na regulação da cessão de créditos.

Implica ainda que, na prática, a aplicação da regulação da cessão de créditos e, por exemplo, da compra e venda, tenha campos em tudo distintos. A regulação da compra e venda só terá importância para as partes contratantes e em nada dessa regulação o devedor cedido ou outros terceiros se poderão basear para tutelar os seus interesses. Não existirá complementariedade na regulação legal, mas absoluta estanquicidade.

Resultará também a desvalorização da notificação ao devedor cedido como acto indispensável à transmissão do direito. Na verdade, como se

---

[149] Galvão Telles, *Manual dos Contratos em Geral*, 2002, pp. 294 e ss.. Atentando aos autores mais recentes, veja-se, exemplificativamente, Menezes Cordeiro, *Tratado de Direito Civil Português I – Parte Geral*, Tomo I, 2000, p. 317, em especial, nota 681, e Oliveira Ascensão, *Direito Civil Teoria Geral – Vol. III*, 2002, p. 171.

[150] Não no sentido de se tratar de um acto abstracto, mas no sentido de ser uma factispécie negocial distinta do negócio que está na base.

verá mais adiante, poderá dizer-se que, enquanto num sistema de tipo francês o efeito de transmissão do crédito resulta da articulação do tipo contratual usado pelas partes – tipo esse que tem efeitos dispositivos – e da necessária notificação, num sistema de tipo alemão o efeito de transmissão resulta do contrato de cessão em cumprimento de um negócio subjacente. Repare-se, mais uma vez, como só aparentemente os expedientes técnicos são iguais.

4.2. *A cessão de créditos enquanto efeito*

I. Analisam a cessão de créditos como efeito de um outro contrato quer a posição que considerava a cessão uma compra e venda especial, quer a posição actual que entende a cessão como o efeito de determinados negócios translativos.

A posição defensora da cessão de créditos enquanto tipo especial de compra e venda está hoje praticamente abandonada pela doutrina. Esta tese foi acolhida pelo *code civil*[151] e pelos códigos que nele se inspiraram, como sejam o código espanhol (arts. 1526 e ss.). Também o código civil belga, sendo o próprio *code civil*, contempla a mesma solução (arts. 1689 e ss.). Estes códigos colocam a cessão de créditos dentro do capítulo dedicado à compra e venda e sob a epígrafe de compra e vendas especiais.

Segundo esta perspectiva, a cessão de créditos é uma compra e venda cujo elemento distintivo dos restantes contratos de compra e venda é o seu objecto: um direito de crédito. Apesar de a regulação da cessão de créditos permanecer inalterada, seja na inserção sistemática, seja no texto, quer a doutrina francesa[152], quer a doutrina belga[153], quer a doutrina espa-

---

[151] Apesar de os artigos que regulam esta matéria – arts.1689 a 1701 – estarem sob a epígrafe *"Du Transport des Créances et Autres Droits Incorporels"*, e de a lei utilizar frequentemente a expressão *"transport de créance"*, este capítulo insere-se no título da compra e venda e a lei, no art. 1692, usa a expressão *"vente ou cession"*. Veja-se Huet, *Traité de Droit Civil – Les Principaux Contrats Spéciaux*, 1996, p. 53.

[152] Ghestin, *La transmission des obligations en droit positif français*, 1980, pp. 16 e 17, apenas refere que, apesar de o código francês tratar a cessão de créditos como uma venda particular, ela pode ter lugar a título gratuito. Huet, *Traité de Droit Civil – Les Principaux Contrats Spéciaux*, 1996, p. 53, ao tratar da compra e venda, apresenta uma série de diferenças da cessão de créditos em relação à compra e venda, desmarcando, pois, uma figura da outra. Significativa é também a remissão da matéria para a parte da teoria geral das obrigações.

[153] Veja-se De Page, *Traité élémentaire de droit civil belge* – Tome IV, Vol. I, 1997, p. 541.

74 A Cessão de Créditos como Estrutura Contratual com Eficácia Translativa

nhola[154], constatando que a cessão de créditos pode ter base diferente da compra e venda, podendo ser feita, nomeadamente, a título gratuito, rejeitam, pacificamente, o entendimento da cessão enquanto compra e venda especial.

Isto não quer dizer, contudo, que rejeitem o entendimento da cessão de créditos como efeito de um contrato translativo, quer dizer apenas que não se trata necessária e exclusivamente de compra e venda, mas pode tratar-se de um qualquer outro contrato apto a produzir o efeito transmissivo[155]. Talvez por isso, quando a cessão é feita a título oneroso, se continue a afirmar tratar-se de uma compra e venda[156], embora uma espécie

---

[154] A doutrina espanhola explica a matéria da cessão de créditos, em geral, na parte da modificação subjectiva das relações obrigacionais e critica vivamente a inserção sistemática da cessão de créditos como apêndice da compra e venda. Pérez González, *Anotações a* Enneccerus/Lehmann, *Derecho de Obligaciones* – Volumen primero, 1954, p. 388, reputa a opção de falta grave do sistema. Gavídia Sanchez, *La Cesión de Créditos*, 1993, p. 174, explica que a inserção sistemática só se justifica pelo facto de o código espanhol ter adoptado, nesta matéria, a solução francesa. Diéz-Picazo e Gullón, *Sistema de Derecho Civil* – Volumen II, 1995, p. 257, entendem que a opção do código espanhol é um erro pois quando esteja em causa uma doação são as regras deste tipo que se devem aplicar e não as da compra e venda. Também Albaladejo, *Derecho Civil II – Derecho de Obligaciones –* Vol. I, 1997, p. 350, partilha deste entendimento, criticando o código por só atender à cessão de créditos feita *"venditionis causa"*. No mesmo sentido, Navarro Pérez, *La Cesión de Créditos en el Derecho Civil Español*, 1998, pp. 124 e 125, refere-se à opção do código como inapropriada e insuficiente, já que, se a compra e venda é o contrato mais usual, o efeito cessão é idêntico nos demais casos.

[155] Planiol e Ripert, *Traité pratique de droit civil français* – Tome VII, Obligations, 1954, p. 484, escrevem, por exemplo, que a cessão de créditos é normalmente feita mediante um preço, constituindo, assim, uma modalidade de venda, mas também que pode ser uma dação em pagamento ou uma doação. Na mesma linha, mas de uma forma ainda mais clara, Ripert e Boulanger, *Traité de Droit Civil* – Tome II, 1957, Paris, 1957, p. 607, afirmam que a cessão de créditos tanto tem o carácter de compra e venda como de doação ou de dação em pagamento. Em sentido convergente, Cadiet, *Cessions de Créance: Généralités*, 1996, pp. 3 e 4, que chama repetidas vezes venda à cessão de créditos. Ghestin, *La transmission des obligations en droit positif français*, 1980, p. 17, afirma que, quando a cessão for feita a título gratuito, é uma doação. De Page, *Traité élémentaire de droit civil belge* – Tome IV, Vol. I, 1997, p. 541 e também p.552, escreve que a convenção entre cedente e cessionário pode ser uma venda, mas também um doação ou uma dação em pagamento.

[156] Ancel, *Manuel de Droit du Crédit*, 1995, p. 109, escreve, com toda a clareza, que a cessão de créditos não é outra coisa senão um contrato de venda sobre um crédito. Também Sériaux, *Droit des Obligations*, 1998, p. 615, aponta nesse sentido quando escreve que, "como em todas as vendas", a operação de cessão se efectua pela simples troca de consentimentos.

A construção do código civil: contrato e notificação

particular de venda, pois sujeita a algumas regras especiais[157]. Repare-se como, na verdade, esta construção não difere muito da teoria que perspectiva a cessão de créditos apenas como efeito de outros contratos, nos quais inclui também, naturalmente, a compra e venda.

II. Esta abordagem, que perspectiva a cessão não como um negócio, mas como o efeito de determinados negócios translativos, foi desenvolvendo-se em tom de crítica e como reacção às posições que, vendo na cessão de créditos um negócio de causa variável ou genérica, defendiam um duplo momento para a transmissão do crédito.

Com forte apoio em parte da doutrina italiana, e tendo Franceschelli como impulsionador, esta perspectiva advoga que não faz sentido falar de um negócio de cessão, mas sim de vários tipos negociais cujo efeito possível é a transmissão do crédito. Assim, o código italiano de 1942, ao deslocar para a parte geral das obrigações a matéria da cessão de créditos, não terá criado o negócio de cessão de créditos, mas disciplinado, unicamente, a cessão como efeito de outra factispécie negocial típica[158].

Também na doutrina espanhola esta posição goza de numerosos adeptos[159], sendo mesmo reputada de consensual[160]. A cessão não é um

---

[157] Tal é a posição da jurisprudência francesa, de que nos dá conta Huet, *Traité de Droit Civil – Les Principaux Contrats Spéciaux*, 1996, p. 53, nota 32. Quanto ao direito espanhol, veja-se Badenes Gasset, *El Contrato de Compraventa – Tomo II*, 1995, p. 985, ao afirmar que os preceitos da compra e venda são genericamente aplicados a qualquer compra e venda, excepcionalmente não sendo aplicados à cessão de direitos quando a norma pressuponha necessariamente que o objecto da venda seja uma coisa ou quando contraste com a natureza do direito vendido.

[158] Rubino, *La Compravendita*, 1952, p. 179; Franceschelli, *Appunti in tema di cessione dei crediti*, 1957, p. 4; Carraro, *Recensione a Panuccio – La cessione volontaria dei crediti nella teoria del trasferimento*, 1957, p. 118; Schlesinger, *Invalidità o inefficacia della cessione del credito e posizione del debitore ceduto*, 1958, pp. 236 e 237; Perlingieri, *Cessione dei crediti*, 1982, pp. 32 e ss., em especial, pp. 34 e 35; implicitamente, Dolmetta, *Cessione dei crediti*, 1988, pp. 289 e 290, quando defende o enquadramento da regulação da cessão de créditos no âmbito mais vasto das normas relativas à transmissão de direitos; Bianca, *La Vendita e la Permuta*, 1993, p. 207; Galgano, *Diritto civile e commerciale – Vol. II, Le obbligazioni e i contratti – Tomo I*, 1999, p. 110, e também Galgano, *Diritto privato*, 1999, p. 416.

[159] Madridejos Sarasola, *La Cesión de Créditos*, 1961, pp. 381 a 384; Pantaleón Prieto, *Césion de Creditos*, 1988, pp. 1037 e 1038; Gavídia Sanchez, *La Cesión de Créditos*, 1993, pp. 172 e ss., em especial, pp. 175 e 176; embora em outro local com uma posição algo diversa, Albaladejo, *Derecho Civil II Derecho de Obligaciones – Vol. II*, 1997, p. 59; Navarro Pérez, *La Cesión de Créditos en el Derecho Civil Español*, 1998, pp. 70 e

76 A Cessão de Créditos como Estrutura Contratual com Eficácia Translativa

negócio genérico, nem um tipo contratual *a se*, é um simples efeito da celebração de determinados contratos que pertencem a tipos contratuais com eficácia translativa, tais como a compra e venda e a doação. Esta posição não é abalada pela inserção sistemática da cessão de créditos junto à compra e venda, porque, verdadeiramente, o código constrói uma pauta especializada aplicável a todos os casos em que o crédito é objecto do negócio de disposição[161].

Na vigência do Código de Seabra, que vertia a cessão de créditos em local semelhante ao do código francês, escrevia-se que "[c]onforme os casos, a cessão, ora tem o carácter duma *venda*, como os arts. 1557.° e 1563.° o comprovam, ora pode constituir um contrato de *aluguer*, como no artigo 1365.° se vê, ora uma *doação*, pois outra cousa não é a *cessão a título gratuito* a que se refere o artigo 785.°, ora representa uma *dação em pagamento* (art. 786.° n.° 3). Em cada uma destas hipóteses tem as suas características."[162]. Embora de forma não explícita[163], parecia negar-se autonomia contratual à cessão de créditos, sendo a figura absorvida, outrossim, pela compra e venda, aluguer, doação ou dação em pagamento.

Procurando negar o carácter abstracto da cessão de créditos, Galvão Telles afirma que a lei não regula a cessão como negócio *a se*, mas como elemento possível de diversos contratos causais, não gozando, pois, de autonomia, mas integrando-se nesses mesmos negócios causais[164]. A opinião de Vaz Serra não é de todo clara, porque se, por um lado, cita Galvão Telles (embora não expresse a sua adesão)[165] e escreve que o cedente cede

---

75 e ss., afirma mesmo que esta posição é a mais acertada e que, possivelmente, encerra o ciclo de evolução doutrinal sobre a matéria; Sequeira Martín, *El Contrato de Factoring. Derecho Español. Derechos y Obligaciones del Cliente*, 1999, p. 307; Lacruz Berdejo, *et al.*, *Elementos de Derecho Civil* – II, Derecho de Obligaciones – Vol. I, 2000, pp. 217 e 218.

[160] Veja-se Navarro Pérez, *La Cesión de Créditos en el Derecho Civil Español*, 1998, p. 77.

[161] Navarro Pérez, *La Cesión de Créditos en el Derecho Civil Español*, 1998, p. 76.

[162] Cunha Gonçalves, *Tratado de Direito Civil* – Vol. V, 1932, p. 56.

[163] Mesmo acima escrevia que a cessão é a convenção pela qual alguém transmite a outrem o seu direito ou crédito por título gratuito ou oneroso (Cunha Gonçalves, *Tratado de Direito Civil* – Vol. V, 1932, p. 56), pelo que não é evidente que não entenda a cessão como esquema incompleto a integrar, caso a caso, pelo título gratuito ou oneroso. Importa também não esquecer a referência que se fez anteriormente à aproximação que o A. faz ao direito alemão ao admitir a abstracção.

[164] Galvão Telles, *Manual dos Contratos em Geral*, 2002, p. 299.

[165] Vaz Serra, *Cessão de Créditos ou de Outros Direitos Mora do Credor*, 1955, pp. 10 e 11 (naturalmente que esta referência reportava-se a edição anterior da que se citou, mas o conteúdo é o mesmo).

"[...] porque vende o crédito [...]"[166], por outro, refere-se numerosas vezes à cessão de créditos como o contrato pelo qual o credor transfere o crédito a um terceiro[167], parecendo afastar-se assim do entendimento que vê na cessão um simples efeito.

III. Na doutrina portuguesa mais recente, Menezes Cordeiro advoga que a transmissão se opera por um contrato celebrado pelo cedente e o cessionário e que é o "contrato-base" ou "contrato-fonte"[168-169]. Já noutro momento havia explicado que a nossa cessão apenas corresponde à expressão alemã *Übertragung* e não à *Abtretung*, não sendo correcto chamar cessão ao acordo, uma vez que o acordo é um qualquer contrato que serve de base à transferência e a cessão é a transmissão do crédito[170]. Agora, reitera a ideia de que na linguagem corrente se chama, por vezes, "cessão" ao contrato-base, mas que, em rigor, ela dá apenas o modo por que o contrato-base se torna eficaz[171].

Também Pinto Duarte parece aderir a esta posição quando afirma que qualificar um negócio apenas como uma cessão de créditos é pobre, porque dizer que há uma cessão de créditos apenas significa que há transmissão voluntária de uma posição activa numa relação jurídica obrigacional, sem que nada se refira ao porquê dessa transmissão. E acrescenta que se pode ceder um crédito, por exemplo, vendendo-o, doando-o, solvendo, garantindo, para que seja cobrado, ou para obter simultaneamente várias

---

[166] Vaz Serra, *Cessão de Créditos ou de Outros Direitos Mora do Credor*, 1955, p. 9.

[167] *Ibidem*, pp. 7, 8, 9, 15, por exemplo.

[168] Menezes Cordeiro, *Da Cessão Financeira (Factoring)*, 1994, p. 80. Já em momento anterior (Menezes Cordeiro, *Direito das Obrigações* – 2.º Vol. , 1980 (reimpressão 1994), pp. 86 e 92), para se referir ao negócio que serve de base, tinha preferido a expressão de "fonte de cessão" à de "causa", mas só agora, com toda a clareza, denomina o contrato transmissivo de contrato-base ou contrato-fonte.

[169] No sentido que lhe é dado por Menezes Cordeiro (aliás citado), o STJ referiu-se expressamente à "fonte da cessão": Ac STJ 25-Mai.-1999 (Torres Paulo), BMJ 487 (1999), 299, p. 301. Mas, se há uma aproximação a Menezes Cordeiro, afirmando-se que os efeitos do contrato se produzem nos termos gerais, só não se produzindo frente ao devedor de boa fé, a verdade é que, simultaneamente, parece continuar a assumir-se o duplo momento na transmissão.

[170] Menezes Cordeiro, *Direito das Obrigações* – 2.º Vol. , 1980 (reimpressão 1994), p. 89, nota 18.

[171] Menezes Cordeiro, *Da Cessão Financeira (Factoring)*, 1994, p. 80.

78   A Cessão de Créditos como Estrutura Contratual com Eficácia Translativa

utilidades[172]. Mais recentemente, na mesma esteira, exclui o tratamento da cessão de créditos (e da cessão da posição contratual) da análise da tipicidade contratual por entender que a sua natureza é diferente da natureza das outras espécies contratuais, uma vez que tais figuras consideram a realidade exclusivamente do ponto de vista estrutural, ao passo que ao nível dos contratos em especial a lei se ocupa sobretudo dos aspectos funcionais[173].

Ainda na mesma linha das posições referidas, mas talvez pela primeira vez na doutrina nacional com toda a nitidez[174], Pestana de Vasconcelos afirma que o legislador português acolheu a cessão de créditos como mero efeito de um negócio jurídico causal, sendo este o facto jurídico que desencadeia a transmissão do crédito, abandonando a ideia de se tratar de um negócio jurídico com causa própria[175] (mesmo que variável, dir-se-ia). Identica posição é sustentada por Menezes Leitão, afirmando que a cessão de créditos não constitui qualquer tipo negocial autónomo, mas antes uma disciplina de efeitos jurídicos que podem ser desencadeados por qualquer negócio transmissivo[176].

IV. Ainda é possível enquadrar neste título, embora por razões diversas, a cessão de créditos internacional regulada pela convenção das Nações Unidas sobre cessão de créditos no comércio internacional (*"United Nations Convention on the Assignment of Receivables in International*

---

[172] Pinto Duarte, *Notas sobre o Contrato de* Factoring, 1988, p. 155.

[173] Pinto Duarte, *Tipicidade e Atipicidade dos Contratos*, 2000, pp. 28 e 29. Já em momento anterior (Pinto Duarte, *Notas sobre o Contrato de* Factoring, 1988, p. 155) havia sustentado que "[a]o qualificar uma negócio como cessão, está-se apenas a considerá-lo estruturalmente, com abstracção de outros ângulos de observação, nomeadamente funcional, ao passo que ao falar em compra e venda se está a identificar algo com um esquema negocial, não só legalmente como socialmente, típico, funcionalmente marcado [...]".

[174] De forma implícita, também Romano Martinez, *Direito das Obrigações* – (Parte Especial) Contratos, 2001, p. 33, partilha esta posição, quando escreve que nem sempre o objecto da compra e venda se encontra associado com a alienação de direitos reais, dando o exemplo do direito de crédito ou do direito de autor. Em sede de *factoring*, já Vaz Tomé, *Algumas Notas Sobre a Natureza Jurídica e a Estrutura do Contrato de 'Factoring'*, 1992, p. 275, havia aderido à posição de a quem entende ser a cessão não um negócio em sentido próprio, mas o efeito de outro negócio que constitui a causa de tal transmissão.

[175] Pestana de Vasconcelos, *Dos Contratos de Cessão Financeira* (Factoring*)*, 1999, pp. 280 e 281.

[176] Menezes Leitão, *Direito das Obrigações* – Vol. II, 2002, p. 14, rejeitando, por isso, expressamente, a posição de Antunes Varela, quando configura a cessão de créditos como tipo negocial autónomo, ainda que de causa variável (nota 7).

Trade", adoptada pela Assembleia Geral, a 12 de Dezembro de 2001[177]) elaborada sob a égide da Comissão de Direito do Comércio Internacional das Nações Unidas (*United Nations Comission on International Trade Law* – UNCITRAL).

Ao abrigo do artigo 2.º/a) da Convenção, cessão (*assignment* ou *cession*) significa a transferência através de acordo (*agreement* ou *convention*) de uma pessoa (cedente) para outra (cessionário) da totalidade ou parte indivisa do direito contratual do cedente ao pagamento de uma soma de dinheiro (*receivable* ou *créance*, logo, crédito) devida por terceira pessoa. Não é referido a que título esta transferência é feita, mas o mesmo artigo dispõe que a criação de direitos sobre os créditos a título de garantia de uma dívida ou de outra obrigação é considerada como transferência. Ou seja, à semelhança do que acontece com o direito americano do UCC[178], embora construído pela inversa, também aqui se abarca a constituição de garantias e não apenas a mera transferência. Embora não se refira que tipos contratuais podem estar em causa, a verdade é que o acento tónico, a atender à definição de cessão, está no efeito – transferência do direito contratual a uma soma de dinheiro (repare-se na limitação do objecto), sendo indiferente o tipo escolhido pelas partes. É natural que assim seja, porque, tratando-se de um instrumento internacional, o que mais importa é o efeito obtido através de acordo entre as partes, sem se atender aos traços desse mesmo acordo.

V. Acolher a posição acima apresentada implicará deixar de usar a expressão cessão de créditos para designar o negócio jurídico que tem como efeito a transmissão do direito de crédito[179]. Passará a falar-se de

---

[177] Através da Resolução A/RES/56/81. A Convenção ainda não entrou em vigor, porque depende da passagem de seis meses sobre o depósito dos intrumentos de ratificação, aceitação ou adesão por parte de cinco Estados (art. 45.º/1 da Convenção). Até ao momento, e de acordo com informação colhida em www.uncitral.org, apenas o Luxemburgo, Madagáscar e os EUA assinaram a Convenção, ainda não tendo sido depositados os respectivos instrumentos de ratificação.

[178] Veja-se, mais abaixo, pp. 75 e ss..

[179] Apesar de haver quem entenda não existir qualquer incompatibilidade. Gavídia Sanchez, *La Cesión de Créditos*, 1993, p. 176, nota 141, embora defenda a interpretação da cessão de créditos como efeito dos diferentes tipos contratuais, advoga que não há qualquer incorrecção em designar o negócio jurídico com a palavra cessão. Argumenta que isso decorre do facto de, no direito espanhol, em sua opinião, a cessão ser resultado de um único acto que é simultaneamente negócio obrigacional e dispositivo, acolhendo, pois, o consensualismo.

80 *A Cessão de Créditos como Estrutura Contratual com Eficácia Translativa*

compra e venda de crédito, de doação de crédito, de dação de um crédito em pagamento ou de constituição de garantia sobre um crédito ou, em geral, de contrato-fonte da transmissão do direito de crédito. Curioso é observar que não é apenas a lei que adopta a expressão cessão de créditos para designar o acto contratual, também na prática jurídica se denomina contrato de cessão de créditos o contrato que tem como objectivo a transmissão de um crédito. Quando é redigido um contrato cujo conteúdo é a transmissão do direito de crédito, por exemplo, a título oneroso, não é hábito denominar o contrato de "compra e venda" e, depois, numa cláusula inicial, indicar o crédito como objecto dessa compra e venda. Frequentemente o contrato é identificado como "cessão de créditos", estipulando-se que é devido o preço de x pela cessão[180].

As perguntas que se podem colocar são várias. Se a cessão não é acto, mas sim mero efeito, sendo acto o negócio que serve de base, então, qual é o campo de eficácia deste negócio? Os seus efeitos produzem-se apenas entre as partes ou, necessariamente, aplicam-se para além delas? Em que medida é que tal conclusão choca com a regulação legal da cessão de créditos? Em que medida é que a prática contratual releva no entendimento da figura?

É inconveniente concluir neste momento sobre qual das várias perspectivas apresentadas melhor corresponde ao sistema português, tanto mais que a jurisprudência pouco ajuda na clarificação de posições. Se, por um lado, parece aderir à visão da cessão de créditos como um contrato dependente de uma causa variada, por outro, parece apontar mais para a perspectiva do efeito de determinados negócios[181]. É indispensável, pois,

---

[180] Tavares de Carvalho, *Actos dos Notários*, 1953, pp. 138 e 139 (a propósito das fórmulas da escritura de cessão de créditos hipotecários); Nascimento e Trabuco, *Elucidário de Como Elaborar Documentos de Interesse Geral*, 1994, p. 158; Mendes e Lamas, *Guia dos Contratos*, 2002, p. 13, nunca aparecendo sequer a expressão compra e venda.

[181] Num mesmo acórdão, encontram-se facilmente indicações para um lado e para outro. Por exemplo, no Ac STJ 15-Out.-1996, processo n.º 96A169, a cessão de créditos é denominada como contrato de cessão e caracterizada como contrato causal, mas, ao mesmo tempo, afirma-se que o contrato de cessão pode ser visto como resultante do acto causal de transmissão em que o acordo se integra, seja uma compra e venda, uma doação etc.. Um pouco mais à frente, escreve-se que a cessão de créditos não é um negócio abstracto, mas causal, dependente do contrato mediante o qual se realiza a cessão (aqui já se denota a análise do ponto de vista dos efeitos...) e que poderá ser oneroso (compra e venda), gratuito (doação), liberatório (pagamento) ou de garantia. Num outro aresto (Ac STJ 27-Nov.-1997, processo n.º 97B731), e apesar de se afirmar que a dação em cumprimento é a causa da cessão de créditos (que se define como o contrato pelo qual o credor transmite a terceiro

A *construção do código civil: contrato e notificação*

81

analisar o aspecto seguinte – a notificação ao devedor cedido – para, como resultado da conjugação dos dois, se poder decidir no sentido da melhor doutrina. Dir-se-ia mesmo que este problema é causa e consequência de toda a tese que vai ser desenvolvida e que, em definitivo, só se consegue resolver cabalmente com a conjugação de todas as conclusões a que se for chegando.

4.3. *A cessão de créditos integrada em categorias mais amplas*

Viu-se que nos direitos continentais há fundamentalmente duas perspectivas no tratamento dogmático do instituto da cessão de créditos: a do contrato e a do efeito. Mas em qualquer delas a cessão de créditos surge como uma figura perfeitamente delimitada em termos dogmáticos e cuja regulação é, em geral, aplicável residualmente à transmissão de outros direitos para além dos direitos de crédito.

Nos direitos de matriz anglo-saxónica a análise é feita sob outro ponto de vista. Não existe a figura da cessão de créditos enquanto instituto caracterizado pela transmissão de um direito de crédito, mas a cessão de créditos aparece integrada num conceito mais vasto de transmissão de direitos – *assignment* –, de entre os quais o direito de crédito surge, naturalmente, com preponderância. No direito americano, a regulação da generalidade das transacções que têm como objecto uma transmissão de créditos está mesmo abrangida pela regulação mais vasta das transacções que têm uma finalidade de garantia, interessando pouco, ou sendo mesmo rejeitado, o isolamento dogmático da figura.

Em bom rigor, a análise da construção dogmática dos direitos inglês e americano tem pouco interesse para a descoberta da construção da cessão de créditos no direito português. Em nada contribuiram para a solução do código português – aliás, no que toca ao direito americano a construção

---

um crédito), prevalece a visão da transmissão do direito de crédito como efeito da dação em cumprimento, enquanto acto salutório da obrigação assente sobre uma troca ou permuta convencional de prestações. Também o Ac STJ 25-Mai.-1999 (Torres Paulo), BMJ 487 (1999), 299, parece ir nesse sentido ao citar Menezes Cordeiro a propósito da fonte da cessão (p.301). Todavia, não se pode dizer que exista uma posição claramente definida num ou noutro sentido ou, sequer, que existam duas correntes perfeitamente identificáveis. Há indicadores que apontam mais para uma perspectiva e outros mais para outra, mas em nenhum aresto se conseguiu descortinar a assunção de uma posição clara.

82   *A Cessão de Créditos como Estrutura Contratual com Eficácia Translativa*

actual é até posterior ao nosso código –, pelo que não é possível buscar nelas qualquer fundamento ou argumento interpretativo. No que se prende com o objectivo deste capítulo, sob o ponto de vista argumentativo e de desenvolvimento da tese, as páginas que se seguem seriam, portanto, perfeitamente dispensáveis.

Todavia, embora as explicações seguintes contribuam pouco para a construção dogmática da cessão de créditos no nosso direito, elas são indispensáveis para perceber os contributos que os direitos inglês e americano oferecem. Esses contributos justificam-se quer porque se traduzem em soluções próximas das de direitos continentais, o que suscita naturalmente curiosidade pela explicação e interpretação dada às soluções, quer porque se traduzem em soluções inovadoras, que procuram dar resposta cabal às necessidades do mercado e comprovadamente se têm revelado operativas.

Na primeira situação está, sobretudo, o direito inglês, onde é possível encontrar regras semelhantes às de alguns direitos continentais – como sejam a regra para dirimir conflitos entre titulares concorrentes do mesmo crédito. O direito americano, por seu turno, revela-se fundamental na compreensão da evolução legislativa no caminho da adopção de um sistema de registo como forma de garantir segurança e facilidade nas transacções e reveste particular interesse pela atenção dada aos aspectos mais práticos como sejam, por exemplo, os requisitos da notificação.

Assim, ainda neste capítulo, quando se analisarem aspectos como a notificação nas suas diferentes *nuances*, aparecerão variadas referências às soluções inglesa e americana. Também no capítulo seguinte essas menções serão inúmeras, sendo que o direito americano receberá um tratamento particular quando se analisar o sistema de registo.

4.3.1. *Direito inglês*

Quer pela lei, quer pela doutrina, a cessão de créditos é tratada independentemente dos tipos contratuais e é nominada de *"assignment"*. Com esta palavra designa-se uma realidade muito mais ampla do que a que resulta da cessão de créditos dos direitos continentais.

Na verdade, *"assignment"* significa tão-só transferência: pode ser transferência de direitos contratuais, de direitos de crédito, mas também de outras realidades – como obrigações, direitos da propriedade industrial, acções, títulos de crédito, direitos de acção emergentes de responsabili-

A construção do código civil: contrato e notificação   83

dade civil contratual ou extracontratual[182] –, embora actualmente muitas destas figuras estejam sujeitas a regimes especiais de transmissão[183]. Fala--se em *assignment* de *"choses in action"*[184], que são todos os direitos pessoais de propriedade que, por oposição às *"choses in possession"*, só podem ser feitos valer através de uma acção judicial e não através da tomada de posse física[185]. O conceito é, portanto, bastante mais abrangente do que o de direitos de crédito, mas a *chose in action* por excelência é, justamente, o direito de crédito[186].

Uma outra diferença prende-se já não com o objecto da transferência, mas com o facto que a origina. Enquanto nos direitos continentais se fala em cessão de créditos, designando a transmissão do crédito através de um contrato, no direito inglês a transmissão pode ocorrer quer através de um contrato (*by way of contract*), quer através de um *trust* (*by way of trust*), quer por uma outra forma (*informal assignment*). É o caso de uma declaração directamente dirigida ao devedor no sentido de o crédito ter sido ou poder vir a ser transmitido a outrem e, como tal, devendo o devedor cumprir a essa outra pessoa[187]. Por *assignment* pode designar-se ainda quer um acordo para transferir, quer a transferência propriamente dita[188].

É importante explicar que no direito inglês há dois tipos diferentes de *assignment*. Um decorre da evolução do *common law* no sentido de admitir, a partir do *Judicature Act* de 1873 (Secção 25 (6)), a transmissão legal

---

[182] Marshall, *The Assignment of Choses in Action*, 1950, p. 34; Tyler e Palmer, *Crossely Vaines' Personal Property*, 1973, p. 262; Cheshire, *et al.*, *Law of Contract*, 1996, pp. 517 e 518; Beatson, *Anson's Law of Contract*, 1998, p. 447. Num sentido muito amplo, Gough, *Company Charges*, 1996, pp. 59 e ss., sob o título de *"assignment"* refere-se a questões como a transmissão de *"land"* ou a compra e venda de *"goods"*. Já Corbin, autor americano, definia *"assignment"* simplesmente como "expressão de intenção do cedente de que o seu direito deverá passar para o cessionário": Corbin, *Assignment of Contract Rights*, 1926, p. 210.

[183] Veja-se Chitty, *Chitty on Contracts* – Vol. I, General Principles, 1999, p. 1032.

[184] Expressão, no entanto, objecto de crítica por parte do americano Corbin, *Assignment of Contract Rights*, 1926, p. 207, por entender que levava a confusões, uma vez que não estava em causa uma "coisa", mas sim um direito (*right* ou *claim*). A verdade é que entre autores, quer americanos quer ingleses, está actualmente vulgarizada a expressão *"assignment of claims"*.

[185] É a definição unanimemente apontada pelos autores e que decorre de decisão jurisprudencial: *Torkington v. Magee* [1902] 2 K.B.427, 430; revd. [1903] 1 K.B. 644.

[186] Marshall, *The Assignment of Choses in Action*, 1950, p. 37; Bridge, *Personal Property Law*, 1996, p. 120.

[187] Marshall, *The Assignment of Choses in Action*, 1950, pp. 80 e ss..

[188] *Ibidem*, p. 119.

84   *A Cessão de Créditos como Estrutura Contratual com Eficácia Translativa*

de *choses in action*, e que está hoje vertida na Secção 136 da *Law of Property Act* de 1925. Um outro era já admissível pela *equity* e não foi consumido pela lei[189]. Assim, existe a *statutory assignment* e a *equitable assignment*, com requisitos diferentes e consequências diversas, embora a doutrina tenda a desvalorizar essas diferenças, explicando que, na prática, acabam por ter pouca relevância, salvo o efeito (não despiciendo) de, processualmente, um cessionário de uma *statutory assignment* poder processar o devedor sem necessidade de a ele se juntar o cedente, o que numa *equitable assignment* não é possível[190]. O efeito prático é pois o de o cessionário poder demandar o devedor por conta própria e em seu nome[191].

Dentro da *equitable assignment* importa ainda distinguir consoante o objecto da transmissão seja uma *legal chose in action* (como seja um direito de crédito) ou uma *equitable chose in action*[192], o que releva para a necessidade de existência de *consideration* (que simplificando, neste caso, se pode traduzir por causa[193]) para que a transmissão seja perfeita e eficaz[194], relevando no que respeita às relações entre cedente e cessionário, pois o devedor não pode alegar falta de causa para recusar o pagamento ao cessionário[195].

As regras do direito inglês que mais interessam para o presente estudo são, assim, as aplicáveis à *equitable assignment* de uma *legal chose in action*.

---

[189] Bridge, *Personal Property Law*, 1996, p. 122.

[190] Mas Salinger, *Factoring: The Law and Practice of Invoice Finance*, 1999, p. 130, observa que, mesmo tratando-se de *equitable assignment*, na prática associada ao *factoring*, é normal o *factor* demandar sozinho o devedor cedido e, a menos que o devedor objecte nesse sentido, a acção não improcede por falta de demanda conjunta.

[191] Veja-se Treitel, *The Law of Contract*, 1995, p. 593; Chitty, *Chitty on Contracts* – Vol. I, General Principles, 1999, pp. 1032 e 1033; Goode, *Commercial Law*, 1995, p. 53; Beatson, *Anson's Law of Contract*, 1998, p. 453.

[192] Veja-se a distinção em Treitel, *The Law of Contract*, 1995, p. 592, ou Beatson, *Anson's Law of Contract*, 1998, pp. 448 e 449.

[193] Veja-se Marsh, *Comparative Contract Law England, France, Germany*, 1994, pp. 103 e 104.

[194] Beatson, *Anson's Law of Contract*, 1998, pp. 455 e 456.

[195] *Walker v. Bradford Old Bank* (1884) 12 Q.B.D., 511, decisão amplamente invocada pela doutrina: Marshall, *The Assignment of Choses in Action*, 1950, p. 148; Treitel, *The Law of Contract*, 1995, p. 599; Chitty, *Chitty on Contracts* – Vol. I, General Principles, 1999, p. 1042.

A construção do código civil: contrato e notificação 85

4.3.2. Direito americano

I. A palavra *assignment*, no direito americano, tem um sentido mais restrito que no direito inglês. Significa o acto pelo qual o cedente transfere um direito contratual a um cessionário, com a consequente transmissão do direito ao cumprimento perante o devedor[196]. É necessária a manifestação de uma intenção de transferir o direito naquele momento, não ficando essa transmissão sujeita a qualquer futura actuação do cedente ou do devedor[197]. Esta intenção pode ser manifestada directamente ao cessionário ou a terceiro, mas é necessário não confundir com situações em que não há uma verdadeira intenção de transferir, mas apenas, por hipótese, em autorizar o recebimento[198].

Antes da adopção como lei do *Uniform Commercial Code* pela generalidade dos Estados americanos[199], a elaboração da figura da cessão de créditos seguia, em geral, a elaboração que vinha do *common law*, partilhando, portanto, das soluções do direito inglês.

O UCC vem introduzir todo um regime diverso, consagrando um sistema de registo para a generalidade das transmissões de direitos de crédito. O UCC foi editado em sucessivas versões, mas, na parte que interessa ao presente estudo (Artigo 9[200]), há fundamentalmente três textos: o texto de 1962, o texto adoptado na revisão de 1972 (muitas vezes designado por *1972 Code*) e o texto saído da revisão de 1999, que entrou em vigor nos Estados que o adoptaram a partir do dia 1 de Julho de 2001[201].

---

[196] Farnsworth, *Farnsworth on Contracts* – Vol. III, 1998, p. 67.

[197] Veja-se o *Restatement, Second, Contracts* §324.

[198] Farnsworth, *Farnsworth on Contracts* – Vol. III, 1998, pp. 68 e ss..

[199] Em bom rigor, o *Uniform Commercial Code* não é direito federal e nem sequer é um texto legislativo, é um texto de vocação legislativa que é adoptado, no todo ou em parte, com ou sem modificações, pelos diferentes Estados e passa a ser direito estadual. A grande importância deste texto deve-se à sua aprovação na totalidade por 49 dos 50 Estados e parcialmente no Estado da Lousiana. Todavia, há diversas versões do código a vigorarem nos diferentes Estados e mesmo dentro de cada versão muitos preceitos são alternativos, deixando-se aos Estados a possibilidade de escolherem a opção que mais lhes interessa. Por tudo isto, a uniformização não é total. Veja-se esta explicação das fontes do direito americano em Ferreira de Almeida, *Introdução ao Direito Comparado*, 1998, p. 127.

[200] No UCC as partes recebem a denominação de *"articles"*, pelo que não se estranhará a referência sistemática ao Artigo 9, que está dividido em cinco partes e abarca cerca de 57 secções, que correspondem aos artigos dos códigos continentais. A enumeração é feita de acordo com o artigo (nossa parte ou livro), parte (nosso capítulo) e secções (nosso artigo): por exemplo, §9-101 corresponde à secção 1ª da parte 1 do Artigo 9.

[201] Embora se fale na revisão de 1999, devido à sua grande extensão foi decidido adiar a data da entrada em vigor do novo texto para Julho de 2001.

86 A Cessão de Créditos como Estrutura Contratual com Eficácia Translativa

II. Antes de explicar o funcionamento do sistema, importa esclarecer alguns pontos que se prendem com a própria organização sistemática do UCC e com a aplicabilidade deste à cessão de créditos, que podem parecer estranhos a um jurista de formação continental ou mesmo de outro sistema anglo-saxónico.

O UCC, sendo orientado pela necessidade de resolução de problemas de índole comercial[202], acaba por construir toda uma linguagem própria e uma organização inédita. Basta dizer, por exemplo, que praticamente não aparece a expressão inglesa *"assignment of claims"* e que a parte onde aparece a regulamentação da cessão de créditos – o Artigo 9 – tem como epígrafe *"Secured Transactions"*[203].

O critério unificador de toda a regulamentação do Artigo 9 é a transacção sujeita ou constitutiva de garantia. Essa finalidade decorria já com grande clareza do texto antigo, onde havia a preocupação, actualmente abandonada, de enumerar essas transacções[204]. A actual Secção 9-109(a)(1) estatui apenas que qualquer transacção (independentemente da sua forma) que crie um direito de garantia (*security interest*[205]) sobre propriedade pessoal (*personal property*) está sujeita à regulação do Artigo 9.

No âmbito deste conjunto de preceitos cabem todas as transacções feitas com uma finalidade de garantia, seja a transmissão de créditos ou de quaisquer outros direitos, seja o penhor ou outras garantias, aqui consideradas figuras como a venda condicional ou a venda com reserva de propriedade.

---

[202] Já sobre o texto de 1972 se escrevia que "[o] objectivo deste Artigo é oferecer uma estrutura simples e unificada segundo a qual a imensa variedade de actuais transacções financeiras sujeitas a garantias (*secured financing transactions*) possam prosseguir com menos custos e maior segurança.". American Law Institute e National Conference of Commissioners on Uniform State Laws, *Uniform Commercial Code – Official Text with Comments (1972 Version)*, 2000, comentário à Secção 9-101, p. 779.

[203] Por isso, a matéria da cessão de créditos aparece dispersa pelos manuais e obras relativas a contratos, direito comercial, negócios em garantia e ainda em obras sobre "*personal property*".

[204] Perante a diversidade de garantias existentes e a intenção de que as previsões do código pudessem ser aplicadas a novas garantias, foi adoptada uma terminologia uniforme, compreendendo toda essa diversidade. Veja-se o comentário oficial à antiga Secção 9-102, onde se afirmava expressamente que "[a] flexibilidade do Artigo e as formalidades simplificadas devem tornar possível que novas formas de financiamento sujeito a garantias se integrem confortavelmente nas suas previsões à medida que forem surgindo [...]". American Law Institute e National Conference of Commissioners on Uniform State Laws, *Uniform Commercial Code – Official Text with Comments (1972 Version)*, 2000, p. 779.

[205] Veja-se, já de seguida, p. 81.

A construção do código civil: contrato e notificação   87

Na versão do UCC anterior a 1972, para além de se aplicar a todas as transacções constitutivas de garantias, o Artigo 9 aplicava-se ainda à compra e venda de *accounts*[206] ou de *chattel paper*[207]. Ficavam de fora a compra e venda de tudo o que pudesse integrar a categoria de *general intangibles*[208] e de títulos de crédito (*instruments*[209]). A compra e venda de simples direitos de crédito estava, portanto, excluída do campo de aplicação do Artigo 9[210]. Este Artigo aplicava-se, sim, à transmissão de direitos de crédito, mas apenas quando esta tivesse a finalidade de garantir determinada transacção financeira[211].

Esta exclusão da categoria dos *general intangibles* colocava algumas dúvidas sobre a aplicabilidade do regime do código a determinadas figuras contratuais, nomeadamente às operações de titularização (*securitization*)[212]. Além disso, era muito difícil distinguir as situações em que a transmissão era determinada pela finalidade de garantia dos casos em que não era determinada por essa finalidade, consistindo, outrossim, numa simples compra e venda (*outright sale*)[213-214]. Considerava-se ainda des-

---

[206] Direitos de pagamento pela venda ou *leasing* de bens (*goods*) ou serviços (primeira parte da definição que se encontrava na antiga Secção 9-106). A admissibilidade da compra e venda de *accounts* tinha grande importância na actividade de *factoring*, uma vez que o *factor*, em geral, compra, justamente, direitos de pagamento pela venda de bens ou serviços. White e Summers, *Uniform Commercial Code*, 2000, p. 732.

[206] Antiga Secção 9-105(1)(b).

[207] Documentos representativos de uma obrigação monetária e de uma garantia ou *leasing* de bens determinados (antiga Secção 9-105(1)(b)).

[208] Tudo o que seja considerado *personal property* (incluindo as *choses in action*), que não seja *goods*, *accounts*, *chattel paper*, *documents*, *instruments*, *investment property*, *rights to proceeds of written letters of credit* e *money* (antiga Secção 9-106).

[209] A antiga Secção 9-105(1)(i) continha a definição completa desta figura que, *grosso modo*, corresponde aos nossos títulos de crédito.

[210] Embora o problema tenha sido levantado (veja-se Kripke, *Suggestions for Clarifying Article 9: Intangibles, Proceeds, and Priorities*, 1966, pp. 690 a 693), o Comité de Revisão do Código optou por não incluir esta compra e venda no âmbito do artigo.

[211] Veja-se o Permanent Editorial Board for the Uniform Commercial Code, *Report of the Article 9 Study Committee of the Permanent Editorial Board for the UCC, December 1, 1992*, 1992, p. 43, onde se comenta que "[u]m financiamento que seja estruturado como uma verdadeira compra e venda destes *general-intangible receivables* está fora da extensão do Artigo 9, ao invés, o Artigo 9 é aplicável a financiamentos estruturados como garantia sobre *general intangibles* que garantem uma obrigação.".

[212] Uma vez que, geralmente, os direitos de pagamento decorrentes de empréstimos eram considerados *general intangibles* e não *accounts*. White e Summers, *Uniform Commercial Code*, 2000, pp. 732 e 733.

[213] Acrescido do facto de a Secção 1-201(37), ao definir *security interest*, não con-

88 A Cessão de Créditos como Estrutura Contratual com Eficácia Translativa

vantajosa, em virtude da exclusão de algumas cessões do regime do UCC, a consequente desaplicação do sistema de registo, libertando o cessionário dos requisitos de publicidade oficial[215].

---

ferir qualquer critério explícito que permita determinar quando é que uma cessão de uma *account* ou *chattel paper* constitui uma compra e venda. Permanent Editorial Board for the Uniform Commercial Code, *Report of the Article 9 Study Committee of the Permanent Editorial Board for the UCC, December 1, 1992*, 1992, p. 45, nota 6.

[214] Os comentários oficiais ao UCC mencionavam já a impossibilidade de distinção entre transacções de *accounts* que constituissem uma garantia ou uma compra e venda, que levava a que ambas as situações estivessem abrangidas pelo Artigo 9 na versão de 1972. American Law Institute e National Conference of Commissioners on Uniform State Laws, *Uniform Commercial Code – Official Text with Comments (1972 Version)*, 2000, comentário oficial à Secção 9-102, p. 781. Todavia, a fronteira na aplicação do Artigo 2 (dedicado ao contrato de compra e venda) ou do Artigo 9 nem sempre é clara e tem gerado inúmeras discussões na doutrina americana. Farnsworth, *Farnsworth on Contracts* – Vol. III, 1998, p. 66, explicava, ainda com base no texto anterior a 1999, que, ao contrário do Artigo 2, o Artigo 9 não estava limitado a direitos emergentes do contrato de compra e venda de bens, aplicando-se à generalidade das transacções onerosas de *accounts*, mas, por seu turno, estava limitado à transmissão de *"rights to payment"*, não abrangendo a transmissão de *"rights to goods or services"*. Uma questão que foi alvo de esclarecimento pelo PEB prendeu-se, justamente, com a dúvida sobre se a aplicação do Artigo 9 não inibiria a plena transmissão da titularidade dos direitos de crédito, plena transmissão essa que se obteria através de uma compra e venda, mas porventura não através de uma *secured transaction*. No seu comentário n.º 14, o PEB pronunciou-se no sentido de o Artigo 9 ser aplicável quer à compra e venda, quer à transmissão em garantia de direitos de crédito (a expressão usada é *receivables*), não tendo qualquer impacto na titularidade do comprador (pelo menos na relação inter-partes) no que respeita à compra desses direitos de crédito. Deste comentário nasceu um aditamento aos comentários oficiais que esclarece que nada no Artigo 9 impede a plena transmissão da titularidade dos direitos de crédito. Veja-se Permanent Editorial Board, *PEB Commentary No.14 – Section 9-102(1)(b), 1994*, 2000, pp. 1163 e 1164, e o texto aditado já inserido nos comentários oficiais anteriores a 99: American Law Institute e National Conference of Commissioners on Uniform State Laws, *Uniform Commercial Code – Official Text with Comments (1972 Version)*, 2000, comentário n.º 2 à Secção 9-102, p. 781. Esta referência mantém-se, com pequenas diferenças de redacção, nos actuais comentários. American Law Institute e National Conference of Commissioners on Uniform State Laws, *Uniform Commercial Code – Official Text with Comments (1999 Version)*, 2000, comentário n.º 5 à Secção 9-109, p. 1619.

[215] Permanent Editorial Board for the Uniform Commercial Code, *Report of the Article 9 Study Committee of the Permanent Editorial Board for the UCC, December 1, 1992*, 1992, p. 45. Veja-se também o Permanent Editorial Board, *PEB Commentary No.14 – Section 9-102(1)(b), 1994*, 2000, p. 1163, onde, recorrendo ao texto de Gilmore, se comenta que a razão pela qual se subordinou as compra e vendas e as transacções com finalidade de garantia ao Artigo 9 foi informar terceiros da existência de direitos sobre créditos (*receivables*) de um devedor e conferir protecção a todos os tipos de cessões de cré-

A construção do código civil: contrato e notificação 89

No seguimento de uma sugestão do PEB, no sentido de alargar consideravelmente a aplicação do Artigo 9 à compra e venda[216], a versão do UCC adoptada em 1999 exclui da definição de *account* a referência a *goods* e *services*, para incluir todos os direitos de pagamento (que caem na definição corrente de *general intangibles*)[217]. Além deste alargamento do conceito de *account*, e de maior interesse para o presente estudo, é a inclusão no âmbito de aplicação do Artigo 9 da categoria de *"payment intangibles"* [218]. Passaram a estar sujeitos à regulação deste Artigo não só a com-

---

ditos. No estudo que serviu de base a todo o Artigo 9, Gilmore, *Security Interests in Personal Property* – Volume I, 1965, pp. 275 e 308, explica que a justificação da inclusão da compra e venda reside na ideia fundamental de proteger os transmissários não apenas em *"straight accounts receivables financing"* – ligadas às transacções com fim de garantia –, mas também em *"arrangements of the factoring type"*, ou seja, em transacções em que há a transmissão de créditos com um intuito eminentemente financeiro, mas em que não está presente uma função de garantia.

[216] Na sua recomendação de 1 de Dezembro de 1992, o PEB sustentava o alargamento do campo de aplicação do Artigo 9, no sentido de incluir a compra e venda de *general intangibles* que constituissem um "direito de pagamento" ou *general intangibles* que consistissem em "dinheiro devido ou a ser devido no futuro" (*for money due or to become due*). Permanent Editorial Board for the Uniform Commercial Code, *Report of the Article 9 Study Committee of the Permanent Editorial Board for the UCC, December 1, 1992*, 1992, pp. 45 e 46. O texto da recomendação é o seguinte: "O Artigo 9 deve ser revisto para incluir no seu âmbito compra e vendas de *general intangibles* para o pagamento de dinheiro. Contudo, o Comité de Redacção deve assegurar-se que o âmbito alargado não inclua vendas de *receivables* em relação aos quais a regulação do Artigo 9 seria impraticável ou desnecessária [...]". *Ibidem*, p. 43.

[217] As expressões *goods* e *services* foram substituídas pelo termo mais vasto *property*; *account* designa agora um direito de pagamento de uma obrigação monetária relativa a *property* que tenha sido sujeita a uma disposição. Esta explicação é abreviada e corresponde apenas à parte que mais interessa ao presente estudo. A definição do código é, na verdade, complexa e abarca situações de compra e venda, leasing, cessão, ou disposição em geral, para além de conter outros sete items diferentes, já sem mencionar todas as figuras que são elencadas como ficando de fora do conceito definido. A definição completa encontra-se na Secção 9-102(2). O comentário n.º 5 à Secção 9-102 (American Law Institute e National Conference of Commissioners on Uniform State Laws, *Uniform Commercial Code – Official Text with Comments (1999 Version)*, 2000, p. 1597) enfatiza justamente o aspecto do alargamento do conceito de *account*.

[218] No que toca aos direitos de crédito, este conceito de *payment intangible* é essencial: integra-se no conceito mais vasto de *general intangibles* (§9-102(42) – qualquer *personal property*, incluindo *things in action*, simplificando, direitos de crédito –, mas refere-se apenas a *personal property* – dir-se-ia direitos de crédito – cuja obrigação principal do devedor seja uma obrigação monetária (§9-102(61)).

90 A Cessão de Créditos como Estrutura Contratual com Eficácia Translativa

pra e venda de *accounts* e de *chattel paper*, mas ainda a de *payment intangibles* e *promissory notes* (§9-109(a)(3)).

III. Actualmente, pode dizer-se sem reservas que muito poucas cessões de crédito ficam fora do âmbito de aplicação do Artigo 9. Este artigo abrange, nomeadamente, agora sem quaisquer dúvidas, não só as operações de *factoring*, mas também as operações de titularização. Qualquer transacção que crie uma garantia sobre direitos de crédito (neste caso, quer correspondam a *accounts*, quer sejam abrangidos pela definição de *general intangibles*) cai na previsão da Secção 9-109(a)(1)[219]. Qualquer compra e venda de *accounts* ou de *payment intangibles* é acolhida pela Secção 9-109(a)(3).

Os direitos de crédito dos sistemas continentais podem integrar-se, segundo as suas características, quer no conceito de *accounts*, quer no de *payment intangibles*. De ora em diante, por facilidade de exposição e de molde a tornar a explicação mais clara, utilizar-se-á a expressão "direito de crédito" como sinónimo quer de *account* quer de *payment intangible*, embora direito de crédito corresponda a uma realidade mais ampla do que qualquer destas categorias, abrangendo, nomeadamente, figuras que caem na categoria de *general intangibles*.

Ficam de fora do âmbito de aplicação do Artigo 9 aquelas transmissões que não têm qualquer relação com uma transacção comercial financeira, como sendo: a cessão de créditos como parte do negócio dos quais emergem; a cessão de créditos com a finalidade exclusiva de cobrança[220]; a transmissão de um direito de pagamento emergente de um contrato a um cessionário que deva, ele próprio, efectuar o cumprimento nos termos do mesmo contrato; a transmissão a um cessionário de um direito de crédito isolado como forma de satisfação total ou parcial de uma dívida anterior[221] (§9-109(d)(4),(5),(6) e (7))[222].

---

[219] Note-se que esta transacção pode ser uma transmissão em garantia desses mesmos direitos de crédito.

[220] Correspondente figura dos direitos continentais denominada por cessão para cobrança (em alemão *Inkassozession*).

[221] Note-se como corresponde à nossa figura da cessão que tem por base uma dação em pagamento ou uma dação *pro solvendo*.

[222] Já para não se fazer menção de todas as outras situações referidas no §9-109(d), como sejam a transmissão de créditos de salários (§9-109(d)(3)) ou de direitos relativos a contratos de seguro (§9-109(d)(8)) ou de direitos emergentes de responsabilidade civil (§9-109(d)(12)).

A transmissão de direitos de crédito que não esteja abrangida pelo Artigo 9 fica sujeita às regras do *common law*, embora a doutrina chame a atenção para o facto de, na prática, ficar muito pouco para o *common law* e, ainda assim, ser provável a aplicação das soluções do código por analogia[223]. Na determinação do regime aplicável a estas cessões de crédito que ficam fora do âmbito de aplicação do Artigo 9 ganha especial relevo a obra da doutrina americana conhecida como o *Restatements Second of the Law of Contracts* (e citada normalmente como *Restatement, Second, Contracts*).

Os *Restatements*, embora com a aparência de um código romano-germânico, são fontes secundárias de natureza doutrinária. Foram elaborados sob os auspícios do *American Law Institute* (e por ele adoptados e publicados), com o objectivo de encontrar e sistematizar o direito comum aos diferentes Estados, mas muitas vezes reflectem a própria posição dos seus autores. A sua importância acaba por ser grande, na medida em que as soluções são muito acolhidas pela jurisprudência[224]. No que se prende com a cessão de créditos, têm importância sobretudo na procura de soluções para os casos não sujeitos ao UCC.

Note-se que o Capítulo 15 do *Restatement, Second, Contracts*, dedicado à cessão de créditos e à transmissão de dívidas, se aplica à transmissão de todos os direitos contratuais, nomeadamente direitos ao cumprimento não monetário. Em contrapartida, os direitos não contratuais estão fora do âmbito do *Restatement*[225].

IV. Esclarecido o âmbito de aplicação do Artigo 9, importa agora explicar o funcionamento do mecanismo que ele introduz. Em primeiro lugar, é preciso enfatizar que o UCC adopta uma terminologia uniforme, de molde a que, qualquer que seja a figura ou a transacção em questão, a terminologia utilizada seja a mesma. Assim, controi o conceito basilar de "*security interest*", definindo-o como "*an interest in personal property or fixtures which secures payment or performance of an obligation[...]*" (§1-201(37)), que, de uma forma porventura rudimentar, mas beneficiando da simplicidade, poderíamos traduzir por "direito de garantia" ou "garantia".

---

[223] Farnsworth, *Farnsworth on Contracts* – Vol. III, 1998, p. 66, embora reportando-se ainda à antiga Secção 9-104.

[224] Sobre esta explicação dos *Restaments* como fonte do direito americano, veja-se Ferreira de Almeida, *Introdução ao Direito Comparado*, 1998, pp. 134 e 135.

[225] Veja-se American Law Institute, *Comment on Restament, Second, Contracts*, 1979, 316, p. 13.

92   A Cessão de Créditos como Estrutura Contratual com Eficácia Translativa

Mas nem sempre se tratará de uma garantia: o referido preceito esclarece que o termo abarca também o direito do comprador de direitos de crédito[226], quando esta compra e venda esteja sujeita ao Artigo 9. Em sentido concordante, "*secured party*" inclui a pessoa a quem foi vendido um direito de crédito e não apenas a pessoa a favor de quem foi constituída uma garantia (§9-102(72)(D)).

Transpondo para a terminologia continental do instituto da cessão de créditos, *secured party* será o cessionário, *debtor* é o cedente (§9-102 (28)(B)), *account debtor* o devedor (§9-102(3)) e a expressão *collateral* corresponde aos créditos transmitidos ou a transmitir (§9-102(12)(B))[227].

Relembre-se que, para que se verifique uma cessão de créditos plenamente eficaz (*effective assignment*, na linguagem da doutrina americana), é necessária a manifestação por parte do titular dos direitos a transmitir de uma intenção de efectuar uma transferência presente, ou seja, uma transferência que não esteja dependente de um acto ulterior de transmissão[228].

Não é obrigatório o uso de qualquer terminologia particular e, em princípio, nem sequer seria necessária a forma escrita, mas a aplicação do Artigo 9 vem alterar este panorama. Na verdade, a constituição de um *security interest*, nos termos do Artigo 9, faz-se através da celebração do denominado *security agreement* (§9-102(73)). As partes neste contrato são o *debtor* – no campo em análise, o cedente – e a *secured party* – o cessionário[229].

---

[226] No texto do código, a terminologia utilizada é "venda de *accounts* e *chattel paper*", mas dado o interesse exclusivo do presente trabalho nos direitos de crédito, sempre que aparecerem as duas expressões ter-se-á apenas em conta a primeira que traduzi, como já referido, por direitos de crédito.

[227] Em qualquer uma destas definições é feita menção à inclusão das situações de compra e venda de direitos de crédito. É explicitado, por exemplo, que *debtor* inclui o vendedor de *accounts* ou de *payment intangibles* e que *collateral* abrange *accounts* ou *payment intangibles* que tenham sido vendidos.

[228] Farnsworth, *Farnsworth on Contracts* – Vol. III, 1998, p. 67. Nas páginas seguintes, sobretudo em nota de pé de página, o A. dá-nos conta de várias questões discutidas pela doutrina e, sobretudo, pela jurisprudência, incidentes sobre o conceito de *effective assignment*. Prendem-se, por exemplo, com a distinção de cessão e promessa de cessão ou de cessão e autorização para cobrança.

[229] Nos comentários oficiais é esclarecido que a terminologia utilizada pelas partes, ou mesmo a intenção em que se aplique regime diverso do Artigo 9, é irrelevante se a transacção cair na definição de *security interest* da Secção 1-202. American Law Institute e National Conference of Commissioners on Uniform State Laws, *Uniform Commercial Code – Official Text with Comments (1999 Version)*, 2000, comentário à Secção 9-102, p. 1595.

A construção do código civil: contrato e notificação 93

Tratando-se da transmissão de um direito de crédito, para que a a cessão seja *"enforceable"* (e, em consequência, o direito do cessionário *attaches*, o que quer dizer, seja eficaz, exigível[230]) em relação ao cedente (portanto, entre as partes[231]) e a terceiros é necessário que o cedente assine ("autentique"[232]) um acordo onde conste a descrição dos direitos transmitidos[233]. Esse acordo é, justamente, o *security agreement* ((§9-203(3)(A) e (a))[234].

Ora, embora o UCC não estatua que a cessão de créditos deva ser feita por escrito, para o preenchimento destes requisitos ela afigura-se difi-

---

[230] O código determina que o *"security interest attaches"* quando se torna *"enforceable"* (eficaz, exegível) perante o cedente (§9-203(a)) e ele é eficaz perante o cedente quando estão reunidos três requisitos: onerosidade, direito do devedor sobre os bens a transmitir ou direito a transmiti-los ao cessionário e celebração pelo cedente de um *security agreement* autenticado que contém a descrição dos créditos transmitidos (§9-203(b)). No comentário oficial a esta Secção (American Law Institute e National Conference of Commissioners on Uniform State Laws, *Uniform Commercial Code – Official Text with Comments (1999 Version)*, 2000, p. 1626), os três requisitos aparecem resumidos em onerosidade, direitos ou poder de transmitir direitos sobre os *collateral* (neste caso, os direitos de crédito) e acordo + satisfação de *"evidentiary requirement"*, que se poderá traduzir por requisitos de evidência ou de prova.

[231] Quando o direito *"attaches"* há a transmissão do direito de propriedade sobre os bens em causa (*property interest*) do devedor para o credor (cedente e cessionário, tratando-se de direitos de crédito). White e Summers, *Uniform Commercial Code*, 2000, p. 711.

[232] A Secção 9-203(3)(A) exige que *"the debtor has authenticated a security agreement that provides a description of the collateral[...]"*. O sentido de acordo autenticado é seguramente diferente daquele que decorreria do nosso direito. Nos termos da Secção 9-102(a)(7), autenticar (*authenticate*) significa assinar ou executar ou inscrever de modo semelhante a processar um registo no todo ou em parte, com a intenção presente da pessoa que autentica em identificar a pessoa e adoptar ou aceitar o registo.

[233] Tratando-se de outros *collateral,* o critério pode ser a posse ou a entrega ou ainda valer o conceito de *"control"*(§§9-104 a 9-107) sobre bens como *deposit accounts* ou *chattel paper* (veja-se §9-203(3)(B)(C)(D)). Nesses casos, no seguimento do *security agreement* do devedor (aqui *debtor* já pode ser traduzido como devedor e não como cedente), é necessário, consoante os casos, a posse, a entrega de dado documento ou a existência de *control.*

[234] Assim, embora, em princípio, a cessão de créditos não esteja sujeita a forma especial, para que seja oponível ao próprio cedente e a terceiros é necessário que o cedente assine o referido acordo, pelo que, uma cessão de créditos que não conste de documento que consubstancie o *security agreement* de nada vale. De toda a maneira, ainda que a cessão não esteja sujeita ao regime do Artigo 9, da aplicação do Artigo 1 (§1-206) resulta que a cessão, a menos que corresponda a um valor inferior a $5,000, não é oponível se não constar de documento escrito.

94 *A Cessão de Créditos como Estrutura Contratual com Eficácia Translativa*

cilmente dispensável. Pode continuar a afirmar-se que para o contrato em si não é exigida forma especial, mas que apenas a sua eficácia – e não a validade – depende de determinados requisitos que pressupõem a adopção de certa forma. Tal raciocínio seria, no entanto, no mínimo, divorciado da realidade, porque um contrato que seja ineficaz perante as próprias partes de pouco vale. Acresce que, para o cessionário ganhar prioridade em relação a outras transacções, é ainda necessário que o *security interest* seja considerado "*perfected*" (§9-308(a)).

Aparecem, pois, dois conceitos novos fundamentais – *attachment* e *perfection* – que correspondem a dois patamares distintos de eficácia – entre as partes e em relação a terceiros, por um lado, e apenas em relação a terceiros, por outro[235]. Não se estará longe da verdade se se traduzir *attachment* por exigibilidade e *perfection* por oponibilidade, palavras que se utilizarão doravante[236]. A falta de cumprimento dos requisitos que tornam o direito oponível não afecta a transferência da titularidade entre comprador e vendedor do direito de crédito, mas a titularidade do comprador, do transmissário, fica sujeita aos direitos de terceiros, como sejam os credores do vendedor ou o administrador da massa falida[237].

Em princípio, o direito torna-se oponível quando é considerado *attached*, ou seja, quando é exigível perante o cedente (devedor na terminologia do código) e terceiros, e quando são observados os requisitos para a

---

[235] White e Summers, *Uniform Commercial Code*, 2000, p. 711, escrevem que o conceito de "*attachment*" é importante, porque é o "*building block on which all the rights of the secured creditor are based*". Todavia a "*perfection*" é o passo necessário para completar a eficácia perante terceiros. Sem *attachment* não pode haver *perfection* e sem ambos o credor normalmente perde em relação a terceiros concorrentes.

[236] Note-se, no entanto, a impressividade de tais expressões, nomeadamente de "perfeição", palavra que, contudo, não se adopta na transposição para o português por se entender que corresponde com algum rigor ao conceito mais conhecido de oponibilidade.

[237] No comentário oficial ao texto anterior (American Law Institute e National Conference of Commissioners on Uniform State Laws, *Uniform Commercial Code – Official Text with Comments (1972 Version)*, 2000, comentário n.° 1 à Secção 9-301, p. 838) era explicado que, "tal como acontece na *Section* 60 do *Federal Bankruptcy Act*, "*perfected*" é usado para descrever um direito de garantia que não pode ser arredado num processo de insolvência nem pelos credores em geral". Actualmente, explica-se que, em geral (porque há algumas regras especiais), "depois da "*perfection*" a *secured party* está protegida perante credores e transmissários do devedor e, em particular, perante qualquer representante dos credores nos procedimentos de insolvência instituídos pelo devedor ou contra ele.". American Law Institute e National Conference of Commissioners on Uniform State Laws, *Uniform Commercial Code – Official Text with Comments (1999 Version)*, 2000, comentário n.° 2 à Secção 9-308, p. 1655.

oponibilidade (§3-308(a))[238]. Por regra, o requisito para a oponibilidade é o registo de um documento de financiamento (o §9-310 (a) determina que, exceptuando os casos enumerados[239], "*a financing statement must be filed to perfect all security interests*") junto de um organismo público[240], mas, como se verá[241], há situações em que a oponibilidade coincide com a exigibilidade.

Note-se que, para efeito de determinação dos requisitos da oponibilidade, é importante distinguir se um direito de crédito corresponde à definição do código de *account* ou de *payment intangible*, porque o primeiro segue a regra geral do registo e o segundo não necessita de requisitos diversos dos impostos para a exigibilidade (*attachment*).

Por agora, bastam estas explicações relativamente ao direito americano. Mais adiante, elas serão indispensáveis para perceber os pontos de regime de que se fará menção, com especial destaque para a compreensão do sistema de registo.

5. A Notificação

5.1. *Razão de ordem*

A perspectiva que se privilegia na análise seguinte é uma perspectiva funcional ou finalística da notificação. Significa que o enfoque é colocado na notificação enquanto acto destinado à produção de determinados efeitos, colhidos na lei. Por essa razão se encontra uma noção funcional de

---

[238] Todavia, em certos casos é possível cumprir os requistos de oponibilidade (*perfection*) antes mesmo de o direito ser considerado *attached*. Nesses casos, vale a parte final do preceito citado: se os requisitos de oponibilidade (*perfection*) são satisfeitos antes do direito *attaches*, então é neste último momento que o direito se considera oponível (*perfected*).

[239] A *perfection* pode coincidir com o *attachment* ou estar dependente de requisitos diversos do registo, como sejam a posse dos bens ou de documentos relativos a esses bens ou a entrega de certos documentos ou o "*control*". Veja-se as Secções 9-310(b), 9-312, 9-313, 9-314.

[240] Este documento de financiamento identifica o devedor (cedente), o credor (cessionário) e os bens sobre os quais o credor tem um direito. Através do nome do cedente, os interessados podem procurar nos registos a existência de direitos anteriores sobre aqueles bens.

[241] *Infra*, pp. 258 e ss..

A Cessão de Créditos como Estrutura Contratual com Eficácia Translativa

notificação e, posteriormente, procede-se a uma análise da aplicação funcional, o que equivale a dizer, da eficácia da notificação, dos efeitos que lhe estão associados.

Contudo, esta eficácia, intimamente ligada à perspectiva da notificação enquanto acto, não pode ser vista desconectada da própria configuração da notificação enquanto declaração[242]. Moldada por uma configuração funcional, importa encontrar os contornos que a notificação enquanto declaração deve revestir. O que significa esclarecer quais os requisitos a que a notificação tem de obedecer para desencadear plenamente a eficácia que lhe está associada, ou, mais correctamente, para se configurar juridicamente enquanto declaração válida, de molde a desencadear a eficácia atribuída pela lei ao acto assim configurado.

Sob este título genérico podem dividir-se os pontos em análise por dois *items*: a notificação enquanto declaração e a notificação enquanto acto. A notificação é uma declaração, porquanto é um acto dirigido a outrem para dar a conhecer determinado conteúdo. A notificação é um simples acto jurídico, porquanto a lei não se preocupa com as finalidades do declarante, no sentido de não lhes dar relevo, e associa a essa declaração determinados efeitos.

Enquanto declaração, a notificação é feita por determinado declarante, dirigida a destinatário determinado (declaratário), reveste certa forma e abarca um determinado conteúdo. Enquanto acto jurídico, a notificação desencadeia uma série de efeitos jurídicos previstos na lei. Este segundo ponto verterá sobre os efeitos da notificação, sendo apelidado de aplicabilidade funcional. O primeiro ponto será tratado antes, sob o título de notificação enquanto declaração, sendo abordados, com este enquadramento, os requisitos e a eficácia da notificação.

O objectivo é saber como é que a notificação deve ser feita para poder produzir plenamente os efeitos previstos na lei. Importa analisar essencialmente a forma que o acto deve revestir e o conteúdo que deve

---

[242] Embora nos actos unilaterais seja pouco perceptível a distinção entre declaração e acto, não existe motivo ponderoso que leve a afastá-la, tanto mais que se traduz em inegáveis vantagens do ponto de vista da exposição e arrumação de matérias. Quando se analisa a notificação na perspectiva da declaração, são explicados os aspectos relativos aos requisitos da declaração em estreita ligação com as pessoas envolvidas na mesma. Quando o enfoque é a notificação enquanto acto jurídico, o estudo centra-se nos efeitos que a lei associa a essa mesma notificação. Como se verá, a relação entre as duas perspectivas não deixa de ser intensa, nomeadamente quando se adopta uma leitura finalística da notificação que permite esclarecer dúvidas ao nível dos próprios requisitos da declaração.

A construção do código civil: contrato e notificação   97

observar. Interessa ainda ponderar a pessoa que faz e a que recebe a notificação, sobretudo pela incidência relevante no próprio conteúdo da notificação. Estes aspectos não serão de todo indiferentes na determinação da obrigatoriedade de a notificação mencionar este ou aquele ponto. A configuração do conteúdo da notificação, por seu turno, é fundamental para determinar a produção dos efeitos legais.

Por isso, imediatamente após o recorte da notificação, alicerçado na referida perspectiva funcional, que é a da própria lei, aprofunda-se o aspecto dos requisitos da notificação e só depois se desenvolve a temática dos efeitos da mesma.

5.2. *Noção funcional*

I. A notificação ao devedor cedido pode ser encarada, conjuntamente com outras realidades, do ponto de vista da forma e das formalidades exigidas para que a transmissão de créditos seja plenamente eficaz (num sentido amplo). Se atentarmos à obra de comparatistas, vemos que optam por tratar a matéria da notificação juntamente com a matéria relativa à forma exigida para o contrato (ou os contratos) celebrado com vista à transmissão do direito de crédito e ainda com outros requisitos que se prendem com a necessidade de praticar um ou mais actos, posteriores ao contrato, para que a transmissão seja plenamente eficaz, ou seja, eficaz *erga omnes*[243].

No direito português, os problemas de forma e de formalidades estão porventura minimizados, porque não há dúvidas de que o contrato que as partes celebram com vista à transmissão do direito de crédito não está sujeito a forma especial[244], gozando da aplicação do artigo 219.º; não

---

[243] Veja-se Kötz, *The Transfer of Rights by Assignment*, 1992, pp. 72 e ss., e Kötz, *European Contract Law – Vol. 1*, 1997, pp. 275 e ss., sob o título de "*Formal Requirements*" ou Kötz, *Europäisches Vertragrecht – Band I*, 1996, pp. 418 e ss., sob a expressão alemã "*Formvorschriften*" (requisitos de forma).

[244] Apesar de porventura maioritariamente, e como regra, não ser exigida forma especial para a transmissão de créditos, há alguns direitos que a impõem. Refiram-se alguns exemplos. No direito inglês, uma "*staturory assignment*", celebrada segundo a secção 136 da *Law of Property Act* de 1925, está sujeita a forma escrita (embora, na sua falta, possa valer como "*equitable assignment*"). O código holandês, no seguimento da regra da entrega para a transmissão da propriedade, exige também aqui essa entrega, que assume a forma de documento escrito de transmissão, no qual é exigida apenas assinatura do cedente e notificação ao devedor (art. 3:94(1)) NBW). Quebrando a tradição do sistema alemão que

98 A Cessão de Créditos como Estrutura Contratual com Eficácia Translativa

existe qualquer exigência de um acto de data certa[245]; não há necessidade de um acto ulterior análogo à transferência da posse[246]; não há registo de direitos de crédito[247] (excluindo-se, claro, quando se trate de valores mobiliários, mas nesse caso o regime aplicável é substancialmente diverso[248]).

Acresce que, ao contrário de outros direitos[249], não há no direito português um regime múltiplo, com especificidades, por exemplo, para a transmissão de créditos com fim de garantia, como ocorre nos direitos inglês e americano[250-251]. Pelo contrário, existe apenas, e para todos os

---

inicialmente seguia, o código suíço sofreu uma alteração na exigência de forma, passando a sujeitar toda a transmissão de créditos a forma escrita – 165/1 OR – (embora o contrato de onde nasce a obrigação de transmitir o crédito, ou seja, o negócio subjacente, possa ser feito oralmente – 165/2 OR). Esta exigência é vista como forma de facilitar a prova da cessão e a identificação do cessionário (o que é especialmente importante num caso de falência do cedente ou quando a cessão é posta em causa pelo devedor ou por outro terceiro) e não como forma de proteger o cedente, até porque o negócio obrigacional subjacente não está sujeito a forma especial. Von Thur e Escher, *Allgemeiner Teil des Schweizerischen Obligationenrechts – Band II*, 1974, p. 334; Bucher, *Schweizerisches Obligationenrecht – Allgemeiner Teil onhe Deliktsrecht*, 1988, p. 550; Rey, *Schweizerisches Obligationenrecht- Allgemeiner Teil- Band II*, 1998, p. 295.

[245] Como acontece, por exemplo, no código civil italiano (art. 1264 e ss..) ou no código civil espanhol (art. 1.526). É também a solução do código brasileiro (arts.1067 e 1069).

[246] Como acontece no ordenamento austríaco no caso de cessão em garantia (não na generalidade das cessões, para as quais vale a liberdade de forma), onde os tribunais, em analogia com o §452 do ABGB relativo ao penhor, exigem um *Zeichen* (sinal) elucidativo da ocorrência da cessão. Esse sinal pode ser a notificação ao devedor cedido ou, no caso de as partes pretenderem manter a transmissão secreta, uma inscrição nos livros do cedente, juntamente com uma declaração escrita de cessão. Veja-se indicação de ampla jurisprudência do tribunal superior austríaco em Kötz, *European Contract Law – Vol. 1*, 1997, p. 276.

[247] Como acontece, quando a cessão é feita para fins de garantia, nos direitos inglês (em virtude da secção 344 do *Insolvency Act* de 1986 e das secções 395 e 396 do *Companies Act* de 1986, segundo os quais uma cessão global só é válida contra o administrador da massa falida se constar de registo público) e americano (como acima foi descrito – veja-se pp. 75 ss. –, o sistema gizado pelo Artigo 9 do UCC impõe que as cessões em garantia só valham contra os credores do cedente ou o administrador da massa falida quando tenha sido preenchido e registado o documento de financiamento).

[248] Com efeito, o código dos valores mobiliários consagra um sistema de registo constitutivo, segundo o qual, mesmo entre as partes, a transmissão só se opera com o registo. Veja-se, mais adiante, pp. 389 e ss..

[249] Mas à semelhança, por exemplo, do direito alemão.

[250] Tendo-se tornado, neste último, praticamente, a regra, dada a amplitude com que o Artigo 9 do UCC foi construído. Relembre-se o que se escreveu, acima, na p. 80.

casos, a exigência de notificação. A lei aborda a notificação de um ponto de vista funcional, pelo que é também esse o ângulo de análise adoptado.

II. A notificação aparece no código português como um acto através do qual se dá conhecimento ao devedor cedido da celebração de um negócio destinado à transmissão do crédito de que ele é sujeito passivo (art. 583.º/1). Não se explica o que se entende por notificação. Ela é referida quase exclusivamente de um ponto de vista funcional, uma vez que se depreende, por interpretação enunciativa, que, se o contrato-fonte produz efeitos em relação ao devedor desde que lhe seja notificado, então é porque antes da notificação ele é ineficaz perante o devedor – logo, a notificação serve para conferir eficácia à transmissão perante o devedor cedido.

Mas, de seguida, o código introduz uma *nuance*, conferindo relevância ao mero conhecimento que o devedor cedido venha a ter da ocorrência da transmissão. Nesse caso, a transmissão é eficaz perante ele, ainda que não tenha havido notificação. Este aspecto leva a reflectir sobre a exigência da notificação.

III. Antes das codificações modernas, e com forte influência do direito romano[252], só era admitida a transmissão do direito de crédito com a aquiescência do devedor. O seu consentimento era imprescindível à validade do negócio. A razão para este entendimento era evidente: tratava-se de transmitir um direito de crédito, ou seja, um direito cujo objecto era uma prestação – a possibilidade de exigir determinada prestação de outrem. Como implicava interferir numa relação entre pessoas, permitindo que uma pessoa diferente daquela que tinha contratado inicialmente com

---

[251] Mas não são estes os únicos casos de multiplicidade de regimes. Mais flagrante é a situação do direito francês que, desde 1981, com a entrada em vigor da chamada "*Loi Dailly*", (Lei 81-2 de 2 de Janeiro de 1981), instituiu o preenchimento de um documento "*bordereau*", para os casos de transferência de créditos em bloco para um banco como garantia ou como forma de obter activos pecuniários. O objectivo da lei foi fugir à aplicação do art. 1690 do *code civil*, não sendo já necessário notificar o devedor cedido, ficando consequentemente facilitado o recurso ao crédito bancário. Veja-se a explicação mais detalhada deste regime, abaixo, nas pp. 249 e ss..

[252] Face à impossibilidade de transmitir os direitos subjectivos e em virtude da necessidade económica da mudança de credor, esta era admitida através da novação, criada pelo acordo entre o novo credor e o devedor. Outro mecanismo era o recurso à representação processual, que, se tinha a vantagem de prescindir do consentimento do devedor, tinha, no entanto, a desvantagem de o cedente conservar a posição de credor. Kaser, *Direito Privado Romano*, 1999, pp. 304 e 305.

100   A Cessão de Créditos como Estrutura Contratual com Eficácia Translativa

o devedor lhe pudesse exigir determinada prestação, era ponto assente a necessidade de conferir a este o domínio sobre o que se fosse passar.

Foi-se percebendo, no entanto, que, do ponto de vista económico, não era proveitosa a exigência do consentimento do devedor para que o credor dispusesse livremente do seu crédito. Tal exigência criava grandes obstáculos ao tráfico jurídico e coarctava as possibilidades de os credores se satisfazerem com antecipação do montante correspondente ao seu direito de crédito. Consequentemente, a aceitação de concessão de crédito tornava-se mais difícil.

Uma vez assente a necessidade de retirar ao devedor a possibilidade de decidir sobre a transmissão do crédito, colocou-se, correlativamente, o problema da protecção que lhe deveria ser concedida. As ideias fundamentais eram: o devedor não deveria ser prejudicado por um acto no qual não estava legalmente legitimado para intervir; a sua ignorância não poderia ser fundamento para que ficasse colocado em pior situação do que aquela em que se encontrava[253].

Procurando dar cobertura a essas necessidades, o Código de Napoleão estatuiu que, entre cedente e cessionário, a transmissão se efectuasse por acordo (art. 1689)[254]. Depreende-se deste preceito, *a contrario sensu*, o que é confirmado pelo artigo 1690: em relação a terceiros não basta o simples consentimento, é necessária a notificação feita ao devedor cedido. Esta solução compreende-se à luz da necessidade de facilitar a circulação dos direitos[255], mas também de proteger o devedor.

---

[253] Na época de Justiniano era admitida a transmissão do crédito, sendo o cessionário protegido pela notificação da ocorrência da cessão feita ao devedor, que o impedia de prestar ao cedente com eficácia liberatória. Kaser, *Direito Privado Romano*, 1999, p. 306.

[254] A lei refere-se a *"remise du titre"*, mas foi, desde logo, entendimento comum que era de aplicar o princípio do consensualismo, tanto mais que se tratava de uma compra e venda, ainda que especial.

[255] Como facilmente se percebe, outra solução se impõe para a transmissão da posição contratual, ou cessão de contrato, expressão usada no direito italiano. Aqui, como não se trata apenas de transmitir o lado activo, mas também o lado passivo de uma relação contratual, é necessário o consentimento de todos os intervenientes. Por vezes, no direito italiano, aparece também associada a este tema a problemática da notificação, porquanto o art. 1407 do código civil italiano permite que, antecipadamente, uma parte no contrato dê o seu assentimento a uma posterior transmissão do mesmo. Nesse caso, para que a cessão produza efeitos perante ele é necessário que a cessão lhe seja notificada ou que a aceite. Veja-se, nomeadamente, Clarizia, *La cessione del contratto*, 1991, pp. 57 e ss., e, resumidamente, Fusaro, *La cessione*, 1999, p. 2097.

A construção do código civil: contrato e notificação 101

Por isso, ao mesmo tempo, admite-se a exclusiva necessidade do acordo para a produção de efeitos entre as partes, mas constata-se que a forma encontrada para proteger o devedor foi associar a eficácia da transmissão do crédito à notificação. Na verdade, se o devedor não tiver sido notificado da ocorrência da transmissão, esta não produz efeitos perante ele. Produ-los entre as partes, mas já não defronte do devedor cedido.

Repare-se que esta não é a única via possível de protecção do devedor. Outra foi a solução perfilhada pelo código alemão que, como se verá, não deixando de contemplar normas funcionalmente direccionadas à protecção do devedor, não separa a produção de efeitos entre as partes da produção de efeitos em relação a terceiros.

No direito inglês, como já se referiu[256], é imprescindível saber se se trata de uma transmissão no âmbito do *common law* ou da *equity*. No primeiro caso, a notificação ao devedor é absolutamente necessária para que o acto seja perfeito como *statutory assignment*[257] – estariamos aqui perante um caso de notificação constitutiva, mais importante até do que no direito francês. Todavia, quando esse requisito falhe, sempre se pode entender que existe uma *equitable assignment*[258] e então a notificação ao devedor cedido é apontada como conveniente e desejável para sua protecção, mas já não essencial para que o acto seja perfeito[259].

---

[256] Veja-se, acima, pp. 73 e ss..

[257] A lei exige três requisitos cumulativos para a existência da transmissão: a transmissão tem de ser absoluta (o que significa que tem de resultar numa efectiva transmissão; não pode ser *"by way of charge"*, que só confere um direito ao pagamento por força de determinado fundo, não transmitindo esse fundo; não pode ser condicional; não pode ser parcial etc.), tem de ser feita por escrito *"pela mão do cedente"*, o que significa que não pode ser feita através de procurador, e tem de ser feita notificação por escrito ao devedor (ainda que este não saiba ler). Estas duas exigências de forma escrita podem ser satisfeitas através de um mesmo documento. Chitty, *Chitty on Contracts* – Vol. I, General Principles, 1999, p. 1037.

[258] Cheshire, *et al.*, *Law of Contract*, 1996, p. 523.

[259] Beatson, *Anson's Law of Contract*, 1998, p. 454. As razões que aconselham a notificação são muito próximas das dos direito continentais: impedir que o devedor pague com efeito liberatório perante o cedente; estabelecer prioridade no caso de conflitos de transmissões; evitar que o devedor venha a alegar meios de defesa posteriores à notificação. Cheshire, *et al.*, *Law of Contract*, 1996, pp. 519 e 526, resume dizendo que o título fica perfeito entre cedente e cessionário sem a notificação e que esta é exclusivamente necessária para evitar que o devedor pague ao cedente e para conferir prioridade a um cessionário sobre outros cessionários. Mais adiante, esclarece que não só entre as partes o acto está perfeito antes da notificação, mas também perante quem esteja na mesma posição do cedente, como, por exemplo, o seu administrador da massa falida, um credor em juízo, ou

102 A Cessão de Créditos como Estrutura Contratual com Eficácia Translativa

Há aqui uma evidente similitude com as soluções continentais, pois, embora se diga que a transmissão é eficaz entre cedente e cessionário (*as between assignor and assignee*) desde o momento em que é feita, a verdade é que as razões apontadas para considerar a notificação como aconselhável são em tudo semelhantes às colhidas nos direitos continentais, sendo, no entanto, duvidoso se pende mais para a solução francesa ou para a alemã[260].

A opção francesa foi acolhida em moldes parecidos pelo antigo código italiano e também pelo código português de 1867. Aí a solução era em tudo semelhante: entre as partes, o direito cedido transmitia-se pelo contrato e, em relação ao devedor, a produção dos efeitos só se verificava após a notificação.

IV. O texto português actual, que vai na esteira do texto italiano de 1942[261], não reproduz, com todo o rigor, o texto antigo. Mas, de uma primeira leitura, parece resultar uma solução análoga à que perpassava o texto de Seabra: um duplo momento para a transmissão do direito de crédito. Entre as partes, rege a celebração do contrato (art. 578.°/1); portanto, para que o crédito se considere na titularidade do cessionário, releva o momento em que o acordo foi firmado. Ao invés, em relação ao devedor cedido, vale o momento em que a notificação lhe é feita (art. 583.°/1)[262].

A interpretação doutrinária que, nos ordenamentos estrangeiros, foi sendo dada a este tipo de soluções não é unânime. Se há quem acolhe mais ou menos pacificamente a tese do duplo momento na transmissão do

---

uma pessoa que reclame o crédito com base numa posterior cessão feita sem causa. Bridge, *Personal Property Law*, 1996, p. 123, escreve apenas, de forma muito clara, que é necessário o consentimento do cessionário para que a cessão seja eficaz, mas não há necessidade de informar o devedor da cessão.

[260] Num extenso trabalho comparativo, Arndt, *Zessionrecht, 1.Teil- Rechtsvergleichung*, 1932, p. 82, equipara o regime francês e o regime inglês da *equity*, porque antes da notificação a cessão só tem efeitos entre as partes. É, no entanto, duvidoso que assim seja, porque, ao contrário do que se passa com o direito francês tradicional, em que a notificação é necessária para que o acto seja oponível a qualquer terceiro, no direito inglês, há a produção de efeitos perante alguns terceiros (veja-se a nota precedente).

[261] Veja-se os arts.1264 e 1265 em relação à eficácia perante devedor e terceiros adquirentes concorrenciais. Curioso é que não existe um artigo paralelo ao nosso art. 578.°.

[262] Para aferir deste momento deve atender-se à regra geral quanto à eficácia da declaração negocial constante do art. 224.°. Este preceito será aplicado *ex vi* art. 295.°, porquanto a notificação é insusceptível de integrar a categoria das declarações negociais. Quanto a este ponto, veja-se, mas adiante, pp. 117 e 118.

A construção do código civil: contrato e notificação

direito[263], há quem defenda que a notificação é absolutamente necessária para que o crédito se transmita também entre as partes[264] e ainda quem defenda, nos antípodas, que o crédito se transmite perante todos por efeito do contrato e que a notificação é apenas um meio de proteger o devedor cedido[265].

---

[263] Actualmente os autores não afirmam, sem mais, a estanquicidade do duplo momento na transmissão do direito de crédito, mas muitos continuam a sentir a necessidade de distinguir entre dois momentos de eficácia da transmissão. É o caso de Panuccio, *La cessione volontaria dei crediti nella teoria del trasferimento*, 1955, pp. 95 e ss., em especial pp. 102 e 103, e Panuccio, *Cessione dei crediti*, 1960, p. 851 e ss., que, embora negue o duplo momento (o que levaria a reputar de injusta a sua inclusão no grupo que defende um duplo momento para a transmissão), acaba por distinguir os momentos da titularidade substancial e da titularidade formal (esta última adquirida com a notificação). Na doutrina espanhola, Navarro Pérez, *La Cesión de Créditos en el Derecho Civil Español*, 1998, p. 151. No direito português, Antunes Varela, *Das Obrigações em Geral* – Vol. II, 1997, p. 315; Almeida Costa, *Direito das Obrigações*, 2001, pp. 759 e 760; Almeida Costa, *Noções Fundamentais de Direito Civil*, 2001, pp. 180 e 181; implicitamente, Carvalho Fernandes, *A Conversão dos Negócios Jurídicos*, 1993, p. 867, quando explica que uma cessão não notificada poderá ser convertida num negócio com mera eficácia *inter partes*, todavia tal mecanismo revela-se inútil, porquanto o seu resultado é, precisamente, o que já decorre da tese (defendida por Antunes Varela) da eficácia imediata entre as partes. Também é esse o entendimento da casuística portuguesa. Veja-se Ac STJ 25-Mai.-1999 (Torres Paulo), BMJ 487 (1999), 299, pp. 301 e 302.

[264] Mancini, *La cessione dei crediti futuri a scopo di garanzia*, 1968, pp. 36 e ss., e Mancini, *La cessione dei crediti*, 1999, p. 469 e ss..

[265] É esta a doutrina unânime na Alemanha (veja-se, por todos, Larenz, *Lehrbuch des Schuldrechts* – Band I, Allgemeiner Teil, 1987, pp. 575 e 588), mas é também acolhida em Itália: Franceschelli, *Appunti in tema di cessione dei crediti*, 1957, p. 47 e ss.; Schlesinger, *Il pagamento al terzo*, 1961, pp. 145 e ss.: Bianca, *Diritto Civile* – 4, L'obbligazione, 1993 (reimpressão 1997), p. 584. Em Portugal, *de jure condendo*, Vaz Serra, *Cessão de Créditos ou de Outros Direitos Mora do Credor*, 1955, p. 210. A questão coloca-se também a propósito do contrato de *factoring*. É interessante referir, pela impressiva clareza, as afirmações da doutrina italiana, segundo as quais, para quem entenda o *factoring* como uma cessão imediata e global de créditos futuros, o efeito translativo se verifica no momento em que o crédito nasce, e para quem perfilhe a construção do contrato preliminar seguido de cessões de crédito, a transferência da titularidade do direito de crédito opera-se no momento da conclusão dos contratos singulares definitivos. Carnevali, *I problemi giuridici del* factoring, 1978, pp. 315 e 316; Clarizia, *I contratti di finanziamento leasing e factoring*, 1989, p. 224 e Frignani, *"Factoring"*, 1991, p. 66. Mas qualquer que seja o momento da realização do efeito translativo, é certo que depende sempre e a apenas do consenso das partes, requisito suficiente à perfeição do negócio de cessão: Clarizia, *I contratti di finanziamento leasing e factoring*, 1989, p. 225); Carnevali, *I problemi giuridici del* factoring, 1978, p. 316, escrevendo apenas que o transmissão do crédito não depende da comunicação ao devedor.

104 A Cessão de Créditos como Estrutura Contratual com Eficácia Translativa

Sem me enredar, de momento, nesta problemática, parece-me pacífica a configuração da notificação do ponto de vista funcional: seguramente, ela cumpre a função de dar conhecimento ao devedor cedido da ocorrência da transmissão[266]. Que consequências tem, dogmaticamente, esse conhecimento, já será mais discutível. Todavia, resulta de uma primeira leitura do código que a eficácia da notificação é, pelo menos, permitir que os efeitos do negócio se produzam em relação ao devedor. Dito de outro modo, numa primeira abordagem, a notificação liberta a transmissão da ineficácia que a reveste, até aí, perante o devedor[267].

À notificação equivale a aceitação (expressa ou tácita[268]) da transmissão pelo devedor cedido (art. 583.º/1). É de realçar que a aceitação não equivale a consentimento, ela é, efectivamente, um acto equiparável à notificação, no sentido em que, ainda que o devedor intervenha no negócio como aceitante, a sua posição continua a ser a de um terceiro, a de alguém exterior ao acto, não passa nunca a ser parte no negócio. Partes são apenas cedente e cessionário. A aceitação do devedor não corresponde a uma vontade negocialmente expressa, tem tão-só o valor de significante do conhecimento da ocorrência da transmissão.

Se o devedor intervier no acto, aceitando, a aceitação serve apenas como dispensa da notificação ao devedor, uma vez que ele já tem conhecimento do acto. Os efeitos do negócio produzem-se logo perante ele, porque, se ele intervém no contrato-fonte, aceitando a sua realização, deixa de se justificar a necessidade de proteger a ignorância do devedor, com a consequente cominação da inoponibilidade dos efeitos do contrato.

Para além de ser requisito indispensável para que a transmissão do crédito seja eficaz perante o devedor, a notificação (ou a aceitação) é, ainda, relevante em relação a adquirentes concorrenciais do mesmo crédito. Ao arrepio da regra genérica da prevalência temporal (art. 407.º), o

---

[266] Era já o que se percebia no Código de Seabra quando o art. 789.º equiparava à notificação o conhecimento que o devedor cedido tivesse por outra forma, desde que fosse de forma autêntica. É o que decorre, actualmente, da equiparação da notificação quer à aceitação do devedor quer ao conhecimento que tenha por qualquer outra forma.

[267] Referindo-se claramente a ineficácia da cessão, Ac STJ 25-Mai.-1999 (Torres Paulo), BMJ 487 (1999), 299, p. 302.

[268] Exemplos referidos de aceitação tácita são situações em que o devedor se dirige ao cessionário, pagando-lhe parcialmente, oferecendo uma nova garantia ao novo credor, pedindo uma moratória. Pires de Lima e Antunes Varela, *Código Civil Anotado* – Vol. I (com a colaboração de Manuel Henrique Mesquita), 1987, p. 599; Antunes Varela, *Das Obrigações em Geral* – Vol. II, 1997, p. 320.

artigo 584.º dispõe que, se o mesmo crédito for cedido a várias pessoas, prevalece a transmissão que primeiro tiver sido notificada ao devedor ou que este tenha aceite.

Dir-se-ia que a lei portuguesa, expressamente, reveste tanto a notificação como a aceitação de duas funções distintas: conferir eficácia à transmissão perante o devedor cedido e dirimir conflitos de titularidade do mesmo crédito. Perguntar-se-á, adiante, se é exactamente assim, se essas funções partilham de uma raiz justificadora comum ou se, pelo contrário, são fruto de uma diferente fundamentação.

V. Seria prematuro, neste momento, concluir acerca dessa questão. Seria também excessivo afirmar *a priori* que a notificação, no direito português, à semelhança do direito francês vertido no código civil, é não só o acto que confere eficácia à transmissão perante o devedor mas também o acto que confere eficácia à transmissão perante todos os outros terceiros.

Só da discussão de alguns problemas práticos, e da ponderação das alterações que um pouco por todos os ordenamentos vão aparecendo, se poderá, com toda a propriedade, subscrever ou rejeitar tal afirmação. Importa, por isso, esclarecer que a problemática da notificação não fica encerrada neste capítulo. Ao invés, ele serve apenas de lançamento teórico de algo que será discutido mais adiante.

Neste ponto, procura-se encontrar, interpretar, definir os contornos do que decorre, com alguma evidência, do texto do nosso código: a importância da notificação para a produção de efeitos perante o devedor cedido e para a resolução de conflitos entre mais do que um adquirente do mesmo crédito. No capítulo seguinte, procurar-se-á problematizar em torno de outros terceiros, o que ganha especial acuidade numa altura em que os próprios códigos de matriz francesa sofrem alterações e derrogações importantes no regime construído[269].

---

[269] Referiu-se já a aprovação, em França, da Lei Dailly, que deu um enorme contributo para o declínio do art. 1690 do código civil francês. Tem a maior relevância, e é muito indicativa, a alteração que a Lei de 6 de Julho de 1994 introduziu no código civil belga. Nos termos da nova redacção do art. 1690 do código belga, a necessidade de notificação para que o cessionário adquira o direito de crédito com efeitos perante o devedor funciona apenas entre devedor e cessionário e, no caso de uma múltipla cessão, para conferir prevalência ao cessionário que notificou em primeiro lugar. No que respeita a outros terceiros, a transmissão é eficaz com o contrato celebrado entre cedente e cessionário. Esta alteração, aparentemente pequena, é tratada com o maior cuidado e reputada de grande importância por Van Ommeslaghe, *Le nouveau régime de la cession et de la dation en gage des créances*, 1995, em especial, pp. 529 a 536 e 540.

106 A Cessão de Créditos como Estrutura Contratual com Eficácia Translativa

5.3. *Notificação enquanto declaração: requisitos e eficácia*

Na linha da orientação metodológica exposta, analisa-se de seguida a notificação enquanto declaração, discutindo-se os requisitos que deve revestir e o momento em que se torna eficaz. Estes aspectos são, evidentemente, preparatórios dos que serão depois trabalhados e que são mais importantes: os que se prendem com a eficácia da notificação entendida como acto jurídico.

Na doutrina portuguesa não há tradição de análise aprofundada dos requisitos da notificação. Escreve-se, unanimemente, que a notificação pode ser feita judicial ou extrajudicialmente, pelo cedente ou pelo cessionário e que não está sujeita a forma especial, podendo mesmo ser feita tacitamente[270]. Pouco mais se acrescenta.

Este pano de fundo poderia levar à conclusão, algo precipitada, de que é absolutamente indiferente quem procede à notificação e como ela é feita. Todavia, as questões que se podem levantar são inúmeras e com grande relevância prática.

Como os pontos de apoio ao nível do regime legal são escassos e dizem respeito, como já foi sobejamente referido, ao entendimento da notificação enquanto acto, logo, aos efeitos da notificação, e não à notificação enquanto declaração, opta-se por aprofundar o problema dos requisitos da notificação, que, uma vez cumpridos, permitem configurar determinado acto como notificação, em vez de se construir uma teoria geral da notificação, assente na declaração. Esta última perspectiva permitiria analisar, separadamente, declarante, declaratário, forma, conteúdo, eficácia, tempo, lugar.

Contudo, seria um exercício difícil e forçado face ao enquadramento legal (e porventura desajustado do objectivo deste trabalho), porque todos estes aspectos só podem ser correctamente analisados à luz dos efeitos da notificação e essa perspectiva de análise implica um cruzar de pontos de vista: por exemplo, o conteúdo da notificação deverá ser um ou outro consoante o notificante seja o cedente ou o cessionário ou porventura ainda

---

[270] Pires de Lima e Antunes Varela, *Código Civil Anotado* – Vol. I (com a colaboração de Manuel Henrique Mesquita), 1987, p. 599; Antunes Varela, *Das Obrigações em Geral* – Vol. II, 1997, p. 320. Mesmo na vigência do código de Seabra se entendeu que a necessidade de dar conhecimento da cessão ao devedor por forma autêntica tinha por objectivo exclusivo impedir fraudes em detrimento de terceiros, pelo que, para que valesse perante o devedor, não era necessária essa forma, defendendo-se uma interpretação restritiva do art. 789.º. Veja-se, RLJ, Direito Civil- Consulta, 1966, pp. 349 e 350.

A construção do código civil: contrato e notificação 107

um credor do cedente que a este se substitua; tal como a forma exigida será uma ou outra consoante quem seja o destinatário e o teor da relação existente entre ele e o notificante.

Neste enquadramento, opta-se por escolher o enfoque dos requisitos da notificação e organizar alguns pontos pertinentes em torno de dois vectores: a forma e o conteúdo da notificação. A propósito destes dois aspectos cruzam-se as questões de quem notifica, de quem recebe a notificação, em que tempo e em que lugar. Porque os requisitos de forma ou de conteúdo, ou dito de outro modo, as exigências de forma e conteúdo serão diferentes consoante as pessoas envolvidas e as circunstâncias dos casos concretos.

5.3.1. *Forma*

I. No que se prende com a via através da qual a notificação deve ser feita, referiu-se já que pode ser judicial ou extrajudicial. Relativamente à notificação judicial, deve seguir os trâmites do disposto nos artigos 261.º e seguintes do CPC. No que respeita especificamente à forma da notificação extrajudicial, é normalmente afirmado que a notificação não carece de forma especial, podendo ser feita oralmente. Este é o entendimento comum no direito português[271] e na generalidade dos ordenamentos estrangeiros[272].

II. O direito francês apresentava uma dificuldade, na medida em que o texto do *code civil* obrigava à notificação através do *huissier* de justiça[273] ou o conhecimento do devedor por forma autêntica[274]. Actual-

---

[271] Por todos, Antunes Varela, *Das Obrigações em Geral* – Vol. II, 1997, p. 310.

[272] No direito alemão, por todos, Heinrichs, *Palandt – Bürgerliches Gesetzbuch*, 2000, §409 Rn 3. No direito italiano, por todos, Perlingieri, *Cessione dei crediti*, 1982, p. 80. Nos direitos inglês e americano, embora a notificação possa ser feita oralmente, por razões diversas a doutrina aconselha que seja feita por escrito. Veja-se Chitty, *Chitty on Contracts* – Vol. I, General Principles, 1999, p. 1059; Treitel, *The Law of Contract*, 1995, p. 597; Farnsworth, *Farnsworth on Contracts* – Vol. III, 1998, p. 103. No direito americano do texto mais recente do UCC resulta ser indispensável a forma escrita, uma vez que a notificação deve ser "autenticada" pelo cedente ou cessionário (§9-406), o que, como se referiu, implica em geral a assinatura de quem notifica (§9-102(1)(7)(A)).

[273] *Grosso modo*, é um profissional liberal investido de poderes públicos e que pratica actos tradicionalmente a cargo dos oficiais de justiça. Corresponde, genericamente, ao nosso solicitador de execução, de quem foi inspirador. Poderá traduzir-se por oficial de

108   *A Cessão de Créditos como Estrutura Contratual com Eficácia Translativa*

mente, as dificuldades foram ultrapassadas, porque jurisprudência e dou-trina foram defendendo outras formas de notificação válida através do desenvolvimento da admissibilidade de actos equivalentes à notificação ou à aceitação[275]. Esta flexibilização consagrada sobretudo pela jurisprudência tem sido apelidada de "teoria dos equivalentes"[276].

A abertura da casuística prende-se, como melhor se explicará[277], com a valorização da boa fé: admite-se uma excepção ao princípio no caso de fraude e ainda no de imprudência. Ou seja: se o devedor ou outro terceiro tiverem conhecimento da ocorrência da transmissão e, fraudulenta ou imprudentemente, se quiserem valer da omissão de comunicação nos termos da lei, a sua pretensão não procede. Os tribunais, tendencialmente, alargam o conceito de fraude, vendo nesta o conhecimento especial e pes-

---

diligências, no entanto, para evitar confusões, e feita esta explicação, usa-se a designação de oficial de justiça.

[274] Já no direito italiano, a necessidade de a notificação ser feita por oficial de justiça não consta do texto legal e é, em princípio, excluída pela doutrina e jurisprudência (veja-se súmula em Zaccaria, *Della cessione dei crediti*, 1992, p. 992), embora a questão ainda seja levantada quando se trata da oponibilidade da cessão perante terceiros, uma vez que aí a lei exige que a notificação ou aceitação constem de acto com data certa (art. 1265 do código civil italiano). No contexto da actual redacção do código civil belga, embora os trabalhos preparatórios parecessem apontar para a necessidade de suporte em papel, a doutrina inclina-se para a liberdade de forma da notificação, sendo apenas necessária a observação do art. 1328 do código (que resulta na exigência do registo da notificação ou de a notificação constar de acto autêntico) no que respeita à prova da notificação em matéria civil. Van Ommeslaghe, *Le nouveau régime de la cession et de la dation en gage des créances*, 1995, p. 533; De Page, *Traité élémentaire de droit civil belge* – Tome IV, Vol. I, 1997, pp. 588 e 589.

[275] Embora a doutrina e a jurisprudência tenham atenuado este formalismo, sobretudo em atenção às situações de má fé do devedor, a regra continua a ser enunciada do mesmo modo. Cadiet, *Cessions de Créance: Conditions*, 1996, pp. 9 e ss., fala numa progressiva simplificação das condições de oponibilidade da cessão de créditos aos terceiros que se traduziu por uma "neutralização progressiva do artigo 1690 do *code civil*". Essa neutralização foi alcançada em duas direcções: na limitação do domínio do preceito e no aligeiramento da natureza das suas formalidades.

[276] Veja-se Rieg, *Cession de créance*, 1970,, p. 11, ponto 255. A denominação de "*actes equipollents*" começou a ser usada na doutrina belga por De Page, no seu tratado de direito civil, e desde então é muito comum entre os autores belgas, mais do que entre os franceses. Veja-se Van Ommeslaghe, *La transmission des obligations en droit positif belge*, 1980, pp. 96 e ss..

[277] Veja-se, abaixo, pp. 221 e ss..

A construção do código civil: contrato e notificação 109

soal do terceiro, alargando muito o campo das excepções e limitando o formalismo da lei ao mínimo[278].

Também o direito italiano conheceu momentos em que a jurisprudência, porventura influenciada pelo direito francês (porquanto o texto legal não o exige), obrigava a que a notificação, para que a cessão produzisse efeitos perante o devedor cedido, fosse feita através de oficial de justiça[279]. Fruto de uma alargada crítica por parte da doutrina, nomeadamente a propósito da viabilidade das operações de cessão financeira, a jurisprudência abandonou essa exigência[280].

---

[278] Já acima se fez referência ao carácter não liberatório do pagamento feito ao cedente pelo devedor no conhecimento da cessão (e em conluio com aquele). Acrescente-se que a jurisprudência francesa admite também desde há longo tempo a possibilidade de a citação valer como notificação e de a aceitação do devedor constar de documento particular ou mesmo de uma declaração meramente implícita. Veja-se ampla indicação de jurisprudência, por exemplo, em Kötz, *The Transfer of Rights by Assignment*, 1992, p. 77, notas 431 e 432.

[279] É frequentemente referida a decisão do Tribunal de Milão de 19 de Julho de 1973 (Giur. it., 1975, I, 2, 538), que, mesmo no caso de *factoring*, exigiu a notificação formal através de oficial de justiça para que a cessão produzisse efeitos perante o devedor. A decisão foi comentada criticamente, nomeadamente, por Frignani, *Il difficile cammino del "factoring" (sulla pretesa notifica, al debitore ceduto, a mezzo ufficiale giudiziario)*, 1975, (=Frignani, *Il difficile cammino del "factoring" (sulla pretesa notifica, al debitore ceduto, a mezzo ufficiale giudiziario)*, 1991), citando jurisprudência vária (na nota 10 das pp. 541 e 18, respectivamente) que entende válida a notificação feita ao devedor pelos meios mais diversos, desde a comunicação verbal à carta simples. Esta decisão não teve, no entanto, seguimento, tendo-se pronunciado o Tribunal de Apelação de Milão, em 21 de Fevereiro de 1975, no sentido de admitir a validade da notificação feita ao devedor através de carta registada. Logo em 1977, o Tribunal de Milão, através da decisão de 28 de Março (Giur. comm.1978, parte II, 436), afirmou que a notificação ao terceiro devedor é efectuada validamente por qualquer meio idóneo a produzir o efectivo conhecimento, inclusivé a acção judicial de pagamento por parte do cessionário. Esta decisão foi vivamente aplaudida por Cassandro Sulpasso, *Brevi note sul* factoring *«doméstico» e su quello internazionale*, 1978, pp. 436 e 437.

[280] Actualmente, os tribunais admitem a validade da notificação feita por qualquer meio, desde que munida de data certa. Neste sentido, veja-se a decisão do Tribunal de Génova de 16 de Maio de 1994, comentada por Piazza, *Qualificazione del contratto di* factoring *e fallimento del cedente*, 1996, em especial, pp. 124 e 125. Veja-se também a evolução da jurisprudência italiana sobre a admissibilidade de outras formas de notificação no contexto do *factoring* traçada por Cantele, *Il factoring*, 1986, pp. 75 a 102. A crítica à necessidade de notificação através de oficial de justiça (mesmo para a situação da oponibilidade da cessão a terceiros, que, nos termos do art. 1265 do código civil italiano, e de acordo com a maioria da jusrisprudência, depende de notificação formal, ou seja, através de oficial de justiça, ou de aceitação com acto de data certa) foi empreendida por autores

110 A Cessão de Créditos como Estrutura Contratual com Eficácia Translativa

A tendência generalizada é, pois, a de atenuar os formalismos, mesmo nos ordenamentos em que os textos legais são marcados por essa nota.

Excepção encontra-se no direito americano, mas também de alguma maneira no direito internacional.

Se é verdade que a doutrina americana normalmente explica não estar a cessão de créditos sujeita a forma especial[281], não é menos verdade que, logo de seguida, se aponta o regime regra do Artigo 9 do UCC como aplicável à generalidade das cessões de créditos. De acordo com este regime, para que o direito do cessionário seja exigível perante o próprio cedente, é necessário a celebração do *security agreement* – acordo que contém a descrição dos direitos a transmitir e que deve ser "autenticado" (o que em geral significa assinado) pelo cedente[282]. A acrescer a esta exigência para o próprio contrato, o código estatui que a notificação ao devedor cedido deve ser autenticada pelo cedente ou pelo cessionário.

---

como Bianca, *Il debitore e i mutamenti del destinatario del pagamento*, 1963, pp. 249 e ss., afirmando apenas que a notificação deve assumir a forma escrita (p. 267); Marani, *Notifica, accettazione e buona fede nella cessione dei crediti*, 1977, p. 152; Perlingieri, *Cessione dei crediti*, 1982, pp. 250 e ss., em especial, p. 254; Zuddas, *Il contratto di factoring*, 1983, pp. 238 e ss., em especial, pp. 251 e ss. a respeito da oponibilidade da cessão em caso de falência; Fossati e Porro, *Il factoring – aspetti economici, finanziari e giuridici*, 1994, pp. 173 e ss., em especial, p. 177; e, pelo menos na parte relativa ao devedor cedido, conhece a adesão da maioria da doutrina. Veja-se, nomeadamente, Carnevali, *I problemi giuridici del factoring*, 1978, pp. 318 e 319; De Marchi e Cannata, *Leasing e factoring*, 1986, p. 379; Dolmetta, *Cessione dei crediti*, 1988, p. 303 e correspondente nota 71 e pp. 306 e 307; Ferrigno, *Factoring*, 1988, p. 972 e pp. 979 e ss.; Clarizia, *I contratti di finanziamento leasing e factoring*, 1989, p. 227; Frignani, *Recente sviluppi del* factoring *in Itallia*, 1991, pp. 45 e 46; Fossati e Porro, *Il factoring – aspetti economici, finanziari e giuridici*, 1994, pp. 166 e ss., com indicação de jurisprudência; Clarizia, *Il factoring*, 1998, pp. 56 e 57; Dogliotti e Figone, *Giurisprudenza del contratto I*, 1998, p. 567, que transcrevem, neste sentido, a decisão do Tribunal de Apelação de Milão de 1 de Julho de 1986 (BBTC, 1988, II, 74); Santi, *Il factoring*, 1999, pp. 265 e ss., com indicações de doutrina e jurisprudência. Posição diversa parece, no entanto, defender Bozza, *L'opponibilità al fallimento del cedente della cessione dei crediti attuata in precendenza*, 1988, p. 1053. Numa outra perspectiva, Benatti, *Le dichiarazioni del debitore ceduto nel contratto di* factoring, 1988, pp. 104 e ss., analisa a eficácia das declarações feitas muitas vezes (com diversas *nuances*) pelo devedor ao *factor* no âmbito das cláusulas dos contratos de *factoring*, enquanto substitutivas de notificação.

[281] E é essa a doutrina vertida no *Restatement, Second, Contracts* §324, onde se afirma que a manifestação da intenção de transmitir pode ser feita quer oralmente, quer por escrito.

[282] Veja-se, acima, pp. 75 e ss..

A construção do código civil: contrato e notificação 111

Assim, se, em geral, a notificação pressupõe apenas uma actuação razoável no sentido de informar o outro (§1-201 (26)UCC), os §§404 e 406 do UCC (relativos, respectivamente, à oponibilidade de excepções pelo devedor cedido ao cessionário e ao carácter liberatório do pagamento feito por aquele a este) exigem que o devedor receba uma notificação autenticada[283], o que normalmente é satisfeito através do envio de documento escrito onde conste, senão a assinatura, pelo menos o nome de quem notifica[284]. Não é, pois, admissível a notificação feita, por exemplo, oralmente.

Já a Convenção das Nações Unidas sobre Cessão de Créditos no Comércio Internacional, no seu artigo 5.°/d), define "notificação da cessão" como a comunicação escrita que razoavelmente identifique os créditos cedidos e o cessionário, sendo certo que por escrito se entende qualquer forma de informação que seja acessível de modo a ser utilizada para referências posteriores (art. 5.°/c)). No direito europeu dos contratos (Princípios Lando) a notificação escrita é exigida para que o devedor esteja obrigado a cumprir perante o cessionário, mas, se tiver conhecimento da transmissão por outra via, pode optar entre pagar ao cessionário ou suster o pagamento[285].

III. Por vezes, a matéria da forma da notificação parece andar confundida com outros aspectos que se prendem com a eficácia da própria notificação ou com a possibilidade de serem equiparadas outras realidades à notificação (como se referiu a propósito do direito francês).

Na verdade, um aspecto é determinar qual a forma que a notificação deve revestir para esta ser considerada válida, outro é o que se prende com a sua eficácia e outro ainda o que respeita a realidades funcionalmente equiparáveis à notificação. Qualquer destes dois pontos será tratado mais adiante. Neste momento, importa determinar apenas a regra do direito português que rege a forma da notificação.

---

[283] O conceito "autenticar" – §9-102(a)(7) UCC – é aqui em tudo igual ao que acima foi referido a propósito da necessidade do *security agreement* ser autenticado pelo cedente.

[284] Veja-se American Law Institute e National Conference of Commissioners on Uniform State Laws, *Uniform Commercial Code – Official Text with Comments (1999 Version)*, 2000, comentário n.° 2 à Secção 9-406, onde se explica que o nome impresso no cabeçalho ou noutro local funciona como símbolo adoptado pela pessoa que notifica com o propósito de se identificar e de adoptar a notificação (o que, na falta de assinatura, é exigido para que a notificação seja considerada autenticada – §9-102(a)(7)).

[285] Veja-se, mais adiante, nota 380, p. 136.

No capítulo do código civil dedicado à cessão de créditos nada é referido relativamente à forma da notificação. Por isso, a doutrina conclui, de acordo com o ensinamento comum, que rege a liberdade de forma, por aplicação do artigo 219.°[286]. Perguntar-se-á se não se retira de outros preceitos do código uma exigência de forma especial. Nomeadamente, cabe perguntar se o artigo 762.°/2, ao eleger o princípio geral de boa fé no cumprimento das obrigações, não impõe, por si só, determinada exigência de forma.

Em primeiro lugar, importaria aferir se a notificação representa para o cedente ou para o cessionário uma obrigação em relação ao devedor cedido, um ónus (ou encargo) ou mesmo um direito.

O artigo 762.° está construído na perspectiva da relação obrigacional, por isso exige a observância do princípio da boa fé (aqui entendida no sentido objectivo e ético[287]) no cumprimento da obrigação e no exercício do correspectivo direito de crédito. Todavia, a doutrina tem alargado o âmbito de aplicação do preceito a outras situações, encontrando a fonte do dever de agir de boa fé nas relações especiais que vinculam as pessoas e que podem ser de natureza creditícia ou de qualquer outra natureza, como real ou familiar[288]. Assim, qualquer que seja a natureza das relações que ligam cedente e cessionário ao devedor cedido, e não obstante o entendimento da notificação como dever, ónus ou direito, aqueles estão abrangidos pelo dever de boa fé no cumprimento do seu dever de notificar, na satisfação do ónus de notificar ou no exercício do seu direito de notificar.

Será que a boa fé exige que a notificação seja feita por escrito? Por si só, dir-se-ia que não, não exige. Não actua contrariamente à boa fé quem celebrou oralmente uma compra e venda de um direito de crédito e depois, também oralmente, notifica o devedor cedido da transmissão, dando-lhe a informação necessária para que fique esclarecido. Contudo, se se pensar, por exemplo, num contrato de *factoring*, no âmbito do qual são transmitidos fluxos contínuos de créditos, não será difícil entender que contraria a boa fé uma notificação feita oralmente ao devedor cedido.

Esta problemática está intimamente ligada com a do próprio conteúdo da notificação e do modo e das circunstâncias em que ela é feita. É impossível retirar de um preceito do código civil como o artigo 762.° a obrigatoriedade de a notificação da transmissão de direitos de crédito

---

[286] Veja-se, acima, nota 262, p. 92 e, abaixo, pp. 117 e 118.
[287] Pires de Lima e Antunes Varela, *Código Civil Anotado* – Vol. II, 1986, p. 4.
[288] *Ibidem.*

revestir determinada forma, nomeadamente forma escrita. A razão está na construção do próprio preceito: ao assumir a boa fé como critério a observar no exercício das situações jurídicas, a lei adopta um conceito flexível, que se molda às diferentes situações, e que, por si só, descontextualizado, é incapaz de obrigar a regras específicas de actuação. Essas regras nascerão das próprias circunstâncias. Naturalmente que a doutrina aponta pistas, criando parâmetros orientadores na determinação do que é uma actuação de boa fé. Mas esses parâmetros só se revelam operativos uma vez revestidos das circunstâncias reais.

Assim, pode afirmar-se não parecer curial admitir-se a notificação oral quando está em causa a transmissão de uma multiplicidade de direitos de crédito sobre o mesmo devedor, como acontece nas operações de cessão financeira ou de titularização, porque, tendo em conta a finalidade da notificação, a forma oral revela-se inadequada. Mas não será correcto dizer que, em virtude do princípio da boa fé no exercício das situações jurídicas, todas as notificações feitas ao devedor cedido devem revestir forma escrita.

Mesmo considerando áreas onde há particulares exigências de informação e especificidades de forma, como a da contratação através de cláusulas contatuais gerais[289] e a da protecção do consumidor[290], não se encontram elementos que conduzam a novas soluções em matéria de forma da notificação. Resta, portanto, recorrer ao resultado da aplicação do princípio da liberdade de forma articulado com o princípio da boa fé no cumprimento das obrigações.

5.3.2. Conteúdo

I. Intimamente ligado com a própria forma da notificação está o conteúdo da mesma, quanto mais não seja porque a adopção de determinada forma pode ser manifestamente incompatível com a revelação de certo conteúdo.

---

[289] O art. 5.º/2 do DL 446/85, de 25 de Outubro (com as alterações do DL 220/95, de 31 de Agosto e do DL 249/99, de 7 de Julho) não obriga a que as comunicações revistam forma específica, antes remete para as circunstâncias de cada caso ao referir *"o modo adequado a tornar possível o conhecimento completo e efectivo por quem use de normal diligência"*.

[290] O art. 10.º do DL 359/91, de 21 de Setembro (que regula o crédito ao consumo) remete simplesmente para o regime da cessão de créditos constante do código civil. O n.º 2 deste artigo limita-se a reproduzir o art. 585.º do código civil.

114   *A Cessão de Créditos como Estrutura Contratual com Eficácia Translativa*

No entanto, tal como acontece em matéria de forma da notificação, o código civil também não contém regra que regule especificamente o conteúdo da notificação. A notificação é tratada apenas do ponto de vista dos efeitos e é através da análise desses efeitos que se pode construir um conceito funcional de notificação.

A notificação é, no direito português[291], o acto que leva a transmissão ao conhecimento do obrigado[292], estando associado a esse conhecimento uma série de efeitos[293], como o efeito não liberatório do pagamento feito ao cedente após a notificação. Como acto que se destina a dar conhecimento ao devedor de determinada transmissão, o conteúdo da notificação tem de revestir uma configuração adequada para que esse conhecimento por parte do devedor possa ser efectivo.

Mas para que exista uma notificação válida é necessário atender quer ao conteúdo, quer ao modo como a notificação é feita. Esse modo prende-se não apenas com a forma, mas também com todo um conjunto de aspectos que estão ligados quer à forma, quer ao conteúdo.

Não basta dizer ser necessário em determinada situação que a notificação revista forma escrita, porque essa forma escrita pode ser uma carta ou o envio das facturas correspondentes aos créditos transmitidos. Bastará a exibição do contrato de compra e venda dos direitos de crédito em questão? A entrega de cópia do mesmo é suficiente? Estas últimas questões, se olhadas com atenção, prendem-se já não apenas com o modo como a notificação é feita, mas também com o próprio conteúdo da mesma.

II. Relacionado com as estas questões, o primeiro problema é o de saber de que evento o notificante tem de dar conhecimento ao devedor, nomeadamente se tem de dar informação do facto ou do efeito por ele produzido.

Há quem entenda que, em princípio, o conhecimento exigido não precisa de se reportar ao efeito legal da transmissão do crédito, bastando o

---

[291] Faz-se esta ressalva porque, como já se viu, nem todos os ordenamentos exigem a notificação como meio de dar conhecimento da transmissão ao devedor. É o caso do direito alemão e é também o caso do direito espanhol, que só exige o conhecimento por parte do devedor, sem prescrever o meio de o alcançar. A doutrina, todavia, tem teorizado em torno da figura da notificação, embora não a considerando obrigatória. Veja-se, a este propósito, Navarro Pérez, *La Cesión de Créditos en el Derecho Civil Español*, 1998, pp. 163 e ss..

[292] São palavras de Antunes Varela, *Das Obrigações em Geral* – Vol. II, 1997, p. 320.

[293] Veja-se a seguir, pp. 123 e ss..

A construção do código civil: contrato e notificação   115

conhecimento em relação ao contrato de cuja celebração decorre a execução da transmissão[294] ou ao facto do qual decorre a transferência legal do crédito[295]. Todavia, há quem defenda, inversamente, interessar apenas o conhecimento do efeito, porque o conhecimento do contrato de cessão não é outro que o conhecimento da alteração da situação jurídica, ou seja, do efeito jurídico[296].

Na falta de um critério legal expresso[297], é necessário buscar resposta na própria função da notificação. O objectivo da notificação é dar ao deve-

---

[294] Está a pensar-se numa construção de tipo alemão, em que há um contrato causal obrigacional e um outro, abstracto dispositivo, decorrente do primeiro.

[295] Larenz, *Lehrbuch des Schuldrechts* – Band I, Allgemeiner Teil, 1987, p. 589. Também na doutrina inglesa vale este entendimento. Veja-se Chitty, *Chitty on Contracts* – Vol. I, General Principles, 1999, p. 527. No direito italiano, a jurisprudência entendeu que não é necessária a comunicação integral do acto, sendo suficiente uma comunicação relativa aos elementos essenciais do negócio. Veja-se Zaccaria, *Della cessione dei crediti*, 1992, p. 992.

[296] Nörr, *et al.*, *Sukzessionen: Forderungszession, Vertragsübernahme, Schuldübernahme*, 1999, p. 81; De Page, *Traité élémentaire de droit civil belge* – Tome IV, Vol. I, 1997, pp. 582 e 545, escreve que a notificação deve reportar-se ao facto da cessão e não ao acto da cessão, uma vez que ao devedor não interessa o acto da cessão. Importa não fazer confusões de terminologia: quando o A. se refere ao facto da cessão está, na verdade, a designar o efeito de cessão por contraposição ao acto de cessão.

[297] Alguns ordenamentos consagram regras específicas sobre o conteúdo da notificação. A legislação americana exige que a notificação identifique razoavelmente os direitos transmitidos, indicando a ocorrência da transmissão de determinado montante que a partir desse momento deverá ser pago ao cessionário e permite ao devedor exigir prova razoável da transmissão, sob pena de poder cumprir perante o cedente (UCC 9-406). Sobre os requisitos da notificação, com ampla indicação de jurisprudência, veja-se Williston e Jaeger, *A Treatise on the Law of Contracts* – Vol. 3, 1960, pp. 247 e ss.. Veja-se também Farnsworth, *Farnsworth on Contracts* – Vol. III, 1998, pp. 99 e 100, reportando-se à anterior regra da Secção 9-318 UCC. Provavelmente por influência americana, o recente código civil da Rússia, relativamente às transmissões de créditos pecuniários no âmbito de operações de financiamento, exige no seu art. 830/1 notificação por escrito onde se identifique o direito de crédito cedido e a entidade a quem deve ser feito o pagamento, prevendo, igualmente, no seu n.º 2, a possibilidade de ser exigida prova da ocorrência da cessão ao cessionário, sob pena de, se não for fornecida em tempo razoável, o devedor cedido poder pagar validamente ao cedente. No seu art. 382/3, respeitante às cessões de créditos em geral, exige a notificação por escrito. No direito francês, após a lei Dailly (cujo regime será explicado mais adiante, pp. 249 e ss.), é normal não se proceder à notificação. Mas se existir notificação, ela deve comportar indicações específicas: deve informar o devedor que dado crédito detido por certa pessoa foi objecto de uma cessão nos termos da lei Dailly; deve proibir o devedor de pagar directamente ao seu credor original e deve ordenar o devedor a pagar directamente ao estabelecimento de crédito cessionário. É o que resulta do decreto n.º 81-862, de 9 de Setembro de 1981, como explica Boutelet-Blocaille, *Droit du*

116   A Cessão de Créditos como Estrutura Contratual com Eficácia Translativa

dor conhecimento da ocorrência de um determinado acto cuja consequência foi a alteração da titularidade do direito de crédito, de modo a que o devedor passe a estar obrigado perante o novo credor. Logo, o ponto fundamental na notificação é que o devedor possa perceber, através dessa mesma notificação, que o crédito pertence a outra pessoa e, por isso, deve cumprir perante essa outra pessoa[298].

Para decidir se o devedor pode ou não perceber através de determinada notificação que ocorreu uma transmissão do direito de crédito é essencial a consideração das circunstâncias e dos intervenientes. Ou seja, a necessidade de a notificação se reportar directamente ao efeito ou se bastar com a menção do acto depende da natureza das relações existentes e das características de credor e devedor.

---

crédit, 1995, p. 222. Curiosamente, o art. 13.º da Convenção das Nações Unidas sobre Cessão de Créditos no Comércio Internacional exclui da notificação um aspecto que por vezes lhe é associado – a ordem de pagamento. Refere que cedente ou cessionário podem enviar ao devedor notificação da cessão (que nos termos do art. 5.º/d) é uma comunicação que identifica suficientemente os créditos cedidos e o cessionário) e ordem de pagamento (à letra, instruções de pagamento). Após a notificação ter sido enviada só o cessionário pode enviar a ordem de pagamento. Também prevê que, se a notificação for feita pelo cessionário, o devedor pode exigir que lhe seja prestada prova da ocorrência da cessão em período razoável, sob pena de poder pagar com efeito liberatório ao cedente como se não tivesse sido feita notificação (art. 17.º/7).

[298] Neste aspecto é útil lembrar a lição da doutrina inglesa que, recorrendo à jurisprudência, explica que a notificação deve ser clara e não ambígua, deve expressa ou implicitamente referir o facto da transmissão e deve indicar claramente ao devedor que em virtude da transmissão o cessionário está legitimado para receber o dinheiro. Chitty, *Chitty on Contracts* – Vol. I, General Principles, 1999, p. 527. A notificação deve ser clara e incondicional, deve dizer ao devedor que pague a um terceiro por ser o cessionário e não apenas representante do credor. Treitel, *The Law of Contract*, 1995, p. 597. No direito italiano, explica-se, também com recurso à jurisprudência, que a notificação deve ser idónea a produzir um conhecimento directo e efectivo da ocorrência da cessão, não sendo necessário que o devedor conheça o acto da cessão integralmente, mas importando apenas que lhe seja dada uma notícia idónea a pô-lo em condições de apreender a mudança da titularidade da relação obrigacional. Zaccaria, *Della cessione dei crediti – complemento giurisprudenziale*, 1992, pp. 1104 e 1105. Reportando-se à notificação no contexto do *factoring*, vale a pena citar Santi, *Il factoring*, 1999, p. 237, pela clareza de exposição: "esta comunicação só se torna suficientemente segura para quem a recebe se através da própria comunicação o destinatário puder conhecer sem equívoco que a disposição do crédito a favor do cessionário, logo, ao *factor*, se efectuou válida e eficazmente. Em qualquer caso é da comunicação que deve resultar que, na sua preparação, participou o credor originário [...]". Repare-se que se exige que o cedente tenha prestado a sua colaboração na preparação da comunicação que notifica o devedor, de maneira a dar garantias de segurança a essa mesma notificação.

Por exemplo, se a notificação for feita por escrito e dela constar, simplesmente, "*A* e *B* celebraram no dia X um contrato de cessão do crédito Y", essa notificação poderá ser perfeitamente válida e suficiente, dependendo de quem sejam *A*, *B* e, sobretudo, o devedor cedido. Se se tratar, por hipótese, de uma comunicação dirigida a uma empresa e endereçada directamente à secção jurídica dessa mesma empresa, a notificação será válida. Mas imagine-se que o devedor é pessoa de pouca instrução, que inclusivamente tem dificuldades na leitura, e que o notificante conhece essa situação. Então, tal notificação não pode ser considerada válida e o devedor poderá continuar a pagar ao cedente com efeito liberatório. Neste caso, para que a notificação fosse válida, seria necessário que explicasse claramente que tinha havido uma transmissão do crédito, operada através de determinado contrato e que a consequência era que o titular do crédito passaria a ser o senhor *B*, pelo que, dali em diante, o devedor deveria fazer o pagamento devido não já ao senhor *A*, mas sim ao senhor *B*.

Trata-se de um problema de validade da notificação e não de eficácia da mesma, porque se refere à própria perfeição do acto. Está em causa a análise dos requisitos que o acto deve revestir para que possa ser tratado como notificação. Na situação descrita, o acto é incompleto, porque não reúne os requisitos necessários para que possa ser tratado juridicamente como notificação.

Verificou-se já que a lei não estatui literalmente esses requisitos e que eles têm de ser deduzidos de uma análise funcional da própria notificação. Se a notificação tem como objectivo informar o devedor de que existe um novo credor a quem deve ser satisfeito o crédito, então percebe-se que os requisitos exigíveis dependem das próprias circunstâncias do contrato e das partes envolvidas.

Mas, uma vez encontrados os requisitos da notificação através desta operação, é possível fazer um juízo de perfeição de determinado acto que pretenda valer como notificação. Não há razão para não concluir que certa actuação é ou não considerada como notificação consoante preencha ou não os requisitos que a notificação deve revestir naquele caso. A consequência será considerar determinado acto imperfeito, pelo que não vale como notificação ou, dito de outro modo, que não existe uma notificação válida.

Na situação descrita, o acto será incompleto, não podendo valer como notificação[299], porque, tendo em conta as circunstâncias concretas das par-

---

[299] O acto incompleto – que não reúne os elementos exigidos pela lei para a sua perfeição – não produz efeitos negociais, é um acto nulo. Oliveira Ascensão, *Direito Civil Teoria Geral* – Vol. II, 1999, pp. 322 a 324.

118   *A Cessão de Créditos como Estrutura Contratual com Eficácia Translativa*

tes envolvidas e do contrato em causa, é imperioso concluir dever a notificação informar expressamente e com toda a clareza a ocorrência de uma transmissão do direito de crédito a favor de dada pessoa e que, em consequência, é perante essa pessoa que o devedor deve cumprir. Neste caso, a simples informação de que ocorreu uma transmissão de créditos não reveste os requisitos necessários para ser configurada como notificação.

III. Para além do juízo de invalidade alicercado na incompleição do acto ainda é possível fazer um outro juízo que se prende com a actuação das partes. Mais uma vez por referência à situação descrita, uma actuação consciente do notificante, que não informe expressamente da transmissão do crédito com a consequência da obrigatoriedade de o devedor cumprir perante o novo credor, representa uma violação grave do princípio da boa fé na sua vertente da primazia da materialidade subjacente[300].

Como regra genérica, dir-se-ia que a notificação, para ser considerada validamente enquanto tal, tem de identificar o crédito em causa e demonstrar comprovadamente a ocorrência da transmissão (identificando o cessionário e esclarecendo que é a ele que deve ser prestado cumprimento), sob pena de o devedor poder validamente recusar o pagamento, até que essa prova lhe seja oferecida. Todavia, este critério tem de ser flexível, de modo a poder ser aplicado nos casos concretos.

Pense-se, por oposição à situação descrita acima, no caso bastante diferente de notificação no seguimento de um contrato de cessão financeira. O tribunal da Relação do Porto entendeu que o envio de nota de débito onde consta, no canto inferior direito, uma cláusula de quitação subrogativa, na qual se refere que a dívida pela mesma titulada só se encontra liquidada se o seu pagamento for efectuado à empresa X que adquiriu tal débito, reveste manifestamente a natureza de notificação, pelo que, mediante o recebimento dessa nota (que consubstancia a notificação ao devedor), o pagamento tem de ser feito ao cessionário e já não ao cedente[301-302]. Repare-se como aqui se admite o uso de outro tipo de lin-

---

[300] Menezes Cordeiro, *Tratado de Direito Civil Português I – Parte Geral*, Tomo I, 2000, pp. 238 e 239, explica que o direito visa a obtenção de soluções efectivas, pelo que é insuficiente a adopção de condutas que só na forma correspondam aos objectivos jurídicos, descurando-os no plano material.

[301] Ac RP 18-Dez.-1997, processo n.° 9731013. Não deixa de ser interessante que uma situação apresentada à nossa jurisprudência para ser aferida a validade como notificação, seja vista transnacionalmente como forma mais exigente de notificação. Neste sentido, Kötz, *The Transfer of Rights by Assignment*, 1992, p. 86, refere a tendência para os tribu-

nais supremos (austríaco e alemão) exigirem requisitos mais apertados nos casos de *factoring*. Aí, para que haja uma notificação válida, é necessário que o cliente do *factor* registe nas suas facturas, de uma forma clara e definitiva, o facto da cessão de créditos e a indicação de que o pagamento deve ser feito ao *factor*.

[302] Em Portugal, *de jure condendo*, Vaz Serra, *Cessão de Créditos ou de Outros Direitos Mora do Credor*, 1955, p. 210. No direito francês, também em matéria de cessão financeira, escreve-se que, geralmente, a notificação é feita através da impressão ou aposição de uma menção na factura remetida ao devedor. Essa menção deve ser visível e clara, de forma a evitar equívocos, sendo recomendável o uso da palavra "sub-rogação". Rives-Lange, *Droit bancaire*, 1995, p. 535. Não se estranhe a referência à sub-rogação em vez da transmissão ou cessão de créditos, porque, como se explicará adiante (pp. 246 e ss.), o direito francês utiliza o mecanismo da sub-rogação pessoal para a construção das operações de *factoring*. O mesmo se diga relativamente ao direito inglês: o principal método usado é a referência à cessão na factura. Biscoe, *Law and Practice of Credit Factoring*, 1975, pp. 100 e 101; Crichton e Ferrier, *Understanding Factoring and Trade Credit*, 1986, p. 33. No direito italiano está ultrapassada a fase em que a jurisprudência, profundamente criticada pela doutrina (veja-se, acima, p. 98, notas 279 e 280), exigia a notificação através de oficial de justiça. Actualmente, no que respeita à eficácia perante o devedor cedido, considera-se suficiente não só a notificação feita através de carta registada, mas também, de acordo com jurisprudência mais recente, a acção judicial de pagamento proposta pelo *factor* cessionário, o extracto de conta enviado ao devedor e a factura, normalmente com a aposição de uma cláusula de pagamento ao *factor* (veja-se, por exemplo, a decisão do tribunal de Bolonha de 15 de Março de 1985 (Giur. comm, 1987, II, 344) em Roppo, *Qualificazione del contratto, contratto innominato e nuovi tipi contrattuali*, 1993, p. 20 e ss.; decisão também parcialmente transcrita e comentada por D'Amaro, *Il contratto di factoring*, 1993, pp. 1772 e ss., em especial, p. 1781). Já no que se refere à eficácia perante outros terceiros é fundamental que a notificação conste de acto com data certa (de acordo com uma interpretação jurisprudencial mais restrita será exigida ainda a notificação através de oficial de justiça), requisito preenchido de acordo com orientação dominante, por exemplo, pela carta registada. Veja-se Cantele, *Il factoring*, 1986, em especial, pp. 88 e ss., agrupando e comentando decisões dos tribunais italianos; Clarizia, *I contratti di finanziamento leasing e factoring*, 1989, pp. 227 e 228 e p.231 e 232; De Nova, *Nuovi contratti*, 1990, pp. 92 e 93; De Nova, *Factoring*, 1990, pp. 356 e 357; Millozza, *Il contrato di «factoring»*, 1991, p. 90; Fossati e Porro, *Il factoring – aspetti economici, finanziari e giuridici*, 1994, p. 177; Santi, *Il factoring*, 1999, pp. 265 e ss., com transcrições parciais de decisões dos tribunais. Mas a questão não é pacífica, Frignani, *Prime decisione dei giudici italiani in tema di factoring*, 1991, p. 13, por exemplo, explica que o sistema revela todo o seu peso na exigência de acto com data certa, porquanto não admite a prova dessa data certa através de carta registada com aviso de recepção. Todavia, o mesmo autor, num outro texto – Frignani, *Il difficile cammino del "factoring" (sulla pretesa notifica, al debitore ceduto, a mezzo ufficiale giudiziario)*, 1975, p. 544 (Frignani, *Il difficile cammino del "factoring" (sulla pretesa notifica, al debitore ceduto, a mezzo ufficiale giudiziario)*, 1991, p. 22) –, acaba por escrever apenas que no caso de conflito entre adquirentes do mesmo crédito é duvidoso que seja suficiente a carta registada com aviso de recepção.

120   *A Cessão de Créditos como Estrutura Contratual com Eficácia Translativa*

guagem e de meio de comunicação, claramente por se entender que, no mundo comercial, é suficientemente elucidativo o envio de nota de débito com a indicação de novo credor[303].

Poderá causar alguma estranheza assumir-se a necessidade de ponderação das circunstâncias concretas do caso em questão para a conclusão acerca da validade da notificação. No entanto, não será método isolado no direito português. Embora tenha natureza diferente, também a notificação é um acto de comunicação, pelo que não é ilegítimo procurar apoio no regime das comunicações em sede de contratação através de cláusulas contatuais gerais. Aí, em virtude da necessidade de protecção do aderente, exige-se um "modo adequado" para tornar possível o conhecimento completo e efectivo das cláusulas. No caso da notificação ao devedor cedido, pretende-se que ele possa conhecer da ocorrência da transmissão do direito de crédito a que está adstrito, para que pague ao cessionário e já não ao cedente. Os elementos que a notificação deve integrar de molde a valer enquanto tal serão, pois, os necessários para que da comunicação possa resultar um conhecimento completo e efectivo.

IV. Por vezes a doutrina enfatiza que, além de possibilitar um conhecimento completo e efectivo, a notificação deve ainda revestir as circunstâncias necessárias, de forma a que o conhecimento dela resultante possa ser suficientemente seguro e idóneo[304]. Uma notificação que não se afigure minimamente idónea não reveste as características necessárias para valer enquanto tal.

Não vale como notificação o mero dever saber ou ter ouvido dizer[305]? Isto significa que o reverso da notificação está em alguma diligência que

---

[303] É também esta a solução apontada para o direito inglês por Goode, *Commercial Law*, 1995, p. 803, quando escreve que o contrato de *factoring* obriga o cliente a fazer constar das suas facturas que o crédito relativo àquela factura foi cedido ao *factor* e o pagamento deve ser feito directamente ao *factor* no endereço indicado.

[304] A jurisprudência italiana refere-se, justamente, a uma notícia idónea a produzir um efectivo conhecimento. Veja-se Clarizia, *I contratti di finanziamento leasing e factoring*, 1989, p. 228; Frignani, *Il difficile cammino del "factoring" (sulla pretesa notifica, al debitore ceduto, a mezzo ufficiale giudiziario)*, 1975, p. 541 (=Frignani, *Il difficile cammino del "factoring" (sulla pretesa notifica, al debitore ceduto, a mezzo ufficiale giudiziario)*, 1991, p. 19), porque o objectivo é procurar um conhecimento efectivo e não uma publicidade legal; Zaccaria, *Della cessione dei crediti – complemento giurisprudenziale*, 1992, p. 1104.

[305] Larenz, *Lehrbuch des Schuldrechts* – Band I, Allgemeiner Teil, 1987, p. 588, escreve que o devedor não tem de ir atrás de simples rumores.

o devedor deva observar? Antunes Varela escreve que o devedor deve averiguar da existência e da validade da cessão, não aceitando como boa qualquer informação irresponsável que acidentalmente chegue ao seu conhecimento ou a afirmação de qualquer pretenso cessionário[306].

Esta afirmação suscita algumas observações. Parece colocar em plano de igualdade questões que são diversas. Um aspecto é a configuração da notificação e, quanto a esse, importa perguntar se uma informação irresponsável que acidentalmente chegue ao conhecimento do devedor vale como notificação. Outro aspecto é a notificação feita por um qualquer pretenso cessionário, o que suscita a questão da eventual diversidade de regimes em virtude da pessoa do notificante.

Questão totalmente diferente das anteriores é a que se prende com o dever (ou ónus) do devedor em averiguar a existência e validade do contrato-fonte da transmissão. Requisitos da notificação e dever (ou ónus) do devedor em avaliar correctamente a situação antes de cumprir são questões indissociáveis, mas seguramente diversas. Esta última questão será tratada mais adiante.

Em relação ao primeiro aspecto, dir-se-ia que uma qualquer informação que chegue acidentalmente ao conhecimento do devedor cedido não vale como notificação, porque não integra elementos mínimos para que o acto seja considerado perfeito enquanto notificação[307]. Noutra terminologia, uma comunicação feita nesses moldes não é idónea, pelo que não pode valer como notificação. Como tal, o devedor cedido não a pode considerar como notificação válida e, em consequência, beneficiar dos seus efeitos, nomeadamente pagar ao cessionário com eficácia liberatória. Isto não quer dizer que tal comunicação não possa valer como prova do conhecimento que o devedor tinha da transmissão para efeitos do art. 583.°/2.

V. Em relação ao segundo aspecto, interessa perguntar se os requisitos da notificação devem ser diferentes consoante quem notifica seja o cedente ou o cessionário. Se é verdade que a notificação pode ser feita indiferentemente pelo cedente ou pelo cessionário, já não é verdade que, no que respeita aos requisitos a observar, eles sejam os mesmos nos dois casos.

Quer cedente quer cessionário têm interesse em notificar o devedor: o primeiro, porque normalmente se quer libertar da cobrança do crédito, o

---

[306] Antunes Varela, *Das Obrigações em Geral* – Vol. II, 1997, p. 301.

[307] Desde logo, porque pode não existir qualquer acto praticado pelo cedente ou pelo cessionário.

122 *A Cessão de Créditos como Estrutura Contratual com Eficácia Translativa*

segundo, porque é a forma de impedir o devedor de continuar a poder pagar ao cedente com efeito liberatório e de se garantir na hipótese de o cedente voltar a transmitir o crédito. É inegável que o interesse deste é maior, porque da notificação está dependente, no mínimo, a possibilidade de opor a titularidade do crédito ao devedor, impugnando, consequentemente, perante ele, o pagamento que tenha sido feito a outrem.

Afirma-se normalmente que os requisitos exigidos para a notificação feita pelo cedente e para a notificação feita pelo cessionário são diferentes, porque o cedente é quem o devedor conhece desde sempre como seu credor, é aquele com quem estabeleceu relações e, em princípio, em quem confia[308].

Se o cedente notificar da ocorrência da transmissão, em princípio o devedor não terá dúvidas acerca da verificação da transmissão[309]. Há, até, uma razão lógica evidente: se não fosse verdade, qual seria o interesse do credor em legitimar o devedor a pagar a outrem? Já o mesmo não acontece com a notificação por parte do cessionário. Se o devedor é notificado por quem não conhece como seu credor, essa notificação só pode ser aceite como boa se, comprovadamente, se revelar correspondente à realidade, nomeadamente através das circunstâncias em que é feita[310-311].

---

[308] Pensa-se numa situação em que há apenas um grau de transmissão, ou seja, em que não existiu uma transmissão anterior. No caso de se tratar já de uma segunda ou terceira transmissão, então o cedente pode representar tão pouco para o devedor cedido como o próprio cessionário. Todavia, mesmo que não exista a referida relação de confiança entre cedente e devedor cedido, ainda haverá alguma diferença, porquanto o devedor conhece o cedente como seu credor, o que não acontece com o cessionário.

[309] Já há longo tempo, Huc, *Traité théorique et pratique de la cession et de la transmission des créances*, tomo II, 1894, p. 11, apontava como única diferença da formalidade ser feita pelo cedente a circunstância de o devedor ficar privado de toda a possibilidade de contestar a sinceridade da cessão para se furtar ao pagamento ao cessionário.

[310] É este o entendimento generalizado na doutrina alemã que, sempre numa óptica de protecção do devedor, defende que, se o devedor tiver conhecimento da cessão através do cedente, não há lugar a qualquer dúvida, mas, se tiver conhecimento através do cessionário, é legítimo que o devedor duvide da veracidade da comunicação se não for feita em circunstâncias que lhe assegurem essa veracidade. Essas circunstâncias são, para além da exibição do documento da cessão, a situação económica e tudo o que exclua a ideia de reivindicação arbitrária ou enganadora. Nörr, *et al.*, *Sukzessionen: Forderungszession, Vertragsübernahme, Schuldübernahme*, 1999, p. 82. Larenz, acompanhado pela generalidade da doutrina, refere também que saber se a comunicação do cessionário é suficiente para assegurar o necessário conhecimento do devedor depende das circunstâncias, em especial da credibilidade que ela revista aos olhos do devedor. Por todos, Larenz, *Lehrbuch des Schuldrechts* – Band I, Allgemeiner Teil, 1987, p. 589.

[311] Embora no direito americano se afirme também que a notificação pode ser feita

A doutrina assinala três razões para a exigência de requisitos diferentes consoante quem notifica: o cedente é quem o devedor conhece como credor[312]; é o próprio credor directamente interessado no cumprimento que assinala a modificação da relação[313]; existe uma presunção de legitimidade a favor do cedente que só justificadamente é ilidida[314].

No direito alemão, uma vez que a tónica está no conhecimento e não na notificação, a problemática agudiza-se, entendendo-se que, se o devedor for informado pelo cedente, então ele tem conhecimento da transmissão, no sentido que a lei lhe dá[315]. Consequentemente, se o devedor duvidar da validade do contrato de cessão e cumprir perante o cedente, ele agirá por sua conta e risco. A importância de o notificante ser o cedente ou o cessionário reflecte-se no regime de oponibilidade da cessão inexistente ou inválida. Se for o cedente a notificar, não é necessária a apresentação de qualquer documento para que o devedor lhe possa opor a cessão ainda que inexistente ou inválida (§409 BGB). Já se for o cessionário a notificar, é necessário que ele apresente ao devedor um documento expedido pelo cedente onde o cessionário seja reconhecido como novo credor.

Simplificando, se for o cedente a notificar, basta a sua palavra para que o devedor fique totalmente precavido, mas, se for o cessionário a notificar, é necessária a apresentação de prova escrita através de documento de cessão que tenha partido do próprio cedente ou de notificação por escrito (§410).

Não é consensual na doutrina alemã se a protecção que o §409 confere ao devedor cedido vale mesmo que este esteja de má fé, ou seja, se ele

---

por cedente ou cessionário (Farnsworth, *Farnsworth on Contracts* – Vol. III, 1998, p. 103), é elucidativa a disposição do UCC (9-406(c)) que determina que, a pedido do devedor, o cessionário deve oferecer prova razoável da ocorrência da transmissão e, a menos que a ofereça, o devedor pode pagar ao cedente. Também no direito americano as circunstâncias que acompanham a notificação não são de todo desprezíveis. Williston e Jaeger, *A Treatise on the Law of Contracts* – Vol. 3, 1960, p. 251, dão-nos conta de que uma informação dada casualmente, em circunstâncias que naturalmente fazem com que o devedor não a tome em consideração, não é vista como notificação.

[312] Navarro Pérez, *La Cesión de Créditos en el Derecho Civil Español*, 1998, p. 165, defende que se a notificação for feita pelo cessionário ele terá de demostrar a certeza da mesma através do título, pois de outra forma o devedor pode pôr em causa o carácter e personalidade do cessionário.

[313] Panuccio, *Cessione dei crediti*, 1960, p. 875.

[314] Bianca, *Gli oneri del debitore com riguardo all'accertamento dell'avvenuta cessione del credito*, 1969, p. 800.

[315] Larenz, *Lehrbuch des Schuldrechts* – Band I, Allgemeiner Teil, 1987, p. 589.

124 A Cessão de Créditos como Estrutura Contratual com Eficácia Translativa

souber que o conteúdo da notificação não corresponde à realidade. A doutrina dominante parece continuar a entender que o devedor é sempre protegido, embora funde a razão de ser do preceito na teoria da protecção da confiança, que leva a proteger a legítima confiança do devedor cedido na aparência que lhe é dada pela notificação feita pelo cedente[316]. Todavia, há quem entenda que, justamente por se basear na teoria da confiança e por carecer de uma base histórica actualmente válida que apele para um efeito constitutivo da notificação[317], é necessário fazer uma redução teleológica do preceito, não se aplicando no caso de o devedor estar de má fé por saber que a notificação é incorrecta, pois, antes de cumprir, vem a saber que a cessão é inválida ou inexistente[318].

Naturalmente que todo este aspecto do direito alemão não é, por si só, directamente, transponível para a análise do direito português, mas tem um interesse inegável na problematização dos requisitos da notificação. Se não é legítimo defender, no direito português, estar a protecção do devedor, num caso de inexistência ou invalidade do contrato-fonte da transmissão, dependente de quem notificou e como notificou, já não parece

---

[316] Larenz, *Lehrbuch des Schuldrechts* – Band I, Allgemeiner Teil, 1987, p. 593; Zeiss, *Soergel Kommentar zum BGB* – Band 2, 1990, §409 Rz 2; Kaduk, *Staudinger Kommentar zum Bürgerlichen Gesetzbuch*, 1994, §409 Rz 1 e 15 (contudo, na mais recente edição do comentário, Busche, *Staudinger Kommentar zum Bürgerlichen Gesetzbuch*, 1999, §409 Rz 27, afirma que o devedor não deve atender à notificação, quando saiba que a cessão não ocorreu ou não é eficaz, apresentando como duvidoso o caso em que o devedor sabe que a notificação é incorrecta (Rz 29), defendendo a não protecção do devedor, nomeadamente, em caso de dolo (Rz 30); Nörr, *et al.*, *Sukzessionen: Forderungszession, Vertragsübernahme, Schuldübernahme*, 1999, p. 95, embora refira que a discussão continua em aberto; Heinrichs, *Palandt – Bürgerliches Gesetzbuch*, 2000, §409 Rn 5; Esser, *Schuldrecht* – Band I, Allgemeiner Teil – Teilband 2, 2000, p. 414.

[317] Com a notificação o cedente não desencadeia nenhum efeito de natureza negocial, mas somente informa sobre a ocorrência da cessão. Karollus, *Unbeschränkter Schuldnerschutz nach §409 BGB?*, 1992, p. 260.

[318] Veja-se a argumentação desenvolvida por Karollus, *Unbeschränkter Schuldnerschutz nach §409 BGB?*, 1992, na totalidade, mas, em especial, pp. 560 e ss.. Não deixa, contudo, de afirmar que isto só vale no caso de prova de um conhecimento seguro da ilegitimidade do cessionário. Em sentido algo parecido, embora de forma pouco clara, parece ser já a posição de Weimar, *Zur Ausbildungsförderung: Der Schuldnerschutz nach erfolgter Zession*, 1979, p. 285. Mais recentemente, há uma dissertação alemã totalmente dedicada a este assunto, cujo A., depois de explanar e explicar as diferentes teorias acaba por chegar também à conclusão da redução teleológica: Hoenike, *Die Anzeige der Forderungsabtretung nach §409 BGB*, 1993, na totalidade, mas posição assumida em definitivo nas pp. 187 e 188. Naturalmente que há variadíssimas posições intermédias, mas não se entende útil seguir a sua explanação.

A construção do código civil: contrato e notificação

injustificado admitir estar a protecção de que o devedor goza em relação directa com as circunstâncias em que a notificação lhe é feita e com o cuidado demonstrado no acolhimento dessa notificação. Mas este aspecto será retomado quer no ponto dedicado à análise funcional da notificação, nomeadamente no vector da protecção do devedor, quer no ponto dedicado à problematização da notificação enquanto dever ou ónus a cargo de cedente e cessionário.

Ainda relacionado com requisitos da notificação associados à pessoa do declarante, pode perguntar-se se os credores do cessionário, que têm um claro interesse em que a notificação seja feita, se poderão substituir ao seu devedor e notificar directamente o devedor cedido e nesse caso se a notificação deverá obedecer a requisitos mais estritos.

Mais uma vez, a lei não resolve esta questão. A doutrina tem-se referido exclusivamente a cedente e a cessionário por entender que são estes, naturalmente, os directamente interessados. Na omissão da lei, nada proíbe que essa notificação seja feita. Todavia, é óbvio que, se, como se defendeu, a notificação feita pelo cessionário deve oferecer prova inequívoca da ocorrência da transmissão, sob pena de o devedor se poder furtar legitimamente ao pagamento, por maioria de razão, é de exigir essa prova aos credores do cessionário e eles poderão não estar em condições de a oferecer[319].

Parece-me estar a justificação da resposta na fiabilidade, na segurança e na certeza em que se funda a notificação: se os credores, por exemplo, exibirem título válido da transmissão, constante, por hipótese, de instrumento autêntico, nada obsta a que essa notificação seja considerada como válida. Na óptica do devedor, o que interessa é que fique munido de prova suficiente para, na eventualidade de, futuramente, a validade do seu pagamento vir a ser contestada, poder fazer prova nesse sentido. A verdade é que, se o devedor tiver conhecimento da cessão, quer através do cedente, quer do cessionário, quer através de outro meio qualquer, o cumprimento feito perante o cedente não o desobriga[320] (o que não quer dizer que deva cumprir sem mais a quem conste como novo credor).

---

[319] Questão diversa é a de os credores do cessionário, na falta de notificação por parte deste, lhe poderem assacar responsabilidade pela escassa diligência na consolidação do seu direito, o que tem a maior importância para quem defenda que um segundo cessionário, mas primeiro a notificar, adquire um direito oponível ao primeiro cessionário.

[320] Zweigert e Kötz, *Introduction to Comparative Law*, 1992, p. 474.

126 *A Cessão de Créditos como Estrutura Contratual com Eficácia Translativa*

VI. Importa por fim mencionar o problema do destinatário da própria notificação, quando está em causa uma dívida de dois ou mais devedores ou quando não é o devedor quem possui os meios destinados ao cumprimento. Mais uma vez, é útil recorrer a uma análise funcional e finalística da notificação. Assim, a notificação deverá ser feita a quem, porque é devedor, tem interesse em saber da ocorrência da transmissão do direito de crédito.

Quando se trate de uma dívida de dois ou mais devedores, pode perguntar-se se têm de ser todos notificados ou se bastará que a notificação seja feita a um deles. A opinião da doutrina portuguesa é a de que devem ser notificados todos os devedores, quer a dívida seja conjunta, quer solidária, sob pena de, no primeiro caso, a notificação valer apenas quanto à quota parte desse credor e de, no segundo caso, um dos devedores, não notificado, poder cumprir, em nome de todos e na totalidade, perante o antigo credor[321].

Embora no caso de devedores solidários também seja defensável a posição inversa – de que basta notificar um devedor, seja porque dada a ligação íntima com os restantes é de supor que ele informará os outros[322], seja porque há representação mútua dos co-devedores[323] –, ela não parece ser a mais correcta.

Pesando os interesses em causa, dir-se-ia que a insegurança e a injustiça que podem nascer dessa situação são maiores do que o custo eventual de notificar todos os devedores solidários. Imagine-se que um devedor é notificado de manhã e nessa tarde, sem que ele tenha tido tempo útil de avisar os demais devedores, há um outro devedor que paga ao cedente. Seria manifestamente injusto não considerar esse pagamento como exoneratório, mas, por outro lado, tal solução poderá acarretar consequências, também elas injustas para o cessionário.

Pelo contrário, quem desenvolve esforços para notificar um devedor, facilmente os aproveita para notificar os restantes[324]. Além do mais, a

---

[321] Guilherme Moreira, *Instituições do Direito Civil Português* – Vol. 2.°, Das Obrigações, 1925, p. 194; Cunha Gonçalves, *Tratado de Direito Civil* – Vol. V, 1932, p. 70; Pires de Lima e Antunes Varela, *Código Civil Anotado* – Vol. I (com a colaboração de Manuel Henrique Mesquita), 1987, p. 599.

[322] Navarro Pérez, *La Cesión de Créditos en el Derecho Civil Español*, 1998, pp. 167 e 168, defende que a ligação entre os devedores é de tal forma estreita que é inegável ser o conhecimento de um suficiente para vincular os demais.

[323] Cadiet, *Cessions de Créance: Conditions*, 1996, p. 14, embora a questão seja apontada como não pacífica.

[324] Pense-se, por exemplo, no envio de uma carta em que só muda o destinatário.

A construção do código civil: contrato e notificação 127

relação entre devedores solidários é, em princípio, de confiança, mas não necessariamente de intimidade. Naturalmente, não é de excluir que, ao encetar-se a relação obrigacional, ou mesmo posteriormente, credor e devedores acordem em como um deles fica interlocutor privilegiado do credor, nomeadamente num caso de transmissão do crédito. Não significa também que outros devedores não notificados não possam pagar ao cessionário: se é verdade que a notificação feita apenas a um devedor terá apenas efeitos em relação a ele, os devedores não notificados, se tiverem conhecimento da transmissão, também devem cumprir perante o cessionário (art. 583.°/2). A falta de notificação serve para proteger o seu desconhecimento, não para permitir que, sabendo da ocorrência da transmissão do crédito, continuem a cumprir perante o cedente.

O outro problema referido diz respeito à pessoa a quem se deve dirigir a notificação quando quem deve efectivamente pagar não é o devedor, mas quem possui os fundos necessários ao cumprimento. Nesta situação, defende Vaz Serra que a notificação deve ser dirigida àquele que puder decidir sobre o pagamento e, portanto, se for um terceiro a poder pagar em vez do devedor, é ele que deve ser notificado[325]. Justifica, alegando que o objectivo da notificação é evitar um pagamento ao cedente[326].

Se, à primeira vista, esta posição pode causar alguma estranheza, dado o carácter afirmativo da lei quando determina que a cessão só produz efeitos perante o devedor quanto lhe for notificada, ela encontra justificação num certo entendimento da função da notificação. Atendendo à notificação enquanto acto destinado a informar o devedor sobre a pessoa a quem deve fazer o pagamento devido, faz sentido que seja dirigida a quem, da parte do devedor, está em condições de efectuar esse pagamento. Assim, cumpre-se a finalidade da notificação.

De outro modo – se se notificar o devedor sendo outrem quem está em condições de pagar – pode correr-se o risco de, ainda que por um curto lapso de tempo, essa pessoa vir a pagar ao cedente ou a outro cessionário. É claro que, se nada indicar nesse sentido, o cedente ou o cessionário não são obrigados a saber que devem notificar pessoa diversa do devedor: a

---

[325] É esta a posição da jurisprudência francesa, de que nos dá conta Cadiet, *Cessions de Créance: Conditions*, 1996, p. 13.

[326] Vaz Serra, *Cessão de Créditos ou de Outros Direitos Mora do Credor*, 1955, p. 212, dá o exemplo de o devedor ser uma pessoa colectiva na qual existam pessoas encarregadas dos pagamentos diferentes dos representantes legais e refere ainda o caso de os fundos estarem na mão de depositários ou outros terceiros obrigados a pagar a quem tiver direito, por conta do devedor.

128 *A Cessão de Créditos como Estrutura Contratual com Eficácia Translativa*

regra é a de que a notificação é dirigida ao devedor. Contudo, quando tenha sido assente entre credor ou devedor (existindo, por exemplo, um mandato para cobrança entre o detentor dos fundos e o devedor), ou quando seja do manifesto conhecimento de cedente ou cessionário, não há porque não admitir a validade dessa notificação.

Analisando por outro prisma: se dado depositário pagar ao cessionário em consequência de notificação que lhe tenha sido feita, não é admissível que o devedor venha, posteriormente, impugnar a validade dessa notificação. Naturalmente, os deveres a que o devedor está adstrito na averiguação da fiabilidade da notificação, mantêm-se para esse terceiro e, porventura, de forma mais expressiva.

Também esta solução depende de uma análise funcional da notificação. Será porventura difícil sustentar a admissibilidade da notificação ao detentor do fundos, por exemplo, ao banco (a menos que exista a dita relação de mandato ou o devedor tenha domiciliação no próprio banco), quando se atribua à notificação funções mais amplas do que a simples informação ao devedor cedido. Assim, se a notificação for entendida como imprescindível à eficácia perante terceiros, será dificilmente defensável tal posição, porque o devedor – e não qualquer outra pessoa detentora de fundos para proceder ao pagamento – é entendido como centro de publicidade da transmissão, como alguém a quem os interessados poderão recorrer para se informarem da transmissão. Se se entender não ser de notificar o devedor cedido, mas outra pessoa, então esta função fica esvaziada.

5.3.3. *Eficácia*

I. Um último aspecto relativo ao entendimento da notificação enquanto declaração prende-se com a eficácia da mesma e cruza-se com o problema de saber se da notificação tem de resultar um conhecimento efectivo por parte do devedor para que a transmissão produza efeitos perante ele.

Importa, antes de mais, encontrar as regras aplicáveis, que se prendem com a consideração da natureza jurídica da notificação enquanto declaração.

Se se atender à tradicional divisão entre declarações negociais e declarações de ciência,[327] a notificação, entendida como acto destinado

---

[327] Veja-se, por exemplo, Castro Mendes, *Teoria Geral do Direito Civil – Vol. II*, 1979 (reimpressão 1993), pp. 74 e 75, enquanto a declaração de vontade se traduz num "quero", a declaração de ciência traduz-se num "afirmo".

A construção do código civil: contrato e notificação   129

exclusivamente a revelar determinado acontecimento (ao qual a lei associa determinadas consequências), não poderá integrar o primeiro grupo, uma vez que não comporta uma expressão de vontade, mas apenas uma informação, e deverá ser qualificada como declaração de ciência.

Mas mesmo não se aceitando esta classificação, a notificação não é configurável como declaração negocial. Atendendo à perspectiva de Ferreira de Almeida[328], que, como reacção crítica a esta concepção tradicional, constrói a dualidade enunciado assertivo e enunciado performativo, correspondendo *grosso modo*, o primeiro às rejeitadas declarações de ciência e caracterizado pela simples descrição ou afirmação de factos ou situações, susceptíveis de uma apreciação em termos de "verdadeiro ou falso", a notificação corresponderá, enquanto acto condicionador da eficácia de um negócio jurídico, a um simples acto jurídico dotado de performatividade[329].

Significa isto que, embora não lhe sejam aplicadas directamente as regras gerais sobre a eficácia das declarações negociais, elas ser-lhe-ão aplicáveis em virtude da remissão do artigo 295.º. A notificação é entendida comummente como acto jurídico unilateral receptício, sendo-lhe aplicáveis os preceitos relativos à eficácia das declarações negociais.

---

[328] Ferreira de Almeida, *Texto e Enunciado na Teoria do Negócio Jurídico* – Vol. I, 1992, pp. 286 e ss. e Vol. II, pp. 682 e ss.. A preocupação do A., alheia à temática de que agora se trata, prende-se com a importância e a possibilidade de integrar no conteúdo do negócio o que até então era considerado como mera informação desprovida de conteúdo negocial, pertencendo ao campo das declarações de ciência. Estando em causa informações preciosas para a própria descrição do objecto do negócio jurídico, estas fazem parte, segundo o A., do seu conteúdo vinculativo (relevando, nomeadamente, ao nível da desconformidade). A construção proposta terá a enorme vantagem de permitir, segundo as circunstâncias da sua emissão e no seu uso concreto, atribuir aos enunciados negociais assertivos relevância negocial, pressupondo e implicando outras enunciações de conteúdo funcional (vol I, p. 287). Este aspecto liga-se particularmente à temática da vinculatividade dos conteúdos publicitários (Ferreira de Almeida, *Texto e Enunciado na Teoria do Negócio Jurídico* – Vol. II, 1992, pp. 909 e ss. e pp. 1045 e ss.).

[329] Ferreira de Almeida, *Texto e Enunciado na Teoria do Negócio Jurídico* – Vol. II, 1992, pp. 250 e ss., rejeita os tradicionais critérios de distinção entre negócio e acto jurídico. Negócio e acto pertencerão a uma mesma categoria de actos performativos, onde releva apenas um diferente grau de exercício da liberdade, avaliada pela natureza da "obra jurídica": inovadora no negócio jurídico e complementar, essencialmente anafórica e instrumental nos simples actos jurídicos dotados de performatividade (*ibidem*, p. 257), nos quais se pode integrar a notificação como acto condicionador da eficácia de um negócio jurídico. É dentro desta concepção que se compreende a qualificação da notificação como acto jurídico dotado de performatividade.

130 *A Cessão de Créditos como Estrutura Contratual com Eficácia Translativa*

II. Perguntar-se-á então se, para que a notificação produza os seus efeitos, é necessário um conhecimento efectivo do seu conteúdo por parte do devedor cedido.

Atendendo-se ao disposto no artigo 224.º, dir-se-ia que a notificação é eficaz, de acordo com a teoria da recepção, a partir do momento em que chega ao poder do destinatário[330]. Lembre-se a lição dos autores quando explica que a declaração chega ao poder do destinatário, logo, entende-se recebida por este, quando chega ao seu âmbito de poder e de actuação[331-332].

A solução do código é por vezes apelidada de teoria da recepção temperada ou mitigada, porque, se o destinatário tiver conhecimento da declaração ainda antes de a ter recebido, então é o momento desse conhecimento que vale como termo inicial da eficácia da declaração. Também este aspecto é de atentar, mais ainda quando encontra algum acolhimento na parte final do n.º 2 do artigo 583.º. Mesmo no que respeita ao ónus da prova, há coincidência nas soluções: segundo as regras gerais, é o declarante que tem de provar que o destinatário já tinha conhecimento da declaração mesmo antes de a ter recebido, tal como, segundo o disposto no artigo 583.º/2 *in fine*, é o cessionário que tem de provar que o devedor tinha conhecimento da transmissão antes da notificação.

---

[330] Outra é a solução do direito alemão que, justamente por colocar o assento tónico no conhecimento e não na notificação, parece exigir um conhecimento efectivo, não bastando a simples recepção da informação. A jurisprudência entende, pois, que a lei exige o conhecimento e não apenas a possibilidade de conhecer, pelo que o simples acesso à notificação não é suficiente. Os tribunais anotam, no entanto, que o devedor é responsável por assegurar que ele ou uma pessoa devidamente habilitada possa tomar conhecimento da cessão, o que, no caso de se tratar de uma grande empresa, obrigará a uma adequada organização. Veja-se esta explicação, com indicações das descisões dos tribunais em Nörr, *et al.*, *Sukzessionen: Forderungszession, Vertragsübernahme, Schuldübernahme*, 1999, p. 82, notas 39, 40 e 41.

[331] São conhecidos os exemplos da declaração que chega à caixa do correio durante as férias ou a mensagem que não chegou à impressão por falta de papel no aparelho de fax. Veja-se Menezes Cordeiro, *Tratado de Direito Civil Português I – Parte Geral*, Tomo I, 2000, p. 346, aderindo, aliás, à lição de Medicus, *Allgemeiner Teil des BGB*, 1997, p. 109.

[332] Outra parece ser a solução, por exemplo, do direito americano, onde se exige que a notificação seja efectivamente recebida pelo devedor (UCC 9-318(3)). Já Williston, na sua análise da jurisprudência americana, concluia que o mero esforço para dar conhecimento não chegava, não bastando, por exemplo, o envio de uma carta que nunca havia chegado ao seu destino. Trata-se de uma questão de conhecimento de factos essenciais e não de uma questão de diligência. Williston e Jaeger, *A Treatise on the Law of Contracts* – Vol. 3, 1960, p. 247.

A construção do código civil: contrato e notificação   131

Concluindo, para que a notificação seja eficaz não é necessário que o devedor tenha conhecimento efectivo do seu conteúdo, basta tão-só que a tenha recebido nos termos do artigo 224.°[333]. Aliás, sem prejuízo do já referido, neste sentido vai toda a redacção do artigo 583.°, que se refere, literalmente, a notificação e não a conhecimento.

III. Dizer-se que basta o devedor ter recebido a notificação, ou seja, ter chegado ao seu poder, para esta ser eficaz suscita ainda dois problemas adicionais e conexos: em que local e quando deve ser feita a notificação de molde a dever ser considerada eficaz.

Não se confunda esta questão com a do tempo e lugar do cumprimento, porque, na verdade, o que está em causa não é o cumprimento perante novo credor, mas tão-só em que moldes deve o devedor ser notificado de maneira a estar obrigado a pagar ao novo credor. Evidentemente, mudando o credor, pode colocar-se com grande acuidade o problema do local do cumprimento[334], todavia, essa é questão que extravasa o âmbito do problema em análise.

Importa apenas saber para que local deve ser feita a notificação, e quanto a isso não parece restarem grandes dúvidas. Em princípio, deverá

---

[333] Situação delicada pode ocorrer quando o devedor recebe (nos termos do art. 224.°/1 ou do regime especial de cessão para titularização que estabelece a presunção da notificação ao terceiro dia útil posterior ao registo da carta contendo a notificação) determinada notificação, mas não toma conhecimento efectivo dela, pelo que paga ao cedente. Afirma Calvão da Silva, *Titul[ariz]ação de Créditos*, 2003, p. 102, em termos que são de acolher, que, se é certo que esse pagamento não tem eficácia liberatória, o devedor cedido goza da repetição do indevido contra o credor aparente (cedente) enquanto a prestação não extinguir a sua obrigação perante o cessionário (credor), nos termos do art. 770.° do código civil.

[334] Veja-se o caso em que a obrigação tem por objecto uma certa quantia em dinheiro, pelo que, de acordo com o art. 774.°, a prestação deve ser efectuada no lugar do domicílio que o credor tiver ao tempo do cumprimento. Verificando-se uma transmissão do direito de crédito, com a consequente alteração da pessoa do credor, em princípio, por aplicação deste preceito, o devedor deverá passar a cumprir no lugar do domicílio do novo credor, o que se pode vir a revelar muitíssimo desvantajoso para o devedor. No caso de o devedor ficar prejudicado pela circunstância de o novo local de pagamento tornar o cumprimento mais oneroso, é defensável recorrer-se às regras da cessão de créditos e, sobretudo, ao princípio que lhes subjaz, de não prejuízo do devedor, e entender, por hipótese, que o local deve ser outro, mais conveniente para o devedor, de molde a não resultar em prejuízo para a sua posição. Esse local poderia ser acordado entre devedor e novo credor e nesse caso o problema não se colocaria. Na falta de consenso, não será injustificado admitir-se a aplicação da regra residual da lei, constante do art. 772.°/1, segundo a qual a prestação deve ser efectuada no local do domicílio do devedor.

132 *A Cessão de Créditos como Estrutura Contratual com Eficácia Translativa*

ser para o local do domicílio do devedor, o que não exclui a possibilidade de notificar pessoalmente o devedor em qualquer local em que esteja[335].

Quanto ao momento em que a notificação deve ser feita, e no silêncio da lei relativamente a este ponto, a resposta não poderá ser outra senão entender-se que a notificação poderá ser feita até ao momento do efectivo cumprimento. De alguma maneira ligada a este aspecto está a questão apenas aflorada de saber se a citação do devedor em acção para cumprimento pode valer ou não como notificação ao devedor cedido[336].

Na vigência do Código de Seabra, a doutrina portuguesa discutiu muito se actos como a citação judicial e o arresto eram equivalentes à notificação. Se, por um lado, se entendia que não era possível exigir o cumprimento – logo, citar – antes da notificação ou conhecimento autêntico da cessão, por outro lado, sustentava-se valer a citação como conhecimento dado ao devedor por forma autêntica, desde que o cessionário tivesse alegado na petição a origem do seu crédito[337]. *De lege ferenda*, advogou-se ainda deverem citação e arresto poder representar meios de dar conhecimento autêntico da cessão, porquanto inexistir motivo para o negar[338].

A doutrina mais recente não se tem debruçado sobre este aspecto, mas, ao enfatizar a relevância do conhecimento e ao não tecer objecções a esse entendimento[339], leva a crer que até ao cumprimento a notificação poderá ser feita, por qualquer via, ao devedor.

---

[335] No caso de ter sido estipulado entre antigo credor e devedor domicílio negocial, ao abrigo do art. 84.º, deverá o cessionário, em princípio, ter em conta essa estipulação. Se, por um lado, o cessionário é terceiro em relação a esse acordo e poderá não ter conhecimento dele, o que levaria a concluir ser a notificação eficaz mesmo quando feita para o domicílio geral do devedor, a verdade é que o princípio segundo o qual o devedor não pode ser prejudicado pela transmissão do direito de crédito deve, em princípio, prevalecer. No entanto, isto não significa que não releve o conhecimento que o devedor tem da cessão. Não só a lei associa efeitos a esse conhecimento, como, no caso concreto e, eventualmente, com recurso à figura do abuso de direito, pode concluir-se existir notificação eficaz ainda que feita noutro local.

[336] Veja-se p.37, nota 61.

[337] Guilherme Moreira, *Instituições do Direito Civil Português* – Vol. 2.º, Das Obrigações, 1925, pp. 195 e 196. Cunha Gonçalves, *Tratado de Direito Civil* – Vol. V, 1932, pp. 67 e ss. (com indicações jurisprudenciais).

[338] Vaz Serra, *Cessão de Créditos ou de Outros Direitos Mora do Credor*, 1955, p. 213.

[339] Antunes Varela, *Das Obrigações em Geral* – Vol. II, 1997, p. 320. Duvidosa é a posição de Almeida Costa, *Direito das Obrigações*, 2001, p. 560, porque não obstante referir a relevância do conhecimento e não mencionar este aspecto em particular, cita, embora a título meramente informativo, desacompanhado de qualquer comentário, na nota 1, o Ac STJ 9-Nov.-2000.

Até há pouco tempo, a jurisprudência admitia pacificamente que a citação do réu para a acção constituía meio idóneo para dar conhecimento autêntico da cessão, pelo que valia como notificação[340]. Recentemente o STJ veio defender posição diversa[341], alegando não ser possível atribuir à citação os efeitos da notificação, porquanto os efeitos da citação são, exclusivamente, e de acordo com o artigo 228.°/1 do CPC, dar a conhecer ao réu que determinada acção foi contra ele proposta. Além disso, argumenta integrar a notificação (ou aceitação) a causa de pedir e como tal dever fazer parte do elenco de factos articulados na petição inicial.

Esta posição não parece ser de acolher por duas razões. A primeira prende-se com os efeitos da citação e a segunda com a necessidade, ou não, de a notificação integrar a causa de pedir.

Relativamente à primeira razão, se é certo que a citação tem como principal efeito a chamada do réu à acção, nada impede que outros efeitos lhe possam ser associados. Nas palavras do referido aresto, a citação constitui uma "notificação judicial" da qual resulta o primeiro chamamento da pessoa ao processo. Ora esse chamamento tem como consequência ter o réu conhecimento da petição inicial, onde, como é evidente, é alegada a transmissão do direito de crédito a favor do autor.

Perante esse conhecimento, o devedor cedido, ora réu, tem como alternativa reconhecer a verdade dos factos alegados e cumprir, sem mais, ao autor, ou contestar. O que não poderá fazer é, perante a dúvida instalada sobre a eficácia (*lato sensu*) da transmissão do crédito, cumprir perante o credor inicial. Se o fizer, não vejo como se possa alegar que o cumprimento deve ser tido por liberatório, porque o devedor não foi notificado ou não tinha conhecimento da transmissão. Analisado o problema sob este prisma, não creio restarem dúvidas quanto a valer a citação como notificação, exactamente porque os conteúdos funcionais acabam por corresponder: de uma maneira ou de outra o devedor cedido fica a saber da ocorrência, pelo menos alegada, de uma transmissão do direito de crédito. Não está mais numa situação de ignorância que deva ser protegida.

Relativamente à segunda razão, parece existir alguma confusão entre causa de pedir e condições de procedência da acção. A causa de pedir é objecto de um juízo processual e não de um juízo de mérito. Acolher-se a posição do STJ neste caso levaria a que, por exemplo, uma notificação

---

[340] Ac STJ 5-Nov.-1998, processo n.° 98B523; Ac RP 21-Abr.-1976 (Costa Soares), CJ ano I tomo II (1976), 491, 492.

[341] Ac STJ 9-Nov.-2000 (Quirino Soares), CJ ano VIII tomo III, 121.

134 A Cessão de Créditos como Estrutura Contratual com Eficácia Translativa

ocorrida no decurso da acção constituísse uma alteração ao objecto, o que é manifestamente desprovido de sentido. Além disso, se ficarem provadas a existência, validade e eficácia da transmissão do direito de crédito, não é curial admitir-se que, a final, alicerçado na falta de notificação, o devedor não venha a ser condenado a pagar ao cessionário[342].

Acresce que a generalidade da doutrina[343] e jurisprudência[344] defendem precisamente que causa de pedir, para efeito de ineptidão da petição inicial, é menos que condições de procedência da acção, sendo apenas duvidosa a extensão desse mínimo[345].

IV. Uma última nota ainda relacionada com a eficácia (entendida agora num sentido amplo) da notificação prende-se com a aplicação da teoria dos vícios na formação e na exteriorização da vontade. Embora já se tenha referido que a notificação não goza da mesma natureza das declarações negociais, também se referiu ser entendimento generalizado a aplicabilidade aquelas disposições.

Consequentemente, uma notificação feita, por exemplo, com base numa representação incorrecta da realidade é anulável com fundamento em erro-vício ou erro obstáculo, tal como uma notificação feita sob coacção física será inexistente (ou nula, segundo as diferentes posições da doutrina).

Questão diversa é a de o devedor, baseando-se numa notificação ineficaz *lato sensu*, poder pagar com efeito liberatório ao cessionário. Este aspecto será abordado no capítulo seguinte.

---

[342] Pressupondo-se, como é evidente, que o devedor ainda não cumpriu perante o cedente.

[343] Teixeira de Sousa, *Estudos sobre o Novo Processo Civil*, 1997, pp. 70, 72 e 269; Lebre de Freitas, *et al.*, *Código de Processo Civil Anotado* – Vol. 1.º, 1999, anotação ao art. 193.º, pp. 321 e ss., em especial p.325; Lebre de Freitas, *A Acção Declarativa Comum*, 2000, pp. 37 e ss.; Geraldes, *Temas da Reforma do Processo Civil* I Vol. , 1999, p. 207.

[344] A título exemplificativo, Ac STJ 17-Jan.-1956 (Agostinho Fortes), BMJ 53, 289; Ac STJ 12-Mar.-1963 (Ricado Lopes), BMJ 125, 405; Ac STJ 8-Fev.-1973 (Eduardo Anala Chaves), BMJ 224, 171; Ac STJ 6-Abr.-1983 (Joaquim de Figueiredo), BMJ 326, 400.

[345] Numa interpretação bastante restritiva dos pressupostos da ineptidão da petição inicial, Mariana França Gouveia, *A Causa de Pedir na Acção Declarativa*, 2002, p. 141.

5.4. *Notificação enquanto acto: aplicabilidade funcional*

Analisada a notificação na perspectiva da constituição do próprio acto, ou seja, da declaração, segue-se, na linha metodológica definida, a análise da notificação na perspectiva que mais releva para o presente trabalho: a dos efeitos que desencadeia numa óptica funcional.

Assim, e no seguimento do recorte de uma noção funcional da notificação feito no início deste capítulo, reparte-se a análise da eficácia da notificação sob a égide das funções que desempenha. Estudam-se, de seguida, os diversos casos em que a notificação e a aceitação desempenham quer a função de protecção do devedor quer a de critério de decisão na resolução de conflitos de titularidade.

5.4.1. *Protecção do devedor*

Em matéria de cessão de créditos, o princípio geral, aplicável um pouco em todos os ordenamentos, é o da protecção do devedor de boa fé (apesar de este qualificativo já não gozar de tanta generalidade[346]). Se o cessionário sucede em todos os direitos do cedente, o devedor, ao invés, não é afectado pela transmissão enquanto não tenha sido notificado ou enquanto não tenha conhecimento dela[347].

Há duas consequências fundamentais da aplicação deste princípio: o devedor pode pagar com efeito liberatório ao cedente e pode opor ao ces-

---

[346] A terminologia das diferentes leis é oscilante. Veja-se o caso do efeito liberatório do pagamento feito ao cedente. O §407 do BGB, o art. 1264 do código italiano, o art. 1.527 do código espanhol (*a contrario sensu*) e o art. 583.º/2 do código português estatuem que o devedor não é protegido "se tiver conhecimento da cessão"; o §1396 do ABGB prevê que a protecção não é devida "se o cessionário lhe foi dado a conhecer"; o art. 167 do OR retira a protecção se o devedor "não estava de boa fé" ao cumprir perante o antigo credor; o art. 1691 do *code civil* protege o devedor se ele pagar ao cedente "antes de ter sido notificado" (mas a jurisprudência vai mais longe no caso de conluio fraudulento entre devedor e cedente); mais distante da ideia de boa fé está a Secção 9-405(a) do UCC ao autorizar o devedor a pagar ao cedente até que o devedor tenha "recebido notificação" do montante transmitido e de que o pagamento deverá ser feito ao cessionário. Ainda assim, se atendermos, para efeito de comparação, ao conceito de boa fé ligado ao conhecimento de determinado facto (e não ao conceito de boa fé do UCC), sempre se dirá que não anda longe das soluções europeias, na medida em que se o devedor recebeu a notificação então adquiriu, pelo menos presumivelmente, conhecimento da cessão.

[347] Veja-se Kötz, *The Transfer of Rights by Assignment*, 1992, p. 85.

136 *A Cessão de Créditos como Estrutura Contratual com Eficácia Translativa*

sionário qualquer meio de defesa que poderia opor ao cedente (como a compensação), mesmo se nascido depois da transmissão, mas desde que anterior ao seu conhecimento dela.

5.4.1.1. *Efeito liberatório do pagamento feito ao cedente ou ao cessionário*

I. A primeira consequência da não notificação ao devedor cedido é que ele poderá, na ignorância da ocorrência da transmissão, cumprir perante o cedente (que é o único credor de que tem conhecimento) com eficácia liberatória ou celebrar com ele ou perante ele validamente qualquer contrato ou acto relativo ao crédito (implicitamente art. 583.°/2)[348]. Nestes actos incluem-se a remissão da dívida, a concessão de moratória, o contrato dirigido à redução do montante da prestação, a compensação, a transacção[349].

Uma vez que o contrato-fonte da transmissão só produz efeitos perante o devedor a partir do momento em que esta lhe é notificada, até aí tudo funciona como se não tivesse ocorrido qualquer transmissão e, portanto, como se o credor continuasse a ser o cedente. No entanto, daqui não se pode inferir que o devedor cumpre com efeito liberatório perante o cedente, porque este continua a ser o seu credor.

---

[348] Quanto a este último aspecto, o direito português, como, aliás, a generalidade dos direitos, não contempla qualquer excepção à regra segundo a qual, depois da notificação (ou conhecimento por parte do devedor), cedente e devedor não podem mais alterar a sua relação, sob pena de tal se traduzir em prejuízo para a posição do cessionário. Além do mais, sempre se dirá que, no direito português, tal não seria possível pois traduzir-se-ia na incursão num direito alheio. Refira-se, no entanto, que, no ordenamento americano e fruto de uma evolução jurisprudencial, o UCC estatui uma excepção expressa a esta proibição (§9-405(a)). É possível a modificação do contrato pelas partes originais (ou seja, sem o consentimento do cessionário), desde que o acordo seja feito de boa fé, se o direito ao pagamento ainda não se consubstanciou totalmente pelo cumprimento ou ainda que totalmente vencido pelo cumprimento o acordo modificativo foi feito antes de o devedor receber a notificação da cessão. Actualmente, o conceito remodelado de boa fé exige não só uma actuação honesta no caso concreto (*honesty in fact*), mas também a observância dos parâmetros comerciais razoáveis da justa contratação – "*reasonable commercial standards of fair dealing*" – (§9-102(1)(43)). Apesar de esta solução não ter paralelo noutros ordenamentos, há quem a defenda, na medida em que se trata de situações em que é do próprio interesse do cessionário, pois de outra forma o devedor poderá rescindir o contrato com base em incumprimento (e essa rescisão é, naturalmente, oponível ao cessionário). Veja-se Kötz, *The Transfer of Rights by Assignment*, 1992, p. 88.

[349] Antunes Varela, *Das Obrigações em Geral* – Vol. II, 1997, p. 311.

Se se admitir, como resulta da letra da lei, que entre as partes o crédito se transmite de imediato com a celebração do negócio, isso significa que, nesse momento, o crédito é transferido para o cessionário. Com efeito, o verdadeiro e único credor, a partir do momento em que as partes celebram o negócio transmissivo, será, nesses moldes, apenas o cessionário[350].

Quando a lei remete a eficácia do contrato-fonte da cessão, em relação ao devedor, para o momento da notificação, não estará a estatuir que só então o crédito se transmite, mas apenas a esclarecer que, para o devedor, é como se o crédito não se tivesse transmitido. Por isso mesmo houve a necessidade de criar esse preceito, para se poder dar relevância a uma actuação que, de outra forma, não teria razão de ser, uma vez que o crédito já não estaria na titularidade do cedente.

Acolher este entendimento, equivale a dizer que na notificação o problema central é de inoponibilidade da transmissão do crédito: a transmissão só é oponível ao devedor a partir do momento em que lhe seja notificada, pelo que, só daí em diante o devedor está obrigado a cumprir perante o cessionário ou, noutro prisma, só daí em diante o cessionário lhe pode exigir o cumprimento[351].

II. A justificação de todo este regime não está, para a generalidade da doutrina portuguesa, na constatação de que o direito de crédito só se considera transmitido a partir da notificação, mas sim na tutela concedida ao pagamento feito a credor aparente[352].

---

[350] Vaz Serra, *Cessão de Créditos ou de Outros Direitos Mora do Credor*, 1955, pp. 80 e 283, onde escreve que "[o] cedente, desde que cedeu o crédito, deixou de ser titular dele e não é razoável que se lhe reconheça o direito de o fazer valer contra o devedor.". A esta posição adere Antunes Varela, *Das Obrigações em Geral* – Vol. II, 1997, pp. 313 e 314, em especial na p.314, nota 1.

[351] E mesmo assim os dois aspectos podem ser tratados com independência. É o que acontece na solução prevista no documento ainda em finalização relativo ao capítulo 12 dos Princípios do Direito Europeu dos Contratos (*Lando Principles of European Contract Law*, conhecidos simplesmente como *Lando Principles*), em que se distingue com rigor a situação em que o devedor está obrigado a pagar ao cessionário daquela em que lhe pode pagar alegando a existência de uma cessão. Veja-se este aspecto, mais adiante, p. 136, nota 380.

[352] Antunes Varela, *Das Obrigações em Geral* – Vol. II, 1997, p. 314, a cuja posição adere Ribeiro de Faria, *Direito das Obrigações* – Vol. II, 1990, p. 519. Galvão Telles, *Direito das Obrigações*, 1997, pp. 238 e 239, afirma que, embora no nosso direito não haja o princípio da validade do pagamento feito de boa fé ao credor aparente, este é um caso excepcional. O A. aponta o caso da nulidade do pagamento feito pelo devedor cedido, de

138   A Cessão de Créditos como Estrutura Contratual com Eficácia Translativa

Não se trataria, pois, de verdadeiro cumprimento, uma vez que não é feito a quem de direito. A este propósito, Larenz faz uma importante observação: explica que, quando o devedor, desconhecendo a cessão, cumpra a favor do antigo credor, não se pode entender, de acordo com os princípios gerais, que se trata de verdadeiro cumprimento, uma vez que o cedente já não é credor e já não está legitimado para receber o objecto da prestação. Consequentemente, o devedor não fica liberado à luz do §362 do BGB e teria de cumprir outra vez perante o novo credor, não fora a protecção legal do §407, que obriga o novo credor a tolerar a prestação feita ao anterior credor no caso de o devedor desconhecer a cessão antes de ter prestado[353].

Esta solução encontra paralelo nos sistemas jurídicos estudados. Independentemente do valor que é atribuído à notificação no esquema estrutural da transmissão convencional do crédito[354], os direitos contêm preceitos orientados para a protecção do devedor no caso de ele ignorar a ocorrência da transmissão.

Por vias mais ou menos análogas: a cessão não produz efeito antes da notificação[355]; o devedor que pague ao credor antes de ter conhecimento da cessão fica liberado[356]; o cessionário não pode opor ao devedor a titularidade do crédito[357-358]; se o devedor pagar ao cedente antes da notifi-

---

boa fé, ao cessionário com base numa cessão inválida exactamente para ilustrar a inexistência, no direito português, de um princípio de validade do pagamento feito de boa fé ao credor aparente, estando, outrossim circunscrito à área dos títulos de crédito e ao pagamento ao cedente pelo devedor ignorante da cessão *ex vi* art. 583.°(p.239). Repare-se que o devedor é protegido se desconhecer a ocorrência da transmissão, mas já não o será se confiar numa transmissão inválida e pagar, de boa fé, ao cessionário, exactamente porque aí não existe um preceito que legitime o afastamento das regras gerais. Porventura, como observa, em termos gerais, Galvão Telles (*ibidem*, pp. 239 e 240), seria preferível, em harmonia com a ideia de tutela da confiança depositada por terceiros nessa aparência de direito, adoptar o princípio do carácter liberatório do pagamento feito de boa fé a credor putativo. Mas esse é tema que não cabe aqui tratar.

[353] Larenz, *Lehrbuch des Schuldrechts* – Band I, Allgemeiner Teil, 1987, p. 588.

[354] Ver-se-á, mais abaixo, pp. 190 e ss., como as posições vão desde o efeito constitutivo para a transmissão do crédito, mesmo *inter partes*, até à recondução ao simples escopo de informar o devedor de maneira a que o cessionário lhe possa opor o seu direito.

[355] Veja-se o art. 1690 do código civil francês, o art. 1264 do código civil italiano, o nosso art. 583.°/1.

[356] art. 1.537 do código civil espanhol.

[357] BGB §407. A expressão alemã (aliás também usada nos §§408 e 409) traduz esta ideia de uma forma muitíssimo expressiva: o novo credor "*muss eine Leistung [...] gegen sich gelten lassen*" – à letra, o novo credor tem de deixar valer contra si a prestação feita ao antigo credor.

A construção do código civil: contrato e notificação   139

cação desobriga-se bem, mas se pagar depois da notificação tal não corresponde a uma boa defesa perante a exigência do cessionário[359]; apesar de não ser exigida forma escrita para que a transmissão seja eficaz, uma transmissão nos termos do Artigo 9 do UCC não é oponível perante devedor ou terceiros a menos que o cedente tenha assinado um acordo onde conste a descrição dos direitos transmitidos (UCC § 9-203 (b)) e, se o devedor não tiver sido notificado da transmissão, o pagamento que faça ao cedente é liberatório (UCC §9-406(a))[360].

A consequência prática é semelhante, uma vez que resulta na possibilidade de o devedor pagar, com eficácia liberatória, ao cedente, prosseguindo-se, sem dúvida, uma mesma finalidade: impedir que o devedor fique prejudicado, correndo o risco, nomeadamente, de ter de cumprir duas vezes.

No que toca à posição das partes, ou o cedente actua como mandatário do cessionário na cobrança do crédito cedido e, consequentemente, procede à entrega do que é devido, ou, se houver qualquer intenção de se apropriar do recebido, o cessionário poderá exigir ao cedente o que o devedor cedido lhe prestou nos termos do enriquecimento sem causa[361].

---

[358] Os §§ 406, 407, 408 do BGB deixam transparecer a importância da notificação. Embora a lei não empregue nestes preceitos a expressão "notificação", não se pode deixar de concluir que ela tem a maior relevância, uma vez que faz cessar o desconhecimento do devedor. Se o devedor tiver sido notificado da ocorrência de um contrato de cessão ou de um anterior contrato de cessão, então ele não poderá validamente cumprir perante o cedente ou um segundo cessionário, respectivamente. Também não poderá extinguir a dívida por compensação com um crédito que detenha perante o antigo credor, mas que tenha sido constituído posteriormente ao conhecimento da cessão. O único preceito em que há uma referência directa à notificação é o §409, que será referido mais adiante.

[359] Citando decisões jurisprudenciais inglesas, Beatson, *Anson's Law of Contract*, 1998, p. 454. Não é, no entanto, absolutamente claro se o que releva é a notificação feita ao devedor ou se o conhecimento deste também importa. Indicando jurisprudência nesse sentido, Cheshire, *et al.*, *Law of Contract*, 1996, p. 527, escrevem que um cessionário está vinculado por pagamentos que o devedor tenha feito ao cedente na ignorância da cessão, não mencionando a notificação. Note-se que, pelo que já foi referido, este aspecto só importa para a *equitable assignment*; se se tratar de *statutory assignment*, a notificação é constitutiva do próprio título do cessionário.

[360] Veja-se indicação de jurisprudência e remissões para o *Restatement, Second, Contracts* §338(1) em Farnsworth, *Farnsworth on Contracts* – Vol. III, 1998, p. 99. Esta solução não é aplicável se o direito transmitido estiver corporizado simbolicamente em documento escrito, caso em que é necessária a exibição do mesmo. De outra maneira, ainda que não tenha havido notificação, o devedor corre por seu risco.

[361] É esta a solução do direito alemão. Veja-se a explicação de Weimar, *Zur Ausbildungsförderung: Der Schuldnerschutz nach erfolgter Zession*, 1979, p. 284, quanto à

140   A Cessão de Créditos como Estrutura Contratual com Eficácia Translativa

Outra posição é a que defende que, embora o cedente seja um terceiro perante a relação cessionário/devedor, está a cooperar com a sua conduta na extinção desse crédito e, como contratualmente o cedente é obrigado para com o cessionário a não influir sobre o crédito, fazendo-o, responde por indemnização ou por entrega do que recebeu (ou *commodum* de representação)[362]. Embora não expressamente, parece decorrer que a responsabilidade em causa será responsabilidade contratual, com todas as consequências que daí advêm.

Outra via ainda será entender que o direito à reparação decorre da relação jurídica fundamental e, no caso de uma violação culposa da sua posição jurídica, a situação é análoga à violação de um direito absoluto[363]. A doutrina portuguesa afirma claramente que quem recebe um crédito que já não lhe pertence incorre numa responsabilidade que não se pauta pela simples violação de um dever de conduta imposto pelos preliminares do contrato, mas que traduz a disposição de um direito alheio[364]. É legítimo concluir, portanto, que de acordo com esta opinião o prevaricador incorre em responsabilidade civil extracontratual[365].

---

aplicabilidade do §816,2 do BGB. A esta via refere-se, expressamente, Antunes Varela, *Das Obrigações em Geral* – Vol. II, 1997, p. 314.

[362] Vaz Serra, *Responsabilidade de Terceiros no Não Cumprimento de Obrigações*, 1959, pp. 347 e 350.

[363] As palavras são de Larenz, *Lehrbuch des Schuldrechts* – Band I, Allgemeiner Teil, 1987, p. 588.

[364] Antunes Varela, *Das Obrigações em Geral* – Vol. II, 1997, e aderindo a esta posição, já exposta em edição anterior do manual, Ribeiro de Faria, *Direito das Obrigações* – Vol. II, 1990, p. 520.

[365] Santos Júnior, *Da Responsabilidade Civil de Terceiro por Lesão do Direito de Crédito*, 2003, p. 503, refere a situação da eficácia liberatória do cumprimento feito ao cedente como exemplo da existência de dano enquanto pressuposto da responsabilidade civil (no caso, delitual) por lesão de direito de crédito por terceiro (cedente) que actua dolosamente (p.506). Neste caso, o dano consistirá no prejuízo patrimonial que resulte ao credor por virtude da extinção do crédito ou da perda da titularidade do mesmo. Já antes (p.460) havia referido a situação como um caso de violação do direito de crédito por terceiro: o terceiro, iludindo o devedor sobre a titularidade do crédito, apresenta-se na qualidade de credor e recebe o pagamento que, em virtude da lei, é liberatório para o devedor e extintivo do direito de crédito; logo, com o seu comportamento viola o direito de crédito do cessionário. A indicação deste exemplo, nos moldes em que é feita, permite concluir que também o A. partilha, implicitamente, da posição que entende transmitir-se o direito de crédito para o cessionário mesmo antes da notificação, sendo o pagamento feito ao cedente antes da notificação liberatório e extintivo do direito de crédito. Invoca, neste sentido, os arts.583.°/2 e 770.°/f). Como se verá de seguida, não é isento de dúvidas que o pagamento, por ser liberatório, seja extintivo do direito de crédito, pelo que não se pode concordar, sem

III. Resta saber se o devedor, no caso de ter pago ao cedente e uma vez no conhecimento da transmissão, pode, em alternativa, exigir que lhe seja restituído o que foi prestado de maneira a cumprir perante o cessionário. Ou seja, será que essa protecção legal pode ser dispensada pela vontade do devedor cedido?

Embora nem o código português nem as legislações estrangeiras o refiram – claramente porque partem do princípio de que a melhor protecção para o devedor é revestir de eficácia liberatória o pagamento que este faça ao cedente, permitindo-lhe, dessa forma, extinguir a obrigação –, este aspecto é da maior pertinência no caso de o devedor ser, por sua vez, credor do cessionário. Num caso de insuficiência económica deste, o devedor cedido pode ter o maior interesse em utilizar o seu crédito para, por compensação, extinguir a obrigação, de forma a furtar-se a um tratamento concursal com os restantes credores num processo de falência. Pode acontecer, pois, que o devedor pague ao cedente, mas, sabendo depois da ocorrência da transmissão, pretenda obter a sua prestação de volta, de forma a que fique obrigado perante o cessionário.

Atendendo à razão de ser da solução legislativa, parece ser de acolher a posição da doutrina alemã que, com base neste panorama, defende, justamente, um direito de escolha por parte do devedor[366]. Com efeito, se a

---

mais, com a invocação do art. 770.°/f), que apenas estatui a extinção da obrigação quando a prestação é feita a terceiro nos casos em que a lei o determine.

[366] Nörr e Scheyhing defendem que a aplicação do §407 depende em alguma medida da vontade do devedor, pois, embora o preceito em nada refira esse aspecto, atendendo à necessidade de protecção do devedor, deve ser-lhe conferida a possibilidade de escolher ou não a protecção da lei. Nörr, *et al.*, *Sukzessionen: Forderungszession, Vertragsübernahme, Schuldübernahme*, 1999, p. 78. Já um pouco neste sentido, Backhaus, *Befreiende Leistung des "bösgläubigen" Schuldners im Fall des §407 II BGB und verwandter Vorschriften?*, 1983, pp. 409 e 413, defendia que, no caso de o devedor pagar ao cedente com efeito liberatório por desconhecer a cessão, nos termos do §407, II do BGB, poderia declinar o efeito liberatório do pagamento para, por aplicação do §812, I, 1 (trata-se de uma situação de enriquecimento sem causa), cumprir perante o cessionário, sendo que o facto de existir uma sentença em nada contraria esse enriquecimento sem causa. Embora sem analisar a questão da compensação, também Bülow, *Grundprobleme des Schuldnerschutzes bei der Forderungsabtretung*, 1983, pp. 10 e 11, se referiu ao direito de escolha por parte do devedor entre gozar da excepção do §407 ou exigir ao cedente a restituição e cumprir perante o cessionário. Mesmo anteriormente Weimar, *Zur Ausbildungsförderung: Der Schuldnerschutz nach erfolgter Zession*, 1979, p. 284, referia-se expressamente a essa hipótese da maior importância num caso de falência. Por seu turno, Weimar, *Zweifelsfragen bei Leistung eines gutgläubigen Schuldners an den Zedenten*, 1966, p. 461, já havia questionado se a possibilidade de não optar pela protecção do §407 deveria ser

postura da lei não é propriamente a de beneficiar o devedor, mas a de impedir que ele seja prejudicado, não admitir a possibilidade de, baseando-se na verdade material, poder receber o que prestou porque lhe é mais conveniente, pode resultar num verdadeiro prejuízo. Em bom rigor, se o devedor tivesse tido conhecimento da ocorrência da transmissão e, por isso, não tivesse cumprido perante o cedente, estaria, sem dúvida, em posição de, na situação descrita, extinguir a sua dívida perante o cessionário através do mecanismo da compensação.

Não há qualquer razão, à luz do direito português, para se deixar de acolher esta possibilidade. Pelo contrário, dir-se-ia que está, seguramente, contemplada no espírito da lei. E não se argumente que admitir tal solução, obrigando o cedente a devolver o objecto da prestação, é desprotegê-lo, porque não há razões para, numa situação destas, lhe conferir qualquer protecção adicional.

Pelo contrário, o cedente que, uma vez cedido o crédito, continua a aceitar o pagamento feito pelo devedor, sem o informar de que ocorreu a transmissão, não actua com lisura e lealdade, dir-se-ia mesmo que actua de má fé, pelo que nenhuma protecção lhe é devida. Se, entretanto, ele já tiver entregue ao cessionário o que recebeu em cumprimento, duas hipóteses são concebíveis: ou suporta o encargo da devolução, gozando de direito de regresso perante o cessionário, ou faz prova da entrega perante o cessionário, de forma, que o devedor cedido, credor do cessionário, possa usar essa prova no sentido de exigir a restituição com base na compensação.

Mas esta última via não passa o crivo do rigor técnico. Na verdade, quando o devedor paga ao cedente, a sua dívida extingue-se e se, numa situação em que o pagamento ainda não chegou às mãos do cessionário, é defensável que ele possa exigir a restituição, renunciando ao efeito liberatório, de forma a poder compensar frente ao cessionário, já é duvidoso que, numa situação em que ele tenha em seu poder o montante dado em pagamento, se possa operar ainda a compensação. Com efeito, implica retirar-lhe algo de que já se considerava dono. Disse-se que no rigor técnico não é possível operar a compensação, porque já não existem dois créditos recíprocos (art. 847.°), mas apenas um crédito do devedor contra o cessionário, uma vez que o crédito do cessionário contra o devedor se extinguiu com o cumprimento ao cedente.

---

acompanhada de uma causa justificativa que poderia ser, justamente, a possibilidade de compensar com o cessionário num caso de falência deste.

A construção do código civil: contrato e notificação

Imagine-se que não há qualquer transmissão de créditos, que alguém que é credor de outrem lhe paga, extinguindo a dívida através do cumprimento, e não faz compensação. É perfeitamente possível. Ninguém está obrigado a compensar, tendo o direito potestativo de o fazer (basta uma declaração à contraparte nesse sentido (nos termos do art. 848.º/1). Tratando-se de um direito disponível, pode ser renunciado, logo, por maioria de razão, não exercido.

Mas o que acontece se alguém cumpre, desconhecendo que lhe assiste o direito de compensar porque, por hipótese, não sabe que é credor da contraparte? Nesse caso, o cumprimento é anulável com base em erro[367] e há lugar à restituição do que for recebido nos termos do artigo 289.º. Não permitir que o devedor alegue o desconhecimento da transmissão para poder ser restituído é prejudicá-lo com a ocorrência da mesma, o que está em manifesto desacordo com o espírito da lei.

A solução mais correcta parece ser a de admitir que, mesmo se o cessionário já tiver em seu poder o que foi dado em pagamento e ainda que juridicamente a dívida se considere extinta, o devedor cedido, uma vez que não foi notificado da ocorrência do contrato-fonte da transmissão, deve poder fazer compensação quanto tiver conhecimento da transmissão. Como os créditos se consideram extintos desde o momento em que se tornaram compensáveis (art. 854.º) – e esse momento só pode ser o momento em que o cessionário adquiriu o direito de crédito, logo, segundo a doutrina dominante, a partir do momento em que celebrou o contrato translativo[368] –, o que o cessionário recebeu traduz-se em enriquecimento sem causa, com o consequente empobrecimento do devedor cedido, pelo que deve ser-lhe restituído. Só desta forma se consegue proteger o devedor e evitar que fique cerceado nos seus meios de defesa.

Desta possibilidade de escolha nasce um estado de incerteza consciente, mas, se o devedor não se distanciar intencionalmente da protecção

---

[367] Ao cumprimento é aplicável a matéria dos vícios da vontade e da declaração. Essa aplicação poderá ser directa ou por força da extensão do art. 295.º, consoante a posição adoptada acerca da natureza jurídica do cumprimento.

[368] E não se argumente que o devedor não pode alegar a transmissão do direito de crédito, porque esta só produz efeito entre as partes, não produzindo efeito perante ele até que lhe seja notificada. Em primeiro lugar, se o devedor vem alegar a ocorrência da transmissão é porque teve conhecimento dela, logo, ela produz efeitos perante ele. Em segundo lugar, ainda que assim não fosse, o preceito legal tem como escopo proteger o devedor, pelo que apenas estatui que a cessão não produz efeito perante ele no sentido de não lhe ser oponível, o que não quer dizer que ele não a possa opor às partes contratantes.

144   *A Cessão de Créditos como Estrutura Contratual com Eficácia Translativa*

que lhe é conferida, permanece a regra legal[369]. Ou seja, se o devedor nada disser, é-lhe aplicada a estatuição da lei, mas se for sua vontade, poderá prescindir dessa protecção específica, exigindo a devolução do objecto da prestação[370].

IV. Outra questão próxima é a de saber, no caso de o devedor pagar ao cedente com conhecimento da transmissão, quais as vias de reacção à disposição do cessionário. É ponto assente que, estando o devedor no conhecimento da transmissão, o pagamento que ele faça ao cedente não é liberatório, pelo que o cessionário pode exigir-lhe novo pagamento. A acontecer tudo nestes moldes, o devedor pagaria ao cessionário e teria direito de regresso contra o cedente.

Mas pergunta-se se não haverá outro caminho, nomeadamente, se o cessionário não poderá preferir, ao invés, dirigir-se directamente ao cedente, exigindo-lhe a restituição do recebido. Com efeito, quando o cedente recebe o pagamento está a actuar indevidamente, pois sabe que já não é titular do crédito. Não se encontra justificação para vedar ao cessionário uma acção com base no enriquecimento sem causa.

Dir-se-ia que, numa situação de pagamento ao cedente no conhecimento da transmissão, o cessionário tem duas vias possíveis de actuação: ou dirigir-se ao devedor, exigindo o pagamento, ou dirigir-se ao cedente, exigindo a restituição do recebido com base no enriquecimento sem causa.

Esta última possibilidade tem uma importância crucial no caso de o devedor ter entrado em insolvência após o pagamento ao cedente, porque, nesse caso, pode não estar em condições de efectuar novo pagamento ao cessionário. Esta situação é referida pelos autores alemães, que desenvolvem um esforço de justificação algo diverso[371]. Analisado à luz do direito

---

[369] Nörr, *et al.*, *Sukzessionen: Forderungszession, Vertragsübernahme, Schuldübernahme*, 1999, p. 78. Não explicam, no entanto, em que moldes e dentro de que período essa exigência pode ser feita.

[370] Nörr, *et al.*, *Sukzessionen: Forderungszession, Vertragsübernahme, Schuldübernahme*, 1999, p. 78. Em sentido diverso havia-se pronunciado Weimar, *Zweifelsfragen bei Leistung eines gutgläubigen Schuldners an den Zedenten*, 1966, p. 461, que defendeu não ser automática a aplicação do §407, sendo necessário que o devedor manifeste o seu desejo de se fazer valer dessa protecção.

[371] Procuram uma analogia com o direito de escolha do devedor no caso já referido de ter pago com efeito liberatório ao cedente, mas pretendem que lhe seja restituído o que pagou de forma a poder usar esse crédito perante o cessionário. Neste caso, defendem os autores que o cessionário pode usar da protecção conferida pelo §816,2 contra o cedente no caso de o devedor, tendo conhecimento da cessão, entrar em falência depois de ter pres-

A construção do código civil: contrato e notificação   145

português, não parece que a justificação deva ser distinta do simples facto de o cedente se ter locupletado injustamente à custa do cessionário e não haver qualquer razão para vedar esta via ao cessionário.

Naturalmente, não está excluída qualquer acção de responsabilidade contra devedor ou cedente pelos danos eventualmente causados por violação de direito de outrem no quadro da responsabilidade extracontratual.

V. Aspecto não directamente tratado no código português, que se prende com a notificação, é o da protecção a ser conferida ao devedor no caso de ser notificado de um negócio transmissivo inválido ou inexistente. O que acontece ao devedor se, uma vez notificado da ocorrência de contrato-fonte da transmissão, cumprir perante o cessionário e depois se verificar que esse contrato é ineficaz (em sentido amplo)?

Esta problemática é muitas vezes tratada a propósito da possibilidade de o devedor cedido, quando chamado a cumprir perante o cessionário, lhe poder opor excepções, recusando o cumprimento. No entanto, a questão estará melhor enquadrada nesta sede, porquanto não se trata, verdadeiramente, de uma excepção que o devedor opõe ao cessionário tal como poderia opor ao cedente, mas de uma situação que nasce do próprio negócio transmissivo e que se prende com a validade ou eficácia deste, ou seja, trata-se avaliar a própria transmissão do crédito. Rigorosamente, não está em causa invocar uma excepção relativamente ao cedente, mas contestar que se tenha verificado, *erga omnes*, a transmissão do direito de crédito, porque a eficácia perante o devedor depende, em primeira linha, da validade e eficácia do contrato entre as partes[372].

---

tado perante o cedente. Aplicando-se o §816,2 em moldes análogos aos do §407, embora o cumprimento feito ao cedente não seja oponível ao cessionário, este pode tê-lo como eficaz, estando o cedente obrigado a entregar tudo o que recebeu. Nörr, *et al.*, *Sukzessionen: Forderungszession, Vertragsübernahme, Schuldübernahme*, 1999, p. 78. Anote-se, para esclarecimento, que o §816,2 estatui que *"se for realizada a um não titular uma prestação que seja eficaz contra o titular, o não titular está obrigado para com o titular à entrega do que recebeu."*.

[372] É esta a posição defendida por Schlesinger, *Invalidità o inefficacia della cessione del credito e posizione del debitore ceduto*, 1958, pp. 238 e 239, relativamente à oponibilidade da nulidade ou ineficácia do contrato de cessão pelo devedor, criticando a posição que defende o carácter liberatório do pagamento do devedor ao cedente, após notificação, independentemente da validade da cessão. Defende o A. que o devedor só está obrigado perante o titular do crédito e o cessionário não é titular se a cessão não transferiu, efectivamente, o crédito. Verdadeiramente, a questão prende-se com problemas que serão analisados adiante e que se relacionam com a obrigatoriedade de pagar ao cessionário,

146 *A Cessão de Créditos como Estrutura Contratual com Eficácia Translativa*

Pouco é referido na doutrina portuguesa quanto à possibilidade de o devedor invocar, por exemplo, vícios que afectem o negócio transmissivo do crédito entre cedente e cessionário[373]. Será que o devedor pode recusar-se a pagar ao cessionário, invocando que o contrato que este celebrou com o cedente padece de invalidade? Escreve-se que, dos meios oponíveis pelo devedor ao cessionário, se excluem, "como é natural", todas as circunstâncias que respeitem à causa da cessão porque estas só interessam às relações cedente/cessionário e não ao devedor, que é um terceiro em relação ao facto da cessão[374].

O STJ pronunciou-se, referindo, justamente, que a doutrina tem entendido que, como o devedor não é parte, mas apenas um terceiro em relação ao contrato de cessão, ele não tem, em princípio, legitimidade para atacar esse contrato, até porque, se não pagar ao cessionário, tem de pagar ao cedente nas mesmas condições, o que, em princípio, lhe é indiferente[375].

Mas o tribunal parece introduzir uma atenuante de peso quando, depois de concluir que o devedor é terceiro em relação à cessão, pelo que não pode ser afectado em termos jurídicos, mas apenas, eventualmente, em

---

o dever de pagar ao cessionário e o direito de pagar ao cessionário com eficácia liberatória, sendo certo que estes dois aspectos não são necessariamente coincidentes.

[373] Nos ordenamentos que, como o alemão, adoptem a abstracção, não há dúvidas de que o devedor pode invocar a invalidade do contrato de cessão (apesar de não ser parte), mas já não poderá invocar os vícios do negócio causal subjacente. No direito italiano, a generalidade da doutrina, embora afirme que, em princípio, o devedor não pode opor ao cessionário as excepções relativas ao negócio da cessão, sustenta tal não significar que o devedor não possa contestar a titularidade do direito de crédito por parte do cessionário, fazendo valer causas de ineficácia do negócio translativo como a nulidade, anulabilidade, resolução. Schlesinger, *Invalidità o inefficacia della cessione del credito e posizione del debitore ceduto*, 1958, p. 238; Bianca, *Gli oneri del debitore com riguardo all'accertamento dell'avvenuta cessione del credito*, 1969, p. 801; Vicini, *Le eccezioni opponibili dal debitore ceduto al "factor"*, 1989, p. 589. Há, no entanto, quem entenda tal não ser possível como Franceschelli, *Appunti in tema di cessione dei crediti*, 1957, p. 9; Stogia, *Cessione di crediti e di altri diritti (diritto civile)*, 1957, p. 158; Panuccio, *Cessione dei crediti*, 1960, p. 868; mitigadamente, Frignani, *Il regime delle eccezioni opponibili al factor*, 1982, p. 85.

[374] Pires de Lima e Antunes Varela, *Código Civil Anotado* – Vol. I (com a colaboração de Manuel Henrique Mesquita), 1987, p. 601. Também Ribeiro de Faria, *Direito das Obrigações* – Vol. II, 1990, p. 535, nota 2.

[375] Ac STJ 15-Out.-1996, processo n.° 96A169. Também em relação ao conteúdo do contrato de *factoring*, entendeu a Relação do Porto (Ac RP 18-Dez.-1997, processo n.° 9731013) que as cláusulas do mesmo não são oponíveis pelo devedor ao respectivo cessionário, uma vez que este é terceiro relativamente a tal contrato.

A construção do código civil: contrato e notificação 147

termos práticos ou económicos, acaba por afirmar que "a regra não pode ter valor absoluto e deve comportar restrições, através, quanto mais não seja, de mecanismos que evitem a defraudação das legítimas expectativas do devedor, de modo a que a cessão não venha a redundar na sua desprotecção injustificada. E assim há que não esquecer princípios como o da boa fé e o da tutela da confiança."[376]. Esta afirmação, que parece querer abrir a possibilidade de o devedor invocar vícios do negócio celebrado entre cedente e cessionário, não é, todavia, concretizada em termos práticos.

É curioso que a única situação em que o código alemão faz uma referência expressa à notificação – no seu §409[377]– é, justamente, para estatuir uma especial protecção do devedor no caso de ele ter sido notificado de uma cessão inexistente ou ineficaz. Se o devedor pagar a um pretenso cessionário em virtude de uma notificação que o credor lhe tenha feito, o credor tem de arcar com as consequências da notificação, não podendo opor a inexistência ou ineficácia da cessão. Assim, se o devedor pagar ao pretenso cessionário, esse pagamento é liberatório e o pretenso cedente não lhe poderá exigir novo pagamento.

No direito português, a solução a dar a este problema deve ser análoga à do direito alemão. Na verdade, se o devedor não notificado paga com efeito liberatório perante quem não é titular do crédito – o cedente –, será injusto não admitir que também o devedor notificado possa pagar com efeito liberatório perante quem não é titular do crédito, neste caso, o pretenso cessionário. Doutra maneira seria tratar de modo diferente situações algo análogas. Mais uma vez, tudo se joga em favor da protecção da ignorância do devedor e da tutela da sua confiança. No primeiro caso, confiança em que o crédito não se transmitiu, uma vez que nada lhe foi revelado nesse sentido, e, no segundo caso, confiança na notificação que lhe é feita.

Isto não significa, no entanto, que a notificação seja acto bastante para transmitir o direito de crédito, o que, a ser verdade, resultaria na configuração da notificação como acto translativo independente da existência ou validade do contrato-fonte da transmissão. A notificação seria um acto abstracto com eficácia transmissiva. Também aqui faz sentido concluir analogamente: a circunstância de o pagamento ser tido por liberatório não

---

[376] Ac STJ 15-Out.-1996, processo n.° 96A169.

[377] Fikentscher, *Schuldrecht*, 1997, p. 357, escreve mesmo que de uma interpretação *a contrario sensu* deste parágrafo resulta que nem uma vez a notificação ao devedor é exigida.

148 *A Cessão de Créditos como Estrutura Contratual com Eficácia Translativa*

implica, por si só, que, neste caso, o pretenso cessionário seja titular do direito de crédito. Para tal é necessário um contrato válido e eficaz, a notificação não basta.

VI. Não é de descurar a análise do problema do ponto de vista inverso. Ou seja, se a doutrina e a jurisprudência resolvem a questão com alguma simplicidade através da invocação da qualidade de terceiro do devedor cedido e, quanto muito, é aberta uma porta para protecção deste, não parece que seja de descurar a posição do devedor enquanto conhecedor de vícios do negócio. O problema está indubitavelmente ligado à questão da boa fé do devedor e do eventual ónus a cargo do devedor na verificação da ocorrência e validade do contrato-fonte da transmissão[378].

Sem antecipar excessivamente aspectos que serão tratados com maior profundidade noutro momento, dir-se-ia apenas que, se é razoável entender que o devedor não está obrigado a aferir da validade do contrato-fonte, já não fará tanto sentido dizer-se que todas as circunstâncias que dizem respeito à causa da transmissão não interessam ao devedor. Se ele souber, de forma segura, que determinada transmissão está ferida de invalidade, porque feita, por exemplo, sob coacção ou com base em erro, não parece que seja obrigado a pagar ao novo cessionário.

Questão diversa é se, conhecendo da invalidade e, ainda assim, efectuar o pagamento, esse pagamento deve ser tido por liberatório ou se, à semelhança da situação prevista na parte final do n.º 2 do artigo 583.º, o cessionário lhe pode opor esse conhecimento, obrigando-o a novo pagamento[379]. A resposta a esta dúvida pode estar na circunstância de ter havido ou não uma notificação correctamente efectuada[380]. Se tiver

---

[378] Problemática analisada mais adiante, nas pp. 175 e ss..

[379] Baseando-se no preceito do código civil italiano que considera liberatório o pagamento feito a credor aparente, mas desde que o *solvens* esteja de boa fé, Schlesinger, *Invalidità o inefficacia della cessione del credito e posizione del debitore ceduto*, 1958, pp. 239 e 240, nega que o devedor, conhecendo da nulidade da cessão, possa pagar ao cessionário com eficácia liberatória. No direito português, como é sabido, nem sequer existe um princípio genérico de tutela do pagamento feito a credor aparente, pelo que é no conjunto de regras dedicadas à transmissão dos créditos e aos tipos contratuais utilizados que a solução deve ser encontrada.

[380] Atente-se à solução encontrada a nível internacional na versão ainda provisória (inédita) do capítulo 12 dos Princípios do Direito Europeu dos Contratos (*Lando Principles*): o devedor só está obrigado a pagar ao cessionário se tiver recebido notificação por escrito identificando razoavelmente o crédito cedido e requerendo que o devedor pague ao cessionário (art. 12:303(1)); se tiver tido conhecimento da ocorrência da cessão por qualquer

havido, o devedor deverá confiar nela, ainda que não seja de excluir qualquer actividade da sua parte para aferir, sobretudo junto do cedente, da validade do contrato-fonte da transmissão. Se não tiver havido, e o devedor tiver conhecimento, por outra via, da ocorrência da transmissão, mas, ao mesmo tempo ou posteriormente, tiver sabido da invalidade dessa mesma transmissão, a via mais segura será sempre a de pedir os esclarecimentos necessários junto do cedente e, num caso de impossibilidade, continuar a pagar ao cedente.

Releva ainda o valor negativo do negócio em causa. Se o negócio padecer de vício que redunde em anulabilidade pode perguntar-se, por um lado, se o devedor tem legitimidade para a arguir e, por outro, caso se conclua não ter legitimidade para requerer a anulação ou, ainda que se conclua afirmativamente, caso ele não esteja interessado em fazê-lo, se o devedor pode cumprir perante o cessionário com eficácia liberatória. Não sendo o devedor parte no negócio anulável e sendo, para ele, em princípio, indiferente cumprir perante cedente ou cessionário, é de excluir a possibilidade de requerer a anulação do mesmo[381]. Mais duvidoso é saber se o devedor cedido, conhecendo que o negócio é anulável, pode ou deve invocar esse aspecto para se furtar ao cumprimento perante o cessionário. Julgo que tendo sido devidamente notificado da ocorrência da transmissão e

---

outra via, ele poderá suster o cumprimento ou cumprir perante o cessionário (3); se o devedor pagar ao cedente, só fica desresponsabilizado se o tiver feito sem conhecimento da cessão (4). Ou seja, dever pagar ao cessionário e poder pagar-lhe são questões diversas e tratadas como tal. O devedor só está obrigado a pagar ao cessionário se tiver recebido notificação por escrito; se não tiver recebido, mas souber da cessão, poderá optar entre pagar-lhe ou não, mas não poderá pagar ao cedente. Ainda assim, se ele pagar ao cessionário indicado na notificação feita conforme a exigência do referido art. 12:303, mas se se entender que ele não poderia não saber que a essa pessoa não era devido o cumprimento (*he could not have been unaware that such person was not the person entitled to performance*), o pagamento não é liberatório (art. 12:304). Signfica que, mesmo quando a notificação cumpre os requisitos exigidos, se, no fundo, existem elementos para entender que o devedor não poderia não ter tido conhecimento da incorrecção, então ele não fica desobrigado. Por outra via, impõe-se considerar as circunstâncias e o possível conhecimento do devedor cedido. Todavia, tal como explicado nos comentários da autoria de Roy Goode, a expressão escolhida é bastante cuidadosa, de modo a excluir a imposição de qualquer dever de investigação por parte do devedor cedido, sendo óbvio, perante as circunstâncias, a ausência de título válido por parte do *accipiens*.

[381] Embora o devedor cedido possa ter interesse em desfazer o negócio transmissivo, porque, por exemplo, após a notificação adquiriu crédito contra o cedente e pretende utilizar o mecanismo da compensação para se liberar, não será o suficiente para preencher o requisito do art. 287.º/1.

considerando que o negócio anulável se convalida com o decurso do tempo, o devedor deverá cumprir perante o cessionário, ficando assim exonerado. Tratando-se, no entanto, de nulidade, e considerando que juridicamente o negócio nulo não produz efeitos, ele deverá abster-se de cumprir perante o cessionário e, quando muito, consignar em depósito a quantia em dívida de modo a exonerar-se[382]. Além disso, é indiscutível que o devedor a pode invocar, uma vez que, nos termos da lei, é invocável por qualquer interessado. Não parece, no entanto, que esteja obrigado a fazê-lo, mas sabendo o devedor que o negócio é nulo, caso cumpra perante o cessionário, a notificação não bastará para o colocar a salvo. No entanto, ela constitui sempre presunção de existência e validade da transmissão, pelo que deverá ser o cedente a provar o conhecimento pelo devedor da nulidade do negócio.

VII. Questão substancialmente diversa, mas de consequências semelhantes, é a que resulta de um pagamento feito pelo devedor ao cessionário com base numa notificação que seja ela própria ineficaz num sentido lato. O negócio transmissivo é válido, mas a notificação padece, por exemplo, de um qualquer vício. Importa saber se o pagamento feito ao cessionário deve ou não ser tido por liberatório.

Numa óptica de protecção do devedor, e de acordo com o que se acabou de referir, esse pagamento deve ser tido como válido, a menos que o devedor conheça da invalidade e ela se traduza em nulidade do acto. Se se tiver em conta que nas relações entre as partes a notificação pouco ou nada acrescenta, resta analisar se este aspecto é relevante no caso de adquirentes concorrenciais do mesmo crédito.

Como será explicado mais adiante, o pagamento feito pelo devedor ao cessionário cuja contrato foi notificado em primeiro lugar é exoneratório, não obstante a ineficácia do mesmo. No que se prende com a efectiva titularidade do crédito, ainda que se admita que a notificação tem um efeito aquisitivo, esse efeito nunca pode valer num caso de invalidade ou de inexistência (para quem admita a categoria) da própria notificação. Significa, portanto, que, sem prejuízo de a titularidade do direito de crédito ficar intocada, o pagamento feito ao cessionário deve ser tido como libe-

---

[382] Rigorosamente, ele deveria cumprir perante o cedente e julgo que se o fizer pagará bem. No entanto, e porque a questão da nulidade pode, ela própria, ser controversa, manda a prudência que, na dúvida, se abstenha de cumprir perante qualquer deles e apenas se exonere pelo oferecimento do cumprimento através da consignação em depósito.

A construção do código civil: contrato e notificação   151

ratório, salvaguardado, mais uma vez, o caso de o devedor conhecer a nulidade da notificação.

VIII. Resumindo, a notificação tem como objectivo dar a conhecer a ocorrência da transmissão ao devedor cedido. Embora o código civil português não acolha a solução do BGB, que faz apenas uma referência directa à notificação, dando, ao invés, grande ênfase ao conhecimento do devedor, a verdade é que a notificação é apenas um modo de conferir eficácia à transmissão perante o devedor cedido. Outro modo é a aceitação do negócio transmissivo por parte do devedor cedido e outro ainda é, como se verá, o simples conhecimento da ocorrência da transmissão.

5.4.1.2. *Oportunidade da defesa por parte do devedor*

I. Ainda dentro da óptica de protecção do devedor cedido, o código civil português estatui que o devedor pode opor ao cessionário todos os meios de defesa que seria lícito invocar contra o cedente[383-384]. Isto vale mesmo se o cessionário os desconhecer e tem como limite temporal o momento do conhecimento da transmissão. Ou seja, os meios de defesa que provenham de um facto posterior ao conhecimento da transmissão por parte do devedor não são oponíveis ao cessionário (art. 585.º)[385-386].

---

[383] Farnsworth, *Farnsworth on Contracts* – Vol. III, 1998, pp. 105 e 106, dá nota da expressão do *common law* que descreve esta posição de forma muito expressiva: "*the assignee stands in the shoes of the assignor*", que significa ao mesmo tempo que o cessionário não adquire contra o devedor um direito melhor do que aquele que o cedente tinha (já Corbin, *Assignment of Contract Rights*, 1926, p. 229, afirmava que "*[a]n assignee never gets a better right than the assignor had.*"). Nos direitos continentais, a regra é por vezes explicada com base no princípio *nemo plus juris transferre potest quam ipse habet*. Veja-se Kötz, *The Transfer of Rights by Assignment*, 1992, p. 89. Bülow, *Grundprobleme des Schuldnerschutzes bei der Forderungsabtretung*, 1983, p. 7, por exemplo, espelhando a jurisprudência, escreve que o princípio que rege esta matéria é o de que "*niemand kann mehr Rechte abtreten, als er hat*" (ninguém pode ceder mais direitos do que tem).

[384] Um pouco por toda a parte se entende que a regra vale para o caso de o cessionário transmitir de novo o crédito: o devedor pode opor ao segundo cessionário não só os meios de defesa disponíveis contra o cedente, mas também todos os que tenham aparecido depois da primeira cessão, mas antes da notificação (ou conhecimento) da segunda cessão, e que, por isso, ele poderia opor contra o primeiro cessionário. Veja-se, por todos, Kötz, *The Transfer of Rights by Assignment*, 1992, p. 92.

[385] Solução semelhante é a que resulta do §404 do BGB, ao estatuir que as excepções têm de estar fundamentadas (*begründet waren*) no momento da cessão, e do art. 169/1

152 A Cessão de Créditos como Estrutura Contratual com Eficácia Translativa

A justificação para este regime reside na circunstância de o cessionário receber o direito de crédito tal como ele se encontrava na titularidade do cedente, logo, com todos os vícios e com todos os meios de defesa[387] que lhe poderiam ser opostos[388-389], e ainda no princípio segundo o qual o devedor não pode ser prejudicado pela transmissão do direito de crédito[390].

OR, que exige a existência das excepções no momento em que o devedor é notificado da cessão. Todavia, tem sido entendido que basta que exista, nesse momento, na relação contratual entre cedente e devedor, uma base genérica para a excepção: Weber, *BGB – RGRK-Band II*, 1. Teil, 1976, §404 Rdn. 11; Zeiss, *Soergel Kommentar zum BGB* – Band 2, 1990, §404 Rz 3; Hennrichs, *Gedanken zum Schuldner – und Gläubigerschutz bei der Abtretung*, 1992, p. 86. Veja-se também Kötz, *The Transfer of Rights by Assignment*, 1992, p. 90.

[386] É curioso que, embora o conhecimento do devedor cedido não seja referido no §404 do BGB, entende-se que essa exigência de boa fé do devedor, expressa no §407 do BGB, se deve estender a todos os casos de oponibilidade de excepções nos termos do §404. Hennrichs, *Gedanken zum Schuldner – und Gläubigerschutz bei der Abtretung*, 1992, p. 86. Todavia, a questão não é pacífica (como decorre com clareza das indicações bibliográficas feitas por Hennrichs, *ibidem*, p. 86, nota 18).

[387] A expressão portuguesa é bastante ampla. Não é o caso da expressão alemã do §404 (*Einwendungen*- excepções), que obriga a doutrina a explicar que não se tem em vista apenas as excepções propriamente ditas (no direito alemão), ou seja, as que afectam a existência do direito de crédito, mas também todas as que sejam ofensivas do direito, como a excepção de não cumprimento. Hennrichs, *Gedanken zum Schuldner – und Gläubigerschutz bei der Abtretung*, 1992, p. 86. Discutiu-se, por exemplo, como justificar a possibilidade de o devedor opor ao cessionário a anulabilidade do negócio do qual nasceu o direito de crédito de que era devedor. A solução encontrada foi entender essa possibilidade dentro da categoria de excepções oponíveis ao devedor. Veja-se Neumann-Duesberg, *Einrede der Anfechtbarkeit gegenüber dem Zessionar*, 1965, pp. 663 e 664.

[388] Há quem justifique este regime com base na ideia de sucessão no direito de crédito. Veja-se, por exemplo, Bülow, *Grundprobleme des Schuldnerschutzes bei der Forderungsabtretung*, 1983, p. 7. Ver-se-á, mais no final deste trabalho, se a distinção entre transmissão e sucessão é indispensável em matéria de cessão de créditos, implicando consequências importantes.

[389] Importa referir ainda que, tratando-se de um contrato sinalagmático, o sinalagma entre cedente e devedor não se altera pela transmissão do direito de crédito, pelo que as possibilidades de configuração jurídica do sinalagma pelo devedor permanecem perante o cessionário. Bülow, *Grundprobleme des Schuldnerschutzes bei der Forderungsabtretung*, 1983, p. 9.

[390] Este aspecto é frisado abundantemente pela doutrina italiana, que (a par do princípio da limitação temporal do momento do conhecimento da cessão por parte do devedor) o toma como guia para a resolução de algumas dúvidas a propósito do que o devedor pode ou não opor ao cessionário. Veja-se, por exemplo, Carnevali, *I problemi giuridici del* factoring, 1978, p. 321; Frignani, *Il regime delle eccezioni opponibili al factor*, 1982, p. 83 e Frignani, *Recente sviluppi del* factoring *in Itallia*, 1991, p. 46; Vicini, *Le eccezioni opponibili dal debitore ceduto al "factor"*, 1989, p. 584 e 586; De Nova, *Nuovi contratti*, 1990, pp. 96 e 97; De Nova, *Factoring*, 1990, p. 359.

A construção do código civil: contrato e notificação 153

II. Apesar de o nosso código não fazer qualquer distinção quanto à origem dos meios de defesa oponíveis pelo devedor, parece ser de seguir a distinção que, numa perspectiva comparatista, é acolhida[391]. Distingue--se entre meios de defesa que nasçam do contrato de onde emerge o direito de crédito cedido e meios de defesa baseados numa qualquer outra transacção entre cedente e devedor.

No que respeita aos primeiros, é indiferente que o meio de defesa tenha aparecido antes ou depois do contrato-fonte da transmissão ou da notificação ao devedor e é indiferente que o direito cedido nunca tenha existido ou tenha deixado de existir. É o caso típico dos vícios que afectam a validade do contrato do qual emerge o direito de crédito cedido. O devedor pode alegar qualquer aspecto que afecte a existência ou a validade do contrato, por exemplo, a falta de mútuo consentimento ou a ofensa da lei ou dos bons costumes. Ainda que o contrato seja perfeitamente válido, o cessionário está sujeito a que o devedor excepcione, por exemplo, o incumprimento do contrato por parte do cedente[392].

No direito português, posição idêntica parece ser adoptada, quando não há referência ao momento de nascimento do meios de defesa, escrevendo-se tão-só que o devedor pode alegar contra o cessionário o pagamento ou qualquer outra causa extintiva do crédito, bem como os vícios na formação ou na exteriorização da vontade que afectem a validade do contrato que serviu de fonte ao crédito cedido[393]. Naturalmente o objectivo é evitar que o devedor cedido possa ficar numa situação substancialmente pior daquela em que estaria se o crédito não tivesse sido transmitido.

III. Repare-se como neste ponto, que se prende com a oponibilidade de meios de defesa, a relevância é totalmente dada ao conhecimento que o devedor cedido tenha da ocorrência da transmissão, não se mencionando sequer a notificação ou a aceitação[394]. No que respeita a esta última, se

---

[391] Kötz, *The Transfer of Rights by Assignment*, 1992, p. 89.

[392] Kötz, *The Transfer of Rights by Assignment*, 1992, p. 90, chama a atenção para o caso em que o não cumprimento por parte do cedente se traduz num direito do devedor de exigir a reparação dos danos causados. Esse direito pode ser usado contra o cessionário, mas só na medida em que diminua ou extinga o crédito cedido. Ou seja, não pode impor ao cessionário uma responsabilidade afirmativa, pelo que, no que exceder o crédito cedido o devedor deve demandar o cedente como parte original.

[393] Antunes Varela, *Das Obrigações em Geral* – Vol. II, 1997, p. 328.

[394] Era esta, aliás, a inclinação de Vaz Serra, *Cessão de Créditos ou de Outros Direitos Mora do Credor*, 1955, pp. 126 e 127, ao afirmar que, mesmo se se optasse pela

154   *A Cessão de Créditos como Estrutura Contratual com Eficácia Translativa*

atendermos ao caso da compensação, verificamos que a aceitação encontra no nosso direito uma importância bastante limitada, comparando com a solução francesa, italiana ou espanhola.

Na verdade, a lei portuguesa não consagra a regra de que, se o devedor aceita a transmissão, então renuncia tacitamente à possibilidade de compensar perante o cessionário com um crédito de que é titular contra o cedente. Mas a jurisprudência já tem chegado a solução semelhante à que decorreria da aplicação de uma regra com esse teor. Embora não haja preceito legal que contemple tal solução em matéria de cessão de créditos, o STJ, alicerçado na possibilidade de renúncia tácita à compensação (uma vez que se trata de um acto voluntário de disposição), entendeu que a aceitação pelo devedor da transmissão de créditos até certo montante traduz, tacitamente, uma renúncia à compensação até esse montante[395].

A doutrina portuguesa é unânime em considerar que pode haver compensação com um crédito de que o devedor seja titular contra o cedente, desde que o crédito invocado tenha origem anterior ao conhecimento da cessão, independentemente de se vir a vencer em momento posterior[396]. O que releva é o conhecimento que, por qualquer via, o devedor venha a ter da cessão. Repare-se como esta solução é igual à do §406 do BGB. Também aí releva o conhecimento do contrato de cessão por parte do devedor: este só pode compensar perante o novo credor com um crédito que detenha perante o antigo credor se, no momento em que o crédito se constituiu perante o antigo credor, desconhecia a celebração do contrato de cessão[397].

---

solução tradicional de fazer depender a eficácia da cessão perante o devedor da notificação, seria sempre de ter em conta o conhecimento anterior à notificação que este viesse a ter da cessão.

[395] Ac STJ 6-Fev.-1997 (Roger Lopes), CJSTJ ano V tomo I (1997), 93, p. 95.

[396] Por todos, Antunes Varela, *Das Obrigações em Geral* – Vol. II, 1997, p. 329. É também essa a doutrina mais ou menos aceite nos direitos estrangeiros: o que importa é que a génese do direito com que se pretende operar a compensação se situe no momento anterior ao conhecimento (ou à notificação) da transmissão. No direito norte-americano, rege o UCC § 9-404 (a) (2) que estabelece, justamente, que o direito do cessionário está sujeito às excepções ainda que não decorrentes do contrato entre devedor e cedente, desde que estas provenham de facto anterior (mesmo se só se vencerem posteriormente) à recepção da notificação da transmissão pelo devedor. A expressão em língua inglesa é a de que o direito de crédito *"accrues"* antes de o devedor receber a notificação da cessão. Veja-se Farnsworth, *Farnsworth on Contracts* – Vol. III, 1998, p. 114.

[397] Todavia, nos direitos alemão (§406 do BGB) e suíço (§169 II OR) há uma excepção importante a esta regra. O devedor não pode operar a compensação se o crédito com o qual pretende compensar só se vencer depois da data do conhecimento da cessão e depois

A construção do código civil: contrato e notificação   155

Note-se como a notificação é relegada para segundo plano. Claro que, se o devedor for notificado, é ponto assente que, pelo menos a partir desse momento, ele tem conhecimento da ocorrência da transmissão e que, portanto, não pode invocar factos subsequentes. Mas isto não significa ser a notificação o momento que, por excelência, marca a possibilidade de invocar meios defesa. Se se provar que, antes de ter sido notificado, o devedor já tinha conhecimento da ocorrência da transmissão, então é o momento desse conhecimento que releva. Repare-se, todavia, que, enquanto o artigo 583.°/2 *in fine* coloca a cargo do cessionário o ónus de provar que o devedor tinha conhecimento da transmissão no momento do pagamento ao cedente, no artigo 585.° nada é referido nesse sentido. De acordo com a harmonia do sistema deve adoptar-se solução semelhante ou, pelo contrário, deve entender-se competir ao devedor provar que determinado facto é anterior ao conhecimento que ele teve da transmissão?

É óbvio que, se o devedor pretende opor ao cessionário determinado meio de defesa, como seja a compensação, é porque, nesse momento, ele sabe da ocorrência da transmissão. Talvez porque, justamente, ela lhe foi

---

do vencimento do crédito cedido. A justificação desta excepção prende-se com facto de, num caso desses, o próprio devedor já não estar a contar com a possibilidade da compensação. Não faz sentido protegê-lo, pois a sua posição sairia beneficiada em relação à situação em que estaria se não tivesse havido transmissão do crédito. Veja-se Roth, *Münchener Kommentar zum Bürgerliches Gesetzbuch* – Band 2, 1994, §406 RdNr.10 (e equacionando as diversas hipóteses possíveis, Bülow, *Grundprobleme des Schuldnerschutzes bei der Forderungsabtretung*, 1983, pp. 11 e 12) e von Thur e Escher, *Allgemeiner Teil des Schweizerischen Obligationenrechts – Band II*, 1974, p. 368, que consideram esta explicação algo duvidosa. A respeito do direito alemão, Bülow, *Grundprobleme des Schuldnerschutzes bei der Forderungsabtretung*, 1983, pp. 8 e 9, aborda um problema próximo que se prende com o direito de retenção. Explica que, em princípio, não será possível o devedor fazer uso do direito de retenção (§273 BGB) quando o crédito que detenha contra o cedente já exista no momento da cessão, embora ainda não seja exigível (por já ter vencido), porque a exigibilidade é condição da excepção e por isso o direito de retenção ainda não emergiu. Todavia, discute se não será antes aplicável, em vez do §404, o §406, em analogia com a compensação, o que levaria à conclusão de que o crédito não precisava de estar vencido no momento da cessão. Apesar de ser discutível e de haver doutrina em sentido inverso, o A. conclui, de acordo com a casuística, que é necessário que o crédito esteja vencido no momento da cessão. Assim, numa situação dessas, o devedor pode operar a compensação, mas já não usar do direito de retenção. Excepção é feita para o caso em que o próprio crédito cedido só é exigível depois da cessão ao mesmo tempo ou posteriormente ao vencimento do contra-crédito. No direito português, a menos que haja o acolhimento de um conceito de "coisa" diverso do que tem sido adoptado pela doutrina (veja-se, mais adiante, pp. 485 e ss.), não faz sentido, em virtude da letra do art. 754.°, falar-se de direito de retenção quando o que é devido é um direito de crédito.

156 *A Cessão de Créditos como Estrutura Contratual com Eficácia Translativa*

notificada pelo cessionário. Ora, no momento em que a notificação lhe é feita, o devedor tem de invocar desde logo a excepção de compensação? Se o fizer, em princípio, não haverá dúvidas de que o facto que invoca teve origem em momento anterior ao da notificação. Mas se só o fizer no momento em que o crédito se vence, por exemplo, no momento em que é interpelado para cumprir? Parece que, neste caso, com a invocação da defesa deve ser apresentada prova de que o facto invocado é anterior ao conhecimento, sob pena de o cessionário poder legitimamente duvidar da palavra do devedor e exigir prova nesse sentido. Em qualquer dos casos, o cessionário não dispensará, por razões óbvias, a prestação da prova necessária. Aplicam-se as regras gerais sobre a repartição do ónus da prova (art. 342.º).

IV. Veja-se como, aparentemente iguais, as situações previstas no artigo 583.º/2, parte final, e neste artigo 585.º são substancialmente diferentes. Ali, presumia-se a ignorância do devedor cedido, porque não tinha sido notificado. Aqui, presume-se que houve notificação, porque o devedor quer opor meios de defesa ao cessionário. A questão subjacente já não é proteger e tutelar a ignorância do devedor, mas impedir que este fique numa situação pior do que aquela em que se encontraria se não tivesse havido transmissão do crédito.

E, se tal não tivesse acontecido, o devedor teria igualmente de provar a existência e a validade das excepções que pretendesse invocar contra o cedente. Consequentemente, não faz sentido que o devedor fique em situação melhor só por causa da ocorrência da transmissão. O que faz sentido é salvaguardar que o devedor fique em situação em tudo semelhante àquela em que se encontraria se não tivesse ocorrido a transmissão.

5.4.2. *Resolução de conflitos de titularidade entre vários adquirentes*

5.4.2.1. *Conflito entre adquirentes do mesmo crédito*

I. Se o artigo 583.º atribui à notificação um papel de extrema relevância no levantamento, nos dizeres da doutrina, do véu de ineficácia que cobre a transmissão aos olhos do devedor, o artigo 584.º vem conferir-lhe outro papel. A notificação adquire a função de dirimir conflitos de titularidade: quando o mesmo crédito for cedido a várias pessoas, prevalece a transmissão que tiver sido notificada ao devedor em primeiro lugar.

A construção do código civil: contrato e notificação 157

Embora de forma não expressa, já era esta a solução que decorria do texto de Seabra, porque fazia depender da notificação a eficácia perante devedor e outros terceiros[398].

É esta, também, a solução que, logicamente, decorre dos sistemas que, como o francês[399], consideram a notificação como facto jurídico determinante para a produção de efeitos perante quem não seja parte. Se há uma transmissão anterior, ineficaz perante devedor e outros terceiros, isso significa que uma transmissão posterior, que seja notificada em primeiro lugar, prevalece sobre aquela. Consequentemente, a notificação ou a aceitação marcam o momento a partir do qual a transmissão do crédito é oponível a terceiros adquirentes do mesmo direito[400]. Através de uma notificação anterior, um segundo cessionário pode ganhar prioridade sobre um primeiro, mas o devedor que tenha sido notificado por dois cessionários não se encontra desobrigado se não pagar ao que notificou em primeiro lugar. Todavia, é importante registar que esta regra, mercê do trabalho jurisprudencial, não se aplica se o cessionário que notifica em primeiro lugar actuou de má fé ou com intuitos fraudulentos[401].

II. Nos sistemas em que a notificação não é constitutiva de eficácia perante terceiros, como são os de matriz alemã, a regra é a da prevalência temporal do contrato. Em princípio, uma transmissão anterior, mesmo se

---

[398] Repare-se que, nos termos do art. 790.º, se tivesse ocorrido notificação ou conhecimento de várias cessões no mesmo dia, prevaleceria a primeira se a hora da notificação estivesse precisamente declarada, de outro modo os diversos cessionários eram tidos por iguais em direitos. Esta solução era, aliás, criticada por Cunha Gonçalves, *Tratado de Direito Civil* – Vol. V, 1932, p. 76, por poder conduzir, na prática, à paralisia dos direitos.

[399] A referência vale para o sistema francês tradicional – o que está vertido no código civil. Refira-se que existe um novo regime decorrente da *Loi Dailly* que, como já se mencionou, é apenas aplicável aos casos em que o cessionário é um banco ou outra instituição de crédito. Nos termos do seu art. 4.º, é determinante para resolver conflitos de prioridade a data que consta do "*bordereau*", uma vez que a cessão é oponível em relação a terceiros a partir dessa data, sendo que a notificação não tem qualquer efeito neste caso. Rives-Lange, *Droit bancaire*, 1995, p. 516.

[400] Veja-se Rieg, *Cession de créance*, 1970, p. 26, ponto 588 e ss., Cadiet, *Cessions de Créance: Effets*, 1996, p. 14, ponto 92.

[401] Se ele souber que existe uma cessão anterior, embora ainda não tenha sido notificada, o facto de aceitar uma cessão sobre o mesmo crédito e assegurar a prioridade através da notificação pode constituir fraude da sua parte em virtude de "*imprudence*". Veja-se Rieg, *Cession de créance*, 1970, p. 13, ponto 291. Caso mais flagrante ainda é o de o segundo cessionário estar concertado fraudulentamente com o cedente para paralisar os efeitos da primeira cessão. Veja-se Cadiet, *Cessions de Créance: Effets*, 1996, p. 14, ponto 93.

158 *A Cessão de Créditos como Estrutura Contratual com Eficácia Translativa*

não notificada, prevalece sobre uma transmissão posterior. Mas pode acontecer que esta ulterior transmissão seja levada ao conhecimento do devedor em primeiro lugar, através de notificação ou de qualquer outro modo. Nesse caso, se o devedor cumprir perante o segundo cessionário, esse cumprimento é liberatório, na medida em que ignorava a ocorrência de uma transmissão anterior[402].

A solução encontrada pelo BGB é, quanto a este aspecto, em tudo semelhante à explicada a propósito do cumprimento feito perante o cedente. Assim, em virtude da remissão da parte final do §408, no caso de o cedente ceder o crédito sucessivamente a pessoas diferentes e o devedor, desconhecendo a primeira transmissão, cumprir perante o segundo cessionário ou com ele celebrar qualquer negócio relativo ao crédito, é aplicável o regime do §407, ficando o primeiro cessionário em posição idêntica à prevista neste preceito para o cedente. O credor não deixa de ser o primeiro destinatário do crédito e o terceiro, a favor de quem o devedor cumpriu de boa fé ou com quem celebrou um negócio, carece de legitimidade.

Todavia, este preceito, com o objectivo de proteger o devedor, impõe ao titular do crédito a oponibilidade da validade do cumprimento feito a terceiro[403]. Tal como no §407, também aqui se trata de um problema de protecção da confiança, porquanto, em termos similares, o cumprimento é feito a quem não é credor. Por isso, diz a doutrina alemã, o §408 deve ser visto como uma aplicação correspondente do §407[404]. A consequência é a de que o cessionário, a quem o devedor de boa fé tenha feito o pagamento,

---

[402] Também valendo para o caso de uma múltipla cessão do mesmo crédito a possibilidade de, nos termos do §406, operar compensação com o segundo cessionário se o devedor não tiver conhecimento da primeira cessão. Weimar, *Zur Ausbildungsförderung: Der Schuldnerschutz nach erfolgter Zession*, 1979, p. 285.

[403] Larenz, *Lehrbuch des Schuldrechts* – Band I, Allgemeiner Teil, 1987, p. 590. Weimar, *Zur Ausbildungsförderung: Der Schuldnerschutz nach erfolgter Zession*, 1979, p. 284, dá um exemplo interessante para explicar que nunca (excepto no caso do §405 do BGB que, por ser excepcional, não comporta aplicação analógica) há a aquisição do direito de crédito em virtude da boa fé do segundo adquirente. Exemplifica com um crédito cedido por alguém que entretanto morre e que um seu herdeiro, sem conhecer essa cessão, cede novamente a outrem. Apesar de não haver má fé das partes intervenientes, o segundo cessionário não adquire o crédito, sendo que essa cessão é ineficaz. A explicação do regime do §407 não está em conferir prioridade a um segundo cessionário, mas sim em proteger a posição do devedor cedido.

[404] Nörr, *et al.*, *Sukzessionen: Forderungszession, Vertragsübernahme, Schuldübernahme*, 1999, p. 84.

está obrigado a restituir o recebido ao primeiro cessionário, nos termos das regras do enriquecimento sem causa[405].

Repare-se como a fundamentação desta solução não difere em nada da que corresponde ao pagamento feito ao cedente: o que se pretende é apenas proteger o devedor cedido no sentido de não o obrigar a pagar segunda vez. Não quer dizer que o segundo cessionário seja o legítimo titular do crédito, quer dizer tão-só que, feito o pagamento a este, o verdadeiro titular não pode opor essa titularidade ao devedor cedido de forma a obter o cumprimento.

III. Solução aparentemente semelhante, mas na verdade mais próxima de uma solução do tipo francês, é a que resulta do direito inglês. Quando se afirma que num caso de *equitable assignment* não é necessária a notificação ao devedor cedido, sendo apenas desejável (para evitar o pagamento ao cedente, para hierarquizar posições num caso de conflito de titularidade, para fixar o momento até ao qual as defesas do devedor relevam para opor ao cessionário), a solução parece aproximar-se do direito alemão. No entanto, o problema da dupla transmissão nega essa proximidade.

Na decorrência da regra jurisprudencial contida em *Dearle v. Hall*[406], o cessionário que notifique o devedor em primeiro lugar tem o direito prevalecente[407], excepto sc, no momento em que celebrou a sua transmissão, já sabia da ocorrência de uma transmissão anterior[408-409]. O conhecimento

---

[405] Veja-se a explicação dada por Kötz, *The Transfer of Rights by Assignment*, 1992, p. 98, nota 542: entende-se que o segundo cessionário enriqueceu injustamente à custa do primeiro, porque, ao aceitar o pagamento do devedor (que, uma vez que este desconhecia a primeira cessão, é considerado liberatório), destruiu o direito do primeiro cessionário.

[406] 3 Russ.1 (1828) 38 ER 475, 492.

[407] Esta prevalência verifica-se mesmo quando o segundo adquirente, que notifica em primeiro lugar, tem um mero "*equitable interest*" e o primeiro adquirente tem um "*legal interest*", representando uma derrogação à regra segundo a qual o *legal interest* prefere ao *equitable*. Veja-se Goode, *Commercial Law*, 1995, p. 61.

[408] A ideia da regra era (e pode dizer-se à semelhança da posição do direito francês) conferir uma fonte efectiva de informação a potenciais cessionários de modo a evitar cessões múltiplas. De Lacy, *Reflections on the Ambit of the Rule in* Dearle v. Hall *and the Priority of Personal Property Assignments*, 1999, p. 90; Goode, *Commercial Law*, 1995, p. 705.

[409] Embora a regra, na sua génese, se refira apenas ao conflito entre cessionários de *equitable assignments*, a sua importância é enorme, fundamentalmente por duas razões. A primeira é que, mercê da flexibilidade da *equity* face ao *statutory law*, é muito mais utilizado o mecanismo da *equitable assignment* – basta lembrar que só através dele é possível montar as operações de financiamento alicerçadas na transmissão de créditos futuros

160   *A Cessão de Créditos como Estrutura Contratual com Eficácia Translativa*

de uma transmissão anterior no momento da notificação é irrelevante: o momento relevante para aferir o grau de conhecimento ou ignorância do cessionário é aquele em que transmissão se opera[410].

Parece pois que o segundo adquirente, primeiro a notificar, adquire efectivamente o direito, contanto que esteja de boa fé no momento da transmissão. Não se tratará apenas de um caso de protecção do devedor, mas de uma efectiva atribuição do direito a quem notifica em primeiro lugar. O único requisito exigido é a boa fé do segundo cessionário no momento em que celebra o acto cujo efeito é a transmissão do direito. Se no caso de pagamento ao cedente a doutrina refere apenas a natureza liberatória do pagamento, pois seria injusto se assim não fosse, já nesta situação se fala de uma efectiva prevalência e não apenas no carácter liberatório do pagamento. Neste caso, a notificação é porventura algo mais do que *"advisable"*[411], porque parece conferir um efectivo direito[412].

No direito americano, as soluções oscilaram, consoante os Estados em causa, entre a regra do direito inglês, a regra da prioridade da cessão ou ainda uma solução intermédia[413]. Explicando muito brevemente: a regulação do UCC veio pôr termo, em larga medida, à diversidade de

---

(não só porque os créditos ainda não têm existência actual, como porque o devedor pode ser desconhecido)- o que aliás acontece desde logo no *factoring*. A segunda é que, ao longo dos tempos, a regra foi conhecendo interpretações mais extensivas e aplicações a outros casos. Pode ver-se uma análise deste percurso, aliás com forte acervo crítico, em Oditah, *Legal Aspects of Receivables Financing*, 1991, pp. 128 e ss.

[410] Se um segundo cessionário, quando contrata a aquisição do crédito, não sabe que o crédito já foi transmitido, não deve ser prejudicado se souber dessa transmissão antes de ter notificado o devedor. A lógica subjacente parece ser a de conferir relevância ao momento em que as partes acordam a transmissão do crédito e não à notificação, no sentido de não prejudicar um segundo cessionário. Assim, se ele souber que o crédito já havia sido transmitido, pode sempre tentar ser mais diligente a notificar e adquirir um melhor direito face ao primeiro cessionário.

[411] A expressão é utilizada por Beatson, *Anson's Law of Contract*, 1998, p. 454, quando escreve que a notificação não é necessária para a perfeição da transmissão, mas é aconselhável pelas três razões que já referi no texto. No mesmo sentido, Biscoe, *Law and Practice of Credit Factoring*, 1975, p. 104, escreve que a notificação é *"highly desirable"*.

[412] A notificação aparece desvalorizada por um lado e valorizada por outro. Desvalorizada quando se afirma que interessa aferir a boa fé do cessionário no momento em que a transmissão se opera e não no momento da notificação – logo, no momento do contrato celebrado entre as partes –; mas ao mesmo tempo valorizada, quando se faz prevalecer o cessionário que, de boa fé, notifica em primeiro lugar.

[413] Pode ver-se uma breve explicação desta evolução em Zweigert e Kötz, *Introduction to Comparative Law*, 1992, pp. 483 a 485.

A construção do código civil: contrato e notificação   161

regras que existiam (e continuam a existir, embora com uma aplicação mínima) para a resolução de conflitos de titularidade.

Antes do código, e consoante os Estados em causa, aplicava-se a *New York Rule*, que dava prevalência à primeira transmissão, a *English Rule*, que dava prevalência ao primeiro cessionário, a não ser que o segundo tivesse notificado o devedor antes do primeiro (nos termos já expostos da regra contida em *Dearle v. Hall*) e a *Massachusetts* ou *Four Horsemen Rule*, que dava prevalência ao primeiro cessionário, excepto se o segundo cessionário tivesse feito um de quatro actos: recebido pagamento ou outra satisfação da obrigação, obtido sentença judicial contra o devedor, celebrado novo contrato com o devedor através de novação, obtido posse de documento simbólico[414].

Com o Artigo 9 do UCC aparece a regra que pode ser enunciada como a *"first-to-file rule"*, uma vez que estabelece um regime de arquivamento – ou, mais facilmente, de registo – através do preenchimento de um documento de financiamento (*financing statement*)[415]. Quem preencher e registar esse impresso em primeiro lugar ganha a prioridade (UCC §9-322(a)(1)). Como já se referiu, uma vez que este regime não é aplicável apenas para garantir um financiamento, acaba por ter uma importância enorme na substituição das antigas regras.

Assim, um segundo cessionário pode prevalecer sobre um primeiro se tiver registado o documento em primeiro lugar (note-se que vale como registo a apresentação a registo, o pagamento de taxa de registo ou a aceitação do documento pelo funcionário – UCC §9-516 (a)). Além disso, é possível confiar no sistema, porque se pode sempre consultar a existência de um registo anterior antes de celebrar a transmissão. Note-se que é mesmo possível preencher e registar o documento de financiamento antes de celebrar a transmissão (UCC 9-502(d))[416].

---

[414] Veja-se explicação e justificação destas diferentes soluções, com ampla indicação de jurisprudência, em Corbin, *Corbin on Contracts – A Comprehensive Treatise on the Rules of Contract Law* – Vol. 4, 1951, pp. 614 e ss. e, mais recentemente e de forma resumida, em Farnsworth, *Farnsworth on Contracts* – Vol. III, 1998, pp. 120 e 121.

[415] Veja-se este regime, com mais detalhe, nas pp. 258 e ss..

[416] É curiosa a evolução. Em 1934, Glenn, *The Assignment of Choses in Action; Rights of Bona Fide Purchase*, 1934, pp. 625 e 626, escrevia que, apesar de alguns Estados seguirem a regra do direito inglês, a visão maioritária nos Estados Unidos era a de que não havia protecção para o adquirente de boa fé, uma vez que prevalecia o primeiro no tempo.

162 *A Cessão de Créditos como Estrutura Contratual com Eficácia Translativa*

IV. A actual solução do código civil belga é um exemplo interessante de mistura entre as soluções de um sistema de matriz francesa e de um sistema de tipo alemão, que parece aproximar-se da solução inglesa. Se, por um lado, há afastamento total em relação ao sistema francês, o que levou à alteração do artigo 1690 do código belga no sentido de tornar a transmissão oponível perante os terceiros pela mera conclusão do contrato entre as partes (numa inegável aproximação ao regime alemão), por outro, aligeirou-se esta regra no caso de conflitos entre adquirentes do mesmo direito de crédito. Aí, a solução encontrada foi semelhante à vertida no código italiano ou no código português: prevalece não a transmissão anterior no tempo, mas a que primeiro tenha sido notificada ao devedor cedido (ou tenha sido reconhecida por este).

O objectivo prosseguido terá sido, à semelhança do que se passa com a aquisição de bens móveis através da posse de boa fé, proteger a aquisição de um cessionário de boa fé[417]. Embora se exija a boa fé de quem notifica, entende-se, ao contrário do direito inglês, que o momento relevante para aferir essa boa fé não é o da celebração do contrato, mas o da notificação: se o cessionário no momento em que celebra o contrato não sabe da existência de uma transmissão anterior, mas quando vai fazer a notificação já tem esse conhecimento, ele não deve ser protegido[418].

Esta solução parece sem dúvida mais justa do que a defendida no direito inglês: não há razão para fazer prevalecer quem não é titular do direito, antes mesmo da notificação ser feita e de obter o pagamento, em detrimento do verdadeiro titular, quando aquele está ao corrente da situação.

V. Embora, em termos práticos, as soluções sejam semelhantes em todos os direitos – se o devedor pagar ao segundo cessionário porque foi notificado dessa transmissão em primeiro lugar, o pagamento tem efeito liberatório e não lhe pode ser exigido outro –, a fundamentação teórica é muito diversa. Num caso, deve-se ao valor da notificação como elemento decisivo no desencadeamento da eficácia perante terceiros e/ou como

---

[417] Van Ommeslaghe, *Le nouveau régime de la cession et de la dation en gage des créances*, 1995, p. 533; De Page, *Traité élémentaire de droit civil belge* – Tome IV, Vol. I, 1997, p. 622.

[418] Van Ommeslaghe, *Le nouveau régime de la cession et de la dation en gage des créances*, 1995, p. 533; De Page, *Traité élémentaire de droit civil belge* – Tome IV, Vol. I, 1997, p. 622. Naturalmente se for ele o primeiro cessionário é óbvio que pode notificar para consolidar o seu direito.

A construção do código civil: contrato e notificação   163

modo de proteger um adquirente de boa fé; no outro caso deve-se exclusivamente à necessidade de protecção da ignorância e da confiança do devedor.

Naturalmente esta diferente fundamentação conduz, ainda neste âmbito, a soluções práticas diversas e, mais adiante[419], terá um peso argumentativo de relevo. No que respeita ao problema em análise, veja-se como decorrem soluções diferentes para a situação em que o devedor não foi notificado da primeira transmissão, mas teve conhecimento da ocorrência da transmissão por qualquer outra via. Se o fundamento for a notificação, enquanto facto desencadeador da eficácia da transmissão perante terceiros, o mero conhecimento da transmissão não notificada não releva. Se o fundamento for a protecção do devedor, então ele não precisa nem a deve merecer, uma vez que sabia da ocorrência da transmissão, mesmo se esse conhecimento não tiver sido obtido através de uma notificação. Neste caso, tudo se joga tendo em conta o conhecimento que o devedor tenha ou não da ocorrência de dada transmissão e, logo, da necessidade de lhe ser conferida protecção.

Atente-se agora à circunstância de a notificação ter como escopo, à semelhança da posse para os bens móveis, a protecção da posição de um adquirente de boa fé, como é defendido no direito belga. Esta orientação confere à notificação um papel bem mais relevante do que aquele que lhe é reservado, por exemplo, no direito alemão. Na verdade, apesar de os autores materiais da alteração ao código civil afirmarem que ela contempla a solução alemã, também já foi sustentado que tal afirmação não é exacta, porque no direito alemão continua a valer a regra da prioridade[420] (note-se que a doutrina alemã afirma unanimemente não existir para a aquisição de direitos de crédito um expediente equivalente à aquisição através da posse de boa fé para os bens móveis corpóreos[421]).

Não há dúvidas de que o problema suscitado pela nova solução do código belga tem toda a pertinência para a análise do artigo 584.° do código civil português. Também aqui a lei elege a notificação (ou a aceitação) como critério para dirimir conflitos entre adquirentes do mesmo crédito. Significa isto atribuir à notificação um papel análogo ao da posse – o que no direito belga tem grande relevo, mas não, pelo menos directamente, no português? Ou significa apenas permitir que o devedor, com

---

[419] Veja-se pp. 190 e ss..

[420] Van Ommeslaghe, *Le nouveau régime de la cession et de la dation en gage des créances*, 1995, p. 533, critica a concepção dos autores materiais da lei ao pretenderem equivaler as duas realidades e lamenta que não tenha sido adoptada a solução alemã.

[421] Veja-se p.241.

164 *A Cessão de Créditos como Estrutura Contratual com Eficácia Translativa*

conhecimento da transmissão através da notificação (ou reconhecimento no caso belga ou aceitação no caso português), possa pagar com efeito liberatório a quem lhe dê esse conhecimento em primeiro lugar? Acolher o primeiro entendimento implica valorizar a notificação, conferir-lhe quase um papel de tradição na aquisição do direito de crédito, pelo menos no que toca a adquirentes concorrenciais do mesmo crédito. Assumir a segunda opção significa uma aproximação à solução alemã, com a desvalorização da notificação para o papel de simples meio de conhecimento.

VI. A problemática da dupla transmissão de um crédito não tem contornos iguais nos diversos ordenamentos. Na verdade, o papel atribuído à notificação, relacionado necessariamente com o esquema adoptado para a transmissão dos direitos de crédito (que será ou não semelhante à transmissão de outros direitos, *maxime* direitos reais), conduz a um entendimento substancialmente diferente da dupla ou múltipla transmissão.

Para os ordenamentos fortemente influenciados pelo artigo 1690 do código francês e, dir-se-ia, também, pelo menos neste ponto, para o direito inglês[422], é absolutamente determinante a notificação[423]. Basta que um segundo cessionário seja mais diligente e notifique em primeiro lugar para obter um melhor direito face ao primeiro cessionário (com a ressalva acima referida). Em bom rigor, a doutrina não se preocupa em saber se esta situação corresponde à transmissão de um bem alheio: o que importa é

---

[422] Aliás, é muito reveladora a expressão *"between assignor and assignee"*. Já em outro momento se verificou que esta peculiaridade do direito inglês se traduz verdadeiramente numa diferença substantiva de relevo. Veja-se a explicação de Mariana Gouveia em Cristas e Gouveia, *Transmissão da Propriedade e Contrato de Compra e Venda*, 2001, pp. 87 e ss. e 129 e ss.. De toda a maneira, ver-se-á mais à frente na investigação que se a semelhança com o direito francês é, neste ponto, clara, noutros é inexistente. Antecipem-se apenas as palavras de Chitty, *Chitty on Contracts* – Vol. I, General Principles, 1999, p. 526, quando explica que a notificação não é necessária para tornar perfeita uma transmissão em *equity*, pois, mesmo sem ela, o título do cessionário está perfeito não só perante o cedente pessoalmente, como perante as pessoas que estão em posição equiparável à dele. Inclui nesta situação, por exemplo, o administrador da massa falida, um credor em juízo e o reclamante de um crédito com base numa transmissão posterior feita sem causa.

[423] Note-se, no entanto, que, apesar de na prática a solução ser igual, é apontada uma diferença de relevo entre a construção do direito inglês e a construção dos direitos francês ou italiano: no primeiro, em virtude da regra *Dearle v. Hall*, o primeiro cessionário torna-se titular do crédito, mas perde essa titularidade em favor do segundo cessionário se este notificar o devedor em primeiro lugar; nos segundos, o crédito cedido permanece no património do cedente até que um dos cessionários notifique o devedor. Zweigert e Kötz, *Introduction to Comparative Law*, 1992, p. 406.

A construção do código civil: contrato e notificação   165

que, antes da notificação, o acto transmissivo não saiu do domínio das partes e, portanto, o efeito translativo não se produziu senão perante elas. Consequentemente, em relação a todos os terceiros, é como se o cedente fosse o verdadeiro titular do crédito, porque a falta de titularidade, traduzida na ilegitimidade para a alienação, não lhes pode ser oposta. Tratar-se-ia, parece-me, exclusivamente, de um problema de oponibilidade da transmissão: uma transmissão anterior não notificada não é oponível a um adquirente posterior cuja aquisição tenha sido notificada.

Há, todavia, sistemas onde o problema é colocado com maior acuidade. É o caso do sistema espanhol, em que, dependendo da posição doutrinária assumida em relação à estrutura da cessão de créditos, a solução é substancialmente diversa. Para os autores que perfilham um sistema excepcional na transmissão dos direitos de crédito, marcado pelo consensualismo, não é possível operar validamente uma dupla ou múltipla cessão de créditos[424]. Para os autores que sustentam a transmissão dos direitos de crédito em moldes em tudo semelhantes ao esquema regra de transmissão dos direitos, ou seja, que também na transmissão dos direitos de crédito vale a teoria do título e modo, é perfeitamente admissível a múltipla cessão de um crédito, porquanto a transmissão só é perfeita com a tradição do direito (no sentido de entrega, ainda que ficta[425]) ao cessionário. Assim, no caso de cessão onerosa, aplicam-se as regras da venda de bem alheio que, no direito espanhol, é válida[426].

A problemática da prevalência no caso de múltiplas transmissões aparece, no rigor dos princípios, totalmente desligada da notificação. Tudo está dependente da natureza do direito de crédito transmitido (nomeadamente, da circunstância de o crédito se referir a bens móveis ou imóveis e móveis equiparáveis a estes[427]), do acto que é a causa da cessão e da actuação das partes intervenientes[428].

---

[424] Deverá prevalecer, pois, o primeiro cessionário. Lacruz Berdejo, *et al.*, *Elementos de Derecho Civil* – II, Derecho de Obligaciones – Vol. I, 2000, p. 220.

[425] Veja-se, sobre o aspecto da tradição ou entrega de direitos que não recaiam sobre bens corpóreos, Cristas e Gouveia, *Transmissão da Propriedade e Contrato de Compra e Venda*, 2001, pp. 65 e 66 e 71 e ss..

[426] Navarro Pérez, *La Cesión de Créditos en el Derecho Civil Español*, 1998, pp. 199 e ss., em especial, pp. 201 e 202.

[427] Navaro Pérez não explica o que se entende por créditos relativos ou referidos a móveis ou imóveis. Parece ser, no entanto, uma referência à relação geradora do direito de crédito: o crédito a ceder nasceu da transacção de bens móveis ou imóveis.

[428] Navarro Pérez, *La Cesión de Créditos en el Derecho Civil Español*, 1998, p. 203.

166   *A Cessão de Créditos como Estrutura Contratual com Eficácia Translativa*

Tratando-se de créditos relativos a imóveis ou a móveis que se assemelham legalmente a imóveis (por estarem sujeitos a registo), prevalece o cessionário que primeiro tenha inscrito a sua aquisição no registo. Todavia, de acordo com o entendimento da doutrina e jurisprudência, deve ainda estar de boa fé, sob pena de prevalecer outra aquisição ainda que não registada[429].

Tratando-se de créditos não relativos a imóveis, prevalece o cessionário que se encontre na posse do direito de crédito, por ter havido entrega a seu favor. É totalmente irrelevante o momento da celebração do contrato de cessão ou o momento da notificação ao devedor cedido. Há a assunção plena do princípio de que a "posse de boa fé vale título"[430].

Todavia também aqui há a preocupação de distinguir a titularidade do direito de crédito da possibilidade de o devedor pagar com efeito liberatório a quem lhe foi apresentado, pela notificação, como novo credor. Com efeito, como a posse não é tida como suficiente para que o devedor tenha conhecimento da cessão, se o cedente o notificar de dada cessão[431], o devedor paga com efeito liberatório a quem lhe for indicado como cessionário, uma vez que fica vinculado a essa informação. É claro que o verdadeiro titular na posse do direito de crédito pode reclamar do cedente não só o preço da transmissão, como o valor do direito de crédito e ainda uma eventual indemnização para ressarcimento de danos[432].

A notificação tem, ao invés, um papel determinante no caso de estarmos perante dois ou mais cessionários sem que nenhum se encontre na posse do direito. Nesse caso, a prioridade é determinada pela notificação ao devedor, porque se entende que aqui a notificação pode ser considerada como entrega[433].

---

[429] Navarro Pérez, *La Cesión de Créditos en el Derecho Civil Español*, 1998, p. 205; Badenes Gasset, *El Contrato de Compraventa* – Tomo I, 1995, p. 998.

[430] Aplica-se o art. 1473, 1.º, ao dispor que, se uma coisa móvel for vendida a diferentes compradores, a propriedade transfere-se à pessoa que tenha tomado a posse de boa fé em primeiro lugar. Citando jurisprudência em seu favor, Navarro Pérez, *La Cesión de Créditos en el Derecho Civil Español*, 1998, pp. 203 e 204.

[431] Se a notificação for feita pelo cessionário que não esteja na posse do direito de crédito, não bastará a mera notícia da ocorrência da transmissão, mas é necessário demonstrar com toda a clareza através do título. Navarro Pérez, *La Cesión de Créditos en el Derecho Civil Español*, 1998, p. 204.

[432] Navarro Pérez, *La Cesión de Créditos en el Derecho Civil Español*, 1998, p. 204.

[433] *Ibidem*, pp. 206 e ss.. No caso de existirem várias notificações e permanecer a dúvida sobre qual terá sido a mais antiga, vale a prova testemunhal, não sendo admissível o sistema de rateio. Em última análise, a solução será a resolução do negócio que origine

A construção do código civil: contrato e notificação 167

Com esta análise, ainda que não aprofundada, do problema da dupla transmissão nos direitos estrangeiros, facilmente se pode concluir que a questão está longe de ser simples e pacífica, sobretudo ao nível da fundamentação. Por isso também, urge problematizar em torno da solução portuguesa.

VII. No que respeita ao direito português actualmente vigente, é incontornável o papel decisivo que a notificação desempenha no caso de uma dupla transmissão do mesmo direito de crédito. Mas é sem dúvida questionável a fundamentação teórica subjacente a esta solução, tanto mais que está decisivamente ligada ao entendimento dogmático da notificação.

Na vigência do Código de Seabra não era clara a existência de uma posição doutrinária consensual acerca da ilegitimidade do cedente para operar uma segunda transmissão do mesmo crédito[434]. Actualmente, contudo, é unanimemente aceite que a notificação não tem qualquer efeito constitutivo no relacionamento *inter partes*, que a notificação não é constitutiva da transmissão do direito de crédito relativamente às relações internas[435]. Se o crédito se transmitiu entre cedente e cessionário com a celebração do contrato, será legítimo concluir que o titular do mesmo já não é o cedente, mas sim o cessionário.

---

a cessão por qualquer dos cessionários e a responsabilização do cedente na pertinente indemnização (pp. 207 e 208).

[434] A confusão nascia da redação algo obscura dos preceitos do código que, por um lado, estatuíam que entre os contraentes a transmissão se operava por efeito do contrato, mas, por outro, admitiam que o cedente exercesse contra o devedor todos os seus direitos até que houvesse notificação (art. 791.º). Cunha Gonçalves, *Tratado de Direito Civil* – Vol. V, 1932, pp. 75 e 76, reputava esta solução de incompreensível, uma vez que não havia qualquer obrigação de notificação quanto ao cedente e este não podia exercer direitos que já tinha alienado. Por isso, entendia que essa parte do art. 791.º se deveria ter por não escrita, por estar em manifesta contradição com o sistema criado pelos arts.785.º e 789.º e ainda com a sua parte final, que conferia ao cessionário o direito de exercer contra o cedente os actos conservatórios do seu direito. Assim, uma segunda cessão que o cedente viesse a fazer constituiria uma burla, pois seria feita em abuso de uma legitimidade puramente formal. Já em sentido pouco claro, mas aparentemente diverso, parecia inclinar-se Guilherme Moreira, *Instituições do Direito Civil Português* – Vol. 2.º, Das Obrigações, 1925, p. 199, ao escrever que pela notificação o cedente perde a qualidade de credor.

[435] Veja-se um caso de dação em cumprimento, onde é claramente assumido que entre cedente e cessionário o crédito se transmite com o acordo. Consequentemente, o crédito já não se encontra no património do cedente, pelo que não pode ser invocado para operar compensação. Bastante esclarecedora é a circunstância de nem sequer haver referência à notificação. Ac STJ 27-Nov.-1997, processo n.º 97B731.

168 *A Cessão de Créditos como Estrutura Contratual com Eficácia Translativa*

Se o titular do crédito já não é o cedente, mas este, ainda assim, transmite novamente o crédito, como qualificar esta situação? A resposta mais evidente corresponde à alienação de um bem alheio: o cedente está a dispor de um bem que já não lhe pertence.

Todavia, é necessário problematizar a questão. A primeira dúvida suscitada aparece no confronto com o artigo 584.º, porque este artigo parece estatuir justamente o contrário, quando determina a prevalência de uma segunda transmissão primeiro notificada. Poderá concluir-se que até à notificação o direito de crédito não se transmite. Haverá uma relação contratual entre o cedente e o cessionário, plena de efeitos obrigacionais, mas o efeito transmissivo não se produz. O cedente mantém a legitimidade para transmitir o direito de crédito, ainda que ao arrepio do convencionado com o cessionário. Quando transmite o crédito a outra pessoa fá-lo válida e legitimamente, porque ainda é o titular do mesmo.

Outra leitura será a de sustentar que o cedente está, na verdade, a operar a transmissão de um bem alheio, mas essa operação não padece de invalidade. Se se tratar, por exemplo, de uma compra e venda comercial de direitos de crédito, será aplicável o regime do código comercial, segundo o qual a compra e venda de bens alheios é válida (art. 467.º/2 do código comercial), ainda que condicionada à aquisição do bem por parte do alienante. Se estiver em causa uma compra e venda civil, não é ainda assim imperioso concluir que se está perante uma transmissão ferida de nulidade.

Apesar de o artigo 892.º estatuir a nulidade da venda de bens alheios, o regime que a lei giza, ao impor a obrigação de convalidação, nega porventura essa consequência[436]. Isto significa que a compra e venda no direito português é, neste caso, não compra e venda real, mas compra e

---

[436] Já no âmbito do código antigo, Cunha Gonçalves, *Da Compra e Venda no Direito Comercial Português*, 1924, p. 229, analisando o então art. 1555.º, entendia não se tratar de uma verdadeira nulidade. O legislador teria usado a palavra nulo com "muita impropriedade", porque a consagração legal da convalidação através da aquisição da coisa vendida significa tão-só que o contrato é resolúvel se o vendedor não adquirir a propriedade da coisa. A aquisição da propriedade pelo vendedor importaria execução e não revalidação do contrato, pelo que a revalidação se opera *ipso jure* e *ipso facto*. Secunda, pois, alguma doutrina francesa, que entendia ser válida a compra e venda se coisa alheia, embora resolúvel por inexecução da obrigação do vendedor. Não se tratará propriamente de um contrato sob condição suspensiva, mas dependente, quanto à sua execução, de um facto futuro e incerto que é a aquisição do domínio da coisa pelo vendedor. *Ibidem*, p. 237. Em texto ulterior volta a afirma a validade da compra e venda civil (confirmada pelo regime do código comercial), feita sob a condição de o vendedor adquirir a coisa ao legítimo dono e a entregar ao comprador. Cunha Gonçalves, *Dos Contratos em Especial*, 1953, p. 277.

venda meramente obrigacional[437]. Com a celebração do contrato, o crédito é vendido, mas não alienado, permanecendo na titularidade do cedente. É então defensável o entendimento da notificação como facto desencadeador da eficácia translativa: será a notificação, e não o contrato, que transmite o direito de crédito.

São, então, possíveis duas vias de análise. Para a primeira, na linha do que se acabou de referir, o disposto no artigo 584.° é por demais uma evidência de como a notificação é constitutiva do sistema de transmissão dos direitos de crédito. Na verdade, antes da notificação, a transmissão de pouco ou nada vale, já que pode ser afectada irremediavelmente por uma ulterior transmissão, em protecção do segundo adquirente; outros efeitos poderão produzir-se, mas o efeito central, o efeito transmissivo, só se verifica com a notificação.

Consequentemente, quando o cessionário celebra outro contrato cujo objecto é o mesmo direito de crédito, ainda terá legitimidade para o fazer, porque até à notificação permanece titular desse mesmo crédito. Entendendo a notificação como facto transmissivo do direito de crédito, a dupla venda não oferece qualquer problema[438], porque até à notificação ainda não houve alienação. O artigo 584.° estará, assim, em perfeita consonância com a admissibilidade da compra e venda obrigacional e será, ao mesmo tempo, um argumento favorável à sustentação do carácter obrigacional da compra e venda, pelo menos quando o objecto seja um direito de crédito.

Ao invés, se ao encontro da doutrina dominante se entender a inadmissibilidade da compra e venda com carácter meramente obrigacional, então, ou o artigo 584.° é a manifestação de um regime absolutamente excepcional em sede de transmissão de direitos de crédito, ou é imperioso interpretá-lo à luz do regime civil da nulidade de alienação onerosa de bem alheio.

---

[437] É impensável, por extravasar o âmbito do presente trabalho, desenvolver a análise necessária para a correcta sustentação desta afirmação. Todavia, sempre se dirá que a compra e venda real não parece ser, à face do direito português, um verdadeiro dogma, ganhando, ao invés, contornos de supletividade. Veja-se a argumentação desenvolvida por mim e por Mariana França Gouveia em Cristas e Gouveia, *Transmissão da Propriedade e Contrato de Compra e Venda*, 2001, pp. 49 e ss..

[438] Qualquer problema, entenda-se, ao nível da transmissão do direito de crédito, ao nível da alteração do titular do crédito. Naturalmente que suscita problemas de responsabilidade por incumprimento contratual. Nesta linha de entendimento, o contrato não aliena o direito de crédito, não o transmite, mas gera a obrigação de o vir a transmitir através da notificação. Se a transmissão não se vem a verificar em virtude da intempestividade da notificação frente a notificação anterior, então o crédito não se considera transmitido, mas há lugar a responsabilidade contratual.

170 A Cessão de Créditos como Estrutura Contratual com Eficácia Translativa

Assim, para a segunda via de análise, a leitura do artigo 584.° deve ser feita tendo em conta o regime da nulidade da alienação onerosa de bem alheio. Não se prescinde da qualificação da segunda venda de um mesmo direito de crédito como alienação de bem alheio, o que, de acordo com o entendimento tradicionalmente conferido ao regime da venda de bem alheio, determina a nulidade da mesma. Duas possibilidades se oferecem: ou se entende que a notificação, excepcionalmente, e à semelhança do registo do direito de propriedade sobre coisas, inverte o resultado decorrente da nulidade da alienação de bem alheio, atribuindo a titularidade a um segundo cessionário, cujo contrato-fonte tenha sido notificado em primeiro lugar, ou se nega a efectiva aquisição deste segundo cessionário, entendendo o preceito legal exclusivamente à luz da protecção do devedor cedido.

Esta última hipótese também é passível de conjugação com a configuração da validade da venda de bem alheio. A compra e venda de bem alheio, dado o regime da convalidação, é válida, mas apenas no respeitante às relações entre vendedor e comprador; "[e]m relação ao terceiro, verdadeiro dono da cousa vendida o contrato nunca pode haver-se como válido, nem nulo, mas apenas inexistente, visto ser *res inter alios acta*."[439]. Significa que o verdadeiro dono conserva intacto o seu direito de propriedade, podendo dispor da coisa como bem entender, mesmo se souber ter sido objecto de compra e venda entre terceiros[440].

VIII. O artigo 584.° relança, pois, novamente, e com toda a acuidade, dúvidas sobre o momento transmissivo do direito de crédito às quais o regime da alienação de bem alheio não é indiferente, tal como o não é o restante preceituado legal em matéria de cessão de créditos, em especial o artigo 583.°/2.

---

[439] Cunha Gonçalves, *Da Compra e Venda no Direito Comercial Português*, 1924, p. 227. Mais recentemente, Olavo Cunha, *Venda de Bens Alheios*, 1987, p. 464, acolhe precisamente a mesma frase por referência ao acórdão da Relação de Coimbra de 16/3/69, concluindo que, em regra, os actos dispositivos sobre património alheio são ineficazes em relação ao seu titular, apontanto como excepções a venda feita por herdeiro aparente (art. 2076.°/2 e 3) e a protecção do terceiro de boa fé através do regime do art. 291.° (pp. 465 e 472).

[440] Cunha Gonçalves, *Da Compra e Venda no Direito Comercial Português*, 1924, p. 227. Olavo Cunha, *Venda de Bens Alheios*, 1987, p. 465, refere apenas que os actos de disposição realizados pelo proprietário depois de celebrado o contrato de compra e venda são perfeitamente válidos. Acrescenta, no entanto, e sem explicações adicionais, que, assim, se o proprietário tiver a posse da coisa pode vendê-la, o que leva a perguntar se a solução deverá ser diversa no caso de não estar na posse da coisa.

A construção do código civil: contrato e notificação   171

Retomando este último aspecto, repare-se que já acima[441] foi analisada a problemática do pagamento feito ao cedente depois do contrato transmissivo, mas antes da notificação. Aí, chamou-se a atenção para a salvaguarda da parte final do artigo 583.°/2, por dar relevância ao conhecimento que o devedor tenha da ocorrência do contrato. Era esta também a solução do código antigo, quanto equiparava à notificação o conhecimento que o devedor tivesse da ocorrência da transmissão, desde que esse conhecimento fosse obtido através de forma autêntica. Mas no código antigo não era patente uma expressa preocupação com os casos de dupla transmissão do crédito. Não havia um preceito equivalente ao actual artigo 584.°, a solução retirava-se, outrossim, da conjugação dos outros preceitos relativos à relevância da notificação perante terceiros.

Estará o actual artigo 584.° a introduzir um esquema absolutamente excepcional de eficácia da notificação no que respeita a adquirentes concorrenciais do mesmo crédito, não sendo extensível a qualquer outra situação, ou, pelo contrário, estará a frisar, a enfatizar, o papel que já era atribuído à notificação no artigo 583.°?

Como já defendi noutro local[442], para se compreender a melhor solução, é imperioso relacionar este preceito com a perspectiva da alienação de bem alheio. É a consequência inevitável do entendimento da cessão de créditos enquanto efeito de negócios jurídicos com apetência translativa, como seja a compra e venda. Mas, ainda que não se acolha a perspectiva da cessão de créditos como mero efeito de um tipo contratual translativo, é imperioso atender à regulação deste em virtude da remissão legal para o negócio que serve de base.

Apoiada nesta premissa, é fundamental, em primeiro lugar, recordar que a doutrina portuguesa actual defende, e bem, que o direito de crédito se transmite entre as partes por efeito do contrato. É ponto assente que a titularidade do direito de crédito se transmite, pelo menos entre as partes, por efeito do contrato. A partir desse momento, o titular do crédito, logo, em princípio, quem tem legitimidade para dispor dele[443], é o cessionário e já não o cedente. Se o cedente celebrar com outrem um contrato com vista

---

[441] Veja-se pp. 124 e ss..

[442] Assunção Cristas, *Dupla Venda de um Direito de Crédito*, 2000, pp. 197-254, em especial pp. 238 e ss..

[443] A legitimidade para dispor de direitos pertence, em princípio, ao respectivo titular. Por exemplo, Galvão Telles, *Manual dos Contratos em Geral*, 2002, p. 401.

172   *A Cessão de Créditos como Estrutura Contratual com Eficácia Translativa*

à transmissão do mesmo direito de crédito, ele é parte ilegítima[444] e esse contrato padece de nulidade, por aplicação das regras da alienação de bem alheio[445].

Nesta linha de entendimento, admitir que o cedente, não obstante ter transmitido o crédito, mantém a titularidade para operar uma segunda transmissão é ilógico e contraria o sistema. Ilógico porque será defender que a faculdade de dispor de um direito de crédito está naturalmente desligada da titularidade, o que contraria em tudo a lição dos autores no que respeita ao conteúdo dos direitos: a faculdade de dispor do direito é estruturante do próprio conteúdo do direito[446-447], só em casos excepcionais e muitas vezes por vontade das partes, tal não acontece. Sistematicamente, quando se transmite um direito, a transmissão abarca todo o seu conteúdo e neste a faculdade de disposição ocupa um lugar fundamental.

Explicação profundamente diversa é aduzida por Antunes Varela ao sustentar que o cedente, embora tenha perdido a titularidade do crédito, mantém a legitimidade necessária para poder transmitir o direito a um terceiro. Por isso, conclui o A., a solução do artigo 584.° é justificada como

---

[444] Já na vigência do Código de Seabra, Cunha Gonçalves, *Tratado de Direito Civil – Vol. V*, 1932, p. 76, escrevia que quem tornasse a ceder o mesmo direito, fá-lo-ia "criminosamente".

[445] Note-se que o art. 892.° relativo à venda de bens alheios é em princípio aplicável, em virtude do art. 939.°, a outros contratos onerosos de alienação de bens. No caso de transmissão gratuita de um direito de crédito, vale o art. 956.°, que também estatui a nulidade do contrato.

[446] O poder de disposição é, de acordo com a generalidade da doutrina – por todos, Galvão Telles, *Manual dos Contratos em Geral*, 2002, p. 401 – um dos elementos ou faculdades de que se compõe o direito subjectivo. Perspectiva diversa é sustentada por Pessoa Jorge, *O Mandato Sem Representação*, 1961 (reimpressão 2001), pp. 374 e ss., ao entender que o poder de disposição corresponde ao próprio poder de actuar juridicamente, à capacidade de actuar no mundo do direito, radicada na vontade do agente. A ilegitimidade resulta de os efeitos se destinarem a uma esfera jurídica que não pertence ao agente. Enquanto obstáculo ao exercício da capacidade de actuação jurídica, a ilegitimidade é removida através de um facto permissivo, como a autorização, cuja natureza é, então, integrativa e não constitutiva (pp. 390 e ss.). Esta perspectiva não altera, no entanto, os contornos do problema, porque no caso em análise não se trata de permitir que alguém actue em esfera jurídica alheia, a menos que se entenda a ausência de notificação por parte do primeiro cessionário como uma permissão implícita de disposição, decorrente da lei, que remove o obstáculo da ilegitimidade do cedente.

[447] Huc, *Traité théorique et pratique de la cession et de la transmission des créances*, tomo I, 1891, p. 16, escreve sugestivamente que o elemento essencial da definição da propriedade individual consiste unicamente no direito de dispor, não sendo a propriedade individual senão o direito de dispor.

A construção do código civil: contrato e notificação

medida excepcional de tutela concedida ao adquirente a *non domino*[448]. Talvez por isso não seja de estranhar que, na análise do artigo 584.º, Antunes Varela não se refira à questão da nulidade do negócio subjacente por falta de legitimidade. A ela refere-se expressamente apenas para o caso dos sub-adquirentes de determinado crédito[449], permitindo concluir que, para o A., são duas questões totalmente isoladas, de maneira que a solução perfilhada pela lei para a dupla ou múltipla transmissão do mesmo crédito não vale para o caso de uma aquisição subsequente a quem adquiriu com base num negócio inválido. Ora esta explicação não se compagina com a necessária articulação do regime legal da cessão de créditos com a regulação do contrato-fonte.

Como explicar, então, que o efeito de uma transmissão em princípio ferida de nulidade venha a prevalecer por imperativo da lei? Pires de Lima e Antunes Varela advogam que a solução se explica por uma razão de certeza e de segurança tanto em benefício do devedor como dos próprios cessionários[450]. Mas esta explicação não confere, só por si, resposta ao entendimento dogmático da solução. Tanto mais que é absolutamente indispensável, para a teia de responsabilidade que depois se constrói, saber se prevalece a transmissão ulterior porque, até à notificação, o cedente mantém a faculdade de disposição ou porque, mais uma vez, se está, simplesmente, a proteger o devedor. Dito por outras palavras, é fundamental perceber se a solução da lei legitima uma dupla transmissão ou apenas lhe dá prevalência, sem que a tal corresponda uma condescendência ou porventura mesmo uma aquisição substantiva por parte do segundo cessionário. Repare-se como este aspecto põe a nu o que se tem vindo a tratar: ele é causa e consequência de tudo o que se for concluindo em sede da estrutura da cessão de créditos, estrutura essa que se dilucida através da articulação do contrato com a notificação.

---

[448] Antunes Varela, *Das Obrigações em Geral* – Vol. II, 1997, pp. 314 e 315 nota 3. Parece ser este também o entendimento de Vitor Pereira das Neves, *A Afectação de Receitas Futuras em Garantia*, 2000, p. 182, quando, embora defenda a oponibilidade da transmissão do crédito (no caso analisado, transmissão em garantia) aos credores das partes (nomeadamente do cedente) sem dependência da notificação, sustenta que, em virtude do art. 584.º, "o credor garantido, na medida em que tal notificação não se verifique, verá a sua garantia definitivamente prejudicada caso o devedor cedente volte a ceder o mesmo crédito a um terceiro e esta (segunda) cessão seja notificada ao respectivo devedor ou seja aceite por este".

[449] Antunes Varela, *Das Obrigações em Geral* – Vol. II, 1997, p. 300.

[450] Pires de Lima e Antunes Varela, *Código Civil Anotado* – Vol. I (com a colaboração de Manuel Henrique Mesquita), 1987, p. 600.

174 *A Cessão de Créditos como Estrutura Contratual com Eficácia Translativa*

Por isso, a resolução do problema levantado pelo artigo 584.° é absolutamente incindível do entendimento a dar à notificação. Baseando-se, justamente, neste preceito, doutrina e jurisprudência portuguesas atribuem à notificação um papel de publicidade da transmissão do direito de crédito semelhante ao desempenhado pelo registo predial nos casos de transmissão de direitos reais sujeitos a registo[451].

É necessário provar a bondade desta tese, confrontando a solução do artigo 584.° com a *ratio legis* que a ela conduziu e dando atenção à interpretação da lei. Repare-se que, mais tarde, esta análise permitirá perceber se é legítimo retirar com segurança dos artigos 583.° e 584.° a regra segundo a qual a notificação é o facto jurídico que confere eficácia à cessão de créditos em relação a terceiros – sejam eles devedor, terceiros adquirentes de um mesmo crédito ou outros terceiros, como os credores das partes. Tratar-se-á de saber se "a notificação ou aceitação tem alcance análogo ao que se consegue, noutros casos, com os meios de publicidade."[452], fazendo todo o sentido estender tal regime a outros problemas, ou se, pelo contrário, não se lhe deve reconhecer esse papel, encontrando-se as razões de ser da solução legal noutra sede.

IX. A solução da prevalência da transmissão notificada em primeiro lugar fará todo o sentido, se se entender a notificação como um meio válido de publicidade da transmissão perante terceiros, incumbida de desempenhar um papel análogo ao do registo de direitos incidentes sobre coisas. Todavia, esta similitude com o registo levanta, neste momento, algumas dúvidas: é curioso que se tenha excluído a necessidade de aferir a boa fé quer do devedor cedido quer do segundo cessionário.

---

[451] Actualmente, é a posição defendida por Antunes Varela, *Das Obrigações em Geral* – Vol. II, 1997, p. 314 nota 3 – e acolhida pela jurisprudência – STJ 25-Mai.-1999 (Torres Paulo), BMJ 487 (1999), 299-302, p. 302. Almeida Costa, *Direito das Obrigações*, 2001, p. 761, refere apenas que notificação e aceitação são actos de alcance análogo ao que se consegue, noutros casos, com os meios de publicidade. Na vigência do código antigo, Cunha Gonçalves, *Tratado de Direito Civil* – Vol. V, 1932, p. 71, escrevia, simplesmente, que a solução era análoga à do registo predial; Pessoa Jorge, *O Mandato Sem Representação*, 1961 (reimpressão 2001), pp. 360 e 361, equiparava notificação e registo enquanto formalidades *ad oppositionem*, destinadas a conferir, embora com graus diferentes de eficácia, publicidade aos actos.

[452] STJ 25-Mai.-1999 (Torres Paulo), BMJ 487 (1999), 299-302, p. 302. Note-se que não é irrelevante a terminologia utilizada. Não se diz que a notificação é um verdadeiro meio de publicidade, mas tão-só que desempenha um papel análogo ao dos meios de publicidade.

Repare-se que o texto antigo se referia ao conhecimento do devedor (ainda que tivesse de ser por forma autêntica) e que o actual texto do artigo 583.° também dá relevância ao conhecimento deste (e aqui sem exigir forma especial). Diz-se que é curioso o completo alheamento do eventual conhecimento da ocorrência de determinada transmissão por parte do adquirente, porque, se a ideia é equiparar o regime ao do registo, aí é absolutamente determinante a boa fé do adquirente. Quer no artigo 17.°/2 do CRPr, quer no artigo 38.° do CRM[453], quer ainda no artigo 291.°, se exige que o adquirente esteja de boa fé para gozar do efeito aquisitivo do registo. Não se compreende esta solução, uma vez que tal desvio só faria sentido à luz da necessidade de uma maior protecção do devedor. Mas então, o que justificaria a diferença de regime em relação ao artigo 583.°?

Apesar de num primeiro momento parecer perfilhar uma explicação uniforme para os artigos 583.°/2 e 584.°[454], Antunes Varela acaba por realçar a diferença de regime no que respeita ao devedor e no que toca a adquirentes concorrenciais do mesmo crédito. Se o contrato primeiro efectuado não tiver sido notificado nem aceite, mas for do conhecimento do devedor, haverá eficácia translativa do negócio, porque, para o devedor, o titular do crédito passa a ser o primeiro cessionário, mas, como foi referido, o cedente mantém a legitimidade para transmitir o direito de crédito a terceiro[455]. A justificação estará, como referido, numa tutela especial conferida ao adquirente a *non domino*.

À semelhança da doutrina portuguesa, a doutrina italiana explica a solução do artigo 1265 (que foi a fonte directa do nosso artigo 584) – que não dá relevância ao conhecimento ou à boa fé do devedor – com base na necessidade de prevalência da estabilidade[456]. Por isso, prevalece sempre a notificação ou a aceitação com acto de data certa. Todavia, distingue dois planos de interferência da boa fé do cessionário. Para efeito de aquisição do direito de crédito, a boa fé de quem notifica não releva, porque a garan-

---

[453] DL 277/95, de 25 Outubro, cuja entrada em vigor está na dependência da entrada em vigor de Decreto regulamentar, que ainda não foi adoptado (veja-se Declaração de Rectificação n.° 131/95 31 Out. e DL 311-A/95 21 Nov.).

[454] Atente-se na remissão que faz para a problemática do art. 584.° a partir da tutela a conceder ao pagamento feito a credor aparente. Antunes Varela, *Das Obrigações em Geral* – Vol. II, 1997, p. 314 texto e nota 3.

[455] Antunes Varela, *Das Obrigações em Geral* – Vol. II, 1997, pp. 314 e 315, nota 3.

[456] Com indicação de jurisprudência nesse sentido, Perlingieri, *La cessione dei crediti ordinari e d'impresa*, 1993, pp. 86 e 87.

176   A Cessão de Créditos como Estrutura Contratual com Eficácia Translativa

tia da posição do cessionário está na notificação ou na aceitação – ainda que feita de má fé – e não na mera boa fé, porquanto, se não houver notificação ou aceitação, a boa fé de nada vale. Neste primeiro plano, de oponibilidade da titularidade, a boa fé de quem notifica é irrelevante[457].

O segundo plano é o da responsabilidade de quem notifica, sabendo que ocorreu uma anterior transmissão do mesmo direito de crédito. Aí já releva a boa ou a má fé. O segundo cessionário que dolosa ou fraudulentamente notifica, provocando um dano na esfera do primeiro cessionário, pratica um acto ilícito e responde perante este nos termos da responsabilidade extracontratual[458].

Será de acolher esta leitura?

Sem reproduzir argumentação que já foi aduzida noutro local[459], diria que é indispensável a boa fé do devedor para prevalecer uma segunda transmissão. Ainda que tenha havido uma notificação a favor do segundo cessionário, não faz sentido admitir o pagamento com efeito liberatório a um este, quando o devedor sabe que ele não é o verdadeiro titular do direito de crédito[460]. Esta é, aliás, uma posição que já tem vindo a ser acolhida pela jurisprudência francesa, atenuando em larga medida o formalismo de que se reveste o *code civil*[461]. É também a posição do actual texto

---

[457] Perlingieri, *La cessione dei crediti ordinari e d'impresa*, 1993, pp. 88 e 89.

[458] Marani, *Notifica, accettazione e buona fede nella cessione dei crediti*, 1977, p. 212; Perlingieri, *La cessione dei crediti ordinari e d'impresa*, 1993, p. 89, explicando que o facto ilícito não está na notificação, mas na realização do negócio modificativo quando já se sabia que não poderia ser cumprido sem lesar a precedente aquisição de outrem.

[459] Assunção Cristas, *Dupla Venda de um Direito de Crédito*, 2000, pp. 235 e ss..

[460] Em sentido discordante, Menezes Leitão, *Direito das Obrigações* – Vol. II, 2002, p. 29, sustenta que uma solução deste tipo implicaria fazer interpretação ab-rogante do art. 584.º. Considera sim, como forma de compatibilizar o art. 584.º com o art. 583.º/2, que, se o devedor cedido, antes da notificação, mas conhecendo a dupla alienação, pagar ao cedente ou aceitar outra cessão que não a primeira, o cessionário, verdadeiro titular do crédito, pode invocar *exceptio doli* e considerar inoponível qualquer pagamento ou negócio jurídico a este respeitante celebrado pelo devedor com qualquer falso titular (pp. 30 e 31). Pelo que já foi exposto relativamente ao papel da notificação e pelo que se seguirá, nesta dissertação, entendo que não faz sentido conferir prevalência a uma transmissão com base na notificação quando o devedor cedido sabe, ou deveria saber, que aquela notificação não corresponde a uma transmissão válida.

[461] Há uma clara desvalorização da exigência da notificação através de oficial de justiça ou da aceitação feita através de acto autêntico. A jurisprudência tem entendido há longo tempo, que mesmo que falhe essa notificação ou aceitação, se no momento do pagamento o devedor tiver efectivo conhecimento da cessão e o seu comportamento constituir uma conspiração fraudulenta com o cedente em detrimento do cessionário, o pagamento ao

A construção do código civil: contrato e notificação

do código civil belga, a solução perfilhada no direito inglês e a posição acolhida a nível internacional pelos princípios europeus do direito dos contratos (*Princípios Lando*). Obviamente que também aqui a solução a adoptar nos casos concretos está intimamente ligada a aspectos a tratar de seguida: a boa fé do devedor e, com ela ligada, os requisitos da notificação.

No que diz respeito à aquisição pelo segundo cessionário há as maiores dúvidas e para elas contribui, em larga medida, o próprio texto legal. Atente-se na diferença de redacção do artigo 584.º em relação com preceitos relativos ao registo: ali, a lei diz que "prevalece a cessão que primeiro for notificada", aqui, a lei refere que a declaração de nulidade ou a anulação do negócio jurídico (art. 291.º) ou declaração de nulidade do registo (arts. 17.º/2 CRPr e 38.º CRM, este último ainda não vigente) não prejudicam os direitos adquiridos sobre os bens. Neste caso, significa que houve uma aquisição que depois viria a ser fatalmente atingida se se admitisse que a declaração de nulidade ou a anulação a viesse a afectar. Trata-se de um problema de inoponibilidade[462]: a declaração de nulidade ou a anulação são inoponíveis a quem adquiriu anteriormente, de boa fé, a título oneroso, com base em registo anterior[463] e registou essa aquisição antes do registo da acção de nulidade ou de anulação.

Será legítimo ler, no artigo 584.º, um equivalente de todos estes aspectos? Será legítimo concluir que a segunda transmissão produziu validamente efeitos que não podem ser tangidos, uma vez que estão protegidos por uma notificação?

Imagine-se que não há um problema de dupla ou múltipla transmissão, existindo apenas uma aquisição a *non domino*, consequentemente ferida de nulidade. A notificação ao devedor cedido é suficiente para que o cessionário adquira o direito? Não, não é. Essa notificação permite que

---

cedente não é liberatório e o cessionário pode exigir-lhe novo pagamento. Mas os tribunais já demonstraram uma tendência para qualificar o comportamento do devedor de fraudulento desde que ele estivesse no conhecimento da cessão, pelo que a questão não é clara. Veja-se ampla indicação da jurisprudência em Kötz, *The Transfer of Rights by Assignment*, 1992, p. 77, nota 433.

[462] Oliveira Ascensão, *Direito Civil Teoria Geral* – Vol. II, 1999, pp. 334 e ss.. Conclui que inoponibilidade e ineficácia relativa são uma mesma realidade – *ibidem*, p. 338. Todavia, parece mais impressiva a expressão inoponibilidade, por isso será preferencialmente usada.

[463] Oliveira Ascensão, *Direito Civil Teoria Geral* – Vol. II, 1999, p. 336, frisa que a justificação para que o registo tenha, neste caso, efeito atributivo só pode ser a circunstância de o adquirente beneficiar da fé pública de um registo preexistente e de ter feito a sua aquisição confiando nesse registo.

178 *A Cessão de Créditos como Estrutura Contratual com Eficácia Translativa*

o devedor pague com efeito liberatório ao cessionário, mas não o torna titular do direito de crédito e, uma vez descoberta a invalidade, o cessionário deverá restituir o recebido, nos termos do enriquecimento sem causa, a quem seja o verdadeiro titular do crédito.

Então, qual a razão para fazer outra leitura no caso de estar implicada mais de uma transmissão? O que significa "prevalece a cessão"? Ou tem um sentido em tudo semelhante ao que decorre dos preceitos relativos ao registo – significa que a transmissão notificada coloca o adquirente numa posição intangível –, ou significa que prevalece, porque permite ao devedor pagar com segurança, com eficácia exoneratória, a quem consta da notificação como novo credor.

Acolher a primeira hipótese torna imperioso acrescentar alguns requisitos, sobretudo no que respeita à boa fé do adquirente[464-465]. Acolher a segunda hipótese implica desligar a notificação de um sentido análogo ao do registo.

Repare-se que a este favor encontramos um argumento muito evidente: a lei simplesmente não se interessou em estabelecer quaisquer requisitos paralelos aos que exige para a aquisição registral. Talvez não o tenha feito, porque, neste caso, ao contrário do que acontece com o registo, não há uma verdadeira e própria aquisição. Repare-se ainda que a expressão "prevalece" é exactamente a que encontramos no artigo 407.° que espelha a regra da prioridade temporal, prevalecendo o direito mais antigo em data, sem prejuízo das regras próprias do registo. Dir-se-ia que esta é a prova de que "prevalece" no artigo 584.° tem sentido igual ao decorrente do artigo 407.°: significará que é esse o verdadeiro direito, arredando os demais.

Mas é preciso não esquecer que no artigo 407.° a prevalência temporal nasce da própria realidade substantiva: prevalece o primeiro no tempo, porque a constituição posterior de outros direitos não tem suporte substantivo, porquanto é incompatível com o direito anteriormente consti-

---

[464] Veja-se a minha posição em Assunção Cristas, *Dupla Venda de um Direito de Crédito*, 2000, pp. 242 e 243.

[465] Embora no direito italiano pareça dominar outro entendimento, não relevando, como foi referido, a boa ou má fé do adquirente para efeito de prevalência, mas apenas para efeito de responsabilidade. A razão parece estar na consideração da prova da data certa da transmissão como critério exclusivo para dirimir conflitos de titularidade. Veja-se Perlingieri, *La cessione dei crediti ordinari e d'impresa*, 1993, p. 90. Não existe no ordenamento nacional preceito que permita concluir do mesmo modo, pelo que parece mais curial defender a necessidade de aferir a boa fé do adquirente.

A construção do código civil: contrato e notificação 179

tuído[466]. Então, ou a situação é diversa, porque no caso da dupla transmissão do crédito está necessariamente subjacente uma invalidade por falta de legitimidade – e por isso, a haver alguma equiparação possível, teria de ser às regras do registo, que, justamente, comportam a possibilidade de inverter a realidade substantiva, e não à regra do artigo 407.º –, ou a situação é semelhante e essa semelhança só pode ser justificada pela defesa da notificação constitutiva no que respeita a efeitos extra-partes.

Interessante é que, se a letra da lei faz uma clara aproximação ao artigo 407.º, a realidade subjacente assemelha-se a um caso de registo, hipótese defendida pela lição dos autores e pela casuística. Mas, se era esse o entendimento pretendido pela lei, não deixa de causar estranheza a diferença marcada de redacção e a circunstância de não aparecer o rol de requisitos que é comum nos casos de registo aquisitivo[467].

X. Aspecto sem dúvida crucial para aferir a justeza das soluções é o da responsabilidade. Importa, por isso, analisar a problemática do ponto de vista das consequências a esse nível. Se se entender que o cedente mantém a legitimidade para operar uma segunda transmissão, então não há razão para defender a sua responsabilidade perante o primeiro cessionário: este saberá que a sua situação é precária, só se consolidando com a notificação ao devedor cedido. Se se defender que o cedente não é para todos os

---

[466] Mas o sentido do art. 407.º não é unívoco na própria doutrina. Se o sentido expresso no texto parece corresponder à posição generalizada – veja-se, por exemplo, Antunes Varela, *Das Obrigações em Geral* – Vol. I, 2000, p. 169, nota 3, e Almeida Costa, *Direito das Obrigações*, 2001, p. 112, nota 2, quando explicam não ser a prevalência característica exclusiva dos direitos reais, estendendo-se em alguns casos aos direitos de crédito, e note-se que está subjacente a qualificação dos direitos pessoais de gozo como direitos de crédito o que também não é pacífico –, encontram-se vozes discordantes como a de Menezes Leitão, *Direito das Obrigações* – Vol. I, 2000, p. 99, que afirma ser a regra do art. 407.º "distinta do conflito entre direitos reais já que o conflito entre direitos pessoais de gozo é um conflito entre direitos validamente constituídos, ao passo que o pretenso conflito entre direitos reais é um conflito entre um direito e um não direito, na medida em que o alienante só poderia eficazmente alienar uma vez o seu direito.". Parece, no entanto, que esta posição de Menezes Leitão resulta mais da necessidade de qualificar os direitos pessoais de gozo como direitos de crédito, demarcando-os do regime dos direitos reais, do que de uma posição substancialmente diversa relativamente ao princípio da prevalência.

[467] Apesar de não se referir especificamente ao paralelismo com o registo, Menezes Leitão, *Direito das Obrigações* – Vol. II, 2002, pp. 29, nota 47, afirma que a solução da lei é "estranha, já que pode fazer prevalecer a cessão gratuita do crédito perante a sua cessão onerosa, e que nem sequer é justificada pela boa fé do devedor, já que para a sua tutela bastaria considerar-se eficaz o pagamento ao credor aparente.".

180   *A Cessão de Créditos como Estrutura Contratual com Eficácia Translativa*

efeitos o titular do direito de crédito, então ele estará a dispor de um bem alheio e, como tal, é responsável perante o verdadeiro titular.

Pergunta-se, neste caso, porque não se aplica, sem mais, o regime da nulidade da alienação de bem alheio. Entendo que se aplicam partes do regime, nomeadamente no que respeita à inoponibilidade da nulidade, o que implica a inadmissibilidade da notificação por parte do cedente[468]. Não se pode, contudo, fazer prevalecer a realidade sobre a ficção, porque há um preceito imperativo que muda as regras do jogo: é impossível fazer letra morta do artigo 584.º. Parece-me também injustificável, neste caso, uma interpretação do tipo ab-rogante.

Na verdade, o artigo 584.º, em meu entender, não faz mais do que aplicar o que já decorria do artigo 583.º em relação à admissibilidade do pagamento feito ao cedente. Mais uma vez, trata-se apenas de um problema de inoponibilidade de determinada transmissão. O que a lei pretende salvaguardar é a eficácia liberatória do pagamento feito pelo devedor a quem não é titular do direito de crédito, mas que lhe foi apresentado como tal através de uma notificação válida. Isto significa que o preceito não está a proteger – senão indirectamente – os adquirentes concorrenciais do crédito. Parece-me que, se o devedor souber da ocorrência de uma primeira transmissão, não deve pagar, sem mais, ao segundo cessionário, sob pena de violar os mais elementares deveres de boa fé, explanados, para o caso, no artigo 762.º/2.

Naturalmente, a dupla ou múltipla transmissão de um crédito faz nascer problemas de responsabilidade civil entre o cedente e os diversos cessionários. Considerando que apenas um cessionário vê a transmissão consolidada na sua esfera jurídica, entendi, noutro momento[469], aderindo à posição de Antunes Varela[470], que o outro cessionário terá direito a uma indemnização por parte do cedente. Essa indemnização seria pelo interesse contratual positivo e não apenas pelo interesse contratual negativo.

A razão de ser desta indemnização encontrava justificação na circunstância de o direito do verdadeiro credor ser resolvido por uma segunda alienação primeiro notificada, traduzindo-se na violação do direito do primeiro cessionário, dando lugar a responsabilidade extracontratual pela violação de direito de outrem (art. 483.º). Associado a este

---

[468] Assunção Cristas, *Dupla Venda de um Direito de Crédito*, 2000, p. 242.

[469] *Ibidem*, p. 246.

[470] Antunes Varela, *Das Obrigações em Geral* – Vol. II, 1997, p. 315, nota 2 e p. 331, nota 1, e também de Ribeiro de Faria, *Direito das Obrigações* – Vol. II, 1990, p. 520.

A *construção do código civil: contrato e notificação*   181

aspecto encontra-se ainda a responsabilidade contratual, porque, tratando-se de negócio oneroso, o cedente garante ao cessionário a existência e exigibilidade do crédito ao tempo da cessão (art. 587.º/1)[471] e nesta garantia engloba-se a garantia da legitimidade do cedente[472].

Estava subjacente a esta solução a admissibilidade da aquisição da titularidade do direito de crédito pelo segundo cessionário através da notificação[473]. Na verdade, para além de considerar exigível a boa fé do devedor, entendi que, se o segundo cessionário soubesse da ocorrência de uma primeira transmissão, a sua posição não deveria ser protegida[474], pelo que, ainda que o devedor lhe viesse a pagar com efeito liberatório, ele deveria restituir o que tivesse recebido ao verdadeiro titular do crédito: o primeiro cessionário. A aquisição do direito pelo segundo cessionário só seria possível se ele estivesse de boa fé. Assim, o artigo 584.º deveria ser lido restritamente: prevalece a segunda transmissão se o adquirente estiver de boa fé[475]; se estiver de má fé, a notificação pode ter o efeito de tornar liberatório o pagamento feito pelo devedor de boa fé, mas não atribui o direito ao pretenso cessionário. Isto significava que o contrato transmissivo produzia desde logo os seus efeitos, que se resolviam se um outro adquirente de boa fé notificasse o devedor, também ele de boa fé[476].

---

[471] Sobre este aspecto da cumulação de responsabilidade extracontratual com responsabilidade contratual, veja-se Ribeiro de Faria, *Direito das Obrigações* – Vol. II, 1990, p. 520, nota 2.

[472] Quanto à extensão desta garantia, veja-se Assunção Cristas, *Dupla Venda de um Direito de Crédito*, 2000, pp. 244 e ss. e bibliografia aí citada.

[473] Veja-se a relação que então se fez com as obrigações decorrentes do regime de venda de bem alheio, nomeadamente com a obrigação de convalidação. Assunção Cristas, *Dupla Venda de um Direito de Crédito*, 2000, pp. 246 e 247.

[474] É, aliás, a posição defendida pela jurisprudência francesa, que entende que um segundo cessionário não deve prevalecer se estiver de má fé, embora entenda que está de má fé quem sabe da ocorrência de uma cessão antes de contratar com o cedente (e não no momento da notificação). Veja-se Cadiet, *Cessions de Créance: Effets*, 1996, pp. 11 e 14. É esta também a posição defendida a nível internacional nos *Lando Principles*.

[475] Ainda assim, não é líquido que a posição deste adquirente permaneça para sempre intocada. Como escrevi noutro momento, trata-se de uma protecção dada ao devedor de boa fé e não de legitimar o crédito na titularidade do segundo cessionário. Consequentemente, se, por exemplo, o pagamento dever ser feito faseadamente e, depois de algumas prestações, o verdadeiro titular do crédito comprovadamente notificar o devedor, este deve suster o cumprimento a quem primeiro o notificou, para cumprir ao verdadeiro titular. Assunção Cristas, *Dupla Venda de um Direito de Crédito*, 2000, p. 243, nota 148.

[476] Veja-se, quanto a toda esta problemática da dupla transmissão, a argumentação desenvolvida por mim em Assunção Cristas, *Dupla Venda de um Direito de Crédito*, 2000, pp. 234 e ss., conclusivamente, p. 252.

182   A Cessão de Créditos como Estrutura Contratual com Eficácia Translativa

Escrevi, então: "[s]e A vende a B um crédito e depois vende o mesmo crédito a C, A é responsável perante C na medida em que vendeu um bem alheio, mas se, preenchidos os requisitos já referidos, o crédito se consolidar na esfera jurídica de C em virtude do art. 584.°, então A é responsável perante B porque dolosamente não só não assegurou, mas impediu, que o crédito fosse exigível por B, resolvendo-se o seu direito."[477].

XI. É necessário agora distinguir situações. Se a transmissão que prevalece é a primeira, o segundo cessionário terá direito, efectivamente, a uma indemnização pelo interesse contratual positivo. Quem recebeu o objecto da prestação foi o verdadeiro credor e o segundo cessionário tem direito à indemnização por parte do cedente, tanto mais que este actuou ilicitamente, pretendendo transmitir algo que não lhe pertencia.

Mas, se a transmissão que deve prevalecer for a segunda, porque foi a primeira a ser notificada, não se vê por que defender uma indemnização ao primeiro cessionário em vez da restituição do recebido[478-479]. Com efeito, não se descortina a razão para uma solução diferente daquela que foi encontrada para o pagamento feito ao cedente após a transmissão, mas antes da notificação.

Admitir outra solução leva a concluir que a notificação produz mais efeitos em relação a terceiros do que em relação ao próprio devedor[480]. Se

---

[477] Assunção Cristas, *Dupla Venda de um Direito de Crédito*, 2000, p. 246.

[478] Se numa situação de solvência do cessionário tal pode ser perfeitamente indiferente, já no caso de insolvência terá a maior relevância. Veja-se mais adiante, pp. 327 e ss..

[479] Marani entende serem distintos os contornos da situação consoante deva prevalecer a primeira ou a segunda cessão. Enquanto que no primeiro caso o pagamento é não só liberatório, mas também extintivo do direito de crédito, no caso de prevalecer a segunda transmissão o pagamento é na mesma liberatório em homenagem à protecção do devedor cedido, mas não se pode considerar extintivo do direito de crédito. Igual solução vale para o caso de o devedor cedido, no desconhecimento da cessão, pagar ao cedente. Se o devedor pagar ao primeiro cessionário mesmo sem este ter notificado, então uma notificação posterior a favor da segunda cessão não pode resolver o efeito real da primeira transmissão, porquanto o direito de crédito já se extinguiu. O mesmo não sustenta quando o pagamento é feito a quem não é o verdadeiro credor: embora a notificação posterior ao pagamento não inverta a prioridade decorrente do contrato, o cessionário (ou o cedente) que recebeu o pagamento deverá restituir o que recebeu ao verdadeiro credor. Ou seja, se *A* cede o mesmo crédito a *B*, *C* e *E* e o devedor paga a *C*, uma notificação posterior a favor de *E* não o torna titular do direito de crédito, mas *C* não poderá reter o produto do pagamento, devendo restituí-lo a *B*. Marani, *Notifica, accettazione e buona fede nella cessione dei crediti*, 1977, pp. 109 e ss..

[480] O que aliás, parece ser decorrente da posição de Antunes Varela, quando admite a relevância do conhecimento do devedor para a transmissão produzir efeitos perante ele, mas sem possibilidade de preclusão do disposto no art. 584.°.

o que está em causa é apenas tornar o pagamento liberatório, sem que a situação substancial fique atingida, então a consequência é que o cedente recebe o pagamento, mas nem por isso o cessionário deixa de ter direito a que este lhe restitua o recebido. Se a razão de ser do artigo 584.° for também essa, então o primeiro cessionário pode exigir do segundo a restituição nos mesmos moldes. Se a razão de ser do artigo 584.° for proteger os adquirentes do direito de crédito que notifiquem em primeiro lugar, então a notificação consolida o direito na sua esfera jurídica e só haverá lugar a um pedido de indemnização.

Interessante é observar como Antunes Varela defende solução diversa para um outro caso que está próximo deste: diz que, se o cedente tiver recebido indevidamente a prestação do devedor (porque já transmitiu o crédito) e tiver caído em insolvência, deve o cessionário gozar do direito de separação da prestação em relação à massa falida, se for possível individualizá-la. Repare-se: se o devedor pagar ao cedente depois de este ter transmitido o crédito, o cessionário tem direito a exigir a restituição do recebido nos termos do enriquecimento sem causa; se, entretanto, o cedente tiver caído em insolvência, o cessionário tem o direito de exigir a separação do recebido da massa falida; mas se o cedente tiver cedido novamente o crédito a outrem, o primeiro cessionário não tem direito à restituição, mas apenas a uma indemnização, ainda que pelo interesse contratual positivo.

Pergunta-se qual a razão de ser desta disparidade de soluções. Parece que o A. olha para a notificação como um facto de contornos diferentes, consoante exista apenas uma transmissão, caso em que se trata de dirimir um potencial conflito entre cedente e cessionário, ou consoante exista mais do que uma transmissão, situação em que é necessário proteger terceiros. Este raciocínio é em tudo coerente com a assunção de um papel da notificação paralelo ao do registo de direitos reais, pelo menos neste caso concreto de conflitos de titularidade.

Só mais adiante na tese, quando se cotejar a notificação com o registo, se poderá apreender esta questão com todo o rigor. Por agora, anteciparei apenas que, a meu ver, registo e notificação são realidades diferentes, com estruturas diferentes e com funções diferentes, o que justifica que pelo registo se possa adquirir um direito e pela notificação não. A notificação desempenha, tanto neste caso como no caso de pagamento ao cedente, uma mesma função – a de proteger o devedor cedido, conferindo carácter exoneratório ao seu cumprimento –, pelo que só o verdadeiro titular tem direito ao recebido em pagamento e os restantes terão direito a uma indemnização.

Dir-se-á, ainda, que a circunstância de o artigo 584.º não se referir à boa fé do pretenso adquirente é um indício de como a lei configura a notificação em moldes diferentes do registo. Acima, referiu-se que a não exigência do requisito da boa fé levaria a situações de grande injustiça que estavam em manifesta contrariedade com o sistema, uma vez que em todas as situações de registo aquisitivo esse era um requisito exigido[481]. Agora, entende-se que talvez este requisito não esteja expresso na lei, porque, ao contrário do que se passa com o registo de transmissões de direitos reais, na transmissão dos direitos de crédito não há a aquisição de um direito através da notificação, há apenas a protecção do devedor cedido. Consequentemente, a boa fé do pretenso adquirente só releva para efeito de responsabilidade civil, uma vez que, em qualquer dos casos, estando ou não de boa fé, ele terá de restituir o recebido.

Repare-se que, apesar de o artigo 584.º ser aparentemente igual ao artigo 1265 do código civil italiano, a análise da doutrina italiana leva a conclusão diversa. Da conjugação desse preceito com um preceito equivalente para o caso de penhora do direito de crédito, retira-se no direito italiano a necessidade de notificação para a eficácia em relação a terceiros[482]. Todavia, como melhor se referirá, a doutrina é crítica e não estende as situações muito para além do previsto.

A diferença dos efeitos da aceitação, notificação e conhecimento em relação a terceiros está na insuficiência do conhecimento ou da simples cognoscibilidade enquanto critério de resolução de conflitos entre cessionários. Para tal é exigível ou uma notificação formal ou uma aceitação com data certa[483]. Como, rigorosamente, o critério de prioridade subja-

---

[481] Veja-se pp. 162 e ss..

[482] Por isso se pode compreender Mariani, *Principio consensualistico e cessione dei crediti*, 1994, p. 272, quando explica que, como no caso de transmissão de imóveis e de móveis sujeitos a registo, também na cessão de créditos há o afastamento do princípio do consensualismo em virtude dos interesses de outros sujeitos envolvidos na vicissitude, produzindo a convenção entre as partes "não tanto efeitos limitados, quanto, mesmo entre as partes, efeitos diversos de uma completa e incontroversa transferência.". Embora a regra no direito português seja, supletivamente, a do consensualismo, o que significa que pode ser afastada quando existam elementos suficientes que permitam concluir em sentido inverso, esses elementos não podem decorrer (pelas razões apontadas até aqui e que serão desenvolvidas e aprofudadas ao longo da dissertação) da consideração da notificação à semelhança de um registo de bens móveis ou imóveis.

[483] Perlingieri, *La cessione dei crediti ordinari e d'impresa*, 1993, p. 74; Perlingieri, *Cessione dei crediti*, 1982, p. 232 e ss.; Frignani, *Il difficile cammino del "factoring" (sulla pretesa notifica, al debitore ceduto, a mezzo ufficiale giudiziario)*, 1975, p. 543 (=Frignani,

A construção do código civil: contrato e notificação   185

cente é o critério objectivo da certeza da data, a notificação deve ser formal (embora não necessariamente feita através de oficial de justiça[484]) e respeitadora dos requisitos indicados para atribuir data certa a um documento (art. 2704)[485] e a aceitação deve constar de acto com data certa. Porque interessa apenas o aspecto objectivo da certeza da data, o mero conhecimento é insuficiente para conferir prioridade[486] e a boa fé não releva enquanto requisito da notificação[487]. Esta irrelevância da boa fé do segundo adquirente, primeiro notificante, também é entendida como constatação suficiente de que o artigo 1265 configura um conflito entre títulos e, por isso, entre sujeitos todos eles adquirentes *a domino*[488]. É imperioso discordar deste último corolário, porque não se compreende como pode o mesmo bem ser legitimamente transmitido por dois sujeitos diferentes. Até porque isso levaria a concluir que a titularidade pertenceria simultaneamente a duas pessoas.

À luz do direito português, isto significa optar entre dois termos em alternativa. Ou entender, de acordo com a orientação já proposta, que o artigo 584.º não confere uma efectiva prioridade e, por isso, não é exigida a notificação formal nem a boa fé do devedor cedido. Ou entender que para a notificação funcionar como critério objectivo de resolução de conflitos deve respeitar requisitos estritos, que, no fundo, a assemelhem ao registo. Lembre-se que, no estado actual da doutrina e da jurisprudência nacionais, não há exigência de notificação formal.

5.4.2.2. *Conflito entre sub-adquirentes*

I. Há um outro problema que, embora paralelo ao da transmissão do mesmo direito a pessoas diferentes, não é por ele consumido. Se esta ques-

---

Il difficile cammino del "factoring" (sulla pretesa notifica, al debitore ceduto, a mezzo ufficiale giudiziario), 1991, p. 21).

484 Perlingieri, *La cessione dei crediti ordinari e d'impresa*, 1993, p. 88, em desacordo com alguma jurisprudência que considerou essencial a intervenção de oficial de justiça. Veja-se também, acima, a nota 279, p. 98.

485 Marani, *Notifica, accettazione e buona fede nella cessione dei crediti*, 1977, pp. 154 e ss.; Perlingieri, *La cessione dei crediti ordinari e d'impresa*, 1993, p. 88.

486 No que respeita a terceiro, a jurisprudência italiana considera inderrogável o critério da anterioridade da notificação formal ou da aceitação do devedor. Cass., 21 aprile 1961, n.890, BBTC, 1962, II, p. 359.

487 Perlingieri, *La cessione dei crediti ordinari e d'impresa*, 1993, pp. 88 e 89.

488 Dolmetta, *Cessione dei crediti*, 1988, p. 291. Não se trata, no entanto, de posição consensual, como o próprio A., na nota 22, explica.

tão está expressamente resolvida pelo artigo 584.°, já saber quem goza de prevalência no caso de um desses adquirentes transmitir a outrem o crédito não encontra resposta na letra da lei.

Simplificando: se *A* vender o mesmo crédito a *B* e depois a *C* e se *C*, por seu turno, o vender a *D*, quem pode opor a titularidade do crédito ao devedor cedido?

Atendendo à natureza causal da cessão de créditos, Antunes Varela afirma que, se a cessão de créditos tiver por base uma venda e essa venda for nula (entre outros, dá o exemplo de a nulidade resultar da circunstância de o crédito pertencer a outrem), a transmissão é directamente atingida pela nulidade e os efeitos da invalidade repercutem-se na esfera jurídica de terceiros (nestes terceiros inclui, naturalmente, o segundo cessionário a quem o primeiro tenha cedido o crédito), nos termos dos artigos 289.° a 291.°[489].

No caso referido, quando *A* vende o crédito a *C*, está a vender um bem alheio, na medida em que *A* não é titular do direito de crédito, mas sim *B*. Esta venda padece de nulidade e (se seguirmos a doutrina de Antunes Varela) vai ferir de nulidade também a venda entre *C* e *D*. Mas, se *A* ou *C* notificarem o devedor da ocorrência da transmissão e este pagar com efeito liberatório a *C*, a quem deverá *C* entregar o produto do cumprimento? A *B*, verdadeiro titular do crédito, ou a *D*, porque o crédito lhe foi transmitido ainda que através de uma venda inválida? Ou seja, o pagamento feito a *C* é apenas liberatório ou transforma-o no verdadeiro titular do direito de crédito?

Se a notificação cumprir apenas a função de tornar o pagamento liberatório, *B* poderá obrigar *C* a devolver o que este recebeu indevidamente. Se, à semelhança do que acontece com o registo de transmissões de direitos reais, a notificação consolidar o direito de crédito na titularidade de *C*, então a venda de bem alheio operada em relação a *D* consolida-se, pelo que *C* deve entregar a *D* o produto do cumprimento.

Na primeira perspectiva, a notificação não desencadeia alterações substanciais, só confere carácter liberatório ao pagamento feito pelo devedor a quem constar da notificação como novo credor. A notificação não tem o efeito de, nomeadamente, sanar a nulidade que vicia a transmissão, pelo que a nulidade se repercute sobre os actos subsequentes.

A posição do devedor cedido está, no entanto, salvaguardada. A notificação permite-lhe pagar com efeito liberatório a quem apareça como

---

[489] Antunes Varela, *Das Obrigações em Geral* – Vol. II, 1997, p. 300.

A construção do código civil: contrato e notificação   187

novo credor, ainda que isso não corresponda à verdade. Se não tiver havido notificação ou conhecimento por parte do devedor cedido, este pagará com efeito liberatório ao primitivo credor. Se tiver havido notificação, o devedor pagará a quem aparecer, através dela, validamente, como novo credor.

Na situação em que *A* transmite o crédito a *B* e a *C* e este o transmite a *D*, para que o devedor pague a *D*, terá de resultar da notificação, com suficiente clareza, como é que o direito de crédito chegou à titularidade (ainda que hipotética) de *D*. Não é razoável exigir duas notificações distintas, uma relativamente à primeira transmissão e outra relativamente à segunda. Basta que da notificação decorra com clareza o percurso que levou o crédito da titularidade do primitivo credor – aquele que o devedor conhece como seu credor – até à titularidade de quem se arroga ser o novo credor.

II. Poderá perguntar-se se a questão se resolve apenas com recurso aos dados expostos ou se é necessário distinguir situações consoante o crédito é novamente cedido e o devedor cedido ainda não pagou ou, pelo contrário, já pagou. Para além do que foi referido, surgem porventura dúvidas ao nível da possibilidade de reivindicar fundos recebidos em cumprimento de um determinado crédito. Mais adiante, este problema aparece a propósito dos conflitos entre credores do cedente e cessionário, mas só na segunda parte do presente trabalho se poderá retomar a questão em toda a sua complexidade.

5.5. *Dever ou ónus de notificar*

I. Depois de ter sido analisado o problema da legitimidade para notificar, que, como se viu, é pacificamente atribuída pela doutrina portuguesa quer ao cedente quer ao cessionário, e de reflectir sobre os efeitos da notificação, importa perguntar se existe ou não um dever de notificar e a cargo de quem. Para responder a esta questão é útil colocar o problema do ponto de vista das consequências. Qual é a consequência da não notificação de uma transmissão de créditos? Existe alguma sanção para a omissão da notificação? De que espécie?

Atendendo aos efeitos da notificação, não é difícil concluir que, no direito português, as consequências da omissão da notificação não se reflectem apenas na transmissão do próprio direito de crédito, mas tam-

188 A Cessão de Créditos como Estrutura Contratual com Eficácia Translativa

bém na teia de situações activas das partes intervenientes. Ainda assim, a existência ou não de notificação tem maior relevância na análise da posição do cessionário, porque é ele o mais prejudicado no caso de omissão de notificação.

Imagine-se que o cedente não notifica o devedor cedido até ao momento em que este se lhe dirige para cumprir. Nessa altura, o cedente pode informar o devedor do ocorrido e recusar o cumprimento, indicando o cessionário como novo credor[490]. Mas também pode nada dizer, aceitar o pagamento e depois devolver o produto do cumprimento ao cessionário[491]. Para o cedente, as consequências de não ter notificado são apenas indirectas, resultantes do cumprimento que eventualmente lhe tenha sido feito. Não julgo, portanto, que tenha razão quem defende que a notificação ao devedor cedido é passível de ser vista como um dever de conduta do cedente, pelo que, no silêncio da lei, compete ao cedente notificar[492]. A omissão de notificação pelo cedente não constitui, por si só, violação de um dever que acarrete, nomeadamente, responsabilidade.

Questão algo diferente é a de o cessionário poder eventualmente assacar responsabilidade ao cedente por uma notificação incorrectamente feita[493]. Dir-se-ia que, neste caso, não é indiferente o que as partes estipularam acerca da notificação, mas também não é absolutamente decisivo. Se ficou acordado que seria o cedente a notificar e essa notificação foi feita

---

[490] Claro que, se, por esta razão, o devedor não puder cumprir tempestivamente perante o novo credor, ele não entrará em mora, tratando-se, porventura, ao invés, de um problema de mora do credor. A possibilidade de recusa do cumprimento deve ser analisada a esta luz e, no limite, ponderada dentro dos quadros da boa fé. Por outro lado, se do eventual atraso do cumprimento do devedor cedido perante o cessionário decorrerem danos para este, então, dependendo do que tenha sido acordado entre cedente e cessionário, aquele poderá incorrer em responsabilidade contratual perante este.

[491] Pode ser do próprio interesse do cedente e do cessionário que o devedor continue a cumprir perante o primeiro e, nesse caso, o cedente recebe e devolve ao cessionário o que recebeu, sem que haja qualquer problema. No entanto, pode não existir esse acordo. Nesse caso, o cedente não pode legitimamente receber o pagamento, porque está a receber algo que já não lhe é devido. Esse comportamento é reprovável: dá lugar ao direito do cessionário à restituição e, eventualmente, a responsabilidade civil. Quanto ao primeiro aspecto, que se prende com a admissibilidade da cessão oculta, voltar-se-á, adiante, nas pp. 271 e ss..

[492] Vaz Tomé, Algumas Notas Sobre a Natureza Jurídica e a Estrutura do Contrato de 'Factoring', 1992, p. 277.

[493] Embora de forma não totalmente clara, parecem defender esta possibilidade Guilherme Moreira, Instituições do Direito Civil Português – Vol. 2.º, Das Obrigações, 1925, p. 194, e Vaz Serra, Cessão de Créditos ou de Outros Direitos Mora do Credor, 1955, p. 211.

A construção do código civil: contrato e notificação 189

incorrectamente, causando prejuízos ao cessionário, o cedente é responsável pela situação causada. Se nada ficou acordado e o cedente toma a iniciativa de notificar, ainda assim é defensável a sua responsabilidade, uma vez que, tomando a notificação a seu cargo, deve assegurar-se de que é feita com todo o rigor, sob pena de, em vez de clarificar, obscurecer e causar prejuízos.

As consequências da não notificação são bastante mais pesadas para o cessionário. Se o cessionário não notificar, corre o risco de ter de suportar o pagamento feito a um credor aparente, ainda que depois possa exigir de volta o recebido, o que, no caso de uma dupla transmissão, é de contornos duvidosos. Mas esta situação também não parece ser configurável como um verdadeiro dever. O cessionário não está obrigado a notificar, mas sabe que, se não o fizer, pode ter de suportar pesadas consequências. Para ele, sim, existe um verdadeiro ónus de operar a notificação. Ao contrário do que é defendido noutros ordenamentos[494], por se tratar de um ónus, a sua não satisfação gera tão-só desvantagens para o cessionário, não fundando responsabilidade.

No direito português, não parece fazer sentido encarar a notificação do ponto de vista de um dever legal a ser atribuído ao cedente ou ao cessionário, dever esse que, a ser incumprido, faria incorrer em responsabilidade quem a ele está adstrito.

II. Isto não prejudica qualquer combinação das partes. A inexistência de um dever legal de notificar não inviabiliza a existência de um dever contratual de notificar. Se é acordado que o cedente ou o cessionário deve notificar o devedor cedido e tal não acontece, esta omissão terá as consequências do incumprimento contratual[495]. Isto não significa necessaria-

---

[494] A questão é debatida no direito espanhol. Citando inúmera jurisprudência e aduzindo variada argumentação, Navarro Pérez, *La Cesión de Créditos en el Derecho Civil Español*, 1998, p. 166, defende ser indiscutível estar a notificação a cargo do cedente, sendo este responsável pelas consequências da sua omissão. O que não quer dizer que a notificação feita pelo cessionário não seja válida, ainda que ele não seja a pessoa indicada para a fazer. Não deixa de ser interessante a defesa de uma obrigação de notificar a cargo do cedente num ordenamento em que, expressamente, não se exige a notificação, mas simplesmente o conhecimento por parte do devedor. Talvez a explicação se cinja apenas aos casos em que a própria lei exige notificação, mas isto não resulta com clareza do texto.

[495] É neste contexto que deve ser compreendida, mais adiante, a referência à possibilidade de o liquidatário judicial optar entre cumprir o contrato e notificar o devedor cedido ou resolvê-lo. Veja-se, p. 340.

190 *A Cessão de Créditos como Estrutura Contratual com Eficácia Translativa*

mente que essa omissão acarrete, ao nível da transmissão da titularidade do direito de crédito, consequências diferentes das acima referidas.

6. A boa fé e a tutela da confiança

I. O artigo 583.°/2 introduz uma particularidade de extrema importância em todo o entendimento da estrutura do negócio e da notificação e aceitação. Ainda que não tenha havido notificação ou aceitação, se o devedor tiver conhecimento da transmissão, o pagamento feito ao cedente não é liberatório. Deste preceito resulta com grande acuidade o escopo da notificação: dar conhecimento ao devedor da ocorrência da cessão. Se ele tiver conhecimento por outra via, esse facto não deixa de relevar[496], embora o ónus da prova esteja a cargo do cessionário[497].

Da conjugação dos dois preceitos do artigo 583.° resulta um mínimo denominador comum: para a transmissão produzir efeitos perante o devedor ele tem de ter conhecimento (efectivo ou presumido através da recepção da notificação) da mesma. Esse conhecimento pode ocorrer porque ele próprio aceitou o contrato-fonte, porque lhe foi notificado ou, simplesmente, porque teve conhecimento dele por qualquer outra via.

Ainda que o contrato-fonte não tenha sido notificado ao devedor, se ele tiver conhecimento e ainda assim pagar ao cedente, então esse pagamento não é tido por liberatório e não é oponível ao cessionário, ou seja, ao actual titular do direito[498]. Isto significa, em bom rigor, que os efeitos

---

[496] Aspecto enfatizado pela jurisprudência que, mesmo em casos em que houve notificação, frisa que, ainda que não tivesse existido, sempre relevava o conhecimento da cessão por parte do devedor cedido. Ac RP 18-Dez.-1997, processo n.° 9731013.

[497] Antunes Varela, *Das Obrigações em Geral* – Vol. II, 1997, p. 318, nota 1, refere-se a uma presunção da igonrância da cessão, desde que não tenha havido notificação ou aceitação. É também esta a solução na generalidade dos direitos estrangeiros. Veja-se, no direito italiano, Bianca, *Diritto Civile* – 4, L'obbligazione, 1993 (reimpressão 1997), p. 582, ao afirmar que a boa fé do devedor se presume porque a cessão do crédito cria uma objectiva situação de aparência na pessoa do credor originário e, em geral, a aparência é suficiente para presumir a boa fé de quem nela confiou. Também no direito alemão se entende que se presume a boa fé do devedor: Larenz, *Lehrbuch des Schuldrechts* – Band I, Allgemeiner Teil, 1987, p. 588.

[498] Antunes Varela, *Das Obrigações em Geral* – Vol. II, 1997, p. 321, escreve que, se o devedor pagar ao cedente depois da cessão ter sido notificada ou aceite ou conhecida por qualquer via segura e digna de confiança, o pagamento já não extingue a obrigação e o devedor tem de efectuar novo pagamento ao verdadeiro credor – o cessionário.

perante o devedor não se produzem apenas em virtude da notificação ou da aceitação, mas também em virtude do conhecimento do devedor da ocorrência da cessão. Esta afirmação em nada contraria o que se disse acima relativamente à eficácia da notificação. Afirmou-se que, nos termos do artigo 224.°, a notificação era eficaz com a recepção da mesma por parte do destinatário, sendo desnecessário o seu efectivo conhecimento. Aqui, trata-se de admitir a relevância do conhecimento quando ainda não houve notificação: a transmissão é eficaz perante o devedor nos mesmos moldes em que o seria se lhe tivesse sido notificada. É, aliás, como também se frisou, a solução que já decorria do artigo 224.°/1 quando dá relevância ao conhecimento, não obstante ainda não ter havido recepção da declaração.

A solução da lei compreende-se facilmente do ponto de vista do objectivo, prosseguido pela notificação, da protecção do devedor. Por isso, no caso de se provar que o devedor tinha conhecimento da transmissão, já não há razão para que essa protecção lhe seja concedida, porque quando estava a pagar ao dito credor aparente sabia, na verdade, que era uma mera aparência, sem correspondente na realidade jurídica.

No fundo há três patamares distintos desencadeadores da eficácia da transmissão. Todos eles se resumem ao conhecimento – efectivo ou não – da transmissão. O primeiro patamar será o da aceitação por parte do devedor cedido. Embora o devedor nunca seja parte no acto transmissivo, quando aceita está inequivocamente a assumir o seu conhecimento do acto realizado pelas partes. O segundo patamar será o da notificação. Em princípio, quem recebe uma notificação toma conhecimento do acto a que esta se refere. Como da recepção da notificação se presume o conhecimento, do ponto de vista do notificante o devedor cedido tem conhecimento da transmissão. O terceiro patamar será o do conhecimento por via diversa da notificação. A diferença fundamental em relação ao conhecimento resultante da notificação é a necessidade de o cessionário fazer prova do conhecimento do devedor, enquanto que, se existir notificação, basta a prova da recepção da mesma.

Naturalmente que, se o devedor nada souber em relação à existência de uma transmissão, ele paga e paga bem. No momento em que o devedor vai cumprir, não está obrigado a averiguar se o credor continua a ser aquele com quem tem uma relação creditícia ou se, pelo contrário, já é outro[499]. O deve-

---

[499] Menezes Leitão, *Direito das Obrigações* – Vol. II, 2002, p. 27, nota 44. Embora, como se verá (pp. 182 e ss.) não se concorde com a configuração da má fé do devedor cedido.

192   *A Cessão de Créditos como Estrutura Contratual com Eficácia Translativa*

dor não está obrigado, sem mais, a procurar a prova da alteração do crédito, pois, até ao momento em que venha a saber qualquer coisa sobre essa alteração, ele conhece como credor o credor originário[500].

II. É importante, neste ponto, introduzir uma questão que tem o maior interesse do ponto de vista argumentativo. Trata-se de saber se o registo do contrato-fonte da transmissão de créditos pode valer como notificação ao devedor cedido. Da resposta encontrada resulta uma consequência de ordem prática e outra de ordem teórica.

Do ponto de vista prático, se se entender que o registo vale como notificação, então o devedor terá de ter o cuidado de o consultar antes de cumprir; se não equivaler à notificação, o devedor pode cumprir perante o cedente sem qualquer preocupação. Do ponto de vista teórico, pode argumentar-se em relação à natureza funcional da notificação. Se o registo pode valer como notificação ou mesmo se se incluir no âmbito da notificação, então a função da notificação é claramente também a de dar publicidade ao acto transmissivo. Ao invés, se se entender que o registo não é notificação, nem pode valer como tal, então é porque a sua função primordial não é publicitar a transmissão, mas sim dar conhecimento da mesma ao devedor, protegendo-o até esse momento.

Na vigência do código antigo, a doutrina discutia justamente se, no caso de ser possível registar a transmissão, nomeadamente no caso de cessão de créditos hipotecários, o registo supria a notificação. Concluía-se que não, que, mesmo existindo o registo da transmissão, tal não era suficiente para que o devedor pudesse tomar conhecimento da ocorrência da cessão e, por isso, a notificação era indispensável como modo de conferir um conhecimento directo e pessoal ao devedor[501].

Repare-se como o registo, o meio de publicidade por excelência, não valia perante o devedor, mas parece inegável que devesse valer perante

---

[500] A este propósito, Bianca, *Gli oneri del debitore com riguardo all'accertamento dell'avvenuta cessione del credito*, 1969, p. 800, refere-se a uma presunção da persistente legitimidade do credor originário. Também no direito alemão, Larenz, *Lehrbuch des Schuldrechts* – Band I, Allgemeiner Teil, 1987, p. 588, afirma que há uma presunção de que o devedor desconhece a cessão.

[501] Guilherme Moreira, *Instituições do Direito Civil Português* – Vol. 2.º, Das Obrigações, 1925, p. 193; Cunha Gonçalves, *Tratado de Direito Civil* – Vol. V, 1932, pp. 69 e 70; José Gabriel Pinto Coelho, *Direito Civil (Obrigações)* – Prelecções dirigidas ao Curso de 1939-40 e coligidas pelo aluno Augusto Rebello, 1939, pp. 389 e 390. Aderindo à posição desta doutrina, Vaz Serra, *Cessão de Créditos ou de Outros Direitos Mora do Credor*, 1955, p. 214.

A construção do código civil: contrato e notificação

terceiros[502]. Que razão haveria para que, em relação a terceiros, a notificação fosse um meio de publicidade mais eficaz e fiável do que o registo?

Actualmente a questão continua a ser pertinente no caso de transmissão de crédito hipotecário, que, quando importe a transmissão da garantia, está sujeito a registo (art. 2.°/1/i) CRPr)[503]. Em relação a terceiros deve valer o registo ou, ainda assim, a notificação? E repare-se que, embora o código não faça qualquer equiparação entre registo e notificação em sede de cessão de créditos, quando trata do penhor de créditos prevê que, caso o penhor esteja sujeito a registo, só produz os seus efeitos a partir do registo. Mas aqui a explicação poderá estar na especial protecção de terceiros exigida pelo penhor[504].

Se atentarmos no panorama internacional, encontramos situações em que há equivalentes ao registo da transmissão ou há mesmo registo da transmissão, mas, nem por isso, se dispensa a notificação. Como acto equivalente ao registo encontra-se o regime introduzido pela *Loi Dailly*[505]. A entrega do *borderau* funciona como transmissão do crédito, não só entre as partes, mas também perante terceiros (art. 4.° da referida lei). Todavia,

---

[502] É, por exemplo, também esse o entendimento do direito belga. De acordo com a jurisprudência do tribunal da *Cassation* belga, se houver inscrição registal deixa de haver necessidade de cumprir as formalidades da notificação ou da aceitação no que respeita ao terceiros, já não no que se prende com o devedor cedido. Veja-se Van Ommeslaghe, *La transmission des obligations en droit positif belge*, 1980, pp. 95 e 96. Semelhante observação pode ser feita a propósito do direito americano, uma vez que, como se referiu anteriormente, não obstante a existência de registo, para que o devedor esteja obrigado a pagar ao cessionário é necessário que receba notificação nesse sentido (§9-406(a) parte final). No direito inglês, a doutrina chama a atenção para dois aspectos distintos a retirar de *Dearle v. Hall,* que são a notificação ao devedor cedido e a exigência do desconhecimento de uma anterior transmissão por parte do segundo cessionário, primeiro a notificar. Enquanto que, no caso de existir um registo (o que pode acontecer com um *chargee*), ele não vale como notificação perante o devedor cedido, já pode valer para efeito da segunda parte da regra, porquanto se entende que o cessionário tem conhecimento da anterior cessão (ainda que, efectivamente, isso não aconteça). Oditah, *Legal Aspects of Receivables Financing*, 1991, p. 133.

[503] Também no caso de direitos de crédito incorporados em valores mobiliários a eficácia da transmissão – neste caso perante todos – está dependente do registo. Mas aqui o problema será algo diverso, porque o registo não é público, mas será porventura constitutivo mesmo no relacionamento entre as partes. Veja-se, na segunda parte, pp. 389 e ss..

[504] Veja-se, mais abaixo, pp. 373 e ss..

[505] Lei 81-1, de 2 de Janeiro, modificada pela lei de 24 de Janeiro de 1984, assim conhecida por ser o nome do senador que fez a proposta inicial da lei. Veja-se, *infra*, pp. 249 e ss..

o devedor continua a poder pagar com efeito liberatório perante o cedente até receber a notificação pelo banco cessionário[506].

O direito americano contém um bom exemplo no regime de registo do documento de financiamento no âmbito do Artigo 9.º do UCC[507]. O preenchimento e registo do documento de financiamento (UCC 9--310(a)) não vale como notificação, pelo que se o devedor pagar ao cedente sem conhecimento do registo, e sem qualquer outra razão para ter conhecimento da cessão, ficará desobrigado[508].

Esta solução poderá parecer algo estranha, na medida em que retira a um registo público – o meio por excelência de publicitação de transmissão de direitos – a função de dar conhecimento de determinada transmissão, conferindo-a, pelo contrário, a um acto eminentemente privado – a notificação. Poderá pensar-se que não há qualquer razão para arredar o registo em favor da notificação. Se atendermos à circunstância de esta solução ter lugar paralelo nos ordenamentos que não exigem a notificação para a oponibilidade da transmissão a terceiros em geral, mas exigirem-na para que o devedor fique obrigado a pagar ao cessionário[509], percebe-se a razão de ser deste regime.

Entendo que, face ao direito português vigente, não é exigido ao devedor que consulte determinado registo antes de pagar, porque ele deve poder gozar da presunção de persistente legitimidade do credor originário, não sendo justo que se lhe imponha o ónus de, sem qualquer razão especial para tal, actuar como se tivesse ocorrido uma transmissão do crédito. A notificação assume claramente o papel de proteger o devedor, informando-o que deve pagar a um novo credor. Por isso, se o devedor nada souber em contrário, pode pagar descansadamente a quem conhece como credor. Mas o devedor pode ter conhecimento da transmissão através do registo. Não obstante não ter existido notificação, pode haver conhecimento do devedor, pelo que a transmissão lhe é oponível. A existência de registo pode, no caso concreto, ajudar a provar esse conhecimento do devedor.

---

[506] O que se pode deduzir do art. 5.º da Lei Dailly que determina que o banco cessionário pode, a todo o momento, proibir o devedor de pagar ao credor originário, estatuindo que a partir da data da notificação o devedor não se desobriga a menos que pague ao banco cessionário.

[507] Veja-se, *supra*, pp. 75 e ss. e, mais adiante, pp. 258 e ss..

[508] Veja-se *Restatement, Second, Contracts* §338.

[509] É o caso, como melhor se verá (pp. 237 e ss.), dos direitos alemão, suíço, belga (na recente alteração).

A *construção do código civil: contrato e notificação* 195

III. Mas, ainda assim, tudo reside nos requisitos da própria notificação e afirmar que o devedor não está obrigado a procurar a prova da alteração do crédito não quer dizer que o devedor não tem qualquer obrigação no que respeita à verificação da ocorrência da transmissão. Disse-se já que o devedor está genericamente vinculado a um dever de boa fé no cumprimento (art. 762.º/2)[510]. Consequentemente, não pode tomar como boa qualquer informação que lhe chegue por qualquer via.

A questão que se coloca é a de saber se o devedor tem o dever de averiguar a legitimidade de quem se apresenta como novo credor. Larenz advoga que o devedor não está obrigado a preocupar-se se o credor cedeu o crédito e a quem, nem tão pouco a guiar-se por simples rumores, pelo que a negligência não prejudica o devedor[511]. Contrariamente, na doutrina italiana fala-se de um duplo ónus a cargo do devedor – o ónus da verificação da existência da cessão e o ónus da verificação da sua validade[512] –, embora a questão esteja longe de ser pacífica[513]. No direito espanhol, afirma-se que está a cargo do devedor comprovar que quem exige o crédito é o verdadeiro titular, sob pena de o pagamento que se lhe faça não o libertar da obrigação perante o verdadeiro credor[514]. No direito americano, escreve-se que mesmo que não haja um efectivo conhecimento da cessão,

---

[510] No direito italiano, Perlingieri, *La cessione dei crediti ordinari e d'impresa*, 1993, p. 80, adere à posição de L.Bigliazzi Geri, ao fundar toda esta problemática, justamente, nas regras gerais e, principalmente, na correcção e na boa fé devidas no exercício dos direitos e cumprimento dos deveres na relação obrigacional.

[511] Larenz, *Lehrbuch des Schuldrechts* – Band I, Allgemeiner Teil, 1987, p. 588. Também neste sentido, Bülow, *Grundprobleme des Schuldnerschutzes bei der Forderungsabtretung*, 1983, p. 9; aderindo à posição de Larenz, Weimar, *Zur Ausbildungsförderung: Der Schuldnerschutz nach erfolgter Zession*, 1979, p. 284.

[512] Schlesinger, *Invalidità o inefficacia della cessione del credito e posizione del debitore ceduto*, 1958, pp. 240 e 241, defende a existência de um ónus de diligência na verificação da tiutlaridade do cessionário. Referem-se ao duplo ónus: Bianca, *Gli oneri del debitore com riguardo all'accertamento dell'avvenuta cessione del credito*, 1969, pp. 800 e 801, e Bianca, *Diritto Civile*, 4- L'obbligazione, 1993 (reimpressão 1997), p. 605; Panuccio, *Cessione dei crediti*, 1960, p. 875; Perlingieri, *Cessione dei crediti*, 1982, p. 195.

[513] Perlingieri, *La cessione dei crediti ordinari e d'impresa*, 1993, pp. 79 e ss., dá-nos conta da controvérsia doutrinária quanto à existência de um poder ou mesmo de um dever a cargo do devedor cedido no sentido de averiguar a validade e a eficácia da transmissão do crédito. Excluindo qualquer dever de averiguação sobre o negócio da cessão, veja-se Franceschelli, *Appunti in tema di cessione dei crediti*, 1957, p. 9; excluindo o ónus de averiguar a validade do facto transmissivo, veja-se Dolmetta, *Cessione dei crediti*, 1988, p. 317.

[514] Diéz-Picazo e Gullón, *Sistema de Derecho Civil* – Volumen II, 1995, p. 258.

196   A Cessão de Créditos como Estrutura Contratual com Eficácia Translativa

se o devedor tiver conhecimento de factos que colocariam um homem razoável em dúvida e se os negligenciar, é como se tivesse havido uma efectiva notificação[515]. Perante a actual redacção do código civil belga, que exige expressamente que o devedor esteja de boa fé para que o pagamento feito ao cedente seja considerado liberatório (para além de ainda não ter havido notificação ou reconhecimento da cessão pelo devedor)[516], defende-se que o devedor só está de má fé quando, para além de ter conhecimento da cessão, agir com intuito fraudulento em relação aos direitos do cessionário[517]. Numa apreciação do antigo direito belga, escreve-se que, se o devedor tivesse a menor dúvida sobre a realização da cessão (note-se que a notificação reporta-se ao efeito e não ao acto), ele deveria informar-se junto do seu credor, sob pena de comprometer a sua responsabilidade[518].

Esta questão continua a estar ligada com a problemática de quem faz a notificação. Parece-me que, se é natural que se exija um maior cuidado por parte do devedor quando quem notifica é quem se apresenta como novo credor, tal não quer dizer que mesmo quando a notificação é feita pelo cedente o devedor deva pagar sem qualquer preocupação.

Na verdade, neste caso, tudo se resume a uma questão de prova: se o devedor não tiver como provar que o cedente o notificou de determinada transmissão e que por isso pagou a quem lhe foi indicado como novo credor, essa notificação pode não valer de nada. É óbvio que, num caso destes, em que o cedente notifique e depois venha a impugnar o pagamento,

---

[515] Williston e Jaeger, *A Treatise on the Law of Contracts* – Vol. 3, 1960, p. 249, com ampla indicação de jurisprudência.

[516] A actual redacção do art. 1691/1 dispõe que "*o devedor que pagou de boa fé antes que a cessão lhe tenha sido notificada ou que ele a tenha reconhecido está liberado.*"

[517] Van Ommeslaghe, *Le nouveau régime de la cession et de la dation en gage des créances*, 1995, p. 535, que entende inconciliável com o art. 1690/2, bem como com a orientação dos trabalhos preparatórios (em excluir o mero conhecimento da cessão para a tornar oponível ao devedor), a opinião de alguns autores em considerar que o devedor está de má fé se tiver tido conhecimento da cessão. Além disso, acolher tal posição será colocar sobre o devedor o ónus de, no caso de lhe chegar qualquer informação sobre uma cessão, averiguar a verificação da mesma, tomando a seu cargo uma responsabilidade que o legislador quis evitar. Em sentido concordante, De Page, *Traité élémentaire de droit civil belge* – Tome IV, Vol. I, 1997, p. 632. Este entendimento vai no sentido da jurisprudência anterior à nova redacção, que não admitia a relevância do mero conhecimento do devedor como acto equivalente (*acte equipollent*) à notificação ou aceitação. Veja-se De Page, *Traité élémentaire de droit civil belge* – Tome IV, Vol. I, 1997, pp. 585 e ss..

[518] De Page, *Traité élémentaire de droit civil belge* – Tome IV, Vol. I, 1997, pp. 582 e 583.

alegando falta de notificação, o cedente estará em situação de *venire contra factum proprium*[519], mas o devedor é que terá de provar tal situação, uma vez que, sem notificação (ou conhecimento comprovado), ele não poderia pagar validamente a outrem.

Não quer dizer que, quando uma transmissão lhe seja notificada, o devedor deva fazer o possível e o impossível para descobrir se teve lugar um contrato nesse sentido e se esse contrato é válido[520]. Não parece ser de exigir tanto. Mas também não é admissível que o devedor pague a um novo credor sem pestanejar[521]. Ele está obrigado a pedir prova no sentido de que o que lhe está sendo comunicado é verdade. O que funciona como um direito e um dever: se não lhe for oferecida prova consistente, o devedor tem o direito de recusar o pagamento ao novo credor, mas se ele não pedir essa prova e pagar negligentemente, então o verdadeiro credor pode obrigá-lo a pagar de novo.

Dir-se-ia, em princípio, que estas cautelas fazem mais sentido para os casos em que é o novo credor que notifica e que reclama o pagamento, mas, como se referiu, para protecção da sua própria posição, também no caso de notificação pelo cedente, o devedor deve munir-se de prova (ainda que seja testemunhal). Para além do problema de prova, mesmo quando quem notifica é o cedente, dir-se-ia que há cautelas mínimas a observar. Pensando num exemplo radical: uma notificação feita oralmente pelo telefone, em hora pouco própria, e em que a voz do credor não pareça segura, indiciando, pelo contrário, um estado de embriaguez, naturalmente que pode não ser tida em conta[522].

---

[519] Com efeito, o cedente cria uma situação de confiança à qual o devedor adere e sobre ela assenta aspectos importantes da sua actividade, no caso, o pagamento. Menezes Cordeiro, *Da Boa Fé no Direito Civil*, 1983 (reimpressão 2001), pp. 758 e 759.

[520] Bianca, *Gli oneri del debitore com riguardo all'accertamento dell'avvenuta cessione del credito*, 1969, p. 802, refere que não é exegível um critério de perícia jurídica sobre a eficácia da cessão, bastando uma apreciação adequada à comum consciência social do fenómeno jurídico.

[521] Panuccio escreve que está de boa fé o devedor ao qual não pode ser imputado ter cumprido com ligeireza ao suposto cessionário, sem ter feito um controle sobre a existência e a validade do título. Ao invés, o devedor actua negligentemente quando não desenvolveu uma actividade adequada de indagação para verificar se o que o cessionário dizia o era efectivamente. Panuccio, *Cessione dei crediti*, 1960, p. 875.

[522] A questão não é, todavia, tão simples quanto aparenta, mas uma análise com toda a profundidade fica sem dúvida para além dos limites deste trabalho. A situação configurada, quando analisada do ponto de vista da validade da notificação pode ser encarada sob duas perspectivas diferentes. Ou se entende que não estão reunidos os requisitos mínimos para qualificar o acto como notificação, porque o conhecimento que dele resulta não é idó-

198   A Cessão de Créditos como Estrutura Contratual com Eficácia Translativa

Já não se exige que o devedor vá ao ponto de averiguar, por exemplo, se determinada notificação que lhe é feita corresponde à verdade ou não. Feita uma notificação em moldes sérios, idóneos, em circunstâncias que não permitam duvidar da sua não correspondência com a realidade, não há por que obrigar o devedor a ir mais longe na averiguação da verdade[523].

Se o devedor tiver conhecimento da ocorrência da transmissão por qualquer outra via, deve ter cuidado redobrado. Se, por um lado, pode arriscar-se e acreditar, pagando mal no caso de não ter ocorrido qualquer transmissão, por outro lado, se tiver ocorrido transmissão e o devedor tiver tido conhecimento dela e, sem lhe dar relevância, pagar ao cedente, o cessionário pode exigir-lhe novo pagamento. Aqui o conhecimento também significa conferir eficácia liberatória ao pagamento feito ao cessionário: se

---

neo, e então o acto será nulo, porque está incompleto; ou se entende que existe uma notificação ferida de anulabilidade em consequência da incapacidade acidental proveniente do estado de embriaguez do seu autor. No primeiro caso, o acto não produz efeitos, no segundo produ-los, mas podem ser destruídos retroactivamente. O devedor não deve ter em conta um acto nulo, deve ignorar aquela comunicação, porque não é uma notificação. Já em relação a uma notificação anulável, é possível perguntar se o devedor pode ou deve cumprir perante quem lhe é apresentado como novo credor, ou, dito de outra maneira, se o devedor pode não cumprir baseando-se na anulabilidade do acto. O acto anulável é um acto inválido, embora produza efeitos até que seja destruído por iniciativa daquele em cujo interesse a lei estabeleceu a invalidade. Não parece oferecer dúvidas que o devedor, se quiser, pode ter em conta a notificação anulável e, baseando-se nela, cumprir perante o novo credor. Se entretando o cedente, notificante, tiver interesse, poderá requerer a anulação do acto, oferecendo prova nesse sentido. Mas será que o devedor, sabendo que a notificação é anulável, pode ignorá-la? É possível sustentar que sim. Partindo do pressuposto de que o acto anulável é um acto inválido, dir-se-ia que o devedor pode não cumprir baseando-se na invalidade do acto e poderá, nomeadamente, requerer uma confirmação do acto por parte do notificante. Todavia, transferir-se-ia para si o ónus da prova, ou seja, em caso de litígio teria de ser ele a provar a invalidade da notificação, motivo pelo qual a desconsiderou. Mas também é possível argumentar que o devedor deve ter em conta a notificação que lhe é feita pelo cedente, ainda que suspeite ou mesmo esteja certo da sua anulabilidade. A fundamentação reside em alguns aspectos do regime da anulabilidade: o acto produz efeitos até que seja anulado, se não for anulado consolida-se pelo decurso do tempo, a anulação só pode ser requerida pela pessoa em cujo interesse a lei a estabelece. Se o acto produz efeitos, o devedor deverá ter em conta esses efeitos e cumprir perante quem lhe é indicado como novo credor. Na verdade, o devedor não corre qualquer risco se cumprir baseado numa notificação feita pelo cedente. Todavia, mais uma vez, não deve ser incauto ao ponto de cumprir sem mais, baseado numa notificação de cuja validade suspeita fortemente. Isto significa, desde logo, que deverá munir-se de prova suficiente de que a notificação lhe foi feita e que, para maior segurança, deverá requerer ao notificante uma confirmação do acto.

[523] Panuccio, *Cessione dei crediti*, 1960, p. 875, dá o exemplo do pretenso cessionário que apresenta documentos falsos. O devedor não pode ser prejudicado por isso.

A construção do código civil: contrato e notificação   199

o devedor tem conhecimento da transmissão, o pagamento que faça ao cessionário é tido por liberatório[524], com o reverso de o cessionário poder opor o carácter não liberatório de pagamento que seja feito a outrem.

Numa situação de dúvida, todavia, o devedor só deve pagar ao novo credor uma vez munido de provas convincentes. Qualifica-se, por vezes, esse conhecimento de seguro, certo, verdadeiro[525], de forma a que não restem dúvidas. Na dúvida, o devedor não deve arriscar. O conhecimento da cessão deve corresponder a um unívoco significado de elementos de informação, de maneira a dar a certeza ou, pelo menos, a justificar, num devedor de normal diligência, o convencimento fundado de que o crédito se transmitiu[526]. Naturalmente que o mínimo de diligência que é exigido ao devedor é que procure contactar o pretenso cedente e o pretenso cessionário a fim de averiguar da veracidade da informação que lhe chegou.

IV. Da leitura da lei pode concluir-se que o devedor só é protegido se desconhecer a ocorrência de transmissão, ou seja, se estiver de boa fé. Entre nós, foi defendido que a alegação do conhecimento por parte do devedor equivale a uma *exceptio doli*, sendo necessário, por isso, um conhecimento efectivo, não bastanto o desconhecimento por negligência[527]. Entendo que, pelas razões que se seguem, é possível configurar situações em que não faz sentido proteger o devedor cedido quando, apenas por culpa sua e conscientemente, não conhece da transmissão.

Do que já foi referido resulta que a boa fé do devedor deve abarcar menos do que um simples estado de ignorância, ou seja, a boa fé não é tida como subjectiva psicológica, mas sim subjectiva ética[528].

---

[524] Neste sentido, Perlingieri, *La cessione dei crediti ordinari e d'impresa*, 1993, p. 72, quando escreve que o conhecimento exclui o efeito liberatório do cumprimento efectuado ao cedente e, ao mesmo tempo, atribui também efeito liberatório ao pagamento efectuado ao cessionário. Em momento anterior, veja-se Perlingieri, *Cessione dei crediti*, 1982, p. 171.

[525] Nörr, *et al.*, *Sukzessionen: Forderungszession, Vertragsübernahme, Schuldübernahme*, 1999, p. 81.

[526] Veja-se, com indicação de jurisprudência neste sentido, Perlingieri, *La cessione dei crediti ordinari e d'impresa*, 1993, p. 77.

[527] Menezes Leitão, *Direito das Obrigações* – Vol. II, 2002, p. 27.

[528] Boa fé subjectiva, porque tem a ver com uma qualidade reportada ao sujeito, com um estado das pessoas e não com uma regra de comportamento (Menezes Cordeiro, *Da Boa Fé no Direito Civil*, 1983 (reimpressão 2001), p. 407). Boa fé subjectiva ética, porque não é suficiente o desconhecimento puro e simples de dada situação (caso em que seria psicológica), mas exige-se que esse desconhecimento seja desculpável (*ibidem*, p. 418).

200 A Cessão de Créditos como Estrutura Contratual com Eficácia Translativa

A questão não é debatida entre nós. No direito alemão é controversa. Referiu-se já a posição de Larenz, que aponta para um entendimento psicológico da boa fé do devedor[529]. A posição da jurisprudência alemã é, no entanto, outra: para que se entenda existir conhecimento por parte do devedor, considera suficiente a ignorância culposa, ou seja, o devedor estará de má fé não apenas se conhecer a ocorrência da transmissão, mas também se, não conhecendo, tiver a obrigação de conhecer. Há portanto um acolhimento da boa fé no sentido subjectivo ético. Larenz critica esta posição, entendendo que não é compatível com o §407, e afirma que não se exige que o devedor, antes de pagar ao cedente, averigúe de uma eventual ocorrência de um contrato de cessão, nem mesmo quando lhe chegam rumores nesse sentido, bastando, outrossim, que desconheça essa ocorrência[530].

Parte da doutrina italiana perfilha posição semelhante, afirmando que só é excluída a eficácia liberatória do pagamento feito ao cedente quando haja um efectivo conhecimento da cessão e não também quando haja cognoscibilidade segundo uma normal diligência, logo, quando haja desconhecimento por culpa grave[531], mas este entendimento não é unívoco[532].

Ainda em relação ao conhecimento do devedor, a jurisprudência alemã tem uma posição bastante exigente, admitindo a relevância do conhecimento de uma cessão por parte do devedor no caso em que essa transmis-

---

Menezes Cordeiro conclui que o nosso código civil tem uma noção ética da boa fé (*ibidem*, p. 516) e que não há razão para entender uma tipicidade previsiva na aplicação da boa fé subjectiva (*ibidem*, p. 525). Mais recentemente, a propósito da posse, mas em considerações de ordem geral, Menezes Cordeiro, *A Posse: Perspectivas Dogmáticas Actuais*, 2000 (reimpressão 2004), p. 93, reitera a sua posição, afirmando que a "Ciência do Direito actual reclama uma boa fé psicológica ética" e concluindo que o direito português equipara ao conhecimento o desconhecimento culposo, ou seja, o desconhecimento gerado pela inobservância dos deveres de indagação e de cuidado que ao caso caibam (p.95).

[529] Mais uma vez concordante com Mugdan, segundo o qual boa fé no sentido dos §§406 e 407 do BGB se traduz no conhecimento que o devedor tenha da cessão. Aderindo a este entendimento, Bülow, *Grundprobleme des Schuldnerschutzes bei der Forderungsabtretung*, 1983, p. 7.

[530] Larenz, *Lehrbuch des Schuldrechts* – Band I, Allgemeiner Teil, 1987, p. 588.

[531] Perlingieri, *La cessione dei crediti ordinari e d'impresa*, 1993, p. 78; Perlingieri, *Cessione dei crediti*, 1982, p. 185.

[532] Para que o pagamento ao cedente não seja considerado liberatório é exigido, em princípio um conhecimento da cessão com absoluta certeza, mas também se admite que esse conhecimento seja o resultado de uma situação objectiva de aparência da ocorrência da cessão aos olhos de um devedor de boa fé e de normal diligência. Veja-se Zaccaria, *Della cessione dei crediti – complemento giurisprudenziale*, 1992, p. 1105, com indicação de jurisprudência.

A construção do código civil: contrato e notificação 201

são tenha ocorrido antes, durante ou depois de um processo em que o devedor é condenado a pagar ao cedente[533]. Se ele tiver conhecimento da transmissão, pura e simplesmente não deve pagar ao cedente, mas sim ao cessionário[534].

Se esta solução choca a princípio, vista a fundo, não se revela diversa de uma situação normal. O processo revela apenas que, no momento em que os factos foram apreciados, foi provado que o devedor deve X ao credor, sendo consequentemente condenado no respectivo cumprimento. Se, antes de efectuar o pagamento, o devedor vem a saber que o crédito foi transmitido, ele deve pagar ao novo credor. Esta situação não é diferente daquela em que o devedor se prepara para pagar a quem conhece como seu credor, mas, antes de efectuar o pagamento, tem conhecimento comprovado de que o crédito foi transmitido e já não pertence àquela pessoa.

V. Para além do simples conhecimento ou desconhecimento, fundado ou não, da ocorrência da transmissão, importa perguntar se o conhecimento pelo devedor cedido da validade ou invalidade da transmissão é relevante. Ou seja, se é exigível ao devedor cedido que controle a própria validade de um contrato-fonte da transmissão de que recebeu notificação. Será que a parte final do artigo 583.°/2, quando se refere ao conhecimento, pode ter uma leitura mais abrangente da que resulta, à primeira vista, da sua letra? Será que o cedente pode opor ao devedor cedido o conhecimento que ele tenha ou devesse ter da invalidade da transmissão que lhe foi notificada?

---

[533] Veja-se Nörr, *et al.*, *Sukzessionen: Forderungszession, Vertragsübernahme, Schuldübernahme*, 1999, pp. 79 e 80.

[534] Explicando melhor. Trata-se do caso em que existe um processo judicial entre cedente e devedor e em que este é condenado no cumprimento ao cedente. Só que, depois da entrada da acção ou mesmo depois da sentença, o devedor obtém conhecimento de que ocorreu um contrato de cessão desse crédito (contrato esse celebrado antes do início do processo, durante o decurso do processo ou mesmo depois da decisão, mas antes da formação de caso julgado). Neste caso, defende a maioria que, apesar de existir uma sentença que obrigue ao pagamento perante o cedente, o devedor não goza da protecção do §407/2 e deve pagar ao cessionário. Esta posição é criticada por Nörr, *et al.*, *Sukzessionen: Forderungszession, Vertragsübernahme, Schuldübernahme*, 1999, p. 79 e 80, na medida em que violará a letra e o espírito da lei, uma vez que imputar ao devedor o risco de um duplo cumprimento é fazê-lo sofrer uma desvantagem em consequência da cessão, o que está vedado pelo espírito do regime do BGB. Entendem, outrossim, que tal situação não deve ser analisada à luz do §407, mas sim do §404, podendo o devedor usar a sentença como excepção oponível perante o cessionário.

202   A Cessão de Créditos como Estrutura Contratual com Eficácia Translativa

Penso que, se o devedor receber uma notificação clara e feita em moldes sérios, que em nada faça suspeitar da invalidade do acto que assim lhe é comunicado, ele não está obrigado a iniciar uma cruzada com o fito de averiguar, no limite, a validade desse acto. Todavia, a questão não pode ser analisada em termos absolutos e, sobretudo, seria profundamente injusto negar ao cedente a possibilidade de impugnar o pagamento feito ao cessionário, através da alegação e prova de que o devedor cedido conhecia, ou devia conhecer, a invalidade da transmissão[535].

Para resolver o problema, pode invocar-se o artigo 762.º que impõe um dever de boa fé no cumprimento. A exigência de controle sobre a própria validade do contrato-fonte da transmissão, tal como já foi referido acima em matéria de requisitos da notificação, deve ser considerada não só em atenção às circunstâncias do caso, nomeadamente ao modo como a notificação é feita e à informação que contém, mas também às características do próprio devedor cedido, relevando, nomeadamente, a sua maior ou menor profissionalidade[536].

Se o devedor cedido for uma empresa com departamento jurídico, o qual recebe a notificação, é-lhe exigido um grau de diligência adequado a essa condição, o que não é de exigir a um simples particular não dotado de especiais conhecimentos jurídicos. Actuará de má fé se cumprir perante o cedente quando os seus especiais conhecimentos lhe permitam, usando de normal diligência, identificar, por exemplo, a invalidade da transmissão.

Independentemente de se tratar de ocorrência da transmissão ou de validade da própria transmissão, em todos os casos em que o devedor tenha dúvida fundada sobre quem seja o verdadeiro credor, poderá sempre consignar em depósito a quantia em dívida (ou, se não se tratar de quantia, prestar caução correspondente), a fim de se desobrigar e de evitar, por exemplo, entrar em mora (art. 841.º/a))[537]. Nesse caso, ele não será preju-

---

[535] Perlingieri, *La cessione dei crediti ordinari e d'impresa*, 1993, p. 81, mas também, embora de forma menos expressa, Perlingieri, *Cessione dei crediti*, 1982, pp. 198 ss., advoga que o devedor não se pode limitar a ter em conta o acto que de acordo com as circunstâncias formais indica determinado sujeito como credor, mas deve avaliar a atendibilidade segundo um adequado grau de diligência. Entendimento igualmente assumido por Rivolta, *La Nuova Legislazione Commerciale – La Disciplina della Cessione dei Crediti D'Impresa*, 1991, p. 723.

[536] Quanto a este último aspecto, veja-se Perlingieri, *La cessione dei crediti ordinari e d'impresa*, 1993, p. 80.

[537] Galvão Telles, *Direito das Obrigações*, 1997, p. 240. Em sentido algo diverso, alguma doutrina italiana entende que, numa situação em que não seja possível, usando de normal diligência, saber com toda a certeza quem é o credor, o devedor está legitimado

A *construção do código civil: contrato e notificação* 203

dicado por não cumprir perante cedente ou cessionário. Naturalmente, outra via, embora demorada e onerosa, é intentar uma acção judicial cujo pedido é a determinação do titular do direito de crédito[538].

VI. Este ponto foi nominado de "boa fé e tutela da confiança", porque, afinal, a transmissão do direito de crédito produz efeitos perante o devedor e adquirentes concorrenciais do mesmo crédito não só quando a transmissão é notificada ao devedor, mas também quando este tem conhecimento dela ou, ainda que não tenha, quando poderia ter tido, se tivesse usado de normal diligência.

A notificação serve para proteger o devedor. Quando este tem conhecimento da transmissão, já não precisa dessa protecção, pelo que os efeitos da transmissão produzem-se também perante ele. Não há razão para tutelar a aparência, protegendo a confiança do devedor, quando ele, por conhecer a realidade, não necessita dessa tutela. A ignorância do devedor, para ser protegida, tem de ser justificada, no sentido que se dá ao requisito da justificação da confiança na aplicação do princípio da tutela da confiança[539]. O devedor tem o ónus de se certificar da ocorrência da transmissão, usando de normal diligência nesse sentido. Quem apenas por falta de diligência não conheceu a realidade, não deve ser protegido, pois não estão reunidos todos os pressupostos da aplicação do princípio da tutela da confiança que permite proteger uma fundada crença em dada aparência.

Afinal, contrato e notificação (ou aceitação) não são os únicos factos que é preciso ter em conta para perceber a origem da eficácia jurídica da transmissão convencional de créditos. A eles junta-se o conhecimento do devedor, que deve ser apurado em termos de boa fé subjectiva ética.

7. A estrutura da cessão de créditos

I. Após tudo o que foi sendo exposto, é esta a altura de retirar algumas conclusões sobre a estrutura da cessão de créditos no direito português.

---

a não cumprir até que seja eliminada a incerteza. Veja-se Perlingieri, *La cessione dei crediti ordinari e d'impresa*, 1993, p. 78.

[538] Possibilidade aventada no direito italiano. Perlingieri, *La cessione dei crediti ordinari e d'impresa*, 1993, p. 79; Perlingieri, *Cessione dei crediti*, 1982, p. 187.

[539] Menezes Cordeiro, *Tratado de Direito Civil Português I – Parte Geral*, Tomo I, 2000, p. 235.

204   A Cessão de Créditos como Estrutura Contratual com Eficácia Translativa

No primeiro ponto, procurou-se analisar e avaliar a relação entre o efeito da transmissão do direito de crédito e o contrato que as partes celebram para que esse efeito se produza. Todavia, não se pôde concretizar nesse ponto, em definitivo, a solução do direito português, porque de mãos dadas com essa problemática andam as questões da eficácia e do valor da notificação da transmissão feita ao devedor cedido.

Mas nem só a notificação releva. Viu-se que a lei lhe equipara não apenas a aceitação do devedor, mas também o conhecimento que ele obtenha por qualquer outra via[540] (e aqui repare-se na evolução em relação ao texto de Seabra, que exigia forma autêntica para a notificação).

Depois da problematização de cariz mais pragmático, afirmou-se a imprescindibilidade da relevância da boa fé do devedor cedido e enfatizou-se o vector da tutela da confiança. Agora, é possível concluir em relação ao que parece estar assente no actual código.

II. Como se referiu, tradicionalmente, nos sistemas de matriz francesa[541], como sejam o belga (antes da alteração de 1994), o italiano, o espanhol (apesar de ter muitas especificidades) e o português, entende-se, em geral, que há dois momentos distintos de eficácia da transmissão contratual de créditos, consoante se trate das partes ou do devedor cedido e outros terceiros.

Entre as partes, a transmissão opera-se no momento em que o acordo é realizado; em relação a terceiros, a transmissão apenas se efectua no momento da notificação ao devedor cedido ou da aceitação por parte deste[542].

---

[540] Porventura valeria a pena aprofundar a relevância dada ao conhecimento à luz da teorização da oponibilidade feita por Duclos, *L'Opposabilité (Essai d'une Theorie Generale)*, 1984, pp. 281 e ss., e entre nós, recentemente, por Santos Júnior, *Da Responsabilidade Civil de Terceiro por Lesão do Direito de Crédito*, 2003, pp. 473 e ss.. Não é, contudo, este o local próprio, uma vez que o problema da eficácia da transmissão perante o devedor cedido não é o ângulo privilegiado neste trabalho.

[541] Na brevíssima referência histórica que se segue não se tratam os direitos de matriz germânica, *maxime* o direito alemão, porque, na vigência do BGB, o entendimento doutrinário da eficácia da cessão de créditos não conhece alterações de relevo. Ao contrário do que se passa nos ordenamentos de matriz francesa. Aqui é conhecida uma evolução na interpretação dos textos legais e há o aparecimento de novos diplomas legislativos.

[542] Ainda na vigência do código antigo, Paulo Cunha, *Direito das Obrigações – O Facto Jurídico na Relação Obrigacional*, Apontamentos das Aulas da 2ª Cadeira de Direito Civil da Faculdade de Direito da Universidade de Lisboa pelo Aluno Orlando Courrège, 1942, pp. 215 e 218; Pires de Lima e Antunes Varela, *Noções Fundamentais de Direito Civil* – Vol. I, 1965, pp. 428, 429 e 432, afirmando mesmo que, não obstante se

Em alguns direitos, para que produza efeitos em relação a outros terceiros, é ainda necessário que a cessão conste de um acto com data certa[543].

Durante muito tempo a doutrina aceitou pacificamente a existência deste duplo momento para a transmissão do direito de crédito.

A adopção pelo Código de Napoleão, no que respeita à compra e venda, do princípio jusnaturalista da transmissão do direito por mero efeito do contrato conduz a que no campo da cessão de créditos também se entenda que releva o acordo entre os contraentes[544]. Todavia, há um problema novo a resolver: como se trata da alteração da titularidade activa de uma relação obrigacional, é necessário contar com a posição do devedor. Se o consensualismo é a solução óbvia para as relações entre contraentes, o mesmo não vale perante o devedor cedido.

Ou se torna indispensável o seu consentimento, ou se encontra uma forma de o proteger de um acto que o afecta directamente e no qual não tem qualquer intervenção. Em prol das necessidades económicas da circulação dos créditos, opta-se pela segunda hipótese e exige-se a notificação ao devedor cedido ou a sua aceitação através de acto autêntico para que a transmissão produza efeitos perante ele.

Fica assente a doutrina do duplo momento da eficácia da cessão – um primeiro reportado ao acordo entre as partes e um segundo reportado à notificação ou à aceitação do devedor.

Esta posição, pacificamente assumida pela doutrina italiana, tanto mais que o código de 1865 contemplava solução idêntica à do código fran-

---

tenda a considerar a notificação como uma mera formalidade, destinada a tornar conhecida de terceiros a cessão, e os efeitos se produzam, desde logo, entre as partes, ela marca o momento da transferência efectiva do crédito para a titularidade do cessionário. Mas o devedor cedido e os terceiros nem sempre são tratados de forma unitária. Se é assim nos direitos francês, belga ou português, já no direito italiano se exige que a notificação seja feita através de acto com data certa para que o acto produza efeitos perante terceiros – art. 1265 do código civil italiano –, enquanto que a lei só refere notificação ou aceitação para a produção de efeitos perante o devedor.

[543] É o caso do direito espanhol, nos termos do art. 1.526 do código civil espanhol.

[544] No direito francês anterior ao Código de Napoleão, a cessão não produzia a transferência do direito senão no momento da notificação ao devedor. Antes desta não existia, mesmo entre as partes, mais do que uma relação obrigacional. Esta solução, porventura, mais não era do que a aplicação à transmissão dos direitos de crédito da doutrina defendida para a transmissão dos direitos reais: fruto das concepções romanas, a compra e venda não era considerada como negócio com efeito translativo imediato, mas apenas com efeito obrigacional. Difusamente, Ghestin, *La transmission des obligations en droit positif français*, 1980, p. 7.

206 A Cessão de Créditos como Estrutura Contratual com Eficácia Translativa

cês, conheceu críticas em meados do século passado. Com o aparecimento, em 1942, do novo código italiano, foi sustentada a mesma posição, alicerçada no artigo 1376 – segundo o qual a transmissão do direito ocorre no momento do consenso – e no artigo 1264, que reconduz a eficácia da cessão em relação ao devedor cedido à aceitação ou à notificação do acto negocial[545].

Esta continuidade, embora, com variações, ainda encontre defensores[546], sofre críticas cerradas em dois sentidos totalmente diferentes, mas que têm em comum a ultrapassagem da ideia do duplo momento na transmissão do direito. As críticas vão no sentido da atribuição da plena eficácia da transmissão quer ao contrato quer, ao invés, à notificação.

No primeiro sentido argumenta boa parte da doutrina italiana. A admissão de um duplo momento na transmissão do crédito é reputada de paradoxal por fugir à correlatividade das posições, gerando um dilema: ou, verdadeiramente, para o devedor cedido nada muda a seguir ao acordo entre cedente e cessionário, ou o acordo tem eficácia translativa imediata

---

[545] Longo, *Diritto delle obbligazioni*, 1950, p. 380, explica que o consenso do devedor não é necessário à perfeição do contrato, que se alcança com o simples acordo entre cedente e cessionário: a partir desse momento o cessionário pode agir contra o devedor e o cedente não pode dispor do crédito. Explica, no entanto, que é uma indisponibilidade relativa, porquanto antes da notificação ou aceitação do devedor cedido a plena eficácia da cessão não se realiza: a indisponibilidade do direito de crédito opera no âmbito da relação entre cedente e cessionário e constitui a base de uma eventual responsabilidade do primeiro em relação ao segundo, mas não tem valor em relação a terceiros.

[546] Embora, aparentemente perfilhe uma orientação próxima de Panuccio, acolhendo, o consensualismo, a verdade é que, substancialmente, a posição de Dolmetta, *Cessione dei crediti*, 1988, pp. 295 e ss., procurando reelaborar a dogmática da conjugação destes dois preceitos do código civil italiano e tendo em conta as duas correntes que se opõem e que, ver-se-á, centram o efeito transmissivo no consenso ou na notificação, não andará muito longe da tese do duplo momento. Defende o A. que a cessão de créditos corresponde a uma factispécie de formação progressiva, parcialmente diversa da transmissão dos direitos reais, porque "o consenso produz a transferência do direito do património do alienante para o património do adquirente, mas é por si insuficiente para realizar todos os efeitos que a vicissitudo translativa comporta.". Assim, sustenta a ineficácia relativa do contrato de cessão que, até ao momento da aceitação, da notificação ou do conhecimento do devedor cedido, é inoponível perante este, explicando que o acordo entre cedente e cessionário não é suficiente para modificar a relação obrigacional consequente à alteração do seu lado activo (p.297). Esta explicação conjuga, na opinião do A., a aplicação do princípio do consensualismo e a adequação à tutela do devedor, em reconhecimento à específica peculiaridade do objecto da transmissão. Adere expressamente a esta posição, por exemplo, Santi, *Il factoring*, 1999, pp. 210 e 211.

A construção do código civil: contrato e notificação   207

e então há que admitir que o cedido é já devedor do cessionário, mesmo antes do conhecimento do acto[547].

Outro entendimento equivale a admitir que a mesma relação obrigacional se altera primeiro do lado activo, permanecendo imutável do lado passivo até que o devedor seja notificado. Significa isto que, depois do acordo entre as partes, o cessionário é já titular do direito de crédito, portanto credor do devedor cedido, mas, até que o devedor cedido seja notificado, este é ainda devedor do cedente: *A* é credor de *B*, sem que *B* seja devedor de *A*!

Conclui-se que a cessão é imediatamente eficaz perante todos, mas o devedor é um terceiro interessado em cumprir com efeito liberatório, pelo que a cessão só opera contra ele, excluindo o efeito liberatório do cumprimento feito ao cedente, depois de ter havido conhecimento através da notificação ou de outra via[548].

Na mesma linha, entende-se que o direito subjectivo se transfere no momento do consenso e que o consentimento ou a fundamentação por parte do devedor funcionam não já como condição de transmissão do crédito perante ele, mas como elemento probatório da inexistência de boa fé do devedor cedido, excluindo o efeito liberatório do pagamento efectuado perante credor aparente[549]. Como se referiu, esta posição é expressamente acolhida pela doutrina portuguesa[550].

---

[547] Panuccio, *La cessione volontaria dei crediti nella teoria del trasferimento*, 1955, p. 72; Panuccio, *Cessione dei crediti*, 1960, pp. 851.

[548] Panuccio, *La cessione volontaria dei crediti nella teoria del trasferimento*, 1955, p. 85 e ss.. A notificação é o facto que consolida o direito na esfera do cessionário, pois é ela que transforma a titularidade substancial – adquirida com o consenso – em titularidade formal, oponível a todos; Panuccio, *Cessione dei crediti*, 1960, pp. 853 e 854. Com mais ou menos variações, esta concepção, que alia o consensualismo à necessidade de proteger o pagamento feito pelo devedor cedido, no desconhecimento da cessão, ao cedente, continua a conhecer ecos nos tempos mais recentes e, nomeadamente, no campo do *factoring*. Veja-se, por exemplo, Fossati e Porro, *Il factoring – aspetti economici, finanziari e giuridici*, 1994, pp. 165 e ss., nesta quarta edição da obra já com referência à lei italiana de 1991 sobre cessão de créditos empresariais (veja-se, mas abaixo, p. 228), que, no entanto, em sua opinião, não altera este aspecto; Bussani e Cendon, *I contratti nuovi*, 1989, p. 273.

[549] O art. 1264, 2ª parte, será, pois, uma concretização ou uma aplicação do princípio da eficácia liberatória do pagamento ao credor aparente. Carraro, *Recensione a Panuccio – La cessione volontaria dei crediti nella teoria del trasferimento*, 1957, p. 121; Schlesinger, *Invalidità o inefficacia della cessione del credito e posizione del debitore ceduto*, 1958, p. 234; Bianca, *Il debitore e i mutamenti del destinatario del pagamento*, 1963, p. 128; Bianca, *Diritto Civile – 4, L'obbligazione*, 1993 (reimpressão 1997), p. 584. Embora não haja uma adesão expressa a esta posição, também é neste sentido que vai a

208 *A Cessão de Créditos como Estrutura Contratual com Eficácia Translativa*

Tomando como base de análise o caso da dupla alienação do crédito, para a qual a lei confere prevalência à transmissão que primeiro tiver sido notificada e não à que primeiro tiver sido celebrada, há quem advogue, ainda, que a notificação cumpre a função de retirar ao cedente o poder de disposição sobre o crédito. Embora se entenda a notificação como um mero requisito de eficácia perante terceiros, é inegável que o cedente mantém, até aí, o poder de disposição do crédito[551].

Ainda que se admita o consensualismo como bom princípio a aplicar na transmissão do direito de crédito[552], a discussão acerca do papel exacto da notificação mantém-se acesa, nomeadamente no que respeita ao seu entendimento enquanto meio de publicidade. Há quem entenda que a notificação ou a aceitação são simples meios de publicidade do contrato já celebrado, não produzindo qualquer efeito de consolidação do crédito na esfera do cessionário[553].

Mas também se afirma que, não sendo a notificação ou a aceitação actos que condicionem a passagem do crédito do velho para o novo titular, incidindo apenas sobre a eficácia da cessão perante o devedor e perante terceiros, não podem ser vistos como meios de publicidade. Argumenta-se que a notificação e a aceitação não são meios permanentes de cognoscibilidade do acto por parte dos interessados[554] e que não assentam em decla-

---

argumentação de Perlingieri, quando, concordando com Marani, explica que a função da notificação é provar o conhecimento de forma a tutelar o interesse do devedor em fazer um pagamento com efeito liberatório. Perlingieri, *La cessione dei crediti ordinari e d'impresa*, 1993, p. 72, mas já em momento anterior, Perlingieri, *Cessione dei crediti*, 1982, pp. 162 e ss..

[550] Antunes Varela, *Das Obrigações em Geral* – Vol. II, 1997, p. 311 e também p.320, refere a equiparação entre notificação e aceitação e também o conhecimento do devedor cedido e, na p.314, atribui a eficácia liberatória do cumprimento à tutela do credor aparente.

[551] Graziani, *Studi di Diritto Civile e Commerciale*, 1953, pp. 236 e ss..

[552] Aspecto posto em causa, recentemente, por Troiano, *La cessione di crediti futuri*, 1999, pp. 447 e ss.. Embora afirme que o princípio do consensualismo é ele próprio extensível à transmissão de créditos futuros, porque não é necessário qualquer acto ulterior das partes para desencadear o efeito transmissivo, estando este dependente apenas do nascimento do direito de crédito (pp. 447 e ss..), acaba por afirmar (aderindo à posição de Cian) que toda a problemática da oponibilidade da cessão de créditos ao devedor cedido e a terceiros tem interesse na própria composição do sistema de transmissão de créditos e representa uma derrogação, ainda que parcial, do princípio do consensualismo, imposta pela natureza relativa do crédito que é objecto de disposição.

[553] Stogia, *Cessione di crediti e di altri diritti (diritto civile)*, 1957, p. 157.

[554] Bianca, *Diritto Civile* – 4, L'obbligazione, 1993 (reimpressão 1997), p. 609.

A construção do código civil: contrato e notificação 209

rações não receptícias, dirigidas à comunidade em geral, mas sim em declarações dirigidas apenas ao devedor cedido[555].

No segundo sentido acima apontado, nega-se o duplo momento na transmissão do crédito, porque tudo deve ser remetido para o momento da notificação. A justificação mais relevante centra-se na validade do pagamento do devedor cedido ao cedente depois do contrato e antes da notificação: tal só pode significar que este é ainda o verdadeiro titular do direito[556]. Além disso, esta solução não choca com o princípio geral da transmissão dos direitos por mero efeito do contrato (art. 1376 do código italiano), porque ele não é aplicável a sistemas particulares como sejam a cessão de créditos[557].

Se está praticamente abandonada a ideia da notificação constitutiva, no sentido que lhe é dado por Mancini, continua em aberto a definição dos contornos precisos da eficácia da notificação[558]. Aqui, como se referiu, as posições são múltiplas e resultam de uma variada conjugação de diversos elementos: o princípio do consensualismo no relacionamento entre as partes; a ideia de pagamento liberatório feito ao cedente no desconhecimento da cessão; a solução da prevalência da cessão primeiro notificada; a relação entre notificação e conhecimento por parte do devedor cedido. Subjacente a este articular de soluções e respectiva solução está uma prévia configuração da estrutura da cessão de créditos. É incgávcl que essa prévia configuração é causa e efeito das posições que os autores vão perfilhando.

III. Recolhendo os contributos que até agora foram sendo registados, chegou a hora de retirar conclusões, fazendo a síntese relacional e construtiva do que se foi acumulando.

---

[555] Navarro Pérez, *La Cesión de Créditos en el Derecho Civil Español*, 1998, p. 164.

[556] Mancini, *La cessione dei crediti futuri a scopo di garanzia*, 1968, pp. 32 e ss., e Mancini, *La cessione dei crediti*, 1999, p. 471.

[557] Mancini, *La cessione dei crediti futuri a scopo di garanzia*, 1968, p. 45 e Mancini, *La cessione dei crediti*, 1999, pp. 472 e 473.

[558] Questão suscitada com grande pertinência há longo tempo por Schlesinger, *Invalidità o inefficacia della cessione del credito e posizione del debitore ceduto*, 1958, p. 253, ao advogar que, numa eventual reforma sobre a matéria, seria importante reconfigurar a eficácia da notificação: quando feita pelo cessionário, deveria ter o mero significado de tornar exigível o cumprimento, impedindo o pagamento válido ao cedente e estabelecendo um critério de prioridade no caso de pluralidade de actos translativos; quando feita pelo cedente (ou quando existisse comunicação pelo cessionário de um acto comprovativo da cessão proveniente do cedente), deveria ser elevada a momento de perfeição da transmissão.

O primeiro ponto a realçar é o que se prende com o negócio que está na base da cessão de créditos. O código civil refere-o expressamente por diversas vezes. Numa primeira leitura, parece que a sua relevância se centra exclusivamente nas relações entre as partes e que para o exterior ele já não interessa, importando, sim, a regulação própria do instituto da cessão de créditos, *maxime*, a notificação.

Viu-se como esta leitura é errada. Viu-se como o negócio que está na base não importa apenas para as relações entre as partes e viu-se também como a notificação, por seu turno, não releva apenas para o devedor. Lembrem-se os casos de pagamento liberatório antes da notificação ou da relevância do conhecimento pelo devedor.

Consequentemente, a leitura absolutamente separada do contrato e da notificação é inviável. Adoptar a posição que considera a notificação como constitutiva da transmissão do crédito, mesmo no relacionamento das partes, contraria frontalmente a remissão legal para o negócio que está na base e, se tivermos em conta tudo o que foi dito a propósito da relevância do conhecimento do devedor, fica claro que não faz sentido adoptar tal postura. A notificação existe para proteger o devedor, mas não tem interesse só por si. Ela é símbolo e prova do conhecimento do devedor. Não é insubstituível. Pelo contrário, viu-se como o conhecimento do devedor, que revela má fé, tem o mesmo efeito da notificação.

Perguntar-se-á, então, se a notificação é uma condição suspensiva. Tratar-se-á de um facto futuro e incerto do qual depende a produção dos efeitos – ou de parte dos efeitos – do negócio transmissivo perante o devedor cedido?

É de excluir a natureza de condição suspensiva, porque, nos termos do código civil, a condição determina a eficácia da totalidade do negócio e não apenas de parte dele. Não é o que se passa com a notificação. Seria um facto de tipo condicional, mas não uma verdadeira e própria condição. Mas, mais importante, a notificação não condiciona a eficácia do negócio. Ele é, desde logo, plenamente eficaz, só que, para o seu efeito central – a transmissão da titularidade do direito de crédito – ser oponível ao devedor cedido, é necessário que este tenha conhecimento dessa transmissão.

O efeito não está suspenso: o efeito produz-se, mas é inoponível ao devedor até que ele tenha conhecimento do sucedido. Trata-se, naturalmente, de um problema de eficácia, mas adoptar a expressão oponibilidade é, seguramente, mais impressivo. A notificação é apenas reveladora e fonte de conhecimento que levanta o véu da inoponibilidade. É esse o sentido dos artigos 583.° e 584.°.

A *construção do código civil: contrato e notificação* 211

Há uma inegável aproximação ao sistema alemão. Embora estruturalmente ele seja muito diverso, no que se prende com a existência de um contrato de cessão abstracto e de um negócio subjacente causal distinto, a articulação com o conhecimento e com a notificação está próxima. Não só na leitura do sistema português. Um pouco por todos os ordenamentos referidos se denota essa influência, com uma nítida desvalorização da notificação (o que é notório entre os autores e tribunais franceses e aparece claramente nos desvios que leis avulsas têm introduzido ao regime do *code civil*) e com uma correspondente valorização do conhecimento. A notificação, quando correctamente feita, dá uma presunção inilidível de conhecimento, mas é esse conhecimento, que está por detrás do acto e que é o seu significante, que releva[559].

A transmissão do direito de crédito não é efeito da notificação nem do conhecimento, nem de um contrato de cessão. É efeito possível de inúmeros contratos translativos. O que interessa é a fonte da cessão[560], o que equivale a dizer, o que interessa é o contrato translativo que cedente e cessionário celebram.

No direito português não há um contrato de cessão de créditos que seja completamente independente de outros tipos contratuais[561], ou que se possa completar com diversas causas. Há vários negócios que têm como efeito a transmissão de direitos e que podem ter por objecto, justamente, um direito de crédito. A cada um desses negócios, chamou o código uniformemente "negócio que está na base".

Consequentemente, quando o código civil utiliza a expressão "cessão" para designar o acto contratual que as parte celebram com vista à transmissão do direito de crédito está a referir-se a este negócio que está na base e não a um qualquer outro contrato de cessão – é este o sentido que deve ser tido em conta, por exemplo, nos artigos 580.º ou 583.º.

---

[559] É significativo, por exemplo, o facto de o tribunal, nas conclusões finais, tratando-se de um caso em que houve notificação, referir que o pagamento foi efectuado em momento posterior ao conhecimento da cessão (e não à notificação), colocando, assim, o acento tónico, justamente, no conhecimento. Ac RP 18-Dez.-1997, processo n.º 9731013.

[560] A terminologia é de Menezes Cordeiro, *Da Cessão Financeira (Factoring)*, 1994, p. 80, e Menezes Cordeiro, *Direito das Obrigações* – 2.º Vol. , 1980 (reimpressão 1994), pp. 86 e 92.

[561] Justamente porque a cessão de créditos não é um tipo contratual, antes designa um conjunto de regras a aplicar quando o direito de crédito é o objecto de um negócio que visa a sua transmissão. Esse conjunto de regras atende à especificidade do objecto. Por isso se explicam as aspas no título do ponto 4 do presente capítulo: verdadeiramente não há um contrato de cessão de créditos com a configuração de um tipo contratual.

212 A Cessão de Créditos como Estrutura Contratual com Eficácia Translativa

Dir-se-á que esta leitura retira sentido à redacção do artigo 578.°/1: os requisitos e efeitos do negócio que está na base, entre as partes, definem-se em função do tipo de negócio que lhe serve de base! Na verdade, a construção deste preceito é ilógica, justamente, porque é retirada da construção do direito alemão que não encontra paralelo no direito português. O que pretende explicar é que o tipo negocial utilizado pelas partes rege as relações entre elas, logo, determina os requisitos a observar e os efeitos que serão produzidos.

IV. Importa, então, relançar um olhar ao negócio que está na base, vendo-o à luz do princípio do consensualismo. É incontornável, neste momento, tentar uma breve análise do disposto no artigo 408.° para se perceber como é possível associar o princípio do consensualismo ao negócio translativo de um direito de crédito.

A doutrina portuguesa não demonstra especiais preocupações na aplicação que faz do artigo 408.°. Ele é assumido como a expressão legal do princípio do consensualismo e é invocado, nomeadamente, para justificar a transmissão imediata do direito de crédito, pelo menos entre as partes contratantes[562-563].

---

[562] Antunes Varela, *Das Obrigações em Geral* – Vol. II, 1997, p. 313. Também a jurisprudência acompanha este entendimento. Veja-se o Ac STJ 25-Mai.-1999 (Torres Paulo), BMJ 487 (1999), 299, p. 301, onde expressamente se afirma que a transmissão do crédito se opera, *inter partes*, desde a conclusão do contrato, independentemente da sua notificação ao devedor, em aplicabilidade do princípio da eficácia imediata das convenções negociais – art. 408.°/1. Romano Martinez, *Direito das Obrigações* – (Parte Especial) Contratos, 2001, p. 33, refere-se à transmissão imediata do efeito real e esclarece que nem todos os contratos de compra e venda pressupõem a transferência de direitos sobre coisas, dando o exemplo do direito de crédito. Calvão da Silva, *Titul[ariz]ação de Créditos*, 2003, p. 36, a propósito da cessão de créditos para titularização, que tem subjacente uma compra e venda (veja-se, mais abaixo, pp. 283), escreve que a venda tem eficácia translativa imediata, *solo consensu* das partes, da titularidade dos créditos presentes, invocando os arts.408.°/1, 879.°/a) e 577.°/1 (também nas pp. 97 e 103, embora aqui omita a referência ao art. 577.°/1). É de sublinhar que a justificação implícita de Calvão da Silva para a aplicação do princípio do consensualismo não vem apenas do art. 408.°, mas da invocação dos próprios preceitos da compra e venda e da cessão de créditos, o que constitui aspecto não desprezável.

[563] Mas não se trata apenas da aplicação do princípio ao nível dos direitos de crédito. Ele é invocado para justificar outras situações. Veja-se, por exemplo, Amadeu Ferreira, *Valores Mobiliários Escriturais – Um Novo Modo de Representação e Circulação de Direitos*, 1997, pp. 283 e ss., que invoca o art. 408.° (e o art. 879.°/a)) para explicar que é regra no nosso direito consumar-se a operação de compra e venda pelo simples consenso, pelo que o momento da transmissão da titularidade dos valores escriturais negociados em

A construção do código civil: contrato e notificação 213

Esquecer-se-á esta doutrina de que a letra do artigo 408.º apenas diz respeito aos direitos reais[564]? Faz, embora não explicitamente, uma interpretação extensiva do preceito? Com que fundamento? Na verdade, a aplicação do artigo 408.º é afirmada com tanta naturalidade[565] que, necessariamente, suscita dúvidas sobre se haverá alguma razão para excluir a sua aplicabilidade.

---

bolsa ou outro mercado secundário é o da realização da operação. Por seu turno, Oliveira Ascensão, *Valor Mobiliário e Título de Crédito*, 1997, p. 48, vê no art. 405.º do CódMVM a aplicação aos valores mobiliários dos princípios gerais constantes dos arts.796.º e 408.º do CC. Também Paula Costa e Silva, *Compra, Venda e Troca de Valores Mobiliários*, 1997, p. 259, explica que o legislador do CódMVM "não introduziu qualquer desvio ao princípio geral expresso no art. 408.º/1 do código civil: a transferência de direitos reais sobre coisa determinada (sobre direito determinado) dá-se por mero efeito do contrato (ou da operação)". Repare-se como a A. reescreve o preceito, estendendo-o à transmissão de direitos distintos dos direitos reais e assumindo como facto desencadeador da eficácia transmissiva não o contrato, mas a operação enquanto negócio jurídico unilateral. Não se estranha a equiparação de regimes, mas não se pode deixar de notar com surpresa a facilidade com que é feita, como se essa solução decorresse de simples interpretação declarativa do preceito.

564 Repare-se que o nosso art. 408.º não é exactamente igual ao art. 1376 do código civil italiano que, este sim, refere expressamente a transmissão de um direito real ou de um outro direito: "*Nos contratos que têm por objecto a transferência da propriedade de uma coisa determinada, a constituição ou a transferência de um direito real ou a transferência de um outro direito, a propriedade ou o direito transmitem-se e adquirem-se por efeito do consenso das partes legitimamente manifestado*". Por isso, a doutrina italiana não tem qualquer problema em referir-se ao princípio do consensualismo também em relação à transmissão dos direitos de crédito. Veja-se, por exemplo, Dolmetta, *Cessione dei crediti*, 1988, p. 295; Ferrigno, *Factoring*, 1988, p. 969, que explica, simplesmente, que o contrato translativo de um direito de crédito é um contrato com efeitos reais, pelo que é aplicável o princípio do art. 1376 do código civil italiano, ou seja, o princípio do consensualismo. Já antes, também em matéria de *factoring*, Santangelo, *Il factoring*, 1975, p. 209, escrevia no mesmo sentido. Repare-se ainda que o texto do art. 408.º difere daquele proposto por Vaz Serra, *Efeitos dos Contratos (Princípios Gerais)*, 1958, p. 367, que, esse sim, continha a referência à transmissão de outro direito: art. 5.º/1 – "*Se o contrato tiver por objecto a transferência da propriedade de uma coisa determinada ou a constituição ou transferência de um direito real ou de um outro direito, tais direitos transferem-se ou constituem-se por efeito do contrato.*".

565 Veja-se, por exemplo, Oliveira Ascensão, *Valor Mobiliário e Título de Crédito*, 1997, p. 48, onde afirma o consensualismo como princípio geral do direito (português). Ferreira de Almeida, *Contratos – I Conceito, Fontes, Formação*, 2003, p. 26, explica que muitos preceitos situados no código civil sob a epígrafe "contratos" ultrapassam o campo dos efeitos obrigacionais e aplicam-se mesmo a contratos sem efeitos obrigacionais. É o que acontece a uma parte significativa das "disposições gerais", como sejam os exemplos mais evidentes dos arts. 407.º e 408.º.

Não deixa de ser inultrapassável a análise dessa aplicabilidade. Aplicar o princípio do consensualismo vertido no artigo 408.º à transmissão convencional de créditos implica, necessariamente, fazer, justificadamente, uma leitura além do sentido literal dos preceitos.

Tanto o n.º 1 como o n.º 2 do referido artigo mencionam apenas "*a constituição ou transferência de direitos reais sobre coisa*", sendo que no n.º 1 essa coisa é desde logo determinada e no n.º 2 é futura ou indeterminada. Há dois elementos da previsão da norma que parecem incontornáveis: a constituição ou transferência de direitos reais que, por serem direitos reais, naturalmente incidirão sobre uma coisa.

De uma primeira leitura facilmente se percebe que a transmissão de direitos de crédito está excluída da previsão do artigo 408.º. Perguntar-se-á, então, porque razão a doutrina, sem qualquer explicação, aplica, sem mais, o preceito, como se no artigo 408.º estivesse escrito direitos reais e direitos de crédito.

Tal posição explicar-se-á, porventura, pela circunstância de se atender à causa ou à fonte da transmissão. Uma vez que na base da transmissão estará, por hipótese, uma compra e venda e, tendo em conta os artigos 874.º e 879.º/a), o direito se transmite por efeito do contrato de compra e venda, então, estando em causa uma compra e venda de um crédito, a solução não será diversa. Esta justificação será de alguma forma coerente com a tese, acima explicada, que vê a cessão de créditos exclusivamente como efeito de um tipo contratual com carácter translativo, mas já não fará sentido conjugada com a tese que configura a cessão de créditos como tipo contratual autónomo.

Explicando melhor. Para os que entendem que transmitir convencionalmente um direito de crédito mediante um preço é uma compra e venda de um direito de crédito, faz sentido aplicar o princípio do consensualismo, não por efeito do artigo 408.º – que apenas se reporta a direitos reais –, mas por efeito dos artigos 874.º e 879.º/a). E repare-se que estes preceitos não se referem apenas à transmissão do direito *inter partes*, sendo pacificamente aceite a oponibilidade da transmissão *erga omnes* (tanto mais que no nosso direito não rege o princípio de que "posse de boa fé vale título"[566]).

Para os que entendem que transmitir convencionalmente um direito de crédito mediante um preço é uma cessão de créditos que tem na base uma compra e venda cujo regime se aplica às relações *inter partes*, só em

---

[566] Veja-se, na segunda parte, pp. 406 e ss..

A construção do código civil: contrato e notificação 215

relação a estas faz sentido falar em consensualismo, pois, para as restantes, é necessário atender ao regime da cessão de créditos.

Quer para uma posição, quer para outra, não se descortina, no pensamento da doutrina portuguesa, qualquer razão para a aplicação directa, ou mesmo analógica, do artigo 408.°. No entanto, a sua aplicação pode encontrar plena justificação, desde que alicerçada numa outra forma de entender estruturalmente a cessão de créditos. O artigo 408.°, porque respeita à transmissão da titularidade dos direitos e não à estrutura dos mesmos, pode ser tido em conta para a transmissão dos direitos de crédito.

Ver-se-á, noutro momento[567], como há uma efectiva aproximação (e por agora basta esta expressão) entre os direitos reais e os direitos de crédito no que se prende com a sua transmissibilidade.

V. Toda a problemática da estrutura da cessão de créditos, com a ligação inevitável à questão da eficácia, é profundamente marcada pelas condições em que as diversas legislações se foram desenvolvendo. Talvez por isso, a maior preocupação dos juristas franceses e espanhóis tenha sido, num primeiro momento, justificar a separação entre o contrato de compra e venda e a cessão de créditos, a dos italianos em negar o carácter abstracto da cessão de créditos e justificar a causalidade e a autonomia contratual, a dos alemães em proteger o devedor, a dos anglo-saxónicos em resolver problemas práticos como o da violação da incedibilidade convencional. Obviamente que todos estes aspectos são tratados em todos os direitos, mas nem por isso deixam de ser facilmente reconhecíveis os caminhos que determinada inserção sistemática ou determinada regra obrigaram a trilhar.

Não obstante, há, indiscutivelmente, um fundo comum, um substrato partilhado nos ordenamentos que se analisaram, quer se trate de direitos que comungam do sistema romano-germânico, quer do sistema anglo-saxónico. Há dois vectores, dois interesses, dois princípios imprescindíveis e norteadores de toda a leitura da transmissão do direito de crédito. São eles a cedibilidade do direito de crédito e a protecção a conferir ao devedor cedido[568].

---

[567] Toda esta problemática é retomada na segunda parte do presente estudo, em especial, nas pp. 400 e pp. 425 e ss..

[568] Kötz, *The Transfer of Rights by Assignment*, 1992, p. 85, explica que o direito da cessão de créditos está dominado pelo conflito entre dois interesses: de um lado, o interesse comercial em aumentar a circulação dos direitos de crédito, tornando os créditos de dinheiro facilmente transferíveis sem a cooperação ou o acordo do devedor e, do outro

216 *A Cessão de Créditos como Estrutura Contratual com Eficácia Translativa*

Maioritariamente a doutrina alemã, mas também autores de outros ordenamentos, explica que a protecção da posição do devedor é mesmo a justificação jurídica para que o crédito se transmita sem a sua colaboração, não fazendo sentido tal regime se a posição do devedor não permanecer intocada[569]. Haverá, pois, uma simbiose ou complementaridade entre liberdade do credor e protecção do devedor[570]. A maneira como, concre-

---

lado, o interesse do devedor em não ter a sua posição legal afectada negativamente pela transferência de um crédito contra ele. Reportando-se aos princípios enformadores da Convenção do *Unidroit* sobre *Factoring* Internacional, Ferrari, *Principi generali inseriti nelle convenzioni internazionali di diritto uniforme: l'esempio della vendita, del* factoring *e del* leasing *internazionale*, 1999, pp. 94, refere, a par do princípio da boa fé, um *"favore per la circolazione dei crediti"*, ou seja, um princípio tendente à protecção da circulação dos créditos e um princípio de protecção do devedor, segundo o qual não este não deve, depois da cessão, encontrar-se em posição de desvantagem em relação àquela em que estaria se não tivesse ocorrido cessão.

[569] Esser, *Schuldrecht* – Band I, Allgemeiner Teil – Teilband 2, 2000, p. 312. Em sentido semelhante parecem apontar Nörr, *et al.*, *Sukzessionen: Forderungszession, Vertragsübernahme, Schuldübernahme*, 1999, p. 74, quando escrevem que a exclusão do devedor e a protecção do mesmo são princípios complementares para a compreensão do direito do contrato de cessão. Já antes (*ibidem*, p. 7) se escrevia que a protecção legal do devedor é o correlativo da liberdade de transmissão do crédito de que o credor goza. Weimar, *Zur Ausbildungsförderung: Der Schuldnerschutz nach erfolgter Zession*, 1979, p. 285, afirma com toda a simplicidade que "[u]ma vez que a cessão não necessita da participação do devedor, a sua posição jurídica não pode ficar prejudicada pela troca do credor.". Embora muito resumidamente, mas enunciando de forma clara a dependência dos dois apectos, e elegendo o §404 do BGB como disposição central do sistema de protecção do devedor, Hennrichs, *Gedanken zum Schuldner – und Gläubigerschutz bei der Abtretung*, 1992, p. 86. Mas, se são primordialmente os autores alemães que fazem esta associação, não são os únicos. No direito austríaco, Ertl, *Zession*, 1992, §1393, 1, p. 951, enuncia a proibição de prejudicar o devedor (*Verschlechterungsverbot*) como uma finalidade da cessão e mais adiante (§1395, 1, p. 955) escreve que a participação do cedido é dispensável, porque a sua posição não é prejudicada pela cessão. Na doutrina belga, Van Ommeslaghe, *La transmission des obligations en droit positif belge*, 1980, p. 100, escreve que a cessão de direitos e, em particular, a cessão de créditos não pode prejudicar o devedor nem agravar a sua posição, sendo que o mecanismo da cessão de créditos ao dispensar a intervenção do devedor implica esta regra fundamental. De Page, *Traité élémentaire de droit civil belge* – Tome IV, Vol. I, 1997, pp. 539 e 546, explica que é o facto de a situação do devedor cedido permanecer incólume que justifica que a cessão se realize sem a sua intervenção. Entre nós, implicitamente Menezes Leitão, *Direito das Obrigações* – Vol. II, 2002, p. 28, quando afirma que, se a cessão dispensa o consentimento do devedor, não o pode colocar em pior situação daquela em que anteriormente se encontrava.

[570] Nörr, *et al.*, *Sukzessionen: Forderungszession, Vertragsübernahme, Schuldübernahme*, 1999, p. 8.

A construção do código civil: contrato e notificação

tamente, estes princípios encontram expressão nos diferentes direitos é variável, mas em todos se identifica a orientação desta dualidade de vectores.

Há uma clara necessidade de facilitar a transmissão dos direitos de crédito (referiu-se que boa parte da doutrina espanhola defende o consensualismo para a transmissão dos direitos de crédito). Repare-se como no sistema alemão (e porventura também no espanhol) se exclui a possibilidade de aquisição através da protecção da boa fé do cessionário[571-572], dando-se uma total e exclusiva relevância ao contrato de cessão. Repare-se como nos sistemas em que a notificação tem algum peso, ele é sistematicamente atenuado pela consideração da boa ou má fé do devedor cedido. Repare-se como é comummente admitida a liberdade de forma para a notificação, mesmo quando o negócio está sujeito a forma especial[573].

Mas esse vector não esconde o cuidado na protecção do devedor. Não obstante existir genericamente uma grande preocupação em proteger o devedor e se afirmar a impossibilidade de prejudicar a sua posição[574],

---

[571] Veja-se, mais abaixo, p. 241. Excluindo o caso excepcional do §405 do BGB. Dispõe o preceito que, se o devedor tiver emitido um documento de reconhecimento de dívida e a cessão se celebrar mediante a entrega do mesmo, ele não pode opor a mera aparência da relação jurídica (alegar, por exemplo, simulação) ou a exclusão da cedibilidade por acordo com o anterior credor, a menos que o novo credor conheça ou devesse conhecer o estado das coisas no momento da cessão. Aqui é dada relevância à aparência de direito, uma vez que ele está corporizado num documento, que ganha o carácter de título de crédito. Também por isso, para que exista uma efectiva aquisição é necessário que o documento seja efectivamente apresentado (*vorgelegt werden*), não bastando a entrega (*Übergabe*) do mesmo ao cessionário de boa fé. Weimar, *Der Vertrauenschutz des Erwerbers bei verbriefter Scheinschuld*, 1968, p. 556. Não existe, pois, uma protecção genérica da boa fé do cessionário e, no caso de o documento ter sido roubado ou perdido, não é aplicável o §405, pois é pressuposto que o documento seja recebido livremente em mãos pelo devedor aparente.(*ibidem*, pp. 556 e 557).

[572] O mesmo vale para o direito austríaco: a aquisição de boa fé de um crédito não pertencente ao cedente é impossível. Veja-se Dittrich e Tades, *Das Allgemeine bürgerliche Gesetzbuch*, 1994, §1394, E 8, p. 2005. Ertl, *Zession*, 1992, §1394, 2, p. 952, estabelece uma relação directa entre esta cominação e a impossibilidade de piorar a posição do devedor cedido.

[573] Este aspecto da forma da notificação é importante na análise da própria notificação. Veja-se como ela está desligada do negócio que está na base: mesmo que esse negócio careça de forma especial, a notificação goza de liberdade de forma, podendo ser feita oralmente, o que corrobora o posicionamento da notificação isolada do contrato destinado à transmissão do direito de crédito. Veja-se, *supra*, pp. 96 e ss..

[574] Por exemplo, De Page, *Traité élémentaire de droit civil belge* – Tome IV, Vol. I, 1997, p. 545, Van Ommeslaghe, *La transmission des obligations en droit positif belge*,

218   *A Cessão de Créditos como Estrutura Contratual com Eficácia Translativa*

é sobretudo, embora não exclusivamente[575], a doutrina alemã[576] que sustenta o princípio segundo o qual o devedor não pode ver a sua posição piorada pela ocorrência da cessão[577-578], falando-se mesmo num *favor debitoris* em matéria de cessão de créditos[579].

Embora, como já se referiu, a doutrina portuguesa, sofrendo influências das literaturas francesa e italiana, tenha admitido um duplo momento para a transmissão do direito de crédito, pode dizer-se, com toda a justiça, que, ainda que não verbalizado, o seu entendimento colocou-se mais ao nível da oponibilidade do que da efectiva transmissão. Sempre se admitiu que o crédito já se havia transmitido, que o seu titular não era já o cedente,

---

1980, pp. 84 (onde refere a posição do tribunal superior) e 100. A propósito da oponibilidade de excepções, De Nova, *Nuovi contratti*, 1990, p. 96; Frignani, *Recente sviluppi del* factoring *in Itallia*, 1991, p. 46, igualmente Frignani, *Il regime delle eccezione opponibili al "factor"*, 1991, p. 83; D'Amaro, *Il contratto di factoring*, 1993, p. 1786. Na doutrina norte americana, já Corbin, *Assignment of Contract Rights*, 1926, p. 230, afirmava *"[a] debtor cannot by assignment be put in a worse position in any respect, except so far as this may result from being indebted to a new and more pressing creditor.".* O art. 15.º/1 da Convenção das Nações Unidas sobre a Cessão de Créditos no Comércio Internacional dispõe expressamente que uma cessão não pode, sem o consentimento do devedor, afectar os direitos e as obrigações do devedor, incluindo os termos do pagamento contidos no contrato original. Também a Convenção do *Unidroit* sobre *Factoring* Internacional traduz este princípio quando, no seu art. 9, admite que o devedor possa invocar contra o *factor* todas as excepções derivadas do contrato de compra e venda que poderia opor ao devedor. Munari, *Il factoring internazionale nella convenzione Unidroit*, 1989, p. 463, frisa este aspecto exactamente nesta óptica.

[575] Frignani, *Il regime delle eccezioni opponibili al factor*, 1982, p. 124, fala expressamente em dois princípios essenciais à composição dos interesses em causa: por um lado, a cessão não pode prejudicar de modo algum a posição do devedor, porquanto é feita dispensando (ou mesmo contra) a sua vontade; por outro lado, uma vez recebida notificação, o devedor cedido não pode modificar a sua posição perante o cessionário através de negócio jurídico celebrado com o credor originário. No mesmo sentido, De Nova, *Nuovi contratti*, 1990, p. 96 e D'Amaro, *Il contratto di factoring*, 1993, p. 1786.

[576] O que não deixa de ser curioso, porque o sistema alemão é, justamente, o que menos importância dá à notificação. Talvez por isso mesmo a doutrina tenha precisado de afirmar de forma tão aberta a necessidade de protecção do devedor cedido.

[577] Larenz, *Lehrbuch des Schuldrechts* – Band I, Allgemeiner Teil, 1987, p. 586; Fikentscher, *Schuldrecht*, 1997, p. 362; Medicus, *Shuldrecht I – Allgemeiner Teil*, 1999, p. 352; Schlechtriem, *Schuldrecht – Allgemeiner Teil*, 2000, p. 306.

[578] Mas esta ideia, muitas vezes não expressa como princípio, aparece espelhada mais ou menos em toda a doutrina. No caso português, veja-se, por todos, Antunes Varela, *Das Obrigações em Geral* – Vol. II, 1997, p. 327.

[579] Nörr, *et al.*, *Sukzessionen: Forderungszession, Vertragsübernahme, Schuldübernahme*, 1999, p. 7.

A construção do código civil: contrato e notificação 219

mas sim o cessionário, apesar de, até ao momento em que a alteração fosse notificada ao devedor, não ser possível às partes fazê-la valer contra ele[580]. Nunca houve, todavia, uma assunção clara desta posição, com todas as suas implicações e consequências.

VI. Aplicando os dois princípios assinalados à realidade do direito português, diria que o princípio da livre cedibilidade foi contemplado na assunção do consensualismo e na exclusão da intervenção do devedor e que o princípio da protecção do devedor encontra consagração na importância dada ao conhecimento do devedor cedido como condição de oponibilidade da nova titularidade do crédito.

Concluindo, o direito de crédito transmite-se, no direito português, por efeito de um contrato translativo que tenha esse direito como objecto. A notificação é exterior à transmissão e serve o intuito exclusivo de dar conhecimento ao devedor como forma de lhe retirar a protecção que, em virtude de não poder intervir na transmissão, lhe é conferida pela lei. Consequentemente, os preceitos que prevêem a protecção do devedor não se justificam por a transmissão ainda não ter ocorrido. Justificam-se por a transmissão já ter ocorrido, mas o devedor ainda não ter tido conhecimento dela. É por isso que a nova titularidade não lhe pode ser oposta.

O regime da cessão de créditos que a lei autonomamente construiu teve, afinal, o fito exclusivo de dotar a lei de regras específicamente destinadas à protecção do devedor e de regras especialmente configuradas em virtude do objecto contratual ser um direito de crédito.

O objectivo, com esta opção, foi evitar duplicações em cada um dos tipos contratuais a que as partes podem recorrer, não criar um qualquer tipo contratual, embora integrado pelos tipos já existentes.

Na verdade, ainda que, atendendo à prática contratual, se pudesse pensar ser a cessão de créditos um tipo contratual, seguramente, não existe tipicidade legal, nem tão pouco tipicidade social[581], no sentido que lhe é

---

[580] Significativas são as palavras de Paulo Cunha: "[...]o devedor continua juridicamente a ignorar que o seu credor já não é o primitivo, mas um novo[...]" e "[a]pesar do crédito já ter sido cedido, os efeitos em relação ao devedor [...] antes da notificação são nenhuns.". Paulo Cunha, *Direito das Obrigações – O Facto Jurídico na Relação Obrigacional*, Apontamentos das Aulas da 2ª Cadeira de Direito Civil da Faculdade de Direito da Universidade de Lisboa pelo Aluno Orlando Courrège, 1942, pp. 215 e 128, respectivamente.

[581] A tipicidade social é analisada pela doutrina sobretudo na perspectiva das relações de influência que estabelece com a tipicidade legal na perspectiva da relevância jurí-

220 A Cessão de Créditos como Estrutura Contratual com Eficácia Translativa

atribuído pela doutrina[582]. Com efeito, não existe um tipo de contrato socialmente construído aguardando reconhecimento legal, mas apenas a designação do contrato que, na prática do direito, atende preferencialmente ao seu objecto – o direito de crédito. Direito de crédito esse, que, enquanto objecto específico dos contratos, não é tido em conta como elemento dos tipos legais.

---

dica que lhe deve ser atribuída. Maria Helena Brito, *O Contrato de Concessão Comercial*, 1990, pp. 166 e ss.; Pais de Vasconcelos, *Contratos Atípicos*, 1995, pp. 59 e ss.; Pinto Duarte, *Tipicidade e Atipicidade dos Contratos*, 2000, p. 42.

[582] Maria Helena Brito, *O Contrato de Concessão Comercial*, 1990, p. 168, explica com clareza que a tipicidade social pressupõe a consciência dos tipos assim criados virem a adquirir validade geral e justifica-se pela importância dos tipos em causa na realidade social, relativamente à sua difusão e à função económico-social que desempenham.

CAPÍTULO III

Terceiros: contrato ou notificação

8. Delimitação e justificação

8.1. *Razão de ordem*

I. No capítulo precedente, o objectivo prosseguido foi o de apresentar e problematizar a construção do instituto da cessão de créditos tal como arquitectada pelo código civil português. Definiram-se contornos do dito contrato de cessão de créditos e delineou-se a figura da notificação, pesando a sua importância. No decorrer da análise foi preciso atender a aspectos específicos de direitos estrangeiros, de modo a melhor compreender as soluções portuguesas.

Tendo sempre como pano de fundo a dialéctica entre contrato e notificação, houve dois vectores de análise que, no essencial, contribuíram para as soluções encontradas. Foram eles: a importância dada ao negócio que está na base na configuração das relações entre as partes e a consideração da posição do devedor cedido antes da notificação ou do conhecimento da transmissão. A propósito da notificação, referiu-se ainda a solução da lei relativamente aos adquirentes do mesmo crédito.

Apesar de toda essa reflexão ser absolutamente imprescindível para a análise que se segue, na verdade, ainda não se problematizou a questão da eficácia translativa em relação a terceiros para além do devedor e dos adquirentes do mesmo crédito. É em relação a este grupo que, como já se referiu, falta a previsão da lei. Viu-se também que a doutrina portuguesa é escassa e sucinta. Por isso, é essencial recorrer à análise das soluções contempladas nos direitos estrangeiros, de molde a buscar proximidades, conexões, analogias, que permitam encontrar, justificadamente, a melhor solução para o direito português.

II. No final da década de 70, Neumayer, num pequeno estudo comparativo da cessão de créditos[583], integrou os ordenamentos jurídicos em dois sistemas matriz: o sistema francês e o sistema alemão. No aspecto que importa neste momento, o sistema francês caracterizava-se por fazer assentar a eficácia da transmissão do direito de crédito em relação a terceiros na notificação ao devedor por oficial de justiça ou na aceitação por aquele através de acto autêntico e o sistema alemão caracterizava-se por não distinguir eficácia entre as partes e em relação a terceiros, não exigindo qualquer formalismo para a oponibilidade da cessão a estes últimos.

O primeiro sistema abarcava o direito francês, o direito belga, o direito italiano, o direito holandês, o direito do Quebeque. O segundo compreendia o direito alemão, o direito suíço, o direito austríaco e, em alguns pontos, nomeadamente no que toca à exigência de formalismos para a oponibilidade perante terceiros, também o direito inglês (*under equity*) e o direito americano.

Esta divisão padece de actualidade em alguns aspectos. Se a entrada em vigor de novos códigos civis na Holanda e no Quebeque trouxe soluções em alguma medida distintas do sistema francês, pelo menos no que toca à exigência de notificação através de oficial de justiça[584], e, em relação à solução holandesa, na própria configuração da notificação como elemento constitutivo da transmissão do direito de crédito[585], mais flagrante

---

[583] Neumayer, *La transmission des obligations en droit comparé*, 1980, p. 196 e ss., em especial na parte que agora mais interessa dos efeitos relativamente a terceiros, pp. 201 a 206. Note-se que, embora a edição seja de 1980, o estudo foi apresentado nas IX Jornadas de Estudos Jurídicos Jean Dabin organizadas pelo Centro de Direito das Obrigações da Faculdade de Direito da Universidade Católica de Louvaina, em Novembro de 1978.

[584] O código civil do Quebeque estatui que a cessão é oponível ao devedor e aos terceiros desde que aquele nela tenha consentido ou tenha recebido uma cópia ou um extracto pertinente do acto de cessão ou ainda qualquer outro meio de prova que seja oponível ao cedente (art. 1641). O código civil holandês exige a notificação como modalidade de entrega, mas não obriga a que revista forma especial, esclarecendo-se, apenas, que as pessoas em relação às quais o direito deve ser exercido podem exigir que lhes seja dado um extracto, certificado pelo alienante, do acto e do título em que se baseia (art. 3.94.3). Em qualquer dos ordenamentos não há qualquer exigência relativamente à necessidade de intervenção de oficial de justiça.

[585] O código civil holandês exige para a transmissão de qualquer bem a entrega assente num título válido efectuada por quem tenha o direito de dispor do bem (art. 3.84.1). Tratando-se da transmissão de direitos de crédito não consubstanciados num documento à ordem ou ao portador, determina o art. 3.94.1 que a entrega se efectue por um acto a tal dirigido e pela notificação às pessoas determinadas em relação às quais o direito deve ser exercido. Assim, a notificação não importa apenas como acto desencadeador da eficácia

Terceiros: contrato ou notificação 223

ainda é a alteração recente do código civil belga, que, no que se prende com os efeitos da transmissão, equipara os terceiros às partes do contrato[586]. Verdadeiramente, segundo a divisão proposta, só o direito italiano permaneceria integrado no "sistema francês"[587].

Mas mais importante do que esse aspecto é a circunstância de, presentemente, ser questionável uma divisão bipartida. Em primeiro lugar, porque, com a entrada em vigor da Lei Dailly, em 1981, o sistema francês conheceu uma importante revolução no seu direito e é impossível continuar a falar num sistema francês uno como até então tinha sido explicado. Naturalmente que se mantém o regime do *code civil* e, nessa medida, continua a ter validade o que se diz sobre o sistema francês, mas agora reportado apenas ao sistema francês clássico. Em segundo lugar, é inegável a importância da construção do *Uniform Commercial Code* americano. Apesar de arquitectar um sistema de registo aplicável às transacções dotadas de uma finalidade de garantia, por ser tão amplo nos seus pressupostos, na parte que importa, o UCC abrange não apenas a cessão de créditos em garantia, mas praticamente todos os casos de cessão de créditos.

Ao nível do direito internacional, no que se prende com a oponibilidade da cessão aos terceiros, os textos da Convenção do *Unidroit* sobre *Factoring* Internacional e da Convenção das Nações Unidas sobre Cessão de Créditos Internacional reflectem a dificuldade extrema em encontrar consenso[588].

No que respeita ao primeiro, não há qualquer regra material relativa à eficácia da cessão perante terceiros para além do devedor cedido[589]. No

---

transmissiva perante devedor e outros terceiros, mas como elemento constitutivo da própria transmissão enquanto acto complexo.

[586] Com a alteração, em 1994, do art. 1690 do código civil belga, a transmissão do direito de crédito passou a ser oponível aos terceiros (exceptuando o devedor) pela simples conclusão do acordo entre as partes.

[587] E considerando apenas a solução vertida no código civil italiano, negligenciando todo o novo regime relativo à transmissão dos créditos empresariais introduzido pela lei n.51 de 21 de Fevereiro de 1991, a que se fará referência mais adiante, pp. 228 e ss..

[588] A propósito da primeira, Goode, *Conclusions on the Leasing and Factoring Conventions*, 1988, p. 513, foca precisamente este aspecto.

[589] Por isso, é criticado pela doutrina italiana: por não ter conseguido alcançar os objectivos iniciais, tendo ficado muito aquém daquilo que era esperado e sendo, por isso, inútil em muitos aspectos. Veja-se Frignani, *L'avan-progetto di legge uniforme su certi aspetti del factoring internazionale*, 1991, p. 80, pronunciando-se ainda sobre um texto não definitivo; também Frignani, *Quando il legislatore affronta il factoring*, 1991, p. 104 e 106 e igualmente Frignani, *Il factoring: modelli europei e convenzioni di diritto uniforme*,

224   A Cessão de Créditos como Estrutura Contratual com Eficácia Translativa

que se prende com o segundo, há um pendor claríssimo para a adopção de um sistema de registo, não só porque é prevista a criação de um sistema de registo a nível internacional (art. 3.° do anexo à Convenção), ao qual os Estados signatários poderão aderir (nos termos do art. 42.°), mas também porque das considerações feitas nos trabalhos prepararatórios se percebe ser o sistema preferido[590]. Todavia, em virtude da impossibilidade de, atendendo aos casos concretos, os Estados adoptarem um sistema de registo, previu-se a possibilidade de os Estados optarem, no que toca a problemas de prioridade, por um de quatro sistemas[591]: registo, contrato,

---

1991, p. 114. Mais moderado, mas também chamando a atenção para a circunstância de terem ficado de fora aspectos cruciais ligados à oponibilidade a terceiros, sendo o mais grave a omissão de regulação da oponibilidade da cessão à falência do fornecedor (cedente), De Nova, *Il progetto Unidroit di convenzione sul factoring internazionale*, 1989, p. 716 (pronunciando-se, ainda, sobre o projecto de convenção), e, na sua esteira, Munari, *Il factoring internazionale nella convenzione Unidroit*, 1989, p. 465. Curiosamente, esta questão está omissa na análise de Cassandro Sulpasso, *Il* factoring *internazionale ed il progetto Unidroit*, 1988, sobre um projecto ainda não definitivo. Assume a questão como exemplificativa das limitações próprias da disciplina convencional, Ferrari, *Principi generali inseriti nelle convenzioni internazionali di diritto uniforme: l'esempio della vendita, del* factoring *e del* leasing *internazionale*, 1999, pp. 82 e 83, qualificando esta omissão de lacuna *intra legem*, lacuna deliberada e que não deve ser integrada de acordo com os princípios gerais vertidos na convenção, porque corresponde a matéria propositadamente excluída do âmbito de aplicação das normas uniformes. Esta perspectiva estará também subjacente à breve explicação dada por Monaco, *La convenzione internazionale per i contratti di factoring*, 1989, p. 13, quanto refere o método de trabalho adoptado pelo *Unidroit* e a necessidade de encontrar equilíbrios.

[590] Veja-se a nota seguinte.

[591] Inicialmente, tendo em conta que os Estados poderiam não estar dotados de "*modern priority rules*", estava prevista apenas a possibilidade de optar entre o sistema de registo – quer com a adesão ao sistema de registo internacional, a adoptar no futuro, quer com a consagração de sistemas de registo internos – ou o sistema baseado na anterioridade do contrato. O anexo previa estes dois modelos que tendiam a servir de modelo para a legislação nacional. Foi todavia objectado que permitir uma dupla possibilidade estaria a retirar força ao sistema de registo que se pretendia implementar e sem dúvida afectaria o carácter didáctico da convenção, podendo, ao invés, prejudicar mais do que beneficiar, tendo sido mesmo sugerida a supressão de todo o anexo. Esta sugestão foi arredada e entendeu-se ser de manter o anexo, porque constituiria um guia útil para os Estados interessados em modernizar o seu sistema de prioridades. Então, de molde a reforçar o valor educacional da convenção, e para evitar oferecer opções de sinal contrário, pretendeu retirar-se do anexo o sistema de prioridade baseado no momento da cessão. Também esta proposta foi rejeitada, uma vez que, faltando acordo dentro do grupo de trabalho sobre qual seria o sistema de prioridades mais apropriado, entendeu-se dever o anexo reflectir todas as alternativas de um modo equilibrado. Naturalmente que não faltou quem chamasse a atenção para

Terceiros: contrato ou notificação 225

notificação e sistema misto – contrato relativamente a credores e administrador da massa falida e notificação em relação a cessionários do mesmo
direito de crédito.

III. Retomando o que se referiu acerca dos direitos estrangeiros, dir-
se-ia, actualmente, estarem contemplados, em geral, quatro sistemas de
eficácia da transmissão do direito de crédito em relação a terceiros (sem
atender em especial aos cessionários concorrenciais). Os quatro sistemas
podem ser designados como o sistema da notificação (tradicional francês),
o sistema do contrato translativo (alemão, inglês e belga actual[592]), o sis-

---

a circunstância de a não inclusão do sistema de prioridade baseado na notificação estar em
manifesto desacordo com esta opção. Ficou então a sugestão para a sua inclusão no anexo,
o que veio, de facto, a verificar-se. Assim se explica a razão da passagem de um texto totalmente orientado para a adopção de um sistema de registo, consentindo, quando muito, um
sistema baseado na anterioridade do contrato, para um articulado que prevê a possibilidade
dos Estados adoptarem qualquer um dos sistemas descritos no anexo, como seja o sistema
de registo, o sistema de contrato translativo ou o sistema da notificação. Ao consagrar todas
as hipóteses, o texto acaba por não oferecer suporte bastante para a opção por um ou outro
modelo. Todavia, sempre se dirá resultar da previsão de adopção de um sistema de registo
internacional e dos trabalhos preparatórios um claro pendor para um sistema de registo e a
tolerância de um sistema de contrato, com o abandono de um sistema de notificação. Não
deixa de ser interessante observar como a negociação da convenção pôde alterar substancialmente a vocação original, o que aliás só corrobora a constatação da dificuldade em
resolver a matéria dos conflitos de titularidade/prioridades em sede de transmissão dos
direitos de crédito. Veja-se este percurso no *Report of The Working Group on International Contract Practices on the Work of its twenty-third Session (Vienna, 11-22 December
2000)*, pp. 35 e ss., em www.uncitral.org, *Adopted Texts – Travaux Preparatoires, Draft
Convention on the Assignment of Receivables on International Trade (2001)*.

[592] Apesar de ser difícil fazer uma elaboração dogmática da figura da cessão de créditos no ordenamento inglês, sobretudo porque a doutrina inglesa não parece encontrar
necessidade de proceder a uma grande construção teórica do instituto, parece-me mais correcto integrar nesta categoria o direito inglês. A notificação aparece apenas para informar
o devedor cedido da ocorrência da transmissão ou para dirimir conflitos de titularidade
sobre o mesmo crédito, ao passo que, numa situação de falência, entende-se que o crédito
se encontra já na titularidade do cessionário, embora não tenha havido qualquer notificação. No caso de falência existe sim, como se verá, a exigência de registo público para a
oponibilidade da transmissão ao administrador da massa falida. Como o acto que interessa,
nesse caso, é o registo e não a notificação, é legítimo concluir no sentido da desvalorização da notificação como acto necessário à oponibilidade perante terceiros. Estes elementos
habilitam a decisão de inserir o direito inglês nesta categoria, porque, no que se prende com
outros terceiros para além do devedor cedido, como sejam os credores das partes, vale o
contrato celebrado entre aquelas e não qualquer acto ulterior.

O mesmo se passa com o regime consagrado na mais recente versão dos *Princípios
Lando* relativamente à cessão de créditos. Também a este nível de construção de princípios

226 A Cessão de Créditos como Estrutura Contratual com Eficácia Translativa

tema de contrato e entrega (francês da Lei Dailly) e o sistema de registo (americano do UCC)[593].

Num primeiro ponto, apresentar-se-á teoricamente cada um dos sistemas, fazendo apelo às críticas que lhes foram sendo dirigidas. Naturalmente que seria possível, depois dessa análise, concluir acerca do direito português, mas porventura pecaria por falta de consideração de aspectos práticos da aplicação do direito, o que poderia conduzir à adopção de soluções divorciadas da realidade.

---

de direito uniforme dos contratos, se optou por exigir a notificação apenas para a eficácia da transmissão perante o devedor cedido. Em relação a terceiros, vale o momento em que a transmissão produz efeitos que, nos termos do art. 12:202 dos *Princípios*, é o momento da celebração do contrato. É a regra expressa para o caso de penhora do direito de crédito – a posição do cessionário em relação ao crédito tem prioridade sobre a do credor que o penhore depois da cessão produzir efeitos (art. 12:404(3)) – e para o caso de falência – a posição do cessionário, no caso de falência do cedente, prevalece sobre a posição do administrador da massa falida e dos credores, ressalvado-se a existência de especiais regras relativas a falências, como a exigência de requisitos de publicidade (art. 12:404(4)).

Todavia, sempre se dirá que, no âmbito de uma construção dogmática rigorosa, estas soluções teriam de constituir uma categoria diferente da do direito alemão, não só pelo maior peso que, teoricamente, conferem à notificação, como pela consideração da notificação como elemento decisivo para dirimir conflitos de titularidade sobre o mesmo crédito. Naturalmente que, se se quiser colocar o acento tónico neste aspecto, dir-se-á que há uma aproximação ao sistema francês clássico, mas a consideração da posição dos terceiros credores das partes nega, em absoluto, essa proximidade e, pelo contrário, remete para a solução do direito alemão.

Não fosse o direito português não integrar uma regra clara acerca da oponibilidade da transmissão em relação a terceiros para além do devedor e a análise seria em tudo idêntica à do direito inglês ou dos *Princípios Lando*. Na verdade, também o direito português elege a notificação (mas não só) como elemento decisivo para a eficácia transmissiva se produzir perante o devedor cedido e, no art. 584.º do código civil, no caso de uma dupla transmissão, confere prioridade ao cessionário que notifique em primeiro lugar. Falta, no entanto, uma regra relativamente a outros terceiros, como sejam os credores das partes, nem que seja a propósito da situação de falência. É essa regra que é preciso descobrir e é consequência dessa omissão a impossibilidade de aproximar o direito português, sem mais, do sistema alemão ou, pelo contrário, do sistema francês tradicional.

[593] Deixando de lado as especificidades de cada ordenamento. Pense-se na lei n.52 de 21 de Fevereiro de 1991, que introduz no ordenamento italiano um regime totalmente novo para a transmissão dos créditos profissionais, ou nas particularidades já apontadas dos códigos da Holanda e do Quebeque. Em relação ao direito holandês, a inserção no sistema francês tradicional é desprovida de sentido: embora se exija a notificação, ela é condição de validade da própria transmissão do crédito entre as partes. No que respeita à solução consagrada no Quebeque, embora próxima do sistema francês tradicional, rigorosamente, ela afasta-se por desrespeitar a exigência da intervenção de oficial de justiça.

Terceiros: contrato ou notificação   227

Entendeu-se, por isso, ser essencial a apreciação de cada um dos sistemas à luz de algumas figuras de direito comercial (e problemas por elas suscitados) que recorrem ao esquema da cessão de créditos para satisfazerem os seus objectivos. É ainda fundamental dar uma especial atenção à situação de falência, por exigir uma resposta inequívoca sobre a titularidade dos bens[594], demonstrando com maior acuidade as vantagens ou as fragilidades de um sistema em relação a outro[595].

Finda essa análise de incidência mais pragmática, recolhendo em aplicações comerciais elementos importantes para a decisão a tomar, poderão analisar-se criticamente as diversas possibilidades e, à luz do que se teve como assente para o direito português, encontrar aquela que poderá ser, na minha opinião, a melhor resposta.

Este capítulo reata, assim, o problema enunciado no capítulo primeiro, cuja solução foi preparada pelo capítulo segundo. Note-se que essa resposta, encontrada após a especial ponderação de aplicações práticas, ainda deverá ser sujeita ao crivo das considerações da dogmática civilista na segunda parte do trabalho.

8.2. *Terceiros*

I. Para completar a delimitação deste capítulo, importa ainda esclarecer o elemento central de análise: os terceiros. Na verdade, a palavra "terceiro" comporta uma multiplicidade de sentidos e, nessa medida, pode gerar facilmente equívocos[596].

---

[594] Goode, *Ownership and Obligation in Commercial Transactions*, 1987, pp. 434 e 435, enfatiza este aspecto à luz da necessidade de configuração clara dos direitos enquanto reais ou pessoais.

[595] Em sede geral, po exemplo, Wood, *Comparative Financial Law*, 1995, pp. 36 e ss., elege o campo da falência como privilegiado para comparar os elementos estruturantes dos diferentes sistemas jurídicos e uma das matérias que oferece como exemplo é, precisamente, a da cessão de créditos (p.47).

[596] Veja-se, por exemplo, como De Page, *Traité élémentaire de droit civil belge* – Tome IV, Vol. I, 1997, pp. 540 e 541, explica que a palavra terceiro tanto pode ser usada para designar o cessionário, quando se diz que a cessão de créditos é uma convenção pela qual se aliena a um terceiro um direito de crédito, como para referir o devedor (que no entanto é parte na obrigação primitiva), como relativamente ao cedente, quando se tem em conta que, a partir da cessão, ele torna-se terceiro em relação ao cessionário (mas continua a ser credor perante o devedor até que se cumpram as formalidades exigidas por lei).

228   A Cessão de Créditos como Estrutura Contratual com Eficácia Translativa

De uma forma muito simplista, pode dizer-se que é terceiro todo aquele que não é parte[597]. O conceito de terceiro pressupõe sempre uma relação com algo, com determinado acto jurídico ou relação jurídica: alguém é terceiro em relação a alguma realidade[598]. Não se pode dizer que alguém é, simplesmente, terceiro.

Aplicando esta ideia, será terceiro todo aquele que não é parte no contrato celebrado entre cedente e cessionário com vista à transmissão de um direito de crédito. Neste sentido, são terceiros todas as pessoas do mundo que não celebraram o referido contrato: terceiros são todos os que não são partes[599].

Naturalmente que, neste vasto universo de terceiros, o direito procura encontrar conjuntos mais pequenos, operativos, recortando de uma massa

---

[597] Reportando-se a preceitos do então código de registo predial vigente, Ferreira de Almeida, *Publicidade e Teoria dos Registos*, 1966, pp. 261 e 262, escrevia que de acordo com um conceito lato daí decorrente, terceiro era todo aquele que não fosse parte, seu herdeiro ou representante. Empreende depois a busca de um conceito técnico, restrito, de terceiro, que não nasce da disposição da lei, mas da observação da vida jurídica real, que mostra que só em relação a um número limitado de pessoas se pode pôr o problema de inoponibilidade. Analisando o art. 5.º do CRPr vigente, Pereira Mendes, *Estudos sobre o Registo Predial*, 1998, p. 161, entende ser de excluir do conceito de terceiro não só as figuras clássicas (partes, herdeiros e representantes), mas também "todos aqueles que, sendo embora terceiros virtuais, não tenham contudo um interesse directo e concreto, legalmente protegido, em recorrer à instituição registral.".

[598] Enfatiza, precisamente, esta perspectiva, Teixeira de Sousa, *Sobre o Conceito de Terceiros para Efeitos de Registo*, 1999, pp. 29 e 30, referindo a necessidade de encontrar um critério que permita estabelecer a relação entre o terceiro e a realidade. Também Santos Júnior, *Da Responsabilidade Civil de Terceiro por Lesão do Direito de Crédito*, 2003, p. 447 (aderindo à lição de Duclos, *L'Opposabilité (Essai d'une Theorie Generale)*, 1984, p. 25), enceta a sua análise sobre o conceito de terceiro, explicando que é um conceito relativo – alguém é terceiro em relação a alguém ou a alguma situação e em vista de determinados efeitos – e circunstancial – define-se num dado momento. Já pontualmente, Luso Soares, *Cessão de Créditos e Eficácia Externa das Obrigações*, 1982, p. 131, afirmava que "terceiro" não deve ser visto como "um modo de ser", mas sim como "um modo de estar". Na doutrina francesa, Ghestin, *Les effets du contrat a l'égard des tiers – Introduction (rapport français)*, 1992, pp. 18 e ss., problematiza o conceito de terceiro, fundando a distinção partes/terceiros na distinção entre efeito obrigacional do contrato e sua oponibilidade.

[599] Santos Júnior, *Da Responsabilidade Civil de Terceiro por Lesão do Direito de Crédito*, 2003, p. 447, explica ser esta a perspectiva adoptada em regra relativamente ao problema da responsabilidade civil do terceiro interferente e em termos gerais no direito civil. Trata-se de um conceito definido negativamente ou por contraposição: terceiro em relação ao contrato ou ao direito de crédito é quem, respectivamente, no momento considerado, não for parte dele ou não for sujeito da relação obrigacional (pp. 448 e 449).

indiferente de pessoas aquelas para quem, de alguma maneira, a eficácia do contrato é importante[600].

Terceiros já não são todos, terceiros são os que "estão ao lado", os que são de alguma forma interessados nos efeitos produzidos pelo contrato, os que de alguma maneira podem ver a sua situação afectada pela alteração decorrente do contrato[601].

Terceiros podem ainda ser todas as pessoas em relação às quais se põe a questão de saber no património de quem se encontra o crédito[602]. Se, à primeira vista, o terceiro por excelência é o devedor cedido – é ele o principal interessado em saber quem é o titular do crédito, porque tem de saber a quem está adstrito a cumprir a prestação devida –, a verdade é que a análise da cessão de créditos leva a conferir uma maior relevância a outros terceiros[603].

---

[600] Pessoa Jorge, *O Mandato Sem Representação*, 1961 (reimpressão 2001), p. 361, na esteira de Guilherme Moreira e Paulo Cunha, divide os terceiros em três categorias: os totalmente estranhos ao acto (*poenitus extranei*); os que se encontram em relação jurídica com alguma das partes ou noutra situação que, embora compatível com a decorrente do acto, é por este afectada, actual ou potencialmente (interessados); os titulares de direitos ou situações incompatíveis com a decorrente do acto (terceiros em sentido estrito).

[601] No prisma do registo predial, o conceito de terceiro pode reduzir-se "conforme se verifique a possibilidade ou impossibilidade lógica e jurídica de situações relativas entre as pessoas, em que a oponibilidade ou inoponibilidade tenham relevância.". Ferreira de Almeida, *Publicidade e Teoria dos Registos*, 1966, p. 262. Já a propósito da simulação e da legitimidade para invocar a sua nulidade, Carvalho Fernandes, *Simulação e Tutela de Terceiros*, 1988, pp. 17 e 19, explica, na esteira de Manuel de Andrade, que apenas têm legitimidade os "terceiros interessados", ou seja, os terceiros sujeitos de uma relação jurídica que é afectada pelo acto simulado na sua consistência jurídica ou prática.

[602] Van Ommeslaghe, *La transmission des obligations en droit positif belge*, 1980, p. 94.

[603] Independemente da bondade da solução, é bastante elucidativo do peso que os terceiros têm na estrutura da cessão de créditos a opção do projecto Benelux da regulamentação uniforme da cessão de créditos e, sobretudo, a justificação que é dada. Muito sucintamente, este projecto previa um momento único para que o crédito se transmitisse entre as partes e fosse oponível a terceiros. Quando se procurou encontrar esse momento único privilegiou-se a posição dos terceiros, procurando-se o que parecia melhor para estes. A razão de tal aparente inversão de raciocínio foi entender-se que para as partes era indiferente o momento em que o crédito se transmitia, a posição do devedor estaria sempre protegida pela admissibilidade de pagamento ao cedente com eficácia liberatória, pelo que a solução a encontrar deveria ser, em primeira linha, a que fosse melhor para os terceiros. Veja-se o texto do projecto e, relativamente aos pontos registados, o *Comentário geral ao projecto Benelux de regulamentação uniforme da cessão de créditos*, *in* La transmission des obligations, Travaux des IXes. Journées d'études juridiques Jean Dabin, 1980, pp. 720 e 721.

230 A Cessão de Créditos como Estrutura Contratual com Eficácia Translativa

Viu-se já como o devedor cedido nunca pode ser prejudicado: se desconhecia a realização da transmissão, o devedor cedido não pode ver a sua situação piorada, pelo que acaba por ser um terceiro muito especial, porque muito protegido[604]. Em relação ao devedor cedido, a transmissão só importa na medida em que, com algumas variantes, ele tenha conhecimento da sua ocorrência.

Para a configuração da posição de outros terceiros interessa problematizar em torno da eficácia do contrato que tem por objecto um direito de crédito. Repare-se que estes terceiros de que se vai tratar são outros terceiros para além do devedor e também dos adquirentes do mesmo crédito: são todas as pessoas cuja posição pode entrar em conflito com a posição de quem se arroga titular do direito de crédito. Em relação a eles, é absolutamente determinante saber se é necessário que sejam notificados ou que tenham conhecimento do acto por qualquer via ou se é obrigatório um registo.

II. É comum aos ordenamentos jurídicos a procura de uma noção de terceiros em sede de cessão de créditos. Naturalmente, essa noção está marcada pela regulação legal, conhecendo oscilações paralelas à própria evolução da lei[605]. Não será desprovido de interesse referir uma noção clássica de terceiros: todos os que, não sendo partes na convenção cuja oponibilidade é discutida, pretendem ter, em relação ao crédito cedido, os direitos que a cessão tende a destruir ou restringir[606].

Todavia, é nos textos dedicados à matéria do registo em sede de direitos reais que se encontram mais abundantemente referências aos terceiros[607]. Por isso, impõe-se, sem dúvida, comparar a noção de terceiros em

---

[604] Por isso, ver-se-á, a doutrina francesa acabou por tentar explicar que o devedor cedido não era um verdadeiro terceiro em relação ao contrato de cessão.

[605] De Page, *Traité élémentaire de droit civil belge* – Tome IV, Vol. I, 1997, pp. 579 e 580, faz uma enunciação esclarecedora de quem era considerado terceiro à luz da antiga redacção do código civil e de quem, actualmente, aparece integrado na categoria de terceiro, em virtude do novo texto.

[606] Invocando doutrina francesa mais recuada, Huc, *Commentaire Théorique et Pratique du Code Civil*, tomo X, 1897, p. 285.

[607] Sem prejuízo de também em relação a outras situações ser estudado o conceito de terceiros. É o caso da invocação da nulidade do negócio simulado por ou contra terceiros, analisado por Carvalho Fernandes, *Simulação e Tutela de Terceiros*, 1988, e Mota Pinto, *Teoria Geral do Direito Civil*, 1985 (7ª reimpressão 1992), pp. 481 e ss., ou de diversas situações relacionadas com os efeitos de actos ou contratos analisadas por Salvador, *Terceiro e os Efeitos dos Actos ou Contratos. A Boa Fé nos Contratos*, 1962.

relação à transmissão de um direito de crédito com o conceito de terceiros emergente do direito registral, de forma a poder concluir estar a tratar-se de um mesmo conjunto ou de um conjunto mais vasto de pessoas[608].

Tradicionalmente, a doutrina portuguesa define terceiros como "as pessoas que do mesmo autor ou transmitente adquiram direitos incompatíveis (total ou parcialmente) sobre o mesmo prédio"[609]. Significa isto que, para efeito das regras do registo predial e segundo esta opinião, só são terceiros os adquirentes concorrenciais do mesmo prédio ou adquirentes de um direito de propriedade e de outro direito real, como o usufruto ou a hipoteca, sobre o mesmo prédio e do mesmo autor, ficando excluídas aquisições a autores diferentes, prevalecendo, nesse caso, a aquisição feita ao verdadeiro titular[610].

Este conceito restrito de terceiros foi conhecendo críticas e desvios na doutrina[611-612]. Assim: embora perfilhando um conceito restrito de ter-

---

[608] Esta equiparação pode ter consequências de ordem prática. Veja-se como no direito belga anterior à redacção actual do art. 1690 do código civil se entendia que os terceiros protegidos por esse preceito eram, tal como em matéria de registo, os terceiros que haviam contratado sem fraude, ou seja, os que ignoravam a cessão, pelo que os que conhecessem a cessão não se poderiam prevalecer da inobservância das formalidades da notificação ou aceitação. De Page, *Traité élémentaire de droit civil belge* – Tome IV, Vol. I, 1997, p. 584; Philippe, *La connaissance du contrat par les tiers et ses effets (rapport belge)*, 1992, pp. 154 e 155.

[609] Manuel de Andrade, *Teoria Geral da Relação Jurídica* – Vol. II, 1998 (reimpressão), p. 19. Pessoa Jorge, *O Mandato Sem Representação*, 1961 (reimpressão 2001), pp. 361 e 362, explicava, na senda de Guilherme Moreira e Paulo Cunha, que quando estava em causa a oponibilidade dos actos apenas o conceito restrito de terceiros – titulares de direitos ou situações incompatíveis com a decorrente do acto – relevava, não constituindo o registo defesa eficaz para os simples interessados. Segue a posição de Manuel de Andrade, Orlando de Carvalho, *Terceiros para Efeitos de Registo*, 1994, pp. 102 e ss., criticando uma concepção mais lata defendida por Oliveira Ascensão e Menezes Cordeiro e com algum acolhimento na jurisprudência, preferindo, no entanto, a expressão "direitos total ou parcialmente conflituantes" (p.106).

[610] Manuel de Andrade, *Teoria Geral da Relação Jurídica* – Vol. II, 1998 (reimpressão), pp. 19 e 20. Pessoa Jorge, *O Mandato Sem Representação*, 1961 (reimpressão 2001), p. 362, configura os credores comuns como simples interessados, pelo que em relação a eles o registo tem o mesmo efeito do que a posse de coisas móveis – mera presunção ilidível de propriedade. Conclui, por isso, que "os credores comuns não podem invocar, em defesa dos seus interesses, o facto de certo bem estar inscrito a favor do devedor, se realmente este não é o seu proprietário.".

[611] Sem preocupação de exaustividade, refiram-se, Antunes Varela e Henrique Mesquita, Ferreira de Almeida, Oliveira Ascensão, Menezes Cordeiro, Hörster, Carvalho Fernandes, Isabel Pereira Mendes.

232 *A Cessão de Créditos como Estrutura Contratual com Eficácia Translativa*

ceiro, é considerada aquisição de uma mesma pessoa não só a transmissão voluntária, mas também a transmissão forçada baseada, por regra, em acto judicial[613]; terceiro é todo o que tenha um direito incompatível com o do titular e que tenha submetido a registo o facto fonte do direito[614]; terceiro é o que adquire a título oneroso e de boa fé direito incompatível[615];

---

[612] Não se pretende entrar numa outra questão, muito ligada com esta, que se prende com a existência de um duplo conceito de terceiro: terceiro próximo da noção civilista (e aquele que estará em causa na análise do art. 5.° do CRPr) e terceiro registral (que se prende com o art. 17.°/2 do mesmo código). Embora sem adoptar esta terminologia, Carvalho Fernandes, *Terceiros para Efeitos de Registo Predial – Anotação ao Acórdão n.° 15/97 do Supremo Tribunal de Justiça*, 1997, chama a atenção para este aspecto, explicando valer a jurisprudência do acórdão 15/97 do STJ, de 20 de Maio (embora, em sua opinião, com ressalvas) apenas relativamente ao conceito de terceiro do art. 5.°. Fortemente defensora da existência desta dupla noção, da qual se retiram, em sua opinião, importantes consequências, nomeadamente na análise da bondade das soluções jurisprudenciais, é Isabel Pereira Mendes, *Estudos sobre o Registo Predial*, 1998, pp. 167 e ss. e pp. 176 e ss., onde, embora elogie a orientação do referido acórdão, critica a confusão existente entre "terceiro" propriamente dito e "terceiro registral". Enfatiza também esta dupla noção de terceiro, buscando um paralelismo com o direito espanhol, Saraiva Matias, *Efeitos do Registo Predial Português*, 2000, em especial, pp. 63 e ss.. Já em momento muito anterior, Antunes Varela, *Anotação ao Acórdão do STJ de 4 de Março de 1982*, 1986, p. 312, nota 2, escrevia não repugnar que o conceito de terceiro tivesse um sentido mais ou menos amplo, consoante a finalidade do acto sujeito a registo, exemplificando, precisamente com o art. 17.°/2 e o art. 5.° do CRPr.

[613] Posição perfilhada por Antunes Varela e Mesquita, *Anotação ao Acórdão do STJ de 3 de Junho de 1992*, 1994, RLJ n.° 3837, p. 384 e n.° 3838, pp. 19 e ss., alicerçada, aliás, na delimitação de terceiros para efeitos de registo relativamente à penhora elaborada por Vaz Serra, *Anotação ao Acórdão do Supremo Tribunal de Justiça de 11 de Fevereiro de 1969*, 1970, p. 165 (adesão já expressa anteriormente por Antunes Varela, *Anotação ao Acórdão do STJ de 4 de Março de 1982*, 1986, pp. 312 e 313) e da qual decorre uma solução análoga à que resulta de um entendimento alargado de terceiro para a situação de conflito entre adquirente que não registou e credor do transmitente que penhorou o imóvel transmitido. Também Pires de Lima e Antunes Varela, *Código Civil Anotado – Vol. II*, 1986, p. 94, Hörster, *Efeitos do Registo – Terceiros – Aquisição "a non domino" – Anotação ao Acórdão do STJ de 4 de Março de 1982*, 1982, pp. 128 e ss., em especial, p. 131, e Hörster, *Zum Erwerb vom nichtberechtigten im System des portugiesischen bürgerlichen Gesetzbuchs*, 1988, em especial, pp. 101 e 102, e, implicitamente, Mouteira Guerreiro, *Noções de Direito Registral*, 1994, p. 66, nota 3.

[614] Ferreira de Almeida, *Publicidade e Teoria dos Registos*, 1966, p. 268, concluindo que o conceito rigoroso de terceiro para efeito de registo acaba por ser o conceito lato resultante da então lei vigente – todo o que não é parte, seu herdeiro ou representante –, embora quando respeitante a factos relativos à constituição ou transmissão de direitos sobre coisas ou sobre outros direitos fique reduzido à formulação referida.

[615] Oliveira Ascensão, *Direito Civil – Reais*, 1993, p. 360, texto e nota 1, onde explica que "terceiro" no art. 5.° do CRPr está utilizado num sentido técnico – terceiro será,

terceiro é todo o titular de direito incompatível com o direito do titular inscrito[616].

A jusrisprudência, alicerçada em boa parte desta doutrina, foi aderindo a um conceito mais amplo, que reforça a importância e o papel de segurança do registo predial e que contraria a jurisprudência maioritária anterior, que adoptava um conceito restrito de terceiros, limitativo da importância do registo predial[617].

É assim que o Supremo Tribunal de Justiça, no acórdão unificador de jurisprudência 15/97, de 20 de Maio[618], adoptou um conceito alargado de terceiros que abrange, nomeadamente, aqueles que penhoram determinado prédio e que entram em conflito com quem se arroga ser seu titular. Terceiros passam a ser, para efeito de registo predial, "todos os que, tendo obtido registo de um direito sobre determinado prédio, veriam esse direito ser arredado por qualquer facto jurídico anterior não registado ou registado posteriormente". Todavia, a decisão não se afigurou fácil, como ilustram os votos de vencido exarados no aresto.

A verdade porém é que em 1999[619] o Supremo Tribunal de Justiça veio a dar novo rumo à sua orientação e, no acórdão unificador de juris-

---

por oposição ao estranho, todo o que invoca sobre a coisa um direito incompatível com o do titular – e pp. 376 e ss., onde, sumarizando os requisitos da aquisição pelo registo para qualquer situação, elenca a boa fé. Exigindo a boa fé do terceiro, também Menezes Cordeiro, *Direitos Reais*, 1979 (reimpressão 1983), p. 276; Hörster, *Efeitos do Registo – Terceiros – Aquisição "a non domino" – Anotação ao Acórdão do STJ de 4 de Março de 1982*, 1982, pp. 134 e 135, e Hörster, *Zum Erwerb vom nichtberechtigten im System des portugiesischen bürgerlichen Gesetzbuchs*, 1988, em especial, pp. 57 e ss., e Carvalho Fernandes, *Terceiros para Efeitos de Registo Predial – Anotação ao Acórdão n.° 15/97 do Supremo Tribunal de Justiça*, 1997, pp. 1310 e ss., este último dispensando o requisito da onerosidade. Recentemente, Paulo Henriques, *Terceiros para Efeitos do Artigo 5.° do Código de Registo Predial*, 2003, em especial, pp. 411 e ss., defende que muitas vezes são excluídas do conceito dito restrito de terceiros situações de conflitos que nele se enquadram perfeitamente e enuncia oito situações diferentes. Segue analisando os diversos argumentos apontados pelas várias teses e conclui no sentido de englobar no conceito restrito de terceiros, que acolhe, a aquisição não voluntária (pp. 416 e ss.), mas exclui os requisitos da onerosidade (pp. 438 e ss.) de da boa fé (pp. 443 e ss.).

[616] Isabel Pereira Mendes, *Estudos sobre o Registo Predial*, 1998, p. 163.

[617] Uma síntese crítica desta jurisprudência é feita por Antunes Varela e Mesquita, *Anotação ao Acórdão do STJ de 3 de Junho de 1992*, 1994, n.° 3838, pp. 21 e 22, nota 1.

[618] Ac STJ 20-Mai.-97 (Tomé de Carvalho), DR 1ª série-A, de 4 de Julho de 1997.

[619] Já depois de ter proferido o acórdão unificador de jurisprudência 4/98, de 5 de Novembro (Ac STJ 5-Nov.-98 (Sousa Inês), DR 1ª série-A, de 18 de Dezembro de 1998), segundo o qual o registo de acção de execução específica instaurada pelo promitente comprador não prevalece sobre posterior aquisição, ainda que não registada. Ou seja, como

234   A Cessão de Créditos como Estrutura Contratual com Eficácia Translativa

prudência 3/99, de 18 de Maio[620], afigurou prudente e sensato regressar ao conceito tradicional de terceiros. Assim, terceiros, para efeito do disposto no artigo 5.° do CRPr, "são os adquirentes, de boa fé, de um mesmo transmitente comum, de direitos incompatíveis, sobre a mesma coisa.", revendo-se a doutrina do referido acórdão de 20 de Maio de 1997[621].

No entanto, a questão continua a não ser pacífica como a doutrina tem realçado[622] e demonstram as declarações de cinco votos de vencido. A razão de ser desta inflexão parece estar mais em razões de ordem prática ligadas ao funcionamento do sistema registral do que a um entendimento da desnecessidade de registo para a produção de efeitos substantivos[623-624].

---

frisa Teixeira de Sousa, *Sobre o Conceito de Terceiros para Efeitos de Registo*, 1999, p. 33, ao contrário do que aconteceria face à jurisprudência de 97, o promitente comprador não é, perante este acórdão, considerado terceiro para efeitos de registo, pelo que o direito não registado pode ser-lhe oposto. Paula Costa e Silva, *Exequente e Terceiro Adquirente de Bens Nomeados à Penhora*, 1999, escreve no seguimento do texto de Teixeira de Sousa e orienta a discussão para um problema novo, o do alcance do art. 5.° face à simples nomeação dos bens à penhora. No que respeita à concreta delimitação do conceito de terceiros, a A. dá por adquirida a concepção de Oliveira Ascensão (*ibidem*, p. 327, nota 9). Já Almeida Costa, *Anotação ao Acórdão n.° 4/98 do STJ de 5 de Dezembro de 1998*, 1998, p. 244, manifesta total concordância com a solução do aresto e entende, inclusivamente, em nada prejudicar o conceito de "terceiro" decorrente do acórdão do STJ de 97 (p.245), defendendo não se tratar neste caso de um conflito entre direitos reais, mas de fazer valer um direito de crédito.

[620] Ac STJ 18-Mai.-99 (Pereira da Graça), DR 1ª série-A, de 10 de Julho de 1999.

[621] Acórdão Unificador de Jurisprudência STJ 18 Maio de 1999, BMJ n.° 487, 20, p. 35.

[622] Teixeira de Sousa, *Sobre o Conceito de Terceiros para Efeitos de Registo*, 1999, em especial, pp. 37 e ss., procura compatibilizar a mais recente orientação jurisprudencial com o direito vigente através da análise de algumas situações tipo, revelando-se muito crítico da concepção restrita de terceiros e procurando limitar a aplicação da orientação do Supremo face ao direito positivo.

[623] Argumentos que Isabel Pereira Mendes, *Estudos sobre o Registo Predial*, 1998, pp. 178 e ss., embora reportando-se ao acórdão de 1997, explica não fazerem qualquer sentido relativamente às implicações da adopção de um conceito restrito ou lato de terceiro para efeito do art. 5.° do CRPr, podendo, quando muito, relevar para efeitos da noção de terceiro registral (veja-se, em especial, pp. 182 e 183).

[624] De que é elucidativa a circunstância de o acórdão 3/99 explicar, a dado passo, que o acórdão 15/97 havia sido subscrito na convicção de que os órgãos legislativos rapidamente se moveriam no sentido de tornar o registo obrigatótio. Chamando a atenção para este apecto, veja-se as breves notas de Saraiva Matias, *Efeitos do Registo Predial Português*, 2000, p. 63. Também Teixeira de Sousa, *Sobre o Conceito de Terceiros para Efeitos de Registo*, 1999, pp. 34 e 35, embora sem comentar, ao transcrever trechos do aresto que ilustram estes aspectos, acaba por os realçar.

Esta orientação do Supremo veio a ter acolhimento no Decreto-Lei 533/99 de 11 de Dezembro, que acrescentou o n.º 4 ao artigo 5.º do CRPr. De acordo com este preceito, "terceiros, para efeitos de registo, são aqueles que tenham adquirido de um autor comum direitos incompatíveis entre si". Não obstante esta redacção não solucionar todos os problemas[625], é incontornável que acolheu o essencial da doutrina defendida no aresto de 1999, retirando, inevitavelmente, importância ao registo[626].

III. Pergunta-se se, para efeito de oponibilidade da transmissão do direito de crédito, também há que considerar este conceito restrito de terceiros. Independentemente da bondade da posição assumida pelo tribunal superior, não há, neste momento, para a análise que se vai desenvolver, qualquer utilidade em acolher esse entendimento. Interessou explicar de uma forma sucinta a discussão que se tem desenvolvido em torno do conceito de terceiro para efeito de registo predial para se perceber a importância do problema e porque, mais adiante, poderá ter algum interesse argumentativo.

No entanto, no que se prende com a cessão de créditos, importa lembrar não existir um registo que torne a transmissão oponível a terceiros e ser discutível a possibilidade de equiparar a notificação ao registo de transmissão de direitos reais. Por isso, quando se questiona qual dos diferentes sistemas de oponibilidade da transmissão a terceiros é, ou deve ser, adoptado no direito português só se ganha com a consideração de um conceito amplo de terceiros que abarque todos aqueles para quem importa identificar o património onde o direito de crédito se encontra. Poderá discutir-se, apenas, se o âmbito dos terceiros deve ser limitado no caso de registo de transmissão de créditos hipotecários ou se a notificação vale como registo e, portanto, também em relação a ela importa limitar os terceiros que atinge.

---

[625] Pinto Duarte, *Curso de Direitos Reais*, 2002, pp. 136 e 137, chama a atenção para a circunstância de não ter ficado esclarecida a situação socialmente mais relevante: a de haver penhora registada antes do registo de anterior alienação voluntária do executado, embora a circunstância de a lei ter adoptado a expressão "autor comum" em vez de "transmitente comum" possa levar a crer que o legislador parece ter querido, ao abranger mais do que as transmissões voluntárias, fazer prevalecer o direito do penhorante.

[626] É bastante elucidativa, em obra especificamente destinada a tratar as matérias de registo e notariado a afirmação de que o legislador "resolveu a contenda doutrinal e jurisprudencial que tinha como objecto a definição do conceito de terceiro para efeitos de registo, optando pelo conceito restrito.". Seabra Lopes, *Direito dos Registos e do Notariado*, 2002, p. 135.

236 *A Cessão de Créditos como Estrutura Contratual com Eficácia Translativa*

De momento, serão considerados como terceiros todos os interessados em saber em que esfera jurídica está o direito de crédito e não apenas os adquirentes concorrenciais do mesmo crédito. Terceiros são pois os credores das partes, o administrador da massa falida (ou, simplesmente, a massa falida) em caso de falência do cedente ou do cessionário, o credor pignoratício, o exequente que penhora o crédito[627].

9. Sistemas de oponibilidade da transmissão do direito de crédito

9.1. *Notificação ao devedor cedido*

I. Em momento anterior, foram referidas as soluções acolhidas pelo código civil francês quanto ao aspecto da transmissão do direito de crédito. Aí, a tónica foi para as relações entre as partes e para a análise da posição do devedor cedido, não se teve a preocupação de focar em especial a posição de outros terceiros. Todavia, como foi referido, o código francês não distingue a posição dos terceiros em geral da posição do devedor cedido em particular.

Dir-se-ia que está construído com apoio na dualidade de efeitos – efeitos entre as partes e efeitos perante terceiros, nos quais se inclui o devedor cedido –, porque a mesma notificação, que permite opor o contrato-fonte da transmissão ao devedor, torna-o oponível perante outros terceiros.

Entre as partes, o artigo 1689 do *code civil* dispõe que "*dans le transport d'une créance [...] la délivrance s'opère entre le cédent et le cessionaire par la remise du titre*". Esta alusão expressa à "*remise du titre*", ou seja, à entrega do título, poderá parecer uma condição de validade material da cessão. Pode pensar-se que a cessão de créditos exige, para a sua validade, e com alguma proximidade em relação aos títulos de crédito, a tradição material do título, o que equivale a dizer, do documento escrito do qual consta o direito de crédito. Esta leitura é, no entanto, negada pela doutrina francesa, alicerçando-se na discordância de tal interpretação com o direito da compra e venda (no qual a cessão de créditos, lembre-se, está sistematicamente inserida), que não exige a tradição do objecto vendido,

---

[627] A enumeração é de Van Ommeslaghe, *La transmission des obligations en droit positif belge*, 1980, p. 94.

mas acolhe, ao invés, o consensualismo[628]. Por consequência, a entrega do título visada pela letra da lei é apenas a materialização da execução da cessão, e não uma condição da sua validade[629-630].

No que respeita a terceiros (incluindo o devedor), para que a cessão produza efeitos perante eles, é necessária a notificação ao devedor cedido ou a aceitação deste por acto autêntico (art. 1690). A notificação e a aceitação podem ser vistas como uma formalidade de apreensão[631], análoga à tradição, exigida, no direito francês anterior ao código, para a transmissão dos direitos reais[632]. Todavia, mais uma vez, outro é o entendimento da doutrina ao acolher também para a transmissão dos direitos de crédito o princípio do consensualismo contemplado na transmissão dos direitos reais (art. 1583)[633]. As formalidades previstas no código para a produção de efeitos perante terceiros referem-se apenas à oponibilidade da cessão *erga omnes*: o objectivo exclusivo do texto legal é precisar essas condições de oponibilidade[634].

---

[628] Ghestin, *La transmission des obligations en droit positif français*, 1980, pp. 18 e 22. Também no direito belga se explica que a "entrega" não cria a cessão, ela não é mais do que uma fase da sua execução. De Page, *Traité élémentaire de droit civil belge* – Tome IV, Vol. I, 1997, p. 573, aderindo à posição dos tribunais.

[629] Ghestin, *La transmission des obligations en droit positif français*, 1980, p. 18. É aliás acrescentado que, do ponto de vista prático, o acolhimento de tal interpretação não faria sentido num panorama em que os bancos se libertam, pelo menos parcialmente, do peso do papel através do uso da informática.

[630] Como se referiu, conclusão idêntica já será incorrecta para o direito holandês. Aí, exige-se a entrega em virtude de um título válido (art. 3:84), pelo que a entrega é condição de validade da cessão. No entanto, essa entrega, no que toca aos direitos de crédito, reveste o carácter de notificação (art. 3:94), pelo que nada tem a ver com a referência francesa a *"remise du titre"*.

[631] A expressão *"formalité d'ensaisinement"* é usada por Ghestin, *La transmission des obligations en droit positif français*, 1980, p. 22.

[632] Aliás, era nesta perspectiva, de formalidade análoga à tradição, que Planiol, no fim do século XIX, analisava esta exigência como condição de transmissão do crédito do cedente ao cessionário (veja-se Ghestin, *La transmission des obligations en droit positif français*, 1980, p. 22, nota 46). Esta será porventura a leitura ainda hoje válida para o direito holandês.

[633] Ghestin, *La transmission des obligations en droit positif français*, 1980, p. 22.

[634] *Ibidem*, p. 22. Duclos, *L'Opposabilité (Essai d'une Theorie Generale)*, 1984, p. 350, frisa que, atendendo à natureza dos créditos, a clandestinidade das operações que os têm como objecto (como a cessão de créditos) seria prejudicial para terceiros, não fosse a lei sujeitar a sua oponibilidade a certas formas de publicidade: notificação e aceitação.

238   *A Cessão de Créditos como Estrutura Contratual com Eficácia Translativa*

Durante longo tempo, a doutrina francesa dominante entendeu a notificação ao devedor cedido, ou a aceitação por este através de acto autêntico, como medidas de publicidade, assemelhando-as ao registo predial para a transmissão de direitos reais sobre imóveis[635]. Apoiada na jurisprudência, que admitia a oponibilidade da cessão ao devedor cedido se este tivesse conhecimento daquela, mas que vacilava quanto a admitir a relevância de actos equivalentes à notificação – nomeadamente qualquer acto do qual resultasse o conhecimento – em relação à oponibilidade perante outros terceiros (acabando por restringir aos casos de fraude), a doutrina acabou por construir uma distinção fundamental.

Em relação ao devedor cedido, a notificação não seria uma medida de publicidade, mas sim um simples meio de informação, pelo que essa informação poderia provir de qualquer outro meio para além dos previstos no código[636]. Em relação aos terceiros, as formalidades previstas na lei representariam um verdadeiro meio de publicidade, pelo que não seriam susceptíveis de serem substituídas por actos equivalentes[637].

---

[635] Veja-se Ghestin, *La transmission des obligations en droit positif français*, 1980, p. 22. Também no direito belga se explica que a publicidade da cessão organizada ao nível do devedor cedido é comparável à que existe em matéria imobiliária e ao papel da tradição em matéria de bens móveis corpóreos. Veja-se De Page, *Traité élémentaire de droit civil belge* – Tome IV, Vol. I, 1997, pp. 574 e ss.; Van Ommeslaghe, *La transmission des obligations en droit positif belge*, 1980, p. 95.

[636] Fundamental para esta construção foi a tese de Larroumet (*Les opérations juridiques a trois personnes en droit privé*, Bordeaux, 1968), que acabou por considerar o devedor numa posição especial, diferente dos demais, negando-lhe a qualidade de terceiro, uma vez que sofre directamente os efeitos da cessão. Veja-se Ghestin, *La transmission des obligations en droit positif français*, 1980, p. 27. Corbisier, *Les differentes tiers au contrat (rapport belge)*, 1992, p. 109 e ss., manifesta preocupação face a alguma jurisprudência belga que, ao arrepio da lição de De Page, exclui o devedor cedido do conceito de terceiro.

[637] Veja-se Ghestin, *La transmission des obligations en droit positif français*, 1980, p. 28, nota 69, reportando-se às posições de Raynaud e Malaurie. Duclos, *L'Opposabilité (Essai d'une Theorie Generale)*, 1984, p. 433, dá nota de uma corrente jurisprudencial, no seu entender não desprezável, que admite o conhecimento efectivo de terceiros como equivalentes das formalidades do art. 1690 (para além dos casos de *faute*), embora as decisões não sejam coerentes, o que, de acordo com Duclos, se deve ao formalismo arcaico do preceito, que obriga a um ajustamento ao tempo e às circunstâncias das concretas cessões analisadas. Também no ordenamento belga, a cessão de créditos é apontada como exemplo de situação em que a lei exige especiais formalidades para tornar determinada convenção oponível a terceiros, sendo que a jurisprudência, apesar de admitir "*actes équipollents*", não considera suficiente, para remover essa inoponibilidade, o mero conhecimento por parte dos terceiros, antes exigindo um verdadeiro "reconhecimento" da cessão por esses terceiros. Veja-se Fontaine, *Les effets "internes" et effets "externes" des contrats (rapport*

Pode perguntar-se se fará algum sentido que um acto praticado perante o devedor – ou pelo devedor, no caso da aceitação – tenha o efeito de publicitar a cessão perante todos os terceiros. Para esta doutrina, o fundamento está na possibilidade e no dever de o cessionário e os terceiros interessados se informarem junto do devedor, pelo que a informação detida por este assegura a publicidade da cessão em relação a todos.

Num artigo fundamental sobre cessão de créditos no direito francês, já por muitas vezes citado, Ghestin põe em causa a concepção até aí dominante e lança duras críticas a esta visão da doutrina e a algumas posições da jurisprudência[638]. Entende que a publicidade assim construída é um modo de publicidade "particularmente rudimentar e imperfeito, em comparação nomeadamente com a publicidade predial"[639].

É justamente através da comparação da tendência da jurisprudência em relação à publicidade predial em conferir relevância já não apenas à fraude, mas também à simples *faute*, que o A. conclui no sentido de admitir quaisquer actos equivalentes à notificação ou aceitação[640]. Com efeito, não faz sentido a jurisprudência continuar a desconsiderar o conhecimento da cessão, sendo paradoxal reconhecer às formalidades da cessão de créditos um valor superior às exigidas na publicidade predial que são muito mais perfeitas[641].

---

belge), 1992, pp. 55 e 56. Como nota Philippe, *La connaissance du contrat par les tiers et ses effets (rapport belge)*, 1992, p. 155, esse "reconhecimento" da cessão pode ser tácito (como seja a aceitação através de acto particular e o pagamento directo ao cessionário). Importa não esquecer, no entanto, que estes actos equivalentes têm um efeito relativo, ou seja, a cessão não existe *erga omnes*, mas apenas em relação àquele que pratica o acto. Veja-se, Van Ommeslaghe, *La transmission des obligations en droit positif belge*, 1980, pp. 96 e ss., e Philippe, *La connaissance du contrat par les tiers et ses effets (rapport belge)*, 1992, p. 155.

[638] Ghestin, *La transmission des obligations en droit positif français*, 1980, pp. 26 e ss..

[639] *Ibidem*, p. 26, ideia reiterada na p.28. Num sentido em tudo semelhante, Fontaine, *La transmission des obligations «de lege ferenda»*, 1980, p. 623, escreve que, *de jure condendo*, a manutenção de um regime especial de oponibilidade da cessão a terceiros é tanto mais criticável quanto não se afigura possível a organização de uma publicidade verdadeiramente eficaz em relação a todos, sendo a informação ao devedor não mais que um "paliativo muito imperfeito". Também De Page, *Traité élémentaire de droit civil belge – Tome IV, Vol. I*, 1997, p. 577, apelida esta forma de publicidade de "*bien imparfaite*".

[640] Ghestin, *La transmission des obligations en droit positif français*, 1980, pp. 29 e 30.

[641] *Ibidem*, p. 30.

240   *A Cessão de Créditos como Estrutura Contratual com Eficácia Translativa*

Acresce um aspecto fundamental: as formalidades de publicidade, no seu entender, não tornam os contratos oponíveis aos terceiros, porque eles são oponíveis a partir do momento em que os terceiros deles têm conhecimento[642]. A oponibilidade é uma regra geral independente das medidas de publicidade, pelo que a função das regras de publicidade obrigatória não é outra senão introduzir presunções legais inilidíveis de conhecimento do contrato[643].

O sistema de notificação tem sido apresentado por referência ao código civil francês e, em consequência, à doutrina e jurisprudência francesas, mas importa não esquecer que outros ordenamentos partilham ou partilharam da mesma solução.

É o caso do direito belga, cujos autores, reportando-se ao regime anterior a 1994, não deixavam de referir que o sistema de publicidade assim construído era passível de críticas. Consideravam-no: irracional por se basear numa publicidade meramente teórica[644], não passando de uma *"demi-publicité"*[645]; imperfeito e representando uma anomalia no seio do direito belga[646]; de justificação duvidosa, por se basear no devedor[647].

No que respeita à oponibilidade perante terceiros, a cessão de créditos era apresentada, justamente, como um caso de excepção à regra geral, segundo a qual todo o contrato produz os seus efeitos externos em relação a terceiros pelo simples facto de existir[648]. Significa isto que, em princí-

---

[642] Em sentido idêntico se pronuncia Fontaine, *La transmission des obligations «de lege ferenda»*, 1980, pp. 623 e 624, ao entender que a cessão de créditos deve produzir de pleno direito os seus efeitos externos tal como em princípio acontece com qualquer outro contrato.

[643] Ghestin, *La transmission des obligations en droit positif français*, 1980, p. 29.

[644] Van Ommeslaghe, *Le nouveau régime de la cession et de la dation en gage des créances*, 1995, p. 530.

[645] De Page, *Traité élémentaire de droit civil belge* – Tome IV, Vol. I, 1997, p. 575, nota 1 e p.577, aderindo à posição de Laurent.

[646] O que leva, nomeadamente, a que se exija a inscrição registal na transmissão de direitos de crédito aos quais estão ligados direitos reais, como no caso dos créditos hipotecários, não bastando o mecanismo do antigo art. 1690. De Page, *Traité élémentaire de droit civil belge* – Tome IV, Vol. I, 1997, p. 577.

[647] Van Ommeslaghe, *La transmission des obligations en droit positif belge*, 1980, p. 95, refere que é passível a interrogação sobre a eficácia de um sistema de publicidade construído ao nível do devedor cedido, porque o terceiro cedido não tem qualquer obrigação de responder a quem o interrogue a esse propósito. Em sentido semelhante, De Page, *Traité élémentaire de droit civil belge* – Tome IV, Vol. I, 1997, p. 577.

[648] Princípio que, de acordo com doutrina e jurisprudência, decorre do art. 1165 do código civil belga. Veja-se Van Ommeslaghe, *La transmission des obligations en droit positif belge*, 1980, p. 91.

pio, a existência do contrato e as consequências que dele derivam, nomeadamente as que respeitam à situação jurídica das partes e dos terceiros, são oponíveis pelas partes aos terceiros sem o cumprimento de qualquer formalidade, pelo simples facto de o contrato se ter concluído[649].

A cessão de créditos representava uma excepção a esta regra, porque não era oponível pelas partes a terceiros sem que fossem cumpridas determinadas formalidades. Essas formalidades eram as mesmas do direito francês: notificação ao devedor por oficial de justiça ou aceitação pelo devedor através de um acto autêntico.

No direito italiano, no que se prende com a solução do código civil, continua a haver referências à notificação enquanto meio legal de publicidade, elemento essencial para a oponibilidade da cessão aos terceiros[650].

No direito inglês, explica-se, a propósito da regra contida em *Dearle v. Hall*[651], que a notificação pode se vista para as *"choses in action"* como um equivalente da posse para os bens corpóreos[652].

Resumindo, numa perspectiva comparatista, a justificação para um sistema de notificação está, por um lado, no entendimento da notificação ao devedor como o equivalente mais próximo da aquisição possessória e, por outro, na oportunidade de um pretenso cessionário verificar se há cessões anteriores[653].

II. Se até à análise de Ghestin já se tinha compreendido o peso excessivo das formalidades do código e se procuravam formas de as contornar[654],

---

[649] Van Ommeslaghe, *La transmission des obligations en droit positif belge*, 1980, p. 92.

[650] Zaccaria, *Della cessione dei crediti*, 1992, p. 1105. Galgano, *Diritto privato*, 1999, p. 417, refere simplesmente, a propósito da múltipla alienação do crédito, que a notificação tem um efeito análogo à entrega quando o contrato tem por objecto bens.

[651] Veja-se, acima, p. 147.

[652] Biscoe, *Law and Practice of Credit Factoring*, 1975, p. 126; Oditah, *Legal Aspects of Receivables Financing*, 1991, p. 28.

[653] Pardolesi, *La cessione dei crediti d'impresa nel sistema comunitaria e comparato*, 1995, p. 30.

[654] Chaput, *La transmission des obligations en droit bancaire français*, 1980, p. 371, qualifica o direito comum da cessão de créditos como inadaptado em virtude da necessidade de cumprimento das formalidade do art. 1690 e explica que necessariamente se procuraram outras formas de transmitir o crédito, como o endosso dos títulos à ordem, a sub-rogação convencional ou as chamadas *factures protestables*, permitindo aos bancos beneficiar de direitos que não nascem das formas habituais de cessão de créditos.

242   *A Cessão de Créditos como Estrutura Contratual com Eficácia Translativa*

foi depois do contributo de Ghestin que, com maior acuidade, a doutrina lançou críticas ao sistema de cessão de créditos vertido no *code civil*.

Atendendo à penalização que o cumprimento das pesadas e onerosas formalidades previstas no artigo 1690 para a oponibilidade da transmissão a terceiros representavam para a vida comercial[655], as críticas foram dirigidas principalmente à obrigatoriedade do cumprimento dessas formalidades. As necessidades comercias não se coadunavam com tais exigências[656]. Esta limitação é bem visível quer na actividade de *factoring*, para o exercício da qual a prática teve de fugir à utilização do mecanismo da cessão de créditos[657] para acolher o da sub-rogação convencional, quer na impossibilidade de o mecanismo do código ser utilizado em operações internacionais[658].

Também a doutrina belga referiu que o peso dos mecanismos necessários para tornar a cessão oponível a terceiros levava a que, por um lado,

---

[655] Gavalda, *La cession et le nantissement à un banquier des créances professionnelles (loi n.° 81-1 du 2 janvier 1981)*, 1981, p. 199; Schmidt e Gramling, *La loi n.° 81-1 du 2 janvier 1981 facilitant le crédit aux entreprises*, 1981, p. 223, qualificam a exigência das formalidades de ridícula e secundam Ghestin quando este a denominou de ilusória. Também na doutrina belga, Van Ommeslaghe, *La transmission des obligations en droit positif belge*, 1980, p. 103, escreve que este sistema é evidentemente pouco compatível com as necessidades da vida económica e social em virtude do peso dos mecanismos que tornam a cessão oponível aos terceiros.

[656] Por isso, muito por pressão dos bancos que lutavam por rapidez e competitividade, foram-se desenvolvendo formas de reduzir a importância do papel na circulação dos créditos. Gavalda, *La cession et le nantissement à un banquier des créances professionnelles (loi n.° 81-1 du 2 janvier 1981)*, 1981, pp. 199 a 201, traça o panorama de uma evolução legislativa que teve início nos anos 60 e que começou com tímidas intervenções – que se revelaram muito vantajosas – e culminou com a lei Dailly.

[657] Não deixa, contudo, de ser curioso que, no direito belga, a prática não tenha seguido a orientação acolhida em França de adoptar a sub-rogação convencional para o funcionamento da actividade de *factoring*. Ali, os agentes económicos continuaram a preferir a cessão de créditos, que no seu entender corresponde melhor aos objectivos do *factoring*. Van Ommeslaghe, *Le nouveau régime de la cession et de la dation en gage des créances*, 1995, p. 530.

[658] Por isso, a lei Dailly, além de prosseguir o objectivo genérico de criar um regime simplificado para a transmissão dos direitos de crédito, teve também como objectivo dotar o *factoring* de um estatuto legal e criar um regime operativo a nível internacional, uma vez que no caso de crédito à exportação estava fora de questão o banco obter a aceitação do devedor por acto autêntico ou mesmo notificá-lo através de oficial de justiça. Para além desses objectivos, esta lei representou uma forte redução nas operações de manipulação, verificação, conservação e encaixe de letras. Veja-se Gavalda, *La cession et le nantissement à un banquier des créances professionnelles (loi n.° 81-1 du 2 janvier 1981)*, 1981, p. 202.

Terceiros: contrato ou notificação 243

se questionasse a utilidade da manutenção de tais mecanismos em derrogação do princípio da produção imediata dos efeitos externos dos contratos e, por outro lado, se adoptasse mecanismos mais brandos e mais maleáveis[659-660].

Em sentido concordante, Fontaine defendeu que os interesses próprios da cessão de créditos não exigiam a organização de um regime especial de oponibilidade e que a manutenção de tal regime resultava mais de uma evolução histórica do que de verdadeiras necessidades[661], advogando, *de jure condendo*, a revogação pura e simples do artigo 1690 do

---

[659] Van Ommeslaghe, *La transmission des obligations en droit positif belge*, 1980, pp. 103 e 104. Dentro destes mecanismos mais simples distinguem-se os que têm apenas como objectivo facilitar as formalidades de oponibilidade da cessão, sem modificar as suas consequências fundamentais, e os que evoluem no sentido de uma objectivização do próprio direito de crédito, que se desprende do contrato, tornando-se um valor económico abstraído da sua causa. Nos primeiros incluem-se o endossamento da factura e as regras particulares de cessão de remuneração dos trabalhadores. Nos segundos encontram-se os diferente tipos de títulos de crédito (*ibidem*, pp. 104 a 125). Além destes mecanismo, tal como no direito francês, há formas indirectas de obter a transmissão de um crédito, como sendo a novação por alteração do credor, a delegação e o pagamento com sub-rogação (*ibidem*, pp. 130 e ss.).

[660] Apesar de em nada se ter modificado a relação entre as partes e a posição do devedor cedido, a lei de 6 de Julho de 1994, ao introduzir a nova redacção do art. 1690 do código civil belga, vai de encontro a este entendimento: consagra o princípio da oponibilidade do contrato de cessão de créditos aos terceiros pela simples conclusão do mesmo. Com a introdução desta alteração, modificou-se em completo as condições segundo as quais a cessão de créditos é oponível aos terceiros. Van Ommeslaghe, *Le nouveau régime de la cession et de la dation en gage des créances*, 1995, p. 532.

[661] Esta afirmação é feita por Fontaine, *La transmission des obligations «de lege ferenda»*, 1980, pp. 622 e 623, depois de recolher os contributos sobre a matéria nas IX Jornadas de Estudos Jurídicos Jean Dabin organizadas pelo Centro de Direito das Obrigações, realizadas em Louvaina em 1978, que tiveram como tema "A transmissão das obrigações". Importa ainda referir que o A. analisa criticamente o projecto conjunto dos países do Benelux com vista a uma regulamentação uniforme da cessão de créditos (projecto publicado no volume que saiu destas jornadas, pp. 719 a 729). Nesse projecto previa-se, justamente, uma solução que, embora adoptasse um momento único para a transmissão do direito quer entre as partes quer em relação ao devedor cedido e outros terceiros, fazia depender a validade da transmissão da forma escrita do contrato e da comunicação feita ao devedor (veja-se, acima, p. 215, nota 603). Veja-se o *Comentário geral ao projecto Benelux de regulamentação uniforme da cessão de créditos*, in La transmission des obligations, Travaux des IXes. Journées d'études juridiques Jean Dabin, 1980, pp. 721 e 722. M. Fontaine (*ibidem*) critica esta solução por impôr forma escrita, tornando o contrato de cessão num contrato solene, e por subordinar a existência da cessão à comunicação ao devedor, não se compreendendo, em qualquer dos casos, a razão da derrogação do princípio consensualista.

244 A Cessão de Créditos como Estrutura Contratual com Eficácia Translativa

code civil, sem substituição por qualquer outro regime especial de oponibilidade aos terceiros[662].

Também no direito italiano se sentiu a necessidade de criar uma lei especial (Lei n.° 52 de 21 de Fevereiro de 1991), aplicável à cessão de créditos empresariais[663], com vista a atenuar os formalismos da notificação

---

[662] Fontaine, *La transmission des obligations «de lege ferenda»*, 1980, p. 623.

[663] O cedente tem de ser uma empresa ou tem de ter carácter empresarial, ou seja, desenvolver profissionalmente uma finalidade económica, como seja a troca de bens ou serviços. O cessionário é necessariamente um banco ou intermediário financeiro cujo objecto preveja o exercício da actividade de aquisição de créditos de empresa (nos termos da lei n.142 de 19 de Fevereiro de 1992, modificada pelo DL n.385 de 1 de Setembro de 1993). A lei aplica-se exclusivamente à cessão de créditos pecuniários, o que demonstra bem o seu fundamento primordialmente financeiro (Costanza, *La cessione del credito da sistema di trasferimento del diritto a contratto di finanziamento*, 1995, p. 161, afirma claramente que o objectivo real da lei não é a transferência do direito de crédito a outro sujeito, mas a utilização do direito de crédito como um veículo para conseguir um financiamento). Como frisam De Nova, *La nuova disciplina della cessione dei crediti* (factoring), 1988, p. 82, ainda reportando-se ao projecto; Alessi, *Cessione dei crediti di impresa (factoring) e fallimento*, 1991, p. 545; Frignani e Bella, *Il «factoring»: la nuova legge italiana (con riferimenti alla Convenzione di diritto uniforme)*, 1991, pp. 481 e 482; Perlingieri, *Relazione di sintesi (La cessione dei crediti d'impresa)*, 1995, pp. 265 e 266; Tucci, *Factoring*, 1996, pp. 546 e 547, e também Clarizia, *Il factoring*, 1998, pp. 8 e 17, isto significa, portanto, que a lei não é absolutamente uma lei sobre *factoring* (embora se aplique a estas situações e haja quem afirme mesmo – Amato, *Annotazioni alla l.21/2/1991, sulla cessione dei crediti d'impresa*, 1992, p. 481 – que a nova lei estabelece uma disciplina da cessão de créditos de empresa, "prática contratual melhor conhecida com o nome de *factoring*"; aliás, como explica Dolmetta, *La cessione dei crediti: dalla disciplina codicista alla novella 52/1991*, 1995, pp. 11 e 12, trata-se de uma lei trabalhada sobre projectos apresentados pelas principais sociedades de *factoring*, sendo que só em sede parlamentar foi eliminada a expressa referência a esta operação), e que tem um campo de aplicação limitado, continuando a valer a disciplina do código civil em todos os aspectos não regulados na lei (Messina, *Il factoring*, 1999, p. 943, fala da necessidade de coordenação com as disposições do código, aplicáveis no limite da sua compatibilidade; há, no entanto, quem entenda que a lei cria um tipo especial, adaptando o esquema negocial típico da cessão de créditos do código civil, pelo que não há lugar para integrações e substituições: Costanza, *La cessione del credito da sistema di trasferimento del diritto a contratto di finanziamento*, 1995, em especial pp. 161 e 163; embora com outro enquardamento, também Clarizia, *Il factoring*, 1998, p. 17, conclui que a nova lei tipifica o modelo italiano de *factoring*; já Calzolaio, *Il factoring in Europa*, 1997, p. 39, na esteira de De Nova, afirma tratar-se de um sub-tipo do instituto da cessão de créditos disciplinado no código civil). Perlingieri, *Relazione di sintesi (La cessione dei crediti d'impresa)*, 1995, p. 267, explica mesmo que a cessão de créditos de actividade empresarial não é um contrato típico, é um dos instrumentos que pode ser utilizado para realizar um contrato de *factoring*. A circunstância de não se tratar de uma lei para o *factoring* foi enfatizada por Clarizia, *Necessità di um quadro gene-*

Terceiros: contrato ou notificação

ou aceitação com acto de data certa, facilitando a oponibilidade da cessão a terceiros[664-665], muito importante para as actividades do *factoring*[666].

rale normativo di riferimento, 1989, p. 27, defendendo a necessidade de o legislador adoptar uma lei especificamente dirigida ao *leasing* e ao *factoring*. Esta necessidade, sentida desde cedo, veja-se, por exemplo, Clarizia, *Il factoring deve essere considerato un contratto atipico*, 1983, em especial, pp. 84 e 85; Carretta, *Il factoring: uno sconosciuto per la legge*, 1983, p. 72, ou Ricci, *Sintese giuridica sul presente e sul futuro del factoring*, 1983, p. 90, não parece ter tido suficiente acolhimento. Encontra-se uma boa síntese do estado da questão anterior à lei de 1991, que conduziu ao consenso sobre a necessidade de introduzir maior flexibilidade no regime do código civil, em Bassi, *Factoring e cessione dei crediti di impresa*, 1993, pp. 11 a 18. Também Villa, *Prospettive e problemi per una regolamentazione del contratto di factoring*, 1986, pp. 513 e ss., faz um ponto de situação referindo algumas iniciativas legislativas prévias à lei de 1991, buscando pontos de contacto com o ainda projecto da Convenção do *Unidroit* sobre *Factoring* Internacional, e Clarizia, *Il factoring*, 1998, pp. 9 e ss., descreve o percurso legislativo.

[664] Pronunciando-se sobre uma proposta de lei anterior destinada a legislar sobre *factoring*, Frignani, *Quando il legislatore affronta il factoring*, 1991, p. 100 (note-se que o texto é, originariamente, de 1988), escreve que os objectivos principais eram dois: facilitar a cessão, mesmo em massa, de créditos futuros e ampliar a oponibilidade da cessão à falência. De Nova, *La nuova disciplina della cessione dei crediti (*factoring*)*, 1988, p. 83; De Nova, *Nuovi contratti*, 1990, p. 107, e De Nova, *Factoring*, 1990, p. 365, faz a mesma afirmação sobre o projecto e também depois já no âmbito do decurso do processo legislativo.

[665] Dificuldades particularmente evidentes nos casos de contrato de *factoring*, em que há uma multiplicidade de transmissões de créditos que devem ser notificadas, e especialmente no confronto com a falência do cedente. Veja-se a explicação do problema por Cassandro, *I problemi della cessione globale dei crediti di impresa: possibili soluzione a livello contrattuale e legislativo*, 1982, pp. 115 e 116. Partindo da análise do *factoring* numa perspectiva mais económica que jurídica, Ruozi e Rossignoli, *Manuale del factoring*, 1985, pp. 71 e ss., analisam os principais problemas jurídicos que constituem obstáculo ao desenvolvimento destas operações, enfatizando a dificuldade que resulta de um acto ser eficaz entre as partes, mas não o ser em relação ao devedor cedido ou outros terceiros, bem como o problema da admissibilidade de cessões globais de créditos futuros quando confrontadas com a necessidade de a notificação constar de acto com data certa (sinteticamente, no mesmo sentido, Rossignoli, *La natura giuridica del factoring*, 1983). E repare-se que, como também já foi referido, se há doutrina e jurisprudência no sentido de admitirem que a notificação não tenha de ser feita, obrigatoriamente, através de oficial de justiça, também há vozes, como Quatraro, *Factoring e fallimento del cedente*, 1982, p. 139, que rejeitam tal entendimento, quando esteja em causa a oponibilidade da cessão aos credores do cedente falido. Este A. contorna o problema no que diz respeito às situações de *factoring*, porquanto entende, ao arrepio da generalidade da doutrina (veja-se, mais abaixo, nota 866, p. 299), que o contrato pode ser cabalmente estruturado com base numa cessão global de créditos futuros e que basta a notificação deste contrato. O problema perdeu algum interesse, pelo menos relativamente ao *factoring*, mercê da entrada em vigor da nova lei em 1991.

[666] E da cessão de créditos em garantia. Embora não seja evidente que a nova lei se aplique a cessões que não tenham subjacente uma compra e venda. Levanta o problema,

246   A Cessão de Créditos como Estrutura Contratual com Eficácia Translativa

Esta lei criou, no seu artigo 5.°, um novo critério de oponibilidade da cessão a terceiros qualificados[667]: o pagamento com data certa[668-669].

---

apesar de considerar aplicáveis algumas disposições à cessão de créditos em garantia, De Nova, *L'adeguamento dei contratti di factoring alla nuova normativa*, 1995, p. 50. Perlingieri, *Relazione di sintesi (La cessione dei crediti d'impresa)*, 1995, p. 268, considera que a cessão de créditos prevista na lei é adequada ao prosseguimento de funções diversas da compra e venda, como a cessão de créditos com fim de garantia.

[667] Terceiros que tenham adquirido o mesmo crédito do cedente, mas cujo título de aquisição não seja oponível aos terceiros antes da data do pagamento; o credor do cedente que tenha penhorado o crédito depois da data do pagamento; com a reserva do art. 7.°/1, o administrador da massa falida do cedente, se a falência for declarada depois da data do pagamento.

[668] Embora, segundo o art. 5.°/2 da lei, o cessionário mantenha a faculdade de tornar a cessão oponível perante terceiros nos modos previstos no código civil. Esta possibilidade significa, na prática, que a oponibilidade a terceiros pode resultar da notificação ao devedor cedido, da aceitação por parte do devedor com acto de data certa ou do pagamento do correspectivo com acto de data certa: Alessi, *Cessione dei crediti di impresa (factoring) e fallimento*, 1991, p. 546; ou seja, como frisa Amato, *Annotazioni alla l.21/2/1991, sulla cessione dei crediti d'impresa*, 1992, p. 503, se não tiver sido efectuado pagamento de qualquer tipo, mas a cessão tiver sido notificada ou aceite com acto de data certa anterior à data da sentença declarativa da sentença, é oponível à falência; inversamente, se tiver havido vários pagamentos na mesma data, segundo Troiano, *La cessione di crediti futuri*, 1999, p. 538, a oponibilidade da cessão deve ser definida de acordo com os critérios comuns: prioridade da notificação ou aceitação. Coen, *Nuove norme per l'acquisto dei crediti di impresa (legge 21 febbraio 1991, n.52)*, 1992, p. 228, sustenta não existir qualquer razão para privilegiar o pagamento em relação a uma aceitação ou notificação anterior, porque a lei prevê a possibilidade de recurso aos mecanismos do código civil.

[669] Explica Alessi, *Cessione dei crediti di impresa (factoring) e fallimento*, 1991, p. 546, que, em sua opinião, o pagamento com acto de data certa pode ser alcançado de uma maneira segura, simples e económica, através de um livro selado onde quotidianamente se registem os pagamentos e que periodicamente seja autenticado pelo notário. Coen, *Nuove norme per l'acquisto dei crediti di impresa (legge 21 febbraio 1991, n. 52)*, 1992, p. 227, explica que naturalmente a data certa não pode resultar do pagamento, enquanto acto jurídico, devendo resultar de um documento escrito revestido de data certa e adere à posição de Alessi na solução proposta (p.228). Capobianco, *Data certa del pagamento del corrispettivo e quietanza nella cessione dei crediti d'impresa*, 1995, levanta o problema da utilização do instrumento de quitação como instrumento idóneo à solução dos conflitos abrangidos pelo art. 5.°, defendendo (p.152) que o efeito da transformação relevante para terceiros não é o resultante da quitação, mas o que deriva do pagamento e produz o efeito extintivo, total ou parcial, da obrigação. Frisa, no entanto, Clarizia, *Il factoring*, 1998, p. 107, na esteira de Cian, que o requisito da data certa não deve ser satisfeito pelo pagamento, mas pelo documento que o prova. Troiano, *La cessione di crediti futuri*, 1999, p. 533, aderindo à posição de Dolmetta e Portale, sustenta constituir a quitação prova indiciária, mas não prova plena, do pagamento do preço da cessão. Santi, *Il factoring*, 1999, pp. 306 e ss., faz uma resenha da doutrina e jurisprudência sobre a concretização do critério da "data certa".

Terceiros: contrato ou notificação 247

A lei teve como pano de fundo a necessidade de facilitar o financiamento às empresas através da mobilização dos direitos de crédito e, por isso, a razão de ser da norma referida é tutelar o cessionário que procede ao pagamento pelo menos de parte do correspectivo dos créditos cedidos, sem que estes, na maioria das vezes, se tenham vencido ou sequer existam. A ideia foi antecipar a oponibilidade a terceiros, uma vez que, nos casos de transmissão de créditos futuros e em massa, ainda não seria possível cumprir as formalidades da notificação ou aceitação com acto de data certa do artigo 1265 do código civil italiano (correspondente ao nosso artigo 584.°). Nem a lei em geral nem esta solução legal em particular pareceram muito felizes aos olhos da doutrina italiana[670]. Neste último caso,

---

[670] Genericamente, Belviso, *L'ambito di applicabilità della nuova disciplina sulla cessione dei crediti d'impresa*, 1992, pp. 1 e ss.(=Belviso, *Inopponibilità della cessione del credito al fallimento del cedente e revocatoria fallimentare nella legge 21 febbraio 1991, n.52*, 1995, p. 73), rebela-se contra uma lei que, em vez de disciplinar a actividade do *factoring*, cria uma disciplina especial e privilegiada de cessão de créditos. Dolmetta, *La cessione dei crediti: dalla disciplina codicista alla novella 52/1991*, 1995, embora não partilhe desta posição de Belviso, porque sustenta fazer mais sentido integrar o *factoring* numa disciplina genérica sobre contratos bancários (pp. 12 e 13), inicia a sua análise, fazendo um juízo negativo sobre a lei e defendendo a sua desaplicação em variados casos (p.11). Cassandro Sulpasso, *Italo Calvino, Hermann Melville e la legge 21 febbraio 1991 sulla cessione dei crediti di impresa*, 1994, faz uma comparação com o regime norteamericano do UCC e com a Lei Dailly francesa e, embora não deixe de afastar uma simples importação de soluções, bem como de apontar vantagens da nova disciplina legal (como a possibilidade de ceder os créditos em massa, p. 411), genericamente, reputa a lei de incoerência e de falta de qualidade (p.403). De Nova, *L'adeguamento dei contratti di factoring alla nuova normativa*, 1995, p. 47, explica que a lei adopta uma perspectiva da cessão de créditos com *causa vendendi* (o que não é consensual, veja-se, por exemplo, contra, Perlingieri, *Relazione di sintesi (La cessione dei crediti d'impresa)*, 1995, p. 267; mas a favor, por exemplo, Tucci, *Factoring*, 1996, p. 540; Santi, *Il factoring*, 1999, p. 304), o que encontra, naturalmente, desajustamentos, uma vez que as sociedades de *factoring* estão mais habituadas a vestir a pele de um financiador que espera a restituição de um financiamento do que a de um devedor do correspectivo. Tucci, *Factoring*, 1996, pp. 545 e ss., para além de explicar que o novo critério (pagamento com data certa) é fonte de grandes problemas, nomeadamente porque em princípio continuará a valer o art. 1264 do código civil para a eficácia em relação ao devedor cedido, considera que as dúvidas suscitadas pela generalidade da doutrina permitem concluir que o legislador perdeu uma boa oportunidade de criar um sistema racional de publicidade dos contratos de transmissão de créditos de empresa, à semelhança daquele existente nos Estados Unidos (mas lembre-se que em momento anterior, por exemplo, Clarizia, *I contratti di finanziamento: leasing e factoring*, 1988, pp. 12 e ss., havia evidenciado as dificuldades na importação de um modelo tipo americano, mercê das diferenças estruturais entre direitos de *common law* e direitos de *civil law*). Leitura mais optimista é feita por Bassi, *Factoring e cessione dei crediti di impresa*,

248 A Cessão de Créditos como Estrutura Contratual com Eficácia Translativa

sobretudo, porque há a equiparação do pagamento parcial do correspectivo por parte do cessionário à eficácia do pagamento integral, ou seja, porque o pagamento parcial do correspectivo torna a cessão oponível aos terceiros pelo montante integral da cessão[671].

Independentemente da bondade da solução, que não cumpre avaliar, tanto mais que contempla uma solução não transponível, *de jure condito*, para o direito português, interessa esta referência para corroborar a ideia mais ou menos generalizada da falência do sistema da notificação/aceitação relativamente à oponibilidade da cessão a terceiros conjugado com as necessidades de índole comercial e económica[672]. Repare-se que, neste

---

1993, pp. 20 e 26, entendendo a nova lei como uma adequação inevitável da disciplina do código civil às exigências das técnicas financeiras modernas. Também Clarizia, *La funzione dell'anticipo nella l.52/92*, 1995, aprecia favoravelmente o critério escolhido pela lei, porque permite contornar alguma jurisprudência que tinha uma interpretação não funcional da forma exigida para a notificação, adequando-se às necessidades e especificidades do *factoring* através de uma útil simplificação procedimental (p.158).

[671] As críticas são variadas, desde ser uma disposição equívoca, que confunde eficácia da cessão (referida na epígrafe) com oponibilidade (contida no texto da norma) – Alessi, *Cessione dei crediti di impresa (factoring) e fallimento*, 1991, p. 545 –; até gerar uma grande perplexidade por equiparar a eficácia do pagamento parcial ao pagamento integral (embora sejam apontadas algumas razões de ordem prática para que assim seja, veja-se, por exemplo, De Nova, *La nuova disciplina della cessione dei crediti (*factoring*)*, 1988, p. 87; Troiano, *La cessione di crediti futuri*, 1999, pp. 538 e ss.), legitimando, nomeadamente, situações de pagamento meramente simbólico – Perlingieri, *La cessione dei crediti ordinari e d'impresa*, 1993, pp. 128 e 129; Cassandro Sulpasso, *Italo Calvino, Hermann Melville e la legge 21 febbraio 1991 sulla cessione dei crediti di impresa*, 1994, p. 408; Dolmetta, *La cessione dei crediti: dalla disciplina codicista alla novella 52/1991*, 1995, p. 23, não encontrando idoneidade a um critério que se parece fundar exclusivamente em simplificações de ordem prática –; ou ainda de revelar incerteza em virtude da ambiguidade e contrariedade da formulação normativa – Cian, *Disciplina della cessione dei crediti di impresa*, 1994, p. 254. Fazendo um balanço do critério legal, Cassandro Sulpasso, *Italo Calvino, Hermann Melville e la legge 21 febbraio 1991 sulla cessione dei crediti di impresa*, 1994, p. 409, conclui que a lei criou um critério menos cómodo comparativamente com o do art. 1265 do código civil, porquanto não precisa quais as condições para que o acto tenha data certa, acrescendo que, por se tratar de uma disposição destinada a tutelar os interesses de terceiros, teria sido preferível que tivesse sido determinada de maneira segura e possivelmente *a priori* e não tivesse ficado na dependência de decisão judicial. Tanto mais que deve ser um critério de tal forma a evitar o mais possível a incerteza e prevenir (e não suscitar) o contencioso entre os titulares de direitos concorrentes.

[672] Frignani e Bella, *Il «factoring»: la nuova legge italiana (con riferimenti alla Convenzione di diritto uniforme)*, 1991, p. 489, fazendo um balanço da lei, apontam como principal vantagem, precisamente, a constatação da inadequação das normas do código civil italiano sobre cessão de créditos ao desenvolvimento seguro da actividade do *fac-*

Terceiros: contrato ou notificação

caso, se elege como critério o pagamento com data certa, evento que pode ficar no total desconhecimento do devedor cedido[673]. O aspecto central da lei[674] não é, pois, diverso da oponibilidade da transmissão a terceiros[675-676].

Também numa perspectiva reformadora, o centro de análise vai mais uma vez para a matéria da oponibilidade da cessão. Nesse sentido, Neumayer, debruçando-se sobre o direito comparado, acaba por concluir que o maior problema da cessão de créditos reside nas exigências de forma do direito francês, que, mesmo aplicadas de maneira mais branda, são excessivas em comparação com outros direitos[677].

A prova desta situação está na necessidade sentida pelos ordenamentos que adoptam o sistema francês de recorrer a outras figuras, como seja a sub-rogação convencional, ou de lançarem mão da doutrina dos actos

---

toring, que carecia de normas modernas e adequadas a uma correcta e rápida circulação dos créditos. No mesmo sentido, implicitamente, Capaldo, *La cessione dei crediti d'impresa ai sensi della legge 21 febbraio 1991, n.52*, 1991, p. 61.

[673] Naturalmente que, se o devedor pagar desconhecendo a transmissão, não pode ser prejudicado, defendendo-se a aplicação de um princípio geral de direito segundo o qual o adquirente que deixa o devedor na ignorância não se pode pretender valer da sua posição oculta em prejuízo do devedor. Cian, *Disciplina della cessione dei crediti di impresa*, 1994, p. 261; Clarizia e Corradi, *Disciplina della cessione dei crediti di impresa*, 1999, p. 1295.

[674] O que não significa exclusivo. Há, na verdade, outras matérias tratadas na lei. Veja-se, por exemplo, a analise de Alessi, *Revocatoria fallimentare dei pagamenti del debitore ceduto e garanzia di solvenza nella cessione dei crediti di impresa*, 1992, relativamente à conjugação das regras comuns e das regras especificas desta lei no que respeita particularmente à garantia de solvência do devedor cedido, bem como à possibilidade de resolver os pagamentos efectuados por ele.

[675] Embora tenha sido movida pela preocupação de facilitar o *factoring*, a verdade é que repetidas vezes é afirmado não se tratar de um regime destinado a reger exclusivamente os contratos de *factoring*, nem tão pouco de um regime obrigatório para estes, tanto mais que o art. 1.° da lei se refere à cessão de créditos a título oneroso, sem atender à causa da mesma, ou seja, ao tipo de negócio pelo qual é realizada. A lei não se reporta à validade da cessão em si, mas ao seu particular mecanismo de oponibilidade. Cian, *Disciplina della cessione dei crediti di impresa*, 1994, pp. 247 e 252; Clarizia, *Il factoring*, 1998, p. 13; Clarizia e Corradi, *Disciplina della cessione dei crediti di impresa*, 1999, p. 1289.

[676] Embora, como sustenta Troiano, *La cessione di crediti futuri*, 1999, p. 458, dada a estreita conexão existente entre oponibilidade a terceiros e eficácia em relação ao devedor cedido, a lei possa ter uma leitura mais ampla na composição do sistema de transmissão dos direitos de créditos, imbricando também com o princípio do consensualismo, não sendo por isso totalmente correctas, em sua opinião, as posições que cingem a novidade da lei ao problema da oponibilidade da cessão a terceiros.

[677] Neumayer, *La transmission des obligations en droit comparé*, 1980, p. 224.

250 A Cessão de Créditos como Estrutura Contratual com Eficácia Translativa

equivalentes (*actes équipollents*)[678], para, de alguma maneira, contornarem os formalismos estritos da notificação ou da aceitação (e, recentemente, como se referiu, no caso belga, alterarem a disposição do código civil, rejeitando a necessidade de quaisquer formalidades para que a cessão seja oponível a terceiros). A verdade é que fora do sistema francês não há a necessidade de recorrer a construções semelhantes.

Neumayer conclui ainda existir alguma dificuldade em conceber o papel da notificação relativamente à relação com os terceiros, nomeadamente credores do cedente, que, em regra, não são informados dessa notificação. Acresce que o abandono da diferença entre efeitos internos e efeitos externos pode ser feito sem prejuízo para os interesses do comércio, tal como é demonstrado pelos direitos que não conhecem tal distinção[679].

Não deixa de ser interessante verificar que as considerações comparativas de Neumayer se prendem quase exclusivamente com a crítica ao sistema francês tradicional (lembre-se que no momento em que escreveu ainda não estava em vigor a Lei Dailly), não se referindo a dificuldades de outros sistemas.

Numa breve análise comparativa, Zweigert e Kötz concluem que a adopção de uma regra exigindo que todas as cessões sejam notificadas ao devedor sob pena de perda do crédito é excessiva[680]. Com efeito, existem direitos em que a notificação é necessária para a oponibilidade da cessão a terceiros, mas apenas se for feita com escopo de garantia. É o caso do direito austríaco[681] e também do direito inglês.

Neste último, a notificação tem papéis muito diferentes: como já referido, na *legal assignment* é condição necessária à própria perfeição do

---

[678] Fundamental na compreensão do direito belga. Veja-se Van Ommeslaghe, *La transmission des obligations en droit positif belge*, 1980, pp. 96 e ss., sendo que o conceito foi construído por De Page (veja-se, em edição mais recente, De Page, *Traité élémentaire de droit civil belge* – Tome IV, Vol. I, 1997, pp. 584 e ss.).

[679] Neumayer, *La transmission des obligations en droit comparé*, 1980, p. 224.

[680] Sendo que a solução alternativa, que preconizam como melhor para situações mais delicadas, como as que se prendem com a utilização da cessão de crédito com o fim de garantia, será a do registo, tal como consta do UCC ou do *English Bankruptcy Act*: Zweigert e Kötz, *Introduction to Comparative Law*, 1992, p. 407.

[681] Embora no regime regra o direito austríaco siga em muitos aspectos o modelo alemão, quando toca a cessões de crédito em garantia a jurisprudência fez uma analogia com o penhor e exige um sinal exterior – *Zeichen*- para que a cessão seja oponível a terceiros. A notificação ao devedor cedido é justamente qualificada como *Zeichen*. Veja-se a explicação da diferença entre o direito alemão e esta posição do direito austríaco em Kötz, *The Transfer of Rights by Assignment*, 1992, p. 75.

contrato entre as partes; na *equitable assignment* é puramente facultativa, porém aconselhável em virtude da regra vertida em *Dearle v. Hall*; nas cessões de créditos em garantia aparece, ao lado da tomada de posse ou do registo, como uma terceira modalidade – específica das situações em que o objecto da garantia é um crédito – apta a tornar a garantia perfeita perante terceiros[682]. Esta aplicação da regra jurisprudencial é muito criticada por Goode que, denominando-a de obsoleta, absurda e irrealista, explica a total desadequação à resolução de conflitos quando não está em causa a mera transmissão singular de um crédito, mas cessões em bloco ou cessões contínuas[683-684].

III. Para rematar este ponto, e de forma a preparar os pontos subsequentes deste estudo, faz-se de imediato uma sistematização das vantagens e desvantagens colhidas na análise precedente.

Não significa isto que sejam apontadas exaustivamente vantagens e desvantagens do sistema assente na notificação ao devedor cedido, porque o critério da organização dos tópicos seguintes é colher razões quer da doutrina que defende quer da que ataca o sistema, sem a preocupação, nesta fase, de uma análise crítica.

---

[682] No caso de o objecto da garantia ser um direito de crédito, a notificação ao devedor é necessária para *"perfect the interest so as to make it effective against third parties"*. Veja-se Goode, *Commercial Law*, 1995, p. 700 e 701 e 704 e 705.

[683] Goode, *Commercial Law*, 1995, p. 705. Numa perspectiva de comparação com os benfícios da solução americana, Goode e Gower, *Is Article 9 of the Uniform Commercial Code Exportable? An English Reaction*, 1969, p. 347, e Goode, *The Modernisation of Personal Property Security Law*, 1984, em especial, pp. 241, 248 e 249. Também Oditah, *Priorities: Equitable* versus *Legal Assignments of Book Debts*, 1989, pp. 525 e ss., faz críticas muito duras à regra, apontado oito razões (pp. 525 a 527) pelas quais deve ser abandonada e substituída por um regime de registo análogo ao americano (p.533). Argumenta, nomeadamente, que a regra não tem raízes em qualquer princípio jurídico coerente, é ilógica, é impraticável quando estão em causa cessões de créditos contínuas, que envolvem milhares de devedores, concluindo que a regra *"belongs to a past generation. The rule is harsh, hard to justify and decidedly inconvenient."*(p. 527). A propósito de uma outra temática, a das cláusulas de incedibilidade, Allcock, *Restrictions on the Assignment of Contractual Rights*, 1983, pp. 334 e 335, sustenta a não aplicação da regra para dirimir conflitos entre duas cessões em que uma delas viola uma proibição convencional de cessão. Esta solução estará em consonância com a orientação de não estender a aplicação da regra *Dearle v. Hall* a situações diversas das originais.

[684] Referindo-se à rega inglesa, Calamari e Perillo, *The Law of Contracts*, 1998, p. 694, explicam que esta regra não se afiguraria satisfatória nos Estados Unidos, uma vez que ali se recorre muito a *"non-notification financing"*.

1. As vantagens apontadas ao sistema, nomeadamente no que se prende com o conflito entre vários cessionários do mesmo crédito, são:
– a maior protecção do devedor;
– a publicidade conferida à transmissão, donde resulta:
– a configuração como meio de prova da ocorrência da transmissão;
– a protecção de terceiros adquirentes, porque garante a quem inquira o devedor que, se o informar imediatamente da transmissão, se torna o titular do direito de crédito, não obstante a existência de uma transmissão anterior;
– o desencorajamento de práticas fraudulentas por parte do cedente.

2. Em maior quantidade são as desvantagens apontadas, algumas orientadas em resposta às pretensas vantagens. Em suma, as principais críticas apontadas ao sistema de notificação são:
– a irracionalidade e a imperfeição de um sistema de publicidade assente na notificação ao devedor, resultando numa publicidade meramente teórica, porque:
– a notificação não ter carácter público, antes exigir contacto com o devedor;
– a eficácia do mecanismo depender da boa vontade do devedor, inexistindo fundamentos e meios para obrigar o devedor a dar aos terceiros interessados informações sobre o estado das suas dívidas;
– o mecanismo revelar-se inaplicável na prática, constatando-se que ninguém se dirige ao devedor para obter informações;
– a impraticabilidade do sistema quando estejam em causa cessões em bloco;
– o peso e a onerosidade das formalidades, inconciliáveis com as necessidades da vida económica;
– a impossibilidade de, na prática, celebrar cessões ocultas, usufruindo das suas vantagens para a vida financeira.

Cotejando umas e outras, importa deixar, neste momento, apenas duas ou três notas.

A primeira, para referir que a protecção do devedor cedido não é necessariamente maior num sistema de notificação. Ver-se-á melhor como, embora adoptando soluções diversas, todos os ordenamentos protegem o devedor.

A segunda, para enfatizar que a grande vantagem de o devedor ser elevado a centro de publicidade é fortemente abalada pelas críticas que não só verificam a inobservância, na prática, desse expediente, como negam ao devedor a obrigatoriedade de informar terceiros. Por isso, trata-se de um expediente de publicidade muito imperfeito, porque carente de carácter público ou, no mínimo, de uma organização com garantias de fidedignidade.

A terceira, para referir o que, no meu entender, resulta ser o ponto chave da discussão, ainda não centrada na análise do direito português. Dir-se-ia que ficam dois campos de análise: por um lado, a circunstância de este mecanismo, pretensamente, dissuadir à fraude e, por isso, ser mais adequado à protecção dos terceiros; por outro lado, a circunstância de a notificação se poder traduzir num meio de prova importante.

Acresce ainda outro aspecto que será ponderado, mais adiante, quando se analisarem algumas aplicações frequentes do mecanismo da a cessão de créditos: saber se o sistema de notificação é ou não manifestamente inconciliável com as necessidades de ordem prática. Será então ponderada como vantagem ou desvantagem, nomeadamente, a possibilidade de celebrar cessões ocultas, o que equivale, em última análise, a discutir se é possível celebrar cessões ocultas à luz do ordenamento português ou se, pelo contrário, deverão ser repudiadas como mecanismo fraudulento.

9.2. *Contrato translativo*

Ao contrário do sistema de notificação constitutiva de eficácia perante terceiros, o sistema de contrato translativo não exige para a eficácia do negócio perante terceiros qualquer acto diverso do próprio contrato celebrado entre as partes. Quando se diz contrato translativo quer designar-se aquele sistema segundo o qual o contrato que as partes celebram desencadeia a eficácia transmissiva na sua totalidade. Diz-se na sua totalidade, porque o direito transmite-se por efeito exclusivo do contrato, quer perante as partes, quer em relação aos terceiros. As regras que introduzem algum desvio têm a ver tão-só com a protecção do devedor cedido.

Unificam-se, portanto, neste ponto, os regimes que não entendem a notificação como acto indispensável à produção do efeito transmissivo, bastando a celebração do contrato. Ainda assim, é possível fazer um desdobramento em três grupos. Num primeiro caso existe um duplo contrato, porque a transmissão se opera em consequência de um negócio translativo

254   *A Cessão de Créditos como Estrutura Contratual com Eficácia Translativa*

precedido (mas independente) de um negócio causal subjacente. No segundo há um único instrumento contratual e no terceiro caso a transmissão opera-se por via da sub-rogação.

Em bom rigor seria possível tratar num mesmo ponto o primeiro e o segundo caso, porque em qualquer deles a transmissão é desencadeada exclusivamente por um contrato. Todavia, opta-se por esta organização para melhor clarificação de soluções e porque, embora no primeiro caso a transmissão se opere por efeito de um contrato dispositivo, este tem subjacente um outro negócio, situação diferente da explicada no segundo caso, onde existe apenas um negócio. É também discutível que o caso de sub-rogação possa ser analisado sob a égide deste título. Contudo, por facilidade de arrumação de matéria e porque o aspecto que importa reter em qualquer um destes três casos é a dispensa da notificação, por oposição ao sistema anterior, entende-se útil esta articulação.

9.2.1. *Duplo contrato*

I. O sistema de duplo contrato é seguido tradicionalmente nos direitos germânicos. O negócio dispositivo abstracto que as partes celebram, e que tem subjacente um negócio obrigacional causal, transfere o direito de crédito[685].

Aparentemente pode causar alguma estranheza não se exigir um acto exterior de transmissão do direito cuja finalidade seja marcadamente a de publicitar a transmissão do próprio direito. Não se exige notificação. Ela pode existir como meio de dar a conhecer a transmissão ao devedor cedido, mas não tem um valor próprio enquanto acto desencadeador de eficácia translativa.

Também não é exigida qualquer forma especial para o próprio contrato translativo, pelo contrário, é afirmada a liberdade de forma[686]. Significa isto que não se confere à forma uma das funções tradicionalmente apontadas, que é a de conferir publicidade ao acto.

Mas este sistema não parece causar qualquer perturbação ao funcionamento do comércio jurídico e os autores assumem-no como bom, quer

---

[685] Veja-se, acima a explicação do sistema alemão, pp. 55 e ss..

[686] Weber, *BGB – RGRK-* Band II, 1. Teil, 1976, §398 Rdn.22; Roth, *Münchener Kommentar zum Bürgerliches Gesetzbuch* – Band 2, 1994, §398 RdNr.32; Zeiss, *Soergel Kommentar zum BGB* – Band 2, 1990, §398 Rz 2.

do ponto de vista teórico, quer do ponto de vista prático. Não se lhe conhecem críticas, embora o sistema de registo adoptado no direito norte-americano tenha sido favoralmente apreciado[687].

II. Para se compreender a razão de ser deste estado de coisas, é importante focar dois aspectos: o sistema transmissivo é constituído por dois negócios distintos; está em causa a transmissão de um direito de crédito.

Referiu-se acima que o direito alemão está construído com base em dois negócios: um negócio causal, que corresponde aos diferentes tipos contratuais funcionalmente ligados a uma transmissão, e um negócio abstracto, contemporâneo ou posterior, que opera a transmissão do direito, cujo conteúdo é, tão-só, a transmissão desse mesmo direito.

Enquanto o primeiro negócio é um negócio de eficácia eminentemente obrigacional, do qual se retira a regulação das relações entre as partes, estabelecendo-se o leque de direitos e obrigações recíprocas, que gera a própria obrigação de celebrar o segundo negócio, este segundo negócio é um negócio puramente translativo. O seu fim não é estabelecer vínculos entre as partes, mas apenas transmitir o direito de crédito de acordo com o que as partes estipularam em anterior negócio obrigacional. Por isso, a sua eficácia é puramente translativa, dir-se-ia real, e não obrigacional.

Esta explicação permite perceber a razão de não ser necessária forma especial ou o motivo da não exigência de um acto externo de publicitação da transmissão. A justificação está, precisamente, na concepção do sistema transmissivo.

O sistema de notificação constitutiva, relembre-se, está associado a um contrato que tem, simultaneamente, eficácia obrigacional e eficácia transmissiva. Mas porque a eficácia obrigacional é, primordialmente, relacional, diz apenas respeito às relações *inter partes*, e a eficácia transmissiva importa, tendencialmente, a todos, julga-se necessário um acto que retire o negócio do puro domínio das partes para o revelar ao mundo. Esse acto não pode ser apenas o contrato, porque esse, por definição, vale apenas entre as partes. Tem de ser um acto que publicite o efeito típico do negócio – a transmissão do direito – para alguém exterior ao próprio negócio, mas principal interessado no mesmo: o devedor. O devedor passa a

---

[687] Drobnig, *Is Article 9 of the Uniform Commercial Code Exportable? A German View*, 1969, p. 373, entende ser possível e desejável a adaptação no direito alemão de muitos pontos do regime do Artigo 9 do UCC, embora confesse a resistência que tal tipo de soluções iria encontrar.

256 A Cessão de Créditos como Estrutura Contratual com Eficácia Translativa

funcionar como centro de publicidade da transmissão: como que se presume que, se o devedor sabe, então todos sabem ou, pelo menos, podem saber.

O mesmo não acontece com o sistema do duplo negócio. Neste caso, o negócio causal anterior cumpre a função obrigacional e o negócio abstracto posterior cumpre a função translativa[688]. Este segundo negócio, o negócio de cessão, é totalmente dominado pelo efeito translativo e por isso tem uma vocação universal, não se destina apenas a valer perante as partes, mas sim perante todos. Enquanto o primeiro fica no domínio das partes – e por isso se diz que o devedor não pode invocar vícios desse negócio –, o segundo destina-se a todos e a sua celebração é suficiente à produção do efeito translativo *erga omnes*. É como se este segundo negócio retirasse a transmissão da mera relação obrigacional das partes e a trouxesse para o domínio de todos.

O contrato de cessão desempenha, assim, no sistema alemão, uma função parcialmente análoga à que a notificação desempenha no sistema francês tradicional. Depois terá importância, para a oponibilidade perante o devedor, e apenas perante ele, uma circunstância: o conhecimento. Conhecimento esse que pode advir ou não de uma notificação a ele dirigida. A notificação é um acto perfeitamente ocasional e secundário.

Apesar de nem todos os autores fazerem uma relação directa entre o contrato de cessão e o acto transmissivo dos direitos reais – *Einigung* –, há muitos que a estabelecem, explicando que o contrato de cessão – *Abtretung* – funciona para a transmissão dos direitos de crédito como a *Einigung* vale para a transmissão dos direitos reais[689].

III. O segundo factor importante prende-se com o objecto do negócio: o direito de crédito. Unanimemente, os autores referem que, como está em causa um direito de crédito, não há um sinal exterior de recognoscibi-

---

[688] Escreve-se "anterior" e "posterior" por facilidade de explicação. Naturalmente que podem ser e normalmente são contemporâneos.

[689] Brox, *Allgemeines Schuldrecht*, 1999, p. 233, equipara expressamente a *Abtretung* à *Übereinigung*. Implicitamente, Roth, *Münchener Kommentar zum Bürgerliches Gesetzbuch* – Band 2, 1994, §398 RdNr 3, acolhe a mesma perspectiva quando explica que, para operar a transmissão é necessário, por um lado, um acordo entre ambas as partes correspondente à *Übereignung* do §929 e, por outro lado, esse acordo é suficiente, sendo desnecessário qualquer acto ("real") ulterior. Com um objectivo claramente didáctico, von Münchhausen e Opolony, *Schuldrecht – Allgemeiner Teil II*, 1994, p. 76, apresentam num quadro, no mesmo plano, *Übereignung* e *Abtretung*, estando a primeira para a compra de uma coisa como a segunda está para a compra de um crédito.

Terceiros: contrato ou notificação

lidade da titularidade do mesmo, ao contrário do que se passa com a posse para os direitos reais sobre bens móveis e o registo predial com os direitos reais sobre os bens imóveis. Como não há esse sinal exterior de titularidade do direito de crédito, não é possível haver uma aquisição, válida e oponível *erga omnes*, baseada na boa fé do adquirente[690-691].

A notificação não é um meio válido de aquisição de um direito por adquirente de boa fé: mesmo no caso em que há dupla transmissão do mesmo direito, a consequência é apenas a de o devedor pagar com eficácia liberatória a quem notificar em primeiro lugar, pois o primeiro adquirente tem sempre direito, perante o segundo adquirente, a uma acção de restituição com base em enriquecimento sem causa. Não se encontra para os direitos de crédito um equivalente à posse ou ao registo que permita fazer valer, também neste campo, o princípio de que "posse de boa fé vale título". Por isso, não existe para a transmissão dos direitos de crédito um equivalente à *Übergabe*. Não existe e não deve existir; simplesmente, não é necessário nem justificado.

9.2.2. *Contrato único*

I. Na prática muito próximo do sistema alemão, mas, como já referido, diferente na construção técnica, está o regime que entende a oponibilidade da cessão aos terceiros na dependência da simples celebração do contrato de cessão de créditos entre as partes. Não se trata de um duplo contrato, mas de um único contrato, consensual, que opera a transmissão do direito de crédito com eficácia entre as partes e oponibilidade perante terceiros. É a solução da lei inglesa, no caso de *equitable assign-*

---

[690] Larenz, *Lehrbuch des Schuldrechts* – Band I, Allgemeiner Teil, 1987, p. 576; Kaduk, *Staudinger Kommentar zum Bürgerlichen Gesetzbuch*, 1994, Einl 99 zu §§398 ff; Roth, *Münchener Kommentar zum Bürgerliches Gesetzbuch* – Band 2, 1994, §398 RdNr.3; Busche, *Staudinger Kommentar zum Bürgerlichen Gesetzbuch*, 1999, Einl 26 zu §§398 ff.; Nörr, *et al.*, *Sukzessionen: Forderungszession, Vertragsübernahme, Schuldübernahme*, 1999, pp. 12, 149; Schellhammer, *BGB Allgemeiner Teil und gesamtes Schuldrecht mit Nebengesetzen*, 1999, pp. 730, 750.

[691] Dörner, *Dynamische Relativität – Die Übergang vertraglicher Rechte und Pflichten*, 1985, p. 87, procurando justificar a eficácia absoluta dos direitos de crédito, argumenta com este aspecto, como se verá, revelador de uma protecção preventiva absoluta, a maior protecção conferida à disposição dos direitos de crédito no confronto com a disposição dos direitos reais.

ment[692-693], do direito americano nas situações de cessão de créditos não abrangidas pelo *Uniform Commercial Code*, de algumas situações do direito americano do UCC, como sejam a compra e venda de *payment intangibles*[694], e ainda do novo regime contemplado no código civil belga.

II. No direito inglês (como, aliás, no direito belga), apesar de, no que se prende com o conflito entre adquirentes concorrentes do mesmo crédito, valer o critério da notificação[695], no que toca a outros terceiros é consensualmente admitida a relevância do momento da celebração do contrato. Exceptuando alguns casos em que é exigido o registo[696], a transmissão é oponível aos credores das partes e administradores da massa falida a partir do momento em que cedente e cessionário fecham o contrato[697].

Embora, como já foi referido e como se verá mais detalhadamente adiante, o regime base no direito americano do UCC esteja construído

---

[692] Veja-se, de forma muito clara, Bridge, *Personal Property Law*, 1996, p. 123, quando explica que um contrato de cessão celebrado no dia 11 de Janeiro foi considerado pelo tribunal como imediatamente eficaz, com a consequência de que o crédito já não estava na propriedade do cedente quando este entrou em falência a 2 de Fevereio, embora a notificação ao devedor cedido só tenha sido feita a 5 de Fevereiro. Consequentemente, o crédito não pôde ser tomado pelo liquidatário em benefício dos credores do cedente.

[693] A equiparação que existe no direito inglês entre as partes e seus credores é por vezes ilustrada pela expressão *"a judgment creditor stands in the shoes of his debtor"*. Veja-se Tyler e Palmer, *Crossely Vaines' Personal Property*, 1973, p. 274. Uma vez que a cessão ainda não notificada é válida entre cedente e cessionário, também, por esta razão, será válida em relação aos credores das partes, não prejudicando o cessionário perante credor do cedente que pretenda penhorar o crédito nem, em geral, perante o administrador da massa falida. Veja-se também, por exemplo, Allcock, *Restrictions on the Assignment of Contractual Rights*, 1983, p. 333, quando explica com clareza que está totalmente assente que a transmissão que não vincula o devedor por não ter sido notificada não deixa de obrigar um credor do cedente que se pretenda valer judicialmente dos créditos cedidos.

[694] Veja-se o sentido, acima, nas pp. 78 e ss..

[695] Veja-se a explicação dada acima sobre a solução inglesa contida na regra jurisprudencial de *Dearle v. Hall*, pp. 147 e ss..

[696] Veja-se, *infra*, pp. 262 e 329 e ss..

[697] Como já foi referido (*supra*, pp. 82 e ss.), no direito inglês é mesmo admitida a transmissão de créditos não por efeito de um contrato, mas de um acto unilateral do cedente dirigido ao devedor cedido, contanto que o cessionário dele tenha conhecimento. Foi entendido que uma notificação dirigida ao devedor cedido para pagar ao cessionário, seguida de comunicação nesse sentido dirigida a este último, constituía uma *equitable assignment* oponível em caso de falência do cedente, mesmo antes de qualquer das comunicações ter sido recebida. *Alexander v. Steinhardt Walker & Co.* [1903] 2 K.B. 208. Veja-se Salinger, *Factoring: The Law and Practice of Invoice Finance*, 1999, p. 130.

Terceiros: contrato ou notificação   259

sobre o registo das transacções junto de um organismo público, há transacções que não estão sujeitas a esse registo.

No caso da cessão de créditos, há duas situações em que está dispensado o registo, fazendo-se coincidir a oponibilidade (*perfection*) com a exigibilidade (*attachment*)[698]: quando a cessão, sozinha ou em conjugação com outras cessões em favor do mesmo cessionário, não transmite uma parte significativa dos créditos do cedente e, mais importante, quando se trate de compra e venda de *payment intangibles* (§§ 9-309(2) e 9-309(3), respectivamente, por remissão da Secção 9-310(2)).

Este último caso é de particular importância. Basta relembrar que, por exemplo, nas operações de titularização está em causa a transmissão de *payment intangibles*. Portanto, no caso de direitos de crédito abrangidos pela definição de *payment intangibles* a regra é a da oponibilidade automática, pelo que vale o momento em que o direito é considerado exigível (*attached*), que, reunidos os requisitos da onerosidade e legitimidade, coincide com o da celebração do acordo.

Tal como numa situação de conflito de direitos em que haja registo se atende ao momento do registo, neste caso atende-se ao momento da celebração do *security agreement*[699]: se este é anterior ao momento da oponibilidade do direito de garantia, prevalece, se for posterior, já está sujeito ao direito entretanto constituído.

III. Diferentemente do sistema francês, que, para resolver os problemas de oponibilidade da transmissão perante terceiros, optou pela construção de uma lei avulsa, o legislador belga foi porventura mais arrojado, introduzindo importantes e decisivas alterações ao antigo artigo 1690.

Da exigência das formalidades da notificação ou aceitação com acto de data certa, ainda que já de alguma maneira atenuadas pela teoria doutrinária e jurisprudencial dos actos equivalentes, a lei passou a consagrar o princípio da oponibilidade do contrato-fonte da transmissão aos terceiros pela simples conclusão do mesmo. O princípio do consensualismo, associado ao princípio da oponibilidade imediata da transmissão perante terceiros passa, assim, a reger a situação de todas as pessoas cuja posição possa ser afectada pela cessão de créditos[700].

---

[698] Para a compreensão destes conceitos, veja-se acima as notas explicativas, pp. 83 e ss..

[699] Acordo assinado pelo cedente onde consta a descrição dos direitos transmitidos. Veja-se, acima, pp. 83 e ss..

[700] Dentre os quais se destacam os credores, os *ayant cause* das partes (ou seja, os

260 A Cessão de Créditos como Estrutura Contratual com Eficácia Translativa

Esta solução está próxima da acolhida pelo direito alemão, porque não é necessário nenhum acto ulterior, exterior ao contrato celebrado entre as partes para que, de imedito, a transmissão seja oponível aos terceiros (a diferença está em que no direito alemão há um contrato de cessão abstracto separado da base causal, não sendo possível falar de consensualismo). A justificação desta solução reside na necessidade de reacção às deficiências do sistema antigo, demonstrando um retorno ao princípio do direito comum de que o efeito externo dos contratos se produz, em regra, sem qualquer formalidade ou condição[701].

Este novo regime tem como consequência que qualquer situação de conflito entre o cessionário e outra pessoa que pretenda exercer direitos sobre o crédito passa a ser resolvida pelo princípio da prioridade na constituição do direito – *prior tempore potier jure*. O momento da constituição do direito determina-se pela data da convenção da cessão de créditos[702], exceptuando a situação, já referida, de conflitos entre adquirentes do mesmo crédito.

---

terceiros adquirentes a título particular dos contraentes) e o administrador da massa falida do cedente. Van Ommeslaghe, *Le nouveau régime de la cession et de la dation en gage des créances*, 1995, p. 532.

[701] Van Ommeslaghe, *Le nouveau régime de la cession et de la dation en gage des créances*, 1995, p. 532; De Page, *Traité élémentaire de droit civil belge* – Tome IV, Vol. I, 1997, p. 617. É difícil não fazer uma ligação entre esta solução encontrada pelo legislador e a forte reflexão doutrinária que, cerca de dez anos antes, França e Bélgica empreenderam nas já referidas jornadas Jean Dabin sujeitas ao tema da transmissão de que resultou uma crítica geral ao sistema obsoleto e desadequado do *code civil* (que, como é sabido, é, no fundamental, o código civil belga) – de que se fez ampla referência a propósito da crítica ao sistema da notificação – e a proposta de retorno ao princípio geral de oponibilidade dos efeitos externos dos contratos aos terceiros. Veja-se os contributos já referidos de Fontaine, *La transmission des obligations «de lege ferenda»*, 1980, pp. 619 e ss., em especial p.623; Ghestin, *La transmission des obligations en droit positif français*, 1980, pp. 20 e ss., *maxime* pp. 28 a 30; Neumayer, *La transmission des obligations en droit comparé*, 1980, em especial pp. 224 e 225; Van Ommeslaghe, *La transmission des obligations en droit positif belge*, 1980, pp. 91 e ss..

[702] Van Ommeslaghe, *Le nouveau régime de la cession et de la dation en gage des créances*, 1995, p. 532. A prova dessa data está sujeita às regras gerais do direito e, aí, importa distinguir consoante se trate de relações exclusivamente civis ou não, porque, quanto às primeiras, rege o art. 1328 do código civil belga que estabelece formas precisas de provar a data de verificação de um determinado acto. Fora do campo exclusivamente civil, discute-se a aplicação do regime a actos mistos, mas, tendencialmente, permite-se o uso de qualquer meio de prova. No campo do direito comercial não há quaisquer dúvidas de que o princípio que rege, defendido por autores e tribunais, é o da total liberdade de prova do momento da verificação dos actos. Veja-se Van Ommeslaghe, *ibidem*, p. 532.

Terceiros: contrato ou notificação 261

O objectivo da alteração legal foi aligeirar o mecanismo da transmissão dos créditos, sobretudo ao nível da prática comercial, facilitando a transmissão de créditos futuros (cuja oponibilidade a terceiros, segundo o mecanismo tradicional, estava muitíssimo dificultada, uma vez que só se podia notificar o devedor cedido quando este passava a ser conhecido), promovendo a actividade de *factoring* e de titularização.

IV. Esta mudança de tão grande relevo no sistema do direito belga, sistema anteriormente em tudo igual ao do *code civil*, representa, inegavelmente, uma curiosa solução de compromisso, na matéria da cessão de créditos, entre construções de raiz francesa (consensualismo, prevalência da notificação no caso de dupla transmissão) e uma solução tipicamente alemã (oponibilidade perante terceiros com o contrato de cessão), o que não parece chocar em nada a possibilidade de articulação com outros princípios basilares do direito belga (de matriz francesa). Na verdade, só não é possível colocar sistematicamente a solução do direito belga no ponto anterior, relativo ao direito alemão, porque aqui não existe um duplo contrato, o que, em bom rigor, no que toca às relações com terceiros, é irrelevante. Em termos de solução encontrada para a oponibilidade a terceiros, o actual regime da lei belga é também semelhante ao do pagamento com sub-rogação[703].

Curiosamente, o legislador belga de 1994 entendeu conferir uma protecção muito especial aos credores do cedente, de forma a que a sua posição possa prevalecer sobre a do cessionário[704]. Numa aplicação normal do mecanismo, uma vez celebrado o contrato entre as partes, ele produziria efeitos imediatamente em relação aos terceiros, com excepção do devedor cedido. Se o devedor pagasse ao cedente antes da notificação ou do reconhecimento da cessão, ele ficaria exonerado da dívida, mas o cedente teria de restituir o recebido ao cessionário: esse valor pertenceria já ao património do cessionário e, portanto, quando muito, serviria para beneficiar os credores do cessionário e não os do cedente. A nova redacção belga do artigo 1690 do código prevê, contudo, no seu n.° 4, um mecanismo especial de protecção dos credores do cedente: se o devedor cedido pagar de

---

[703] Van Ommeslaghe, *Le nouveau régime de la cession et de la dation en gage des créances*, 1995, p. 532.

[704] Situação particular que é acolhida com algumas reservas pela doutrina. Van Ommeslaghe, *Le nouveau régime de la cession et de la dation en gage des créances*, 1995, p. 534, pergunta se será desejável introduzir uma derrogação ao sistema de base para encontrar uma eventualidade tão particular.

262   A Cessão de Créditos como Estrutura Contratual com Eficácia Translativa

boa fé[705], antes da notificação, directamente aos credores do cedente, também eles de boa fé[706], e não ao cedente, a posição daqueles torna-se inatacável[707].

Perguntar-se-á se esta particularidade afinal não acaba por frustrar o sistema até aí construído. Não é essa a leitura da doutrina belga e não parece ser essa a melhor análise: os credores do cedente são protegidos exclusivamente na situação de lhes ter sido pago directamente o que era devido ao cedente, pelo que, numa situação normal, em que o pagamento seja feito ao cedente, eles não gozam de protecção. A introdução desta atenuante justifica-se no próprio funcionamento normal do regime criado, que beneficia a posição do cessionário em detrimento da posição dos credores do cedente.

V. Em qualquer dos direitos referidos, o princípio da oponibilidade imediata aplica-se aos terceiros com excepção do devedor cedido. Em relação a este, a oponibilidade da cessão continua dependente da notificação ou, agora no direito belga, do reconhecimento que o devedor faça da cessão[708]. Até lá, o devedor pode continuar a pagar ao cedente com eficácia liberatória.

---

[705] Para que o devedor cedido esteja de má fé é necessário não só que tenha conhecimento da cessão, mas ainda que tenha a intenção de defraudar os direitos do cessionário. Van Ommeslaghe, *Le nouveau régime de la cession et de la dation en gage des créances*, 1995, p. 534; De Page, *Traité élémentaire de droit civil belge* – Tome IV, Vol. I, 1997, p. 629.

[706] Que se afere pela crença de que têm um título para receber o pagamento, ou seja, pela ignorância da cessão. Van Ommeslaghe, *Le nouveau régime de la cession et de la dation en gage des créances*, 1995, p. 534; De Page, *Traité élémentaire de droit civil belge* – Tome IV, Vol. I, 1997, pp. 628 e 629.

[707] É necessário um pagamento efectivo e a disposição não se aplica, naturalmente, quando o pagamento é feito a um mandatário do cedente, porque ele não é credor do cedente e, juridicamente, é como se o pagamento fosse feito ao próprio cedente, bem como quando é feito a alguém indicado pelo cedente, pois essa pessoa também actua como mandatário deste. Van Ommeslaghe, *Le nouveau régime de la cession et de la dation en gage des créances*, 1995, p. 534; De Page, *Traité élémentaire de droit civil belge* – Tome IV, Vol. I, 1997, p. 628.

[708] Van Ommeslaghe, *Le nouveau régime de la cession et de la dation en gage des créances*, 1995, p. 532, explica que na concepção do legislador continua a tratar-se de uma condição de oponibilidade da cessão e não apenas, como no direito alemão, de um método destinado a dar conhecimento ao devedor, de modo a evitar que pague ao cedente.

9.2.3. Sub-rogação pessoal

I. Em consequência das dificuldades do regime do código francês, a prática comercial, sobretudo a prática bancária, foi procurando utilizar mecanismos que, ao contrário da cessão de créditos, permitissem operar a transmissão de um direito de crédito sem ser necessário notificar o devedor cedido para a produção de efeitos perante terceiros. A análise que se procura fazer ficaria incompleta se não se referisse, pois, a figura da sub-rogação pessoal[709].

Na verdade, perante as limitações do mecanismo da cessão de créditos, procurou-se buscar na sub-rogação substrato bastante para transmitir validamente um direito de crédito sem submeter essa transmissão à notificação[710]. Este mecanismo foi – e continua a ser – da maior importância no

---

[709] Este mecanismo está previsto nos arts.1249 a 1252 do código civil francês e pode ser legal ou convencional. Esta última modalidade é a que mais interessa para o presente estudo. Assim, a sub-rogação convencional pode ser consentida quer pelo credor (hipótese mais frequente), quer pelo devedor.

[710] Há quem explique que o sistema francês do código civil contempla duas técnicas paralelas de transmissão do direito de crédito: a cessão de créditos e a sub-rogação. Bénabent, *Droit civil – Les obligations*, 1997, p. 431. Parece-me que o código francês criou um mecanismo especificamente dirigido à transmissão dos créditos, que foi a cessão de créditos, e criou outro mecanismo cujo objectivo principal é estar associado a um pagamento e permitir que outrem pague uma dívida alheia, ficando, desde logo sub-rogado nos direitos do anterior credor, para facilidade de reembolso. Na sub-rogação, a transmissão do crédito não é o escopo do mecanismo, ela é sim a consequência lógica e justa do pagamento (e por isso faz sentido que a sub-rogação seja na exacta medida do pagamento). Como implica menos formalidades, a figura foi adoptada pela prática comercial para operar a transmissão de créditos em vez de recorrer ao mecanismo especificamente criado com esse objectivo. Isto não quer dizer que o código tenha criado dois mecanismos paralelos, tanto que se assim fosse, haveria uma clara desarmonia sistemática, sem se conseguir descortinar a razão da criação de duas figuras com objectivos iguais e requisitos tão distintos na prática. Naturalmente que esta porta aberta pela sub-rogação foi utilizada com bons resultados pela prática comercial, o que não é de todo censurável, pelo contrário. Mas também não parece fazer sentido dizer-se que isso significa a construção pela lei de dois mecanismos paralelos para a transmissão dos direitos de crédito. A verdade é que ainda há outro mecanismo pelo qual se consegue obter a transmissão de um direito de crédito – a novação por alteração do credor –, embora se revista actualmente de pouco interesse, porque, implicando a extinção do crédito antigo, exige a intervenção de três pessoas e extingue os acessórios e garantias associadas ao crédito. Veja-se Ghestin, *La transmission des obligations en droit positif français*, 1980, p. 34 e ss., que elenca como outros processos de transmissão dos créditos a sub-rogação pessoal e a novação por alteração do credor (quanto a esta última, veja-se pp. 45 a 47).

264 A Cessão de Créditos como Estrutura Contratual com Eficácia Translativa

desenvolvimento da actividade de *factoring*. Repare-se que os ordenamentos que não têm estas limitações alicerçam a cessão financeira, sem qualquer problema, no regime da cessão de créditos. No direito francês isso revelava grandes problemas, pelo que a prática encontrou uma via alternativa[711].

II. A característica essencial da sub-rogação é ser feita em consequência de um pagamento – pagamento transmissivo em vez de extintivo do crédito[712] –, por isso não opera isoladamente, mas está necessariamente enxertada no pagamento do crédito[713]. O problema que teve de ser contornado prendeu-se com a circunstância de aquele que paga, e portanto fica sub-rogado (tomando o lugar do antigo credor), ficar sub-rogado na exacta medida do seu pagamento. Como a soma por que o novo credor fica sub-rogado não pode ser inferior ao pagamento efectuado, mas os bancos não trabalham gratuitamente, foi necessário criar um mecanismo que ultrapassasse esta limitação. Assim, paralelamente à sub-rogação na integralidade do pagamento efectuado, o credor obriga-se a dar uma comissão ao banco, constituindo uma dívida distinta e dando lugar a uma conta particular[714].

A sub-rogação goza de um formalismo atenuado[715] e a sua especificidade maior reside na posição do devedor cedido. Pode dizer-se que este

---

[711] Aliás, um dos objectivos da lei Dailly foi, precisamente, dotar a operação de *factoring* de um mecanismo mais adequado e mais flexível.

[712] Ghestin, *La transmission des obligations en droit positif français*, 1980, p. 34, na esteira de Mestre, explica que, porque a prática deu tal importância a este pagamento excepcionalmente transmissivo, é possível actualmente considerar a transmissão do crédito como o elemento essencial da sub-rogação pessoal: mais do que um pagamento translativo do crédito, configura-se como uma transmissão do crédito fundada sobre um pagamento.

[713] Historicamente nasceu, precisamente, da ideia de que quem paga em lugar de outro dispõe de uma acção de reembolso em relação a ele e a forma que melhor se encontrou para tornar esse direito efectivo foi exactamente transferir-lhe automaticamente o crédito pago. Como do ponto de vista prático este modo de operar era relativamente simples e vantajoso, acabou por ficar associado, a partir do séc.XX, a duas funções distintas: de garantia e de crédito. Veja-se Bénabent, *Droit civil – Les obligations*, 1997, pp. 443 e 444.

[714] Bénabent, *Droit civil – Les obligations*, 1997, p. 446.

[715] Apesar de ter de ser expressa, a casuística não impõe qualquer fórmula específica, bastando que o consentimento resulte claro. Tem de ser feita ao mesmo tempo do pagamento, sendo que a jurisprudência exclui qualquer possibilidade da sub-rogação ser anterior ou posterior ao pagamento. Na prática, esta simultaneidade é assegurada pela entrega ao *solvens* de uma quitação sub-rogativa. Veja-se a indicação de jurisprudência nestes sentidos, bem como relativamente à exigência da qualidade de terceiro em relação à dívida por parte do sub-rogado e do pagamento directo por parte deste, em Ghestin, *La transmission des obligations en droit positif français*, 1980, pp. 37 e 38.

Terceiros: contrato ou notificação

não desempenha qualquer papel: não só o seu consentimento não é necessário, como os efeitos da sub-rogação não estão subordinados ao seu conhecimento[716]. A notificação ao devedor cedido é apenas aconselhável como meio de informar o devedor a fim de evitar que ele pague ao antigo credor com eficácia liberatória (por aplicação do art. 1240 relativo ao pagamento feito de boa fé a credor aparente). Todavia, como o objectivo da notificação é tão-só informar o devedor, a informação pode ser comunicada por qualquer forma, contanto que seja clara[717-718].

A maior vantagem da sub-rogação em relação ao mecanismo clássico da cessão de créditos reside precisamente na desnecessidade de notificação. Por efeito da sub-rogação, o cessionário financeiro ou *factor* adquire a propriedade dos créditos transferidos com todos os direitos e garantias que lhe estão associados e esta sub-rogação é oponível aos terceiros sem qualquer outra formalidade[719]. Ao contrário, na cessão de créditos do *code civil* a notificação é indispensável para que a transmissão seja oponível aos terceiros.

Aqui, à semelhança do que veio a ser contemplado na "cessão Dailly", a notificação não é uma condição de oponibilidade, cumpre sim o objectivo de evitar o pagamento do devedor de boa fé a pessoa diversa do *factor*[720]. Sem a notificação, o devedor tem o direito de opor ao credor sub-rogado o pagamento feito ao credor originário[721].

---

[716] Os efeitos produzem-se automaticamente, antes mesmo que o devedor seja informado da sub-rogação. Ghestin, *La transmission des obligations en droit positif français*, 1980, p. 36, dá conta da jurisprudência que, unanimemente, não entende aplicável à sub-rogação as formalidades do art. 1690. Veja-se, mais recentemente, indicações de jurisprudência em Bénabent, *Droit civil – Les obligations*, 1997, p. 446. No direito belga, afirma-se que a notificação é uma simples medida prática e não uma condição para que a sub-rogação seja oponível ao devedor. Van Ommeslaghe, *La transmission des obligations en droit positif belge*, 1980, pp. 138 e 141.

[717] Veja-se Bénabent, *Droit civil – Les obligations*, 1997, p. 447.

[718] Salvaguardadas as dificuldades de prova, ela pode ser feita pelo telefone ou de viva voz. Gavalda, *La cession et le nantissement à un banquier des créances professionnelles (loi n.° 81-1 du 2 janvier 1981)*, 1981, p. 202, nota 21.

[719] Ao contrário da cessão de créditos, a transferência é oponível aos terceiros pelo simples facto de a sub-rogação existir. Rives-Lange, *Droit bancaire*, 1995, pp. 534 e 535; Chaput, *La transmission des obligations en droit bancaire français*, 1980, pp. 374 e 375.

[720] Gavalda, *La cession et le nantissement à un banquier des créances professionnelles (loi n.° 81-1 du 2 janvier 1981)*, 1981, p. 202, nota 21, faz questão de frisar que a notificação da sub-rogação não constitui de forma alguma uma formalidade comparável à notificação da cessão de créditos: o seu propósito é simplesmente constituir o devedor em má fé para o impedir de pagar ao credor inicial (fornecedor-aderente no contrato de *factoring*).

266 *A Cessão de Créditos como Estrutura Contratual com Eficácia Translativa*

Se é verdade que este mecanismo paralelo permite ultrapassar as dificuldades da cessão de créditos, não é menos verdade que, tal como é referido para o direito belga, a dispensa de notificação na sub-rogação introduz, no mínimo, uma incoerência no sistema jurídico[722].

9.3. *Contrato formal e entrega de documento*

I. Com contornos algo diversos, mas, no que toca à desvalorização da notificação, aproximando-se do sistema de contrato translativo, é o regime criado pelo legislador francês no início dos anos 80 a que já se fez referência. Numa primeira leitura, este regime parece decalcado do sistema americano do UCC e, na verdade, as soluções que perfilha são muito próximas: atente-se, por exemplo, na forma exigida. Mas há um aspecto que, não estando contemplado no regime francês, pode passar despercebido num primeiro momento e, no entanto, é essencial – o registo público –, afastando decisivamente este regime do sistema americano. Importa explicar com algum detalhe este regime simplificado de transmissão de direitos de crédito.

Porventura com uma marcada influência do direito americano, o direito francês adoptou no seu ordenamento a Lei 81-1 de 2 de Janeiro de 1981 (depois modificada, no sentido de ampliar o campo de aplicação, pela lei 24 de Janeiro de 1984), mais conhecida como Lei Dailly. Esta lei assume como objectivo o de facilitar o acesso ao crédito[723] por parte das empresas e dos particulares no exercício da sua profissão, constituindo, nessa medida, uma técnica jurídica ao serviço de uma operação de crédito[724].

---

[721] Rives-Lange, *Droit bancaire*, 1995, p. 535.

[722] Van Ommeslaghe, *La transmission des obligations en droit positif belge*, 1980, p. 92.

[723] Através da adopção de um mecanismo que torna a mobilização dos direitos de crédito mais simples, mas rápida e, logo, menos onerosa, mas mais segura. Gavalda, *La cession et le nantissement à un banquier des créances professionnelles (loi n.º 81-1 du 2 janvier 1981)*, 1981, p. 201.

[724] Schmidt e Gramling, *La loi n.º 81-1 du 2 janvier 1981 facilitant le crédit aux entreprises*, 1981, pp. 217 e 218, na análise que fazem da lei, colocam o acento tónico justamente no aspecto da elaboração de uma técnica eficaz de garantia, perguntando se se tratará de um pequena reforma ou de uma revolução no direito francês das garantias. Defendem que a finalidade primordial é a garantia de um crédito e, por isso, o mecanismo criado é qualificado como cessão de créditos em garantia, como alienação fiduciária. Independentemente de se entender que o regime comporta outras leituras para além da cessão de créditos em garantia (e por isso a generalidade da doutrina, ao invés dos autores citados

Terceiros: contrato ou notificação 267

Prosseguindo essa finalidade, estabelece um regime simplificado de transmissão e de penhor de direitos de crédito aplicável apenas em benefício de um "estabelecimento de crédito"[725-726]. O cedente e o devedor cedido podem ser quer uma pessoa colectiva de direito público ou privado quer uma pessoa física no exercício da sua actividade profissional[727]. Antes da alteração de 1984 os créditos que podiam ser cedidos estavam limitados aos créditos profissionais, ou seja, os créditos emergentes de contratos resultantes de uma actividade profissional. Com o alargamento de 1984, passaram a poder ser objecto de "cessão Dailly" todos os créditos detidos por um terceiro, mesmo tratando-se de créditos sem fonte contratual ou de créditos futuros. Assim, hoje, os créditos objecto de "cessão Dailly" podem ter origem contratual ou extracontratual, serem líquidos e exigíveis, a termo, resultantes de um acto já praticado ou a praticar, cujo montante ou exigibilidade ainda não estejam determinados, bastando que os créditos sejam identificáveis[728]. Todavia, tratando-se de pessoas físicas, os créditos cedidos têm de revestir um carácter profissional, quer para o cedente, quer para o devedor, pelo que estão excluídos da aplicabilidade deste regime os créditos sobre consumidores.

---

admite e defende a utilização do mecanismo nas operações de *factoring*), é indiscutível que, em caso de incumprimento, o mecanismo da lei Dailly, ao atribuir um direito oponível *erga omnes*, funciona como uma garantia. Nesta linha vai também, por exemplo, a disposição do art. 1.º/1, segundo o qual, salvo convenção em contrário, o cedente responde solidariamente pelo pagamento dos créditos cedidos ou dados em penhor.

[725] Gavalda, *La cession et le nantissement à un banquier des créances professionnelles (loi n.º 81-1 du 2 janvier 1981)*, 1981, p. 203, critica o uso da expressão "estabelecimento de crédito", por ser incorrecta e deselegante, e, referindo a legislação aplicável, explicita que estabelecimento de crédito engloba os bancos inscritos, os estabelecimentos financeiros, os bancos com estatuto legal especial e os bancos públicos ou semi-públicos.

[726] Qualquer outra pessoa não pode beneficiar de uma cessão sujeita a este regime, mas, em bom rigor, a cessão não é tida por nula, apenas deve seguir as regras dos arts.1690 e ss. do código francês. Rives-Lange, *Droit bancaire*, 1995, pp. 505 e 506.

[727] Os autores frisam que crédito pode surgir do exercício de uma profissão civil, artesanal, liberal, agrícola, abrangendo não somente os comerciantes, mas os artífices e os membros de profissões liberais, bem como os agricultores. Gavalda, *La cession et le nantissement à un banquier des créances professionnelles (loi n.º 81-1 du 2 janvier 1981)*, 1981, p. 202; Bermond, *Droit du crédit*, 1990, p. 45.

[728] Bermond, *Droit du crédit*, 1990, p. 45; Rives-Lange, *Droit bancaire*, 1995, p. 505.

268   *A Cessão de Créditos como Estrutura Contratual com Eficácia Translativa*

II. A leitura mais simples do regime gizado pela lei Dailly é a de que ela permite a transmissão ou o penhor de créditos não incorporados num título através de uma operação simplificada oponível a terceiros. Em relação ao regime do código, o novo regime reveste uma dupla simplificação: não submissão às formalidades clássicas da cessão de créditos e possibilidade de transmitir ou empenhar um conjunto de créditos em bloco[729].

Esse regime simplificado passa por uma inegável evidência: retirar à notificação o papel de grande peso que o *code civil* lhe confere. A notificação, tal como construída pelo código francês – como acto imprescindível à realização de efeitos perante devedor e outros terceiros –, é totalmente arredada[730]. Aparece apenas com o papel de informar o devedor da operação, de modo a que este, em virtude da sua boa fé, decorrente do desconhecimento, possa pagar ao cedente com efeito liberatório[731]. Em consequência, não há a exigência de uma formalidade estrita na notificação, ficando na margem de livre decisão da instituição de crédito a adopção de um ou de outro meio[732].

---

[729] Rives-Lange, *Droit bancaire*, 1995, p. 503.

[730] Rives-Lange e Contamine-Raynaud escrevem com toda a clareza que esta notificação feita no âmbito da lei Dailly nada tem a ver com a *"signification"* da cessão de crédito prevista no art. 1690 do *code civil*. A notificação do código tem por objectivo e efeito a oponibilidade da cessão aos terceiros, em especial ao devedor cedido, enquanto que a transmissão segundo a lei Dailly é oponível aos terceiros a partir da sua data, independentemente da notificação ao devedor cedido. O objectivo e efeito da notificação do art. 5.° da lei Dailly é impedir que o devedor pague a pessoa diversa do banco cessionário. Rives-Lange, *Droit bancaire*, 1995, p. 519.

[731] É aqui aplicável o disposto no art. 1240 relativo ao efeito liberatório do pagamento feito de boa fé a credor aparente.

[732] Apesar de a doutrina não se referir expressamente à necessidade de a notificação ser feita por escrito, essa condição parece estar implícita quando refere que já não é obrigatório, à semelhança do regime tradicional, que a notificação seja feita por oficial de justiça, bastando, outrossim, uma simples carta – Bénabent, *Droit civil – Les obligations*, 1997, p. 440 –, ou quando se refere que o meio a adoptar para a notificação fica ao critério do estabelecimento de crédito, que pode optar por uma carta registada com aviso de recepção – Boutelet-Blocaille, *Droit du crédit*, 1995, p. 222, Bermond, *Droit du crédit*, 1990, p. 46. Stoufflet e Chaput, *L'allegement de la forme des transmissions de créances liées a certaines operations de credit*, 1981, ponto 39, precisam que a notificação pode ser feita por qualquer meio (carta registada com aviso de recepção, recibo assinado pelo devedor, carta simples), mas duvidam da possibilidade de ser feita oralmente, em virtude da dificuldade que tal meio reveste para o cumprimento as fórmulas imperativas. Gavalda, *La cession et le nantissement à un banquier des créances professionnelles (loi n.° 81-1 du 2 janvier 1981)*, 1981, p. 205, explica que a questão foi colocada nas discussões parlamentares e que a exigência de notificação por carta registada com aviso de recepção foi

Frequentemente, aliás, a cessão não modifica, na aparência, o comportamento das partes. As instituições de crédito optam por não notificar o devedor cedido, deixando que seja o cedente a proceder à cobrança do crédito na qualidade de seu mandatário[733]: o pagamento é feito validamente ao cedente que o recebe na qualidade de mandatário do cessionário[734], repousando a operação na confiança[735]. Por isso, há quem escreva que a notificação põe fim ao mandato de cobrança de que o cedente beneficia[736].

Sistematizando, pode dizer-se que a notificação tem como efeitos dar a conhecer ao devedor a ocorrência da cessão, impedir o pagamento a pessoa diversa do cessionário e revogar, ainda que tacitamente, o mandato para cobrar o crédito conferido ao cedente[737]. Muitas vezes os bancos só recorrem à notificação quando a situação do cedente se torna precária, próxima da abertura de um processo de recuperação judicial (*redressement judiciaire*)[738-739].

---

excluída atendendo às particularidades do *factoring*, actividade que a nova lei pretendia, exactamente, dotar de meios mais flexíveis. O problema foi remetido para o decreto de aplicação da lei Dailly que, de acordo com a sugestão dos autores e seguindo o que já era prática na sub-rogação, veio permitir liberdade de forma (art. 2.º). De qualquer maneira, para se cumprirem as formalidades exigidas há uma necessidade lógica de a notificação revestir a forma escrita. Gavalda, *La cession et le nantissement à un banquier des créances professionnelles (décret d'application n.º 81-862 du 9 septembre 1981)*, 1981, p. 330.

[733] Do ponto de vista de gestão do banco cessionário, pode falar-se de dois mecanismos distintos, sendo que o segundo método é preferido. Num primeiro, denominado de procedimento "*Dailly-desconto*", o cliente remete ao banco um *bordereau* com a lista dos créditos cedidos e é o banco que notifica o devedor e procede à cobrança, fazendo-se pagar por esse serviço e pela antecipação do montante a receber. Num segundo, denominado de procedimento "*Dailly-crédit global*", o banco renuncia a cobrar ele próprio os créditos cedidos e o cedente encarrega-se dessa tarefa como mandatário daquele. É o sistema mais simples para o banco e para os devedores. Rives-Lange, *Droit bancaire*, 1995, p. 528.

[734] Por isso, entende-se também que o pagamento feito ao cedente é perfeitamente válido ainda que o devedor não notificado tenha conhecimento da cessão. A razão não reside na inaplicabilidade do regime do código civil, mas no facto de o cedente ser mandatário do cessionário, pelo que está legitimado para receber o pagamento, acrescendo que o mero conhecimento do devedor não implica a revogação do mandato. Rives-Lange, *Droit bancaire*, 1995, p. 520.

[735] Rives-Lange, *Droit bancaire*, 1995, p. 509; Boutelet-Blocaille, *Droit du crédit*, 1995, pp. 221 e 222.

[736] Boutelet-Blocaille, *Droit du crédit*, 1995, p. 225.

[737] Rives-Lange, *Droit bancaire*, 1995, p. 517.

[738] Por isso se diz que o *bordereau Dailly* goza de má reputação, uma vez que a notificação é sempre seguida, a curto prazo, da abertura de um processo de recuperação judicial. Boutelet-Blocaille, *Droit du crédit*, 1995, p. 223.

[739] Algo semelhante acontece no direito inglês quando estão em causa modalidades de *factoring* sem notificação ao devedor cedido. É normal que o *factor* apenas proceda à

270 A Cessão de Créditos como Estrutura Contratual com Eficácia Translativa

III. O acto determinante para a transmissão do crédito ou a constituição do penhor é o preenchimento e a entrega do *bordereau*[740] à instituição de crédito cessionária e a aposição da data por esta, sem que seja necessária qualquer outra formalidade em relação ao devedor cedido. A data deste documento estabelece não só o momento em que o negócio produz efeitos entre as partes, mas também o momento em que se torna oponível perante os terceiros (art. 4.° da lei Dailly)[741].

Há uma aproximação ao sistema de negócio translativo, porque a eficácia entre as partes e eficácia perante terceiros se produzem no mesmo momento, mas não se pode afirmar que sejam regimes iguais, porque no regime Dailly há um formalismo estrito – preenchimento e entrega do documento – desconhecido dos regimes de contrato translativo. Este formalismo estrito é reconhecível, como se verificará, no direito americano do UCC. Todavia, também em relação a este regime não se pode falar em igualdade de soluções, uma vez que, ao contrário do que sucede no direito americano, o preenchimento e a entrega do *bordereau* Dailly funcionam particularmente, entre banco e cliente, dispensando qualquer mecanismo público de registo.

---

notificação quando o cliente (cedente) se encontra numa situação financeira grave ou mesmo numa situação de insolvência. Salinger, *Factoring: The Law and Practice of Invoice Finance*, 1999, pp. 49 e 124. Sobre estas modalidades de cessão financeira, veja-se, mais abaixo, pp. 271 e ss..

[740] Este *bordereau* é definido como um título formal que tem de comportar obrigatoriamente um certo número de menções sob pena de nulidade – Rives-Lange, *Droit bancaire*, 1995, p. 507 –; um documento assinado pelas partes e que enumera os créditos cedidos – Bénabent, *Droit civil – Les obligations*, 1997, p. 440; um documento assinado apenas por quem pede emprestado e que representa os créditos profissionais – Schmidt e Gramling, *La loi n.° 81-1 du 2 janvier 1981 facilitant le crédit aux entreprises*, 1981, p. 217. À letra, *bordereau* tem o sentido de lista, memorando, nota, detalhe de uma operação efectuada. Trata-se de um documento com características particulares, na medida em que comporta obrigatoriamente determinados elementos e só a um documento com essas características se pode chamar *bordereau Dailly*. É inevitável lembrar a proximidade com o formalismo estrito caracterizador dos títulos de créditos. Todavia, essa proximidade é tão-só aparente, porque se entende não existir qualquer incorporação dos créditos cedidos no documento. Veja-se, adiante, a nota 760, p. 257.

[741] A generalidade da doutrina trata devedor e terceiros indiferentemente, todavia, há quem distinga as duas posições, assumindo que o devedor não é um verdadeiro terceiro (v. Larroumet, *Les operations juridiques a trois personnes en droit privé*, 1968, p. 68 e ss.) e que, quanto a ele vale a notificação e não a data aposta no *bordereau*. Há uma distinção lógica na lei entre a data da oponibilidade ao devedor, que supõe a sua informação, e a data da oponibilidade aos terceiros, que supõe apenas a conclusão do contrato. Schmidt e Gramling, *La loi n.° 81-1 du 2 janvier 1981 facilitant le crédit aux entreprises*, 1981, pp. 222 e 223.

A contrapartida desta simplificação, que, em bom rigor, não é mais do que a exclusão da notificação enquanto acto essencial à eficácia *erga omnes*, é, pois, a configuração de um formalismo rígido. Enquanto no sistema tradicional do código rege a liberdade de forma, a lei de 1981 vem estabelecer requisitos de forma muito precisos que, a serem incumpridos, ferem o título de nulidade[742].

Assim, o *bordereau* contem uma série de menções obrigatórias (art. 1.°) destinadas a permitir identificar inequivocamente os créditos cedidos e a não deixar dúvidas quanto ao regime aplicável a essa transmissão[743]. O documento contém obrigatoriamente a assinatura manuscrita do cedente, mas a assinatura do cessionário é facultativa. Em contrapartida, é o banco (cessionário) que apõe a data ao documento, o que reveste a maior importância, porquanto, como se referiu, este aspecto é absolutamente determinante da eficácia da operação. Para além da entrega do documento nada mais é exigido para a validade da cessão. Na prática, ele

---

[742] A omissão destas formalidades fere o título de nulidade enquanto *bordereau Dailly* e fá-lo cair no âmbito do art. 1690 do código civil. Bermond, *Droit du crédit*, 1990, p. 46. Dito de outro modo, o documento pode ser constitutivo de uma cessão de créditos ou de um penhor que será inoponível aos terceiros. Rives-Lange, *Droit bancaire*, 1995, p. 509. Mas não é líquido que baste cumprir as formalidades do art. 1690 para a oponibilidade aos terceiros: Gavalda, *La cession et le nantissement à un banquier des créances professionnelles (loi n.° 81-1 du 2 janvier 1981)*, 1981, p. 204, explica que o acto permanece válido entre as partes, mas para produzir efeitos perante terceiros é necessário o cumprimento das formalidades em relação a cada crédito constante do *bordereau*, pelo que a simples notificação pelo oficial de justiça ou aceitação do devedor, em bloco, são insuficientes.

[743] Deve pois constar a denominação de que se trata de um "acto de cessão de créditos profissionais" ou de um "acto de penhor de créditos profissionais" e de que esse acto está submetido às disposições da Lei de 2 de Janeiro de 1981. Devem estar referidos o nome do beneficiário (cessionário) e os elementos de identificação dos créditos cedidos: o nome do devedor, o montante dos créditos ou da sua avaliação, o local de pagamento e, se for caso disso, o prazo de vencimento. Com a alteração da lei em 1984, foi previsto um procedimento especialmente pensado para os casos em que se transfere um número considerável de créditos, logo, casos em que seria pouco prático a aposição de todas estas menções. Esse procedimento prevê o recurso a meios informáticos para facilitar a listagem dos créditos. Assim, permite-se que no *bordereau* o cedente indique apenas o montante global dos créditos transmitidos, o seu nome, a natureza do suporte informático utilizado (banda magnética, disquete, "teletransmissão") e o seu número de identificação. É nesse suporte informático que os créditos são identificados segundo as menções referidas. Nesse caso, a contrapartida deste aligeiramento de formalismo está na inversão do ónus da prova: no caso de dúvida sobre a existência ou a transmissão dos créditos, o cessionário pode provar por todos os meios que o crédito objecto de contestação está incluído no montante global constante do *bordereau* (art. 1/5/2)). Veja-se Rives-Lange, *Droit bancaire*, 1995, pp. 508 e 509.

272 A Cessão de Créditos como Estrutura Contratual com Eficácia Translativa

vai acompanhado de uma convenção quadro assinada pelas partes, estipulando as obrigações de cada uma[744].

Contanto que todos estes requisitos estejam preenchidos, o crédito transmite-se pela entrega do documento (*remise du bordereau*[745]) ao cessionário. Com esta entrega, o cedente é desapossado do direito de crédito e, em virtude da cessão, é transferida para o cessionário a propriedade do crédito cedido[746]. O banco torna-se titular do crédito pela simples entrega do documento. Não deixa de ser interessante reparar como quer a lei quer a doutrina se referem repetidamente à transmissão da propriedade do direito de crédito[747].

IV. Isto não significa a desprotecção do devedor cedido. Não há dúvidas de que a transmissão lhe é oponível desde a data aposta no *bordereau*. Isso quer dizer, nomeadamente, que o devedor, se obtiver do cedente um remissão da dívida ou uma moratória depois dessa data, não se pode valer de tal perante o banco cessionário[748].

---

[744] Boutelet-Blocaille, *Droit du crédit*, 1995, p. 222.

[745] Stoufflet e Chaput, *L'allegement de la forme des transmissions de créances liées a certaines operations de credit*, 1981, ponto 22, fazem notar que esta expressão evoca a transmissão de um título ao portador. Todavia, o *bordereau* não tem esse carácter, porque se se atentar ao art. 3 da lei Dailly, relativo a transmissões ulteriores, ver-se-á que ele não pode circular de forma ilimitada, pela simples tradição, e que o art. 4.°/2, ao dispor que os créditos são "representados" pelo *bordereau*, não pode, por si só, justificar a incorporação.

[746] Bermond, *Droit du crédit*, 1990, p. 46.

[747] O art. 1.° da Lei 84-46 de 24 de Janeiro de 1984 estatui que "[...] *la cession de créance transfère au cessionnaire la propriété de la créance cédée*.". Também os autores adoptam esta terminologia. Veja-se, Bermond, *Droit du crédit*, 1990, p. 46; Boutelet-Blocaille, *Droit du crédit*, 1995, pp. 223 e 224. São particularmente elucidativas as palavras de Rives-Lange, *Droit bancaire*, 1995, p. 512, quando escreve que "não obstante qual seja o título através do qual é feita a transmissão, cessão ou penhor, o direito conferido ao banco sobre o crédito transmitido é sempre o mesmo: é um direito de «propriedade», o banco cessionário é «proprietário» do crédito transmitido.". Schmidt e Gramling, *La loi n.° 81-1 du 2 janvier 1981 facilitant le crédit aux entreprises*, 1981, p. 217, assumindo a "cessão Dailly" como uma cessão de créditos em garantia, escrevem: "a transferência de propriedade realizada pela cessão dos créditos é uma verdadeira transferência a título de garantia". Também Vasseur, *L'application de la loi Dailly*, 1982, p. 274, tem a preocupação de esclarecer que a lei Dailly facilita a realização de uma "cessão de créditos em propriedade a título de garantia", explicando que "a cessão é realizada em propriedade plena e inteira".

[748] Veja-se a explicação dada por Rives-Lange, *Droit bancaire*, 1995, pp. 512 e 511, que se prende com a circunstância de o cedente não poder, depois da cessão, restringir quaisquer direitos conferidos pelo crédito cedido, sob pena da restrição ser inoponível ao banco cessionário (art. 2.°/2)).

Questão diversa da oponibilidade da transmissão é a da validade do pagamento feito ao cedente[749]. Se o devedor desconhecer a cessão, ele continua a poder – e a dever – pagar ao cedente com efeito liberatório e conserva perante o cessionário todos os meios de defesa que detinha contra o cedente[750]. No que respeita a este último aspecto, só não será assim se o devedor aceitar a cessão de acordo com os formalismos do artigo 6.°[751], caso em que fica inibido de opor excepções ao cessionário[752], sem prejuízo de, à semelhança do direito cambiário, poder continuar a opor as excepções ao cessionário de má fé (art. 5.°/2)[753-754]. Todavia, o pedido de aceitação da cessão por parte do cessionário não obriga o devedor a informá-lo das excepções. A aceitação pode, ainda, ser parcial, como no caso de o devedor aceitar sob reserva da boa execução do contrato. Trata-se, então, de uma aceitação condicional.

Mais uma vez, o momento decisivo para averiguar se determinada excepção é ou não oponível ao cessionário é o da notificação: as excepções fundadas em facto posterior à cessão ou à notificação[755] só são opo-

---

[749] Os dois aspectos são distinguidos com toda a clareza por Rives-Lange, *Droit bancaire*, 1995, p. 513.

[750] Situação de fronteira entre o total desconhecimento e a notificação é aquela em que o devedor recebe uma comunicação da proibição de pagar a pessoa diversa do cessionário e, ainda assim, paga ao cedente. Com justificações diversas, nem quando a interdição emana do cessionário nem quando emana do cedente o pagamento feito a este é liberatório. No primeiro caso, porque implica a revogação do mandato de cobrança, no segundo caso, porque equivale à recusa de aceitação do mandato de cobrança. Veja-se a defesa e a fundamentação desta solução por Rives-Lange, *Droit bancaire*, 1995, p. 520.

[751] O "estabelecimento de crédito" deve enviar ao devedor cedido um documento intitulado *acto de aceitação da cessão ou de penhor do crédito profissional* e o devedor deve assinar e reenviar o documento. O mecanismo revela-se algo pesado, porque implica este envio e reenvio do documento e nada garante que o devedor venha a aceitar a cessão, nem o momento em que a aceita. Veja-se Boutelet-Blocaille, *Droit du crédit*, 1995, p. 223.

[752] No fundo, a razão está em que, através da aceitação, o devedor se reconhece devedor de determinada soma de dinheiro, renuncia a invocar as excepções e obriga-se a pagar determinada quantia ao banco. Boutelet-Blocaille, *Droit du crédit*, 1995, p. 226.

[753] *Ibidem.*

[754] Atendendo a este aspecto e ao que já foi referido acerca da cobrança do crédito pelo cedente na qualidade de mandatário do cessionário, há quem entenda que a lei Dailly comporta um regime triplo: *bordereau* de cessão sem notificação, *bordereau* com notificação ao devedor cedido e *bordereau* com aceitação do devedor cedido. Veja-se Boutelet-Blocaille, *Droit du crédit*, 1995, pp. 221 a 223.

[755] Dito de outro modo, é necessário que a excepção exista pelo menos em germe antes da transmissão do crédito, ou seja, antes da data do *bordereau*, sendo irrelevante se

274 *A Cessão de Créditos como Estrutura Contratual com Eficácia Translativa*

níveis ao cessionário se estiverem em estrita conexão com o crédito cedido, o que acontece, por exemplo, no caso de inexecução do contrato ou de compensação com outros créditos nascidos do mesmo contrato depois da cessão[756].

V. Em suma, repare-se como a notificação ao devedor cedido, tal como configurada no regime do código, é substituída por um acto de entrega de documento[757], que se assemelha à entrega real da coisa enquanto acto transmissivo do direito sobre ela. Apesar de se dizer que o rigor do formalismo deste novo instrumento acompanha a eficácia que, sem publicidade, excepcionalmente lhe é atribuída[758], na verdade, a notificação, entendida no sistema tradicional como um acto próximo da posse, pode agora ser excluída com essa leitura, porque se encontrou um acto substitutivo e garante do papel de conferir a publicidade necessária perante terceiros.

A justificação deste regime, no qual se diria que a notificação desempenha um papel semelhante ao configurado no sistema alemão, está, sem dúvida, na existência de um sinal exterior de recognoscibilidade do direito que é a posse de um documento identificador dos créditos cedidos.

Todavia, embora se possa dizer que o formalismo do *bordereau* tem uma coloração cambiária[759], o documento não incorpora o crédito: este continua a ser um bem incorpóreo; o que se transmite é esse crédito e não o documento que hipoteticamente o incorporaria[760]. Por isso, continua a

---

só vem a eclodir mais tarde, como no caso de inexecução do contrato, depois da cessão. Rives-Lange, *Droit bancaire*, 1995, p. 521, com indicação de jurisprudência na nota 4.

[756] Veja-se jurisprudência citada nesse sentido por Bénabent, *Droit civil – Les obligations*, 1997, p. 441e Rives-Lange, *Droit bancaire*, 1995, p. 523, nota 1.

[757] Schmidt e Gramling, *La loi n.° 81-1 du 2 janvier 1981 facilitant le crédit aux entreprises*, 1981, p. 217, escrevem expressamente algo que não é referido com toda a clareza pela generalidade da doutrina francesa sobre a lei Dailly, mas parece ser totalmente fiel ao novo regime: que a lei Dailly substitui a notificação ao devedor por oficial de justiça (ou a aceitação por acto autêntico) pela entrega do título ao credor. Esta entrega é, um pouco adiante, chamada de "tradição", tradição essa que não funciona como uma regra de prova, mas como uma condição de formação do próprio contrato (*ibidem*, pp. 221 e 222).

[758] Gavalda, *La cession et le nantissement à un banquier des créances professionnelles (loi n.° 81-1 du 2 janvier 1981)*, 1981, p. 203.

[759] As palavras são de Stoufflet e Chaput, *L'allegement de la forme des transmissions de créances liées a certaines operations de credit*, 1981, ponto 3 : "*le formalisme a une coloration cambiaire*".

[760] Depois de apreciada a possibilidade de o *bordereau* Dailly revestir a natureza de um título de crédito, esta é-lhe negada, porque, ao contrário daquele, o *bordereau* não é um

Terceiros: contrato ou notificação

não poder haver aquisição da propriedade do crédito pela posse do mesmo, porque o artigo 2279 do *code civil* (que consagra o princípio de que "posse de boa fé vale título") só respeita aos bens móveis corpóreos[761].

Há sim um reforço da exigência de forma que parece assumir aqui as funções tradicionais de prova e de segurança na prática dos actos jurídicos[762].

9.4. *Registo*

I. Como já foi referido, o *Uniform Commercial Code* giza um sistema de registo aplicável à generalidade das transacções com finalidade de garantia, onde se incluem também boa parte das vendas de direitos de crédito[763]. A principal exclusão da exigibilidade de registo vai para a situação já referida de compra e venda de *payment intangibles*, que segue a regra da oponibilidade por efeito do contrato.

A consequência mais importante da construção do regime nuclear de registo é, para efeito do presente estudo, a subordinação ao registo de todo o sistema de prioridades. A regra basilar e residual do sistema é a denominada *"first-to-file rule"*: entre dois direitos considerados "perfeitos", prevalece o que foi registado em primeiro lugar (§9-322(a)(1)). Esta regra aplica-se a variadas situações de conflito: conflito entre adquirentes do mesmo crédito[764], conflito entre adquirente e titular de um qualquer

---

compromisso de pagamento, mas um simples instrumento de transferência de um crédito, tratando-se, pois, de uma operação clássica. Stoufflet e Chaput, *L'allegement de la forme des transmissions de créances liées a certaines operations de credit*, 1981, ponto 20. No mesmo sentido de negar a natureza de título de crédito, Gavalda, *La cession et le nantissement à un banquier des créances professionnelles (loi n.° 81-1 du 2 janvier 1981)*, 1981, p. 207; Schmidt e Gramling, *La loi n.° 81-1 du 2 janvier 1981 facilitant le crédit aux entreprises*, 1981, p. 226. Em sentido diverso, inclinando-se para a equivalência do *bordereau* a um título de crédito, Vasseur, *L'application de la loi Dailly*, 1982, p. 275.

[761] Boutelet-Blocaille, *Droit du crédit*, 1995, p. 227.

[762] Aspecto que será retomado na segunda parte do presente trabalho.

[763] Veja-se esta explicação, bem como a referência à evolução do âmbito de aplicação do UCC, acima, pp. 75 e ss.

[764] Quanto a este ponto já houve oportunidade de explicar que antes do UCC coexistiam três regras (aplicáveis em Estados diferentes) de resolução de conflitos entre adquirentes do mesmo crédito: a *New York rule*, a *English rule* e a *Massachussets* ou *four horsemen rule*. Veja-se acima, pp. 148 e ss.. O UCC põe termo a esta diversidade ao estabelecer que quem regista em primeiro lugar tem prioridade em relação aos demais.

direito de garantia sobre o mesmo crédito, conflito entre adquirente e credores do cedente, conflito entre adquirente e administrador da massa falida[765].

Tratando-se de conflitos entre diferentes direitos, enquanto todos careçam de oponibilidade (*perfection*), a prioridade vai para o "*first to attach*" (§9-322(a)(c)), ou seja, prevalece o direito que for exigível à *secured party* (no caso que interessa, ao cedente) em primeiro lugar. Tratando-se de direitos de crédito, o momento que determina a exigibilidade (*attachment*) é o da celebração do *security agreement* (oneroso e celebrado por quem tenha legitimidade para dispor dos bens) – acordo que se traduz na venda dos direitos de crédito –, pelo que prevalece a primeira transmissão.

Se se tratar de conflito entre dois cessionários do mesmo direito de crédito, cujas transmissões estejam sujeitas ao Artigo 9, então vale a Secção 9-317(a)(1), que, naturalmente, confere prioridade do direito das pessoas que têm prioridade nos termos da Secção 9-312 (aplicável a situações de prioridade entre diversos direitos todos eles oponíveis) sobre um direito que não é oponível.

Importa ainda ter em conta a situação em que existe conflito entre um cessionário sujeito ao regime do Artigo 9 e um comprador de direitos de crédito (*accounts* ou *general intangibles*) que não seja considerado *secured party*, ou seja, cuja transacção não esteja sujeita ao Artigo em causa. Este último prevalece se tiver adquirido onerosamente e sem conhecimento da existência de um direito de garantia e antes da oponibilidade deste (9-317(d)). Contudo, esta situação está circunscrita aos casos em que uma transacção não está sujeita ao Artigo 9. Significa, pois, que, no caso de um conflito entre cessionários do mesmo direito de crédito cujas transacções estejam sujeitas ao sistema de registo, ou apenas um registou e prevalece esse registo, ou registaram os dois e prevalece o primeiro registo, ou nenhum registou e prevalece o primeiro contrato.

Já em caso de conflito entre cessionário e credores do cedente ou administrador da massa falida, se o direito do cessionário é oponível, ou seja, em regra, se foi registado ou se, embora não sendo oponível, foi cumprido um dos requisitos previstos na Secção 9-203(b)(3) para o direito ser considerado *attached* (exigível) e houve registo, então o direito do cessio-

---

[765] Repare-se que, antes do UCC, o Supremo Tribunal dos Estados Unidos tinha negado protecção a cessionários que contrataram na base da não notificação, argumentando com a aplicação da *English rule*. Veja-se Farnsworth, *Farnsworth on Contracts* – Vol. III, 1998, p. 121.

nário prevalece sobre penhora posterior dos credores do cedente e é inatacável numa situação de falência deste. Ou seja, a posição destes credores e do administrador da massa falida é vulnerável desde que haja registo, ainda que não exista oponibilidade ou mesmo exigibilidade (*attachment*). Naturalmente que se, em momento posterior, o direito não se tornar exigível (*attached*), então não existe uma situação de conflito e os credores que penhoraram, bem como o administrador da massa falida, são os únicos com direitos sobre os bens em causa.

II. Na versão anterior do código era apresentado o caso em que o pagamento feito por cheque ou dinheiro a um cessionário não prioritário directamente pelo devedor ou indirectamente através do cedente conferia prioridade a esse cessionário não prioritário. Essa prioridade não estava na dependência nem do registo nem da notificação, reconduzia-se sim, embora por aplicação de fontes normativas diversas, a uma aquisição onerosa de boa fé. O cessionário prioritário não teria direito à restituição se o pagamento fosse feito por cheque e o cessionário não prioritário o recebesse onerosamente, de boa fé e sem conhecimento de qualquer regularidade existente (Secções 9-309 e 3-302(1) do UCC) e também, por aplicação de regras de *law* e *equity*, se o pagamento fosse feito em dinheiro e o cessionário não prioritário tivesse adquirido o crédito onerosamente e tivesse obtido o pagamento de boa fé e sem conhecer ou dever conhecer a existência de uma cessão anterior[766]. De acordo com a interpretação do PEB, por aplicação analógica da Secção 9-309, em relação ao cessionário naquelas circunstâncias, o registo não constituía, só por si, notícia da existência do direito de garantia.

De qualquer maneira, importa frisar que a regra da prioridade só sofria modificação se houvesse um efectivo pagamento ao cessionário não prioritário. Tratava-se apenas de inflectir a consequência natural da prioridade – o direito à restituição por parte do cessionário prioritário. Se não existisse esse pagamento, ainda que o cessionário não prioritário tivesse adquirido onerosamente, de boa fé e no desconhecimento de cessão anterior, a sua posição não prevalecia. Era um claro afloramento do princípio de protecção da posse de boa fé e acabava por ser consequência da regulação relativa à protecção dos detentores dos títulos de crédito.

---

[766] Permanent Editorial Board, *PEB Commentary No.7 – The Relative Priorities of Security Interests in the Cash Proceeds of Accounts, Chattel Paper, and General Intangibles, 1990*, 2000, pp. 1105 e 1106. É esta também a doutrina espelhada no *Restatement, Second, Contracts* §342(b).

278 A Cessão de Créditos como Estrutura Contratual com Eficácia Translativa

A verdade é que no comentário oficial à Secção correspondente à antiga Secção 9-309 (actual §9-331) afirma-se, porventura até de forma enfática, que um cessionário (*secured party*) pode cobrar e reter o pagamento dos créditos não obstante a posição de um cessionário prioritário, se for considerado um "*holder in due course*", o que obriga à satisfação dos requisitos da Secção 3-302, onde se inclui o requisito da boa fé[767]. Embora não se entenda ser exigível um dever geral de inquirição que implique, por exemplo, a procura nos registos, não se exclui, em alguns casos, essa exigência[768].

III. Pergunta-se então se a notificação ao devedor cedido não tem qualquer lugar no sistema americano do UCC. Note-se como até agora ainda não houve uma palavra em relação à posição do devedor cedido. Repare-se que em todos os preceitos referidos "*debtor*" significa cedente e não devedor cedido. Nos preceitos relativos quer a *attachment* quer a *perfection* não há qualquer referência ao devedor cedido (relembre-se, *account debtor* na terminologia do código).

A notificação aparece no regime do código apenas como acto destinado a informar o devedor cedido da ocorrência de uma transmissão do crédito e a dar-lhe a indicação de que daí em diante deve pagar ao cessionário. Neste sentido, o devedor cedido está autorizado a pagar ao cedente enquanto não receber uma notificação com essas indicações (§9-406), o que significa que, até por conveniência das partes, o cedente pode continuar a cobrar o montante em causa e o devedor cedido a pagar-lho, mesmo sabendo da ocorrência da cessão[769].

---

[767] American Law Institute e National Conference of Commissioners on Uniform State Laws, *Uniform Commercial Code – Official Text with Comments (1999 Version)*, 2000, p. 1723. Embora não haja qualquer referência à citada recomendação do PEB que aparecia no texto anterior e a terminologia utilizada seja algo diferente – não se fala em cessionário prioritário, mas em *junior* ou *senior secured party* – é impossível não ver nesta solução e respectivo comentário a consequência de tais reflexões. É de notar que o conceito de boa fé na actual versão do código aparece alterado, exigindo para além da *honesty in fact*, a observância dos parâmetros comerciais razoáveis da justa contratação – "*reasonable commercial standards of fair dealing* – (§9-102(1)(43)).

[768] American Law Institute e National Conference of Commissioners on Uniform State Laws, *Uniform Commercial Code – Official Text with Comments (1999 Version)*, 2000, comentário n.º 5 à Secção 9-331, p. 1723.

[769] Este último aspecto estava expresso no comentário oficial n.º 3 à antiga Secção 9-318: American Law Institute e National Conference of Commissioners on Uniform State Laws, *Uniform Commercial Code – Official Text with Comments (1972 Version)*, 2000, p. 875. Embora não esteja reproduzido no actual comentário à correspondente Secção 9-

Terceiros: contrato ou notificação

O papel da notificação aparece muito diminuído, fazendo lembrar a configuração da notificação no direito alemão. Em qualquer dos ordenamentos, a notificação tem como função informar o devedor para que passe a pagar ao cessionário e nada mais. Não tem como escopo dirimir conflitos entre cessionários do mesmo crédito[770] ou mesmo tornar a cessão eficaz perante outros terceiros.

A transmissão pode ser perfeitamente válida e eficaz entre as partes, oponível a terceiros, incluindo os credores do cedente, e, ainda assim, inoponível ao devedor, no sentido de que ele não está obrigado a pagar ao cessionário, a menos que tenha sido devidamente notificado[771]. E mesmo notificado, no caso da notificação ser feita pelo cessionário, o devedor tem o direito, como já se referiu, de exigir prova suficiente de que existiu a cessão, sob pena de continuar a poder pagar validamente ao cedente (§9-406(c)).

IV. Noutros ordenamentos há, embora não de uma forma tão abrangente, a adopção do registo público da cessão de créditos. É o caso do direito inglês relativamente a cessões de créditos a título de garantia (*charge on book debts*) feitas por uma sociedade comercial[772] (Secções

---

-406, não parece que o entendimento deva ser diverso, tanto mais que expressamente é dito que se mantém a solução do anterior preceito, aparecendo agora apenas clarificada: American Law Institute e National Conference of Commissioners on Uniform State Laws, *Uniform Commercial Code – Official Text with Comments (1999 Version)*, 2000, comentário n.º 2 à Secção 9-406, p. 1747.

[770] Em relação a este ponto, é afirmado expressamente que a regulação dos direitos e deveres do devedor cedido no caso de uma cessão múltipla fica fora da solução do UCC e está sujeita às regras do *common law*, o que já acontecia na versão anterior do código e sem ter causado problemas. American Law Institute e National Conference of Commissioners on Uniform State Laws, *Uniform Commercial Code – Official Text with Comments (1999 Version)*, 2000, comentário n.º 7 à Secção 9-406, p. 1749. Não só esta secção trata apenas de direito/dever do devedor cedido de pagar ao cedente ou ao cessionário – questão diversa de saber quem é o titular dos créditos cedidos –, como não se refere a situações em que haja múltiplos cessionários.

[771] Sobre os requisitos da notificação, veja-se a discussão, acima, nas pp. 95 e ss..

[772] Por isso é absolutamente essencial no direito inglês distinguir as situações em que há uma compra e venda de direitos de crédito – estrutura normalmente utilizada nas operações de *factoring* – dos casos de empréstimos garantidos por direitos de crédito. A linha divisória pode ser muito ténue, como é o caso do *invoice discounting* ou do *agency factoring*, em que o cliente normalmente garante o pagamento dos créditos cedidos ao *factor* e procede à cobrança dos mesmos. No entanto, e apesar de economicamente desempenharem uma mesma função, mercê deste regime de registo, a doutrina e a jurisprudência

395 e 396 do *Companies Act* 1986[773]) e a cessões de créditos em bloco (*general assignment of book debts*), quando haja falência do cedente. Neste caso, a falta de registo resulta na inoponibilidade da transmissão ao administrador da massa falida (Secção 344 do *Insolvency Act* 1986[774]).

O regime específico para as cessões de créditos em bloco tem a maior importância no campo do *factoring*, porque, dependente da modalidade escolhida pelas partes, pode haver necessidade de registo para tornar a transmissão dos créditos oponível em caso de falência do cedente. Assim, enquanto o *factoring* do chamado tipo *facultative agreement* não está sujeito a registo, porque não se inclui no conceito de *general assignment*, o *factoring* do tipo *whole turnover agreement* já cai naquela previsão. A razão é que, enquanto no primeiro tipo o *factor* tem o direito de aceitar ou recusar os créditos[775] oferecidos pelo cliente, no segundo tipo os créditos futuros transmitem-se para o *factor* quando se constituirem, sem necessidade de qualquer acto ulterior[776]. Por razões diversas, o *whole tur-*

---

têm um particular cuidado em distinguir situações. Há mesmo claras chamadas de atenção à maneira como os contratos de *factoring* são redigidos, de modo a não restarem dúvidas de que se trata de compra e venda de créditos e não de empréstimos. Goode, *Commercial Law*, 1995, pp. 800 e 801; Salinger, *Factoring: The Law and Practice of Invoice Finance*, 1999, pp. 140 e 141 e logo na p.131, com referência à jurisprudência.

[773] Goode, *Commercial Law*, 1995, p. 715, esclarece que este registo não funciona, em princípio, para dirimir conflitos, tratando-se de um mero requisito de perfeição da garantia perante terceiros. Aliás, se o registo tiver lugar nos 21 dias subsequentes, tem prioridade de acordo com a data da criação da garantia e prevalece sobre uma garantia posterior, mas registada antes, ainda que não haja possibilidade de conhecer a constituição da garantia em momento anterior.

[774] Esta disposição, que vai no sentido da anterior Secção 43 do *Bankruptcy Act* 1914, determina que uma cessão em bloco de créditos presentes ou futuros ou qualquer classes deles, feita por pessoa que depois venha a ser declarada falida, é inválida perante o administrador da massa falida no que respeita aos crédios não pagos antes do pedido de falência, a menos que a cessão tenha sido registada nos termos do *Bill of Sales Act* 1878 (*Insolvency Act* 1986, Secção 344 (2)).

[775] Na verdade, o conceito de *general assignment* não inclui a cessão de créditos de devedores especificados ou de créditos emergentes de contratos especificados. *Insolvency Act* 1986, Secção 344 (3) (b) (1).

[776] A transmissão de créditos futuros por efeito de contrato anterior ao nascimento desses mesmos créditos nunca foi aceite pelo *common law*. Todavia, através da *equity*, e contando que haja *consideration*, é possível transferir a titularidade de propriedade futura através de um contrato celebrado no presente. Esse contrato é eficaz para transmitir os direitos de crédito à medida que vão surgindo sem necessidade de qualquer acto de transferência. É neste quadro que se entende a validade de um contrato do tipo *whole turnover* enquanto alicerçado numa *equitable assignment*. Tem-se considerado que o requisito da

nover type é apresentado como preferível do ponto de vista do *factor*, sendo que, curiosamente, a única desvantagem apontada é a de estar sujeito a registo[777].

Ao lado da solução americana e deste regime particular do direito inglês, Kötz coloca também a solução do novo código civil holandês[778]. Não parece que tenha razão, porque o código holandês exige a notificação ao devedor cedido para que a cessão ou o penhor de direitos seja válida e produza efeitos mesmo entre as partes (art. 3:94). Há apenas uma situação que se aproxima de um sistema de registo: se as partes não pretenderem notificar o devedor cedido, então não pode existir mais do que penhor, contando que se refira a um crédito presente ou emergente de uma relação jurídica já existente e que a sua data seja registada num organismo público (art. 3:239 NBW).

V. A análise do regime de registo acolhido no direito americano permite retirar algumas conclusões de peso para a investigação que se desenvolve.

Em primeiro lugar, note-se como registo e notificação coexistem com funções totalmente diferentes e sem que, em qualquer caso, um invada o campo da outra. O registo serve para tornar o direito "perfeito", ou seja, oponível a credores do cedente e ao administrador da massa falida, e a notificação serve para informar o devedor cedido de molde a que este, dali em diante, pague ao cessionário.

Resulta evidente que o registo comporta a função de publicitar a transmissão em relação a terceiros cuja posição poderá, potencialmente, colidir com a do cessionário, enquanto que a notificação – perfeitamente dispensável – funciona apenas e como acto dirigido ao devedor. Por isso, o registo é um acto público e a notificação é um acto privado. Claramente, ter-se-á entendido que a notificação não continha características que lhe

---

consideration está preenchido quando exista um pagamento ao cliente ou um crédito na conta do cliente, porque o acordo é entendido como um contrato uno e indivisível de venda dos créditos a que se refere. Goode, *Commercial Law*, 1995, p. 803, nota 35; Salinger, *Factoring: The Law and Practice of Invoice Finance*, 1999, p. 135.

[777] Salinger, *Factoring: The Law and Practice of Invoice Finance*, 1999, pp. 134 e ss., em especial, p. 138, onde o A. afirma que a única desvantagem deste tipo de acordo é estar sujeito a registo nos termos do *Bill of Sales Act* 1878 se for efectuado com uma única contraparte e nos termos da Secção 344 do *Insolvency Act* 1986, sob pena de inoponibilidade no caso de falência do cedente.

[778] Kötz, *European Contract Law – Vol. 1*, 1997, p. 276, nota 52.

282 A Cessão de Créditos como Estrutura Contratual com Eficácia Translativa

permitissem desempenhar cabalmente a função de publicitar a transmissão perante um círculo potencialmente alargado de terceiros.

Mais importante do que esta constatação, que no fundo vai na linha de toda a tendência também identificada na crítica ao sistema francês, é verificar que a notificação não substitui o registo. Pode acontecer que haja duas cessões, ambas por registar, uma notificada e outra não e nem por isso prevalece a que foi notificada em primeiro lugar. Pelo contrário, prevalece, como se referiu, a anterior no tempo. Também no caso dos *payment intangibles* se viu como, excluída a exigência de registo, não se elege a notificação como acto necessário à oponibilidade da transmissão, antes se remete para a figura do *attachment*, ou seja, para os requisitos que tornam a transmissão exigível entre as próprias partes, perante o cedente. E aí vale o acordo celebrado entre as partes e autenticado pelo cedente.

Excluindo alguns aspectos mais relacionados com resolução de problemas práticos de articulação de regimes e de dúvidas de intepretação de alguns preceitos do que com a própria configuração teórica de um regime de registo, é legítimo afirmar não se conhecerem críticas de relevo a este sistema. Pelo contrário, a tendência da recente alteração ao UCC foi no sentido de alargar o âmbito de aplicação do regime instituído pelo Artigo 9 e os ecos provenientes da análise de juristas estrangeiros são tendencialmente favoráveis à adopção de um sistema semelhante ao americano[779].

---

[779] Drobnig, *Is Article 9 of the Uniform Commercial Code Exportable? A German View*, 1969, p. 373; Goode e Gower, *Is Article 9 of the Uniform Commercial Code Exportable? An English Reaction*, 1969, pp. 346 e ss.; Goode, *The Right to Trace and its Impact in Commercial Transactions*, 1976, p. 568; Goode, *The Modernisation of Personal Property Security Law*, 1984, pp. 246 e ss., em especial, p. 249; difusamente, Oditah, *Priorities: Equitable versus Legal Assignments of Book Debts*, 1989, p. 533. Na doutrina italiana relativa ao *factoring* a questão é normalmente aflorada sob o prisma da comparação de um sistema moderno, pragmático, com efeitos muito vantajosos, com um sistema antiquado que com grandes dificuldades em se adaptar às necessidades da vida comercial moderna. Veja--se Frignani, *Il difficile cammino del "factoring" (sulla pretesa notifica, al debitore ceduto, a mezzo ufficiale giudiziario)*, 1975, pp. 546 e ss., em especial, pp. 550 a 552(=Frignani, *Il difficile cammino del "factoring" (sulla pretesa notifica, al debitore ceduto, a mezzo ufficiale giudiziario)*, 1991, respectivamente, pp. 25 e ss. e p.31); Frignani, *Tre volumi sul factoring*, 1991, pp. 36 e 37; ainda Frignani, *"Factoring"*, 1991, pp. 69 e 70, expressando a necessidade de um melhorado sistema de publicidade e da modificação através de uma jurisprudência "iluminada" da interpretação dos arts.1264 e 1265 do código civil italiano, de maneira a tornar a cessão mais expedita. Tucci, *Factoring*, 1996, pp. 549 e 550, explica não ser legítimo dizer que a lei italiana de 1992 relativa à cessão de créditos empresariais foi inspirada na experiência americana, lamentando que o legislador não tivesse aproveitado a oportunidade para colher dessa experiência a opção por um sistema racional de

O mesmo se diga da Convenção das Nações Unidas sobre a Cessão de Créditos no Comércio Internacional. Como foi referido, embora se preveja a possibilidade de os Estados adoptarem diferentes sistemas de resolução dos problemas de prioridade, decorre dos trabalhos preparatórios e da previsão da adopção de um sistema de registo internacional a preferência por este sistema. Na verdade, o sistema de registo facilita a segurança nas transacções financeiras e, pela sua transparência, favorece a posição de todos os terceiros interessados em conhecer a real situação financeira de um potencial devedor.

10. Aplicações frequentes da cessão de créditos e seus problemas

10.1. *Justificação do método e razão de ordem*

I. Feito o levantamento de diversas construções teóricas, e na linha do que foi referido na abertura do presente capítulo, importa agora reflectir sobre alguns problemas suscitados pelas aplicações práticas mais frequentes da figura da cessão de créditos. Muitas são sucitadas no giro comercial, pela aplicação e adaptação do mecanismo da cessão de créditos à obtenção de certos objectivos próprios da vida comercial.

A existência de variados mecanismos cujo objectivo e efeito é a transmissão da titularidade de um direito de crédito leva, quase inevitavelmente, a que surjam conflitos de titularidade.

Os problemas são apontados nos direitos estrangeiros. Pense-se, por exemplo, no conflito possível entre um *factor* adquirente do crédito por via da sub-rogação convencional e um cessionário do mesmo crédito por *bordereau* Dailly ou ainda no funcionamento de outros mecanismos de garantia dos credores que podem complicar os potenciais conflitos: veja-se o

---

publicidade no qual assenta a oponibilidade da cessão a terceiros. Já anteriormente, Villa, *Prospettive e problemi per una regolamentazione del contratto di factoring*, 1986, pp. 546 e ss., procurando conjecturar uma situação em que o *factoring* funcionaria alicerçado numa cessão global de créditos, analisava o sistema americano e concluia ser um excelente modelo a instituir em Itália através de um sistem de registo ou depósito do contrato de *factoring*, encontrando mesmo alguns pontos de contacto com o ordenamento italiano e evidenciando as vantagens do sistema na definição da oponibilidade da transmissão em situações de falência do cedente e de conflitos de titularidade entre cessionários (pp. 551 e ss.). Entre os autores portugueses, não são conhecidas posições assumidamente favoráveis a este modelo.

caso do sub-empreiteiro titular de acção directa perante o dono da obra ou o vendedor sub-rogado no preço da revenda de mercadoria afectada por uma cláusula de reserva de propriedade, que podem entrar em conflito com o cessionário de uma "cessão Dailly".

Acrescem ainda os potenciais conflitos entre o cessionário e os credores do cedente interessados em penhorar determinado crédito ou, num processo de recuperação de empresa, interessados em assegurar a inclusão de determinados créditos na massa patrimonial que poderá vir a satisfazer as suas posições creditícias. A solução destes segundos conflitos normalmente depende da resposta a dar aos primeiros.

Em primeiro lugar, é preciso saber quem é o titular do direito de crédito: numa situação de conflito de titularidade, importa determinar quem é o titular do crédito, aquele cuja posição devidamente justificada lhe permite arredar o pretenso direito dos demais[780]. Uma vez apurado o titular, são os seus credores quem, em princípio, pode arrogar algum direito sobre esse crédito. Todavia, nem sempre é assim. Por vezes, as regras relativas à penhora ou aos processos de recuperação de empresas, conducentes ou não à declaração de falência, introduzem desvios importantes às regras de titularidade operativas numa situação em que não está em causa a posição de credores das partes num mecanismo transmissivo de direitos de crédito.

Se, para apurar quais são os direitos dos credores das partes face a negócios transmissivos de direitos de crédito, importa averiguar, em princípio, as regras que resolvem os conflitos de titularidade, por vezes é necessário atender aos preceitos específicos da penhora ou dos processos de recuperação de empresa ou de falência. Estes podem introduzir desvios importantes à composição de interesses resultante de uma situação não patológica.

No que respeita ao primeiro aspecto, é regra em todos os direitos a prevalência do direito anterior no tempo. Mas a simplicidade de enunciação do princípio não esconde a dificuldade de aplicação: saber qual é o direito anterior no tempo importa jogar com inúmeras regras e analisar a eficácia de diversos mecanismos. Se, como se referiu no início deste trabalho, as respostas são múltiplas quanto a saber, simplesmente, quando considerar que um direito de crédito se transmitiu, maiores dificuldades surgem quando se cruzam diferentes mecanismos de transmissão do mesmo direito de crédito.

---

[780] Quando se pergunta quem é o titular do direito de crédito está a pensar-se numa titularidade plena, oponível a todos e não em qualquer espécie de titularidade limitada *inter partes*.

Terceiros: contrato ou notificação

Aqui, o aspecto determinante é o de saber qual ou quais os factos que tornam determinada posição jurídica oponível *erga omnes*. Naquilo que me interessa, importa descobrir qual ou quais os factos que tornam a posição do adquirente de um direito de crédito intocável pelos demais, ou seja, qual ou quais os factos cuja eficácia é a transmissão, oponível perante todos, do direito de crédito.

Por tudo isto entendeu-se necessário incluir um capítulo com aplicações, nomeadamente na vida comercial, dos mecanismos da cessão de créditos, entendidos agora em toda a sua complexidade. Não se têm em conta apenas os mecanismos tradicionais – tendencialmente vertidos nos diferentes códigos civis –, mas também outros mecanismos que foram surgindo para dar resposta a problemas concretos da prática comercial. De qualquer modo, enquanto que até aqui o fio condutor da investigação era o da configuração teórica do instituto da cessão de créditos, agora urge problematizar através da análise de alguns problemas de aplicação prática do mecanismo da cessão de créditos para se poder, desse estudo, carrear elementos decisivos para a construção da solução ao nível nuclear.

Esta análise implica cruzar figuras e problemas até agora intencionalmente arredadas do estudo[781] e, na diversidade das soluções dos direitos estrangeiros, procurar pontos comuns de problemas (ainda que os mecanismos jurídicos usados para os solucionar sejam diferentes) e as melhores soluções para eles. Disse-se, no início, que o objectivo era testar os diferentes sistemas de modo a encontrar as soluções mais correctas e, depois, necessariamente, testar a possibilidade de aplicar essas soluções ao direito nacional, porque, naturalmente, uma solução pode parecer a melhor, mas não ter lugar possível no nosso direito constituído.

O objectivo é, portanto, perceber quais os resultados da aplicação de um ou de outro sistema na resolução de problemas concretos emergentes da vida comercial. As conclusões, no entanto, não poderão ser tidas como decisivas na escolha de um ou de outro regime, porque é indispensável a

---

[781] Intencionalmente, diz-se, porque incluir estes problemas em pontos anteriores do trabalho levaria quase inevitavelmente a adensar a informação e a crítica, com consequências negativas para a clareza e a compreensão. Seria possível, por exemplo, tratar de todos os aspectos relacionados com os conflitos de titularidade, acima, nas pp. 144 e ss., a tal dedicadas. Porventura seria até uma decisão mais correcta do ponto de vista sistemático, mas, seguramente, iria sobrecarregar em excesso aquele capítulo e dificultar o entendimento do problema na sua enunciação mais simples. Por isso, optou-se por remeter para um capítulo exclusivamente dedicado a aplicações práticas mais frequentes alguns problemas que porventura já poderiam ter sido abordados em momento anterior.

286   A Cessão de Créditos como Estrutura Contratual com Eficácia Translativa

justificação teórica e sistemática da solução adoptada. Contudo, julga-se de toda a utilidade ponderar os resultados práticos, suas vantagens e desvantagens, no caminho crítico para a busca da solução do direito português.

II. A aplicação comercial mais conhecida da cessão de créditos é, porventura, a já referida cessão financeira ou *factoring*[782], ela própria

---

[782] Como foi referido na introdução, os problemas que me interessam no *factoring* são normalmente resolvidos com recurso às regras assentes para a cessão de créditos. Na verdade, a transmissão de direitos de crédito no âmbito de um contrato de cessão financeira, que, normalmente, cumpre múltiplas funções e admite composições diferentes, ocorre praticamente em todos os ordenamentos (com excepção para o caso francês, alicerçado tradicionalmente, como referido, na sub-rogação), com base numa cessão de créditos, sendo aí que é necessário buscar a resposta ao problema do modo da transmissão do crédito. No direito alemão, é comum aparecer a matéria do *factoring* tratada como forma especial da cessão de créditos ou como exemplo de uma aplicação da cessão de créditos. Veja-se, Fikentscher, *Schuldrecht*, 1997, pp. 3 e 72 e ss.; implicitamente, Nörr, *et al.*, *Sukzessionen: Forderungszession, Vertragsübernahme, Schuldübernahme*, 1999, pp. 158 e ss; Schellhammer, *BGB Allgemeiner Teil und gesamtes Schuldrecht mit Nebengesetzen*, 1999, p. 739; Esser, *Schuldrecht* – Band I, Allgemeiner Teil – Teilband 2, 2000, p. 316. No direito italiano, acolhem esta perspectiva (sem prejuízo do regime próprio introduzido pela lei n.52/91 de 21 de Fevereiro, relativa à cessão de créditos empresariais), Fossati e Porro, *Il factoring – aspetti economici, finanziari e giuridici*, 1974, pp. 108, 124 (na edição de 1994, já depois da introdução da lei nova, não deixam de afirmar a centralidade da cessão de créditos; veja-se, em especial, p. 131); Carnevali, *Struttura e natura del contratto di factoring*, 1982, pp. 98 e 99; Cassandro, *I problemi della cessione globale dei crediti di impresa: possibili soluzione a livello contrattuale e legislativo*, 1982, p. 112, e Cassandro, *I problemi della cessione globale al factor dei crediti di impresa: possibili soluzione contrattuali e legislative*, 1982, p. 158, que constata ser a realidade acolhida pela prática e espelhada na jurisprudência; Quatraro, *Factoring e fallimento del cedente*, 1982, p. 133; Zuddas, *Il contratto di factoring*, 1983, pp. 184 e ss., que adopta um enfoque algo diverso, embora na perspectiva em estudo a posição não seja muito diferente (veja-se que identifica os efeitos em relação a terceiros com os efeitos decorrentes da própria cessão de créditos, não apresentando o *factoring*, para o A., qualquer particularidade nesta matéria – pp. 237 e ss.), porquanto acaba por afirmar que o acto de cessão é um negócio de pura transferência cuja causa é externa e individualizada no *factoring* (sendo certo que assume a cessão como efeito de negócios translativos – pp. 185 e 186); De Marchi e Cannata, *Leasing e factoring*, 1986, pp. 373 e ss.; Alpa, *Qualificazione dei contratti di leasing e di factoring e suoi effeti nella procedura fallimentare*, 1988, pp. 185 e ss., que dá conta do entendimento jurisprudencial que qualifica o *factoring* como contrato de financiamento realizado mediante o mecanismo da cessão de créditos; Ferrigno, *Factoring*, 1988, p. 966; Porro, Leasing e Factoring *nell'esperienza giudiziaria*, 1988, pp. 57 e 58 e 65, que explica um certo desinteresse da jurisprudência na qualificação do contrato de *factoring*, porque as questões que é chamada a resolver e que se prendem essencialmente com a oponibilidade de excepções pelo devedor cedido ao *factor* e com a oponibilidade da transmissão a terceiros encon-

construída com matizes múltiplas (designadamente na modalidade de cessão fechada). Mas, com um enquadramento mais amplo, pode falar-se na

tram a sua regulação no regime da cessão de créditos estabelecido no código civil; Bussani e Cendon, *I contratti nuovi*, 1989, p. 272; Messina, *Il* factoring, 1999, pp. 932 e 933, que sustenta que a lei de 1991 individualizou no *factoring* uma central cessão de créditos empresariais, e pp. 942 e 948 e ss., com referência à jurisprudência. A doutrina relativa à importância económica do *factoring* é muito extensa e permite perceber a relevância desta actividade e o interesse dogmático que tem suscitado. Para além dos textos genéricos relativos ao *factoring*, há análises sintéticas circunscritas a uma perspectiva mais pragmática: por exemplo, Carretta, *Perchè l'impresa fa ricorso al factoring*, 1983; Spolverini, *I vantaggi che il factoring offre all'imprenditore*, 1983; Vigone, *Contratti atipici*, 1998, pp. 79 e 80. Também na doutrina espanhola é consensual a referência do recurso ao mecanismo da cessão de créditos como instrumento operativo do contrato de *factoring*, sendo muitas vezes assumido como dado adquirido: Garcia-Cruces Gonzalez, *El Contrato de Factoring como Cesíon Global de Creditos Futuros*, 1989, implicitamente, pp. 380 e ss., mas em particular pp. 400 a 402; Garcia de Enterria, Contrato de Factoring Y Cesión de Créditos, 1995, pp. 53 e ss.; Chuliá Vicént e Beltrán Alandete, *Aspectos Jurídicos de los Contratos Atípicos I*, 1996, p. 27; implicitamente, Vazquez Garcia, *El Contrato de Factoring*, 1998, pp. 1218 e ss.; Sequeira Martín, *El Contrato de Factoring. Derecho Español. Derechos y Obligaciones del Cliente*, 1999, todo, mas afirmando-o directamente na p. 307; García Villaverde, *El Contrato de Factoring. Derecho Español. Naturaleza Jurídica*, 1999, p. 371, explica que embora o *factoring* não seja apenas uma cessão de créditos tem esta por objecto, pelo que os elementos a ela relativos têm de ser tidos em conta; no mesmo sentido, Aguilera Ramos, *El Contrato de Factoring. Derecho Español. La Posición del Deudor Cedido y de los Terceros*, 1999, p. 328. No direito inglês, veja-se Biscoe, *Law and Practice of Credit Factoring*, 1975, p. 89; Crichton e Ferrier, *Understanding Factoring and Trade Credit*, 1986, p. 38; Salinger, *Factoring: The Law and Practice of Invoice Finance*, 1999, pp. 127 e ss., onde explica que, apesar de substancialmente o *factoring* não ser diferente do empréstimo de dinheiro, se baseia estruturalmente numa compra e venda de créditos e este aspecto tem sido realçado pela jurisprudência. No direito norte americano, Fuller e Eisenberg, *Basic Contract Law*, 1996, pp. 843 e 844, apontam o *factoring* como uma das modalidades de financiamento usadas nos Estados Unidos através da cessão de "*accounts receivables*", que simplificando pode ser traduzido por cessão de créditos (rigorosamente, abrange mais realidades: veja-se, abaixo, nota 792, p. 274).

No direito português, o DL 56/86, de 18 de Março, actualmente substituído pelo DL 171/95, de 18 de Julho, faz assentar a operação de *factoring* na cessão de créditos, perspectiva acolhida genericamente pela doutrina portuguesa: Anselmo Vaz, *O Contrato de Factoring*, 1987, p. 64 e 72 e ss.; Vaz Tomé, *Algumas Notas Sobre a Natureza Jurídica e a Estrutura do Contrato de 'Factoring'*, 1992, pp. 274 e ss.; Pizarro e Calixto, *Contratos Financeiros*, 1995, pp. 137, 138, 140; Menezes Cordeiro, *Da Cessão Financeira (Factoring)*, 1994, pp. 80 e 81; Brito, *O «Factoring» Internacional e a Convenção do Unidroit*, 1998, p. 15 e pp. 53 e ss.; Pestana de Vasconcelos, *Dos Contratos de Cessão Financeira (Factoring)*, 1999, em especial pp. 272 e ss.; também Pinto Duarte, *Estudo sobre a Regulação da Actividade de* Factoring *em Macau*, 2001, embora defenda dever prescindir-se da transmissão de créditos como nota essencial da figura e repute a opção legal de infeliz

cessão global de créditos, mecanismo também ele com múltiplas concretizações, nomeadamente destinadas a cumprir funções de garantia. A aplicação prática destas figuras e de outras gera problemas conhecidos, diria quase tipificados, que são um palco excelente para testar os diferentes sistemas apresentados em sede de teoria.

Assim, constrói-se o presente ponto em torno da exploração dessas situações típicas em que as aplicações comerciais da cessão de créditos geram conflitos conhecidos de titularidade dos direitos e de oponibilidade da transmissão aos credores do cedente. Aproveita-se ainda para abordar, genericamente, o problema da admissibilidade ou não da cessão fechada ou oculta, ou seja, da cessão sem notificação ao devedor cedido, aliás crucial na discussão e composição desses mesmos problemas, e ainda a titularização, enquanto figura que faz uso indispensável da cessão oculta.

Se o objectivo último deste capítulo é responder à questão colocada no início de saber em que património se encontra um determinado direito de crédito que é objecto de uma transmissão, importa distinguir dois pontos.

Num primeiro, abordam-se a cessão fechada e a titularização e analisam-se diversas situações de potenciais conflitos de titularidade que, naturalmente, implicam descobrir quais as regras aplicáveis à plena oponibilidade da transmissão de um direito de crédito.

Num segundo, importa verificar se essas regras sofrem alterações em situações de patologia, ou seja, em situações de falência. Das respostas ao primeiro ponto nascem já soluções para a configuração da posição dos credores, enquanto terceiros interessados na certeza da titularidade do direito de crédito, mas as novidades que se encontrem no segundo ponto podem ser determinantes na configuração dessa titularidade.

Todavia, como a falência só por si é uma matéria autónoma de análise, será destacada de uma possível subsecção deste ponto dedicado a aplicações comerciais (à qual, aliás, não está confinada) para configurar o ponto autónomo seguinte.

(p. 141), não deixa de explicar que a actividade de *factoring* assenta normalmente em repetidas cessões de créditos e que relativamente aos problemas por elas suscitados o direito português contém, em sede geral, soluções adequadas (p.151 e, antes, p. 140); Pinto Monteiro e Cunha, *Sobre o Contrato de Cessão Financeira ou de "Factoring"*, 2003, pp. 544 e ss., embora expliquem que o mecanismo escolhido no contrato de *factoring* para transmitir os créditos tanto pode ser a cessão de créditos como a sub-rogação, entendem preferível o primeiro.

10.2. *Cessão fechada*

I. A figura da cessão fechada, silenciosa (*stille Zession* na terminologia alemã), oculta ou secreta traduz-se, simplesmente, na celebração de uma transmissão contratual de créditos que as partes desejam manter no seu exclusivo conhecimento. Ou seja, cedente e cessionário acordam a transmissão de créditos, mas não querem que se saiba fora da sua própria relação. Na prática, não pretendem notificar o devedor cedido da ocorrência da mesma, pelo que, perante este, é como se tudo permanecesse inalterado[783]. Entre si, as partes não têm qualquer dificuldade em utilizar este mecanismo e regular as suas relações[784]: em regra, o cedente cobra o crédito na qualidade de mandatário do cessionário e restitui-lhe o que assim recebeu das mãos do devedor[785].

A utilização desta figura é muitíssimo desejada na prática contratual, tem um campo de aplicação importante na actividade de *factoring*, em que muitas vezes é o cedente que continua a receber o pagamento por conta do *factor* – veja-se a modalidade do chamado *non-notification factoring*[786]

---

[783] O que não significa, como fazem notar Dittrich e Tades, *Das Allgemeine bürgerliche Gesetzbuch*, 1994, §1392, E 49ª, p. 1993, a perda de quaisquer características jurídicas quando o devedor tem conhecimento dela. Ou seja, quando o devedor tem conhecimento da cessão e da particular posição do cedente, este não deixa de poder receber o pagamento tal como receberia se o devedor de nada soubesse. Face ao direito português, diria, no entanto, que o devedor deve ter particular cuidado a acautelar a sua posição, sob pena de, posteriormente, o cessionário poder vir a invocar o conhecimento do devedor para lhe exigir novo pagamento.

[784] A propósito da cessão financeira fechada, Menezes Cordeiro, *Da Cessão Financeira (Factoring)*, 1994, p. 86, escreve que funcionará como um esquema financeiro interno *factor*/cliente.

[785] Consoante o que tiver sido acordado entre cedente e cessionário, o mandato assumirá ou não natureza representativa. Se o mandato for representativo, o produto da cobrança dos créditos integra automaticamente o património do cessionário (art. 258.° *ex vi* art. 1178.°/1), se não for representativo, o cessionário mandante goza apenas de um direito de crédito perante o cedente mandatário à transmissão do produto da cobrança dos créditos (arts.1180.° e 1181.°/1). Se pode parecer difícil, na prática, conjugar-se um mandato representativo com uma cessão oculta, porque, se o mandatário recebe em nome do mandante, a transmissão torna-se conhecida, na verdade, a existência do mandato representativo funcionará mais como meio de prova da ocorrência da cessão do que como meio de revelar a transmissão do crédito. Esta questão será novamente abordada a propósito da titularização, uma vez que o diploma que regula esta operação no direito português prevê precisamente um regime de cessão sem notificação acompanhada de mandato representativo. Veja-se, mais abaixo, p. 285.

[786] *Not-notification factoring* ou *non-notification factoring* são as expressões inglesas para designar os contratos de *factoring* que as partes acordam manter em segredo. Tive-

290 A Cessão de Créditos como Estrutura Contratual com Eficácia Translativa

– e é muitíssimo utilizada, como referido, por exemplo, nas cessões feitas a coberto da lei Dailly. Também nas cessões de crédito em garantia e na titularização revela grandes vantagens. Todavia, consoante o sistema adoptado de oponibilidade da transmissão perante terceiros, pode revelar mais desvantagens do que benefícios.

Na prática contratual, sobretudo no domínio do *factoring* e da titularização, a cessão fechada é amplamente usada. Actualmente, a modalidade de *non-notification factoring*, com diversas variantes como o chamado *invoice discounting* (ou *non-notification invoice discounting*) ou *undisclosed factoring*[787], é a responsável pela contínua expansão da cessão financeira em Inglaterra e nos EUA[788-789].

---

ram início nos Estados Unidos e apareceram para combater um certo descrédito a que se viam votadas as empresas que recorriam ao *factoring* como modo de se financiarem, porquanto estava difundida a ideia de serem empresas com gravíssimos problemas que recorriam a esta actividade como último recurso. Há cerca de uma década, Oditah, *Legal Aspects of Receivables Financing*, 1991, pp. 56 e 57, escrevia sobre o panorama do *factoring* no mercado inglês, explicando que, malgrado a evolução relativamente ao *old line factor* e a aproximação ao sector bancário (com a pertença das sociedades de *factoring* aos grupos bancários), aquela actividade continuava associada a uma imagem de último recurso prévio à inevitável falência.

[787] Embora *non-notification factoring* e *invoice discounting* não sejam realidades tecnicamente equivalentes, a verdade é que desempenham uma mesma função económica e, na parte que interessa para o presente estudo, e de acordo com o sentido mais comum dos termos, ambas recorrem a uma cessão de créditos que não é notificada ao devedor cedido. Por isso são tratadas neste ponto como figuras equiparadas. A própria doutrina inglesa parece, em muitos aspectos, fazer essa equiparação. Veja-se Salinger, *Factoring: The Law and Practice of Invoice Finance*, 1999, p. 49, ao explicar que, ao contrário do que acontece no *disclosed factoring*, no *invoice discounting* não é exigida notificação ao devedor cedido das cessões de créditos, exceptuando na situação de grave incumprimento por parte do cliente (leia-se cedente) ou da sua insolvência. Por seu lado, Goode, *Commercial Law*, 1995, pp. 802, parece apresentar o *invoice discounting* como uma modalidade de *factoring* em que o cliente pretende apenas obter financiamento, não se importando de continuar a organizar a cobrança dos créditos, pelo que os devedores não são notificados e o cliente cobra enquanto representante (*agent*) do *factor* (*undisclosed principal*). Um pouco antes (p.801) já se tinha referido ao *invoice discounting* como um exemplo de *non-notification financing*. Num sentido algo diferente, Oditah, *Legal Aspects of Receivables Financing*, 1991, pp. 44 a 46, utiliza a expressão *invoice discounting* propositadamente de forma mais ampla (o próprio A. chama a atenção para este aspecto). Na parte que agora interessa, refere-se à generalidade de situações de *discounting of receivables* (que na sua essência significa a venda de *receivables* com desconto, ou seja, a um preço abaixo do seu valor nominal). Aí incluem-se casos de *non-notification discounting of receivables* (onde se inclui o *factoring* sem notificação), mas também casos em que há notificação, não se distinguindo consoante seja o *factor* ou o cliente a cobrar o crédito como representante daquele.

Apesar de esta actividade estar já desligada da sua génese, que se prendia com a conotação negativa respeitante às condições financeiras das empresas que a ela recorriam, a prática continua a encontrar vantagens nesta modalidade de contratação. Não só a empresa cliente pode ter algum interesse em não revelar as suas necessidades e estratégias, como o *factor* pode ter interesse em que continue a ser a empresa facturizada a cobrar os créditos cedidos. É o caso, por exemplo, de os créditos serem muitos, mas de pequeno valor, representando um esforço desproporciondo de cobrança para o *factor*, com a correspondente inviabilidade da comissão de *factoring*[790].

Outra figura da prática contratual anglo-saxónica, que faz uso da cessão oculta e desempenha um papel de grande importância sobretudo nos Estados Unidos[791], é o *accounts receivables financing*[792]. Trata-se de um

---

[788] Em prefácio à terceira edição da obra mais marcante sobre *factoring* no direito inglês, Roy Goode, *Foreword to Salinger, Freddy, Factoring: The Law and Practice of Invoice Financing*, 1999, frisa, precisamente, que a actividade de *factoring* está em constante evolução e que se tem verificado nos últimos anos "*a marked shift from notification to non-notification invoice discounting*". Também no prefácio à sua nova edição, Salinger, *Factoring: The Law and Practice of Invoice Finance*, 1999, p. vii, afirma a tendência de crescimento na actividade de *factoring*, com o aparecimento de novas empresas dedicadas ao sector, e explica que o *invoice discounting* tem crescido mais do que o próprio *factoring* (leia-se, entendido nos moldes tradicionais de *non-recourse factoring*), apresentando-se como um substituto do *factoring* sem recurso. O *factoring* sem recurso (ou cessão financeira própria) corresponde à modalidade que surgiu em primeiro lugar e significa que o *factor* (cessionário) corre o risco de incumprimento do devedor cedido, porquanto, se o devedor cedido não cumprir, não pode recorrer ao cedente para se fazer pagar do montante em dívida. Veja-se a explicação desta e de outras modalidades de *factoring*, em língua portuguesa, em Menezes Cordeiro, *Da Cessão Financeira (Factoring)*, 1994, pp. 85 a 87 e, de forma mais detalhada, em Pestana de Vasconcelos, *Dos Contratos de Cessão Financeira (Factoring)*, 1999, pp. 39 e ss..

[789] Pertencem, precisamente, à categoria do chamado *new line factoring*, que abarca modalidades novas de cessão financeira, bem como outras figuras próximas do *factoring* sob o ponto de vista funcional, embora diversas numa óptica estrutural. Veja-se a explicação da evolução do *old line factoring* para o *new line factoring*, com a emergência de novas figuras, em Pestana de Vasconcelos, *Dos Contratos de Cessão Financeira* (Factoring*)*, 1999, pp. 21 e ss., em especial, p. 25, e depois a explicação das diferentes modalidades nas pp. 43 e ss..

[790] Veja-se Pestana de Vasconcelos, *Dos Contratos de Cessão Financeira* (Factoring*)*, 1999, p. 44.

[791] Fuller e Eisenberg, *Basic Contract Law*, 1996, pp. 843 e 844.

[792] O conceito de *receivables* é muitíssimo vasto e de difícil tradução, uma vez que abarca figuras desconhecidas no direito português. Engloba os direitos de crédito tal como entendidos nos direitos continentais, mas vai mais além, incluindo não só direitos presentes, como futuros, mas também categorias como rendas, empréstimos bancários, prémios

292 *A Cessão de Créditos como Estrutura Contratual com Eficácia Translativa*

esquema próximo do *non-notification factoring*[793], sem correspondente directo no direito português, embora esteja próximo da construção da cessão de créditos em garantia[794]. De acordo com este meio de financiamento, as empresas cedem em garantia os seus créditos às empresas financiadoras, não se procedendo a qualquer notificação ao devedor cedido[795]. São, por isso, as empresas cedentes que continuam a operar a cobrança dos créditos perante o devedor cedido. Entre elas e a empresa cessionária estabelece-se uma relação de *trust*, pelo que a empresa cedente cobra os créditos na qualidade de *trustee*[796].

---

de seguros. Veja-se uma enumeração em Oditah, *Legal Aspects of Receivables Financing*, 1991, pp. 19 e ss., que, tendo por base uma definição de *account receivable* da anterior versão do UCC, define *receivables* como "*a generic description for rights to payment for goods sold or leased, facilities made available and services rendered*". Na Convenção das Nações Unidas sobre Cessão de Créditos no Comércio Internacional, o art. 2.°/a) define *receivable* como o direito de pagamento a uma soma em dinheiro (*right to payment of a monetary sum*), sendo certo que na versão francesa aparece "*créance*" como expressão equivalente.

[793] No direito inglês, Roy Goode, *Commercial Law*, 1995, pp. 800 e ss., trata o *factoring* como um exemplo de *receivables financing*, não se referindo a uma modalidade específica de *accounts receivables financing*. Explica, sim, que o financiamento através de *receivables* pode ser feito quer por via da compra e venda quer por via do empréstimo. Já no direito norte-americano, Macneil, *Cases and Materials on Contracts*, 1971, p. 512, explica que *factoring* e *non-notification financing* são os dois principais métodos de *accounts receivables financing*. Como a denominação indica, no *non-notification factoring* não há notificação. Neste aspecto reside uma diferença fundamental entre os dois métodos.

[794] Posição que parece decorrer das palavras de Luís Pestana de Vasconcelos, *Dos Contratos de Cessão Financeira* (Factoring*)*, 1999, p. 57, quando no ponto dedicado à *accounts receivables financing* faz uma referência à cessão de créditos vincendos como forma de garantir um financiamento.

[795] Repare-se como esta figura está próxima do empréstimo de dinheiro com a correspondente garantia na cedência de créditos. Salinger, *Factoring: The Law and Practice of Invoice Finance*, 1999, p. 127, faz notar que o *factoring*, na sua modalidade mais simples – o *invoice discounting* sem qualquer forma de serviço ou de protecção do cliente – não é substancialmente diferente do empréstimo contra a garantia dos créditos. Todavia o *factoring* recorre não ao esquema do empréstimo, mas à compra e venda de créditos, o que aliás é frisado expressamente pela jurisprudência.

[796] O resultado das cobranças feitas pelo cliente (cedente) é detido em *trust* para o *factor* e é colocado à disposição deste quer através do pagamento a uma *trust account* em nome do cliente, mas em benefício do *factor*, quer através do pagamento directo do cliente para a conta bancária do *factor*. É também deste modo que se processa o pagamento no caso de *agency factoring* na modalidade em que o *factor* não procede à actividade de cobrança (neste caso, contudo, já há uma notificação feita ao devedor, mas em que o cliente é indicado como *agent* do *factor*, pelo que procede à cobrança nessa qualidade). Salinger, *Factoring: The Law and Practice of Invoice Finance*, 1999, p. 49.

Recentemente, a cessão de créditos em garantia foi considerada como o melhor enquadramento jurídico para a afectação de receitas futuras em garantia face ao ordenamento português[797], não oferecendo dificuldades irresolúveis a constatação de, muitas vezes, funcionar como cessão não notificada[798]. Há uma transferência plena do direito de crédito, embora moldada pela causa que lhe serve de base – a garantia –, pelo que o cumprimento da obrigação garantida pelo devedor (cedente) implica a reversão automática dos créditos cedidos (ou do produto derivado das cobranças entretanto já verificadas) para o património do devedor[799].

Se tal não acontecer, ou seja, se o devedor não cumprir a obrigação garantida, os créditos consideram-se definitivamente integrados no património do credor cessionário e revertem automaticamente para o património do devedor cedente os créditos cedidos (ou o produto derivado das cobranças entretanto já verificadas) cujo valor exceda o necessário para o integral cumprimento da obrigação garantida[800]. Nas situações em que a cessão permanece oculta e seja o cedente a cobrar os créditos por conta do cessionário regem as regras do mandato (com ou sem representação).

Na titularização[801], a cessão fechada constitui o modo normal de construir a operação. Os direitos de crédito são transmitidos aos veículos de titularização com vista à criação de uma massa de créditos sobre a qual se irão emitir valores mobiliários. Em virtude da multiplicidade dos créditos envolvidos, é normal que sejam transmitidos e o devedor cedido nem chegue a ter conhecimento dessa operação. Ele continua a pagar ao credor que conhece e este recebe o pagamento como mandatário do cessionário.

II. Referido o importante campo de aplicação, cumpre perguntar se no direito português é admissível uma cessão de créditos fechada, ou seja, uma cessão de créditos que fique apenas no domínio das partes.

Não parece de resposta difícil: o código civil não obriga a que a cessão de créditos seja notificada ao devedor cedido nem publicitada de qual-

---

[797] Vitor Pereira das Neves, *A Afectação de Receitas Futuras em Garantia*, 2000, em especial pp. 174 e ss..

[798] Neves, *A Afectação de Receitas Futuras em Garantia*, 2000, pp. 182 e ss..

[799] O cessionário torna-se credor verdadeiro e próprio, o que lhe confere poderes que extravasam a circunstância de um mero beneficiário de uma garantia. Nessa medida, o A. qualifica a cessão de créditos em garantia como negócio fiduciário. Neves, *A Afectação de Receitas Futuras em Garantia*, 2000, pp. 176 e ss., em especial, p. 178.

[800] *Ibidem*, p. 178.

[801] Veja-se, de seguida, pp. 279 e ss..

quer forma (com excepção da cessão de créditos hipotecários que, naturalmente, está sujeita a escritura pública e a registo). O que o regime do código estabelece é uma consequência para a omissão de notificação: para o devedor cedido é como se não tivesse ocorrido transmissão.

Naturalmente que, quando o código não estatuiu a obrigatoriedade da notificação como condição de perfeição e validade da própria transmissão – lembre-se que entre as partes valem os requisitos e efeitos do tipo de contrato celebrado –, não estava porventura a querer contemplar situações de cessões ocultas, até porque, em princípio, as partes não teriam interesse em tal situação. Todavia, também não excluiu essa possibilidade[802], tendo,

---

[802] Não se argumente que tal modalidade de cessão corresponderia a um negócio simulado, sancionado pela lei com a nulidade (art. 240.°/2). Na verdade, a simulação pressupõe uma divergência entre a vontade real e a vontade declarada, acordada entre as partes e com o intuito de enganar terceiro. Ora na cessão fechada não há qualquer acordo entre as partes no sentido de declararem um conteúdo contratual que não corresponde ao que, na verdade, ficou estabelecido entre elas. Simplesmente omite-se perante o devedor cedido a celebração de um contrato cujo efeito é a transmissão do crédito de que é devedor. Para além disso, falta, seguramente, o intuito de enganar terceiro: cedente e cessionário não pretendem enganar o devedor cedido, pretendem apenas que nada se altere perante ele, não resultando qualquer prejuízo para o devedor cedido, porquanto, continuando a pagar ao cedente, é-lhe indiferente que o crédito tenha sido cedido. Dir-se-á apenas que nem sempre será assim. No caso de se detectar um intuito fraudulento de cedente e cessionário no sentido de enganarem ou prejudicarem o devedor cedido, a solução a encontrar terá de ser outra. Pense-se no caso em que o devedor cedido é titular de um crédito perante o cessionário e que, naturalmente, estaria interessado, num caso de este adquirir um crédito sobre ele, em operar uma compensação. Nesta situação, a celebração de uma cessão oculta vem prejudicá-lo em muito, pelo que o devedor deverá poder invocar a transmissão do crédito de molde a operar a compensação perante o cessionário. Não parece possível invocar o regime do negócio simulado, porque não existe qualquer negócio celebrado entre cedente e cessionário que tenha essas características, todavia é possível lançar mão do princípio subjacente a toda a matéria da cessão de créditos segundo o qual o devedor cedido não pode ser prejudicado pela cessão. Fazendo uma leitura do princípio pela inversa – o devedor cedido não pode ser prejudicado pela existência de uma transmissão que não lhe é revelada – e buscando alguma analogia com a simulação, há conteúdo útil para defender que o devedor cedido se pode valer da ocorrência da cessão para compensar perante o cessionário. A notificação é elevada, neste caso, a um direito do devedor cedido, porque não notificar corresponde a um exercício inadmissível de uma posição jurídica por parte do cessionário. Não existe, genericamente, um dever (com o correspondente direito) de notificar por parte do cedente ou do cessionário; contudo, a sua actuação terá sempre de ser pautada pelos cânones da boa fé sob pena de configurar uma situação de abuso de direito. Assim, respeitando-se o cuidado na aplicação criteriosa do mecanismo do abuso de direito, em concreto, e perante uma situação de confiança do devedor cedido, a não notificação por parte de cedente ou cessionário pode ser manifestamente abusiva. Não é de excluir, à partida, que

Terceiros: contrato ou notificação

pelo contrário deixado a porta aberta à vontade e criatividade das partes. Vale a pena relembrar que a cessão silenciosa ou a cessão oculta está subentendida nos trabalhos preparatórios do código[803], pelo que, se houvesse um claro desfavor em relação a esta configuração da cessão de créditos, ela teria sido, seguramente, excluída. Actualmente, embora poucos autores refiram o problema, ele é abordado a propósito da cessão financeira no sentido da admissibilidade da cessão fechada[804].

O ordenamento português consagra actualmente uma situação expressa de cessão fechada. Acontece a propósito da titularização. O Decreto-Lei

---

critério idêntico possa ser utilizado para salvaguardar a posição dos credores das partes, se se considerar que viram consubtanciar na sua esfera jurídica uma posição digna de tutela através da boa fé na vertente tutela da confiança. A propósito do regime mais limitado de oponibilidade de excepções por parte do devedor, Leite de Campos e Monteiro, *Titularização de Créditos – Anotações ao Decreto-Lei n.° 453/99, de 5 de Novembro*, 2001, na nota n.° 10 ao art. 6.°, p. 31, fazem notar (implicitamente parece ser a título de justificação) que nos casos de cessão não notificada, o devedor não está em condições de conhecer o momento em que a cessão se tornou eficaz entre o cedente e o cessionário, pelo que pode vir a invocar, sem sucesso, meios de defesa posteriores àquele momento. Apontam, sem resolver, o problema de saber se o cedente e/ou cessionário não serão responsáveis pelos danos sofridos pelo devedor. Na óptica referida estará excluída a hipótese de o devedor invocar meios posteriores em sua defesa, porquanto é a própria lei que estabelece esse regime. Contudo, os autores são sensíveis ao prejuízo que tal situação poderá provocar no devedor, parecendo que, implicitamente, invocam o princípio comum de não prejuízo dos direitos do devedor.

[803] Vaz Serra, *Cessão de Créditos ou de Outros Direitos Mora do Credor*, 1955, implicitamente, pp. 256 e ss., quando analisa a possibilidade de não exigir a notificação para que a cessão seja oponível a terceiros, e também pp. 146 e ss., em particular p. 168, a propósito da cessão fiduciária.

[804] É esta a posição que parece legítimo retirar das palavras de Menezes Cordeiro, *Da Cessão Financeira (Factoring)*, 1994, pp. 86, quando contrapõe cessão financeira aberta e cessão financeira fechada e explica que esta última não é dada a conhecer a terceiros, pelo que, nos termos do art. 583.°/1, não produz efeitos perante o devedor. E, um pouco mais adiante na mesma obra (p.94), quando elenca as cláusulas essenciais e acidentais típicas dos contratos de cessão financeira e enuncia como cláusula acidental típica aquela que permite o *factoring* fechado. Depois de analisar o DL 171/95, de 18 de Julho, Pestana de Vasconcelos, *Dos Contratos de Cessão Financeira* (Factoring), 1999, p. 187, conclui que o legislador português não só não tipifica como nem sequer dá uma noção de contrato de cessão financeira, pelo que nada obsta a que as partes adoptem diferentes modalidades desta operação, como seja o *non-notification factoring*. Já antes (pp. 45 e 46) havia defendido a admissibilidade desta modalidade de cessão financeira no direito português, apoiando-se então na natureza da notificação ao devedor cedido como condicionante da eficácia (e não da transmissão) do crédito frente a ele e ainda no disposto no art. 583.°/2, concluindo que o *factor* não terá qualquer interesse em opor ao devedor um eventual conhecimento que ele tenha da cessão.

296 A Cessão de Créditos como Estrutura Contratual com Eficácia Translativa

n.° 453/99, de 5 de Novembro[805], que introduz no direito português a regulação desta figura, admite, no seu artigo 6.°, a celebração de cessões fechadas. Para além de contemplar o regime, resultante do código civil, da notificação como acto essencial para a produção de efeitos perante o devedor cedido, admite que, estando envolvidas determinadas entidades, possa nem sequer existir notificação. Esta questão será abordada, já de seguida, quando se tratar da titularização.

III. Referida a importância da cessão fechada na prática contratual, dir-se-á que esta solução não representa qualquer dificuldade para a relação entre as partes: o crédito está, definitivamente, na esfera do cessionário, por isso, aquilo que o cedente venha a receber em cumprimento do crédito já cedido, fá-lo por conta do cessionário[806]. A relação cedente/cessionário fica, portanto, sujeita à regulação do mandato[807]. Em relação ao devedor cedido a solução é muito clara: ele está sempre protegido até que tenha conhecimento da transmissão.

Todavia, em relação a outros terceiros, mais uma vez, a dúvida surge. Se for acolhido um sistema de notificação, significa que a transmissão não é oponível a terceiros, *maxime* credores do cedente, no caso de não ter sido notificada. Consequentemente, perde, senão todo, pelo menos parte muito

---

[805] Actualmente com a redacção do DL 82/2002, de 5 de Abril.

[806] Naturalmente que, para o *factor*, há o risco acrescido de desvio de fundos por parte do seu cliente, pelo que este tem uma necessidade reforçada de análise do cliente de molde a fundar a sua relação numa confiança mais apertada. Pestana de Vasconcelos, *Dos Contratos de Cessão Financeira* (Factoring), 1999, p. 44. Goode, *Commercial Law*, 1995, p. 801, nota 24, explica de modo expressivo que, ao contrário do que acontece quando há notificação, em que o risco do não pagamento está distribuído por muitos devedores, quando não há notificação o risco do financiador é maior, porquanto este "põe todos os seus ovos no mesmo cesto no que respeita às dívidas cobradas pelo cedente", pelo que se o cedente se tornar insolvente e se os montantes por ele cobrados não forem susceptíveis de substituição (*traceable*), o cessionário nada pode fazer. Ertl, *Zession*, 1992, §1392, 6, p. 937, explica que depois da cessão fechada já não é o cedente o titular do direito de crédito; por isso ele está na posição de fiduciário análoga à do cessionário na cessão para cobrança (*Inkassozession*). Repare-se que na cessão para cobrança existe uma verdadeira cessão de créditos (ao contrário da situação num simples mandato de cobrança – *Einziehungsermächtigung*), embora o cessionário esteja obrigado a entregar ao cedente o produto do cumprimento. Por exemplo, Larenz, *Lehrbuch des Schuldrechts* – Band I, Allgemeiner Teil, 1987, pp. 597 e ss..

[807] Este aspecto tem a maior importância, por exemplo, no caso de falência do cedente que, entretanto, recolheu o valor correspondente ao cumprimento. Será tratado, adiante, nessa sede.

substancial do seu interesse, porque, para o cessionário, deixa de fazer sentido, porquanto fica numa situação profundamente fragilizada. Se for acolhido um sistema de contrato translativo, o contrato é oponível a terceiros no momento em que produz efeitos entre as partes, pelo que, para estas, sobretudo para o cessionário, se traduz num mecanismo aliciante e vantajoso.

Numa perspectiva económica e financeira, este segundo sistema ganha pontos em relação ao primeiro; numa perspectiva de protecção da transparência na transmissão dos direitos e da tutela de terceiros credores, o primeiro poder-se-á apresentar mais vantajoso. No entanto, só será assim se se provar, verdadeiramente, a bondade do sistema da notificação como alicerce de publicidade dos direitos, o que, como se referiu a propósito das críticas apontadas ao sistema tradicional francês, é muito duvidoso.

Em consequência do que se acabou de referir, a figura da cessão fechada equivale, em termos de regime, a uma cessão de créditos ainda não notificada, por isso os problemas suscitados, nomeadamente ao nível da oponibilidade da transmissão – quer numa situação de múltiplas transmissões em que se gera um conflito de titularidade, quer numa situação de falência e de oponibilidade da transmissão aos credores do cedente – são em tudo equivalentes aos decorrentes de uma transmissão perfeita entre as partes, mas não notificada ao devedor, logo de duvidosa oponibilidade a terceiros.

O que esta modalidade de cessão fez acrescer em relação a uma cessão "tradicional", em que as partes têm a intenção de notificar o devedor cedido, é a regulação das suas relações no que se prende com o relacionamento com terceiros. Em geral, a base dessa regulação encontra-se na figura do mandato. Se a aplicação do regime do mandato já era defendida, nomeadamente para as situações em que o cedente recebia do devedor cedido na ignorância da transmissão o objecto da prestação relativa ao cumprimento, neste caso, tendencialmente, essa aplicação é expressamente assumida entre as partes.

Por si só, a cessão fechada não pode ser vedada com o argumento de que potencia a fraude. Contudo, não é de excluir que, quando, em concreto, represente um expediente abusivamente utilizado, não possa ser atacado por vias diversas, como seja o próprio mecanismo do abuso de direito[808].

---

[808] Lembre-se as palavras de Menezes Cordeiro, *Tratado de Direito Civil Português I – Parte Geral*, Tomo I, 2000, p. 248, "[o] abuso de direito é um excelente remédio para garantir a supremacia do sistema jurídico e da Ciência do Direito sobre os infortúnios do legislador e sobre as habilidades das partes.", embora sempre acrescente que o seu uso "nunca pode ser banalizado: havendo solução adequada de Direito estrito, o intérprete-aplicador terá de procurá-la, só subsidiariamente se reconfortando no abuso de direito.".

298   A Cessão de Créditos como Estrutura Contratual com Eficácia Translativa

10.3. *Titularização*

I. A operação de titularização[809] (por vezes, por influência da palavra inglesa, denominada de securitização), actualmente muito em voga, representa um campo único de teste das opções possíveis de oponibilidade da transmissão a terceiros.

Numa explicação muito simples, a titularização consiste na transformação de créditos[810] em títulos facilmente colocáveis no mercado[811]. Tal operação traduz-se na individualização e avaliação dos créditos, na cessão de uma multiplicidade de créditos para um chamado veículo de titularização, também designado por veículo de propósito específico[812] (*special purpose vehicle* – SPV – ou *special purpose entity* – SPE)[813], que reúne

---

[809] A expressão é adoptada no direito português pelo DL 453/99, de 5 de Novembro. Não é, contudo, isenta de reparos. Calvão da Silva, *Titul[ariz]ação de Créditos*, 2003, pp. 28 e 29, debruça-se sobre o problema, preferindo a expressão titulação (ou ainda titulização ou mobilização), explicando-se assim o título do texto citado.

[810] Os bens a titular podem ser os mais variados: créditos presentes, créditos futuros; créditos de empresas, créditos de impostos ou taxas; outros valores como a potencialidade do ganho de uma equipa de futebol ou de um cantor ou ainda outros títulos de crédito. Leite de Campos, *A Titularização de Créditos: Bases Gerais*, 2000, p. 11. Paulo Câmara, *A Operação de Titularização*, 2000, p. 71, explica que, embora a titularização originariamente, nos Estados Unidos, tenha tido por base a transmissão de créditos hipotecários, actualmente, face à diversificação dos direitos utilizados, é impossível indicar um universo cristalizado de bens mobilizáveis através desta técnica. Calvão da Silva, *Titul[ariz]ação de Créditos*, 2003, pp. 13 e ss., explica resumidamente o percurso que levou, nos Estados Unidos, da titularização de créditos hipotecários à titularização de direitos como direitos da propriedade intelectual e da imagem.

[811] Leite de Campos, *A Titularização de Créditos: Bases Gerais*, 2000, p. 10. Esta explicação, embora possa pecar por alguma vaguidade, é útil para a análise da óptica que interessa ao presente estudo. Na titularização, o passo que me interessa, na verdade, é, precisamente, o da cessão de créditos que depois permitirá a emissão de valores mobiliários sobre a massa de créditos assim constituída. Explicações mais complexas são oferecidas por Paulo Câmara, *A Operação de Titularização*, 2000, pp. 68 e 78, e Calvão da Silva, *Titul[ariz]ação de Créditos*, 2003, pp. 7 e 8. Em qualquer dos casos, a cessão de créditos é apontada como traço caracterizador da operação.

[812] A expressão, colhida da língua inglesa, é utilizada, nomeadamente, por Vaz Tomé, *O Trust e a Titularização de Créditos – Breves Considerações*, 2000, p. 170. Talvez seja mais adequado falar em veículo de fim ou de finalidade específica. Na prática, contudo, a tendência é para se falar, simplesmente, em "veículo".

[813] No direito português, estes veículos de titularização, cessionários dos direitos de créditos, são apenas os fundos de titularização e as sociedades de titularização. Nos direitos anglo-saxónicos o cessionário pode ser, para além de um fundo de investimento e uma sociedade, um *trust*. Embora tenha sido defendida a introdução da figura do *trust* (proprie-

Terceiros: contrato ou notificação 299

essa massa de créditos e, de seguida, emite sobre ela valores mobiliários[814]. O aspecto que interessa para o presente trabalho é tão-só o da segunda etapa desta complexa operação: a transmissão dos créditos para o veículo de titularização.

Do ponto de vista económico e financeiro, a titularização representa uma modalidade inovadora de financiamento da economia[815]: a empresa interessada (que pode ser, e frequentemente é, um banco[816]), em vez de se dirigir a uma instituição financeira para obter financiamento, cede os seus créditos (por exemplo, no caso de um banco, os créditos devidos dos empréstimos à habitação) ao público em geral, obtendo o financiamento desejado[817].

---

dade fiduciária) no direito português, nomeadamente para servir de base à titularização (veja-se Vaz Tomé e Leite de Campos, *A Propriedade Fiduciária (*Trust*): Estudo para a sua Consagração no Direito Português*, 1999, pp. 15 e 309 a 311, e, implicitamente, também Vaz Tomé, *O* Trust *e a Titularização de Créditos – Breves Considerações*, 2000, pp. 182 e ss., em especial, p. 190), ela não foi acolhida no diploma vigente que regula a matéria da titularização.

[814] Pode falar-se em três fases distintas – a fase preliminar de individualização e avaliação do crédito, a fase da transmissão dos créditos e a fase de emissão (Paulo Câmara, *A Operação de Titularização*, 2000, p. 78) –, ou, mais simplesmente, em apenas duas fases – a cessão a título oneroso de um *portfolio* de créditos por um cedente a um SPV (cessionário) e a emissão por parte deste de valores mobiliários para financiar a aquisição do mesmo *portfolio* de créditos (Vaz Tomé, *O* Trust *e a Titularização de Créditos – Breves Considerações*, 2000, pp. 170 e 171).

[815] Apesar de o DL 125/90, de 16 de Abril (alterado pelo DL 17/95, de 27 de Janeiro) ter introduzido no nosso ordenamento as obrigações hipotecárias, criando assim, como se pode ler no preâmbulo, "uma nova modalidade de captação de recursos, por simples afectação ao seu reembolso dos créditos hipotecários de que [as instituições de crédito e parabancárias] disponham" e configurando um produto financeiro "de risco consideravelmente reduzido", esta operação está ainda longe do mecanismo da titularização. Desde logo porque, para além de estar circunscrita a créditos hipotecários, não envolve qualquer transferência dos créditos para uma nova entidade, com a respectiva transferência do risco de incumprimento. A instituição de crédito simplesmente emite obrigações às quais afecta créditos hipotecários de que é titular, conferindo ao portador do título um privilégio creditório especial sobre esses créditos (art. 6.º/1). A circunstância de o emitente não se libertar dos activos subjacentes, antes continuar responsável perante os subscritores das obrigações, é apontada como responsável pelo escasso acolhimento que este mecanismo teve entre nós: Vaz Tomé e Leite de Campos, *A Propriedade Fiduciária (*Trust*): Estudo para a sua Consagração no Direito Português*, 1999, p. 310.

[816] Mas também poderá ser, facilmente, uma sociedade de *factoring*, que cede para titularização os créditos que adquire. Leite de Campos e Monteiro, *Titularização de Créditos – Anotações ao Decreto-Lei n.º 453/99, de 5 de Novembro*, 2001, nota n.º 6 ao art. 2.º, p. 16.

[817] Leite de Campos, *A Titularização de Créditos: Bases Gerais*, 2000, p. 10. Por isso se caracteriza a titularização, em moldes gerais, como uma maneira de substituição da

300 A Cessão de Créditos como Estrutura Contratual com Eficácia Translativa

O público passa a correr o risco do financiamento[818], mas tem a compensação de uma remuneração mais elevada pelo capital investido. No fundo, assume o papel tradicionalmente desempenhado pelos bancos[819], sendo que o risco de incumprimento fica diluído no amplo conjunto de investidores[820].

Facilmente se percebe que essa transmissão tem de ser completa e oponível perante todos, sob pena de gerar situações de dificílima resolução. Imagine-se o que seria, depois de constituído o fundo sobre o qual os títulos são emitidos e de alienados esses mesmos títulos, alguém vir a arrogar-se titular de parte dos créditos constitutivos do fundo (ou com direitos sobre esses créditos) com base na inoponibilidade da transmissão a terceiros.

Se a oponibilidade da transmissão a terceiros estiver na dependência da notificação ao devedor cedido, bem se compreende a impossibilidade de fazer actuar o mecanismo, porque é inviável do ponto de vista económico, e atendendo à morosidade do procedimento, notificar todos os devedores envolvidos nos créditos cedidos para constituir o fundo. Já o sistema do contrato translativo ou do registo não oferecem qualquer dificuldade à realização deste tipo de operações.

Por isso mesmo a alteração do código civil belga, no que se prende com a oponibilidade da transmissão perante terceiros ter passado a estar exclusivamente associada à convenção celebrada pelas partes, foi assu-

---

intermediação financeira por colocações directas de valores mobiliários entre emitentes e investidores. Vaz Tomé, *O Trust e a Titularização de Créditos – Breves Considerações*, 2000, p. 170.

[818] Que, no caso, não se concentra num único devedor – o emitente de valores mobiliários –, nem na solvabilidade de qualquer dos devedores dos créditos cedidos em particular, mas encontra-se diluído no conjunto dos créditos cedidos. Por isso mesmo a notação do risco (*rating*) – que é obrigatória em Portugal à semelhança do que acontece noutros países – baseia-se na estrutura do conjunto dos créditos cedidos, sem qualquer referência ao património do emitente. Vaz Tomé, *O Trust e a Titularização de Créditos – Breves Considerações*, 2000, p. 181; Paulo Câmara, *A Operação de Titularização*, 2000, pp. 79 a 81.

[819] Este fenómeno corresponde a um 2.º grau da chamada desintermediação financeira. Tradicionalmente, o sistema financeiro apresenta-se assente na intermediação financeira, a titularização suprime a entidade financeira intermediária, satisfazendo, simultaneamente, as necessidades dos aforradores, do sector empresarial e das entidades financeiras. Paulo Câmara, *A Operação de Titularização*, 2000, pp. 75 a 77. Também, de forma mais sucinta, Leite de Campos, *A Titularização de Créditos: Bases Gerais*, 2000, p. 10.

[820] Veja-se a clara explicação das vantagens da titularização na distribuição do risco em Vaz Tomé, *O Trust e a Titularização de Créditos – Breves Considerações*, 2000, p. 173, nota 21. Calvão da Silva, *Titul[ariz]ação de Créditos*, 2003, pp. 9 e ss., faz um elenco das vantagens da operação para o cedente, os investidores e para a economia em geral.

Terceiros: contrato ou notificação   301

mida, e realizada, com o objectivo de facilitar a titularização, operação dificilmente concretizável quer através do mecanismo clássico da cessão de créditos quer através da figura da sub-rogação[821] e amplamente favorecida pela possibilidade de recurso à cessão oculta[822].

II. Pela mesma razão se percebe que o Estado português, quando chamado a legislar sobre a titularização[823], tenha procedido a um ajustamento em relação ao sistema vertido no código civil.

A titularização assenta, assim, numa compra e venda formal[824] de direitos de crédito[825] pecuniários, não vencidos nem sujeitos a condição ou a restrições legais ou convencionais de transmissibilidade e ainda não litigiosos, que não tenham sido dados em garantia nem tenham sido judicialmente penhorados ou apreendidos (art. 4.º/1 do diploma da titularização), podendo no entanto tratar-se de créditos futuros (art. 4.º/2). A cessão deve ser plena, não podendo ficar sujeita a condição nem a termo (art. 4.º/5)[826-827].

Se em relação às partes não se levantam grandes problemas, mais uma vez, denota-se alguma inibição no tratamento directo da posição dos terceiros, exceptuando o devedor cedido.

---

[821] Van Ommeslaghe, *Le nouveau régime de la cession et de la dation en gage des créances*, 1995, pp. 530 e 538.

[822] De Page, *Traité élémentaire de droit civil belge* – Tome IV, Vol. I, 1997, p. 591.

[823] Através do DL 453/99, de 5 de Novembro, alterado pelo DL 82/2002, de 5 de Abril.

[824] Embora o art. 7.º/1 disponha que o contrato de cessão de créditos para titularização *"pode"* ser celebrado por documento particular, daqui parece resultar o afastamento da liberdade de forma, traduzindo a obrigatoriedade de redução a escrito. Quando o objecto da transmissão for constituído por créditos hipotecários, este preceito resulta num aligeirar da forma exigida pelo código civil. Enfatizando esta questão, Calvão da Silva, *Titul[ariz]ação de Créditos*, 2003, pp. 95 e 96.

[825] Calvão da Silva, *Titul[ariz]ação de Créditos*, 2003, p. 35, explica que da cessão de créditos para titularização decorre a compra e venda como invólucro causal da transmissão dos créditos do cedente para o cessionário: do art. 39.º do diploma da titularização resulta a aquisição de créditos mediante um preço pela sociedade de titularização e do art. 12.º/1 e 2 decorre, embora não expressamente, regime análogo para os casos em que o cessionário é um fundo de titularização.

[826] É usual a expressão *"true sale"* para designar esta compra e venda que transfere, definitivamente, os créditos e respectivos riscos de incumprimento. Veja-se Calvão da Silva, *Titul[ariz]ação de Créditos*, 2003, pp. 36 e ss., referindo-se a venda verdadeira, efectiva e completa.

[827] Preceito concretizado pelo Aviso do Banco de Portugal n.º 10/2001, de 6 de Novembro.

302   *A Cessão de Créditos como Estrutura Contratual com Eficácia Translativa*

Quanto ao devedor cedido, no regime regra[828] é expressamente assumido o que, no fundo, já estava contemplado no código civil, com a diferença de passar a ser irrelevante o mero conhecimento que o devedor tenha da cessão e de se prever uma forma específica para a notificação. Os efeitos da cessão produzem-se em relação ao devedor cedido pela notificação, que deverá ser feita por carta registada e se considera efectuada no terceiro dia posterior ao registo da carta, tendo ou não o devedor tomado efectivamente conhecimento da carta de notificação nesse prazo (art. 6.º/1 e 2).

Repare-se como há a intenção clara de conferir maior segurança às operações de titularização[829], criando-se um regime apelidado de mais célere e expedito[830]. Não basta a notificação, não basta a notificação por escrito, não basta provar a existência da notificação, é necessário que a notificação conste de carta registada e o facto de constar de carta registada é o bastante para produzir efeitos findos três dias sobre a data de registo[831].

Omite-se qualquer referência à aceitação da cessão por parte do devedor cedido, provavelmente porque não é uma via usada na prática. Contudo, sempre se dirá que, a existir aceitação, ela deverá produzir os mesmos efeitos da notificação[832], porque, traduzindo-se numa adesão do devedor àquela transmissão, representa até algo mais do que a mera notificação.

---

[828] Quando o cedente não seja instituição de crédito, sociedade financeira, empresa de seguros, fundo de pensões ou sociedade gestora de fundo de pensões (art. 6.º/4).

[829] O mero conhecimento introduz, sem dúvida, um factor de insegurança que é contrário aos propósitos da lei. Monteiro, *O Recente Regime Português da Titularização de Créditos*, 2000, pp. 204 e 205, explica que as operações de titularização teriam alguma dificuldade em conviver com uma situação de incerteza quanto à eficácia das cessões perante os respectivos devedores, pelo que se optou pela exigência de notificação através de carta registada. Não se compreende a objecção de António Macedo Vitorino, *A Titularização de Créditos em Portugal*, 2001, p. 164, ao reputar a regra de tecnicamente imperfeita, criando sem justificação um obstáculo à titularização. Objecção que, aliás, dirige também aos casos de dispensa de notificação e que também não se compreende, tanto mais que, neste caso, como se refere de seguida, é por demais evidente a facilidade que introduz no mecanismo.

[830] Monteiro, *O Recente Regime Português da Titularização de Créditos*, 2000, p. 204.

[831] Segundo Calvão da Silva, *Titul[ariz]ação de Créditos*, 2003, p. 98, tal disposição traduz-se no estabelecimento de uma presunção *juris et de jure*, prescindindo a lei do conhecimento efectivo da cessão. A novidade resulta, na verdade, na forma exigida e no estabelecimento da presunção dos três dias, todavia nada é acrescentado relativamente ao regime comum da eficácia das declarações de acordo com o acolhimento da teoria da recepção pelo art. 224.º/1 do código civil. Veja-se, acima, pp. 117 e ss..

[832] Embora o n.º 4, parte final, do mesmo art. 6.º refira expressamente o conhecimento, aceitação ou notificação dos devedores, o que indicia ter sido esta omissão no n.º 1 intencional, não se encontram razões para excluir a aceitação.

III. O n.º 4 do referido artigo 6.º cria um regime particular, estatuindo que, quando a entidade cedente seja instituição de crédito, sociedade financeira, empresa de seguros, fundo de pensões ou sociedade gestora de fundo de pensões, a cessão de créditos produz efeitos em relação aos respectivos devedores no momento em que se tornar eficaz entre cedente e cessionário.

Se o cessionário for uma sociedade, em princípio, os efeitos produzem-se, nos termos gerais, por efeito do contrato. Se a entidade cessionária for um fundo de titularização, então, a cessão produz efeitos entre as partes não no imediato momento em que o contrato é celebrado, mas no momento em que o fundo se considera constituído, ou seja, o da liquidação financeira das unidades de titularização (art. 28.º)[833-834], não dependendo do conhecimento, aceitação ou notificação desses devedores[835].

Este artigo 6.º/4 admite, assim, expressamente, e por defeito, a celebração de cessões ocultas, cessões em que as partes acordam não dar conhecimento da transmissão ao devedor cedido. É de realçar, no entanto, uma importante evolução do próprio texto legal: enquanto na versão de

---

[833] Monteiro, *O Recente Regime Português da Titularização de Créditos*, 2000, p. 203. Em virtude do seu escopo empresarial muito limitado – realização de operações de titularização – o SPV não carece de património substancial e é mesmo aconselhável que não o detenha, uma vez que a titularização consiste na desmobilização e não na imobilização de capitais. Veja-se a explicação desta capitalização mínima (*thin capitalization*) por Vaz Tomé, *O Trust e a Titularização de Créditos – Breves Considerações*, 2000, p. 175, em especial, na nota 27. Assim, os veículos financiam a aquisição dos créditos através da própria emissão de valores mobiliários.

[834] Se aparentemente esta disposição pode causar alguma estranheza, a verdade é que consubstancia tão-só uma situação de cessão sujeita a condição suspensiva: o contrato celebrado entre as partes só começa a produzir os seus efeitos no momento em que o fundo se constitua; também em relação às sociedade os efeitos da cessão podem estar na dependência de uma emissão de obrigações, caso em que fica condicionado à efectiva subscrição das obrigações. Monteiro, *O Recente Regime Português da Titularização de Créditos*, 2000, p. 203.

[835] Aspecto que parece estar em clara desarmonia com o disposto no n.º 1 do artigo 6.º, que fazia apenas referência à notificação. Duas possibilidades se oferecem. Ou é necessário articular o n.º 4 com o n.º 1, buscando a harmonia de regime, e a reflexão que acima se fez, no sentido de estender a eficácia da cessão em relação ao devedor à aceitação, mas não ao conhecimento, está errada – na verdade, atendendo a este n.º 4 deve estender-se à aceitação e ao conhecimento. Ou esta redacção do n.º 4 só se percebe por referência ao regime do código civil, o que, julgo, não pode deixar se ser um lapso, sob pena de, no final, ser necessário concluir pela aplicação das regras do código civil e pela desnecessidade da construção deste artigo 6.º.

304   *A Cessão de Créditos como Estrutura Contratual com Eficácia Translativa*

1999 apenas se impunha, nestes casos, a celebração de contrato pelo qual o cedente ficasse obrigado a celebrar todos os actos que se revelassem adequados à boa gestão do crédito, a redacção resultante do texto de 2002, acrescenta a expressão *"em nome e em representação da entidade cessionária"*[836].

Significa isto que, face ao regime actual, é duvidoso que se trate de uma verdadeira cessão oculta ou fechada. Pode questionar-se se a circunstância de o cedente cobrar os créditos em nome e por conta do cessionário não resulta, a final, numa notificação ao devedor cedido, logo numa cessão aberta.

Não parece que este raciocínio seja isento de reparos. Por um lado, nada é referido ao devedor no momento da transmissão do crédito e muito provavelmente também nada lhe é revelado no momento do cumprimento, até porque para o devedor o interesse é, em princípio, muito escasso[837]. Por outro lado, viu-se já como para existir notificação se exige um acto para tal orientado, não valendo, por exemplo, o simples registo da transmissão de créditos hipotecários[838].

Já no que respeita a terceiros, nomeadamente credores das partes, a questão tem mais interesse. Se é certo que o mandato, mesmo se representativo, importa em primeira linha às partes, tem importância crucial em relação a terceiros[839], nomeadamente ao nível da prova da ocorrência da transmissão quando esteja em causa uma situação de falência do cedente e urja separar da massa falida, em benefício do cessionário, o produto do

---

[836] Configurando um mandato de gestão representativa dos créditos cedidos. Calvão da Silva, *Titul[ariz]ação de Créditos*, 2003, p. 45.

[837] Embora Calvão da Silva, *Titul[ariz]ação de Créditos*, 2003, p. 45, a propósito da irrevogabilidade do mandato de gestão de créditos, refira que o mandato é conferido no interesse do mandatário e dos terceiros, devedores cedidos, a continuarem todo o relacionamento de direitos e deveres com o cedente, credor originário, a verdade é que, na falta de notificação, tal regime já decorria da aplicação das regras do código civil. A justificação da obrigatoriedade de celebração do contrato de gestão representativa dos créditos parece residir mais na clarificação da situação perante outros terceiros.

[838] Veja-se pp. 180 e ss..

[839] Lembre-se que de acordo com a doutrina portuguesa maioritária, tal como referido por Maria Helena Brito, *A Representação nos Contratos Internacionais. Um Contributo para o Estudo do Princípio da Coerência em Direito Internacional Privado*, 1999, p. 119, nota 103, a declaração de atribuição de poderes de representação, embora possa ser feita perante representante, terceiro ou mediante anúncio público, é destinada em primeira linha ao terceiro, ao outro sujeito do negócio jurídico representativo, e não ao representante.

cumprimento (situação aliás expressamente resolvida na lei pelo art. 5.º/6). Penso que a relevância do mandato representativo se situa ao nível da prova da ocorrência da transmissão, nada acrescentando, no entanto, à eficácia transmissiva[840]. Em anotação ao texto de 1999, é referido que o cedente "continuará a ocupar a posição do credor embora aja por conta (e, eventualmente, em nome do credor, se a cessão tiver sido notificada, o que o n.º 4 não impede)."[841]. Significa isto que se a cessão tiver sido notificada e o cedente actuar por conta do cessionário (credor), tal actuação equivalerá a agir em nome, ou seja, em representação do cessionário. Isto não quer dizer, no entanto, e pelas razões expostas, que o inverso – a actuação ao abrigo de mandato representativo equivale a notificação – seja verdade.

Não terá sido indiferente na construção do regime a consideração de que as instituições financeiras estão sujeitas a supervisão, pelo que o risco de fraude é minorado. Ainda, a razão de ser da dispensa da notificação reside, por um lado, na natureza tendencialmente padronizada das relações jurídicas mantidas entre devedores e cedentes e, por outro lado, na circunstância de os créditos continuarem necessariamente a ser geridos pelos cedentes, mantendo estes todas as relações com os respectivos devedores (art. 5.º/1)[842-843].

---

[840] Situando o problema ao nível de outros conflitos de terceiros, tal significa, na prática, por exemplo, que se tiver ocorrido uma dupla venda do mesmo direito de crédito, e aplicando numa leitura tradicional o art. 584.º do código civil, mesmo existindo um mandato representativo entre cedente e primeiro cessionário, tal não precludirá o direito prevalecente do segundo cessionário que notificou o devedor cedido. Se não tiver existido qualquer notificação, então deverá prevalecer o primeiro adquirente, logo o comprador mais antigo. A existência de um mandato representativo pode ajudar a provar a ocorrência e a data da compra e venda, mas não mais do que isso.

[841] Leite de Campos e Monteiro, *Titularização de Créditos – Anotações ao Decreto-Lei n.º 453/99, de 5 de Novembro*, 2001, nota n.º 12 ao art. 6.º, p. 31.

[842] Monteiro, *O Recente Regime Português da Titularização de Créditos*, 2000, p. 204; Leite de Campos e Monteiro, *Titularização de Créditos – Anotações ao Decreto--Lei n.º 453/99, de 5 de Novembro*, 2001, nota n.º 9 ao art. 6.º, p. 30. Daí que faça todo o sentido que, quando a entidade de supervisão, em casos devidamente justificados, autorizar que a gestão dos créditos seja assegurada por entidade diferente do cedente (art. 5.º/3), não se aplique o regime do artigo 6.º/4 (*ex vi* n.º 5 deste artigo), mas o regime do n.º 1, ou seja, a eficácia em relação aos devedores fica dependente de notificação.

[843] Outras razões apontadas por Monteiro, *O Recente Regime Português da Titularização de Créditos*, 2000, p. 205, são a supressão dos custos administrativos associados às notificações e a tutela especial da relação de confiança entre as instituições financeiras e consumidores de serviços financeiros. Também se refere, genericamente, ao aspecto dos custos, tempo e procedimentos operacionais para a montagem de operações de titularização Sousa Franco, *Trabalhos Preparatórios do Cód.VM – Apresentação do Senhor Minis-*

306 A Cessão de Créditos como Estrutura Contratual com Eficácia Translativa

Uma vez que, à luz do n.º 4 do artigo 6.º, os devedores não são notificados, o n.º 7 do mesmo artigo dispõe, como não poderia deixar de ser, que eles mantêm todas as relações contratuais exclusivamente com o cedente. Duas possibilidades de análise se oferecem: ou, na verdade, esta ressalva do n.º 7 significa tão-só que a cessão não produz efeitos perante o devedor enquanto ele não seja notificado, tenha aceite, ou tenha conhecimento da mesma, em nada acrescentando o que já decorria da regra enunciada no n.º 1 (ou no art. 583.º do CC); ou há uma adesão muito clara à doutrina alemã, quando sustenta a produção de efeitos da cessão em relação a todas as pessoas no mesmo momento, e justifica regras como esta na necessidade exclusiva de proteger o devedor, estando totalmente desligadas da eficácia da cessão.

De qualquer maneira, sempre se dirá que esta regra não inova em nada o resultante do regime do código civil. Também das regras vertidas no código civil resulta a facultatividade da notificação, com a consequência de o devedor manter, naturalmente, as suas relações com o cedente: como o devedor nada sabe da cessão, actua, legitimamente, como se ela não existisse.

O único ponto surpreendentemente inovador deste artigo 6.º consta do n.º 6. Este preceito estatui que o devedor só pode opor ao cessionário os meios de defesa que provenham de facto anterior ao momento em que a cessão se torne eficaz entre o cedente e o cessionário. Ora este ponto é, verdadeiramente, uma novidade, estranha e incompreensível, por desproteger o devedor cedido[844]. Não parece que a justificação de facilitar alcançar "um desejável grau de fiabilidade, certeza e segurança da operação de titularização para protecção de terceiros, investidores nos títulos emitidos com base nos créditos a pagar pelos devedores cedidos"[845], deva prevalecer sobre a própria protecção dos devedores cedidos.

---

tro das Finanças, 1999, p. 33. Ainda Leite de Campos e Monteiro, *Titularização de Créditos – Anotações ao Decreto-Lei n.º 453/99, de 5 de Novembro*, 2001, nota n.º 9 ao art. 6.º, p. 30, explica justificar-se a norma, antes de mais, por estar em causa a transmissão de créditos em massa, pelo que a notificação poderia envolver demoras e encargos.

[844] A esta luz, não se compreende também a afirmação expressa de Manuel Monteiro, *O Recente Regime Português da Titularização de Créditos*, 2000, p. 206, de que a cessão para titularização em nada afecta a posição do devedor, que mantém todos os direitos resultantes do contrato do qual emerge o crédito. Este preceito altera, verdadeiramente, a posição do devedor.

[845] Calvão da Silva, *Titul[ariz]ação de Créditos*, 2003, p. 101, regime, no seu entender, justificável no caso de cessão não notificada em que o cedente é o gestor dos créditos cedidos (art. 6.º/4), mas já não no caso regra do art. 6.º/1, defendendo, em concordância,

IV. Em relação aos terceiros, referiu-se que a lei, mais uma vez, não assume uma posição clara. Todavia, por um lado, há alguns elementos, que se prendem com a situação de falência, dos quais é possível inferir uma solução – e a análise deste aspecto deixa-se para a parte dedicada à falência[846] –, por outro, o próprio objectivo e funcionamento do mecanismo da titularização revela-se incompatível com uma oponibilidade limitada da cessão de créditos.

Na verdade, viu-se como a prossecução dos objectivos da operação de titularização passa pelo isolamento ou pela "segregação" do conjunto dos créditos cedidos ou do *portfolio* de créditos. Esta separação verifica-se face ao património da sociedade de titularização (viu-se já que, tratando-se de fundos, o património é irrelevante), face a qualquer outro *portfolio* de créditos cedidos à mesma sociedade e também face ao desenvolvimento económico-jurídico dos devedores cedidos e do próprio cedente[847].

O significado prático é que este conjunto de créditos é impermeável ao risco de falência quer dos devedores cedidos, quer do cedente, quer da sociedade de titularização[848]. Embora não seja aprofundada a oponibilidade da cessão a terceiros, é referido que o isolamento do *portfolio* se realiza mediante a oponibilidade a terceiros dos créditos cedidos[849]. Esta é, simultaneamente, a imposição e a consequência fundamental do funcionamento do sistema.

É impensável um sistema em que a oponibilidade da cessão da massa de créditos aos terceiros de todos esses créditos fique dependente de facto

---

uma interpretação restritiva do art. 6.°/7 (p.103). Também a justificação apresentada por Leite de Campos e Monteiro, *Titularização de Créditos – Anotações ao Decreto-Lei n.° 453/99, de 5 de Novembro*, 2001, nota n.° 5 ao art. 6.°, p. 31, de que no caso previsto no art. 6.°/4 o próprio devedor não estará em condições de conhecer o momento em que a cessão se tornou eficaz entre entre cedente e cessionário, não parece ser suficiente para afastar a regra geral.

[846] Veja-se, mais abaixo, pp. 335 e 343 e ss..

[847] Vaz Tomé, *O Trust e a Titularização de Créditos – Breves Considerações*, 2000, p. 176, nota 27.

[848] O que é justificado pela improbabilidade de o titular do valor ter tido conhecimento do estado de insolvência ou falência dos devedores cedidos e do próprio cedente. Vaz Tomé, *O Trust e a Titularização de Créditos – Breves Considerações*, 2000, p. 176, nota 27.

[849] *Ibidem.*

308   A Cessão de Créditos como Estrutura Contratual com Eficácia Translativa

diverso do contrato transmissivo[850]. Outra leitura seria profundamente descontextualizada e chocaria com a lei, quando, ela própria, admite a oponibilidade da transmissão ao devedor cedido sem exigir qualquer notificação. Não faria sentido admitir-se a dispensa de notificação em relação ao devedor cedido – terceiro com posição altamente protegida – e exigir em relação aos outros terceiros essa mesma notificação.

A problemática adensa-se quando se pensa nos casos de cessão de créditos não sujeita ao regime especial de dispensa da notificação. Nesse caso, valem as regras gerais quanto à eficácia da cessão[851], sendo, por isso, imperioso descobrir qual é essa regra geral, que se encontra, seguramente, no nosso código civil. Apesar de a lei da titularização não contemplar expressamente uma regra relativamente à oponibilidade da cessão de créditos a terceiros diversos do devedor cedido, a oponibilidade imediata impõe-se como condição indispensável de operatividade do próprio sistema.

Mais adiante neste trabalho, sempre se poderá concluir se esta imposição de ordem periférica é confirmada pela regra encontrada ao nível nuclear da análise da solução no código civil, ou se tem uma justificação própria não generalizável. De toda a maneira, se não houver confirmação ao nível nuclear, é imperiosa a defesa deste regime em sede de titularização, regime esse que, sempre se dirá, é confirmado pelas regras especiais criadas para a situação de falência.

10.4. Conflitos de titularidade

I. Neste ponto aborda-se de novo a questão dos conflitos de titularidade, mas agora com um enfoque particular em alguns problemas típicos da vida comercial. Naturalmente, cada ordenamento conhece uma multiplicidade de problemas particulares relacionados não apenas com a maté-

---

[850] Seguramente por lapso, tanto mais que tal afirmação não vem reiterada no texto subsequente, Paulo Câmara, *A Operação de Titularização*, 2000, p. 73, nota 18, mencionando o disposto no art. 6.°/4 do DL 453/99, de 5 de Novembro, refere-se a terceiros e não apenas ao devedor cedido, o que poderia levar a concluir que, fora do caso previsto no referido preceito, a cessão só seria eficaz perante os terceiros (aí incluído o devedor) com a notificação.

[851] E isto não apenas em relação ao devedor cedido, como é referido por Paulo Câmara, *A Operação de Titularização*, 2000, p. 85, mas também em relação aos demais terceiros.

ria específica da cessão de créditos, mas também com outros institutos do direito das obrigações e dos direitos reais.

Seria tarefa muito difícil, e de utilidade duvidosa, a reprodução de todas essas particularidades, porque implicaria um conhecimento profundo de amplas áreas do direito civil e comercial, extravazando o âmbito desta dissertação. Contudo, não seria sensato passar por cima de todos esses problemas e fazer tábua rasa dos elementos preciosos que podem oferecer ao presente estudo.

Limitou-se, portanto, o estudo aos aspectos directamente relevantes para resolver o problema da titularidade do direito de crédito. Trata-se, assim, exclusivamente, de conflitos de titularidade pertinentes face ao direito português e, no ponto seguinte, como elemento de teste da oponibilidade dessa titularidade, da situação dos credores do cedente face ao cessionário.

Tomando o critério de conflito de titularidades no sentido estrito apontado, decidiu-se isolar dois problemas e tratar apenas deles. Foram escolhidos, porque representam um substrato comum aos ordenamentos estrangeiros. O primeiro é o conflito entre o cessionário de uma cessão global e o cessionário no âmbito de contrato de *factoring*, ou seja, o *factor*. O segundo é o conflito entre o cessionário no âmbito de um contrato de *factoring* ou de uma cessão global e o titular de uma pretensão sobre o crédito cedido em virtude de contrato com cláusula com reserva de propriedade, ou seja, um credor qualificado do cedente.

Ambos os casos estão ligados à figura da cessão de créditos em garantia, porque a transmissão global de direitos de crédito é normalmente feita como garantia de determinada operação e a reserva de propriedade prolongada constitui-se como cessão de créditos em garantia. Não se tratará, no entanto, de situações típicas de garantia no sentido em que representam um gravame sobre os créditos cedidos: é uma garantia, porque os créditos são cedidos com essa finalidade, mas não deixa de ser uma transmissão[852], pelo que se trata efectivamente de um conflito de titularidade.

Entendeu-se ainda interessante abordar a questão da reserva de propriedade prolongada, porque é discutida em praticamente todos os ordenamentos estrangeiros e suscita naturalmente a dúvida sobre a sua pertinência face ao direito nacional.

---

[852] Uma efectiva transmissão que confere uma titularidade plena do direito de crédito e não uma mera titularidade formal ou transmissão constitutiva. Neves, *A Afectação de Receitas Futuras em Garantia*, 2000, p. 176.

310 *A Cessão de Créditos como Estrutura Contratual com Eficácia Translativa*

São situações típicas em que as regras da cessão de créditos encontram alguns desvios, claramente por se entender não contemplarem as melhores soluções. Por isso se encontrou interesse na análise seguinte. Em geral os ordenamentos acabam por invocar regras diferentes – ou por se socorrerem de construções diferentes – daquelas que normalmente são apresentadas para introduzirem desvios à solução que resultaria da aplicação da matéria da cessão de créditos. Essa necessidade de rectificação de soluções representa, seguramente, um alerta para a avaliação que se pode fazer dos sistemas regra. Estes dois focos de problemas são também o pretexto para procurar e analisar criticamente a solução oferecida pelo direito português.

II. Se fosse possível reduzir a um mínimo denominador comum toda a matéria de conflitos de titularidade, sempre se poderia dizer que todos os ordenamentos enunciam uma regra da anterioridade: prevalece o direito do primeiro cessionário. Mas "o primeiro" é, consoante os casos, o cessionário que celebrou um contrato em primeiro lugar; o cessionário da cessão que foi notificada em primeiro lugar; o cessionário que preencheu e entregou um *bordereau* Dailly em primeiro lugar; o cessionário que registou a aquisição em primeiro lugar. Quando estão em causa conflitos entre dois ou mais cessionários de transmissões da mesma natureza, em princípio, não se levantam grandes problemas. Quando as transmissões são de natureza diferente, ou quando é necessário dirimir conflitos entre um cessionário e alguém que se arroga com direitos sobre o mesmo crédito por outra via – como sejam os credores do cedente –, as dificuldades são maiores. É aqui que surgem as excepções às regras anteriormente enunciadas.

A doutrina francesa explica, com alguma simplicidade, que o princípio aplicável para dirimir conflitos de titularidade sobre o mesmo crédito é o da anterioridade do direito. Essa anterioridade resulta da comparação entre as datas de aquisição dos créditos pelos diferentes titulares. A data em que o crédito se considera adquirido varia consoante o mecanismo que as partes tenham utilizado para transmitir o crédito, mas, uma vez determinada, permite dirimir conflitos entre duas cessões de natureza diferente ou entre duas cessões da mesma natureza[853].

Se as partes recorreram à cessão de créditos clássica, esta só é oponível perante terceiros pela notificação ao devedor ou pela sua aceitação através de acto autêntico (art. 1690 do *code civil*), pelo que deve atender-

---

[853] Rives-Lange, *Droit bancaire*, 1995, p. 553.

-se a essas datas[854]. Se as partes celebraram uma "cessão Dailly", a cessão produz efeitos perante todos na data constante do *bordereau*, portanto só é necessário ter em conta essa data[855]. É de todo irrelevante o momento em que é feita a notificação, porque o cedente, a partir do momento da cessão, já não pode dispor do seu crédito. No caso de duas cessões Dailly, só o primeiro cessionário é titular do direito de crédito[856]. Se as partes celebraram um contrato de *factoring*, é necessário atender ao mecanismo da sub-rogação e não às regras da cessão de créditos[857]. Assim, na prática francesa, de acordo com as regras da sub-rogação, a transmissão do direito produz-se na data do pagamento (art. 1250/1 do *code civil*). Essa data é a da inscrição na conta do cliente da quitação entregue ao *factor*, que representa o crédito cedido[858]. No caso de conflito entre um factor e o cessionário do

---

[854] O mesmo vale, naturalmente, para o direito belga. Van Ommeslaghe, *La transmission des obligations en droit positif belge*, 1980, p. 103.

[855] Schmidt e Gramling, *La loi n.° 81-1 du 2 janvier 1981 facilitant le crédit aux entreprises*, 1981, p. 224, explicam que, não sendo aplicável aos direitos de crédito o disposto no art. 1141 do código civil francês (que consagra o princípio de "posse de boa fé vale título"), a regra da anterioridade parece ser o remédio menos mau, considerando que o segundo adquirente não pode ignorar a cessão desde o dia da sua data. Rives-Lange, *Droit bancaire*, 1995, p. 553.

[856] Veja-se Rives-Lange, *Droit bancaire*, 1995, p. 553, com indicação de jurisprudência (nota 2).

[857] Como já foi referido, em França o contrato de *factoring* está construído pela prática com base na sub-rogação convencional pelo pagamento. Embora em 1967 o legislador tenha criado o mecanismo das facturas transmissíveis e *"protestables"*, a verdade é que esse mecanismo tem sido pouco usado pelas sociedades de *factoring*, que preferem a sub-rogação. Caminho diverso foi o trilhado pelo direito belga que, padecendo do mesmo problema, adoptou para o *factoring* o mecanismo da "cessão da factura" ou de "endosso da factura" (previsto na lei de 31 de Março de 1958 – que é já uma modificação à lei de 25 de Outubro de 1919), segundo o qual a cessão de créditos é oponível aos terceiros pelo simples endosso da factura ou de uma cópia certificada, escapando, assim, às formalidades do art. 1690 (cumprindo o objectivo único da lei em simplificar as formalidades do código). Só é necessário informar o devedor por carta registada com aviso de recepção para que ele fique constituído em má fé e, em consequência, deixe de poder pagar com efeito liberatório ao antigo credor. Ainda assim a doutrina discute se será válida uma notificação que não cumpra essas exigências, aspecto da maior relevância, uma vez que na prática está difundido o hábito de simplesmente colocar na factura a menção de que foi endossada à sociedade de *factoring*. Veja-se Pardon, *La transmission des obligations en droit bancaire belge*, 1980, pp. 398 e 399; Dhaeyer, *L'affacturage en droit belge*, 1980, pp. 409 e ss.; Philippe, *L'endossement de la facture est-il le mode idéal de transmission des créances dans l'affacturage?*, 1980, pp. 551 e ss..

[858] No que respeita às facturas que são aprovadas pelo *factor*, o processo comporta três operações. O aderente remete ao *factor* um quadro onde constam as facturas aprova-

312 A Cessão de Créditos como Estrutura Contratual com Eficácia Translativa

mesmo crédito por "cessão Dailly" também vale a regra da anterioridade: prevalece o primeiro se foi sub-rogado no direito de crédito antes do estabelecimento do *bordereau* Dailly. Em princípio, o conflito entre um *factor*, um credor que pretenda penhorar o crédito, a massa dos credores do aderente de um processo de recuperação de empresa e um cessionário do crédito rege-se pela anterioridade dos direitos[859]. O único caso em que há uma excepção a este princípio de prioridade do direito adquirido anteriormente é o da reserva de propriedade.

No direito alemão, não há dificuldades em aplicar a regra da prevalência do contrato de cessão mais antigo[860]. Todavia, como melhor se verá, essas regras conhecem desvios introduzidos pela jurisprudência quando está em causa um conflito entre o cessionário de uma transmissão global de créditos e o beneficiário de uma cláusula de reserva de propriedade sobre os mesmos créditos[861].

No direito inglês, a aplicação da regra da prioridade do primeiro a notificar, vertida em *Dearle v. Hall*, conhece as maiores críticas quando aplicada fora da situação original[862]: conflito entre um número reduzido de cessionários (no caso eram três) no âmbito de *equitable assignments*. Quando posta em confronto com outras regras relativas a garantias, nas quais se inclui a reserva de propriedade, as dificuldades de articulação deixam perceber a fragilidade do sistema.

No direito italiano, a inoperatividade da regra da prevalência do primeiro cessionário a notificar levou, como se registou, à adopção de uma nova solução para os casos em que estão envolvidos contratos de *factoring*, valendo o pagamento com data certa.

---

das e sobre as quais figura uma declaração de transferência da propriedade dos créditos correspondentes e um pedido de pagamento em contrapartida de uma quitação sub-rogativa que é junta. Em contrapartida do rol de facturas, os créditos correspondentes são transferidos ao *factor* através da sub-rogação convencional que, como deve ser feita no mesmo momento do pagamento, se opera com a entrega dessas mesmas facturas – que em geral contêm o termo sub-rogação na parte de quitação – e correspondente inscrição na conta do cliente. Rives-Lange, *Droit bancaire*, 1995, pp. 532 e ss..

[859] Rives-Lange, *Droit bancaire*, 1995, p. 534.

[860] Larenz, *Lehrbuch des Schuldrechts* – Band I, Allgemeiner Teil, 1987, p. 590; Ott, *Alternativkommentare zum Bürgerlichen Gesetzbuch* – Band 2, 1980, §398 Rz 7; Roth, *Münchener Kommentar zum Bürgerliches Gesetzbuch* – Band 2, 1994, §408 RdNr.1; Busche, *Staudinger Kommentar zum Bürgerlichen Gesetzbuch*, 1999, §408 Rz 3; Heinrichs, *Palandt – Bürgerliches Gesetzbuch*, 2000, §408 Rn 1.

[861] Veja-se, mais abaixo, pp. 305 e ss..

[862] Veja-se, acima, p. 235.

No direito norte-americano, o sistema de registo resolve muitos problemas, mas não deixa de existir uma complexa regulação do regime das prioridades, tendo em conta as particularidades das diferentes garantias. Neste ponto serão apenas analisadas as situações em que há um efectivo conflito de titularidades sobre o mesmo crédito, ou seja, em que há pelo menos duas pessoas que se arrogam plenos titulares do mesmo direito de crédito. No ponto seguinte tratar-se-á dos conflitos entre credores do cedente e do cessionário.

10.4.1. *Cessão global e* factoring

I. É normalmente designada por cessão global a transmissão em bloco de um conjunto de direitos de crédito, presentes e futuros. No direito português é genericamente entendido não existir qualquer obstáculo à transmissão global de direitos de crédito presentes e futuros: contando que sejam determináveis[863-864], nenhum problema oferece a transmissão em

---

[863] No âmbito da cessão financeira, por exemplo, os critérios utilizados para a determinação dos créditos cedidos são de ordem objectiva (e quantitativa) e subjectiva como sejam a referência à remuneração de determinados bens ou serviços resultantes do exercício da actividade económica do *factor*; a indicação de certo limite de facturação prevista ou previsível do aderente ou a menção de determinadas categorias de clientes. Veja-se, Vaz Tomé, *Algumas Notas Sobre a Natureza Jurídica e a Estrutura do Contrato de 'Factoring'*, 1992, p. 282; Helena Brito, *O «Factoring» Internacional e a Convenção do Unidroit*, 1998, pp. 54 e 55; Pestana de Vasconcelos, *Dos Contratos de Cessão Financeira (Factoring)*, 1999, p. 432. Já na cessão de créditos para titularização, o art. 4.°/2 do DL 453/99, de 5 de Novembro, determina que podem ser cedidos créditos futuros desde que emergentes de relações jurídicas constituídas e de montante conhecido ou estimável, como seja o caso das prestações a vencer no caso de locação ou locação financeira de bens ou créditos decorrentes da relação jurídica de cartão de crédito, fornecimento de gaz, água ou electricidade, bastando, nestes casos, que o montante seja estimável. Monteiro, *O Recente Regime Português da Titularização de Créditos*, 2000, pp. 201 e 202; Leite de Campos e Monteiro, *Titularização de Créditos – Anotações ao Decreto-Lei n.° 453/99, de 5 de Novembro*, 2001, p. 23. No direito italiano, embora a jurisprudência, na concretização do requisito da determinabilidade, exija que no momento da celebração do contrato já exista a relação jurídica da qual emergirão os créditos, também são referidos os critérios objectivos, subjectivos e quantitativos como suficientes para preencher esse requisito. Veja-se Cassandro, *I problemi della cessione globale dei crediti di impresa: possibili soluzione a livello contrattuale e legislativo*, 1982, p. 113; Quatraro, *Factoring e fallimento del cedente*, 1982, p. 133.

[864] Não deixa de ser interessante notar como, neste aspecto, o direito internacional não conseguiu alcançar resultados substanciais. O art. 8.° da Convenção das Nações Uni-

314 *A Cessão de Créditos como Estrutura Contratual com Eficácia Translativa*

massa de créditos presentes e futuros[865]. Na verdade, a questão é abordada pela doutrina apenas na perspectiva de ser ou não possível transmitir créditos futuros, não existindo a preocupação em discutir o âmbito desta transmissão. Se é certo que a exigência de cumprimento dos requisitos do artigo 280.° relativamente ao objecto negocial, que acarreta, no mínimo, a determinabilidade, exclui, por si só, a possibilidade de transmitir todos os créditos, sem qualquer concretização, fica por saber qual o grau de determinabilidade exigido.

Noutros ordenamentos o problema tem particular interesse porque o *factoring* assenta frequentemente na transmissão global de créditos futuros. Embora não seja este o mecanismo normalmente utilizado pelos contratos de cessão financeira celebrados em Portugal – que usualmente constroem a transmissão em duas etapas: contrato base (ou quadro) chamado de *factoring* e posteriores contratos desencadeadores da transmissão dos créditos à medida que vão surgindo – parece nada obstar a que seja ele o escolhido[866].

---

das sobre a Cessão de Créditos no Comércio Internacional admite expressamente a cessão de créditos em bloco e de créditos futuros, esclarecendo apenas a al.b) ser suficiente, no caso de créditos futuros, que, no momento da conclusão do contrato original, eles possam ser identificados como créditos aos quais a cessão se refere. Nada é dito, no entanto, como pode ou deve ser feita essa identificação.

[865] Embora não tenha sido acolhida a proposta do articulado de Vaz Serra onde se previa expressamente a cessão de créditos futuros (arts.5.° e 23.°) – Vaz Serra, *Cessão de Créditos ou de Outros Direitos Mora do Credor*, 1955, pp. 5 e ss. e pp. 35 e ss. –, a doutrina portuguesa, alicerçada na admissibilidade de transmissão de coisa futura (art. 399.°), tem entendido que, uma vez preenchido o requisito geral de determinabilidade do objecto negocial (art. 280.°), nada obsta à transmissão de créditos futuros. Mota Pinto, *Cessão da Posição Contratual*, 1970 (reimpressão 1982), p. 227; Ribeiro de Faria, *Direito das Obrigações* – Vol. II, 1990, pp. 521 e ss.; Vaz Tomé, *Algumas Notas Sobre a Natureza Jurídica e a Estrutura do Contrato de 'Factoring'*, 1992, pp. 281 e ss.; Antunes Varela, *Das Obrigações em Geral* – Vol. II, 1997, pp. 316 e ss.; Helena Brito, *O «Factoring» Internacional e a Convenção do Unidroit*, 1998, p. 54; Pestana de Vasconcelos, *Dos Contratos de Cessão Financeira* (Factoring), 1999, p. 432.

[866] Vaz Tomé, *Algumas Notas Sobre a Natureza Jurídica e a Estrutura do Contrato de 'Factoring'*, 1992, p. 281, inclina-se para a existência de uma cessão global de créditos futuros. Menezes Cordeiro, *Da Cessão Financeira (Factoring)*, 1994, p. 79, parece admitir os dois mecanismos ao sustentar a admissibilidade lógica das duas modalidades, sendo necessário recorrer à determinação da vontade das partes para descortinar qual terá sido o modelo escolhido; mais adiante (p.81) não deixa de explicar que o legislador português parece ter acolhido a estrutura dualista no art. 3.° do DL 56/86, de 18 de Março. Face ao actual diploma, mantém a posição ainda com maior pertinência, uma vez que o art. 7.° do DL 171/95, de 18 de Julho, distingue entre relações do *factor* com o aderente (n.° 1) e

Seguramente será esse o mecanismo a eleger quando esteja em causa a utilização dos direitos de crédito presentes e futuros como garantia para

transmissão de créditos ao abrigo do contrato de *factoring* (n.º 2). Considerando assente a qualificação do contrato de *factoring* como contrato-quadro, Brito, *O «Factoring» Internacional e a Convenção do Unidroit*, 1998, p. 18. Pestana de Vasconcelos, *Dos Contratos de Cessão Financeira* (Factoring*)*, 1999, baseando-se nos contratos de *factoring* celebrados em Portugal, conclui pela estrutura dual, todavia, não deixa de notar que nada obsta à adopção de uma estrutura unitária (em especial pp. 431 e ss..). Pinto Duarte, *Estudo sobre a Regulação da Actividade de* Factoring *em Macau*, 2001, p. 151, em texto que data originariamente de 1991, explica que normalmente a actividade de *factoring* se resolve em repetidas cessões de créditos, sendo o contrato de *factoring* um contrato preliminar, que regula o modo pelo qual essas cessões têm lugar. Já Pinto Monteiro e Cunha, *Sobre o Contrato de Cessão Financeira ou de "Factoring"*, 2003, pp. 547 e ss., sustentam que, uma vez que a lei não impôs qualquer modelo, a opção entre construir o contrato de *factoring* como uma única cessão de créditos futuros ou como contrato-quadro está na exclusiva dependência da vontade dos contraentes. Também no direito italiano a generalidade da doutrina, embora com diversas *nuances*, tende a analisar os contratos de *factoring* à luz de um contrato preliminar seguido de posteriores cessões de créditos que o executam ou lhe conferem a necessária especificação: Fossati e Porro, *Il factoring – aspetti economici, finanziari e giuridici*, 1994, pp. 125 e ss.; Cassandro, *I problemi della cessione globale dei crediti di impresa: possibili soluzione a livello contrattuale e legislativo*, 1982, p. 114, embora aponte as vantagens de uma cessão global de créditos futuros, defendendo este caminho (pp. 117 e ss.), também Cassandro, *I problemi della cessione globale al* factor *dei crediti di impresa: possibili soluzione contrattuali e legislative*, 1982, pp. 158 e ss., em especial, pp. 162 e ss.; Nicolini, *Aspetti giuridici del* factoring, 1982, pp. 53 e 54; Zuddas, *Il contratto di factoring*, 1983, embora admita que os dois esquemas são correctos (p.153), a análise da prática contratual permite-lhe concluir que o modelo usado é o da pluralidade de negócios (pp. 155 e ss.); Nuzzo, *Il* factoring *nella dottrina italiana*, 1985, pp. 314 e ss., em especial, p. 324; implicitamente, Villa, *Prospettive e problemi per una regolamentazione del contratto di factoring*, 1986, pp. 524 e ss., e Villa, *Le condizione generali di factoring e la costruzione di un modello contrattuale uniforme*, 1988, pp. 594 e ss., porquanto, embora admita ser o esquema da cessão global o melhor adaptado a alcançar as finalidades da operação de *factoring*, conclui não ser possível, no contexto legislativo e jurisprudencial de então, defender tal solução; Ferrigno, *Factoring*, 1988, p. 963; Frignani, *Recente sviluppi del* factoring *in Itallia*, 1991, p. 218; Frignani, *Recente sviluppi del* factoring *in Itallia*, 1991, pp. 56 e 57; Frignani, *"Factoring"*, 1991, pp. 61 e ss.; Perlingieri, *Relazione di sintesi (La cessione dei crediti d'impresa)*, 1995, p. 266, afirmando que o *factoring* continua a assumir a fisionomia de um contrato quadro; implicitamente, embora com uma construção algo diversa, Messina, *Sulla causa nel contratto di* factoring, 1997, pp. 1078 e 1079, mais claramente, Messina, *Il* factoring, 1999, p. 941; Dogliotti e Figone, *Giurisprudenza del contratto I*, 1998, p. 565; Vigone, *Contratti atipici*, 1998, pp. 83 e 84. Todavia, há vozes contrárias, defendendo a construção do *factoring* como uma única cessão de créditos futuros: Carnevali, *I problemi giuridici del* factoring, 1978, p. 307; Carnevali, *Struttura e natura del contratto di factoring*, 1982, pp. 102 e 103; Carnevali, *Il problema del factoring*, 1983, pp. 23 e 24; Quatraro, *Factoring e fallimento del cedente*, 1982, p. 134; Fiorentini, *Osservazione*

316   A Cessão de Créditos como Estrutura Contratual com Eficácia Translativa

determinado financiamento. A chamada cessão de créditos em garantia opera normalmente através da transmissão de uma massa de direitos de crédito – muitas vezes de direitos ainda não constituídos, logo, de créditos futuros – como o escopo de garantia, ou seja, como modo de garantir determinado empréstimo[867].

Embora não seja uma situação totalmente paralela, porque normalmente quem transmite os direitos de crédito tem controle sobre o nascimento desses mesmos direitos, o problema não andará longe daquele levantado a propósito da chamada fiança *omnibus*[868]. Aliás, se se considerar que numa cessão de créditos em garantia o cedente pode estar a garantir uma dívida de terceiro, então o problema é muito próximo[869]. Transpondo algumas conclusões encontradas a esse nível, e sem preocupação de exaustividade, diria ser necessário, desde logo, que os créditos a transmitir sejam determináveis de acordo com critérios objectivos e con-

---

sulla struttura del contratto di «factoring»: sua natura e qualificazione giuridica, 1983, adoptando a perspectiva de testar, na prática (nomeadamente face à oponibilidade a terceiros), as inconveniências da necessidade de múltiplas cessões de créditos, colocando em evidência as vantagens da construção da cessão global; e ainda posições menos definidas: Clarizia, *I contratti di finanziamento leasing e factoring*, 1989, embora pareça inclinar-se para a posição de Cassandro, apenas explica ser a cessão de créditos o instrumento operativo utilizado para obter efeito transmissivo (pp. 210 e 211), concluindo basear-se a operação numa convenção de base e numa pluralidade de negócios a ela intimamente ligados, que podem ser uma cessão global de créditos futuros ou uma pluralidade de negócios de cessão (p. 221); De Nova, *Factoring*, 1990, p. 355, afastando a tese do contrato quadro seguido de cessões separadas, mas não aderindo explicitamente à tese da cessão global; Corbo, *Autonomia privata e causa di finanziamento*, 1990, p. 257, parecendo aderir, no entanto, implicitamente, à tese da cessão global; D'Amaro, *Il contratto di factoring*, 1993, pp. 1776 e ss., adoptando uma postura crítica das diversas posições. No direito alemão, é utilizado o mecanismo da cessão global de créditos presentes e futuros (*globale Vorausabtretung* por vezes também designada por *Mantelzession*): exemplificativamente, Bette, *Das Factoring-Geschäft*, 1973, p. 74; Serick, *Rechtsprobleme des Factoring-Geschäftes*, 1976, p. 425; Blaurock, *Die Factoring-Zession. Überlegung zum Abtretungverbot und zur Kollision mit anderen Vorausabtretungen*, 1978, p. 328; Serick, *Neuere Entwicklungen beim Factoring-Geschäft*, 1979, p. 845.

[867] Veja-se Neves, *A Afectação de Receitas Futuras em Garantia*, 2000, em especial, pp. 174 e ss..

[868] Januário Gomes, *Assunção Fidejussória de Dívida*, 2000, pp. 661 e ss., faz o levantamento exaustivo da doutrina e jurisprudência portuguesas sobre a matéria e identifica três fases na evolução desta última, distinguindo algumas tendências jurisprudenciais de relevo.

[869] Romano Martinez e Fuzeta da Ponte, *Garantias de Cumprimento*, 2002, p. 202, escrevem que a cessão de créditos de que o devedor seja credor em relação a terceiro confere ao cessionário uma garantia pessoal com efeitos similares aos da fiança.

troláveis[870], como seja a referência aos títulos donde provirão os créditos futuros e a consideração do momento da celebração do contrato destinado à transmissão como o momento relevante para aferir a determinabilidade dos direitos de crédito[871].

Considerando, então, com as limitações referidas, que esta operação é perfeitamente válida à luz do nosso ordenamento, é possível imaginar uma situação em que determinada empresa recorre a um financiamento bancário oferecendo como garantia os seus créditos presentes e futuros e, ao mesmo tempo, celebra com uma empresa de *factoring* um contrato de cessão financeira pelo qual se obriga a transmitir todos os créditos emergentes da sua actividade[872]. Independentemente dos problemas de responsabilidade contratual, interessa apenas perguntar quem são os titulares dos direitos de crédito cedidos no caso de a empresa cedente não cumprir perante o banco financiador. Importa reiterar que a cessão de créditos em garantia opera uma verdadeira transmissão dos créditos: eles passam a pertencer ao cessionário, mas voltam à titularidade do cedente uma vez cumprida a operação que estão a garantir. Ou seja, quando se extinguir o mútuo através do cumprimento integral por parte da empresa cedente, os créditos voltam à titularidade desta. Se não houver cumprimento integral, então não se verifica o evento desencadeador da eficácia retransmissiva, pelo que os créditos permanecem no património do cessionário[873].

---

[870] A propósito da fiança, Januário Gomes, *Assunção Fidejussória de Dívida*, 2000, pp. 672 e ss.; Romano Martinez e Fuzeta da Ponte, *Garantias de Cumprimento*, 2002, pp. 86 e ss..

[871] Veja-se a explicação das tendências da jurisprudência, neste sentido, em Januário Gomes, *Assunção Fidejussória de Dívida*, 2000, pp. 665 e ss.. Outras tendências jurisprudenciais (num total de seis), como a fixação de um montante máximo da responsabilidade do fiador, são referidas. Todavia, extravazaria o âmbito deste estudo proceder a uma análise aprofundada destes aspectos e das possibilidades de aplicar analogicamente a argumentação desenvolvida.

[872] É normal os contratos de cessão financeira incluirem uma cláusula de globalidade, segundo a qual o aderente fica obrigado a transmitir a totalidade dos créditos emergentes da sua actividade, de molde a proteger o *factor* da transmissão exclusiva de créditos de difícil cobrança e permitir a programação e distribuição dos riscos de cobrança. Anselmo Vaz, *O Contrato de* Factoring, 1987, pp. 57 e 64 e ss.; Vaz Tomé, *Algumas Notas Sobre a Natureza Jurídica e a Estrutura do Contrato de 'Factoring'*, 1992, pp. 281 e ss.; Menezes Cordeiro, *Da Cessão Financeira (Factoring)*, 1994, pp. 93 e 101; Caboz Santana, *O Contrato de* Factoring *(sua caracterização e relações* factor-*aderente)*, 1995, p. 50. O princípio da globalidade está aliás vertido no n.° 1/b do Aviso do Banco de Portugal n.° 4/91, onde se determina que as excepções devem ser expressas.

[873] A garantia encontra-se, pois, automaticamente executada.

318 *A Cessão de Créditos como Estrutura Contratual com Eficácia Translativa*

II. Verificando-se esta situação, não é difícil imaginar um conflito de titularidade entre o banco cessionário da cessão de créditos em garantia e o *factor* cessionário da totalidade dos créditos do cedente. A resolução deste conflito está na total dependência do sistema perfilhado para a transmissão dos direitos de crédito. Tratando-se de uma verdadeira transmissão de créditos em garantia nos moldes acima referidos, não poderá o cedente transmitir os mesmos créditos ao *factor*, porque, ainda que tenha a expectativa de que retornem à sua titularidade, entretanto pertencem ao cessionário? Ou, pelo contrário, até à notificação ao devedor cedido – que necessariamente só poderá ocorrer depois da constitutição dos direitos de crédito – pode o cedente dispor desses créditos celebrando um contrato de cessão financeira?

Imagine-se que, efectivamente, a empresa *A* contrai um empréstimo junto de um banco *B* ao qual transmite em garantia do montante mutuado todos os seus créditos futuros até ao limite desse montante (acrescido dos juros, taxas, etc.). De seguida, a mesma empresa *A* celebra com a sociedade de *factoring C* um contrato de cessão financeira segundo o qual lhe transmite todos os seus créditos, presentes e futuros. De acordo com o estipulado entre *A* e *B*, *A* cobra os créditos quando se vencerem, não se procedendo a qualquer notificação ao devedor cedido. Ao mesmo tempo, *A* vai remetendo a *C* a listagem dos créditos que se vão constituindo e *C* notifica os devedores cedidos para procederem ao pagamento, informando-os da existência do contrato de cessão financeira (ou constando a própria informação das facturas remetidas por *A* aos seus clientes). Os devedores pagam a *C*. Entretanto, *A* não cumpre o mútuo celebrado com *B*, pelo que este exige de imediato os montantes entretanto cobrados e entende ser o titular incondicional dos créditos a constituir daí em diante. Naturalmente, *C* invoca o contrato de cessão financeira seguido da notificação aos devedores cedidos e *B* invoca o anterior contrato de transmissão dos créditos em garantia.

Tendo *C* notificado os devedores cedidos e procedido à cobrança dos créditos, *B* pode opor-lhe a sua titularidade fundada no anterior contrato de mútuo garantido pela transmissão dos créditos? Num sistema que privilegie o contrato, os direitos de *B* prevalecem sobre os direitos de *C* e *B* pode exigir a *C* a restituição dos montantes cobrados. Num sistema de notificação, *C* nada terá a restituir a B, porque notificou em primeiro lugar e, por isso, tornou a sua titularidade inatacável.

Pode imaginar-se ainda a mesma situação, com a particularidade de que cedente e *factor* acordam não notificar o devedor cedido. Ou seja, *A* transmite em garantia os créditos a *B* e *A* e *B* acordam entre si que é *A* quem procede à cobrança. *A* transmite os mesmos créditos a *C* ao abrigo de um contrato de cessão financeira e *A* e *C* acordam também não informar o devedor cedido, devendo este continuar a pagar a *A*. Assim, *A* cobra os créditos e, posteriormente, *B* e *C* vêm reclamar os montantes cobrados. A circunstância de não ter havido notificação altera em algum ponto a situação acima descrita? Neste caso, uma vez que não há notificação, o único critério operativo é o da anterioridade do contrato. Pode perguntar-se, então, em comparação com a situação anterior, se a notificação tem peso bastante para alterar substancialmente a solução.

É possível ainda imaginar uma situação em que *A* celebra primeiro o contrato de cessão financeira com *C* numa base de transmissão fechada e só depois transmite os mesmos créditos em garantia a *B*, sendo acordado que *B* procederá à notificação e à cobrança dos mesmos. *C* convence-se de que é *A* quem está a cobrar os créditos cedidos, quando, na verdade, é *B*. Quando *C* exige de *A* os montantes cobrados percebe o sucedido e quando se dirige a *B* este invoca o contrato celebrado com *A* que lhe confere a titularidade dos créditos. Pode *C*, que não notificou, invocar a anterioridade do seu contrato com *A* de molde a obter a restituição dos montantes cobrados?

III. A posição do devedor cedido já foi analisada e concluiu-se que não poderá ser prejudicada[874]. Ele pagará, e bem, a quem se apresentar fundadamente como o titular do direito de crédito. Se tiver ocorrido uma transmissão do crédito e nada lhe for comunicado, ele paga bem ao cedente; se lhe for comunicada uma transmissão do crédito a favor do banco financiador, o devedor pagará bem a este, o mesmo acontecendo se lhe for comunicada a existência de um contrato de cessão financeira segundo o qual os créditos se transmitem a determinado *factor*. Contanto que a notificação seja feita nos moldes já explicados, nada obsta a que o devedor pague ao credor aparente, ficando exonerado da dívida, ainda que ele não seja o verdadeiro credor.

O que está em causa é, portanto, apenas, o conflito de titularidade em relação a esses montantes cobrados e pagos. Se não existiu qualquer notificação, o crédito pertencerá ao cessionário que contratou em primeiro lugar com o cedente. Mas se existiu notificação, pertencerá o crédito ao cessionário que notificou em primeiro lugar ou àquele que contratou em primeiro lugar?

---

[874] *Supra*, pp. 123 e ss..

320   A Cessão de Créditos como Estrutura Contratual com Eficácia Translativa

Admitir que o titular é o primeiro notificante, ou melhor, o cessionário da transmissão que foi notificada em primeiro lugar, traduz-se na consideração da notificação enquanto facto indispensável para a transmissão do direito de crédito. Daqui resulta uma perplexidade e uma consequência de peso. A perplexidade é não se compreender, então, como pode existir uma transmissão sem ser notificada[875]. Na situação acima referida, seria inimaginável *C* e *B* pretenderem exigir de *A* os montantes por ele cobrados. A consequência é que a chamada cessão fechada ou cessão oculta, fundamental do ponto de vista económico para o sucesso das situações descritas, deixa de fazer sentido. Como aliás já foi referido, se não é possível invocar uma transmissão fechada, então ela fará pouco sentido, porque não é operativa quanto confrontada com outras transmissões.

Relembre-se o que foi referido a propósito da interpretação do artigo 584.º[876]. De acordo com uma interpretação literal, entende-se estar o crédito na titularidade do cessionário da transmissão notificada em primeiro lugar, independentemente da existência de uma transmissão anterior. De acordo com a interpretação proposta, significa apenas que em relação ao devedor cedido, se estiver de boa fé, prevalece a transmissão notificada em primeiro lugar, exclusivamente no sentido de conferir carácter liberatório ao pagamento feito a quem se apresenta como novo credor. Mas a isto não corresponde uma aquisição substantiva por parte desse cessionário, pelo que poderá ter de restituir o que foi recebido ao verdadeiro titular.

IV. No fundo, a questão prende-se com a consideração da eficácia do cumprimento feito a quem se apresenta como credor, não o sendo, na verdade[877]. Se se entender que o cumprimento feito a quem aparece comprovadamente (ainda que sem correspondência com a realidade) perante o devedor como credor (seja o próprio cedente no caso de uma cessão não notificada seja um segundo cessionário) é não só liberatório, mas ainda

---

[875] Porventura não se tratará de uma verdadeira transmissão, porque inoponível extra partes, lembrando a expressão do direito inglês de "*property between the parties*", que não equivale, em rigor, ao direito de propriedade conhecido dos ordenamentos continentais. Este aspecto será retomado, adiante, na segunda parte da presente dissertação.

[876] Veja-se, acima, pp. 144 e ss..

[877] Como é evidente, se a notificação for considerada como elemento essencial à transmissão, o pagamento é efectivamente feito ao credor. Todavia, para se desenvolver a discussão é necessário equacionar o problema nestas duas vertentes, partindo-se agora da consideração de que o cedente já não é titular do direito de crédito.

extintivo do direito de crédito, será mais difícil sustentar o direito de quem não foi destinatário do cumprimento ao produto desse mesmo cumprimento.

É possível entender-se que, embora o pagamento seja liberatório, no sentido de exonerar totalmente o devedor cedido, não é extintivo do direito de crédito, porque não é feito ao credor. Mantendo-se a existência do direito de crédito, mudará apenas o devedor – já não é o devedor cedido, mas quem recebeu o pagamento. O direito de crédito do primeiro cessionário permanecerá intocável, por isso este poderá exigir o cumprimento perante o cedente ou perante o segundo cessionário, cuja cessão foi notificada em primeiro lugar.

Mas a verdade é que esta construção não corresponde em nada ao esquema pensado para a transmissão do direito de crédito, transformando-se, ao invés, numa assunção de dívida, uma vez que, em virtude do cumprimento, altera-se a pessoa do devedor. Dificilmente se compaginaria esta construção com as exigências legais da assunção de dívida. Além disso, o credor ficaria sujeito ao incumprimento por parte do novo devedor, situação de gritante contraste com a que resultaria do normal desenrolar dos acontecimentos, porque não se colocaram problemas de incumprimento por parte do devedor cedido.

No pólo oposto, dir-se-á que o pagamento liberatório extingue o direito de crédito e, no caso de pagamento feito ao cedente bem como no caso de pagmento a outro cessionário, o cessionário preterido poderá exigir ao cedente o montante devido com base em responsabilidade contratual. Repare-se que, nesta hipótese, a acção será sempre contra o cedente com base em incumprimento contratual: no primeiro caso, por não ter entregue o recebido, no segundo, porque colocou em causa o direito do primeiro cessionário ao transmitir novamente o direito de crédito[878].

Outra hipótese é a do direito à restituição do que foi recebido com base em enriquecimento sem causa. À semelhança da situação anterior, existe apenas um direito qualificável como direito de crédito, pelo que a pretensão do credor requerente da restituição é semelhante à de qualquer outro credor. Não se pode falar de um direito específico sobre as coisas recebidas em cumprimento do direito de crédito cedido e é duvidosamente admissível um direito de separação em caso de falência.

Uma última construção possível será a de entender que, uma vez prestado o cumprimento e extinto o direito de crédito, o credor que teria

---

[878] Admitindo-se que esta segunda transmissão está vedada à partida.

322 A Cessão de Créditos como Estrutura Contratual com Eficácia Translativa

direito ao cumprimento, ou seja, o credor verdadeiro titular do direito de crédito, fica automaticamente sub-rogado no que foi prestado, ou seja, o que ficou em lugar do crédito assim extinto[879]. Neste caso, haverá um direito de separação numa situação de insolvência do cedente ou do segundo cessionário que recebeu o pagamento.

V. No caso concreto, em que se trata as mais das vezes de transmitir créditos ainda não existentes no momento da celebração do contrato, é imperioso conjugar o momento do nascimento do direito de crédito com a problemática acima exposta. Se estiver em causa uma cessão global de créditos, quer no âmbito de um contrato de cessão financeira na modalidade de contrato unitário ou unifásico, ou seja, que segue o modelo da transmissão global de créditos futuros, quer na circunstância descrita de se destinar a garantir determinada operação, coloca-se um problema anterior: o de saber em que património se constituem os direitos de crédito.

De acordo com a teoria da transmissão[880], ainda que por um momento lógico, os créditos constituem-se na titularidade do cedente e depois transmitem-se para o cessionário. Ao invés, a teoria da imediação[881] sustenta a constituição dos direitos de crédito directamente na titularidade do cessionário. Se se adoptar a primeira posição, será defensável a legitimidade do cedente para transmitir de novo os direitos de crédito, pelo que, se os transmitiu a *A* e a *B*, até ao nascimento dos créditos, sempre se poderá sustentar a sua persistente legitimidade. Ao invés, na óptica

---

[879] Embora sem referência a este enquadramento dogmático, parece ser a ideia de Vitor Pereira das Neves, *A Afectação de Receitas Futuras em Garantia*, 2000, p. 183, quando refere que uma vez cobrado o direito de crédito, a garantia passa a incidir sobre o produto da cobrança desse mesmo direito de crédito.

[880] Defendida na doutrina portuguesa por Mota Pinto, *Cessão da Posição Contratual*, 1970 (reimpressão 1982), pp. 230 e ss., posição a que parece aderir Ribeiro de Faria, *Direito das Obrigações* – Vol. II, 1990, p. 525, nota 1.

[881] Acolhida pela doutrina portuguesa, na esteira de Larenz, *Lehrbuch des Schuldrechts* – Band I, Allgemeiner Teil, 1987, p. 586, com algumas precisões. Assim, sem prejuízo da interpretação da vontade das partes, o direito de crédito constitui-se de imediato na titularidade do cessionário se tiver fundamento numa relação contratual duradoura já constituída à data do contrato-fonte da cessão que permita fundar uma expectativa jurídica na aquisição desse direito de crédito. Antunes Varela, *Das Obrigações em Geral* – Vol. II, 1997, pp. 316 e ss.. Concordando, mas colocando a tónica na existência de uma verdadeira expectativa jurídica na titularidade do cedente passível de transmissão, Pestana de Vasconcelos, *Dos Contratos de Cessão Financeira* (Factoring), 1999, pp. 434 e 435 e, já antes, pp. 147 e ss., em especial, nota 398.

Terceiros: contrato ou notificação 323

da teoria de imediação, o cedente dispõe em definitivo antecipadamente dos créditos a constituir, pelo que, em princípio, eles constituem-se de imediato na titularidade do primeiro cessionário.

Apesar de lançar alguma precisão, a opção por uma ou outra teoria não é determinante numa situação não patológica, ou seja, numa situação de solvência dos diferentes intervenientes, nomeadamente do cedente, porque não esclarece a dúvida sobre se até à notificação o cedente mantém ou não o poder de operar uma transmissão válida (ainda que violadora de contrato anterior) do direito de crédito já cedido. Todavia, numa situação de falência no período compreendido entre o contrato-fonte da transmissão e o nascimento do direito de crédito, poderá ser determinante, nomeadamente na ponderação da posição dos credores do cedente falido, uma vez que, de acordo com a teoria da transmissão[882], o direito de crédito passará a integrar a massa falida[883].

No contrato de cessão financeira na modalidade de estrutura bifásica, em princípio, não se colocam problemas análogos. Como os direitos de crédito vão sendo transmitidos segundo contratos particulares à medida que se forem constituindo, já não se põe o problema da constituição na titularidade do cedente: os direitos de crédito nascem na sua esfera jurídica e são depois transmitidos para o cessionário *factor*. A transmissão de cada um dos créditos realiza-se através da oferta pelo facturizado e consequente aceitação pelo *factor* dos respectivos direitos[884] (mediante a remessa da respectiva factura).

---

[882] E também adoptando a teoria da imediação de uma forma mitigada, quando não existe uma verdadeira expectativa jurídica. Pestana de Vasconcelos, *Dos Contratos de Cessão Financeira* (Factoring*)*, 1999, p. 147.

[883] Poderia ainda ser relevante na situação em que o cedente cobra os montantes correspondentes a créditos cedidos que deposita num banco, seu credor, que pretende operar uma compensação. Todavia, aí o problema é diverso, porquanto, ainda que se perfilhe a teoria da transmissão, não existiriam dúvidas de que o crédito já se tinha transmitido para o cessionário (pelo menos *inter partes*), mas a dúvida subsiste em relação à oponibilidade da transmissão a terceiros. Já no caso do próprio credor do cedente ser o devedor cedido, a opção entre uma ou outra teoria poderia levar a consequências diversas em matéria de compensação. Todavia, a discussão é infrutífera, porque o devedor cedido, até à notificação ou conhecimento da cessão, pode opor ao cessionário todas as excepções que poderia opor ao cedente (art. 585.°).

[884] Pestana de Vasconcelos, *Dos Contratos de Cessão Financeira* (Factoring*)*, 1999, pp. 39 e 140.

324 *A Cessão de Créditos como Estrutura Contratual com Eficácia Translativa*

VI. Embora revistam inegável interesse, estes problemas estão fora do âmbito do presente trabalho, porque não resolvem a questão central. Independentemente das soluções a que se chegue num ou noutro caso, permanece sem solução a dúvida sobre se a notificação é ou não essencial à oponibilidade da transmissão do direito de crédito a terceiros. O objectivo deste ponto foi apenas expor alguns problemas de ordem prática que dependem de opções teóricas, logo realçar as implicações de uma ou outra opção.

10.4.2. *Reserva de propriedade prolongada e cessão global ou* factoring

I. Questão muito discutida nos ordenamentos estrangeiros, *maxime* no direito alemão, é a do conflito entre o beneficiário de uma cláusula de reserva de propriedade sobre determinados bens e um cessionário da totalidade dos direitos de crédito do comprador desses bens.

Explicando melhor: o exemplo tipicamente apresentado é o do fabricante que vende mercadorias sob reserva de propriedade a um grossista que depois as revende a um retalhista – possibilidade não excluída pela cláusula de reserva de propriedade. No quadro destas circunstâncias, que em nada são excepcionais, pode gerar-se um conflito entre o fabricante credor do grossista e o banco ou o *factor* que, através de uma cessão, adquiriu do seu cliente grossista o crédito que ele detinha sobre o retalhista.

Até aqui seria apenas um conflito entre o vendedor com reserva de propriedade, enquanto credor especialmente garantido do cedente interessado em fazer pagar-se com os proventos do crédito entretanto cedido, e o cessionário dos créditos resultantes do produto da venda dos bens transmitidos sob reserva de propriedade. Não se trataria, efectivamente, de um conflito de titularidade sobre os mesmos direitos de crédito. Todavia, é normal neste tipo de situações estipular uma cláusula de reserva de propriedade prolongada[885] (*verlängerter Eigentumsvorbehalt*), pela qual o vendedor permite a revenda das coisas vendidas sob reserva de propriedade, mas, uma vez revendidas, a reserva de propriedade se estende às receitas ou aos créditos sobre o preço da revenda[886]. A garantia deixa de

---

[885] A expressão pode traduzir-se também por reserva de propriedade "estendida".

[886] Essa "extensão" da reserva de propriedade aos créditos sobre o preço da revenda não se opera, no direito alemão, por via da sub-rogação, mas sim através do acordo para a

Terceiros: contrato ou notificação   325

incidir sobre as mercadorias, para se converter em garantia sobre os créditos provenientes da revenda.

É neste caso que nasce o conflito de titularidade sobre os mesmos créditos: quando o devedor cede a totalidade dos seus créditos a um banco, como forma de garantir um financiamento, ou a um *factor*, como forma de antecipar fundos. Assim construída, a reserva de propriedade prolongada constitui uma modalidade de cessão de créditos em garantia[887].

II. No direito alemão esta questão foi abundantemente analisada e gerou debates acessos entre autores. O Supremo Tribunal federal alemão pronunciou-se sobre o problema, arredando a regra da anterioridade ao considerar inválido, por contrariar os bons costumes, o negócio pelo qual um grossista transmite a totalidade dos seus direitos de crédito (*Globalzession*) a um banco como forma de obter financiamento.

O problema colocou-se a propósito do conflito entre um fabricante beneficiário de uma cláusula de reserva de propriedade sobre as mercadorias vendidas ao grossista e um banco financiador a quem o grossista deu a totalidade dos seus direitos de crédito em garantia. De acordo com a cláusula de reserva de propriedade, o vendedor autorizava o comprador a revender as

---

transmissão em garantia desses mesmos créditos. Explica-se que a reserva de propriedade prolongada implica a transmissão dos créditos do preço da revenda das mercadorias pelo comprador (revendedor das mercadorias) ao vendedor inicial com reserva de propriedade – Flume, *Der verlängerte und erweiterte Eigentumsvorbehalt*, 1950, p. 841 –, operando a transmissão automaticamente em virtude do contrato no momento do nascimento do créditos do preço das revendas – Bette, *Das Factoring-Geschäft*, 1973, p. 83 – ou da transformação das mercadorias. Roth, *Münchener Kommentar zum Bürgerliches Gesetzbuch* – Band 2, 1994, §398 RdNr.115; Busche, *Staudinger Kommentar zum Bürgerlichen Gesetzbuch*, 1999, Einl 65 zu §§398 ff, refere-se à cessão global acompanhada de cláusula de reserva de propriedade prolongada como uma forma usual da cessão de créditos em garantia.

[887] Parece ser essa a perspectiva do direito alemão. A reserva de propriedade prolongada é apresentada como uma modalidade especial da cessão de créditos em garantia em relação ao fornecedeor de mercadorias. Roth, *Münchener Kommentar zum Bürgerliches Gesetzbuch* – Band 2, 1994, §398 RdNr.115. Em sentido idêntico, afirma-se que, na prática, as situações mais importantes de cessão de créditos em garantia são a cessão global (*Globalzession*) – meio típico de garantia do mutuário de dinheiro (*Geldkreditgeber*) – e a reserva de propriedade prolongada – meio típico de garantia do vendendor de mercadorias a crédito (*Warenkreditgeber*). Heinrichs, *Palandt – Bürgerliches Gesetzbuch*, 2000, §398, Rn 24. Noutro comentário ao BGB explica-se que a reserva de propriedade prolongada combina a reserva de propriedade com a cessão de créditos em garantia dos créditos da revenda das mercadorias. Stürner, *BGB, Jauernig/Stürner, §§398-413*, 1997, §398, Rn 18.

326 *A Cessão de Créditos como Estrutura Contratual com Eficácia Translativa*

mercadorias, estendendo-se a reserva de propriedade aos direitos de crédito sobre o preço da revenda – reserva de propriedade prolongada.

Daí nasceu um verdadeiro conflito de titularidade sobre os mesmos direitos de crédito – de uma parte, o titular da cláusula de reserva de propriedade prolongada, ou seja, o cessionário em garantia dos créditos resultantes da revenda das mercadorias e, de outra parte, o banco financiador cessionário da totalidade dos créditos. Na verdade, era um caso de conflito entre duas cessões de crédito, cujo negócio subjacente era um negócio de garantia.

De acordo com a regra acolhida pelo código alemão, a prioridade deveria ser regida pelo critério da anterioridade, o que significaria, em muitos casos, conferir prevalência ao banco financiador de determinado negócio, que opera normalmente no lançamento da empresa. Foi entendido, no entanto, ao arrepio da regra normalmente aplicável, que, sendo do conhecimento dos bancos ser a constituição da cláusula de reserva de propriedade prolongada a única maneira admitida pelos fabricantes para se garantirem da venda de mercadorias, obrigar a uma cessão global como garantia para o financiamento seria, desde logo, colocar o seu cliente (cedente) numa situação de incumprimento perante o beneficiário da reserva de propriedade. O Supremo Tribunal federal concluiu então pela nulidade da cessão global por ofender os bons costumes[888].

O problema levantou grandes discussões na doutrina sobre a extensão desta solução aos casos de *factoring*, porque, no ordenamento alemão, a cessão financeira está construída com base numa transmissão global dos créditos[889]. Entendeu o Supremo Tribunal que era de estender a solução aos casos de *factoring* com recurso (*unechtes Factoring*), mas já não aos de *factoring* sem recurso (*echtes Factoring*), uma vez que, neste caso, a cessão financeira viria beneficiar e nunca prejudicar o cedente, potenciando mesmo, através da antecipação de fundos, o cumprimento perante o fabricante[890].

---

[888] BGH 30-04-195, BGHZ, 30, 149. Referem amplamente esta problemática, em sede geral: Roth, *Münchener Kommentar zum Bürgerliches Gesetzbuch* – Band 2, 1994, §398 RdNr.124 ff e RdNr.154 ff; Kaduk, *Staudinger Kommentar zum Bürgerlichen Gesetzbuch*, 1994, Einl 167 ff zu §§398 ff e e §398 Rz 155 ff; Busche, *Staudinger Kommentar zum Bürgerlichen Gesetzbuch*, 1999, Einl 97, 98 zu §§398 ff.

[889] Veja-se o debate entre Blaurock e Serick: Blaurock, *Die Factoring-Zession. Überlegung zum Abtretungverbot und zur Kollision mit anderen Vorausabtretungen*, 1978; Serick, *Die Factoring-Zession*, 1979; Blaurock, *Erwiederung* (a Rolf Serick, Die Factoring-Zession), 1979.

[890] BGH 7-6-78, BGHZ 72, 15. A solução não é pacificamente aceite. Veja-se, por exemplo, a discordância de Canaris, *Verlängerter Eigentumsvorbehalt und Forderung-*

Terceiros: contrato ou notificação 327

A situação em que existe uma cláusula de reserva de propriedade também é apresentada pela doutrina francesa como um caso típico de conflitos de titularidade entre credores do cedente e cessionário[891].

A jurisprudência francesa parece distinguir os casos em que está a correr um processo de recuperação de empresa (*redressement judiciaire*) ou falência dos casos em que não existe tal circunstância. O primeiro aspecto remete-se para a análise da falência, mas adianta-se que a *Cour de Cassation* conferiu prevalência ao fabricante, beneficiário da cláusula de reserva de propriedade, sobre o banco cessionário. Quanto a saber se a mesma solução pode ser aplicada quando o grossista revendedor não está em processo de falência, a doutrina não oferece resposta, dando antes conta da hesitação que se prende com o facto de o tribunal ter lançado mão da figura da subrogação do crédito do preço da revenda (que é anterior à cessão), mas a possibilidade de reivindicar o crédito do preço da revenda estar limitada aos casos de processo de falência do vendedor intermediário[892].

No direito inglês, no caso de conflito entre um *factor* e um fornecedor que tenha acordado uma cláusula segundo a qual vende os bens sob reserva de propriedade autorizando a revenda dos mesmos sob a condição de ficar com o direito ao produto da venda (*"Romalpa clause"*[893]), a questão permanece nebulosa[894]. Se o acolhimento da mesma orientação do *Romalpa case* leva à prioridade do fornecedor sobre o *factor*[895], há quem defenda que o *factor* terá prevalência se for o primeiro a notificar e desconhecer o direito do fornecedor[896].

---

seinzug durch Banken, 1981, em especial, pp. 253 e ss., defendendo um tratamento igualitário para as duas modalidades de *factoring* no sentido da validade em ambos os casos.

[891] Rives-Lange, *Droit bancaire*, 1995, p. 553.

[892] Veja-se Rives-Lange, *Droit bancaire*, 1995, pp. 514 e 515.

[893] No seguimento de *Aluminium Industrie Vaasen B.V.* v. *Romalpa Aluminium Ltd.*, [1976] 2 All ER 552, [1976]1 W.L.R. 676 (C.A.). Veja-se Goode, *Proprietary Rights and Insolvency in Sales Transaction*, 1989, pp. 84 e ss.; Goode, *The Modernisation of Personal Property Security Law*, 1984, pp. 247 e 248. De acordo com esta decisão, o fornecedor (vendedor) com reserva de propriedade tem direito ao produto da venda dos bens, podendo reclamar esses montantes do comprador.

[894] Goode, *Proprietary Rights and Insolvency in Sales Transaction*, 1989, p. 102.

[895] McLauchlan, *Priorities – Equitable Tracing Rights and Assignments of Book Debts*, 1980, em especial, pp. 92 e ss..

[896] Esta é, sem entrar nas especificidades ligadas ao carácter da cessão enquanto *legal* ou *statutory*, a posição de Goode, *The Right to Trace and its Impact in Commercial Transactions*, 1976, pp. 556 e ss.; Goode, *Commercial Law*, 1995, pp. 818 e 819, invo-

328 A Cessão de Créditos como Estrutura Contratual com Eficácia Translativa

A questão é, no entanto, desconhecida de direitos como o italiano, porventura porque a reserva de propriedade está intrinsecamente ligada ao pagamento, no sentido de que a propriedade dos bens é reservada até integral pagamento[897].

III. Pense-se o problema à luz do direito português. Veja-se o caso enunciado em que *C*, fabricante, vende mercadorias a *A*, grossista, que depois as revenderá a diversos retalhistas. Do contrato celebrado entre *A* e *C* consta uma cláusula de reserva de propriedade: a transmissão da propriedade das mercadorias só se opera com o pagamento integral do preço. De seguida, *A* celebra com *B*, sociedade de *factoring*, um contrato de cessão financeira, segundo o qual *A* transmite a *B* a totalidade dos seus créditos presentes e futuros e *B* adianta-lhe fundos. *B* fica encarregue de cobrar aos devedores cedidos os montantes correspondentes aos créditos cedidos, retalhistas de *A*. *A* não paga as mercadorias, que entretanto já foram vendidas aos retalhistas *X*, *Y* e *Z*, e *C* pretende reavê-las.

É entendimento comum na doutrina portuguesa que a cláusula de reserva de propriedade é oponível *erga omnes*[898], entendimento aliás favorecido pelo n.° 2 do artigo 409.°, quando, reportando-se apenas aos bens cuja transmissão está sujeita a registo, exige o registo desta cláusula sob pena de inoponibilidade a terceiros. Isto significa que *C* pode exigir a restituição das mercadorias e *X*, *Y* e *Z* terão de as devolver. Na verdade, a venda de *A* aos seus clientes retalhistas está necessariamente sujeita à mesma condição imposta pela cláusula de reserva de propriedade constante do contrato de compra e venda entre *C* e *A* (art. 274.°/1). Quando muito *X*, *Y* e *Z*

---

cando aqui a regra contida em *Dearle v. Hall*. Também McCormack, *Effective Reservation of Title and Priorities*, 1990, p. 323, explicando que a jurisprudência, por razões de justiça e *equity*, permite a aplicação da regra decorrente de *Dearle v. Hall*, acabando por limitar muito o alcance da reserva de propriedade. Posição diversa é, como referido, a de McLauchlan, *Priorities – Equitable Tracing Rights and Assignments of Book Debts*, 1980, que rebate os argumentos apresentados por Goode e nega a aplicabilidade da regra contida em *Dearle v. Hall*, porque, não obstante a situação poder cair no espírito da regra, as críticas que a regra tem suscitado e a consequente tendência para não ser aplicada a novas situações levam a crer que os tribunais não a terão em conta (em especial, p. 98).

[897] Calzolaio, *Il factoring in Europa*, 1997, p. 87.

[898] Pires de Lima e Antunes Varela, *Código Civil Anotado* – Vol. I (com a colaboração de Manuel Henrique Mesquita), 1987, p. 376; Raul Ventura, *O Contrato de Compra e Venda no Código Civil*, 1983, pp. 608 e 609; Lima Pinheiro, *A Cláusula de Reserva de Propriedade*, 1988, pp. 23 e ss., p. 99, p. 115; Ana Maria Peralta, *A Posição Jurídica do Comprador na Compra e Venda com Reserva de Propriedade*, 1990, pp. 49 e ss..

poderão invocar em seu favor o artigo 1301.°, obrigando *C* a restituir-lhes o preço pago. Seguramente não poderão nada contra a titularidade de C^{899}.

Imagine-se que *B, factor* a quem *A* transmitiu todos os créditos, notifica os devedores para pagamento. Estes, que, entretanto, já devolveram as mercadorias, recusam-se a pagar, excepcionando com o não cumprimento. *B* nada poderá fazer perante esta situação, porquanto o devedor cedido pode opor ao cessionário todas as excepções que poderia opor ao cedente (art. 585.°). Ainda que *B*, de acordo com a modalidade de cessão financeira convencionada, assumisse o risco do incumprimento do devedor cedido, neste caso parece que sempre teria direito de regresso perante *A*, porque o incumprimento do devedor cedido foi consequência legítima do próprio incumprimento de *A*.

Imagine-se agora que *B* notificou os devedores cedidos e cobrou os montantes em dívida. Depois de estes procederem ao pagamento, *C* vem exigir a devolução das mercadorias, invocando o incumprimento de *A* e o funcionamento da cláusula de reserva de propriedade. Necessariamente *X, Y* e *Z* terão de devolver as mercadorias pelas mesmas razões já apontadas e, porventura, invocar o artigo 1301.° para reaverem o montante dispendido. Mas será que poderiam exigir do *factor* a devolução do montante pago?

A pergunta não é desprovida de interesse, porque, se numa situação de solvência é indiferente receberem o montante dispendido de *C* ou de *B*, se *C* estiver numa situação de insolvência, terão o maior interesse em dirigirem-se a *B*. Não fora o mecanismo do artigo 1301.° e a questão revestia-se de extrema importância. Todavia, esse preceito porventura resolve o problema, na medida em que obriga à restituição do preço. Logo, só se procederá à entrega da mercadoria mediante a restituição do preço pago.

Sempre se dirá, no entanto, ser o preceito de duvidosa aplicação, porque, embora não se questione a qualidade de comerciante do grossista, a verdade é que ele está claramente orientado para a protecção do consumidor final de boa fé[900]. Se o preceito for inaplicável (ou admitindo hipote-

---

[899] Esta solução está em perfeita harmonia com as regras da venda de bens alheios. Tratando-se, neste caso, de uma venda comercial, ela seria perfeitamente válida (art. 467.°/2 do CCom.), gerando a obrigação de aquisição da propriedade da coisa por parte do vendedor. Contudo, não adquirindo este a propriedade, o contrato de compra e venda não produz o efeito transmissivo, sendo apenas fonte de responsabilidade civil (art. 467.°, § único do CCm.).

[900] A razão de ser do preceito – o único no direito português que confere alguma protecção ao adquirente de boa fé a *non domino* –, parece estar na protecção de quem, de boa fé, adquire coisa roubada a comerciante. Pires de Lima e Antunes Varela, *Código Civil*

330 A Cessão de Créditos como Estrutura Contratual com Eficácia Translativa

ticamente que não existia), o devedor cedido pode exigir ao *factor* a restituição do recebido, com base em enriquecimento sem causa, alegando o não cumprimento[901].

IV. Em bom rigor, à luz do direito português, a questão seria um pouco diferente da problemática perante outros direitos. Isto porque não existiria um verdadeiro conflito de titularidade entre o beneficiário de uma cláusula de reserva de propriedade e o *factor*. Repare-se que, enquanto o primeiro, alicerçado na reserva de propriedade, se arroga proprietário das mercadorias, exigindo a restituição das mesmas, o segundo, fundado na cessão de créditos, exige apenas o montante correspondente ao crédito do preço das mercadorias. O primeiro exige a mercadoria e o segundo exige o preço da mesma.

Significa isto que, ao contrário do que se passa noutros direitos – como sejam o direito alemão com a reserva de propriedade prolongada ou o francês com a sub-rogação da reserva de propriedade no preço da revenda (pelo menos no caso de falência) –, no direito português não existe propriamente um conflito em relação à titularidade dos créditos

---

Anotado – Vol. III, 1987, p. 83; na vigência do código antigo, relativamente ao artigo correspectivo, Cunha Gonçalves, *Da Compra e Venda no Direito Comercial Português*, 1924, p. 231, mercê da intenção subjacente de não dificultar as transacções comerciais, estende o campo de aplicação a outras situações.

[901] Embora, como repara Helena Brito, *O «Factoring» Internacional e a Convenção do Unidroit*, 1998, p. 60, a questão da repercussão do incumprimento da relação entre o fornecedor e o seu devedor sobre a relação entre o devedor e o cessionário do crédito não tenha sido objecto de análise sistemática pela doutrina portuguesa e não haja um preceito legal que a regule especificamente, penso que não se pode deixar de aplicar a regra geral constante do art. 585.º segundo a qual o devedor cedido pode utilizar contra o cessionário todos os meios de defesa de que poderia fazer uso perante o cedente. Ora a excepção de não cumprimento é sem dúvida um deles. Outra parece ser a posição de Menezes Leitão, *O Enriquecimento Sem Causa no Direito Civil*, 1996, pp. 610 e ss., em especial pp. 614 e 615, defendendo a impossibilidade de exigir a restituição do cessionário, mas sim do cedente. Todavia, a situação a que se reporta tem contornos algo diferentes, porquanto está em causa não apenas uma situação de incumprimento, mas de inexistência do direito de crédito cedido. A nível internacional, a convenção sobre *factoring* prevê expressamente a impossibilidade de o devedor cedido invocar contra o *factor* o incumprimento do contrato de compra e venda de mercadorias originador do direito de crédito por parte do cedente (art. 10.º/1 da Convenção do *Unidroit* sobre *Factoring* Internacional). Essa regra terá sido, porventura, especificamente ditada mercê de uma tendência no sentido de salvaguardar a posição do *factor*. No direito português, inexistindo uma regra especificamente reguladora da matéria, é muito duvidoso que a resposta possa ser a mesma.

Terceiros: contrato ou notificação   331

transmitidos. Isto deve-se à construção da reserva de propriedade como cláusula oponível *erga omnes* e, pelo menos num entendimento literal, relativa apenas a coisas corpóreas. As construções como a alemã que, no fundo, admitem uma reserva de propriedade sobre o próprio direito de crédito, não são, seguramente, conhecidas do nosso direito com esta designação.

Embora, como foi referido, a doutrina portuguesa pareça admitir a figura da cessão de créditos em garantia, em geral não faz a ponte entre a reserva de propriedade prolongada e a cessão de créditos em garantia[902].

Parece necessário distinguir situações: a celebração de uma cessão de créditos com escopo de garantia é admissível pela generalidade da doutrina portuguesa. Uma reserva de propriedade constituída nestes moldes corresponde a uma verdadeira cessão de créditos em garantia, operando automaticamente por efeito da revenda das mercadorias. Se se entender cessão de créditos em garantia como sinónimo de reserva de propriedade prolongada, no sentido que lhe é dado pelo direito alemão, então esta também será admissível face ao direito português.

Todavia, é possível fazer outra leitura da reserva de propriedade e essa porventura já será desconhecida do ordenamento português. Com efeito, a extensão da reserva de propriedade sobre mercadorias aos créditos resultantes da venda das mesmas pode constituir um fenómeno de subrogação real[903], admitido limitadamente no nosso direito[904]. Pergunta-se

---

[902] Mota Pinto, *Cessão da Posição Contratual*, 1970 (reimpressão 1982), pp. 227 a 229, nota 1, explicando a figura da reserva de propriedade prolongada do direito alemão, conclui tratar-se de uma cessão para garantia e, em seguida, defende a admissibilidade da cessão de créditos em garantia face ao ordenamento português, argumentando com a inaplicabilidade das objecções doutrinárias relativamente aos negócios fiduciários a esta realidade. Todavia, não explica como se podem articular, face ao direito português, a cessão de créditos em garantia e a reserva de propriedade. Pestana de Vasconcelos, *Dos Contratos de Cessão Financeira (Factoring)*, 1999, p. 99, nota 232, remetendo para Mota Pinto, qualifica a figura como cessão em garantia e, apesar de noutro local admitir a cessão de créditos em garantia, conclui que a figura do direito alemão da reserva de propriedade prolongada não encontra qualquer paralelo no direito português ou noutros direitos latinos. Em sentido algo diverso, Vitor Neves, *A Afectação de Receitas Futuras em Garantia*, 2000, p. 183, nota 56, parece admitir a figura da cláusula de reserva de propriedade prolongada face ao direito português, o que se compagina totalmente com a defesa que faz da admissibilidade da cessão de créditos em garantia face ao nosso ordenamento.

[903] Parece ser esta a posição de Vitor Pereira das Neves, *A Afectação de Receitas Futuras em Garantia*, 2000, p. 183, nota 56, quando explica que os fornecedores conseguem afectar os créditos em disputa antes mesmo de serem transmitidos para o financiador (não obstante a anterioridade da cessão ao financiador), porquanto lhe pertencem antes de terem surgido no património do próprio devedor. Sustenta que os bens nunca chegarão a

332 A Cessão de Créditos como Estrutura Contratual com Eficácia Translativa

então se será possível decorrer de uma cláusula de reserva de propriedade sobre determinadas mercadorias a sub-rogação real dos créditos de revenda das mesmas, o que porventura equivalerá a perguntar se é possível convencionar uma cláusula de reserva de propriedade sobre direitos de crédito.

Responder a esta questão depende ainda provavelmente da interpretação do artigo 409.°, conjugada com outros preceitos, como sejam o artigo 202.°, que oferece o conceito de coisa[905]. Como até agora tem sido entendido o conceito de "coisa", essa possibilidade parece excluída *ex vi* artigo 409.°[906]. O que não significa que os particulares não possam estipular conteúdos contratuais diferentes, se entenderem que correspondem melhor aos seus interesses.

Em vez de optarem pela reserva de propriedade sobre as mercadorias, podem acordar a transmissão dos créditos provenientes da revenda a título de garantia – o que corresponderá à situação descrita no ponto anterior –, desempenhando a mesma função económica da reserva de propriedade extensível aos créditos da revenda. A desvantagem reside nas possíveis dúvidas quanto à transmissão dos próprios créditos. Se for admissível a sub-rogação nos créditos provenientes da revenda, é indiscutível a constituição dos créditos na titularidade do cessionário logo no momento do seu nascimento, porquanto se entende que ele nunca deixou de ser o titular das mercadorias, agora sub-rogado nos créditos correspondentes à sua venda. Ao invés, excluir a possibilidade de sub-rogação significa que os créditos se constituem na esfera do cedente e só depois se transmitem para o primeiro cessionário. Ainda, se se ententer que os créditos se constituem directamente na esfera do cessionário, será sempre o primeiro cessionário a prevalecer.

Assim, no primeiro caso, o beneficiário da reserva de propriedade é o titular do crédito, enquanto no segundo, o titular será o primeiro cessio-

---

integrar a garantia do financiador original, porque nunca terão integrado o património do seu devedor, pelo menos nunca de forma desonerada.

[904] Embora o código civil contemple alguns casos tipicamente de sub-rogação real esta figura é acolhida com dúvidas pela doutrina. Veja-se, adiante, pp. 519 e ss..

[905] Veja-se a discussão, abaixo, pp. 484 e ss..

[906] Embora não seja líquido, se atendermos à terminologia algo flutuante do código civil. Quando pretende designar direito de propriedade sobre coisas normalmente refere-se apenas às coisas (veja-se o art. 688.°/1 a) onde só são referidos *"prédios rústicos ou urbanos"*), mas, ao mesmo tempo, contempla expressões como *"a propriedade de uma coisa, ou outro direito"* (art. 874.°).

Terceiros: contrato ou notificação

333

nário. Daí a necessidade da jurisprudência alemã de recorrer à nulidade decorrente da violação dos bons costumes para inverter a ordem das prioridades.

É possível argumentar que, dada a complexidade na resolução dos problemas de prioridade, nada seria mais simples do que adoptar um sistema de notificação. Em vez de procurar a génese da oponibilidade da transmissão no contrato celebrado pelas partes, com todas as dificuldades expostas, seria possível fazer depender da notificação todo o regime das prioridades. Todavia esta solução, aparentemente simples, esbarra não apenas com todas as críticas apontadas ao sistema da notificação, mas ainda com a o interesse normalmente demonstrado pelas partes em não notificar[907-908].

Além disso, se existirem duas transmissões não notificadas, colocam-se os mesmos problemas. No caso concretamente analisado, se se admitir a cessão de créditos em garantia *ex vi* da sub-rogação das mercadorias pelos créditos provenientes da revenda na cláusula de reserva de propriedade, a discussão seria simplificada pela constatação do acolhimento consensual da oponibilidade *erga omnes* da cláusula de reserva de propriedade.

10.5. *Oponibilidade da transmissão aos credores do cedente*

Diferentemente do objecto de análise no ponto anterior, não se tratará agora, rigorosamente, de conflitos de titularidade sobre o mesmo crédito, porque os credores não se arrogam titulares dos direitos de crédito[909].

---

[907] A cessão de créditos em garantia em geral e a reserva de propriedade prolongada em especial são normalmente apresentadas pela literatura alemã como casos de cessão sem notificação (*stille Zession*). Por exemplo, Roth, *Münchener Kommentar zum Bürgerliches Gesetzbuch* – Band 2, 1994, §398 RdNr.115; Heinrichs, *Palandt – Bürgerliches Gesetzbuch*, 2000, §398 Rn 21; Esser, *Schuldrecht* – Band I, Allgemeiner Teil – Teilband 2, 2000, p. 315.

[908] É óbvio que o ordenamento jurídico pode entender este interesse das partes como pouco relevante, não merecedor de tutela ou mesmo um interesse prejudicial para o tráfico jurídico e por isso a não acolher. Todavia, como foi referido a propósito da ponderação da cessão fechada, não é esse o entendimento decorrente do regime legal da cessão de créditos vertido no código civil e, mais recentemente, vertido no diploma relativo à cessão de créditos no âmbito das operações de titularização.

[909] Talvez por isso Vitor Pereira das Neves, *A Afectação de Receitas Futuras em Garantia*, 2000, p. 184, nota 61, recorra simplesmente ao art. 335.º para defender a absoluta prevalência do cessionário face aos credores do cedente: tratando-se de direitos de natureza diferente deve prevalecer o que se deva considerar superior.

334   *A Cessão de Créditos como Estrutura Contratual com Eficácia Translativa*

Trata-se, sim, de um problema de oponibilidade das garantias ao cessionário ou de transmissão de um direito de crédito onerado com determinadas garantias ou, visto do outro prisma, de oponibilidade da plena titularidade do cessionário perante quaisquer credores, ainda que titulares de garantias sobre o mesmo crédito. A questão é, portanto, próxima da abordada no ponto anterior, na medida em que se trata de direitos sobre um mesmo objecto algo conflituantes, mas é diferente, porque já não se trata de resolver o problema da disputa da titularidade do mesmo direito de crédito.

Há um campo imenso de problemas gerados pelos conflitos entre cessionários de direitos de crédito e credores do cedente, beneficiários ou não de garantias diversas sobre o mesmo crédito. Se, por um lado, se pode colocar o problema – porventura mais simples – dos credores comuns do cedente, onde se discute apenas se o direito de crédito se encontra ou não no património do cedente, por outro lado há variadíssimos problemas levantados pelas garantias que os credores podem constituir sobre os direitos de crédito.

Neste caso, a solução é necessariamente mais complexa, porque se colocam problemas difíceis de conflito entre a posição de determinados credores com garantia especial sobre certos créditos do seu devedor e a posição dos cessionários desses mesmos créditos. Cada ordenamento conhece problemas particulares, desde logo porque as garantias variam consoante os direitos em análise, mas também porque cada ordenamento consagra regras diferentes de protecção dos credores.

O conflito entre um credor comum do cedente e um cessionário reconduz-se à problemática da penhora e da falência, mas o conflito entre um credor do cedente com uma garantia especial sobre o crédito cedido e o cessionário desse crédito mexe com inúmeras disposições relativas a garantias. Este último ponto, em grande medida, vai além do objecto da presente dissertação, porque os problemas emergentes nessa sede prendem-se mais com a execução de garantias e com a oneração que representam para os bens por elas gravados do que com a simples averiguação do efectivo titular de determinado bem.

Explicando melhor: no caso de conflitos entre o cessionário de determinado direito de crédito e de credores titulares de certa garantia sobre esse mesmo crédito, a questão já não está em saber a quem pertence o direito de crédito, mas em descobrir como podem esses credores executar a sua garantia mesmo em detrimento do cessionário. A resposta encontra-se em todo o sistema das garantias e no regime daquela garantia em particular, extravasando seguramente o campo da análise da transmissão convencional do crédito.

Analisados no ponto anterior os casos mais comuns de conflito de titularidade sobre o mesmo crédito, e antes de me ocupar da matéria da falência, interessa não deixar de referir duas situações em que se colocam problemas de oponibilidade da transmissão perante terceiros credores do cedente. Sempre na óptica de teste da melhor solução, vão referir-se apenas dois problemas que parecem ser de maior pertinência perante o direito português: o conflito entre os credores comuns do cedente e o cessionário e o conflito entre o titular de uma garantia especial sobre o crédito cedido, a saber, o credor pignoratício do crédito cedido e o cessionário[910].

10.5.1. *Credores comuns do cedente: penhora do crédito cedido*

I. O conflito entre cessionário e credores do cedente pode surgir quando estes pretenderem penhorar o crédito cedido na convicção de ainda se encontrar na titularidade do cedente, seu devedor. Para dirimir este conflito é determinante saber em que momento a transmissão é oponível aos terceiros, logo, oponível a quem penhora o direito de crédito[911].

Não é indiferente o momento em que os credores pretendem lançar mão do crédito. É possível identificar três momentos distintos. No primeiro, o direito de crédito existe enquanto tal, mas o devedor ainda não cumpriu (porventura o crédito ainda nem se venceu), todavia cedente e cessionário já celebraram o contrato tendente à transmissão do crédito. Num segundo momento, o direito de crédito já se venceu e o devedor cedido, após notificação, pagou ao cessionário. Igualmente possível e mais complicada é a hipótese de o devedor cedido ter pago ao cedente no seguimento de uma cessão oculta. Cessionário ou cedente mantêm no seu património o produto do cumprimento do crédito cedido. Num terceiro

---

910 Outra situação que poderia aqui ser tratada seria a da oponibilidade da cessão ao credor a quem o cedente deu em garantia esse mesmo crédito. Mas de acordo com a divisão proposta, e atendendo à circunstância de a cessão de créditos em garantia operar uma efectiva transmissão do direito de crédito dado em garantia, esse ponto já foi referido a propósito dos conflitos de titularidade sobre o mesmo crédito.

911 Problema relacionado com a penhora dos direitos de crédito, mas bastante diferente deste, é analisado e aproveitado por Fernandes Thomaz, *Penhora de Créditos e Eficácia Externa das Obrigações*, 1982, para justificar a eficácia externa das obrigações, sustentando a influência exercida de fora para dentro da própria relação creditícia, uma vez que a penhora torna inoponível ao exequente qualquer acto de alienação ou oneração do direito de crédito praticado posteriormente à mesma (veja-se em especial pp. 70 e ss.).

336   *A Cessão de Créditos como Estrutura Contratual com Eficácia Translativa*

momento, o direito de crédito venceu-se, o devedor cedido pagou com eficácia liberatória ao cessionário ou ao cedente (consoante tenha ou não havido notificação), mas o produto do cumprimento já não se encontra no património de quem o recebeu.

Importa analisar a posição correlativa dos credores do cedente interessados em penhorar o crédito e do cessionário.

II. No primeiro momento, em que ainda não houve notificação e o direito de crédito existe enquanto tal, e na ausência de um preceito directamente dirigido à regulação do problema[912], é absolutamente determinante o sistema adoptado de oponibilidade da transmissão perante terceiros. Como se referiu, no sistema de notificação, a aquisição do direito de crédito dá-se com oponibilidade perante terceiros no momento da notificação ou da aceitação, pelo que estes actos valem como aquisição do direito de crédito por parte do cessionário. Se, depois destes actos, um credor do cedente penhora o crédito, esta penhora carece de objecto[913], porque nenhum crédito existe já na titularidade do cedente, considerando-se, inversamente, que o crédito faz parte do património do cessionário[914]. Se a penhora for anterior a qualquer destes actos, então entende-se que produz os seus efeitos e o cessionário apenas pode invocar o seu direito contra o cedente[915]. Todavia, há um sem número de situações complexas de conflitos entre credores do cedente que penhoram o crédito cedido e cessionário.

Aplicando quer o regime do contrato translativo, quer o do duplo contrato quer o da lei Dailly[916], o conflito resolve-se pela comparação das

---

[912] Ao contrário, por exemplo, do direito italiano: o art. 2914/2 do código civil determina a inoponibilidade de uma cessão notificada ou aceite posteriormente à penhora do crédito cedido.

[913] Não obstante, no direito belga anterior à nova redacção do código, entendeu-se que a notificação da cessão praticada depois de uma penhora não era desprovida de efeitos na sua totalidade: para uns, tratava-se de uma oposição à penhora validamente realizada, para outros, de uma segunda penhora. Veja-se De Page, *Traité élémentaire de droit civil belge* – Tome IV, Vol. I, 1997, pp. 619 e 620.

[914] Van Ommeslaghe, *La transmission des obligations en droit positif belge*, 1980, p. 103.

[915] O que, como se verá, pode redundar numa protecção exígua no caso do cedente se encontrar numa situação de insolvência e já ter dissipado o que havia recebido em contrapartida do crédito a ceder.

[916] A doutrina francesa refere-se, em vez da data do contrato, à data do título – do *bordereau*. Todavia, não parece ser de qualquer utilidade acolher esta terminologia

datas do contrato de cessão, e, neste último caso, da data do *bordereau* e da penhora. Como na data do contrato de cessão o crédito sai do património do cedente para entrar no património do cessionário, desde esse instante, os credores do cedente já não podem penhorar o crédito cedido, pois o seu devedor já não é titular dele[917]. Ao invés, uma penhora efectuada antes do contrato continua a produzir os seus efeitos. Excepção a esta regra é consagrada no direito belga com o novo artigo 1690/4 do código civil: se os credores do cedente penhorarem o crédito antes do cumprimento e, em consequência dessa penhora, o devedor lhes pagar directamente (antes de ter sido notificado e estando de boa fé), eles ficam protegidos (se estiverem de boa fé) e esse valor não lhes pode ser reclamado pelo cessionário[918].

De acordo com o sistema de registo, naturalmente que os credores do cedente nada poderão contra uma transmissão registada, prevalecendo, ao invés, sobre uma cessão não registada.

Analisando o problema do ponto de vista dos resultados, o sistema de notificação será mais vantajoso para os credores do cedente com o consequente sacrifício do cessionário (e seus credores), enquanto o sistema de contrato translativo favorece o cessionário e os seus credores.

Pense-se a situação muito comum, por exemplo, nas operações de cessão financeira, em que o cessionário antecipa fundos ao cedente por conta de créditos ainda não vencidos, ou seja, compra os créditos por um valor inferior antes do seu vencimento[919]. Acordam as partes em não noti-

---

quando, na verdade, esse título é a forma que reveste o contrato de cessão de créditos e são os direitos de crédito – e não o título – que se transmitem contratualmente. Não há, por isso, razão para autonomizar o tratamento do *bordereau Dailly* do tratamento do contrato translativo em geral. A regra que vale é, pois, a da prevalência temporal.

[917] De Page, *Traité élémentaire de droit civil belge* – Tome IV, Vol. I, 1997, p. 618; Rives-Lange, *Droit bancaire*, 1995, p. 513. Em sentido idêntico, no direito português, veja--se Antunes Varela, *Das Obrigações em Geral* – Vol. II, 1997, p. 313.

[918] Não basta que o credor se pretenda prevalecer de uma penhora, mas se o pagamento efectivo vier no seguimento de uma penhora, esta confere ao credor um título para receber o pagamento. Duvidoso é se este regime especial se aplica no caso de o pagamento ser feito pelo devedor ao oficial de diligências actuando por conta de um ou mais credores requerentes da penhora. Se este for considerado um mandatário dos credores, aplica-se a disposição, se for entendido apenas como funcionário público, exercendo a sua função sem ser ao abrigo de um verdadeiro mandato (como é a doutrina dominante), então este regime especial não é aplicável. Veja-se Van Ommeslaghe, *Le nouveau régime de la cession et de la dation en gage des créances*, 1995, p. 534.

[919] Não se pense agora na questão da transmissão de créditos ainda não existentes, porque levanta ainda outro tipo de problemas relacionados com a determinação da esfera jurídica onde nasce o crédito.

338 *A Cessão de Créditos como Estrutura Contratual com Eficácia Translativa*

ficar o devedor cedido. Os credores do cedente pretendem penhorar os direitos de crédito objecto da venda.

De acordo com o sistema da notificação, o cessionário não consegue fazer valer a titularidade sobre o direito de crédito, porque, no fundo, faltará o passo final para consolidar o direito no seu património. Poderá, então, no campo do incumprimento contratual, exigir a restituição do que prestou com antecipação?

Não pode invocar a excepção de não cumprimento e furtar-se ao pagamento, porque esse já foi feito. Também não poderá exigir que a notificação seja feita de molde a operar-se a transmissão plena do direito de crédito, pois não decorre do contrato celebrado a obrigação de notificar, nem isso corresponde à vontade das partes. Além disso, não haverá incumprimento por parte do cedente, porque ele estará porventura disposto a receber a quantia respeitante ao direito de crédito por conta do cessionário.

Mas é incontornável, num sistema de notificação, a colisão da posição do cessionário com a posição dos credores do cedente, estando o primeiro impedido de opor o seu direito aos segundos. Ainda que fosse defensável a impossibilidade de cumprimento por parte do cedente, a consequência seria sempre a restituição do que foi prestado com base no enriquecimento sem causa.

Em suma, o cessionário terá um direito de crédito perante o cedente e nada o coloca numa situação favorecida no confronto com os demais credores, pelo que, nesse caso, o cessionário será mais um credor do cedente, sujeito à regra geral do concurso de credores sem causa legítima de preferência (art. 604.º/1). Claro que esse direito à restituição poderá funcionar se o cedente for solvente, mas isso é improvável numa situação em que os credores pretendam penhorar todo o seu património.

A situação reveste-se então de profunda injustiça: o cessionário que já pagou o preço do crédito não só nada pode fazer contra a penhora por parte dos credores do cedente como não goza de especial protecção na sua posição de credor em virtude do incumprimento contratual. Os credores estariam assim a satisfazer-se não só através do direito de crédito penhorado como ainda através do que havia sido pago como seu correspectivo[920].

---

[920] Se se analisar a posição dos possíveis credores do cessionário é, no mínimo, chocante a desproporção da garantia. Estes não só não poderiam contar com a titularidade do direito de crédito por parte do cessionário seu devedor como também não poderiam lançar mão do pagamento já feito ao cedente.

Ao invés, de acordo com o sistema de contrato translativo, o cessionário está protegido perante a penhora dos credores do cedente. Pode deduzir uma oposição mediante embargos de terceiro (art. 351.º/1 do CPC), invocando a titularidade do crédito em virtude de uma cessão de créditos[921]. Dir-se-á então que resultam injustamente prejudicados os credores do cedente, porquanto não poderiam ter tido conhecimento da transmissão. Pode objectar-se, no entanto, que a crítica não procede, porque os credores fazem pagar-se pelo património do seu devedor e, neste caso, o crédito já não integra o seu património, mas, em sua substituição, o montante pago como seu correspectivo[922]. Mesmo que não tivesse sido pago o correspectivo do crédito cedido, seria sempre uma questão de tempo até que esse montante viesse a integrar o património do seu devedor. É incontornável a constatação de esta solução ser, do ponto de vista do cessionário e seus credores, comparativamente mais justa do que a anterior. Todavia, não pode ser tido como argumento decisivo na opção a tomar. Não só porque pressupõe precisamente que o crédito já não integra o património do cedente, como porque não é aplicável no caso das transmissões a título gratuito.

III. No segundo momento referido, o devedor cedido, após notificação, paga ao cessionário. Neste caso, quer no sistema de contrato translativo quer no sistema de notificação, o direito de crédito encontra-se na titularidade do cessionário e a posição deste é oponível aos credores do cedente. Já no sistema de registo, o pagamento será liberatório, mas tal não significa, por si só, que o crédito se tenha transmitido. Em princípio, é necessário o registo para que o crédito se considere na titularidade do cessionário.

---

[921] A jurisprudência portuguesa teve oportunidade de se pronunciar a propósito de um arresto sobre créditos entretanto já transmitidos a uma sociedade de *factoring* no Acórdão da Relação Coimbra de de Maio de 1999, CJ XXIV, tomo III (1999), p. 65. Decidiu procedentes os embargos da sociedade de *factoring*, porque o crédito já havia sido transmitido e portanto já não se encontrava no património do devedor. O caso não constitui grande ajuda para a resolução do problema em questão, porque, tendo havido notificação, ele não se coloca. A preocupação da decisão foi sim a de procurar saber se o contrato de *factoring* transmitia os créditos, tendo sido considerado isento de dúvidas, porque opera através da cessão de créditos.

[922] O que, aliás, até se pode verificar mais proveitoso, porque o devedor cedido pode não cumprir a sua obrigação, o que, se se tratar de uma cessão de créditos simples ou no âmbito de uma cessão financeira sem recurso, é vantanjoso para o cedente, logo, em princípio, para os seus credores.

340 *A Cessão de Créditos como Estrutura Contratual com Eficácia Translativa*

Nos sistemas de contrato translativo e de notificação as dificuldades aparecem quando não há notificação, o devedor cedido, por não saber da transmissão, paga com efeito liberatório ao cedente e os credores deste penhoram os elementos activos do seu devedor (cedente)[923]. Aqui, a pergunta a colocar é a de saber se o cessionário dispõe de um direito de separação sobre os fundos recebidos para os subtrair à penhora de um credor do cedente[924].

De acordo com o sistema de notificação, a resposta não será diferente da encontrada para a questão anterior: em virtude de não ter havido notificação, o crédito não se consolidou no património do cessionário, pelo que nada obsta à penhora pelos credores do cedente. O cessionário será um credor do cedente nos termos gerais.

Já no que respeita ao sistema do contrato translativo a resposta não é líquida. A doutrina alemã preocupa-se apenas, a propósito dos §§407 e 408 do BGB, em analisar a posição de protecção do devedor cedido e avaliar as relações entre cedente e cessionário no caso de o devedor se ter vali-

---

[923] Também é possível acontecer, embora seja porventura menos verosímil, a situação em que antes da notificação, mas por ter conhecimento da ocorrência da cessão, o devedor cedido paga ao cessionário e os credores do cedente pretendem penhorar o produto do cumprimento, alegando a persistente titularidade do cedente em virtude da falta de notificação. Num sistema em que a notificação seja entendida como acto indispensável à oponibilidade da transmissão perante terceiros, acto cuja finalidade não é exclusivamente conferir protecção ao devedor, mas também proteger outros terceiros como sejam os credores do cedente, a questão não deixa de ser pertinente. Sempre se poderá dizer que quando o devedor cedido paga ao cessionário e este recebe o pagamento, então isso vale como aceitação, ainda que tácita. Todavia, são pensáveis situações em que não existe qualquer contacto entre devedor cedido e cessionário no momento do pagamento, de modo que só mais tarde, depois da penhora, o cessionário vem a ter conhecimento do pagamento que lhe foi feito. Pense-se no caso de transferência bancária.

[924] Lebre de Freitas, *Apreensão, Restituição, Separação e Venda de Bens no Processo de Falência*, 1995, p. 380, explica que a titularidade de um direito de crédito apreendido não é, no direito falimentar português, fundamento da separação, sendo certo que o verdadeiro credor não perde o direito à prestação que lhe é devida pelo facto de ter sido erradamente apreendida para a massa falida. Conclui que, tratando-se de um direito relativo, o verdadeiro credor poderá exercê-lo contra o seu devedor, cabendo a este, para evitar pagar duas vezes, negar a existência do crédito da massa falida, nos termos do art. 858.º/1 do CPC. Sem querer antecipar neste momento questões que serão discutidas mais adiante, diria que não decorre indubitavelmente do texto do art. 201.º do CPEREF a impossibilidade de invocar como fundamento para a titularidade de bens indevidamente apreendidos a titularidade de um direito de crédito. Acresce que, no caso de transmissão de direitos de crédito sem notificação ao devedor cedido, a questão é mais problemática, porque o devedor, desconhecendo a transmissão, está desobrigado de pagar segunda vez.

damente liberado mediante cumprimento ao cedente[925]. Não toca, todavia, na posição dos terceiros credores das partes, pelo que é legítimo concluir-se valerem as regras gerais da prioridade e poder o cessionário opor àqueles, em caso de penhora, a titularidade do crédito penhorado[926].

A doutrina francesa, por sua vez, responde em nada obstar à validade da penhora a circunstância de ter existido uma "cessão Dailly" – o crédito foi pago validamente ao cedente e ele actua como mandatário do cessionário –, mas não ser possível ao banco cessionário exigir fundos que já estejam nas mãos dos credores. A razão reside na consideração da natureza fungível da moeda – manual ou escritural – que a torna insusceptível de ser reivindicada, mesmo quando os fundos possam ser localizados, por exemplo, numa conta bancária do cedente[927].

Há que distinguir situações: ou o montante pago em cumprimento do direito de crédito cedido ainda se encontra no património do cedente, ou já não se encontra, porque os credores já o penhoraram e o processo seguiu os trâmites conducentes ao pagamento desses mesmos credores. Importa ainda saber qual a natureza da relação convencionada entre cedente e cessionário, ou seja, se o mandato que o cedente tem para a cobrança dos créditos por conta do cessionário reveste ou não natureza representativa.

Começando por este último ponto: se o mandato for sem representação, tal significa que os efeitos decorrentes da actuação do mandatário não se produzem automaticamente na esfera jurídica do representado (art. 1180.º)[928]. Assim, o cessionário é titular de um direito de crédito perante

[925] Este desinteresse é particularmente visível nas anotações ao BGB ou mesmo no texto de direito das obrigações de Larenz, onde a questão também não é abordada.

[926] A interpretação não é, todavia, isenta de reparos, uma vez que a propósito da admissibilidade da cessão silenciosa ("*stille Zession*") se tem também, por vezes, afirmado que ela vale apenas nas relações *inter partes*, não podendo prejudicar posterior penhora ou falência do cedente. Weber, *BGB – RGRK- Band II*, 1. Teil, 1976, §398 Rdn.15. A doutrina dominante, no entanto, não se refere especificamente a este problema: a cessão silenciosa é normalmente abordada a propósito da cessão de créditos em garantia ou da reserva de propriedade prolongada e é considerada, pelo menos implicitamente, oponível *erga omnes*. Veja-se, por exemplo, Roth, *Münchener Kommentar zum Bürgerliches Gesetzbuch – Band 2*, 1994, §398 RdNr.115; Heinrichs, *Palandt – Bürgerliches Gesetzbuch*, 2000, §398 Rn 21; Esser, *Schuldrecht – Band I, Allgemeiner Teil – Teilband 2*, 2000, p. 315.

[927] Rives-Lange, *Droit bancaire*, 1995, p. 514. Ver-se-á, no entanto, que outra é a posição defendida pela jurisprudência no caso de estar a correr um processo de falência.

[928] Distinguindo do mandato representativo, explica Pessoa Jorge, *O Mandato Sem Representação*, 1961 (reimpressão 2001), pp. 23 e 24, que o mandatário que actua em nome próprio assume na sua própria esfera jurídica os efeitos dos actos que pratica, sendo ao mesmo tempo sujeito formal e material, mas como "praticou o acto para o mandante, ou

A Cessão de Créditos como Estrutura Contratual com Eficácia Translativa

o cedente cujo conteúdo é, precisamente, a obrigação de transmitir o produto da cobrança dos créditos cedidos (art. 1181.°/1). O cedente está obrigado a entregar ao cessionário o que recebeu do devedor cedido, mas, analisada esta obrigação do ponto de vista do cessionário, ela resulta, como a própria expressão indica, num simples direito de crédito: o cessionário é credor do cedente no que respeita aos montantes por ele recebidos. Entretanto, eles integram o património do cedente, pelo que os credores do cedente poderão penhorar e satisfazerem-se com esses montantes[929].

Ao invés, se o mandato tiver natureza representativa, a actuação do mandatário é em nome do mandante, pelo que, os efeitos dela decorrentes se produzem directamente na esfera jurídica do representado (art. 258.° *ex vi* art. 1178.°/1)[930]. No caso em análise, os montantes cobrados e recebidos pertencerão imediatamente ao cessionário[931].

---

seja, com a intenção de transferir para ele os respectivos efeitos, está obrigado a projectá-los na esfera jurídica daquele, se necessário através de um novo acto.". Note-se que no mandato para alienar ou adquirir, o A. defende uma transmissão automática dos direitos reais do mandante para o adquirente ou do alienante para aquele, sem prejuízo dos desvios impostos pelas exigências de forma (*ibidem*, pp. 291 e ss., em especial, pp. 334 e ss.).

[929] Outra posição seria defensável à luz da tese da transferência imediata defendida por Pessoa Jorge, *Direito das Obrigações* – 1.° Vol. , 1976, pp. 291 e ss.. Critica o A. que os interesses de terceiros, nomeadamente credores interessados na titularidade de direitos, possam ser fundamento bastante para acolher a teoria da dupla transferência (pp. 297 e ss.), sustentando, ao invés, que no caso de transmissão ou aquisição de direitos reais (e aqui julgo ser possível equiparar o recebimento do produto do cumprimento, porque o acto de receber pode ser entendido como uma aquisição dos bens em causa) a transmissão ou aquisição é automática (em especial, pp. 363 e ss.). Não se vê, no entanto, como tal tese seria compaginável com o disposto nos referidos arts.1180.° e 1181.°/1, que expressamente determinam a aquisição pelo mandatário dos direitos decorrentes dos actos que celebra e a obrigatoriedade de transferência para o mandante dos direitos adquiridos em execução do mandato. Pires de Lima e Antunes Varela, *Código Civil Anotado* – Vol. II, 1986, anotações ao art. 1181.°, clarificam este sentido, referindo-se expressamente à tese da dupla transferência (p.749) e explicando que o mandante não goza de direito de sequela, nem sequer de direito de separação, no caso de o mandatário se tornar, entretanto, insolvente (p.748).

[930] Existindo representação, sintetiza Maria Helena Brito, *A Representação nos Contratos Internacionais. Um Contributo para o Estudo do Princípio da Coerência em Direito Internacional Privado*, 1999, p. 141, que "os elementos constitutivos do negócio jurídico representativo realizam-se na pessoa do representante e as consequências jurídicas produzem-se na pessoa do representado", indicando em nota a doutrina portuguesa que, embora com terminologia diversa, explica que o autor do acto, o sujeito do interesse, a parte substancial, é o representado, embora o agente do mesmo seja o representante. Entende a A. (*ibidem*, pp. 144 e 145) que, de acordo com a doutrina recente mais relevante, a justificação reside no princípio da autonomia privada, sendo que "[a] emissão de uma declaração negocial própria pelo representante e a exigência de invocação, perante a con-

É possível responder agora à questão enunciada em primeiro lugar. Se o montante pago em cumprimento do direito de crédito ainda se encontrar no património do cedente, não se vê razão para que o cessionário não possa deduzir oposição à penhora mediante embargos de terceiro e exigir a separação do património do cedente dos fundos correspondentes à liquidação do seu crédito. Se a transmissão produz efeitos perante todos no momento do contrato translativo, nesse momento o crédito passou a estar na titularidade do cessionário, não havendo pois razão para que os credores do cedente se possam vir a pagar por algo que já não pertence ao seu devedor. Será utilizar o património alheio para satisfazer os credores. Não parece fazer qualquer sentido.

IV. Questão diversa, que corresponde ao terceiro momento referido – o devedor pagou ao cedente com eficácia liberatória, mas o produto desse cumprimento já não está no património do cedente –, é a de a penhora ter procedido por falta de oposição e os credores já se terem satisfeito à custa desses fundos. Será que, nesse caso, e na hipótese de poderem ser localizados, o cessionário tem um direito de reivindicação de fundos correspondentes ao montante do crédito pago? O problema não é de fácil resolução e a análise e discussão indispensáveis a uma resposta cabal extravazam o âmbito do presente trabalho, porque implicam considerações profundas sobre a possibilidade de reivindicar dinheiro (com a decisão sobre a questão anterior da natureza jurídica da moeda). Contudo, e sem entrar na discussão substancial do problema, fazem-se duas ou três observações.

A primeira é para distinguir situações. Se o que está em causa é ainda a transmissão sucessiva do direito de crédito, o problema prende-se com a oponibilidade de uma anterior transmissão a um sub-adquirente do

---

traparte, do nome do representado permitem atribuir à actuação negocial do representante e da contraparte um significado que justifica a *não produção* de efeitos em relação ao agente e a *possibilidade* de produção desses mesmos efeitos em relação ao representado; a efectiva produção de efeitos em relação ao representado depende da existência do poder de representação, constante de declaração negocial do representado (procuração, ratificação), ou evidenciado em comportamento juridicamente relevante do representado, uma e outro significativos da *pertença* ou *pertinência* à esfera jurídica do representado do negócio celebrado pelo representante.".

[931] Pode questionar-se se, em bom rigor, no caso de mandato representativo, em que o cedente recebe em nome do cessionário não existe um equivalente da notificação. Lembre-se o que, negando essa equivalência, foi referido a propósito da titularização, acima, p. 285.

344 *A Cessão de Créditos como Estrutura Contratual com Eficácia Translativa*

mesmo crédito e é nessa sede que o problema é tratado. Se, como foi enunciado, o problema se coloca num momento em que o devedor já satisfez a prestação a que estava adstrito, então o crédito já não existirá enquanto tal, tendo sido substituído pelo montante correspectivo. Não se trata agora de um direito de crédito, mas de fundos, de dinheiro, que aparecem em sua substituição.

A segunda para referir que importa analisar o problema do ponto de vista do cessionário: é titular de um direito de crédito que, por acordo com outrem (neste caso o cedente), deve ser satisfeito a esse outrem, mas no interesse e em nome do titular. Acontece que uma vez satisfeito o crédito, os montantes correspondentes a esse pagamento, e que, de acordo com as regras do mandato com representação, pertencem ao cessionário, foram atribuídos aos credores do mandatário[932].

Trata-se no fundo de saber se o titular desse dinheiro pode exigir a restituição do mesmo aos credores ou se, em virtude da ultrafungibilidade do dinheiro associada à necessidade de proteger a segurança na circulação do mesmo, é impossível essa reintegração. Acresce ainda que, normalmente, tudo se processa através de transferências e/ou depósitos bancários, pelo que a interposição da entidade bancária e a consideração das especificidades da moeda escritural bem como da relação banco/cliente representam uma fonte inesgotável de problemas[933]. Como é fácil de constatar, a resposta a estas questões encontra-se totalmente fora do âmbito do presente trabalho, pelo que não será procurada.

Por último, importa ainda mencionar uma outra questão relativa à oponibilidade da cessão a terceiros credores do cedente. Refere-se à situação em que os credores do cedente se arrogam ser verdadeiros titulares já não do direito de crédito cedido, mas do que foi pago em seu cumprimento[934].

---

[932] O problema será o mesmo se o cedente receber o pagamento do devedor por conta do cessionário e dissipar esse dinheiro, utilizando-o para comprar bens, doando-o, etc..

[933] Daí que as soluções propostas por Vitor Pereira das Neves, *A Protecção do Proprietário Dessapossado de Dinheiro*, 2001, a propósito da protecção do proprietário desapossado de dinheiro fiduciário (notas e moedas) possam encontrar algumas dificuldades de transposição.

[934] Esta questão poderia ter sido integrada no ponto anterior a propósito dos conflitos de titularidade, porque se trata de um verdadeiro conflito de titularidade: não em relação ao direito de crédito enquanto tal, mas aos montantes respeitantes ao seu cumprimento. Dada a similitude com a situação acabada de mencionar, entendeu-se preferível, no entanto, referir neste momento.

O caso típico é o do cliente do *factor* (cedente) que cobra os créditos por conta daquele, mas deposita-os numa conta sua que tem saldo negativo. Sem saber do *factoring*, o banco opera automaticamente a compensação e depois o factor pretende reaver esses montantes.

Se num sistema de notificação o banco vê a sua situação protegida, porque a transmissão do crédito não é oponível a terceiros, pelo que, para o banco credor, é como se não tivesse ocorrido qualquer transmissão, já num sistema de contrato translativo a situação se afigura mais complexa. Mais uma vez, o problema tem de ser analisado à luz da relação de mandato existente entre as partes.

Se o mandato não tiver natureza representativa, então a posição do banco é protegida, porque num primeiro momento o produto da cobrança do crédito pertence ao cedente e o cessionário tem apenas um direito de natureza obrigacional à restituição desse montante. Se até ser restituído o montante pertence ao cedente, então o banco – seu credor – poderá sem dificuldades operar a compensação. O cessionário terá apenas o direito à restituição perante o cedente com base no enriquecimento sem causa.

Ao invés, se o mandato tiver natureza representativa, significa que os montantes cobrados integram de imediato o património do cessionário, faltando um pressuposto essencial à compensação: a titularidade desses montantes por parte do devedor/credor (cedente). Em princípio, o cessionário poderá exigir os montantes cobrados pelo cedente ao banco credor deste.

Todavia, sempre ficará por resolver o aspecto já referido que extravaza o âmbito do presente trabalho, não podendo, em consequência, ser aqui cabalmente tratado. Prende-se, mais uma vez, com a possibilidade de o proprietário reivindicar moeda[935].

---

[935] O que importa conjugar ainda com os mecanismos utilizados para a transmissão do crédito. Embora sem referência à possibilidade de compensação, no direito francês, por exemplo, entende-se que, como a sub-rogação é oponível a um banco receptor dos fundos, o *factor* pode exigir do banco do aderente a restituição do montante das facturas cedidas que aquele recebeu. Rives-Lange, *Droit bancaire*, 1995, p. 534. Já no direito inglês, o banco poderá compensar e reter os fundos (uma vez que se considera essa operação onerosa) se desconhecer a posição do *factor*, ou seja, é necessário que o acto seja oneroso e o banco esteja de boa fé. De acordo com a expressão inglesa, o banco ficará protegido se "*gives value without notice*" dos direitos do *factor*. Concomitantemente, o *factor* poderá porventura perseguir (*trace*) o produto dos créditos na conta bancária e mesmo já nas mãos de terceiros nos termos das regras gerais de *tracing* (que, de acordo com a tradução proposta por Vitor Pereira das Neves, *A Protecção do Proprietário Dessapossado de Dinheiro*, 2001, p. 195, significará substituição de bens ou sub-rogação real.). Goode, *Commercial Law*, 1995, p. 815.

346   *A Cessão de Créditos como Estrutura Contratual com Eficácia Translativa*

10.5.2. *Credor pignoratício do crédito cedido*

I. Se o penhor tiver sido constituído depois do momento em que a transmissão se torna oponível aos terceiros, o credor não pode fazer valer a sua garantia.

No sistema tradicional de notificação, tal como acontece com a oponibilidade da cessão aos credores interessados em penhorar o crédito cedido, o momento determinante é o da notificação (ou aceitação) ao devedor cedido.

Já de acordo com um sistema de contrato translativo, o momento determinante é o da celebração do acordo entre as partes. Se tiver sido constituído penhor sobre um crédito que foi objecto de um contrato transmissivo da sua titularidade, o credor pignoratício não poderá fazer valer o seu direito contra o cessionário, ainda que não tenha havido notificação.

O penhor de créditos no direito português constitui-se mediante a notificação ao devedor cedido. Por isso pode acontecer que o devedor cedido tenha sido notificado da constituição de um penhor sobre o crédito de que é devedor e, no entanto, desconhecer uma anterior transmissão desse mesmo crédito. Pode concluir-se ser injusto impossibilitar o credor pignoratício de fazer valer a sua garantia perante o cessionário, porque quando foi constituída era impossível conhecer uma transmissão anterior. Por seu turno, sempre se dirá que também será injusto para o cessionário, adquirente de um crédito livre de qualquer oneração, ter de suportar um encargo constituído em momento posterior.

II. Mais uma vez a questão reconduz-se à consideração da notificação enquanto última etapa para a consolidação do direito de crédito em determinado património, o que equivale a dizer, último passo para a oponibilidade *erga omnes*. O artigo 584.º do código civil não parece poder, por si só, resolver este conflito, porque não se trata de uma colisão entre adquirentes do mesmo crédito, mas de um choque entre um adquirente do crédito e alguém invocando ser titular de um direito especial – no caso o penhor – que lhe permite, em caso de incumprimento da obrigação garantida, o pagamento preferencial pelo valor desse mesmo crédito.

Todavia, foi entendido que, tratando-se de um conflito entre uma cessão de créditos em garantia não notificada e um penhor dos mesmos créditos (naturalmente) notificado ao devedor cedido, de acordo com o artigo 584.º, deverá prevalecer este último[936]. Neste caso, a fundamentação resi-

---

[936] Neves, *A Afectação de Receitas Futuras em Garantia*, 2000, pp. 185 e 186.

Terceiros: contrato ou notificação   347

diu na sujeição da constituição de garantias à notificação ao devedor cedido, pelo menos no que se prende com a oponibilidade *erga omnes*, pelo que justificar-se-ia um entendimento da notificação igual ao decorrente do artigo 584.°[937].

11. Falência

Tal como referido, embora os aspectos ligados à falência pudessem ter sido referidos pontualmente a propósito dos diversos problemas suscitados, optou-se, para facilitar a exposição, por uma análise separada. Neste ponto tratar-se-á, então, de estudar o conflito entre as partes e os seus credores no caso especial de falência[938] do cedente à luz dos diferentes sistemas de oponibilidade da transmissão do direito de crédito a terceiros.

---

[937] Sem entrar na discussão própria do campo garantístico, em que, porventura, a notificação se afigurará indispensável para a oponibilidade a terceiros (o que, sempre se dirá, se afigura duvidoso quando se confronta, por exemplo, com a reserva de propriedade, oponível perante todos e sem dependência de qualquer acto de publicidade ou análogo), reitera-se a não concordância com a posição do A. no que se prende com a interpretação do art. 584.°, como decorre acima das pp. 163 e ss..

[938] Fala-se propositadamente em falência e não em insolvência (o que permitiria abarcar também a matéria da recuperação da empresa), porque é a declaração de falência que constitui o marco do nascimento da massa falida, com a inibição do falido de dispor dos seus bens, que passam a integrar essa massa (art. 147.°/1 do CPEREF). Com a entrada em vigor do CPEREF (aprovado pelo DL 315/98, de 20 de Outubro, que modifica o anterior DL 132/93, de 23 de Abril) desapareceu a dicotomia falência dos comerciantes/insolvência dos não comerciantes; a insolvência é um estado caracterizado pela insusceptibilidade de cumprimento pontual de obrigações e a falência ou a recuperação representam "remédios" a prescrever mediante o preenchimento de determinados pressupostos para além da verificação de situação de insolvência (a falência pressupõe que o devedor, tratando-se de empresa, para além de insolvente, seja economicamente inviável e não sendo empresa não obtenha homologação prévia de concordata particular). Ferreira de Almeida, *O Âmbito de Aplicação dos Processos de Recuperação da Empresa e de Falência: Pressupostos Objectivos e Subjectivos*, 1995, pp. 384 e ss.; Carvalho Fernandes, *Sentido Geral dos Novos Regimes de Recuperação da Empresa e de Falência*, 1995, pp. 18 e 19; Carvalho Fernandes, *Efeitos Substantivos da Declaração de Falência*, 1995, p. 19; Carvalho Fernandes e Labareda, *Código dos Processos Especiais de Recuperação da Empresa e de Falência Anotado*, 1999 (reimpressão 2000), p. 56; Catarina Serra, *Falências Derivadas e Âmbito Subjectivo da Falência*, 1999, pp. 37 e ss.. Sobre viabilidade económica e recuperabilidade da situação financeira escreve Labareda, *Providências de Recuperação de Empresas*, 1995, p. 57 e ss., em relação com o mecanismo da concordata particular, pp. 61 e ss.. Catarina Serra, *Alguns Aspectos da Revisão do Regime da Falência*, 1998, pp. 185 e ss., aprecia a noção de insolvência e de situação económica difícil. Também o projecto, já

348 *A Cessão de Créditos como Estrutura Contratual com Eficácia Translativa*

Interessa ainda, dentro desses sistemas, a ponderação da própria possibilidade de reintegração do património de que alguém, normalmente o cessionário, se vê privado. Com efeito, se num primeiro momento se poderia pensar ser indiferente defender a restituição do que foi recebido ou a indemnização com base no interesse contratual positivo, na situação gritante de falência esta questão é muito relevante. Se houver lugar à restituição do recebido, a doutrina parece defender um direito de separação do montante recebido da massa falida[939], porque se entende que pertence à massa, enquanto que se houver um direito de indemnização por incumprimento, o cessionário lesado é um credor comum da massa, pelo que está sujeito aos limites desta.

Na prática, a diferença pode estar em receber tudo aquilo que receberia se o devedor lhe tivesse pago ou não receber nada. Procura-se, de seguida, encontrar e justificar essas diferenças, adiantando-se ser algo duvidosa a sustentação de um direito de separação fundado exclusivamente no enriquecimento sem causa.

---

promulgado, de Código da Insolvência e Recuperação de Empresas (CIRE) adopta a noção de insolvência, considerando que está em situação de insolvência o devedor que se encontre impossibilitado de cumprir as suas obrigações vencidas (art. 3.º/1) e também as pessoas colectivas e os patrimónios autónomos por cujas dívidas nenhuma pessoa singular responda pessoal e ilimitadamente, por forma directa ou indirecta, quando o passivo seja manifestamente superior ao activo. A consequência da situação de insolvência pode ser a declaração de insolvência e consequente liquidação da empresa ou a recuperação da empresa, como resultado do plano de insolvência aprovado e executado, sendo que o processo é uno. A declaração de insolvência cristaliza a massa insolvente, na medida em que esta abrange todo o património do devedor à data da declaração de insolvência (art. 46.º/1). Este diploma introduz uma alteração significativa da terminologia, pelo que, se já vigorasse no nosso ordenamento, este capítulo seria necessariamente intitulado de "insolvência".

[939] Como aliás já se referiu acima, parece ser esta a posição defendida por Antunes Varela, *Das Obrigações em Geral* – Vol. II, 1997, p. 315, nota 2, ao escrever que, caso o cedente, depois de receber indevidamente a prestação do devedor, tiver caído em falência, devem o cessionário e respectivos credores gozar do direito de separação da prestação em relação à massa falida, se for possível a individualização. Em bom rigor, não são explicados os exactos termos em que se funda este direito de separação, mas, em virtude das expressões utilizadas e de, mas adiante (*ibidem* p.320), recorrendo às mesmas expressões, fundar a obrigação de restituição por parte do cedente do que indevidamente recebeu em sede de enriquecimento sem causa, não parece abusivo concluir deste modo.

Terceiros: contrato ou notificação 349

11.1. *Oponibilidade da cessão aos credores e à massa falida*

I. Na generalidade dos ordenamentos, para saber em que momento a cessão é oponível aos credores das partes, importa apurar qual o facto determinante da oponibilidade da cessão a terceiros. Todavia, nem sempre é assim, porque há regras especialmente concebidas para as situações de falência. Em geral, a questão coloca-se em relação aos credores do cedente, cuja pretensão consiste em fazer valer os seus direitos de credores sobre determinado crédito, não sendo líquido a permanência daquele no património do cedente.

No sistema de tipo francês tradicional, a notificação (ou a aceitação do devedor) é absolutamente determinante para a oponibilidade em relação a terceiros. Se essas formalidades não forem cumpridas antes da falência do cedente, o direito de crédito entende-se definitivamente fixado no seu património; depois da falência elas já não podem ser cumpridas, porque a massa se encontra cristalizada no momento da abertura do processo de falência[940].

---

[940] Van Ommeslaghe, *La transmission des obligations en droit positif belge*, 1980, p. 99. Ao invés, se tiver havido uma sub-rogação antes da falência, ela é inteiramente eficaz, uma vez que não depende de qualquer formalidade (*ibidem*, p. 138). Cassandro, *I problemi della cessione globale dei crediti di impresa: possibili soluzione a livello contrattuale e legislativo*, 1982, p. 116, e Cassandro, *I problemi della cessione globale al factor dei crediti di impresa: possibili soluzione contrattuali e legislative*, 1982, p. 160, dando conta do panorama da jurisprudência ao exigir, em sede de *factoring*, a notificação de cada cessão singular previamente por forma a ser oponível à massa falida. Também a propósito do contrato de *factoring*, e analisando decisão da jurisprudência italiana, Piazza, *Qualificazione del contratto di* factoring *e fallimento del cedente*, 1996, pp. 124 e 125, conclui ser necessária a notificação da cessão sob pena de inoponibilidade da transmissão à massa falida. Explica, no entanto, que (como já referido) se admite a notificação por qualquer meio, desde que munida de data certa. Não explica o problema à luz da natureza controversa do contrato de *factoring*, na doutrina italiana, enquanto cessão global ou contrato preliminar seguido de múltiplas cessões. Essa distinção é feita expressamente por De Nova, *Nuovi contratti*, 1990, pp. 99 e 100 (também De Nova, *Factoring*, 1990, pp. 360 e 361), explicando que, encarado o *factoring* como contrato quadro seguido de posteriores cessões de créditos, são estas que têm de ser notificadas (por oficial de justiça, numa interpretação mais rígida ou por qualquer meio idóneo a garantir a data certa, numa interpretação mais flexível) em momento anterior ao da falência de maneira a que lhe sejam oponíveis; já no caso do *factoring* entendido como cessão global de créditos futuros vale também o momento da notificação, mas considera mais avisado a notificação da cessão global através de oficial de justiça ou uma aceitação com data certa. Também Jorio, *Patologia dei crediti e factoring*, 1989, p. 22, embora afirme ser suficiente a carta registada, chama a atenção para a necessidade de clarificar o regime do *factoring*, porque as oscilações quanto

350 *A Cessão de Créditos como Estrutura Contratual com Eficácia Translativa*

Nos ordenamentos que seguem o sistema alemão, bem como no direito belga actual e no direito inglês, não há qualquer dúvida em admitir-se que o momento determinante é o do contrato celebrado entre as partes: se o cedente cair em falência, o crédito considera-se transmitido em relação aos seus credores e também ao administrador da massa falida[941].

Quando se analisa o regime da lei Dailly na perspectiva dos efeitos em relação aos credores do cedente, a resposta não é diversa da decorrente para outros terceiros: em princípio, a cessão torna o cessionário proprietário do crédito a partir da data constante do *bordereau*, pelo que, em caso de falência do cedente, o crédito escapa aos seus credores. Todavia, alguns credores conservam o direito de se fazerem pagar pelo devedor cedido. Com algumas excepções[942], trata-se de situações em que, na verdade, o direito de crédito não se poderia transmitir para o banco cessionário, porque já havia sido transmitido para outra pessoa[943]. Também o cessionário

---

à sua qualificação têm repercussões relevantes no campo da falência. Repare-se que, depois de 1991, a nova lei aplicável à cessão de créditos empresariais (que abrange as situações de *factoring*) contém regras específicas para o caso de falência do cedente. Quando não forem aplicáveis, valem as regras gerais. Veja-se uma boa resenha de doutrina e jurisprudência sobre a matéria em Santi, *Il factoring*, 1999, pp. 344 e ss..

[941] Larenz, *Lehrbuch des Schuldrechts* – Band I, Allgemeiner Teil, 1987, pp. 575 a 577, onde a questão da falência não é colocada, mas decorre com clareza do modelo de transmissão vigente; De Page, *Traité élémentaire de droit civil belge* – Tome IV, Vol. I, 1997, p. 620; Tyler e Palmer, *Crossely Vaines' Personal Property*, 1973, p. 274 ; Cheshire, *et al.*, *Law of Contract*, 1996, pp. 519 e 526; Bridge, *Personal Property Law*, 1996, p. 123.

[942] É o caso do sub-empreiteiro que, exercendo contra o devedor a acção directa prevista na lei de 31 de Dezembro de 1975, é pago pelo preço de mercado antes do banco financiador do empreiteiro principal através da cessão de créditos sobre o dono da obra. Sobre este caso, veja-se, com maior detalhe e com indicação de diversa legislação aplicável, Boutelet-Blocaille, *Droit du crédit*, 1995, pp. 226 e 227.

[943] É o caso do beneficiário de uma cláusula de reserva de propriedade que pode opor ao banco cessionário o crédito do preço da revenda a um sub-adquirente. Aquele prevalece sobre o banco, porque o direito de reserva de propriedade sobre a coisa vendida transfere-se para o crédito do preço da revenda (art. 122 da lei de 25 de Janeiro de 1985. Veja-se explicação dada acima, pp. 307 e ss.). O conflito nasce, então, entre o banco, cessionário do crédito resultante da venda ao comerciante retalhista, e o fabricante, que reivindica o preço ainda não pago. O *Court de Cassation* entendeu que o crédito do preço de revenda foi sub-rogado às mercadorias cuja propriedade tinha sido reservada. Esta sub-rogação opera-se no mesmo instante do nascimento do crédito do preço de revenda, ou seja, desde a revenda, se bem que o banco cessionário adquira um crédito que já não pertence ao cedente. Na verdade, se o direito de reserva de propriedade sobre a coisa vendida é sub-rogado no direito ao crédito do preço da revenda, logo, se este crédito é cedido a um banco, o proprietário é o vendedor, porque a cessão através do *bordereau* Dailly não pode

financeiro (*factor*) e todos os outros adquirentes do crédito não incorporado num título serão pagos com prevalência sobre o cessionário, se a data em que se tornaram proprietários do crédito é anterior à data do *bordereau* Dailly. O conflito entre diferentes adquirentes do crédito rege-se, exclusivamente, pela data da aquisição, independentemente da notificação, em virtude do princípio de que não se pode transferir aquilo de que não se é titular[944]. Em qualquer dos casos, nunca seria possível recorrer à regra do direito francês de que "posse de boa fé vale título", porque esta só vale para bens móveis corpóreos e o direito de crédito permanece um direito incorpóreo, não incorporado no documento através do qual é transmitido[945-946].

Nos direitos continentais a falência é considerada quase exclusivamente sob o ponto de vista processual: o direito substantivo determina o regime e as regras da falência reportam-se apenas ao desenvolvimento de todo o processo – desde o início, com o pedido de falência ou outro que conduza a efeitos idênticos, até ao pagamento dos credores através dos mecanismos de transformação do acervo que constitui a massa falida em elementos capazes de satisfazerem os credores[947]. Quando muito, o insti-

---

transferir ao banco cessionário a propriedade de um crédito que o cedente não tinha. Boutelet-Blocaille, *Droit du crédit*, 1995, p. 227.

[944] Boutelet-Blocaille, *Droit du crédit*, 1995, p. 227.

[945] *Ibidem*.

[946] É quando se analisa a situação dos credores do cedente face à falência deste que parecem surgir algumas dúvidas sobre o valor da notificação. Se se acabou de referir a importância da data constante do documento de transmissão e não a data da notificação, a doutrina aponta, aparentemente em sentido diverso, um caso em que importa ter em conta a notificação. A posição do portador de uma letra que incorpore o crédito cedido prevalece sobre a posição do banco cessionário se a aceitação da letra tiver tido lugar antes da notificação da cessão (e não antes da data da cessão), que é o caso mais frequente. A posição do cessionário prevalece sobre a do portador de uma letra no caso de: o devedor cedido sacado ter sido notificado, porque é excepção oponível ao sacador; a letra não ter sido aceite e o seu vencimento for posterior à notificação, porque a notificação da cessão é uma excepção oponível ao sacador; a cessão ter sido aceite pelo devedor cedido, porque este deve pagar ao cessionário e eventualmente ao portador da letra se cometeu o erro de também a aceitar. Boutelet-Blocaille, *Droit du crédit*, 1995, p. 227. Todavia, ainda asssim se compreende o problema à luz da protecção do devedor cedido. Não se trata, nesses casos, de conferir maior importância à notificação face ao contrato escrito constante do *bordereau*, mas tão-só de definir a posição do devedor cedido quando lhe é requerido o pagamento do mesmo direito de crédito pelo cessionário e pelo portador de letra que incorpora o mesmo direito. Tratando-se da análise da posição do devedor cedido sobre a quem efectuar o pagamento, fará sentido esta referência à notificação.

[947] Veja-se, por exemplo, Galgano, *Diritto privato*, 1999, pp. 916 e ss..

352 *A Cessão de Créditos como Estrutura Contratual com Eficácia Translativa*

tuto da falência importa na perspectiva de balão de ensaio para as melhores soluções a contemplar ao nível do direito substantivo.

Nos direitos anglo-saxónicos, profundamente orientados pela resolução imediata de problemas de ordem eminentemente prática, há tendência para construir regimes próprios, aplicáveis apenas em caso de falência[948-949]. É o que acontece com o direito inglês, através da aplicação, na sequência da Secção 43 do *Bankruptcy Act* de 1914, da Secção 344 do *Insolvency Act* 1986, e era o que acontecia com o direito americano, até o UCC contemplar, para quase todas as situações, a regra do registo[950].

No direito inglês existe, assim, uma regra genericamente aplicável e uma outra circunscrita às situações de falência: neste último caso a regra é a do registo (nos termos do *Bill of Sales Act* 1878), enquanto no primeiro vale o momento da cessão para a generalidade das situações e a notificação, através da regra *Dearle v. Hall*, para o caso de cessões múltiplas.

II. Como direito continental, também o direito falimentar português é, quase exclusivamente, um direito de índole adjectiva[951], falando-se da

---

[948] Fala-nos desta necessidade, por exemplo, Fletcher, *The Law of Insolvency*, 1996, p. 187.

[949] Não se deixa no entanto de afirmar que "[w]hether property falls into the bankrupt's estate depends on whether it actually belongs to the bankrupt at the commencement of bankruptcy."- Bailey, *Bankruptcy and Insolvency*, 1989, p. 244 – e que o desvio eventualmente operado pelas regras da falência em relação às regras normalmente aplicáveis deve ser o menor possível, pois o objectivo daquelas é *"mirror the relative value of substantive entitlements of the non-bankruptcy world"* – Jackson, *Translating Assets and Liabilities to the Bankruptcy Forum*, 1996, pp. 58, 59 e 72. Por seu turno, Goode, *Principles of Corporate Insolvency Law*, 1997, p. 54, aponta como princípio basilar o reconhecimento pela lei da insolvência dos direitos constituídos anteriormente de acordo com a lei geral, do qual resulta o princípio segundo o qual apenas os bens (*assets*) da empresa devedora estão disponíveis para os seus credores.

[950] Nos início dos anos 40 a problemática da prioridade entre cessionários sucessivos tornou-se muito importante no que respeita a cessão em bloco de créditos sobre o preço de bens entregues, tanto mais que esta cessão em bloco era um modo usual de dar garantia aos bancos pelos empréstimos concedidos. Por aplicação do *Federal Bankruptcy Act*, inúmeros tribunais decidiram que o administrador da massa falida poderia desconsiderar uma cessão feita pelo falido se no momento da cessão houvesse qualquer possibilidade de, por aplicação da lei do Estado em questão, prevalecer um cessionário subsequente de boa fé. O objectivo desta construção era o de impedir que as cessões em bloco perdessem qualquer utilidade como instrumentos de garantia. Veja-se, com indicação de jurisprudência, Zweigert e Kötz, *Introduction to Comparative Law*, 1992, p. 484.

[951] Escreve Menezes Cordeiro, *Da Falência e das Benfeitorias feitas por Terceiros*, 1989, pp. 118 e 119, que "[a]o Direito civil e comercial compete definir os direitos das par-

Terceiros: contrato ou notificação

"inocuidade dos procedimentos processuais" para explicar que estes não devem perturbar as soluções de fundo encontradas pelo ordenamento para as questões que se suscitem[952]. O Código dos Processos Especiais de Recuperação da Empresa e de Falência é quase na totalidade uma lei adjectiva[953]: apesar dos importantes efeitos de direito substantivo que a situação de falência desencadeia[954], a preocupação principal do legislador,

---

tes envolvidas, os seus limites e as regras a observar quando, entre eles, se registem conflitos. O domínio adjectivo da problemática *não deve distorcer* as saídas que, em cada momento histórico, os ordenamentos consideram justas. A bondade do procedimento falimentar, quanto à satisfação dos interesses em presença é, tão-só, o dos regimes substantivos implicados: tudo decorre de tal modo que tais regimes aflorem, sejam ponderados e dêem lugar às decisões mais oportunas."(também Menezes Cordeiro, *Manual de Direito Comercial* I Vol. , 2001, p. 347). Também neste contexto se percebe a posição de Oliveira Ascensão e França, *As Repercussões da Declaração de Falência sobre a Situação dos Credores Hipotecários*, 1989, p. 56 e ss., quando explicam que a declaração de falência praticamente não altera o que decorre do direito substantivo relativamente à graduação de créditos, não sofrendo qualquer prejuízo os credores hipotecários. É igualmente ilustrativo o levantamento feito por Carvalho Fernandes, *O Código dos Processos Especiais de Recuperação da Empresa e de Falência: Balanço e Perspectivas*, 1997, p. 7, dos aspectos essenciais que se podem exigir a uma lei da natureza do CPEREF: remédios dirigidos ao saneamento das empresas em situação de insolvência, mas recuperáveis; meios de célere e adequada liquidação das empresas, quando irremediavelmente condenadas à falência. Afirmar-se que o direito falimentar tem índole adjectiva em nada contende com a qualificação do processo de falência como declarativo ou executivo. Veja-se Lebre de Freitas, *Apreensão, Restituição, Separação e Venda de Bens no Processo de Falência*, 1995, pp. 372 e 373, inclinando-se para uma natureza mista. Uma coisa é qualificar como procedimento declarativo aquele que é destinado a verificar o direito de terceiro proprietário ou possuidor para efeito de separação ou restituição da massa falida, coisa diversa é concluir que, nessa apreciação, concorrem regras de direito material novas, diversas das regras comuns, aplicáveis em virtude de se estar em processo de falência (é neste último sentido que se afirma ser o direito falimentar português fundamentalmente adjectivo). A propósito da procedência da reclamação, Carvalho Fernandes e Labareda, *Código dos Processos Especiais de Recuperação da Empresa e de Falência Anotado*, 1999 (reimpressão 2000), nota n.º 4 ao art. 201.º, p. 488, escrevem que ela será apreciada de acordo com as regras do direito substantivo aplicáveis em cada caso, regulando-se no preceito legal somente as condições do exercício do direito à separação.

[952] Menezes Cordeiro, *Da Falência e das Benfeitorias feitas por Terceiros*, 1989, p. 119 e também p. 122; Menezes Cordeiro, *Manual de Direito Comercial* I Vol. , 2001, p. 347.

[953] Apesar desta afirmação também ser verdadeira para o projecto de Código da Insolvência e da Recuperação de Empresas, este texto vai mais além na introdução de regras que introduzem desvios às soluções do direito substantivo. É notório, por exemplo, o desenvolvimento das regras relativas aos efeitos da insolvência sobre os negócios jurídicos em curso (arts.102.º e ss.).

[954] Enfatiza este aspecto Lebre de Freitas, *Apreensão, Restituição, Separação e Venda de Bens no Processo de Falência*, 1995, p. 373, reportando-se, nomeadamente,

354 *A Cessão de Créditos como Estrutura Contratual com Eficácia Translativa*

amplamente espraiada na própria sistemática da lei, é regular o procedimento conducente à recuperação da empresa ou à falência da mesma. Nesse procedimento inclui-se todo o rol de pressupostos, actuações e efeitos da cadeia de actos conducente ou não a uma declaração de falência, bem como toda a actuação posterior a essa declaração de falência, que se prende com a alienação da massa falida e a satisfação dos credores[955].

Pontualmente, há o afloramento de algumas regras com conteúdo substantivo, introduzindo desvios às soluções resultantes da simples aplicação do direito material. Essas regras contemplam soluções inovadoras em relação ao que resultaria da aplicação do direito substantivo – como sejam as regras relativas à possibilidade de resolução de actos em benefício da massa falida e à manutenção ou extinção de determinados contratos (arts. 156.º, 161.º, 162.º, 163.º, 164.º, 164.º-A do CPEREF) – ou introduzem especificidades em relação a regimes regulados em sede geral – como sejam as presunções de má fé acolhidas na impugnação pauliana (art. 158.º do CPEREF)[956].

Um pouco por todos os ordenamentos se admite a resolução, em benefício da massa falida, de actos praticados com alguma proximidade em relação à data da abertura do processo conducente à falência[957].

---

ao campo das inibições do falido para o exercício do comércio e para a ocupação de determinados cargos.

[955] Por exemplo, Teixeira de Sousa, *A Verificação do Passivo no Processo de Falência*, 1995, p. 354.

[956] Veja-se, por exemplo, Catarina Serra, *Efeitos da Declaração de Falência sobre o Falido*, 1998, pp. 289 e ss..

[957] No caso do direito português, releva especialmente o disposto no art. 156.º/1/c) do CPEREF relativamente a actos realizados a título oneroso pelo falido, nos seis meses anteriores à data da abertura do processo conducente à falência, com sociedades por ele dominadas directa ou indirectamente, ou, no caso de falência de sociedades ou de pessoa colectiva, com sociedades que dominem, directa ou indirectamente, o capital da sociedade ou pessoa colectiva falida ou por esta dominadas, ou com os seus administradores, gerentes ou directores. Manifestamente, visa-se evitar que o falido, na eminência da abertura de um processo de falência (ou, algo fraudulentamente interessando em promovê-lo), dissipe património para outra pessoa com quem tenha relações. Mas repare-se que no caso de serem celebradas doações, porventura simuladas, de direitos de crédito, sempre encontrarão resposta no art. 156.º/1/a). O projecto do CIRE estabelece dois regimes base relativamente a esta matéria. No art. 121.º elenca os casos de resolução em benefício da massa insolvente que dispensam, em regra, quaisquer outros requisitos (por exemplo, doações celebradas nos dois anos anteriores à data do início do processo de insolvência). No art. 120.º admite, em caso de má fé do terceiro, a resolução em benefício da massa insolvente dos actos prejudiciais à massa praticados ou omitidos dentro dos quatro anos anteriores à data do início do processo da insolvência. É entendido como acto prejudicial qualquer acto

Este mecanismo interessa não só nas situações de transmissão de créditos isolados, que podem, através dele, ser resolvidas em benefício da massa falida, mas também em situações de falência do facturizado na cessão financeira[958].

Foi já defendido que, no caso de cessão financeira, são de excluir os mecanismos quer da impugnação pauliana (por não preencher os requisitos de diminuição da garantia patrimonial e impossibilidade ou agravamento da impossibilidade do credor obter a satisfação integral do seu crédito – art. 610.° CC) quer da resolução da cessão, porquanto esta corresponde a uma melhoria da situação económica da empresa facturizada, não gerando qualquer prejuízo para a massa falida[959]. Não se compreende, no entanto, a razão de exclusão, por exemplo, da aplicação do artigo 156.°/1/c). Neste preceito não se exige qualquer requisito específico relativamente à diminuição da capacidade financeira, configurando praticamente uma presunção de diminuição patrimonial.

No caso de cessões de crédito para titularização, o Decreto-Lei n.° 453/99, de 5 de Novembro, estabeleceu um conjunto de regras especiais em matéria de falência, de maneira a dotar estas cessões de créditos de um elevado grau de segurança, com a preocupação manifesta de proteger o interesse dos investidores[960]. Assim, nos termos do artigo 8.°/1/b), a cessão para titularização não pode ser resolvida em benefício da massa falida, excepto se os interessados provarem que as partes agiram de má fé[961].

---

que diminua, frustre, dificulte, ponha em perigo ou retarde a satisfação dos credores da insolvência. O terceiro está de má fé quando, à data do acto, sabe: que o devedor se encontra em situação de insolvência; que o acto é prejudicial e o devedor se encontra à data em situação de insolvência iminente; que o processo de insolvência teve início. Estabelece-se, depois, presunção ilidível (art. 120.°/4) da má do terceiro, bem como presunções inilidíveis (art. 120.°/3) de actos prejudiciais à massa falida.

[958] No caso de falência do *factor*, tratando-se de uma sociedade financeira ou de um banco, a aplicação do CPEREF está excluída (art. 2.°). Todavia, também no caso de falência de estabelecimento bancário, rege o art. 15.° do DL 30 689, de 27 de Agosto de 1940, que confere à comissão liquidatária o poder de cumprir ou rescindir os contratos bilaterais celebrados pelo estabelecimento bancário.

[959] Pestana de Vasconcelos, *Dos Contratos de Cessão Financeira* (Factoring*)*, 1999, p. 352.

[960] Monteiro, *O Recente Regime Português da Titularização de Créditos*, 2000, p. 211.

[961] Contudo, no caso de falência do cedente, apenas as entidades previstas na parte final do artigo 2.° do diploma da titularização – outras pessoas colectivas cujas contas dos três últimos exercícios tenham sido objecto de certificação legal por auditor registado na Comissão de Mercado de Valores Mobiliários – e que não sejam *empresas de inves-*

356 *A Cessão de Créditos como Estrutura Contratual com Eficácia Translativa*

A lei não refere dentro de que padrões se afere esta má fé das partes. Mas, de acordo com a al. a) do mesmo número, a impugnação pauliana está sujeita aos requisitos do código civil (arts. 610.º e 612.º), não sendo aplicáveis as presunções de má fé, nomeadamente as estabelecidas pelo referido artigo 158.º do CPEREF, e foi entendido ser de tomar em conta o disposto no código civil para o requisito análogo na impugnação pauliana[962].

Note-se que estes afloramentos que a lei da titularização faz dos mecanismos da resolução em benfício da massa falida e da impugnação pauliana, criando um regime próprio, praticamente mais não são do que o retorno ao regime substantivo comum.

III. Se a resolução dos actos em benefício da massa falida, nos termos do artigo 156.º do CPEREF, e da impugnação pauliana, nos termos dos artigos 157.º a 159.º do mesmo diploma, representam afloramentos substantivos num ambiente profundamente adjectivo, introduzindo desvios aos regimes decorrentes da lei substantiva comum, há um outro ponto de análise suscitado pela matéria da falência.

É esse ponto de análise o que mais importa, não só porque se aplica à generalidade das situações – e tem aplicações quer às cessões de créditos comuns, quer às cessões financeiras, quer às cessões para titularização –, mas também porque é o objecto nuclear do presente trabalho. Essa análise reside apenas nisto: é necessária ou não a notificação, a aceitação ou o conhecimento da transmissão dos créditos por parte do devedor cedido para que a transmissão do direito produza efeitos perante a massa falida – o que equivale a dizer, seja oponível perante o administrador da massa falida e os credores do cedente[963]. O que se procura, neste momento,

---

timento que prestem serviços que impliquem a detenção de fundos ou de valores mobiliários de terceiros" ou organismos de investimento colectivo (art. 2.º do Decreto-Lei que aprova o CPEREF) estão sujeitas às disposições do CPEREF. Por isso, a exclusão da aplicação do artigo 156.º/1/c) do CPEREF, no caso de falência do cedente, é apenas relativa a situações de falência do cedente em que o cedido seja um veículo societário de titularização dominado pelo primeiro. Lembra Calvão da Silva, *Titul[ariz]ação de Créditos*, 2003, p. 108, que o cessionário pode ser quer uma sociedade dominada directa ou indirectamente pelo falido (cedente), quer uma sociedade dominante directa ou indirectamente do falido (cedente).

[962] Monteiro, *O Recente Regime Português da Titularização de Créditos*, 2000, p. 211.

[963] Frise-se, mais uma vez: é absolutamente determinante perceber se na massa falida está um bem, neste caso um crédito, cujo titular não é o falido, pelo que dela deve ser separado. Menezes Cordeiro, *Da Falência e das Benfeitorias feitas por Terceiros*,

Terceiros: contrato ou notificação

é averiguar se há algo na regulação falimentar passível de lançar luz sobre este aspecto e também, no inverso, quais as consequências de, em termos nucleares, se adoptar uma ou outra posição.

Viu-se já que o contrato-fonte da transmissão celebrado antes da declaração de falência, mas não notificado ao devedor, é como se não existisse para o administrador da massa falida e os credores das partes, se a notificação for imprescindível, no sentido de ser essencial para a transmissão produzir efeitos perante eles. Consequentemente, o crédito que é objecto desse contrato considera-se parte da massa falida e o cessionário, se já tiver pago o correspectivo, ficará na posição de credor da massa em relação à restituição desse valor. Para o cessionário a posição é profundamente desvantajosa. Se a transmissão for oponível com a conclusão do contrato, então o cessionário gozará do direito de separação do crédito em relação à massa falida, pagando, naturalmente, se ainda o não tiver feito, o correspectivo.

Ora no regime comum das falências (ao contrário do que sucede nos aspectos falimentares aflorados na lei da titularização, os quais se mencionarão adiante) não se encontra nenhum preceito que permita lançar luz sobre tal problema[964], pelo que, necessariamente, a solução terá de ser encontrada ao nível nuclear, para a qual já se lançaram as bases da reflexão que prosseguirá com o decurso do presente trabalho.

1989, p. 129, explicita em moldes claríssimos que os terceiros que tenham direitos próprios a bens incluídos na massa não são credores do falido, mas sim titulares desses bens, pelo que estes devem ser retirados, fisica ou idealmente, da massa falida, como consequência directa e necessária do simples respeito pela titularidade dos bens (dito de outra maneira, será a consequência da protecção da propriedade). Mais adiante (p.131) informa que nenhuma decisão jurisprudencial consultada pôs em causa a restituição ou a separação decorrentes dos direitos de terceiros, não existindo qualquer confusão com o tratamento dos créditos.

[964] O art. 147.º do CPEREF estatui que a declaração de falência priva o falido do poder de disposição dos seus bens, presentes ou futuros, que passam a integrar a massa falida, mas não determina se certo bem pertence ou não ao falido, logo, integra a massa falida. O objectivo é, portanto, como já referido, obter uma separação patrimonial, formando a massa falida um património autónomo afecto à satisfação dos credores (Oliveira Ascensão, *Efeitos da Falência sobre a Pessoa e Negócios do Falido*, 1995, p. 653). O "congelamento" da massa falida não obsta a que o falido continue a ser o titular da massa (*ibidem*, pp. 653 e 654), o que significa, mais uma vez, não resultar deste preceito qualquer ajuda no sentido de saber se determinado bem pertence ou não ao falido, logo, à massa falida. Também o art. 46.º do projecto do CIRE apenas refere que a massa insolvente abrange todo o património do devedor à data da declaração de insolvência, não contendo regras novas para determinar os contornos desse património.

358   *A Cessão de Créditos como Estrutura Contratual com Eficácia Translativa*

Todavia, ainda no regime geral das falências, há um preceito que terá aplicações bem diversas consoante se opte por uma ou outra posição e que, por isso, merece bem ser lembrado. Trata-se do artigo 161.°/3 do CPEREF, relativo à possibilidade de resolução de uma compra e venda "ainda não cumprida", quando o vendedor for o falido: se o domínio da coisa já se tiver transmitido à data da declaração da falência, o contrato de compra e venda não se extingue; no caso contrário, o liquidatário tem o direito de optar pelo cumprimento do contrato ou pela resolução dele, com direito para o comprador a reclamar da massa falida a indemnização pelo dano sofrido[965-966].

---

[965] Esta solução é explicada à luz da resolução do conflito existente entre a aplicação das regras gerais da declaração de falência e a tutela do direito real de terceiro. Por isso, este preceito inclui os casos em que o contrato já se encontra integralmente cumprido pelo comprador (que já pagou o preço, mas que ainda não recebeu a coisa), excluindo os casos em que o contrato já foi cumprido pelo vendedor falido e, por isso, a coisa já foi entregue, pelo que não há necessidade de proteger o comprador *in bonis*: Maria do Rosário Epifânio, *Os Efeitos Substantivos da Falência*, 2000, p. 252. Não se pode deixar de notar que parece existir nestas afirmações, tal como no próprio texto legal, alguma imprecisão. Apesar da epígrafe denominada *"compra e venda ainda não cumprida"*, o art. 161.°/3 não elege o aspecto do cumprimento como critério do regime que desenha: esse critério é a transmissão do direito que, naturalmente, pode estar na dependência de certos actos, mas que não tem a ver directamente com o cumprimento. As afirmações referidas parece que querem equivaler a transmissão do domínio da coisa à entrega da coisa, o que até poderia ser a intenção do legislador, mas, definitivamente, não foi o que ficou consagrado (como aliás é afirmado pela referida A., *ibidem*, p. 251, nota 611). Independentemente de ter havido ou não entrega da coisa objecto do direito transmitido, o que interessa determinar é se o direito já se transmitiu ou não – o comprador pode estar na posse da coisa e, no entanto, o direito manter-se na titularidade do vendedor – o que reveste a maior importância, por exemplo, nos casos de compra e venda de bens futuros ou na compra e venda com reserva de propriedade (veja-se maior elenco em Maria do Rosário Epifânio, *Os Efeitos Substantivos da Falência*, 2000, pp. 256 e 257). Ao invés, se a titularidade do direito já se transmitiu, embora o comprador não esteja na posse da coisa, ele poderá sempre reclamá-la à massa falida. Não se vê, portanto, que a razão de ser deste preceito seja a protecção de direito real de terceiro, mas, outrossim, a protecção da massa falida e dos interesses dos credores do cedente, interpretados na escolha do liquidatário (no sentido de o destino do contrato depender em cada caso da solução que se mostrar mais favorável para a defesa da massa falida, Carvalho Fernandes e Labareda, *Código dos Processos Especiais de Recuperação da Empresa e de Falência Anotado*, 1999 (reimpressão 2000), nota n.° 8 ao art. 161.°, p. 424; também Maria do Rosário Epifânio escreve que a atribuição ao liquidatário judicial da competência para decidir sobre a manutenção ou resolução dos negócios inscreve-se na busca da melhor solução para a defesa dos interesses concursuais. *Ibidem*, p. 403.). A lei falimentar, no que toca à primeira parte do art. 161.°/3, nada acrescenta ao que decorre da natural aplicação das regras comuns de direito substantivo: se o domínio da coisa – se o

Em primeiro lugar, importa frisar que o preceito se refere apenas ao contrato de compra e venda e o texto fala em "domínio da coisa", advogando-se que traduz o respeito pelo princípio geral da eficácia *erga onmes* dos direitos reais[967]. Perguntar-se-á, liminarmente, se é aplicável à transmissão de créditos. Embora se refira a "coisa", o que interessa, no preceito, é o aspecto transmissivo de um direito através de um contrato de compra e venda[968-969]. A referência a coisa atribui-se, tão-só, à circuns-

---

direito de propriedade sobre a coisa – já se transmitiu, então o legislador teria de intervir se fosse para contemplar solução diversa da manutenção dos efeitos contratuais, *maxime* das decorrências do efeito transmissivo no que toca à possibilidade de reclamar a coisa vendida e alienada. Não se percebe, portanto, a necessidade de enfatizar este vector da segurança, da protecção da confiança no comércio jurídico e da protecção de aquisição dos direitos reais tal como é explicado por Maria do Rosário Epifânio, *Os Efeitos Substantivos da Falência*, 2000, pp. 254 e 255, que, aliás, um pouco adiante, na p.257, acaba por, muito correctamente, desligar a questão do cumprimento da problemática do art. 161.º/3.

[966] Também o art. 102.º do CIRE determina que, se um contrato bilateral não estiver totalmente cumprido à data da declaração de insolvência, o cumprimento fica suspenso até que o administrador da insolvência opte por executar ou recusar o cumprimento. Relativamente à compra e venda, só contém preceitos especificamente dirigidos à situação em que a propriedade já tenha sido transmitida, mas a obrigação da entrega ainda não tenha sido cumprida (art. 105.º) e à compra e venda com reserva da propriedade (104.º).

[967] Maria do Rosário Epifânio, *Os Efeitos Substantivos da Falência*, 2000, p. 405.

[968] Repare-se que, quando a lei se refere à transmissão do "domínio" da coisa, está a colocar o acento tónico na transmissão do direito e não na entrega da coisa ou no pagamento do preço. Carvalho Fernandes e Labareda, *Código dos Processos Especiais de Recuperação da Empresa e de Falência Anotado*, 1999 (reimpressão 2000), nota n.º 6 ao art. 161.º, p. 423, frisam este aspecto, explicando que o factor determinante do regime é a transmissão do direito de propriedade. Acrescentaria que não se vê por que excluir outros direitos, nomeadamente os direitos de crédito, porquanto, o aspecto nuclear do regime é a transmissão de um direito por efeito do contrato de compra e venda e, como é sabido, o objecto do contrato de compra e venda pode ser diverso do direito de propriedade.

[969] Catarina Serra, *Efeitos da Declaração de Falência sobre o Falido*, 1998, p. 300, nota 102, explica que as situações reguladas neste preceito só poderão ser aquelas a que alude o art. 408.º/1 e 2 do CC (com exclusão da reserva de propriedade, que tem preceito próprio), porquanto em geral a compra e venda é um contrato com eficácia real, pelo que, normalmente a questão de existência de contrato sem transferência de domínio não se coloca. Se é certo que, por regra, a compra e venda é consensual, não é de excluir que o âmbito das excepções ao consensualismo, dada a amplitude com que o art. 409.º está construído, seja mais vasto do que possa parecer (veja-se Cristas e Gouveia, *Transmissão da Propriedade e Contrato de Compra e Venda*, 2001, pp. 52 e ss.). Acresce que o art. 163.º do CPEREF não se aplica genericamente à compra e venda com reserva de propriedade, mas aos casos de venda a prestações ao falido com reserva de propriedade, pelo que algumas situações de reserva de propriedade poderão ficar abrangidas pelo art. 161.º do mesmo código.

360 *A Cessão de Créditos como Estrutura Contratual com Eficácia Translativa*

tância de estar muito arreigada na linguagem a associação da compra e venda à compra e venda de coisas[970].

Ainda, a cessão de créditos, estruturalmente, mais não é do que o efeito de um contrato-fonte que, na generalidade dos casos é, justamente, uma compra e venda. Por isso, não se vê razão para desaplicar este preceito à compra e venda de um direito de crédito, ou, como normalmente é dito, à cessão de créditos cuja causa seja uma compra e venda[971]. Não parece obstar a este entendimento a leitura que vê no referido preceito a protecção da oponibilidade *erga omnes* dos direitos. Se se poderia deduzir, *a contrario sensu*, não ser abrangida a protecção da titularidade de um direito de crédito, por definição um direito relativo, sempre se tem entendido, inversamente, que a titularidade do direito de crédito deve ser respeitada por todos[972].

---

[970] Veja-se sobre o objecto do contrato de compra e venda, mais abaixo, pp. 501 e ss..

[971] Embora não resulte com absoluta clareza o âmbito a que se refere (se apenas ao regime do art. 161.º/1 e 2 CPEREF ou se relativamente a todas as situações de compra e venda prevista nesse código), Carvalho Fernandes, *Efeitos Substantivos da Declaração de Falência*, 1995, p. 48, sustenta dever atender-se ao preceituado do art. 939.º do código civil, do qual resulta a aplicação subsidiária do regime da compra e venda a outros contratos onerosos. A ser assim, deverão ser ponderados em geral os contratos onerosos de que resulta imediata ou diferidamente a transmissão de direitos, onde se incluirá, naturalmente, o contrato de *factoring*. Se o preceito se circunscrever ao contrato de compra e venda, será mais discutível a sua aplicação ao contrato de *factoring*. Está a pensar-se nas modalidade de contratos de *factoring* (dos contratos de cessão de créditos subsequentes ao contrato-quadro inicial) que contêm parcelas de regime qualificáveis de compra e venda – veja-se a ampla análise feita por Pestana de Vasconcelos, *Dos Contratos de Cessão Financeira* (Factoring*)*, 1999, pp. 357 e ss.. Embora seja inegável o carácter complexo de qualquer desses contratos, impossível de reconduzir a uma compra e venda, a verdade é que, pelo menos em grande parte deles, o efeito transmissivo do crédito obtém-se com base na compra e venda – há, efectivamente, a transmissão de um direito de crédito do cliente facturizado para o *factor* por contrapartida de um preço. Assim, nos casos em que se identifique com clareza a compra e venda como contrato-fonte daquela transmissão de crédito, não se vê razão para desaplicar o regime deste art. 161.º/3 do CPEREF. Mesmo no caso de titularização não é descabida a aplicação de tal regime às cessões de créditos subjacentes à operação, porque, também aí encontramos o núcleo da compra e venda. Se se pensar a estes níveis, e não apenas ao nível da cessão de créditos tradicional, percebe-se como, mais uma vez, é imprescindível a determinação em definitivo do momento da oponibilidade da transmissão *erga omnes*. Problema algo parecido é analisado, em comentário a decisão de jurisprudência italiana, por Piazza, *Qualificazione del contratto di* factoring *e fallimento del cedente*, 1996, em especial p.114.

[972] Não é este o local para desenvolver esta afirmação. Mais adiante, na parte II do presente estudo, far-se-á referência à distinção entre direitos reais e direitos de crédito no

Assente a aplicabilidade do preceito, veja-se como as consequências da aplicação do mesmo são profundamente diferentes consoante se opte por uma ou outra posição em sede de oponibilidade da transmissão a terceiros.

Se se entender que a transmissão do domínio sobre o direito de crédito, ou seja a transmissão da titularidade do direito de crédito, está dependente da notificação, então, se ela ainda não tiver sido realizada até à data da abertura da declaração da falência[973], o liquidatário pode optar entre cumprir o contrato – e, nomeadamente, notificar o devedor cedido[974] – ou resolvê-lo, ficando o cessionário na posição de credor comum da massa falida quanto ao valor da indemnização pelo dano sofrido. Mais ainda, se se entender que a notificação desempenha uma função análoga à do registo, então não será difícil, na esteira de alguma doutrina, defender, à semelhança da necessidade de registo prévio à data da sentença declaratória de falência, a necessidade de prévia notificação[975].

Pelo contrário, se se entender que o direito de crédito já se encontra na titularidade do cessionário, por mero efeito do contrato de compra e

---

que se prende com a oponibilidade da sua titularidade, naturalmente, ligada à oponibilidade *erga omnes* da sua transmissão.

[973] A lei é clara ao referir-se a *"data da declaração da falência"* e não *"data da abertura do processo conducente à falência"*, como acontece, por exemplo, no art. 156.º. Isto significa que, na prática, se o cessionário ainda não tiver notificado no momento da abertura do processo conducente à falência, poderá fazê-lo até à data da declaração da falência.

[974] Na pressuposição de que as partes não acordaram em não notificar o devedor cedido. A ter sido combinado a não notificação é discutível se o liquidatário poderá ter actuação diversa, porque não estará já a cumprir, mas a incumprir o acordo celebrado.

[975] Maria do Rosário Epifânio, *Os Efeitos Substantivos da Falência*, 2000, p. 252, nota 612, defende, na hipótese de se tratar de um contrato de compra e venda de uma coisa imóvel ou de uma coisa móvel sujeita a registo, que a oponibilidade da transferência do direito de propriedade para o contraente *in bonis* depende da sua inscrição num momento anterior à data da sentença declaratória da falência. Naturalmente que tal afirmação contende com toda a problemática dos efeitos do registo, que não se pode (nem seria adequado), neste momento, explorar. Mas sempre se dirá que a questão não se apresenta de todo pacífica. Carvalho Fernandes e Labareda, *Código dos Processos Especiais de Recuperação da Empresa e de Falência Anotado*, 1999 (reimpressão 2000), nota n.º 5 ao art. 178.º, p. 449, afirmam, a propósito do registo de apreensão dos bens cuja penhora esteja sujeita a registo (art. 178.º CPEREF), que a falta de registo não gera inoponibilidade da apreensão a terceiros, nem lhes aproveita se acaso for celebrado pelo falido algum acto sobre os bens apreendidos. A declaração de falência, só por si, torna esses actos inoponíveis à massa falida, pelo que, a ser outro o regime da falta de registo, haveria contradição insanável. O registo, embora obrigatório, tem aqui efeito meramente enunciativo.

362 A Cessão de Créditos como Estrutura Contratual com Eficácia Translativa

venda de que é objecto, então o contrato de compra e venda não se extingue (na terminologia da lei) e o cessionário poderá reclamar a separação do crédito da massa falida.

Neste ponto particular, a lei falimentar não oferece, e bem, qualquer solução, mas confere mais uma ilustração da diferença prática que pode resultar da opção de determinada solução teórica a buscar em sede geral, ou seja, na regulação do código civil.

Aqui, perante a já referida omissão da lei, pode perguntar-se se o regime a aplicar neste caso deverá ser o que regula a relação entre as partes – contrato-fonte – ou aquele que se refere a terceiros – a notificação. Os credores das partes, normalmente do cedente, no caso de falência do seu devedor, devem ser tratados como se partes fossem ou, pelo contrário, como se fossem terceiros com uma pretensão de titularidade sobre o mesmo direito de crédito? A sua posição está mais próxima da posição das partes ou da posição dos terceiros adquirentes do mesmo direito de crédito?

Mais uma vez, esta resposta só poderá ser justificadamente encontrada uma vez confrontados todos os resultados a que se for chegando, mas, dada a similitude do regime legal, importa fazer uma breve referência à problemática na doutrina e jurisprudência italianas.

Na verdade, gerou-se a dúvida sobre se o artigo 1265 do código italiano (correspectivo do nosso artigo 584.°) – bem como o artigo 2914/2 respeitante à penhora – seria ou não aplicável a terceiros credores do cedente falido, exigindo-se, consequentemente, que a cessão tivesse sido notificada antes da abertura do processo de falência para que fosse oponível aos credores do cedente ou, ao invés, bastanto para essa oponibilidade a certeza da data da cessão (o que está assegurado quando a cessão consta de documento com data certa[976]). É genericamente aceite que os credores das partes são equiparáveis aos terceiros adquirentes concorrenciais do mesmo crédito[977], porque a declaração de falência gera um concurso de

---

[976] O paralelismo entre o art. 1265 e o art. 2914/2 do código civil italiano não é, no entanto, isento de dúvidas. Veja-se, por exemplo, Nuzzo, *Il* factoring *nella dottrina italiana*, 1985, p. 329, quando defende que enquanto o primeiro exige expressamente acto com data certa tal exigência não consta do segundo. Em sentido inverso, defendendo a necessidade de data certa nos dois casos, por exemplo, Bozza, *L'opponibilità al fallimento del cedente della cessione dei crediti attuata in precendenza*, 1988, p. pp. 1054 e 1055; Troiano, *La cessione di crediti futuri*, 1999, pp. 509 e 510.

[977] Embora pareça haver vozes contrárias, como seja Marani, *Notifica, accettazione e buona fede nella cessione dei crediti*, 1977, pp. 107 e 108, nota 45, porque centra o problema em saber se uma notificação com data certa é suficiente para conferir oponibilidade à cessão não constante de acto com data certa; Quatraro, *Factoring e fallimento del*

todos os credores ao património do seu devedor (cedente), logo, também aos seus créditos[978].

A solução, apenas alicerçada nesta razão, não parece ser de acolher no direito português, porque, se é inegável a existência de um conflito subjacente entre credores comuns do cedente e cessionário, em virtude de aqueles pretenderem ver incluídos na massa falida os créditos de que este se arroga titular, não existe, como foi aliás referido, um verdadeiro conflito de titularidade tal como foi previsto no artigo 584.°, até porque, concretamente, os credores podem fazer-se pagar por bens diversos dos créditos cedidos. Acresce que, no caso de cessões onerosas e atendendo à justiça das soluções, tal como já foi referido, fará porventura mais sentido equiparar os credores das partes à própria posição das mesmas, porque têm como garantia comum a totalidade do património do seu devedor e esse património não será diverso consoante visto da óptica do devedor falido ou dos seus credores.

Além disso, percebe-se que tenha sido esta a orientação da doutrina e jurisprudência italianas, porque existe no código civil um preceito relativo a terceiros credores que, no caso de penhora, faz depender da notificação/aceitação a oponibilidade da transmissão. Se fosse acolhida outra solução para os casos de falência, provavelmente padeceria de uma incontornável incongruência sistemática[979]. Tal não acontece no direito português, que, ao invés, mercê da inexistência de qualquer preceito relativo a

---

cedente, 1982, p. 137. Indicação de alguma jurisprudência no sentido da exclusiva exigência da cessão constar de acto de data certa pode encontrar-se em Perlingieri, *Il trasferimento del credito – Nozione e orientamenti giurisprudenziali*, 1981, p. 79.

[978] O tribunal da Cassação entendeu ser exigível a notificação ou a aceitação por acto de data certa por considerar a posição dos credores do cedente equivalente à dos adquirentes concorrenciais do direito de crédito. Corte di Cassazione, Sez.III, 9 ottobre 1962, n.3041, Foro it., 1963, I, 566, decisão parcialmente transcrita por Perlingieri, *Il trasferimento del credito – Nozione e orientamenti giurisprudenziali*, 1981, pp. 78 e 79. Na doutrina veja-se, por exemplo, Bianca, *Il debitore e i mutamenti del destinatario del pagamento*, 1963, pp. 241 e ss.; Bozza, *L'opponibilità al fallimento del cedente della cessione dei crediti attuata in precendenza*, 1988, p. 1053 e ss..

[979] Independemente do juízo de valor que se faça sobre as concretas soluções, o mesmo não se pode dizer em relação a em relação a sistemas – como sejam o inglês – que no caso de falência fazem depender a oponibilidade da cessão de actos externos – como o registo –, não exigindo o mesmo quando não se está num quadro de falência. É que, no caso de falência, há um esforço acrescido para proteger a massa que irá responder pelas dívidas do falido, porquanto é provável a insuficiência da mesma, enquanto que numa simples penhora essa questão, em princípio, não se coloca.

364 *A Cessão de Créditos como Estrutura Contratual com Eficácia Translativa*

credores, permite a livre ponderação de soluções. Todavia, antes da opção final sobre a função e a estrutura da notificação a este nível – o que só aconterá depois da argumentação da segunda parte do presente trabalho – a questão permanece em aberto.

IV. No campo da titularização, a lei oferece algumas normas das quais é possível retirar um certo ambiente favorável à admissibilidade da oponibilidade imediata perante todos. O artigo 8.º/2 do já referido diploma relativo à titularização determina não fazerem parte da massa falida do cedente os montantes pagos no âmbito de créditos cedidos, para efeito de titularização, anteriormente à falência e que apenas se vençam depois dela.

Duas observações são suscitadas por este preceito. Em primeiro lugar, não é claro o que a lei pretende referir com "os montantes pagos no âmbito de créditos cedidos". Poderia pensar-se que seriam os montantes pagos ao cedente a título de cumprimento dos créditos cedidos[980] – o que, no caso de não haver notificação, é situação comum. Logo, estaria a admitir implicitamente a oponibilidade da transmissão a terceiros (no caso de falência, os credores do cedente) independentemente da notificação[981].

Todavia, a parte final do preceito, referente ao vencimento dos créditos, ficaria desprovida de sentido, porque, em princípio, um crédito que ainda não se venceu não desencadeia o cumprimento. Então, esses montantes pagos no âmbito dos créditos cedidos serão os montantes relativos ao correspectivo pagamento em contrapartida dos créditos cedidos, será o correspondente ao preço dos créditos cedidos[982]. Como esses créditos

---

[980] Leitura feita por Leite de Campos e Monteiro, *Titularização de Créditos – Anotações ao Decreto-Lei n.º 453/99, de 5 de Novembro*, 2001, na nota n.º 3 ao art. 8.º, p. 43, quando escrevem que todos os montantes entregues ao cedente ou ao gestor (veja-se o então n.º 5, actual n.º 6 do art. 5.º) pelos devedores dos créditos cedidos para titularização são subtraídos à massa falida do cedente ou do gestor falido, garantindo-se que a eventual falência em nada afecta a titularização.

[981] Repare-se como Leite de Campos e Monteiro, *Titularização de Créditos – Anotações ao Decreto-Lei n.º 453/99, de 5 de Novembro*, 2001, na nota n.º 3 ao art. 8.º, p. 43, referem que esses montantes se encontrariam na posse do cedente ou gestor a título meramente transitório, porque devem ser de imediato entregues à guarda do depositário do fundo ou à sociedade de titularização. Acrescentaria que assim é, porque esses montantes pertencem ao cessionário.

[982] Calvão da Silva, *Titul[ariz]ação de Créditos*, 2003, p. 107, refere tratar-se das somas pagas pelo cessionário como correspectivo da cessão, sendo que, em virtude desta regra, a lei não as considera na titularidade do cedente falido e dita o seu retorno ao cessionário para afastar a concorrência dos credores do falido e permitir satizfazer por inteiro o cessionário com preferência sobre aqueles.

ainda não se venceram, entendeu a lei retirar da massa falida o montante relativo ao pagamento do preço da transmissão desses mesmos créditos.

Em segundo lugar, repare-se que, se houve a necessidade expressa de retirar tais montantes à massa falida, é porque, se não existisse tal preceito, eles pertenceriam, efectivamente, à massa falida, o que equivale a dizer que a transmissão de créditos – ainda que estes não estejam vencidos – é imediatamente oponível a terceiros.

Perguntar-se-á se esta observação vale apenas para as situações de falência do cedente. Julgo que não, porque as regras normalmente originadoras de regimes especiais para situações de falência estão orientadas para a preservação da massa falida e para a protecção dos credores do falido[983], o que, manifestamente, não é o caso. A explicação para este preceito poderá estar apenas na circunstância de o legislador ter considerado que os negócios originadores dos créditos cedidos – uma vez que estes ainda não se venceram – poderão, numa situação de falência, encontrar um destino diferente do cumprimento, o que poderia levar à desprotecção do cessionário.

Este preceito é, assim, na minha opinião, um afloramento pela negativa do princípio subjacente a toda a lei da oponibilidade imediata da transmissão dos créditos aos terceiros, que, como acima se registou, é também decorrência lógica de não estar dependente de notificação a própria oponibilidade ao devedor cedido.

Situação que parece ser diversa é a da falência do gestor[984]. Aqui estarão em causa os pagamentos feitos pelos devedores cedidos, em cum-

---

[983] Excepcionalmente, aparecem regras com outro escopo, como se referiu, no direito italiano, a propósito das regras excepcionais de direito falimentar que visam, claramente, proteger as sociedades de *factoring* (cessionárias).

[984] Neste sentido Calvão da Silva, *Titul[ariz]ação de Créditos*, 2003, p. 108. No entanto, como referido por Leite de Campos e Monteiro, *Titularização de Créditos – Anotações ao Decreto-Lei n.° 453/99, de 5 de Novembro*, 2001, na nota n.° 3 ao art. 8.°, p. 43 e também na nota n.° 11 ao art. 5.°, a lei equipara os preceitos legais relativos à falência do gestor e à falência do cedente. Porventura esta equiparação é mais perceptível face à anterior redacção da lei, texto que os AA. anotam, porquanto o então art. 5.°/1, como já referido, não obrigava à celebração de contrato de gestão com mandato representativo, pelo que nos dois casos o problema era análogo. Face ao texto actual, no entanto, sempre ficarão de fora deste regime expresso no art. 5.°/6 os casos em que, porque o cedente não é uma instituição de crédito, sociedade financeira ou empresa de seguros, não é obrigatório que seja o cedente a gerir os créditos, sendo certo que também nada inibe as partes de assim construirem a operação, pelo que o problema da separação dos montantes pagos ao cedente se continua a colocar.

366 A Cessão de Créditos como Estrutura Contratual com Eficácia Translativa

primento do seu débito, perante o gestor, seja ou não o cedente. Neste caso, como os montantes são cobrados em nome do cessionário, ao abrigo das regras da representação (arts. 258.° e 1178.° do código civil), os efeitos produzem-se de imediato na esfera jurídica do cessionário, pelo que, naturalmente, não integram a massa falida do cedente.

Em qualquer dos casos, o objectivo é, sem dúvida, proteger os interesses do cessionário e dos adquirente dos títulos representativos dos créditos[985].

V. Importa ainda fazer algumas considerações relativamente à posição particular do administrador da massa falida ou do liquidatário judicial, uma vez que a posição jurídica que ele ocupa não é desprovida de significado substantivo.

Não é irrelevante a qualificação jurídica que se dá ao administrador da massa falida, porque, da sua posição, podem resultar aplicações diferentes dos regimes legais. Se, por um lado, se entende que o administrador da massa falida tem de sofrer os efeitos da cessão, tanto na qualidade de representante do cedente como na qualidade de representante dos credores do cedente, desde que ela se tenha tornado oponível *erga omnes* antes da declaração de falência[986], por outro lado, ele próprio pode inverter o curso normal das operações, confirmando, por exemplo, negócios que, por regra, seriam inoponíveis à massa falida[987].

Em princípio, não há dúvidas de que o administrador da massa falida actua na posição e como representante do cedente-falido, todavia, já a sua qualidade de representante dos credores desse mesmo cedente é discutível. Nos direitos anglo-saxónicos há a tendência para equiparar a posição dos credores das partes à posição das próprias partes[988] e, portanto, o admi-

---

[985] Leite de Campos e Monteiro, *Titularização de Créditos – Anotações ao Decreto-Lei n.° 453/99, de 5 de Novembro*, 2001, nota 11 ao art. 5.°, p. 28.

[986] Van Ommeslaghe, *La transmission des obligations en droit positif belge*, 1980, p. 103. Carvalho Fernandes, *Efeitos Substantivos da Declaração de Falência*, 1995, pp. 25 e 26, qualifica de representação o modo de actuação do liquidatário em relação aos poderes de que o falido fica privado.

[987] Veja-se, no caso do direito português, o art. 155.°/2 do CPEREF, que permite que o liquidatário judicial confirme negócios celebrados pelo falido depois da declaração de falência e que, em princípio, nos termos do n.° 1 do citado preceito, seriam inoponíveis à massa falida.

[988] Cheshire, *et al.*, *Law of Contract*, 1996, p. 519. Veja-se também a explicação dada por Mariana França Gouveia acerca da equiparação do administrador da massa falida e dos credores das partes às próprias partes. Cristas e Gouveia, *Transmissão da Propriedade e Contrato de Compra e Venda*, 2001, p. 120.

nistrador da massa falida representa uns e outros. Nos direitos continentais essa leitura não é tão evidente.

No direito belga, por exemplo, entende-se que o administrador da massa falida é titular de um mandato de justiça, mas não pode ser considerado como mandatário de cada um dos credores do falido[989]. Por isso, no caso de falência do cedente, o pagamento feito pelo devedor de boa fé a este administrador não pode ser considerado como feito aos credores do cedente, para efeito de aplicação da protecção que lhes é conferida pelo artigo 1690/2 do código civil belga[990], nem o administrador pode reverter o montante recebido a favor da massa falida[991]. Assim, o que ele receber do devedor não pertence aos credores do cedente, mas deve ser restituído ao cessionário: trata-se de uma dívida da massa e não de uma dívida dentro da massa[992]. Na sua qualidade de mandatário da justiça, o administrador da massa falida tem de respeitar os direitos dos terceiros e, em particular, do cessionário na sua relação contratual com o cedente[993].

No direito italiano há posições divergentes: se há quem considere que o administrador não pode ser equiparado a um terceiro adquirente, assumindo sim a posição de adquirente *ex lege* da posição do falido[994], há quem coloque o liquidatário judicial exactamente em posição idêntica à do terceiro adquirente[995]. Para esta corrente, por aplicação do artigo 1265 do

---

[989] Van Ommeslaghe, *Le nouveau régime de la cession et de la dation en gage des créances*, 1995, p. 534.

[990] É curioso que, num caso concreto de falência, em que o devedor pague ao administrador da massa falida em vez de pagar directamente aos credores do cedente-falido, estes ficam sem a protecção que gozam, por exemplo, num caso de penhora com o subsequente pagamento pelo devedor. No primeiro caso, o pagamento será reconduzido para o cessionário; neste último, o pagamento fica com os credores que o receberam em detrimento do cessionário. Não se compreende bem esta diferença de regime.

[991] De Page, *Traité élémentaire de droit civil belge* – Tome IV, Vol. I, 1997, p. 621.

[992] Van Ommeslaghe, *Le nouveau régime de la cession et de la dation en gage des créances*, 1995, p. 534.

[993] Aderindo a Peeters, De Page, *Traité élémentaire de droit civil belge* – Tome IV, Vol. I, 1997, p. 621.

[994] Carnevali, *I problemi giuridici del* factoring, 1978, pp. 67 e 68.

[995] Fazendo eco da jurisprudência, Dolmetta e Portale, *Cessione del credito e cessione in garanzia nell'ordenamento italiano*, 1985, pp. 323 e 324 (sendo que, na altura em que escrevem, a jurisprudência italiana entendia que a notificação deveria ser formal, ou seja, através de oficial de justiça, pelo que o A. não vê outras alternativas senão a notificação através de carta registada seguida de notificação por oficial de justiça, esta última para acautelar a situação de falência ou a aceitação através de acto com dadta certa); Fossati e Porro, *Il factoring – aspetti economici, finanziari e giuridici*, 1994, p. 170, face à nova lei, mas já em edições anteriores defendiam esta posição.

368 A Cessão de Créditos como Estrutura Contratual com Eficácia Translativa

código civil italiano, a transmissão não pode ser oposta ao liquidatário judicial a menos que tenha havido notificação do devedor cedido ou aceitação por este antes da declaração de falência.

Esta questão importa não só para os casos em que o crédito foi cedido e o cedente recebeu o pagamento do devedor cedido antes do início do processo de falência, mas também para aqueles em que já é o próprio liquidatário a receber o montante relativo ao pagmento feito pelo devedor cedido – e coloca-se a dúvida de saber se esse montante pertence à massa falida ou ao cessionário. Importa ainda para definir as situações em que a empresa está num processo não de falência, mas de recuperação e, por isso, mantém a sua actividade.

Sem grande preocupação com a qualificação da posição do administrador da massa falida, no direito francês, entende-se ser importante distinguir consoante a "cessão Dailly" é celebrada antes ou depois do julgamento de abertura do processo de recuperação e falência. A transmissão operada antes desse momento é naturalmente oponível ao administrador, que nada pode fazer para recuperar o crédito cedido ou conservar os fundos encaixados pelo cedente no caso de aquele ter recebido o pagamento do devedor cedido na qualidade de mandatário do cessionário[996]. A transmissão operada depois desse momento poderia levantar dúvidas, mas, em princípio, é igualmente oponível ao administrador, porque, salvo decisão contrária do tribunal, o devedor não fica inibido de praticar a sua actividade, pelo que, se for necessário para a continuidade da actividade, ele poderá proceder a cessões Dailly[997-998].

---

[996] Rives-Lange, *Droit bancaire*, 1995, p. 515. Todavia, a cessão pode ser declarada nula, se foi praticada durante um período suspeito e sem cumprir as condições dos arts.107 e 108 da lei de 25 de Janeiro de 1985.

[997] Sendo que o banco cessionário fica especialmente garantido por um privilégio que lhe permite não só o reembolso do crédito, mas também a execução da garantia devida pelo cedente (art. 40 da lei de 25 de Janeiro de 1985).

[998] Uma grande dificuldade pode surgir no caso de o crédito objecto da cessão ser um crédito futuro, um crédito que só se tornará certo com o continuar da actividade da empresa, como acontece, por exemplo, quando o crédito cedido resulta da venda de uma mercadoria a fabricar durante o período de observação da empresa sujeita ao processo de recuperação. O cessionário tem um direito sobre o crédito oponível ao administrador, mas, sem a continuação dos trabalhos, o devedor cedido pode opor a falta da entrega da mercadoria e recusar o pagamento do preço. Quem pode encaixar o preço da venda: o banco cessionário ou o administrador em nome do empresário cedido? Entende a doutrina que é de manter a solução do *Cour de Cassation* que, fundando-se essencialmente em razões de equidade, defendeu a justiça de o montante de crédito ser encaixado pela empresa e ser afectado pelas modalidades previstas para o apuramento do passivo, porque é justo que o

É de frisar portanto que, consoante o sistema de oponibilidade que se adopte, também a solução pode ser diferente quando se analisa a posição concreta do administrador da massa falida. Se se "colar" a posição do administrador da massa falida à posição do cedente falido, então, quando a transmissão produz efeitos perante o primeiro, também os produz perante o último; se se equiparar a posição do administrador da massa falida à posição dos terceiros credores, então se a transmissão não for oponível a estes também não é oponível ao primeiro (e viu-se que estes podem ter uma posição próxima da das partes ou, pelo contrário, igual à de outros terceiros como sejam os adquirentes concorrenciais do mesmo crédito).

Consequentemente, se a notificação for elevada a acto imprescindível à oponibilidade perante terceiros e se o administrador da massa falida for considerado um terceiro, o que ele receber do devedor cedido antes da notificação pertence à massa falida e aos credores do cedente-falido. Se a notificação for necessária para a oponibilidade a terceiros, mas se se entender que o administrador da massa falida actua como representante (ainda que legal) do cedente-falido, então a transmissão produz efeitos também perante ele, sem estar na dependência da notificação. Se a notificação for desnecessária para a oponibilidade a terceiros, então não há qualquer dúvida de que a transmissão produz logo efeitos perante o administrador da massa falida, independentemente de ser considerado mandatário da parte (cedente-falido) ou dos seus credores.

No direito português, embora não exista qualquer tendência no sentido de isolar a posição do liquidatário, falando-se preferencialmente em massa falida e em oponibilidade em relação à massa, a verdade é que o referido regime que lhe permite optar entre cumprir ou resolver determinados contratos de compra e venda confere-lhe alguma autonomia. Ainda assim, dificilmente, como foi referido, o problema pode ser solucionado por essa via, porquanto importa saber se da decisão do liquidatário resulta sempre um afectar de activos à massa falida ou se é ao direito substantivo que cabe decidir se certos bens pertencem à massa ou ao cessionário. Como se referiu, o regime invocado do CPEREF não resolve esta questão, devendo ser o direito substantivo a determinar o conteúdo da massa falida.

---

montante de crédito beneficie os salários e os fornecedores que contribuiram para a feitura da mercadoria objecto de prestação. De toda a maneira, se as prestações necessárias para compensar o crédito foram concretizadas depois do período de observação, a permanência da pessoa do devedor obriga a respeitar a cessão anteriormente feita. Menezes Cordeiro, *Da Falência e das Benfeitorias feitas por Terceiros*, 1989, p. 517.

11.2. *Oponibilidade da cessão ao cedente-mandatário*

I. A falência do cedente coloca um problema específico de oponibilidade da transmissão do direito de crédito nas situações em que é celebrado um contrato-fonte da transmissão que não foi notificado ao devedor cedido e o cedente, na qualidade de mandatário do cessionário, recebe o pagamento das mãos do devedor.

Viu-se já que esta é uma situação muito comum nos casos de *non-notification factoring* ou nas cessões Dailly. Diz-se, normalmente, que o direito de crédito se extingue, pois o pagamento feito pelo devedor ao cedente na ignorância da transmissão é liberatório e o cedente tem a obrigação de entregar o produto da cobrança ao cessionário. O cedente torna-se, assim, devedor, perante o cessionário, dos fundos recebidos do devedor cedido. O cessionário, por seu turno, fica na qualidade de credor quirografário, ou seja, de credor comum do cedente, concorrendo com os demais credores no processo falimentar.

A dúvida suscitada reside em saber se haverá uma alternativa a esta solução. Ou seja: num caso de processo conducente à recuperação ou à falência do cedente, poderá o cessionário exigir a restituição dos fundos recebidos, separando-os do património do cedente, logo subtraindo-os à massa falida? Com que fundamento? No limite, a solução encontra-se na possibilidade ou não de conferir ao cessionário um direito específico sobre o valor encaixado pelo cedente.

II. Interessa particularmente o caso em que existe uma relação de mandato representativo entre cedente e cessionário. Significa isto que, juridicamente, o cumprimento se considera feito ao cessionário, porque os efeitos da actuação do representante (cobrança pelo cedente ou simples recebimento pelo cedente do montante em dívida) se produzem directamente na esfera jurídica do representado (cessionário). Os montantes detidos pelo cedente pertencem, na verdade, ao cessionário, pelo que, em princípio, este terá direito a que aqueles lhe sejam entregues.

Mais uma vez, se colocam duas ordens de problemas. A primeira prende-se com a consideração da situação de falência e da posição específica dos credores do cedente. A segunda reside na possibilidade de obter a restituição do que foi prestado em cumprimento.

No que respeita ao primeiro problema, se a restituição dos proventos relativos ao cumprimento fundada na anterior transmissão do direito de crédito não oferecia grandes dúvidas caso estivesse apenas em causa a relação *inter partes*, já quando é necessário considerar a posição de terceiros – neste caso credores das partes – importa, mais uma vez, ter em conta o sistema adoptado de oponibilidade da cessão. Se esta estiver dependente de notificação ao devedor cedido, então o cessionário não consegue justificar o seu direito a determinado valor correspondente ao cumprimento da obrigação correspectiva do direito de crédito cedido, porque não pode opor a sua titularidade aos terceiros.

No que se prende com o segundo ponto, a solução deverá ser igual à encontrada para os casos acima referidos de dupla alienação do direito de crédito com pagamento ao segundo cessionário ou de penhora. A resposta está em primeiro lugar na configuração do direito à restituição e, em segundo lugar, naturalmente conexo com o primeiro ponto, na possibilidade de exercer esse direito, o que se prende com a possibilidade de perseguir os montantes cobrados[999].

A este propósito, a doutrina francesa analisa duas situações distintas. Na primeira, o devedor cedido pagou ao cedente através de cheque, título de crédito ou transferência, tendo um banco diverso do banco cessionário procedido ao encaixe desse cheque ou título de crédito ou recebido a transferência. Na segunda, o cedente recebeu na qualidade de mandatário um cheque ou um título à ordem e ainda o detém no momento em que é pronunciado o seu "*redressement judiciaire*".

No primeiro caso, pergunta-se se, numa situação de insolvência, o banco cessionário pode reivindicar os fundos seja ao banco receptor seja ao administrador judicial do cedente. Uma vez que é possível traçar o percurso que os fundos fizeram e identificar a conta bancária onde estão, o tribunal superior entendeu ser possível exigir essa restituição. A doutrina discorda desta visão por entender, desde logo, não existir reivindicação de coisas fungíveis e, nomeadamente, de moeda manual ou escriturária, pelo que os fundos estão no património do cedente e o cessionário é um sim-

---

[999] É possível adivinhar uma proximidade com a possibilidade de exigir a separação da massa falida reclamando a restituição do montante correspondente a benfeitorias que não possam ser levantadas – Rives-Lange, *Droit bancaire*, 1995, p. 138. Mas a justificação para este caso (bem como para o caso das benfeitorias que possam ser levantadas e para a acessão) parece residir na natureza real da situação em jogo: haverá um direito à prévia separação da massa que será actuado em concreto em moldes a decidir pelo tribunal dependendo do tipo de benfeitoria em causa ou do regime da acessão (p.139). Saber se é possível desenvolver raciocínio análogo relativamente aos montantes recebidos em cumprimento de um direito de crédito transmitido depende das conclusões a que se chegar, mais adiante, neste trabalho.

372   *A Cessão de Créditos como Estrutura Contratual com Eficácia Translativa*

ples credor daquele. Critica ainda a solução do tribunal, porque o banco receptor não é um terceiro no sentido do artigo 4.º da lei Dailly, porquanto não pretende ser titular do crédito cedido, e porque essa solução gera insegurança no comércio bancário, uma vez que admitir a possibilidade de o banco cessionário recuperar com sucesso esses fundos, pode deixar o banco receptor numa situação de descoberto no caso de, em virtude desses créditos, ter aceitado pagar o cheque ou executar uma ordem de transferência[1000].

No segundo caso, os títulos que ainda estão na posse do cedente devem ser restituídos ao banco cessionário, porque a entrega desses títulos não vale como pagamento. O crédito só se considera extinto pelo recebimento efectivo do valor constante dos títulos, ora o administrador judicial não pode proceder ao recebimento de um crédito cuja transmissão tenha sido anterior ao julgamento declarativo[1001].

Repare-se que a solução encontrada neste último caso centra-se na inexistência de cumprimento, mercê do meio utilizado para esse propósito. Parece legítimo deduzir que quando o cumprimento seja feito através de moeda manual é impossível recorrer à mesma fundamentação para legitimar o direito à restituição, porque o crédito se considera extinto.

12. Síntese crítica

I. O objectivo nesta síntese crítica não é apresentar, sistematicamente, as vantagens e desvantagens dos diferentes sistemas apresentados, porque essa tarefa já foi cumprida, mas realçar as possibilidades de enveredar por um ou outro caminho, de maneira a preparar o trilho para a necessária opção por uma delas. Pode adiantar-se a inevitabilidade da exclusão, em termos de direito português constituído, dos sistemas de registo e de entrega de documento, residindo a escolha, consequentemente, entre o sistema de notificação e o sistema de contrato translativo.

II. Da análise feita, é conveniente destacar agora alguns pontos.
O sistema tradicional dos direitos de matriz francesa – sistema de notificação – conhece as mais variadas críticas e está em franco declínio. As críticas dirigem-se quer a aspectos técnicos do mecanismo quer às difi-

---

[1000] Rives-Lange, *Droit bancaire*, 1995, p. 518, texto e nota 1.
[1001] *Ibidem*, p. 519.

Terceiros: contrato ou notificação

culdades que o mesmo gera na sua aplicação prática. Por isso, autores, tribunais, práticos do direito e legisladores têm procurado adequar o sistema às reais necessidades, cada um segundo a sua forma específica de actuar.

O caminho trilhado pela doutrina e pela jurisprudência tem sido no sentido de desvalorizar a notificação, associando a eficácia por ela desencadeada a actos que, de alguma maneira, a substituam, ou atenuando a forma estrita que é exigida por lei – notificação por oficial de justiça.

O percurso seguido pela prática tem sido orientado para, mercê das deficiências do sistema tradicional, afastar a utilização do mecanismo da cessão de créditos em prol de outros mecanismos mais aptos a satisfazerem as necessidades práticas, como sejam a sub-rogação pessoal.

Já o legislador francês tem sido norteado pela criação de mecanismos alternativos que facilitem a resolução de estrangulamentos de ordem prática. Por isso criou a famosa Lei Dailly, mas já antes tinha feito pequenas intervenções legislativas no sentido de aligeirar os formalismos, como a lei de 4 de Janeiro de 1978 que, em benefício das pequenas e médias empresas, admitia que a notificação se fizesse por simples carta registada com aviso de recepção.

O legislador belga reformulou totalmente o artigo 1690 do código civil, afastando-se, em definitivo, do sistema francês no que se prende com a oponibilidade da cessão.

Em Itália optou-se pela criação de uma lei avulsa, especificamente dirigida à cessão de créditos empresariais, que também retira à notificação o papel atribuído pelo código civil: o acto decisivo para a oponibilidade perante terceiros passa a ser o pagamento com acto de data certa. Ao contrário da remodelação no direito belga, esta solução italiana é criticada e justifica-se mais pelas necessidades práticas do que por grande rigor técnico ou por uma profunda reflexão no sentido de buscar novas vias coerentes e harmoniosas para a solução dos problemas.

O único aspecto em favor do sistema de notificação – dificultar a fraude – é pouco abordado[1002]. Diriam os antigos partidários do sistema de notificação – hoje julgo que, expressa e fundadamente, não existe ninguém – que ele é fundamental para evitar conluios fraudulentos entre cedente e cessionário com o fim, por exemplo, de subtrair aos credores do

---

[1002] McCormack, *Effective Reservation of Title and Priorities*, 1990, p. 319, refere que a prevenção da fraude é o segundo princípio subjacente à regra decorrente de *Dearle v. Hall* (o primeiro será o de que a notificação é indispensável à perfeição da transmissão dos direitos de crédito).

cedente parte significativa do seu património. A notificação ao devedor cedido seria o meio idóneo para retirar o negócio do domínio puramente interno das relações cedente/cessionário. A partir desse momento, a transmissão seria visível para todos e, portanto, poderia produzir efeitos *erga omnes*; até lá, não produzira efeitos, porque não haveria qualquer meio idóneo para controlar a existência da cessão. Em termos muito simples: até que alguém além do cedente e do cessionário saiba da ocorrência da transmissão, ela não deve ser tida em conta, porque nada garante que as partes, embora não haja contrato, não simulem a sua existência só para defraudar os credores do cedente. No fundo, há desconfiança em relação à actuação das partes e uma ânsia pelo controle externo do acto transmissivo.

Naturalmente que as partes podem simular e com isso prejudicar os credores do cedente, mas também o devedor cedido pode mentir quando interrogado por um potencial cessionário sobre a titularidade do crédito de que é devedor. Não é dispiciendo perguntar por que é que os credores do cedente devem ser privilegiados em relação aos credores do cessionário. Na verdade, no caso de transmissão onerosa, que efectivamente ocorreu mas ainda não foi notificada, é manifestamente injusto para o cessionário e seus credores que o crédito seja considerado como pertencente ao património do cedente no caso de este já ter recebido a contrapartida do crédito cedido. Por um lado, pergunta-se: qual a razão para proteger os credores do cedente em relação ao cessionário e seus credores, tanto mais que pode acontecer o cedente já ter recebido a contraprestação? Por outro lado, sempre se dirá que o direito conhece mecanismos para lidar com contratações meramente aparentes, sendo aqui totalmente aplicável, se for caso disso, a regulação da simulação – artigos 240.° e ss. –, nomeadamente, no caso de simulação relativa, o artigo 243.°, que impede a oponibilidade da nulidade da simulação contra terceiro de boa fé, e o mecanismo da impugnação pauliana. Também o direito falimentar contém alguns remédios, como seja a resolubilidade de actos celebrados a título gratuito nos dois anos anteriores à data da abertura do processo conducente à falência (art. 156.°/1/a) do CPEREF). Assim, por exemplo, uma doação simulada pode não claudicar por dificuldade de prova da própria simulação, mas, no caso de falência, situação em que é mais urgente proteger os credores, ser resolvida em virtude deste preceito.

Conclui-se, portanto, que dificultar a fraude não é uma razão suficiente para prevalecer sobre outros interesses em jogo[1003], não só porque

---

[1003] Lugar paralelo pode ser encontrado no mandato sem representação. Também aqui, em princípio, o mandatário tem legítimo interesse em não intervir pessoalmente em

a fraude encontra remédio na lei, mas também porque, se a razão é proteger os credores do cedente, não se descortina razão válida para que tal aconteça em detrimento do cessionário e seus credores.

Desta tendência generalizada para abandonar o sistema de notificação, pode concluir-se sem dificuldade que a solução deste sistema não deve ser adoptada no direito português, a menos que o nosso direito exija estritamente, imprescindivelmente, que a notificação seja entendida como acto indispensável à eficácia da transmissão perante terceiros, como condição indispensável à oponibilidade da transmissão do crédito a terceiros. Decerto não faria sentido que, a menos que não houvesse legitimamente outra possibilidade, se fosse adoptar uma solução plena de deficiências, profundamente criticada e energicamente afastada.

Importa, portanto, verificar se o código civil português impõe esta solução ou se, pelo contrário, deixa espaço suficiente para que outra seja adoptada.

O sistema do duplo contrato, característico do direito alemão, não conhece especificamente em matéria de cessão de créditos críticas de relevo[1004]. Tem funcionado com relativa facilidade na resolução dos problemas de ordem prática. A doutrina não aponta caminhos alternativos. Nem sequer no caso de cessão em garantia procura analogia com o penhor de créditos (como acontece no direito austríaco), com vista a exigir a notificação para a oponibilidade da transmissão a terceiros. O legislador não tem tido necessidade de intervir. Parece afigurar-se como um bom cami-

---

dado negócio, mantendo oculta a sua identidade, o que não significa ilicitude ou simulação. Neste sentido, Pessoa Jorge, *O Mandato Sem Representação*, 1961 (reimpressão 2001), pp. 100 e ss., justificando (e exemplificando) que o mandato sem representação responde a necessidades sociais perfeitamente dignas de protecção e tutela do direito. Não se argumente que este caso é diferente, porque os efeitos decorrentes dos actos praticados se produzem na esfera jurídica do mandatário que tem a obrigação de transferir para o mandante os direitos adquiridos em execução do mandato, porque, se é esse o regime do nosso código, não é essa, como se referiu, a solução perfilhada pelo A. relativamente à alienação e aquisição de direitos reais (veja-se, acima, nota 929). Veja-se ainda Pais de Vasconcelos, *Contratos Atípicos*, 1995, p. 263, quando, a propósito da admissibilidade dos negócios fiduciários, escreve que o abuso na fidúcia é um risco e não uma faculdade.

[1004] Em sede geral, no entanto, o sistema está longe de ser assumido pacificamente, como enfatiza Flume, *Allgemeiner Teil des Bürgerlichen Rechts* – Zweiter Band – Das Rechtsgeschäft, 1992, pp. 176 e ss.. Se se considerar que também a *Abtretung* é um negócio de disposição abstracto, é porventura possível estender-lhe as críticas. Trata-se, no entanto, de análise que implicaria estudo muito aprofundado de variados aspectos do direito civil alemão que, naturalmente, não tem lugar neste trabalho.

376 A Cessão de Créditos como Estrutura Contratual com Eficácia Translativa

nho a seguir, desde que seja possível articular tecnicamente com o direito português. A dificuldade evidente nesta transposição reside na tradicional aceitação pelo direito português do princípio do consensualismo, em detrimento da consagração de um duplo negócio para a transmissão dos direitos.

O regime de contrato e entrega, introduzido pela Lei Dailly, aproveita as características de segurança e prova tradicionalmente associadas à consagração de um negócio formal e parece conferir à entrega e aposição de data no documento as características da *traditio*. Em primeira linha, vale, como se referiu, como prova da desadequação do sistema de notificação. Em segundo lugar, interessa como ponto de reflexão para a necessidade de um acto exterior ao próprio contrato e sugere uma comparação entre entrega e notificação. Naturalmente que não é transponível para o direito português, mas confere a oportunidade de perguntar se a notificação pode ser entendida como entrega e se é necessária para a plena oponibilidade da transmissão.

O regime de registo público, acolhido pelo UCC, é orientado pela necessidade de conferir segurança e certeza quanto à titularidade dos direitos, o que é sobejamente revelador da função de garantia subjacente a toda a construção. Em relação à protecção dos terceiros, interessados em saber com segurança quem é o titular de certo direito e em que medida já existem direitos constituídos sobre aquele valor patrimonial, é sem dúvida o sistema que mais garantias dá. Mais uma vez, é impossível, numa reflexão baseada no direito constituído e não no direito a constituir, concluir pelo acolhimento deste sistema. Por muito que se possa elogiar e pesar as vantagens, nunca o intérprete se poderia substituir, neste ponto, ao legislador. Todavia, a solução reveste o maior interesse, tal como a anterior, para duas questões. É absolutamente necessário, no direito português, que haja um acto de publicidade da transmissão dos direitos para que essa transmissão seja oponível *erga omnes*? A notificação, tal como construída pelo código civil, pode e deve, à semelhança de um registo público, desempenhar esse papel?

Importa ainda lembrar o que resulta da ponderação dos problemas concretos suscitados a propósito das aplicações da cessão de créditos em operações comerciais. Sem dúvida o aspecto que perpassa quase todos os pontos focados é o da admissibilidade da cessão sem notificação, com os problemas que lhe estão associados. Do ponto de vista da utilização do mecanismo da cessão de créditos sem notificação como instrumento de dinamização do mercado e de financiamento, viu-se como é imprescindível às operações de titularização – tanto mais que foi consagrada no diploma português sobre a matéria –, crucial no desenvolvimento da actividade de cessão financeira e muito importante nos casos de cessão de créditos em garantia.

Tendo sido sustentada a admissibilidade da figura da cessão fechada perante o direito português – com a aplicação do regime vertido no código para as situações em que o devedor cedido ainda não foi notificado – resta saber se ela é oponível perante terceiros a partir do momento da sua celebração ou se, mercê da inoponibilidade *erga omnes*, vigora apenas entre as partes, gerando eficácia exclusivamente obrigacional. A opção por esta última solução gera rigidez do mecanismo, com a difícil adaptação à resolução de problemas práticos da vida comercial e financeira, mas, ao mesmo tempo, promove a tutela da posição de terceiros, como os credores do cedente, impossibilitados de tomar conhecimento de determinada transmissão. Todavia, não é difícil concluir que os problemas de ordem prática levantados apontam com alguma clareza para o afastamento de um sistema de notificação, sob pena de se coarctar a possibilidade de utilizar os direitos de crédito como objecto de financiamento e de garantia.

Naturalmente, também nesta perspectiva prática, os conflitos de interesses são evidentes e diga-se, rigorosamente, que a adopção de um sistema de consensualismo puro, só por si, não resolve todos os problemas relacionados com a oponibilidade perante terceiros, porque também ele é gerador de insegurança (e por isso, se percebe a tendência generalizada para a adopção de sistemas de registo ou de cariz análogo). Tratar-se-á, então, de ponderar se a notificação é por si suficiente para acautelar a segurança e a certeza potenciadoras do próprio tráfico comercial e financeiro, traduzindo-se então num mal menor para o cessionário, ou se, não o sendo, acaba por ser mais eficaz optar pela tutela da liberdade contratual.

III. A opção entre o sistema francês tradicional e o sistema alemão pode ser aprofundada neste momento. Todavia, as reflexões suscitada pela adopção do contrato formal e entrega e pelo registo estão intimamente ligadas à análise que se irá desenvolver na parte II deste trabalho, pelo que serão empreendidas nessa sede. Refira-se apenas, neste momento, que a notificação é um elemento presente em todos os sistemas construídos pelos códigos e em qualquer solução consagrada nas diversas leis avulsas. Contudo, a notificação ou aparece com uma configuração funcional (ainda que não estrutural) muito próxima da tomada de posse ou do registo, desempenhando um papel análogo à *traditio*, fundamental na perfeição do acto transmissivo, ou revela-se exclusivamente direcionada para a informação, logo, para a protecção do devedor cedido. Quando reveste o primeiro papel, a notificação é, ao mesmo tempo, acto que informa e acto que completa a transmissão. Quando aparece inserida num sistema que, ele próprio, dispensa actos exteriores ao próprio contrato ou consagra outros actos – como a entrega do documento ou o registo –, a notificação é tão-só o meio de informar o devedor cedido. Resta saber para que lado pende o direito português.

Importa, então, recapitular alguns pontos fulcrais do regime contemplado no código civil vigente relativamente ao tratamento da eficácia da cessão extra-partes.

1. Para a cessão produzir efeitos em relação ao devedor cedido é necessário que aconteça uma de três situações: o devedor ter sido notificado da cessão; o devedor ter aceite a cessão; o devedor ter conhecimento da cessão.

2. A única regra do código civil português relativa a outros terceiros para além do devedor cedido faz referência exclusivamente à situação de conflito entre adquirentes do mesmo crédito (art. 584.°). Estabelece a prevalência da cessão notificada ao devedor, ou por ele aceite em primeiro lugar. O critério adoptado é o da anterioridade da notificação ou aceitação e não o da anterioridade do contrato. A relevância do conhecimento é excluída pela letra da lei, mas viu-se já em que moldes é defensável.

Neste ponto, a solução contemplada está directamente influencida não pelo código civil francês, mas pela primeira parte do artigo 1265 do código civil italiano. Enquanto que o código francês trata todos os terceiros de forma idêntica, esclarecendo que, para a cessão produzir efeitos perante eles, é necessário a notificação ao devedor cedido ou a sua aceitação, os códigos italiano e português fazem apenas referência a terceiros qualificados: os que adquirem o mesmo direito de crédito (também o código civil belga, depois da alteração de 1994, contempla solução idêntica para estes terceiros, destacando-os do regime regra da oponibilidade através da conclusão do contrato).

3. Ao contemplar tal solução, o objectivo do legislador terá sido o de tornar o devedor num centro de publicidade da transmissão do crédito, de modo a que os interessados se possam dirigir a ele para se informarem antes de adquirirem determinado direito de crédito. Mas, ao contrário da solução francesa ou italiana, em que se exige a notificação por oficial de justiça (apenas no caso francês) ou a aceitação com acto de data certa – com o objectivo claríssimo de tornar segura a data para resolver conflitos de titularidade –, a lei portuguesa não exige qualquer formalismo rigoroso,

Terceiros: contrato ou notificação

quer para a notificação (tal como a lei italiana), quer para a aceitação, o mesmo acontecendo com a lei belga. A palavra do devedor cedido parece bastar.

IV. Assentes estes pontos, o que se pergunta de imediato é se não é possível, simplesmente, estender o campo de aplicação do artigo 584.° e defender que a notificação ou a aceitação são os actos eleitos pela lei para tornar a transmissão do direito de crédito oponível perante todos os terceiros.

Se a pergunta é simples, a resposta não esconde dificuldades. É possível operar esta extensão da solução do artigo 584.° por duas vias. A primeira será admitir que quando a lei se refere à dupla transmissão do direito de crédito está a tomar a parte pelo todo e quer reportar-se a todos os casos possíveis de conflitos entre a transmissão do direito de crédito e uma qualquer outra situação. A segunda será procurar reconduzir todos os casos de conflitualidade sobre o mesmo direito de crédito a conflitos entre cessionários concorrenciais do crédito.

Através do extenso labor doutrinário que suscitam, os direitos estrangeiros surgem, mais uma vez, como um ponto de comparação e de argumento importante.

No direito italiano, cuja solução, como se referiu, foi directamente inspiradora da contemplada no direito português, o problema colocou-se em moldes muito parecidos a propósito da análise do artigo 1265. A doutrina transalpina é profusa na explicação do preceito, nomeadamente quanto cotejado com o princípio do consensualismo. Na busca da correcta delimitação do campo de aplicação do preceito, os autores explicam que, embora a norma não se refira genericamente aos terceiros, mas apenas aos *"aventi causa del medesimo soggetto"*, o que equivale a dizer, aos que adquirem o mesmo crédito do mesmo sujeito, tal limitação não se entende à letra e de forma restritiva[1005]. A norma pretende disciplinar não apenas os conflitos que emergem de actos de disposição sobre o mesmo crédito, mas também as situações de conflitualidade em geral, pelo que o sistema de notificação/aceitação aplica-se não só entre adquirentes do crédito – vicissitudes translativas –, mas igualmente entre pessoas que tenham cons-

---

[1005] Perlingieri, *La cessione dei crediti ordinari e d'impresa*, 1993, p. 86. Aderindo a esta posição, Zaccaria, *Della cessione dei crediti*, 1992, p. 993. Embora de forma não muito clara, também Bianca, *Il debitore e i mutamenti del destinatario del pagamento*, 1963, p. 230 e p.237.

380   *A Cessão de Créditos como Estrutura Contratual com Eficácia Translativa*

tituído sobre o mesmo crédito outras situações – ou seja, vicissitudes constitutivo-derivativas criadas pelo mesmo credor[1006].

Não é unânime, no entanto, a aplicabilidade da regra a conflitos entre terceiros credores que penhorem o crédito cedido[1007] ou, num caso de falência, ao liquidatário judicial[1008]. Há duas situações em que a doutrina duvida da plenitude deste critério. Por um lado, discute se é possível estender este sistema a hipóteses de conflitos não directamente previstas, como seja a do conflito não entre aquisições, mas entre um cumprimento e uma aquisição[1009]. Por outro lado, explica que, para os caso em que a lei admite a oponibilidade de cessões sem notificação[1010], é necessário encontrar outro critério[1011]. No primeiro caso, se já houve pagamento a favor do primeiro cessionário, com plena satisfação do verdadeiro credor, é irrelevante uma posterior notificação da segunda cessão, pelo que, nessa hipótese, a notificação não poderá justificar uma aquisição por parte do segundo cessionário[1012].

Fundando-se na constatação de uma multiplicidade de critérios para além da notificação/aceitação, a doutrina italiana mais proeminente acaba por afastar um possível carácter geral da norma contida no artigo 1265,

---

[1006] As expressões são de Perlingieri – Perlingieri, *Cessione dei crediti*, 1982, p. 230, e Perlingieri, *La cessione dei crediti ordinari e d'impresa*, 1993, p. 86 –, mas o mesmo sentido pode ser encontrado noutros autores. Veja-se Marani, *Notifica, accettazione e buona fede nella cessione dei crediti*, 1977, p. 84; Zaccaria, *Della cessione dei crediti*, 1992, p. 993.

[1007] Em sentido afirmativo, Bianca, *Il debitore e i mutamenti del destinatario del pagamento*, 1963, pp. 242 e 243. Com as reservas de seguida indicadas no texto, Perlingieri, *Cessione dei crediti*, 1982, p. 234 e ss., e Perlingieri, *La cessione dei crediti ordinari e d'impresa*, 1993, p. 90.

[1008] Veja-se este aspecto, acima, p. 346.

[1009] A dúvida suscita-se ainda a propósito da aplicabilidade do sistema notificação/aceitação ao pagamento com sub-rogação. Bianca, *Il debitore e i mutamenti del destinatario del pagamento*, 1963, pp. 229 e ss.; Marani, *Notifica, accettazione e buona fede nella cessione dei crediti*, 1977, pp. 119 e ss.; Perlingieri, *Cessione dei crediti*, 1982, pp. 236 ss..

[1010] É o caso dos créditos caracterizados pela presença de documentos probatórios (títulos impróprios) ou mesmo representativos, cuja tradição substitui a notificação/aceitação da cessão (art. 2002 do *codice civile*). Perlingieri, *Cessione dei crediti*, 1982, pp. 172 e 173; Perlingieri, *La cessione dei crediti ordinari e d'impresa*, 1993, pp. 74 e 75.

[1011] Perlingieri, *Cessione dei crediti*, 1982, p. 234.

[1012] Marani, *Notifica, accettazione e buona fede nella cessione dei crediti*, 1977, pp. 111 e ss., em especial, p. 113; aderindo a esta posição, Perlingieri, *Cessione dei crediti*, 1982, pp. 238 e ss., e Perlingieri, *La cessione dei crediti ordinari e d'impresa*, 1993, p. 92.

para sustentar a manutenção do princípio do consensualismo como princípio basilar do sistema, defendendo que, na ausência de fundamentação para aplicação analógica, só nos casos concretos, assentes na notificação/aceitação, esses actos são o critério para dirimir conflitos[1013].

Também no direito inglês, que contempla solução análoga à do artigo 584.º, a tendência mais recente é no sentido de não estender o âmbito da regra vertida em *Dearle v. Hall*[1014]. O mesmo se diga a propósito da solução vertida nos Princípios do Direito Europeu dos Contratos: apesar de se prever uma regra semelhante à do nosso código civil no que respeita a conflitos entre cessionários do mesmo crédito, relativamente à oponibilidade da cessão a credores do cedente em caso de penhora ou de falência (embora aqui sujeito à existência de regras especiais, nomeadamente exigindo registo) vale o momento em que o contrato se considera eficaz, ou seja, o momento do contrato (ou outro escolhido pelas partes, ou, no caso de cessão de créditos futuros, o momento do nascimento dos créditos)[1015]. Prevalecerá, assim, o cessionário, contando que o contrato-fonte da cessão tenha sido celebrado antes da penhora ou do início do processo de falência.

No direito belga a questão coloca-se de forma muito interessante: apesar de o código civil ter admitido o critério da notificação só para a resolução de conflitos entre adquirentes concorrenciais do mesmo crédito, alguma doutrina procurou estendê-lo a outras situações de conflitos. Essa posição foi vivamente criticada e debatida por Van Ommeslaghe, por representar um desvio evidente ao propósito do legislador, quando consa-

---

[1013] Marani, *Notifica, accettazione e buona fede nella cessione dei crediti*, 1977, pp. 102 e 103; Perlingieri, *Cessione dei crediti*, 1982, pp. 234 e ss., em especial, p. 237, e Perlingieri, *La cessione dei crediti ordinari e d'impresa*, 1993, pp. 90 e 91, mas também p. 93. Porventura é também esta a posição sustentada por Bianca, *Il debitore e i mutamenti del destinatario del pagamento*, 1963, p. 130, todavia, de forma não muito clara, ao afirmar que muito pouco fica de fora do sistema da notificação/aceitação e que a circunstância de a lei admitir esse sistema de forma ampla não permite sem mais a aplicação de um pretenso princípio geral que dê prevalência a um acto anterior de aquisição do crédito. Em obra mais recente – Bianca, *Diritto Civile* – 4, L'obbligazione, 1993 (reimpressão 1997), pp. 609 e 610 – a sua posição parece apontar implicitamente para a excepcionalidade do sistema, mas não é apresentada com clareza.

[1014] Bridge, *Personal Property Law*, 1996, p. 136. Já se referiu que a própria regra tem sido criticada por ser obsoleta em consequência da sua incapacidade para resolver cabalmente situações em que os créditos são transmitidos em bloco, uma vez que é totalmente impraticável a inquirição do devedor. Veja-se Oditah, *Legal Aspects of Receivables Financing*, 1991, pp. 140 e ss.; Goode, *Commercial Law*, 1995, p. 705.

[1015] art. 12:401 (1), (3) e (4).

382   *A Cessão de Créditos como Estrutura Contratual com Eficácia Translativa*

grou o princípio da oponibilidade imediata em relação aos terceiros com a celebração do contrato, retirando à regra o seu campo de aplicação mais precioso[1016].

Importa fazer esta referência para demonstrar dois aspectos: num sistema onde se eleva a notificação a critério de resolução de conflitos de aquisição do mesmo crédito, ele é cingido a esse caso particular, não valendo para outras situações de conflitos entre outros terceiros, mas, ao mesmo tempo, há uma tendência para tentar reconduzir ao mesmo critério a resolução dos problemas que envolvam terceiros. Embora no direito belga haja uma regra que consagra a adopção de um princípio claríssimo para a oponibilidade perante terceiros, o certo é que alguma doutrina, ainda assim, e seduzida pela consagração de um critério específico para a resolução de conflitos entre terceiros adquirentes do mesmo crédito, pretende passar por cima daquela regra e adoptar este critério para a resolução de todas as situações de conflitos que envolvam terceiros. Esta dialéctica é, sem dúvida, importante para a análise do direito português, com a agravante, mas, ao mesmo tempo, a aliciante, de não existir, no direito nacional, uma regra especialmente dirigida à regulação do regime da oponibilidade da cessão perante os terceiros.

A ideia do legislador belga, ao contemplar esta excepção, terá sido a de assegurar uma protecção particular em favor de determinados terceiros menos protegidos contra fraudes eventuais, derrogando, por isso, a regra *prior tempore potior jure* em benefício de uma comparação das datas da notificação[1017]. Esta solução será o lugar paralelo da regra, relativa aos bens móveis, de que "posse de boa fé vale título"[1018].

Curiosamente, nos direitos francês e italiano não se encontra esta justificação para o papel desempenhado pela notificação de árbitro na resolu-

---

[1016] Veja-se a querela em Van Ommeslaghe, *Le nouveau régime de la cession et de la dation en gage des créances*, 1995, pp. 533 e 534, que explica que admitir tal posição equivale a reintroduzir as dificuldades e as graves incertezas que a nova lei pretendeu suprimir, pelo que a regra especial para o conflito entre adquirentes concorrenciais do crédito (na sua opinião já de si infeliz) deve restringir-se à hipótese visada. Também De Page, *Traité élémentaire de droit civil belge* – Tome IV, Vol. I, 1997, pp. 622 e 625 e ss., adere a esta posição, escrevendo que as excepções introduzidas pelo legislador devem ser interpretadas de forma restrita.

[1017] Veja-se, por referência aos trabalhos preparatórios da lei, De Page, *Traité élémentaire de droit civil belge* – Tome IV, Vol. I, 1997, p. 622.

[1018] Van Ommeslaghe, *Le nouveau régime de la cession et de la dation en gage des créances*, 1995, p. 533; De Page, *Traité élémentaire de droit civil belge* – Tome IV, Vol. I, 1997, p. 622.

ção de conflitos entre diversos adquirentes do mesmo crédito. No direito francês é mesmo afirmado que não há, em matéria de aquisição de direitos de crédito, qualquer mecanismo parecido com a aquisição de bens móveis corpóreos através da posse de boa fé. Isto significa, pois, que regras parecidas podem ter leituras bastante diversas.

Aliás, não terá sido em vão que o legislador belga exigiu expressamente a boa fé do cessionário que se pretenda valer da prioridade da notificação. Esta solução do direito belga, e a leitura que a doutrina faz, suscita, pois, uma observação: a notificação desempenha, neste caso, um papel de publicidade análogo ao desempenhado pela posse na transmissão dos direitos reais sobre coisas móveis corpóreas. Mais uma vez se encontra a notificação ao lado da entrega do *bordereau* Dailly e ao lado do registo do UCC e afastada da notificação do sistema tradicional francês (embora a solução seja idêntica, a justificação parece ser diversa) e do sistema alemão.

No que respeita ao direito português, esta questão desperta novamente a dúvida sobre se a notificação, tal como contemplada no artigo 584.º, é um mecanismo análogo ao registo no que respeita à prevalência dada a uma aquisição onerosa de boa fé com base num registo anterior. Todavia, não faz sentido equivaler à posse, porque, como é sabido, o nosso direito não contempla a regra de que "posse de boa fé vale título".

Como já foi referido, há uma nota incontornável em todos os sistemas e que é a protecção do devedor cedido. Essa protecção leva a admitir que, embora o contrato celebrado entre as partes modifique a situação jurídica quanto ao crédito cedido – ele passa definitivamente de mãos –, o devedor cedido continua a ocupar um lugar à parte. Até que haja notificação, aceitação, reconhecimento, conhecimento, o devedor pode comportar-se como se não tivesse havido transmissão, como se o crédito não tivesse saído do património do cedente. A notificação ou qualquer acto equivalente a ela, que pode ir até ao mero conhecimento por parte do devedor cedido – caso do direito português –, é indispensável para a transmissão – já eficaz perante algumas pessoas – ganhar relevância perante o devedor cedido. Este é o único dado comum a todos os ordenamentos estudados, significando que, para além deste mínimo, considerado indispensável por todos, muitas conjugações em relação a outros terceiros são possíveis.

Este repassar de alguns aspectos dos direitos estrangeiros leva, pelo menos, a uma conclusão segura: tal como se previu, não é possível responder com simplicidade à pergunta sobre se o artigo 584.º pode ser lido como abrangendo conflitos entre terceiros para além do conflito entre

384 *A Cessão de Créditos como Estrutura Contratual com Eficácia Translativa*

adquirentes concorrenciais do mesmo crédito. É legítimo, nomeadamente, em vez de procurar alargar o campo de aplicação do artigo 584.° a outras situações de conflitos, concluir, simplesmente, que a limitação colocada à eficácia da cessão através da notificação é excepcional e portanto insusceptível de aplicação analógica[1019]. Por isso, decidir se o direito português vertido no código civil no que respeita à eficácia da transmissão do direito de crédito perante terceiros contempla uma solução mais próxima da solução francesa tradicional ou mais próxima da solução alemã é mais difícil do que à partida poderá parecer. Esta indefinição legitima e impele, pois, à consideração dos aspectos de ordem prática suscitados e à ponderação da bondade das soluções a que a opção por um ou outro sistema conduz.

V. Sendo o objectivo procurar, coerente e justificadamente, a solução que numa perspectiva sistemática decorre do ordenamento português, é fundamental não se atender apenas à posição do devedor cedido – esse já se sabe que estará sempre protegido – e de outros terceiros, nomeadamente credores do cedente, mas também às posições do cedente e do cessionário.

Se se atender à posição do cessionário, é necessário concluir que o sistema de notificação o coloca numa situação precária, enquanto que o sistema de contrato translativo melhora substancialmente a sua posição[1020]. Embora se admita que o crédito já está, em definitivo, na sua titularidade, não só há a protecção incontornável do devedor cedido, que leva a que sejam oponíveis ao cessionário todas as excepções que aquele poderia opor ao cedente, como a não oponibilidade da cessão a outros terceiros coloca o cessionário à mercê da má fé do cedente.

Na verdade, o cedente pode: receber o pagamento do devedor e dissipar esse montante de modo a que uma acção do cessionário para obter o que lhe é devido acabe por não surtir efeitos; ceder o crédito segunda vez a um cessionário que notifique em primeiro lugar e por isso ganhe prevalência. Para além destas actuações do cedente que, naturalmente, encon-

---

[1019] Parece ser a posição defendida por Vitor Pereira das Neves, *A Afectação de Receitas Futuras em Garantia*, 2000, pp. 184 e 185, nota 61, quando invoca o art. 335.° para conferir prevalência ao cessionário no caso de conflito com os credores do cedente e sustenta a impossibilidade de aplicação analógica das limitações à eficácia translativa imediata da cessão de créditos por serem excepcionais e além disso ofenderem um princípio geral expressamente consagrado.

[1020] Esta contraposição é feita, de forma muito clara, por De Page, *Traité élémentaire de droit civil belge* – Tome IV, Vol. I, 1997, pp. 649 e 650, quando compara a posição do cessionário perante a antiga e a actual redacção do código civil belga.

Terceiros: contrato ou notificação 385

tram remédios no direito, mas cuja efectividade pode resultar gorada, há ainda a exposição do cessionário a situações de conflito com outros terceiros, como sejam os credores do cedente.

Num sistema de contrato translativo, se a protecção do devedor cedido continua a impor a oponibilidade de excepções ao cedente, já a oponibilidade da cessão aos terceiros com a conclusão do contrato leva a um melhor equilíbrio dos interesses em presença[1021], resguardando o cessionário, nomeadamente, das pretensões dos credores do cedente. De outra forma, o cessionário corre o risco de ter antecipado fundos por conta de créditos ainda não vencidos e, quando se prepara para cobrar esses créditos, ver a sua posição preterida em favor dos credores do cedente que não só se podem valer da contraprestação da transmissão – que já se encontra no património do cedente – como ainda do montante correspondente à prestação objecto dos direitos de crédito. Dir-se-á que o cessionário terá sempre uma acção contra o cedente, só que o património do cedente poderá ser insuficiente para satisfazer essa pretensão, gerando-se uma situação de profunda injustiça, tanto mais grave quanto, por exemplo, as partes tenham combinado manter a cessão oculta.

A posição do cessionário ficará definitivamente salvaguardada, sem dúvida, com a notificação ao devedor cedido, só que as partes podem ter interesse em que essa notificação não seja feita e será injusto desproteger o cessionário que, entretanto, a mais das vezes, já avançou com a contraprestação. Outra via possível de salvaguarda do cessionário seria a estipulação de uma cláusula de reserva de propriedade sobre o direito de crédito cedido[1022]. No direito português, o artigo 409.° refere-se, expressamente, à reserva da propriedade sobre a coisa alienada, parecendo apenas contemplar as situações de transmissão dos direitos reais. Será necessário chegar ao final deste trabalho para se poder, fundadamente, questionar a aplicação do artigo 409.° à transmissão dos direitos de crédito.

A posição do cedente não se altera com a adopção de um ou de outro sistema. No entanto, sempre se dirá que não admitir a transmissão imediata do direito de crédito pode gerar a situação já descrita em que o cedente é, ao mesmo tempo, titular do crédito e do correspectivo do mesmo (talvez por isso na cessão de créditos futuros seja de defender a

---

[1021] De Page, *Traité élémentaire de droit civil belge* – Tome IV, Vol. I, 1997, p. 649.

[1022] Admitindo expressamente que as partes convencionem o diferimento da transmissão da propriedade sobre o crédito cedido entre elas próprias, De Page, *Traité élémentaire de droit civil belge* – Tome IV, Vol. I, 1997, p. 650.

386   *A Cessão de Créditos como Estrutura Contratual com Eficácia Translativa*

aquisição imediata pelo cessionário). De igual modo, não se vê razão para os credores do cedente se poderem pagar com o montante de um crédito já transmitido[1023]. Se se comparar com a situação dos bens móveis corpóreos, percebe-se a disparidade de regimes a que tal solução conduz: ainda que a coisa esteja na posse do devedor (o cedente se se tratasse de créditos), demandado este pelos seus credores, o adquirente sempre pode opor a sua titularidade e excluir do objecto da penhora ou da massa falida os bens que lhe pertencem. Repare-se que, aparentemente, e em virtude da posse, os bens pertencem ao devedor, mas essa circunstância não inibe o direito português de reconhecer o direito do verdadeiro titular.

Mas disse-se que, sem a reflexão a desenvolver na segunda parte deste trabalho, não é possível encontrar uma explicação suficientemente completa para os problemas levantados. Para além do problema central de saber se a notificação pode e deve ser equiparada ao registo do facto transmissivo do direito de propriedade sobre coisas, há alguns pontos que importa esclarecer. São aspectos de onde em onde aflorados, mas não resolvidos, para os quais importa agora procurar um tratamento unitário. Prendem-se com a consideração da possibilidade de obter a restituição do que foi pago a quem não era o verdadeiro credor. O problema colocou-se a propósito do pagamento liberatório feito ao cedente, feito a um segundo cessionário, feito ao cedente mandatário do cessionário em situação de solvência do cedente ou, ao invés, no caso de falência deste.

De acordo com a visão mais difundida, sendo o pagamento liberatório, logo não sendo possível o verdadeiro credor exigir novo pagamento ao devedor cedido, o direito de crédito extingue-se, pelo que o credor poderá intentar contra o *accipiens* uma acção pessoal de restituição do recebido com base no enriquecimento sem causa[1024]. Dependendo da opção tomada

---

[1023] Embora não se refira ao problema da notificação, Rui Pinto Duarte, *A Jurisprudência Portuguesa sobre Factoring – Algumas Observações*, 2000, p. 273, parece defender esta posição ao escrever que "[o]bviamente, a partir da cessão o crédito deixa de pertencer ao cedente, deixando de responder pelas suas obrigações".

[1024] Rui de Alarcão, *Direito das Obrigações*, texto elaborado por J.Sousa Ribeiro, J.Sinde Monteiro, Almeno de Sá e J.C.Proença com base nas lições do Prof. Dr. Rui de Alarcão ao 3.º Ano Jurídico, 1983, pp. 179 e 180; Ribeiro de Faria, *Direito das Obrigações* – Vol. I, 1990, p. 371; Menezes Leitão, *O Enriquecimento Sem Causa no Direito Civil*, 1996, pp. 381, 787 e 788, qualificando a situação como de enriquecimento por intervenção, uma vez que o credor fica empobrecido por ter visto extinto o seu crédito sem ter recebido a prestação do devedor. Posição diferente parece ser a defendida por Manuel de Andrade, *Teoria Geral das Obrigações* – I, com a colaboração de Rui de Alarcão, 1958, pp. 52 e 53, quando, a propósito do efeito externo das obrigações e da concomitante res-

acerca da eficácia transmissiva do contrato/notificação, no caso de dupla transmissão poderá acrescer uma indemnização por violação de direito alheio (veja-se o caso do segundo cessionário de má fé que ao notificar em primeiro lugar afecta irremediavelmente o direito do primeiro cessionário) e ainda uma indemnização contra o cedente pelo interesse contratual positivo com base em responsabilidade contratual por violação da garantia de exigibilidade do direito de crédito.

Objectar-se-á que a reintegração com base em enriquecimento sem causa é subsidiária[1025], pelo que não fará sentido quando se oferecem outras vias de ressarcimento através da responsabilidade civil. Para além de actualmente ser questionada com vigor a subsidariedade do enriquecimento sem causa[1026], ainda que não se acolha tal posição, sempre se terá em conta a diversidade de pressupostos quer de ordem objectiva quer de ordem subjectiva, pelo que as duas vias não se excluem mutuamente[1027].

Veja-se que, no caso da dupla alienação, consoante a solução adoptada, é defensável uma acção de restituição com base em enriquecimento sem causa pelo primeiro cessionário contra o segundo, acrescida de indemnização extracontratual, por violação de direito alheio contra o cedente e contra o primeiro cessionário se estiver de má fé, acrescida ainda de indemnização por responsabilidade contratual contra o cedente por violação da obrigação de garantir a exigibilidade do direito de crédito. Esta diversidade de opções, aliás cumuláveis, importa tanto mais quanto os devedores destas obrigações padecem de insuficiência patrimonial[1028].

---

ponsabilidade de terceiro, afirma não oferecer qualquer dificuldade o caso em que o cedente obtém o pagamento do débito cedido, porque "é claro que ele responde *ex contractu* para com o cessionário". Mota Pinto, *Direito das Obrigações*, 1973, p. 356, sustenta não se dever recorrer ao enriquecimento sem causa, porque o direito do cessionário a ser pago do montante do crédito já não face ao devedor, que ficou liberado, mas face ao cedente, fundamenta-se na responsabilidade contratual emergente da cessão: a cessão, além do seu efeito imediato (translativo), obriga o cedente a abstrair-se de quaisquer actos que impeçam a eficácia prática da transmissão que acordou.

[1025] Veja-se, nomeadamente, Leite de Campos, *A Subsidariedade da Obrigação de Restituir o Enriquecimento*, 2003 (reimpressão), em especial, pp. 316 e ss..

[1026] Veja-se Júlio Vieira Gomes, *O Conceito de Enriquecimento, o Enriquecimento Forçado e os Vários Paradigmas do Enriquecimento Sem Causa*, 1998, pp. 415 e ss..

[1027] Admitindo, expressamente, o concurso entre responsabilidade civil e restituição com base em enriquecimento sem causa, no caso de enriquecimento por intervenção, Menezes Leitão, *O Enriquecimento Sem Causa no Direito Civil*, 1996, p. 949.

[1028] Não significa com isto que se admita o recurso a uma ou outra solução em virtude da insolvência dos potenciais obrigados, hipótese criticada por Menezes Leitão,

388 A Cessão de Créditos como Estrutura Contratual com Eficácia Translativa

É justamente no caso de insuficiência patrimonial, ou seja, de insolvência de quem recebeu o pagamento do devedor cedido não sendo verdadeiro credor, que importa questionar os meios colocados à disposição do verdadeiro credor para se ressarcir. É que ele pode ficar irremediavelmente prejudicado no caso de insolvência do cedente receptor do pagamento. A restituição fundada no enriquecimento sem causa configura-se como uma obrigação – tal como é arquitectada a obrigação de indemnizar com base em responsabilidade civil –, pelo que o cessionário, verdadeiro credor, terá um direito de natureza obrigacional sobre o *accipiens*, tornando-se credor do cedente (ou do segundo cessionário). É um credor comum, sem privilégio em relação aos demais, não gozando de um direito específico sobre o montante recebido. Assim sendo, não se vê como possa, num caso de falência, exigir a separação da massa falida do montante a que tem direito. O seu direito revela-se, então, de grande fragilidade.

Não será assim se se entender que o verdadeiro credor goza de um direito específico sobre o produto do cumprimento – seja ele coisa ou dinheiro –, ficando esse objecto automaticamente sub-rogado em lugar do direito de crédito extinto. Ainda outra via possível e conducente a resultado semelhante é entender, com alguma doutrina italiana[1029], também defendida entre nós[1030], que apesar de o pagamento feito ao não credor ter eficácia liberatória, não pode ser considerado extintivo do direito de crédito, porquanto não é feito perante o verdadeiro credor[1031]. Assim, o verdadeiro credor mantém o seu direito e duas possibilidades são consideráveis.

O Enriquecimento Sem Causa no Direito Civil, 1996, pp. 947 e 948, mas trata-se apenas de encontrar melhor tutela para o credor prejudicado atendendo aos diferentes contornos da situação.

[1029] A propósito do pagamento feito a um segundo cessionário, primeiro notificante, Marani, *Notifica, accettazione e buona fede nella cessione dei crediti*, 1977, pp. 109 e ss.

[1030] Henrique Mesquita, *Obrigações Reais e Ónus Reais*, 1997 (reimpressão), p. 68, nota, afirma que "a circunstância de o credor poder agir contra terceiro não significa que deixe de assistir-lhe o direito de reclamar a prestação do devedor. A obrigação não se extinguiu (cfr.o art. 770.°), podendo o credor, quanto a nós, optar por uma ou outra via de actuação, conforme se lhe afigure preferível. Caso demande o terceiro, ser-lhe-á lícito voltar-se seguidamente contra o devedor, se porventura não logrou obter daquele a totalidade da prestação; se preferir começar pelo devedor, mas sem êxito total, terá ainda o direito de actuar contra o terceiro, com base nas regras que disciplinam o enriquecimento sem causa.".

[1031] Este fenómeno poderá ser analisado como inverso da chamada *culpa post pactum finitum* (veja-se, por exemplo, Menezes Cordeiro, *Da Pós-Eficácia das Obrigações*, 1984). Enquanto neste caso o cumprimento extingue a obrigação contratual principal, mas permanecem deveres para as partes, decorrentes, nomeadamente, do dever de lealdade, no

Terceiros: contrato ou notificação 389

De acordo com a primeira o cessionário fica sub-rogado como credor em relação ao objecto da prestação feita pelo devedor ao credor aparente: o cessionário passará a ser credor não do devedor cedido, mas do credor aparente que recebeu o pagamento. Esta possibilidade nada acrescenta em relação à anterior, no fundo o cessionário assiste a uma alteração da pessoa do devedor[1032], sendo que, para si, tal alteração pode revelar-se muito desvantajosa: enquanto que o devedor cedido já cumpriu, nada lhe garante que o *accipiens* vá cumprir, com as mesmas consequências em caso de falência da solução anterior.

De acordo com a segunda, o conteúdo do direito de crédito, mercê do carácter liberatório do pagamento feito pelo devedor cedido, ficou modificado e foi substituído pelos proventos do direito, ou seja, por aquilo que foi prestado ao credor aparente. O seu conteúdo deixou de ser o direito a uma prestação por parte do devedor cedido, para passar a ser o direito ao montante (ou à coisa) objecto do pagamento. Tratando-se de uma prestação infungível, *maxime*, de uma prestação pecuniária, esta substituição não oferecerá problemas. Todavia, perante o ordenamento português, não será porventura fácil justificar o que no essencial é uma sub-rogação real. Se o direito do cessionário não se extinguiu, mas foi substituído por outro objecto, há um conteúdo útil para sustentar, num caso de falência, o direito do cessionário à separação da massa falida do montante relativo ao pagamento do seu direito de crédito[1033].

---

caso do pagamento feito pelo devedor cedido ao cedente, o cumprimento é liberatório para o devedor, mas não extintivo do direito de crédito, que, necessariamente, resulta modificado.

[1032] O que como já se referiu é de difícil compatibilização com o nosso ordenamento, porquanto equivale a uma assunção de dívida não autorizada pelo credor.

[1033] Repare-se que o CPEREF contém, no art. 179.º/2, solução para o caso de terem sido liquidados bens indivisos sobre os quais se tenha verificado direito de restituição ou separação ou bens de que o falido é apenas contitular: determina o direito do autor da acção ao reembolso do valor correspondente à avaliação dos respectivos bens ou à sua venda (consoante o maior), aplicando-se ao pagamento deste crédito sobre a massa falida o regime do art. 65.º, que atribui um privilégio mobiliário geral, graduado antes de qualquer outro crédito. Oliveira Ascensão, *Efeitos da Falência sobre a Pessoa e Negócios do Falido*, 1995, p. 686, retira deste preceito um princípio geral segundo o qual "[o]s direitos de terceiros, postergados no processo de falência, subsistem e podem ser integralmente exercidos sobre a massa falida.", salvaguardando-se assim casos em que direitos de terceiros (por ex. sobre um prédio) foram indevidamente incluídos na liquidação. A solução prevista neste art. 179.º/2 encontra alguma justificação tratando-se de bens indivisos ou em contitularidade, mas não parece fazer sentido quando esteja em causa a liquidação de bens totalmente pertencentes a terceiros, revelando numa protecção de terceiros estranha ao

390   *A Cessão de Créditos como Estrutura Contratual com Eficácia Translativa*

No fundo, esta situação estará próxima daquela resultante do pagamento feito ao cedente ao abrigo de mandato representativo, ou simplesmente feito ao cedente em representação do cessionário: uma vez que o pagamento se considera feito ao cessionário, este goza de um direito de separação no caso de falência. Naturalmente, problema diverso já referido – e totalmente fora dos limites do presente trabalho – é o de, em concreto, reivindicar dinheiro uma vez misturado no património do credor aparente (ou mesmo do mandatário) ou por ele dissipado. A limitação desta solução está justamente nisto: equivalendo, no fundo, a uma reivindicação, a sua viabilidade está dependente da possibilidade de identificar e isolar o que foi prestado no património do credor aparente. Se o objecto da prestação for uma coisa certa e determinada não será difícil, mas se for coisa fungível ou dinheiro outras questões se colocam, nomeadamente a consideração do direito do cessionário como um direito ao valor.

Tudo isto fará sentido quando se entenda que, mesmo sem ter havido notificação, o direito já se encontra na titularidade do cessionário. Se se entender que a notificação é imprescindível à transmissão do direito de crédito mesmo nas relações *inter partes*, haverá apenas um direito do cessionário à indemnização por incumprimento contratual. Se a notificação for imprescindível apenas no relacionamento com terceiros, então a esta indemnização acrescerá a relativa à responsabilidade extracontratual por violação de direito alheio (contra o cedente/e ou o segundo cessionário).

VI. Não só tudo aquilo que já foi sendo referido, como a análise a desenvolver na segunda parte do presente trabalho, são imprescindíveis, em resumo, para a resposta justificada aos seguintes problemas[1034]:

(1) *A* vende um direito de crédito a *B*. Não há notificação e o devedor cedido (*D*), no desconhecimento da venda, paga com efeito

---

ordenamento português, porquanto não se trata de uma situação em que a perda do bem inviabilize uma acção de reivindicação (a que a lei, aliás, expressamente se refere no n.° 3 do mesmo artigo). A interpretação de Oliveira Ascensão conduz a uma situação em que o direito falimentar vai, efectivamente, mais longe do que as soluções decorrentes do direito substantivo, impondo soluções substancialmente novas. Sem prejuízo da análise que se possa fazer deste preceito, bem como da sua possível extensão, esta questão coloca a dúvida sobre se faz sentido retirar deste preceito qualquer conteúdo útil para os casos em que há cumprimento do crédito cedido perante o cedente falido. Não parece que a situação seja paralela: paralela é sim a situação em que estão indevidamente incluídos na massa falida direitos de crédito pertencentes a terceiro (porque, por exemplo, foram transmitidos pelo cedente falido), que em sede de liquidação são vendidos a outrem.

[1034] Veja-se a resposta, a final, nas pp. 533 e ss..

liberatório a *A*. *B* tem direito à devolução do que foi recebido por *A* em que moldes? Tem direito à separação em caso de falência de *A*?

(2) *A* vende o mesmo direito de crédito a *B* e a *C*. Não há notificação e *D* paga com efeito liberatório a *A*. Quem tem direito à restituição do recebido por *A*? *B* ou *C*? Em que moldes?

(3) *A* vende o mesmo direito de crédito a *B* e a *C* e é notificada a transmissão a *C*. *D* paga com efeito liberatório a *C*. *B* tem algum direito contra *C* ou só goza de responsabilidade contratual e extracontratual contra *A*? *B* goza do direito de restituição do preço do crédito contra *A* de molde a poder exigir a sua separação da massa falida em caso de falência ou cinge-se à obrigação de restituir com base em enriquecimento sem causa? A justificar-se esse direito de separação deverá ser do preço que pagou pelo direito de crédito ou do valor do próprio crédito? E em caso de penhora por parte dos credores de *A*? *B* pode deduzir embargos de terceiro ou, pelo contrário, alinhará na execução como credor comum de *A*?

(4) *A* vende o mesmo direito de crédito a *B* e a *C* e *C* vende-o a *E*. *E* notifica *D*, que lhe paga com efeito liberatório. *B* pode fazer algo contra *E*?

(5) *A* vende um direito de crédito a *B*. Não há notificação e *D* paga com eficácia liberatória a *A* através de depósito na sua conta bancária, conta essa que tem saldo negativo. *C*, banco de *A*, opera automaticamente compensação. *B* pode fazer algo contra *C*?

Todos estes pontos já foram focados ao longo desta primeira parte do trabalho e foram sendo tomadas posições acerca da sua resolução. Mas, tal como também foi sendo referido, em última análise, as respostas dependem da reflexão que se seguirá na segunda parte.

PARTE II

A CESSÃO DE CRÉDITOS E O SISTEMA DE TRANSMISSÃO DE DIREITOS REAIS

CAPÍTULO I

Constituição e transmissão de direitos

13. Justificação

Da análise feita na primeira parte deste trabalho resulta com clareza a impossibilidade de concluir fundadamente sobre a oponibilidade da transmissão convencional do direito de crédito a terceiros exclusivamente com base na regulação da cessão de créditos. Na parte dedicada à cessão de créditos, constatou-se a omissão da lei relativamente à eficácia da transmissão do crédito perante terceiros diversos do devedor cedido e foram ensaiadas diferentes vias de solução. Referiu-se a existência de argumentos para a eleição do contrato ou, ao invés, da notificação como acto desencadeador da eficácia transmissiva perante terceiros. Sustentou-se a inviabilidade de, em termos de direito constituído, acolher o sistema de registo, mas referiu-se a possibilidade de aproximação da notificação ao registo.

Todavia, a reflexão desenvolvida não extravasou os limites dos preceitos dedicados directamente à cessão de créditos. Logo no início da presente dissertação, levantei a possibilidade de encontrar noutro local do código civil, e acrescentaria agora, noutro local do ordenamento, a regulação omissa em sede de cessão de créditos. Importa, assim, perguntar se não se encontrará, ainda que indirectamente, regulação segura para o problema colocado.

Duas vias de análise são possíveis: uma incide primordialmente sobre o objecto – o direito de crédito – e outra sobre o efeito – o efeito transmissivo. Ou seja, é possível buscar proximidades quer em relação a realidades cujo objecto seja o direito de crédito, mas em que não esteja em causa a transmissão do mesmo, quer em relação a transmissões cujo objecto sejam direitos de outra categoria. No primeiro caso, inclui-se a constituição de garantias sobre direitos de crédito, a saber, penhor de cré-

396 *A Cessão de Créditos e o Sistema de Transmissão de Direitos Reais*

ditos, no segundo, pensa-se na transmissão convencional de direitos em alguma medida assemelhados aos direitos de crédito, como a transmissão de títulos de crédito ou de valores mobiliários escriturais[1035].

É nesta sequência que se vão analisar as possibilidades de aproximação de regime. Nesta sequência, porque o raciocínio a desenvolver para a adopção do regime previsto para o penhor de direitos de crédito e para a transmissão de títulos de crédito ou de valores mobiliários escriturais não é o mesmo. Enquanto que, no caso do penhor de créditos, o código civil, ao exigir a notificação para a oponibilidade da garantia perante terceiros, contempla uma solução em abstracto facilmente transponível para a transmissão de créditos, no caso de transmissão de títulos de crédito ou de valores mobiliários escriturais não se trata de transpor, sem mais, o regime legal, mas, outrossim, se for caso disso, de fundamentar a proximidade da notificação a actos como a entrega, o endosso ou o registo.

Por esta razão, primeiro verificar-se-á se a solução conferida pela lei para o penhor de direitos de crédito não será aplicável à transmissão des-

---

[1035] Não se pretende tomar partido sobre a discussão relativamente à distinção ou equiparação dos valores mobiliários a títulos de crédito. São conhecidas na doutrina posições que apontam para um e outro sentido. Amadeu Ferreira pronunciou-se no sentido na destrinça entre títulos de crédito e valores mobiliários, mesmo no caso de valores mobiliários não sujeitos a registo ou depósito centralizado: Ferreira, *Valores Mobiliários Escriturais – Um Novo Modo de Representação e Circulação de Direitos*, 1997, p. 399 e ss., relativamente aos valores mobiliários escriturais, e Ferreira, *Direito dos Valores Mobiliários*, 1997, pp. 156 e ss., em especial p.159, relativamente a valores mobiliários não sujeitos a registo ou depósito centralizado. Inclinam-se para a posição inversa Ferreira de Almeida, *Desmaterialização dos Títulos de Crédito: Valores Mobiliários Escriturais*, 1993, pp. 36 e ss.; Osório de Castro, *Valores Mobiliários: Conceito e Espécies*, 1996, pp. 31 e ss., mas também p.59, onde define valores mobiliários como "quaisquer direitos ou posições jurídicas, representados por títulos de crédito em sentido estrito ou assumindo forma equivalente (slc. escritural) (...)". A posição de Oliveira Ascensão não resulta tão clara. Se, por um lado, Oliveira Ascensão, *Valor Mobiliário e Título de Crédito*, 1997, parece aderir a uma equiparação entre valores mobiliários e títulos de crédito, porque um dos vectores de que parte para a sua análise é precisamente da consideração dos títulos de crédito, encontrando importantes pontos de contacto entre as duas realidades, por outro lado põe em evidência as diferenças dos valores mobiliários em relação aos títulos de crédito e enfatiza soluções paralelas. Também, ao explicar o percurso da desmaterialização dos títulos de crédito – Oliveira Ascensão, *O Actual Conceito de Valor Mobiliário*, 2001, p. 40 –, refere que o movimento de "desmaterialização" levou ao aparecimento de um outro modo de representação de direitos (a representação meramente informática), tendo sido necessário convencionar uma expressão – valor mobiliário – que denominasse uma categoria abrangente das duas figuras. Ao referir esta necessidade parece admitir, embora não expressamente, que são realidades insusceptíveis de equiparação.

ses mesmos direitos de crédito e só depois, em virtude de uma eventual estreita proximidade entre a transmissão de direitos de crédito e de títulos de crédito ou de valores mobiliários escriturais, se questionará a possibilidade de entender a notificação como acto análogo a outros actos exigidos para a transmissão de títulos de crédito e de valores mobiliários escriturais.

14. Proximidades

14.1. *Penhor de direitos de crédito*

I. O ponto de partida do presente trabalho foi, em larga medida, a constatação do diferente tratamento legal da cessão de créditos e do penhor de créditos relativamente à oponibilidade da transmissão/constituição da garantia perante terceiros. Enquanto no capítulo dedicado à cessão de créditos só aparece regulada a eficácia entre as partes, em relação ao devedor cedido e a adquirentes concorrenciais do direito de crédito, para o penhor de direitos de crédito o artigo 681.°/2 exige expressamente a notificação ao devedor cedido como requisito de eficácia da garantia, sem distinguir o âmbito da sua aplicação subjectiva.

Esta disparidade de texto legitima, inevitavelmente, a adopção das duas posições doutrinárias explicadas no início da dissertação: a que entende residir na exigência de notificação a grande diferença de regime entre a cessão e o penhor de direitos de crédito, perfilhada por Antunes Varela e pela generalidade da doutrina, e a que sustenta, à semelhança do exigido para o penhor, a necessidade de notificação para a eficácia da cessão de créditos perante terceiros, advogada por Almeida Costa[1036].

A constatação da diferença de tratamento da lei permite, em abstracto, quer a sustentação de solução inversa, quer de solução análoga, pelo que, por si só, é insusceptível de resolver o problema. É possível defender-se a desnecessidade de notificação em virtude de a lei exigir a notificação apenas para o penhor, quando poderia ter exigido o mesmo para a cessão, mas também se pode configurar a exigência de notificação para a cessão alicerçada, precisamente, na exigência de notificação para o penhor. A letra da lei não resolve totalmente, mas permite lançar alguns pontos de discussão e naturalmente retirar conclusões com base em elementos de interpretação de ordem literal e sistemática.

[1036] Veja-se a apresentação destas posições, acima, nas pp. 34 e ss..

398 *A Cessão de Créditos e o Sistema de Transmissão de Direitos Reais*

II. Entendo ser inaplicável a exigência de notificação para a eficácia da cessão de créditos perante terceiros com base numa pretensa analogia com o regime do penhor.

Os argumentos que se alinham são de ordem diversa, podendo ser agrupados em duas categorias: os primeiros prendem-se com a interpretação da lei, são de ordem literal e sistemática, os segundos prendem-se com a própria consideração da diferença estrutural entre transmissão e penhor de créditos.

Embora os argumentos de ordem literal, quando confrontados com o espírito da lei, possam ser considerados de menor importância na sua interpretação[1037], é impossível desconsiderar a sua relevância. O código civil não exige, nos preceitos dedicados à cessão de créditos, a notificação com a amplitude que faz no artigo 681.º/2, respeitante à forma e publicidade do penhor de créditos. Poderia ter contemplado o mesmo regime, não desconhecia as diversas opções, pelo que é legítimo concluir ser uma diferença querida.

Corrobora esta afirmação a circunstância de o artigo 681.º/1 equiparar, relativamente à forma e publicidade, a constituição de penhor sobre direitos à transmissão dos direitos empenhados, pelo que, em princípio, o penhor de direitos de crédito deveria seguir o regime previsto para a transmissão dos direitos de crédito. Todavia, o número dois do mesmo artigo excepciona desta regra a constituição de penhor sobre direitos de crédito. Vale a pena citar: "Se, porém, tiver por objecto um crédito, o penhor só produz os seus efeitos desde que seja notificado ao respectivo devedor, ou desde que este o aceite, salvo tratando-se de penhor sujeito a registo, pois neste caso produz os seus efeitos a partir do registo.".

Não só o código não contemplou um regime análogo como, deliberada e excepcionalmente, estatuiu soluções diversas. Não se diga que não estava presente a proximidade das figuras e porventura uma necessidade de regulação conjunta[1038], porquanto os artigos 681.º/3 e 684.º, ao remeterem para o regime da cessão de créditos, são prova bastante de que a

---

[1037] Uma vez que a consideração do espírito da lei permite fazer interpretação extensiva ou restritiva por referência ao que resultaria de uma interpretação meramente declarativa.

[1038] Vaz Serra, *Penhor de Direitos*, 1956, p. 177, escreve que o penhor de direitos de crédito, ao transmitir certas faculdades do direito de crédito, se aproxima da cessão de créditos e que, na óptica da finalidade, se aproxima do penhor. Por esta razão, entende que o penhor de créditos deverá ser regulado junto do penhor, embora tendo em atenção o regime da cessão de créditos.

proximidade entre as duas realidades era conhecida. Se a lei não exigiu a notificação em sede de cessão de créditos e em local posterior, a propósito do penhor, a exige, sendo conhecida a proximidade das figuras, não é legítimo fazer uma aplicação analógica. Ainda que sejam figuras próximas, sistematicamente são entendidas como figuras diferentes, pelo que com regime diferente.

Também por isso não vale qualquer argumento que entenda resultar a solução de um princípio geral no nosso ordenamento, segundo o qual a constituição de garantias e a transmissão dos direitos garantidos seguem o mesmo regime, de tal modo que, se a lei não regula um desses aspectos, é legítimo retirar a solução da regulação do outro. No caso em análise não se trataria da falta de regulação da constituição de garantia, mas sim de uma falha na regulação da transmissão, falha essa legitimamente colmatada pelo recurso ao regime previsto para a constituição da garantia. Esta possibilidade é afastada, como referido, pela disposição do artigo 681.°/2, mas também, e de maior importância, pela duvidosa existência do referido princípio no ordenamento português.

Não obstante o artigo 681.°/1 parecer enunciar em moldes de regra geral o princípio segundo o qual a constituição do penhor sobre direitos segue o regime da transmissão dos direitos empenhados, daí não se retira um princípio geral em sede de garantias. Mesmo na regulação do penhor[1039] há uma excepção – relativa ao penhor sobre coisas – e uma muito provável excepção – justamente a respeito do penhor de direitos de crédito – que, dada a sua importância, permitem perguntar se o campo de aplicação da regra pretensamente geral não acaba afinal bastante limitado. A regra, assim limitada pelo seu campo de aplicação, estará condenada a ser a excepção.

Na verdade, a constituição de penhor sobre coisas, ou seja, sobre o direito de propriedade sobre coisas não hipotecáveis, depende, em princí-

---

[1039] Apesar de importante doutrina discutir a natureza do penhor de direitos de crédito enquanto equiparável ao penhor de coisas móveis, não parece forçoso o argumento comparativo aduzido no texto, porquanto é a própria lei que procura aproximar regimes. Com efeito, o que se discute é a natureza real ou obrigacional do penhor de direitos: Menezes Cordeiro, *Direitos Reais*, 1979 (reimpressão 1983), p. 754, na esteira de Oliveira Ascensão, entende não se tratar nem de um direito real, nem de penhor, resultando a denominação da proximidade económica com o penhor em sentido próprio. Na mais recente edição, a propósito do usufruto de direitos de crédito e também do penhor de créditos, Oliveira Ascensão, *Direito Civil – Reais*, 1993, p. 478 e 479, continua a sustentar só existirem direitos reais sobre coisas corpóreas, sendo inexistente a figura de direitos sobre direitos, pelo que defende ser uma figura obrigacional: um direito sobre uma prestação.

400 A Cessão de Créditos e o Sistema de Transmissão de Direitos Reais

pio[1040], da entrega da coisa (art. 669.°), consubstanciando um negócio real *quoad constitucionem*. A razão de ser estará na publicidade[1041], tendente à protecção de terceiros (retirando-se o poder sobre a coisa ao titular e impedindo-se, assim, a constituição de garantias sucessivas sobre a mesma coisa[1042]), e na segurança do credor[1043].

[1040] Porquanto o nosso direito conhece o penhor sem desapossamento, prevendo que a entrega física possa ser substituída por documento que confira o poder exclusivo de dispor dela ao credor ou a terceiro. Enfatiza este aspecto Pinto Duarte, *Curso de Direitos Reais*, 2002, pp. 219, 223. Estudos mais antigos como o de Galvão Telles, *O Penhor sem Entrega no Direito Luso – Brasileiro*, 1955, chamavam já a atenção para o penhor sem entrega, defendendo o A. transferir-se a posse sobre o objecto através de constituto possessório (pp. 18 e ss.). Mais recentemente, Isabel Pereira Mendes, *Hipoteca Mobiliária e Penhor sem Entrega de Coisa*, 1990, aborda o problema, concluindo (pp. 39 e ss.) pelas vantagens de um alargamento da hipoteca mobiliária baseada no registo, quando confrontada com o penhor alicerçado, em princípio, na publicidade possessória (p.25), mas na realidade admitido em muitos casos desligado dela (veja-se pp. 32 e ss.).

[1041] Ferreira de Almeida, *Publicidade e Teoria dos Registos*, 1966, p. 73, qualificando o dessapossamento como uma forma de publicidade espontânea.

[1042] Vaz Serra, *Penhor de Coisas*, 1956, BMJ, n.° 58, p. 38 (onde, no entanto, segue indicando situações de penhor sem posse) e pp. 104 e ss.; Ferreira de Almeida, *Publicidade e Teoria dos Registos*, 1966, p. 73. Vaz Serra, *Penhor de Direitos*, 1956, p. 180, explica que a entrega é necessária para subtrair a coisa à disponibilidade material do empenhador (que é prejudicial para o credor) e para evitar que terceiros sejam enganados por julgarem que ela não se encontra onerada. No mesmo sentido, Oliveira Ascensão, *Direito Civil – Reais*, 1993, p. 547. Não deixa de ser algo estranha a necessidade reiterada da doutrina em afirmar a indisponibilidade material da coisa por parte do empenhador para a própria constituição e subsistência do penhor. O empenhador não pode dispor da coisa materialmente, mas poderá dispor dela juridicamente, ou seja, poderá transmitir a coisa sem que necessite de proceder à sua entrega. O adquirente naturalmente que adquire uma coisa onerada. O dessapossamento servirá então apenas para que a posse do empenhador não crie a errada aparência de uma propriedade desonerada. Sendo o penhor um direito real e sendo esta a principal explicação para a exigência de entrega, não se compreende totalmente a exigência da entrega como constitutiva do penhor nas próprias relações internas. Melhor se compreenderia esta exigência no contexto de um sistema que protegesse mais amplamente terceiros, através do acolhimento da regra de "posse de boa fé vale título" ou mesmo através da exigência de entrega para a própria transmissão dos direitos reais (assim, Vaz Serra, *Penhor de Coisas*, 1956, BMJ, n.° 58, p. 104, nota 195). Tanto mais que quem se pretende proteger, em última análise, não é o credor pignoratício, mas outros terceiros que possam confiar numa errada aparência. A razão para este regime poderá estar, então, na própria eficácia absoluta, enquanto caracterizadora dos direitos reais. A conclusão de que a função principal da entrega da coisa empenhada, tal como a da notificação da constituição de penhor de direitos, é publicitar a titularidade limitada do empenhador, leva a considerar a notificação dispensável no caso de registo de penhor de créditos hipotecários, no que se prende com a eficácia relativamente a terceiros. Aí o registo desempenha a função de publi-

Constituição e transmissão de direitos 401

E o mesmo se diga a propósito da garantia real paradigmática – a hipoteca – cuja constituição está dependente do registo (art. 687.°). Quer a transmissão de coisas móveis quer a transmissão de imóveis operam, por regra, por efeito do contrato, sem necessidade de qualquer acto ulterior tendente à transmissão do direito. Ao contrário, a constituição de garantias sobre esses mesmos direitos exige algo mais relativamente à transmissão: a entrega, o registo.

Não existe, pois, um princípio geral de equiparação dos requisitos da constituição de garantias aos da transmissão dos direitos empenhados: normalmente há na constituição de garantias um agravamento de exigências em relação ao regime de transmissão dos direitos. Se esse princípio poderá valer em relação a ordenamentos estrangeiros, não encontrou, pelo menos em sede geral[1044], concretização no nosso direito. A impressão que resulta é a de que, ao contrário do que acontece, como se verá, no campo da simples transmissão de direitos reais, esta área terá sido mais permeável à influência de direitos que exigem a entrega para a transmissão de direitos reais ou, pelo menos, à consideração das consequências decorrentes do acolhimento do princípio de "posse de boa fé vale título"[1045].

---

cidade atribuída à notificação, pelo que ela é dispensável (Vaz Serra, *Penhor de Direitos*, 1956, p. 181). No entanto, embora em moldes não totalmente claros, quando cita Manuel de Andrade e Guilherme Moreira, Vaz Serra, *Penhor de Direitos*, 1956, p. 183, acaba por sustentar não poder o registo suprir a notificação relativamente à eficácia perante o devedor cedido: o registo só suprirá a notificação na medida em que desempenhe a mesma função desta, o que não acontece relativamente ao devedor cedido. Este poderá legitimamente desconhecer o registo e pagar ao empenhador ou celebrar com ele negócios relativos ao crédito oponíveis ao credor pignoratício. Mais uma vez, à semelhança do que foi referido a propósito do registo de transmissão de créditos hipotecários, a notificação afigura-se insusceptível de ser substituída pelo registo, porque é configurada pela lei como acto particularmente destinado a dar o conhecimento da transmissão ao devedor cedido: é um acto exigido para ele e por ele.

[1043] Vaz Serra, *Penhor de Coisas*, 1956, BMJ, n.° 58, p. 104 texto e nota 195, onde explicita que a entrega reforça e garante os direitos do credor.

[1044] Já noutros campos a tendência parece ir nesse sentido. É o regime previsto no art. 103.° do CVM, ao mandar aplicar à constituição, modificação ou extinção de penhor ou de quaisquer outras situações jurídicas que onerem valores mobiliários titulados o regime da transmissão da titularidade dos mesmos valores. Também o art. 81.° faz essa equiparação ao estatuir que o penhor de valores mobiliários escriturais se constitui por registo em conta.

[1045] É possível, nesta linha, encetar uma discussão pertinente relativamente à coerência interna e à bondade de um sistema assim construído (o que justifica, num caso e noutro não uma particular preocupação com a protecção de terceiros?), mas não é este o local para o fazer. É inevitável, portanto, aceitar esta dualidade de soluções vertida na lei con-

402 *A Cessão de Créditos e o Sistema de Transmissão de Direitos Reais*

Não é legítimo, portanto, retirar da exigência de notificação para a constituição de penhor sobre direitos de crédito a necessidade de notificação para a oponibilidade da transmissão a terceiros. A lei é algo oscilante no que se prende com a configuração da notificação: se o número 2 do artigo 681.° não distingue pessoas, parecendo apontar para uma notificação constitutiva, à semelhança da entrega no penhor de coisa e do registo da hipoteca, a remissão do artigo 681.°/3 para o disposto no artigo 583.°/2 acrescenta algo mais, apontando para a constituição do penhor entre as partes sem notificação.

Esta oscilação indicia, de alguma maneira, a reprodução da própria dúvida de Vaz Serra, no seu estudo sobre penhor de direitos, quando explica que, dada a similitude com a cessão de créditos, pareceria não serem exigíveis quaisquer formalidades para o penhor produzir efeitos entre as partes (empenhador e credor pignoratício). Conclui, todavia, só ficar o credor pignoratício verdadeiramente garantido após a notificação, o que leva a considerá-la indispensável para a eficácia do penhor mesmo entre as partes, atribuindo-se-lhe função análoga à da entrega no caso de penhor de coisas[1046].

Mas a verdade é que esta conclusão não parece ter passado para o texto legal. Repare-se como, em virtude da remissão para o artigo 583.°/2, é inegável ter a notificação (e o registo) um papel de menor relevo quando comparada com a entrega no penhor de coisas ou o registo na hipoteca: não é constitutiva do direito, funcionando apenas ao nível da eficácia em relação a terceiros. E mesmo em relação aos terceiros percebe-se como, relativamente ao devedor, a solução não é diversa da estabelecida para a cessão de créditos. No fundo, só em relação a outros terceiros (além do devedor) a notificação (e o registo) tem verdadeira importância como condicionante da eficácia do penhor[1047].

---

soante esteja em causa a transmissão de direitos (incluindo o direito de propriedade sobre coisas móveis) ou a constituição de garantias sobre os mesmos.

[1046] Vaz Serra, *Penhor de Direitos*, 1956, pp. 178 e ss.. Embora a explicação não seja muito clara, a razão subjacente parece estar na constação de a garantia só se poder considerar constituída após a notificação, porquanto, antes desta, o devedor poderá pagar ao empenhador ou celebrar com ele qualquer negócio relativo ao crédito, precludindo, assim, a suposta garantia do credor pignoratício.

[1047] Assume, então, particular importância a função da notificação de conferir preferência ao credor pignoratício.

Constituição e transmissão de direitos

III. A justificação do diferente tratamento dos terceiros pode ser encontrada na diferença entre a posição do cessionário e a do credor pignoratício, ou seja do beneficiário da garantia relativamente aos terceiros, nomeadamente credores das partes. É aspecto tributário do critério da estrutura.

No penhor, a titularidade do direito empenhado pertence a pessoa diversa daquela que está legitimada para cobrar e receber o crédito empenhado, ficando o credor pignoratício numa posição prevalecente em relação a outros credores do titular do direito. Ora essa posição prevalecente terá de aparecer justificada com suficiente clareza perante os demais credores, sob pena de violação do princípio do tratamento igualitário.

Além disso, é a maneira destes outros credores tomarem conhecimento de que o credor pignoratício não recebe o crédito como titular – o que resulta da aparência –, mas como simples credor especialmente garantido. Consequentemente, ou, cumprida a obrigação justificativa do penhor, o titular do direito empenhado readquire o seu direito em toda a extensão ou, no caso de ter sido executada a garantia, tem direito à devolução do remanescente. Ora esse direito à devolução do crédito, na sua máxima extensão ou do remanescente dele, poderá ser exercido pelos demais credores através do mecanismo da sub-rogação de credores.

A necessidade acrescida de publicidade no campo das garantias fará sentido, porquanto a titularidade aparece desfasada da aparência dessa mesma titularidade[1048]: é o caso do penhor de coisas, em que não é o proprietário, mas o credor pignoratício, que se encontra na posse da coisa[1049]. É, ao mesmo tempo, a maneira de efectivar a posição prevalecente do credor garantido perante os demais credores. Com toda a probabilidade, é também esta a razão para, neste campo, a lei equiparar o registo à notificação, desamparando, em alguma medida, a posição do devedor cedido em benefício da segurança da posição dos credores. Relembre-se que este regime não tem paralelo em sede de cessão de créditos, onde a doutrina tende a negar que o registo possa precludir a necessidade de notificação ao devedor cedido.

[1048] O argumento será, porventura, frágil, como acima se apontou a discutível bondade de um sistema construído com alicerces diferentes para questões próximas, mas é incontornável esta construção.

[1049] Vaz Serra, *Penhor de Coisas*, 1956, BMJ, n.º 58, p. 104, nota 195, escreve não ser frequente que o comprador de coisa móvel a deixe em poder do vendedor de modo a poderem ser iludidos terceiros, mas seria frequente o credor pignoratício deixar a coisa em poder do empenhador, se fosse possível constituir o penhor sem a entrega.

404   *A Cessão de Créditos e o Sistema de Transmissão de Direitos Reais*

Porque transmissão de direitos e constituição de garantias sobre esses mesmos direitos são estruturalmente diferentes[1050], ainda que funcionalmente possam ser equivalentes, faz sentido a diferença de regime relativamente à oponibilidade a terceiros[1051]. A diferença será a mesma que existe entre penhor de coisa (ou penhor do direito de propriedade sobre a coisa?) e transmissão da coisa (ou, melhor dito, transmissão do direito de propriedade sobre a coisa).

14.2. *Transmissão de títulos de crédito*

I. Os títulos de crédito e os direitos neles incorporados transmitem-se através do cumprimento de formalidades próprias que variam consoante se trate de títulos nominativos (acções e obrigações nominativas), à ordem (letras, livranças, cheques) ou ao portador (acções e obrigações ao portador e, consoante a posição adoptada, também as notas de banco)[1052]. Nos dois últimos casos, a transmissão opera-se mediante a entrega do título, mas, enquanto nos títulos ao portador basta essa entrega real (*traditio*)[1053], nos títulos à ordem ela é acompanhada de endosso[1054]. Nos títulos no-

---

[1050] Vaz Serra, *Penhor de Direitos*, 1956, p. 243, escreve que o penhor representa uma transmissão, embora constitutiva do direito. Na verdade, enquanto na cessão de créditos se trata apenas de transmitir um direito pré-existente, no penhor há a constituição *ex novo* de um direito, que, por incidir na configuração de um direito anterior, é rodeada de maiores cautelas.

[1051] Em termos de direito constituído, entenda-se, em termos de direito a constituir nada obstaria a uma opção análoga à do direito americano que, como foi explicado, engloba no Artigo 9 do UCC todas as operações efectuadas com fim de garantia e ainda, dada a dificulade de distinguir, a generalidade das transmissões dos direitos de crédito. Veja-se, acima, pp. 75 e ss. e pp. 258 e ss..

[1052] Aliás, como faz notar Pais de Vasconcelos, *Direito Comercial – Títulos de Crédito*, 1989, p. 27, esta classificação tem como critério orientador, precisamente, o regime que a lei lhes atribui: a chamada lei de circulação. Nesse sentido, também Oliveira Ascensão, *Direito Comercial* – Vol. III, Títulos de Crédito, 1992, p. 40.

[1053] Analogamente, os valores mobiliários titulados ao portador transmitem-se por entrega do título ao adquirente ou ao depositário por ele indicado (art. 101.º/1 CVM) ou, no caso de os títulos já estarem depositados junto do depositário, por registo na conta deste (art. 101.º/2). Em sentido concordante, o art. 104.º dispõe que o exercício de direitos inerentes aos valores mobiliários titulados ao portador depende da posse do título ou do certificado comprovativo do registo passado pelo depositário.

[1054] Arts. 11.º e 77.º da LULL, relativos a letras e livranças, art. 14.º da LUC relativo ao cheque e ainda, do CCom., o art. 411.º, relativo a conhecimento de depósito de mercadorias, e o art. 483.º, genericamente respeitante a transmissão de títulos de crédito mer-

Constituição e transmissão de direitos

minativos é feita uma declaração do transmitente no título seguida de registo[1055].

Perceber a razão das especificidades na transmissão de títulos de crédito implica perceber o que de diferente têm os direitos incorporados em títulos de crédito em relação a outros direitos, como sejam os simples direitos de crédito não titulados.

São apontadas como características dos títulos de crédito a literalidade, a autonomia, a incorporação, a transmissibilidade (ou circulabilidade)[1056], e é da conjugação de todas elas que se pode perceber como os títulos de crédito constituem realidade diversa da generalidade dos direitos[1057]. Decorrente de todos esses aspectos, assume-se como principal característica a circulabilidade: os títulos de crédito foram inventados para fazer circular os direitos, furtando a sua transmissão a uma série de entraves[1058], tornando-a

---

cantis. O endosso pode constar de declaração escrita seguida da assinatura do titular nas costas do título com ou sem identificação do novo beneficário ou de uma simples assinatura do titular.

[1055] O art. 326.°/1 do CSC determinava a circulação das acções por declaração do transmitente escrita no título, pelo pertence lavrado no mesmo e averbamento no livro de acções da sociedade que os emitiu. Este preceito foi revogado pelo código dos valores mobiliários ao determinar que os valores mobiliários titulados nominativos (onde se integram as acções de sociedades anónimas nominativas) se transmitem por declaração de transmissão, escrita no título, a favor do transmissário, seguida de registo junto do emitente ou junto do intermediário financeiro que o represente, desaparecendo o pertence (art. 102.°/1 CVM). O exercício dos direitos inerentes aos valores mobiliários titulados nominativos não integrados em sistema centralizado faz-se de acordo com o que constar no registo do emitente (art. 104.°/2); se estiverem integrados em sistema centralizado, seguem o regime dos valores mobiliários escriturais integrados em sistema centralizado (art. 105.°)

[1056] Ferrer Correia, *Lições de Direito Comercial* – Vol. III, Letra de Câmbio, 1975, pp. 3 e ss. e 39 e ss.; Fernando Olavo, *Direito Comercial* – Vol. II, Fasc.I, 2ª parte, Títulos de Crédito em Geral, 1978, pp. 15 e ss., entendendo, no entanto, a "orgânica destinada à circulação" não como característica normativa, mas como elemento do conceito tipológico (pp. 39 e 40); Pinto Furtado, *Obrigação Cartular e Desconto Bancário*, 1986, pp. 109 e ss.; Pais de Vasconcelos, *Direito Comercial – Títulos de Crédito*, 1989, pp. 5 e ss., autonomizando ainda a característica da legitimação; Oliveira Ascensão, *Direito Comercial* – Vol. III, Títulos de Crédito, 1992, pp. 17 e ss., chamando a atenção para a perspectiva germânica dos títulos de crédito enquanto documentos de legitimação e para a perspectiva latina que os entende como títulos de circulação, exigindo, portanto, a autonomia; Ferreira de Almeida, *Desmaterialização dos Títulos de Crédito: Valores Mobiliários Escriturais*, 1993, pp. 36 e ss..

[1057] Pais de Vasconcelos, *Direito Comercial – Títulos de Crédito*, 1989, pp. 5 e ss..

[1058] Decorrentes, precisamente, do regime geral da cessão de créditos que impedia uma transmissão célere e pouco segura, devido à possibilidade de o devedor poder opor ao cessionário as excepções oponíveis ao cedente. Ascarelli, *Teoria Geral dos Títulos de Cré-*

406 A Cessão de Créditos e o Sistema de Transmissão de Direitos Reais

simples e eficaz[1059] através de uma fortíssima tutela da aparência. Todavia, esta perspectiva não é unívoca, apontando-se como função mais ampla dos títulos de crédito a de legitimação[1060] e entendendo-se[1061] serem as características da incorporação e da literalidade o reduto geral dos títulos de crédito, a autonomia uma característica não universal e a abstracção apenas tendencial[1062].

---

dito, 1943, pp. 3 e ss., em especial, pp. 14 e 15; Fernando Olavo, *Direito Comercial* – Vol. II, Fasc.I, 2ª parte, Títulos de Crédito em Geral, 1978, pp. 10 e 11.

[1059] Pais de Vasconcelos, *O Problema da Tipicidade dos Valores Mobiliários*, 2001, p. 66, e, mais sistematicamente, Pais de Vasconcelos, *Direito Comercial – Títulos de Crédito*, 1989, p. 32, já antes a propósito do surgimento dos títulos de crédito, nas pp. 3 e ss. e também na p.37, onde escreve ser a circulabilidade potenciada pelas outras características e ser ela própria o principal índice de qualificação de um documento como título de crédito: os títulos de crédito são tipicamente destinados a circular (pp. 28 e 38), de molde que, se não puderem circular, não serão qualificados como títulos de crédito, não sendo, por isso, possível proibir totalmente a sua circulação (p.29). Esta visão será tributária do entendimento latino dos títulos de crédito que, como explica Oliveira Ascensão, *Direito Comercial* – Vol. III, Títulos de Crédito, 1992, p. 29 e antes, nas pp. 4 e 13, ao contrário do direito germânico, coloca a tónica não na legitimação, mas na circulação. Apesar de, pela análise crítica que empreende, colocar a nú esta concepção, acaba por concluir (p.38) existir um forte enraizamento da concepção latina, que, como tal, se terá tornado constitutiva do ordenamento português. Não obstante, não deixa de reputar a concepção germânica como uma alternativa presente (p.40).

[1060] Implicitamente, Fernando Olavo, *Direito Comercial* – Vol. II, Fasc.I, 2ª parte, Títulos de Crédito em Geral, 1978, p. p.39 e 40, quando sustenta que a "orgânica destinada à circulação" mais não é do que a causa das características que conformam a disciplina dos títulos de crédito (títulos de legitimação, literais e autónomos como consequência da incorporação) em ordem a adequá-los à circulação. Oliveira Ascensão, *Direito Comercial* – Vol. III, Títulos de Crédito, 1992, pp. 12 e ss., em especial, p. 15, onde explica que, não obstante muitos autores inserirem os títulos de crédito na problemática da circulação dos direitos, o problema da circulação só está decisivamente ligado a outra função dos títulos de crédito, que é a de assegurar a autonomia de cada titular, sendo a função principal – legitimação activa e passiva – importante mesmo perante direitos insusceptíveis de cessão. Por essa razão, nas pp. 17 e ss., enceta o estudo na perspectiva do cumprimento de uma função de legitimação. Em momento anterior, também Pinto Furtado, *Obrigação Cartular e Desconto Bancário*, 1986, p. 92, fundando as raízes dos títulos de crédito no direito antigo, sustenta ser a documentação-legitimação para o exercício futuro de um direito o traço primeiro mais característico do regime cambiário. Ferreira de Almeida, *Texto e Enunciado na Teoria do Negócio Jurídico* – Vol. II, 1992, pp. 924 e 925, reportando-se ao problema da venda sobre documentos, refere-se a uma eficácia não apenas de legitimação, mas associa a certos títulos de crédito uma função descritiva, conformadora do texto contratual.

[1061] Oliveira Ascensão, *Direito Comercial* – Vol. III, Títulos de Crédito, 1992, p. 4.

[1062] *Ibidem*, p. 32 e ss., porquanto, apesar de significativos títulos serem abstactos, há títulos causais no sentido de nunca se desprenderem da relação subjacente. Será o caso

Constituição e transmissão de direitos 407

Procurar uma analogia entre a transmissão dos títulos de crédito e dos direitos neles incorporados e a transmissão dos direitos de crédito em geral passa necessariamente por uma dupla reflexão, sendo a segunda naturalmente dependente da primeira: em que medida se trata de realidades análogas; em que medida a notificação é equiparável à entrega do documento e/ou outras formalidades exigidas.

Títulos de crédito e simples direitos de crédito são realidades substancialmente diversas. Desde logo, o título de crédito é um documento[1063] e o direito de crédito nem é um documento nem necessita de um documento que o origine[1064]. Desta diferença de raíz decorre a impossibilidade de transpor características dos títulos de crédito, que, em última análise, são decorrentes desse documento, para os direitos de crédito, que não constam de qualquer documento. Para ilustrar essa diferença, basta cotejar, rapidamente, as características normalmente apontadas dos títulos de crédito com o regime dos direitos de crédito.

Os títulos de crédito são literais, ou seja, são sempre documentos escritos, sujeitos a um estrito formalismo, de molde que o documento incorpora o direito documentado e o direito assim constituído vale com o conteúdo e a extensão literalmente constantes do título. Ao contrário, os direitos de crédito existem independentemente de qualquer documento ou mesmo de qualquer outra forma específica de se exprimirem: podem decorrer, por exemplo, de um contrato escrito, mas esse contrato, em princípio,

---

das acções das sociedades anónimas, razão por que as excepções causais são sempre oponíveis (p.34). Neste sentido também Oliveira Ascensão, *As Acções*, 2000, pp. 65 e 90.

[1063] Independentemente da via escolhida para definir título de crédito – normativa ou tipológica – o conceito assenta sempre no documento. Veja-se, respectivamente, Vivante, *Trattato di Diritto Commerciale* – Volume III, 1924, p. 123, para quem título de crédito é "o documento necessário para exercer o direito literal e autónomo nele mencionado" ou o documento necessário para "transferir ou exigir o direito literal e autónomo que nele é mencionado" (Vivante, *Istituzioni di Diritto Commerciale*, 1929, p. 140), e Ascarelli, *Teoria Geral dos Títulos de Crédito*, 1943, que, para explicar o título de crédito, parte da referência ao documento: "o título de crédito é, antes de mais nada, um *documento* [...] *escrito; assinado* pelo devedor, *formal*" (p.29). Entre nós, embora não rejeitando a definição tipológica, Fernando Olavo, *Direito Comercial* – Vol. II, Fasc.I, 2ª parte, Títulos de Crédito em Geral, 1978, pp. 14 e 15, prefere fazer uma abordagem normativa, iniciando a análise do título de crédito como documento: "[o] título de crédito é sempre um escrito".

[1064] Como escreve Oliveira Ascensão, *Valor Mobiliário e Título de Crédito*, 1997, p. 27, "[o] direito subjectivo é um mero juízo de relação. É uma entidade espiritualizada; escrituras públicas ou outros documentos não perturbam a sua realidade intangível.".

408 A Cessão de Créditos e o Sistema de Transmissão de Direitos Reais

mais não faz do que apontar para a existência do direito, o documento que encerra o contrato não incorpora os direitos emergentes deste[1065].

Por isso, também não faz sentido falar de incorporação a propósito dos direitos de crédito[1066], expressão da conexão entre documento e direito[1067] traduzida na necessidade de existência física do título, da posse do qual depende o exercício do direito cartular[1068].

Também não fará sentido falar de legitimação activa para o exercício do direito, porque não existe qualquer título de cuja posse decorra a legitimidade para o exercício do direito incorporado. Naturalmente que o credor tem legitimidade para a transmissão, mas essa legitimidade não resulta da posse de qualquer título, mas da simples titularidade do direito de crédito.

[1065] Como explica Oliveira Ascensão, *Direito Comercial* – Vol. III, Títulos de Crédito, 1992, p. 3, embora se afirme frequentemente que dado documento titula o direito, não há qualquer materialização do título, não sendo a ligação ao documento tão intensa que sem ele não se possa exercer o direito.

[1066] Além de que, como frisa a doutrina – Fernando Olavo, *Direito Comercial* – Vol. II, Fasc.I, 2ª parte, Títulos de Crédito em Geral, 1978, p. 19; Ferrer Correia, *Lições de Direito Comercial* – Vol. III, Letra de Câmbio, 1975, p. 9; Pais de Vasconcelos, *Direito Comercial – Títulos de Crédito*, 1989, p. 23; Oliveira Ascensão, *Direito Comercial* – Vol. III, Títulos de Crédito, 1992, p. 6 –, o direito a que o título de crédito se refere não é necessariamente um direito de crédito, podendo revestir natureza diversa: por exemplo, um direito real, no caso dos conhecimentos de carga, conhecimentos de embarque ou *warrants*, ou um direito social, no caso das acções de sociedades anónimas.

[1067] Ferrer Correia, *Lições de Direito Comercial* – Vol. III, Letra de Câmbio, 1975, pp. 6 e 7, explicando, na esteira das doutrinas italiana e alemã, tratar-se de uma imagem plástica, e não de um conceito jurídico, destinada a exprimir a especial relação entre documento e direito por força da qual só o possuidor do documento pode exercer ou transferir o direito nele mencionado. Pinto Furtado, *Obrigação Cartular e Desconto Bancário*, 1986, p. 103, refere que a palavra é, obviamente, metafórica, sugerindo impressivamente que o regime cambiário faculta ao transmitente que *"pinte o crédito ou direito* num pedaço de papel".

[1068] Fernando Olavo, *Direito Comercial* – Vol. II, Fasc.I, 2ª parte, Títulos de Crédito em Geral, 1978, p. 17, explica que a incorporação do direito no título significa que ele não é meramente um documento probatório, nem só constitutivo, mas também dispositivo, porque a incorporação verifica-se de maneira permanente, uma vez que o documento é necessário para o exercício e a transmissão do direito; Pais de Vasconcelos, *Direito Comercial – Títulos de Crédito*, 1989, p. 25; Oliveira Ascensão, *Direito Comercial* – Vol. III, Títulos de Crédito, 1992, p. 25, explica só ser possível falar de incorporação quando o regime jurídico arquitectado exija para o exercício do direito a posse do título correspondente: quando o sujeito passivo só estiver obrigado a satisfazer a quem for o detentor de um título válido. Em sentido análogo, Pinto Furtado, *Obrigação Cartular e Desconto Bancário*, 1986, p. 104.

Da inexistência de documento que incorpore o direito decorre ainda que, ao contrário dos títulos de crédito, não faz sentido falar em autonomia (quer no sentido de autonomia do título, quer no sentido de autonomia do portador) relativamente aos direitos de crédito. Não existe autonomia do título, porque nada há a autonomizar: não há um direito incorporado num título, autónomo do direito não cambiário que lhe subjaz e lhe deu origem. Não há dois direitos que se possam distinguir e ser autónomos. O dualismo direito cartular/direito subjacente é intransponível para o campo dos simples direitos de crédito.

Pelo contrário, a prova de que são realidades profundamente diferentes está na autonomia do direito do portador. Nos títulos de crédito é difícil invocar excepções que não decorram do título, mas da relação subjacente. Na transmissão de simples direitos de crédito, exactamente porque não existe a distinção entre título e relação subjacente[1069], é sempre possível o devedor opor ao cessionário as excepções que teria podido opor ao cedente[1070].

Por fim, importa atender à circulabilidade dos títulos de crédito que é a característica mais aproximada da transmissibilidade dos direitos de crédito. Todavia, o grau de incidência não deixa de ser diverso. Se os títulos de crédito se destinam tipicamente a circular e essa circulação não pode ser cerceada na sua totalidade, os direitos de crédito são transmissíveis, mas com limitações próprias da sua natureza. Há direitos de crédito que, atendendo às suas características, estão excluídos de qualquer possibilidade de transmissão e não perdem, por isso, a qualificação de direitos de crédito. Se é certo que, para o problema em análise, importa precisamente a consideração dos direitos de crédito que podem ser transmitidos, é inegável não ter o factor transmissibilidade o mesmo peso.

[1069] Ao invés, como explica Oliveira Ascensão, *Direito Comercial* – Vol. III, Títulos de Crédito, 1992, p. 35, a propósito do art. 17.º da LULL, as pessoas accionadas em virtude de uma letra, em princípio, não podem opor ao portador as excepções fundadas sobre as relações pessoais delas como o sacador ou com os portadores anteriores.

[1070] Fernando Olavo, *Direito Comercial* – Vol. II, Fasc.I, 2ª parte, Títulos de Crédito em Geral, 1978, p. 30, explica que, ao invés do que sucede na cessão de créditos, o portador do direito cartular adquire-o de forma originária, pelo que a sua posição é independente da dos portadores anteriores e, mais adiante (pp. 38 e 39), esclarece que o problema da autonomia do direito do titular só tem sentido no campo dos títulos de crédito em função dos meios de circulação específicos de tais títulos, pelo que, no caso de transmissão por sucessão *mortis causa* ou cessão de créditos, a autonomia cede perante as regras próprias destes meios de transmissão.

410 A Cessão de Créditos e o Sistema de Transmissão de Direitos Reais

II. Resta perguntar, então, qual a necessidade de fazer sequer esta análise quando se trata de realidades tão distintas. A comparação tem de ser feita, necessariamente, entre transmissão de direitos incorporados em títulos de crédito (e não transmissão do próprio título), sendo certo que nem sempre os direito incorporados em títulos de crédito são direitos de crédito, e transmissão de direitos de crédito. Todavia, o problema acaba por não ser substancialmente diverso, porque, em princípio, o direito incorporado no título se transmite através da transmissão do próprio título.

O problema reside na notificação ao devedor cedido. A notificação, enquanto acto dirigido ao devedor destinado a informar e a dar indicação de que deverá pagar ao novo credor, poderá, porventura, assemelhar-se a actos transmissivos que acompanham a entrega do documento ou, mais até do que a entrega do documento, a actos necessários para a transmissão de títulos nominativos, como o registo.

A notificação (ou a aceitação) configuraria, então, um acto transmissivo, antes do qual não seria possível invocar a transmissão perante o devedor – a isso conduziria o regime legal que permite ao devedor pagar com eficácia liberatória antes da notificação ao cedente – e depois da qual o devedor poderia pagar ao cessionário sem que lhe fossem opostos os vícios do contrato de cessão[1071].

Mas repare-se como essa proximidade é forçada: não se vê como a notificação, na sua simplicidade de acto dirigido ao devedor contendo uma informação à qual está subjacente uma ordem de pagamento ao novo credor, poderá equivaler a uma entrega de documento acompanhada de outras formalidades. Mesmo entendendo que ela contém necessariamente (no sentido de subjacente) uma declaração de transmissão do crédito e que consta de documento que pode ser entregue, a sua vocação é substancialmente diferente.

Importa, então, aferir se não se aproximará dos actos necessários à transmissão de títulos nominativos. Nesse campo a proximidade poderá ser maior: o antigo averbamento no livro de registo de acções (art. 326.º/1 do CSC, entretanto revogado pelo CVM) ou o actual registo junto do emitente ou de intermediário financeiro que o representa (artigo 102.º/1 do CVM) deve ser considerado constitutivo da própria transmissão ou, pelo contrário, ela basta-se com anterior declaração do transmitente ou a actual declaração de transmissão?

[1071] Antunes Varela, *Das Obrigações em Geral* – Vol. II, 1997, p. 301.

Constituição e transmissão de direitos 411

De acordo com o entendimento reputado de generalizado, a propriedade do título transferia-se por mero efeito do contrato, sendo o averbamento necessário apenas para produzir efeitos em relação ao emitente (sociedade) e terceiros[1072]. Tal seria o resultado da aplicação dos princípios gerais sobre o registo, bem como, não se tratando de títulos ao portador, do princípio geral da transmissão da propriedade por mero efeito do contrato, com a desnecessidade de entrega do título para essa mesma transmissão[1073].

Actualmente, no que respeita ao papel do registo, a questão não se colocará em moldes substancialmente diferentes no campo da transmissão de valores mobiliários escriturais. Para este trabalho interessa apenas discutir a possível proximidade funcional entre notificação e registo (neste caso registo junto do emitente ou do intermediário financeiro, mais adiante, registo em sede de transmissão de direitos reais), no que se prende com a eficácia da transmissão em relação a terceiros[1074].

III. O regime dos títulos de crédito, norteado pelo objectivo de facilitar a circulação dos direitos, pretende reflectir uma tutela fortíssima da boa fé dos terceiros adquirentes[1075-1076] o que é, na verdade, excepcional no direito português.

[1072] Oliveira Ascensão, *Direito Comercial* – Vol. III, Títulos de Crédito, 1992, p. 45, fazendo menção da posição de Vaz Serra, *Anotação ao Acórdão do Supremo Tribunal de Justiça de 16 de Junho de 1972*, 1974, em especial pp. 222 e 228 e 229, onde invoca a regra geral do art. 408.º do código civil. Embora de modo não muito claro, parece ir no mesmo sentido Nuno Pinheiro Torres, *Da Transmissão de Participações Sociais não Tituladas*, 1999, pp. 48 e 49, ao afirmar que o registo ou o depósito têm um efeito legitimador apenas perante a sociedade. Subsiste, nomeadamente, a dúvida sobre se o registo será necessário para a transmissão produzir efeitos apenas perante a sociedade ou também perante outros terceiros.

[1073] Oliveira Ascensão, *Direito Comercial* – Vol. III, Títulos de Crédito, 1992, pp. 45 e 46, não se dispensando, no entanto, a declaração no título, porquanto integra necessariamente o modo de circulação do título nominativo, sob pena de ter mero significado extra-cartular.

[1074] Não é possível, como explica Oliveira Ascensão, *Direito Comercial* – Vol. III, Títulos de Crédito, 1992, pp. 46 e 47, entender aplicável, à semelhança do direito alemão, o regime da cessão de créditos. Ao contrário do sistema alemão, no direito português não vigora a regra da abstracção dos negócios dispositivos, não sendo a cessão de créditos, como já explicado, caracterizada por autonomia em relação a um negócio subjacente.

[1075] Ferrer Correia, *Lições de Direito Comercial* – Vol. III, Letra de Câmbio, 1975, p. 12, refere-se a uma "protecção ampla e genérica da boa fé dos terceiros adquirentes".

[1076] Vaz Serra, *Títulos de Crédito*, 1956, p. 10 e ss., fala de uma função tríplica – legitimadora a favor do devedor, de segurança do credor e de protecção do tráfico – ou

412 A Cessão de Créditos e o Sistema de Transmissão de Direitos Reais

No direito português não rege o princípio de que "posse de boa fé vale título". Por isso, não têm cabimento entre nós afirmações que consideram que, nos títulos de crédito, os créditos são tratados como se fossem coisas[1077], para justificar a aplicação de um regime jurídico diverso do alicerçado no consensualismo. Ou seja: não há utilidade, face ao direito português, em fazer uma aproximação à transmissão de direitos sobre coisas para, em vez do consensualismo, aplicar um regime de modo ou, ainda que dentro daquele, fazer funcionar a regra de que "posse de boa fé vale título".

Se, em sede de títulos de crédito, se tivesse procurado um tratamento análogo ao da transmissão do direito de propriedade sobre coisas móveis no ordenamento português, não se teria alcançado qualquer mais-valia na segurança das transacções com a correspectiva tutela dos adquirentes.

O regime de transmissão dos direitos de créditos é substancialmente diferente e impossível de aproximar ao regime de transmissão dos títulos de crédito, porque, embora enquadrados pelo mesmo objectivo de flexibilização da circulação dos créditos, são tributários de percursos e de valorações subjacentes profundamente distintas. No primeiro caso, o objectivo é conceder ao credor ampla liberdade para transmitir o seu crédito com o

---

dupla – legitimadora, conferindo ao portador a presunção de titularidade perante devedor e terceiros adquirentes, e de protecção do tráfico, assegurando a terceiros adquirentes de boa fé que o direito adquirido não está sujeito às excepções porventura oponíveis a portadores antecedentes.

[1077] Ferrer Correia, *Lições de Direito Comercial* – Vol. III, Letra de Câmbio, 1975, p. 12, afirma que "[n]ecessidades imperiosas da vida económica tornaram indispensável a possibilidade de negociação dos créditos quase como se fossem coisas.". Pinto Furtado, *Obrigação Cartular e Desconto Bancário*, 1986, p. 103, refere-se a uma "coisificação" do direito através do regime cambiário, que transforma o crédito enquanto realidade imaterial numa coisa móvel, aplicando-lhe depois a respectiva disciplina de transmissão. Mesmo antes (p.102) tinha referido a regra "*la possession vaut titre*" enquanto estruturante da discipina da transmissão de coisas móveis. Naturalmente estar-se-ia a referir à busca de maior segurança na transmissão dos direitos através da substituição do regime jurídico da cessão pelo regime de transmissão de coisas móveis em geral e não reportado ao ordenamento português. Algumas dúvidas permanecem, no entanto, sobre o pensamento do A. quando volta a referir, nas pp. 136 e 137, que a circulação própria visa obter rapidez e simplicidade na transmissão, fazendo circular o direito unido ao título de acordo com as regras fundamentais da transmissão das coisas móveis a que o título pertence, mas, mais adiante (pp. 139 e 140), invoca o consensualismo exactamente a propósito da transferência do direito de propriedade sobre o título, não sem deixar de entender aplicável o princípio vertido nas leis uniformes relativas às letras e livranças e cheque de que "posse de boa fé vale título", aplicável por analogia aos restantes títulos de crédito (pp. 141 e 142).

Constituição e transmissão de direitos 413

limite do não prejuízo da posição do devedor, enquanto no segundo caso importa tutelar a ampla circulação dos direitos através da protecção dos adquirentes de boa fé.

Dir-se-ia que, enquanto na cessão de créditos as figuras em destaque são o cedente e o devedor cedido, nos títulos de crédito são os adquirentes de boa fé (cessionários na terminologia da cessão de crédito). Daí a dificuldade em articular ou aproximar regimes distintos na sua raíz e fundamentação. Tão distintos, porque o ponto de partida é também ele diferente: a transmissão de direitos de crédito opera-se por iniciativa do credor, sem qualquer intervenção do devedor e por isso ele tem de ser protegido, enquanto um título de crédito surge, originariamente, por iniciativa do devedor[1078], que se obriga nas condições para si mais desfavoráveis dos títulos de crédito.

14.3. *Transmissão de valores mobiliários escriturais*

I. As considerações seguintes são limitadas aos valores mobiliários escriturais, porque relativamente a eles a lei introduz um regime de transmissão de direitos que interessa mencionar particularmente neste estudo: o registo em conta[1079].

Causará, porventura, alguma estranheza que se sinta a necessidade de considerar o regime associado à transmissão dos valores mobiliários, quando a característica comum aos valores mobiliários, por exigências de celeridade e segurança da circulação e facilidade de legitimação para o exercício de direitos, é, porventura, "afastar o regime geral de circulação (cessão de créditos)"[1080-1081]. Procura-se agora encontrar nesse regime,

---

[1078] Obviamente que, a mais das vezes, por exigência do próprio credor, o que, não obstante, não desvirtua a configuração do nascimento dos títulos de crédito como profundamente ligada ao devedor.

[1079] A transmissão dos valores mobiliários titulados não apresenta especificidades de relevo distintas da generalidade dos títulos de crédito nominativos ou ao portador, pelo que já foi aflorada no ponto anterior. Dispensa-se o caso de estarem sujeitos a um regime centralizado de depósito e controlo, porquanto se aproximam aos valores escriturais. Neste sentido, sustentando estarem sujeitos à mesma lei de circulação dos valores mobiliários escriturais, Amadeu Ferreira, *Valores Mobiliários Escriturais – Um Novo Modo de Representação e Circulação de Direitos*, 1997, pp. 409 e ss., em especial, p. 411.

[1080] Amadeu Ferreira, *Direito dos Valores Mobiliários*, 1997, p. 137, a propósito da diferença entre valores mobiliários representados e não representados.

[1081] Objectivo aliás confessadamente assumido também relativamente ao regime dos títulos de crédito. Vaz Serra, *Títulos de Crédito*, 1956, p. 8, em nota, afirma residir a

414   *A Cessão de Créditos e o Sistema de Transmissão de Direitos Reais*

intencionalmente criado para fugir à regra[1082], apoio para a compreensão dessa mesma regra.

O regime associado à transmissão dos valores mobiliários escriturais não interessa particularmente por o regime em si apresentar mais proximidades com o regime do código civil (porventura seria até o contrário). Mas os valores mobiliários escriturais, em virtude de, à primeira vista, não se encontrarem incorporados em qualquer documento com existência material[1083], acabam por conduzir à dúvida aparentemente legítima sobre a sua reaproximação aos simples direitos de crédito.

---

razão de ser dos títulos de crédito principalmente na inapropriação das regras da cessão de créditos para facilitar a circulação de créditos, porquanto, em protecção do devedor, tributárias do princípio *nemo plus juris transferre potest quam ipse habet*. Ferrer Correia, *Lições de Direito Comercial* – Vol. III, Letra de Câmbio, 1975, p. 12, explica que para assegurar a circulabilidade e a conexa protecção de terceiros adquirentes era sobretudo indispensável submeter a transmissão dos títulos de crédito a um regime substancialmente diverso do regime civilístico da cessão de créditos. Pinto Furtado, *Obrigação Cartular e Desconto Bancário*, 1986, p. 101, refere-se a "novas, mais ágeis e seguras, formas de transmissão *inter vivos* para que o direito comum não tinha resposta adequada.".

[1082] Ferreira de Almeida, *Desmaterialização dos Títulos de Crédito: Valores Mobiliários Escriturais*, 1993, p. 28, explica, por exemplo, a abertura do (revogado) art. 3.°/1/a) do CódMVM relativamente à consideração de valores mobiliários como possibilidade de excluir a aplicação das regras da cessão de créditos. Oliveira Ascensão, *Valor Mobiliário e Título de Crédito*, 1997, p. 33, aponta como característica distintiva dos valores mobiliários a transmissibilidade sem dependência das regras da cessão de créditos, sendo esses créditos o objecto que se pretende atingir na circulação. António Ferreira Soares, *Negociação, Liquidação e Compensação de Operações Sobre Valores Mobiliários*, 1997, p. 311, afirma que a recondução de determinados direitos ou conjuntos de direitos à categoria de valores mobiliários tem como principal objectivo torná-los aptos a transmitirem-se de forma célere, nomeadamente em mercados especificamente criados para o efeito.

[1083] Ferreira de Almeida, *Desmaterialização dos Títulos de Crédito: Valores Mobiliários Escriturais*, 1993, p. 28, conclui que os valores mobiliários escriturais são coisas incorpóreas relativas a direitos de crédito ou a direitos sociais. Mas, mais adiante (p.36), refere-se a desmaterialização por alteração do suporte documental de papel em suporte documental informático e, apesar de não usar a expressão incorporação, refere-se a uma "relação equivalente que é a adequada à imaterialidade" (p.37), denominando-a de "inerência" ou "imanência" (p.38). É possível, assim, continuar a invocar os conceitos de incorporação ou imanência, tendo apenas mudado o suporte documental. Oliveira Ascensão, *O Actual Conceito de Valor Mobiliário*, 2001, p. 50, invoca o art. 362.° do código civil para concluir que o registo, apesar de desmaterializado, ainda constitui um documento em sentido jurídico. Segundo Pais de Vasconcelos, *O Problema da Tipicidade dos Valores Mobiliários*, 2001, p. 64, a diferença estará porventura apenas no suporte documental, que deixou de ser em papel para passar a ser informático. Por isso, não obstante a maior visibilidade do direito incorporado, entende ser possível continuar a utilizar a expressão incorporação, preferindo-a à representação.

Constituição e transmissão de direitos 415

Se se tratar de realidades próximas, precisamente porque independentes de qualquer título material que as represente, como justificar um regime de transmissão tão diverso? Fará então sentido procurar uma aproximação ao regime dos valores mobiliários, entendido como mais moderno e portanto mais capaz de fazer face às necessidades do tráfico jurídico?

Entendo que não se deve excluir, à partida, essa análise, na medida em que a diferença aparentemente gritante de regimes tornaria incauto o seu desprezo apriorístico. Além disso, nada obsta a que a ciência do direito evolua nas suas matérias mais centrais com recurso a soluções encontradas a propósito de problemas particulares, tanto mais quanto esses problemas aparentemente particulares revestem proporções de grande importância, assumindo, a uma dada escala, feições de generalidade.

Ainda assim, é óbvio que nunca se poderá pensar numa simples transposição de regimes, mas procurar no regime do código civil justificadas aproximações. Mais uma vez, o problema coloca-se na aproximação da notificação ao registo enquanto mecanismo sucedâneo daquele meio mais perfeito de publicitar ou mesmo de constituir a transmissão dos direitos[1084].

Também não valerá a pena ir além daquilo que se assume como relativa evidência: por um lado, simples direitos de crédito e valores mobiliários são realidades jurídicas distintas[1085]; por outro, notificação e registo, tal como configurado pelo código de valores mobiliário, são insusceptíveis de aproximação. Ainda assim, alinha-se uma ou outra ideia a propósito destes dois tópicos.

[1084] Curiosamente, haverá quem entenda o problema do prisma inverso, em que o pedido de registo da transacção corresponderia a uma notificação ao devedor. Amadeu Ferreira, *Valores Mobiliários Escriturais – Um Novo Modo de Representação e Circulação de Direitos*, 1997, p. 358, dá conta desta posição, escrevendo, na esteira de Angulo Rodriguez, que poderá haver quem considere que a transmissão de valores escriturais corresponde a uma especial forma de cessão de créditos, equiparando o pedido de registo a uma notificação ao devedor. Reputa esta hipótese de pura ficção, sem qualquer sentido face ao direito português.

[1085] Basta lembrar que estes se podem reportar a um direito de crédito, mas também um direito social que, na definição de Oliveira Ascensão, *As Acções*, 2000, p. 62, é um tipo de direito autónomo, assente na garantia de participação social como um bem, tendo como conteúdo os poderes e deveres perante a sociedade. Jorge Costa Santos, *Direitos Inerentes aos Valores Mobiliários*, 1997, p. 59, aponta como característica dos direitos inerentes aos valores mobiliários a heterogeneidade da sua natureza, significando que podem ser direitos sociais, direitos de crédito ou até direitos reais.

416 *A Cessão de Créditos e o Sistema de Transmissão de Direitos Reais*

II. Direitos de crédito simples e valores mobiliários escriturais são distintos. O processo de desmaterialização conducente a estes últimos não significa que se pretenda voltar à situação inicial, anterior à "materialização" dos direitos através dos títulos de crédito. A doutrina é clara a este respeito: "a desincorporação não significa o regresso à situação primígena, em que o direito era apenas realidade espiritualizada. Embora se abandone o veículo, pretendeu-se conservar todas as vantagens que aos títulos de crédito estavam associadas."[1086]; "[o] facto de os valores não estarem documentados em títulos de papel, não significa que se tenha regressado ao regime geral da transmissão de direitos.", sendo que os negócios cujo objecto são valores escriturais seguem um regime distinto da cessão de créditos que pretende resolver os mesmos problemas suscitados aos títulos de crédito, nomeadamente relacionados com a segurança do tráfego[1087].

Se se pender para a configuração do valor mobiliário como direito e não apenas como representação de direito, a aproximação aos simples direitos de crédito é grande. No entanto, apesar da falta de convergência relativamente ao próprio conceito de valor mobiliário – direito representativo ou forma de representação de direitos[1088] –, na transmissão dos valo-

---

[1086] Oliveira Ascensão, *Valor Mobiliário e Título de Crédito*, 1997, p. 28, expressado a mesma ideia também na p.32.

[1087] Amadeu Ferreira, *Valores Mobiliários Escriturais – Um Novo Modo de Representação e Circulação de Direitos*, 1997, p. 358.

[1088] Segundo Oliveira Ascensão, *O Actual Conceito de Valor Mobiliário*, 2001, p. 40, valor mobiliário terá sido a categoria encontrada para abranger quer os títulos de crédito quer os valores escriturais, resultantes do movimento de desmaterialização dos direitos de crédito, pelo que o valor mobiliário será um "título de crédito desincorporado" (Oliveira Ascensão, *Valor Mobiliário e Título de Crédito*, 1997, p. 32). No mesmo sentido, Oliveira Ascensão, *As Acções*, 2000, p. 84, explica que a fonte originária da disciplina dos valores escriturais é o regime dos títulos de crédito, tendo a lei partido, prudentemente, do conhecido para o desconhecido. Assim, é transacionado não o direito representado, mas o direito representativo: Oliveira Ascensão, *O Actual Conceito de Valor Mobiliário*, 2001, p. 40. Parece também adoptar esta perspectiva Osório de Castro, *Valores Mobiliários: Conceito e Espécies*, 1996, pp. 8 e 9. Já para Amadeu Ferreira, *Valores Mobiliários Escriturais – Um Novo Modo de Representação e Circulação de Direitos*, 1997, p. 389 e ss., a perda da relação imediata do titular com o direito representado pelo registo é uma característica estrutural dos valores mobiliários escriturais que está em ruptura com os títulos de crédito, de molde que a segurança outrora resultante da circulação do documento resulta agora da intervenção de uma terceira entidade (pp. 392 e 393). Ainda que entendida como imagem, nos valores mobiliários não há incorporação do direito numa coisa corpórea, susceptível de posse e de ser objecto de negócios jurídicos, a incorporação só poderá ser em algo imaterial – o registo –, não susceptível de posse ou de ser objecto de negócios jurídicos, por não haver um direito sobre o registo como há um direito sobre o título (p.401). O que se nego-

Constituição e transmissão de direitos   417

res mobiliários escriturais estará sempre em causa a transmissão de realidades diversas do simples direito de crédito. Ou se transmite um direito distinto do direito incorporado ou se transmite o valor mobiliário enquanto forma de representação de direitos. Assim, em qualquer dos casos, faz sentido que a transmissão de simples direitos de crédito e a transmissão de valores mobiliários escriturais sejam diferentes.

III. Também notificação da cessão de créditos e registo de valores mobiliários escriturais são actos distintos. A diferença pode ser analisada quer de um ponto de vista estrutural quer de um ponto de vista funcional. Importa começar por este último aspecto, porque seria através dele que porventura se conseguiria alcançar um mínimo de unidade.

O papel do registo na transmissão dos valores mobiliários escriturais tal como configurado pelo código do mercado dos valores mobiliários[1089] suscitava algumas dúvidas sobre a sua natureza constitutiva[1090] e o entendimento da relação negócio/registo não era unívoco.

Entendeu-se estar a transmissão de direitos sobre valores mobiliários escriturais dependente de dois actos distintos: o negócio jurídico alicerçante da transmissão (causal, como a compra e venda, ou abstracto, como

---

ceia será, então, o valor mobiliário enquanto forma de representação de direitos (pp. 384 e ss.). Por seu turno, Ferreira de Almeida, *Desmaterialização dos Títulos de Crédito: Valores Mobiliários Escriturais*, 1993, pp. 36 e ss., sustenta que o valor mobiliário escritural não será, na sua raíz, distinto dos títulos de crédito, simplesmente a representação do direito não se consubstancia em papel, mas em suporte informático. Ainda assim, desvaloriza de alguma maneira o problema, ao afirmar: "[s]e a desmaterialização, obstando a uma incorporação material exclui a qualificação dos valores mobiliários escriturais como títulos de crédito ou se determina apenas uma parcial revisão do conceito e características destes é questão que dependerá mais dos usos linguísticos do que de escolhas teóricas e ainda menos de diferenças de regime." (p.38).

[1089] Aprovado pelo DL 142-A/91, de 10 de Abril, com posteriores alterações.

[1090] O art. 64.º/5 do CódMVM parecia apontar nesse sentido ao colocar na dependência de registo prévio em conta aberta o exercício de quaisquer direitos inerentes a valores mobiliários escriturais. Pronunciou-se a favor do carácter constitutivo do registo, Ferreira de Almeida, *Desmaterialização dos Títulos de Crédito: Valores Mobiliários Escriturais*, 1993, pp. 34 e 35. Sustentou a inadequação da dicotomia tradicional registo constitutivo/ registo declarativo para explicar o sistema de transmissão assente no registo em conta Amadeu Ferreira, *Valores Mobiliários Escriturais – Um Novo Modo de Representação e Circulação de Direitos*, 1997, pp. 280 e ss. e p.334. Afirmou só ser possível falar ou em registo constitutivo, na medida em que o direito, ao ser registado, passa a ser um valor mobiliário escritural (p.354), ou em sistema de registo (e não específico registo) constitutivo de titularidade (p.378).

418   *A Cessão de Créditos e o Sistema de Transmissão de Direitos Reais*

a ordem de transferência) e a inscrição no registo a favor do novo titular[1091]. Este registo assumia contornos não apenas de condição de oponibilidade a terceiros, mas também de acto constitutivo da própria titularidade[1092].

Ao invés, e reagindo criticamente a esta posição, sustentou-se ser necessário distinguir a transmissão dos direitos representados nos valores mobiliários (transmissão da titularidade) da legitimidade perante o emitente[1093]. Titularidade e legitimidade, categorias normalmente coincidentes, aparecem desfazadas[1094]: a legitimidade substantiva decorre da titularidade[1095-1096], mas a legitimidade activa ou passiva para o exercício de direitos inerentes aos valores registados é necessariamente registral[1097]. Significa isto que poderá haver legitimidade substantiva antes do registo,

---

[1091] Ferreira de Almeida, *Desmaterialização dos Títulos de Crédito: Valores Mobiliários Escriturais*, 1993, pp. 33 e 34.

[1092] *Ibidem*, pp. 34 e 35, porquanto sem o registo a eficácia está limitada às relações entre as partes (direito potestativo de registar por parte do adquirente/sujeição do alienante e direito de crédito/obrigação de omitir actos de alienação ou oneração por parte do alienante), não se transmitindo por simples efeito negocial qualquer faculdade integrante dos direitos absolutos sobre valores mobiliários escriturais.

[1093] Transmissão da titularidade e transferência de valores mobiliários são processos distintos e a legitimidade está associada a esta transferência, que é registral. Só em relação à transferência de valores mobiliários entre contas o registo é determinante. A transmissão da titularidade é um pressuposto da transferência dos valores, operada através do registo, pelo que é o registo que materializa a transmissão. Veja-se Amadeu Ferreira, *Valores Mobiliários Escriturais – Um Novo Modo de Representação e Circulação de Direitos*, 1997, pp. 247 e ss., em especial pp. 253 e ss..

[1094] Repare-se que já Ferrer Correia, *Lições de Direito Comercial – Vol. III, Letra de Câmbio*, 1975, p. 6, explicava que legitimação e titularidade eram categorias distintas: o título de crédito atribui ao possuidor a legitimação para exercer o direito, podendo a titularidade não coincidir com ela.

[1095] Amadeu Ferreira, *Valores Mobiliários Escriturais – Um Novo Modo de Representação e Circulação de Direitos*, 1997, pp. 294 e 295.

[1096] Titularidade que decorre presuntivamente do registo. Escreve Amadeu Ferreira, *Valores Mobiliários Escriturais – Um Novo Modo de Representação e Circulação de Direitos*, 1997, p. 312, que "[o] registo, só por si, não confere a titularidade, mas apenas a faz presumir, o que significa que devemos encontrar a fonte não no registo, mas na realidade substantiva que deu origem a esse registo, ainda que as duas realidades devam ser conjugadas (...)".

[1097] *Ibidem*, pp. 301 e 302 e 353 e ss., de molde que "para o exercício de direitos inerentes aos valores registados o registo em conta é constituinte da legitimidade dos seus titulares." (p. 302).

Constituição e transmissão de direitos

desde que se tenha operado a transmissão da titularidade, de molde que alguém poderá alienar ou onerar determinados valores ainda sem se encontrarem inscritos na sua conta[1098]. A circulação da titularidade, ou seja, a transmissão do direito para a esfera jurídica do adquirente, é independente de um efectivo registo na conta do adquirente, mas depende da integração no sistema de registo do facto que fundamenta a transmissão[1099]. Por seu turno, a circulação da legitimidade só se verifica com a transferência dos valores entre as diferentes contas envolvidas na circulação dos valores, ou seja, com o registo na conta do adquirente[1100].

Uma terceira posição desvaloriza o registo, assumindo o consensualismo: a transmissão do valor mobiliário será mero efeito do contrato, o que decorre desde logo dos princípios gerais do direito (artigo 408.° do CC), sendo o registo, à semelhança do registo predial, em determinadas circunstâncias, atributivo[1101].

[1098] Amadeu Ferreira, *Valores Mobiliários Escriturais – Um Novo Modo de Representação e Circulação de Direitos*, 1997, p. 297.

[1099] Amadeu Ferreira, *Valores Mobiliários Escriturais – Um Novo Modo de Representação e Circulação de Direitos*, 1997, reporta a sua análise ao regime vertido no CMVM e naturalmente reveste-a de inúmeros detalhes e explicações que não cabe aqui reproduzir. Importa apenas fazer menção da distinção fundamental entre transmissão de valores mobiliários no mercado e fora do mercado (omite-se as especificidades decorrentes da intervenção do intermediário que tem a seu cargo a conta de registo dos valores alienados): no primeiro caso o momento determinante de transmissão da titularidade é o do negócio jurídico e no segundo caso é o da comunicação da ordem de transferência ao intermediário. Em qualquer dos casos há a integração no sistema de registo. A circulação da titularidade será registral no sentido de controlada pelo sistema de registo como um todo (p.378).

[1100] A legitimidade é registral, porquanto o registo em conta é constitutivo da legitimidade: Amadeu Ferreira, *Valores Mobiliários Escriturais – Um Novo Modo de Representação e Circulação de Direitos*, 1997, p. 378.

[1101] Oliveira Ascensão, *Valor Mobiliário e Título de Crédito*, 1997, pp. 45 e ss., em especial pp. 48 e 49. É também a posição de Paula Costa e Silva, *Compra, Venda e Troca de Valores Mobiliários*, 1997, pp. 259 e 260, embora coloque a tónica não no contrato, mas na operação de bolsa enquanto negócio jurídico unilateral (veja-se pp. 250 e ss.): o registo não é constitutivo, é condição de oponibilidade das situações jurídicas a terceiros e condição de legitimação para a actuação das situações jurídicas neles representadas, sendo os lançamentos em conta simples operações que traduzem os resultados da transmissão. Parece ser esta ainda a posição de António Ferreira Soares, *Negociação, Liquidação e Compensação de Operações Sobre Valores Mobiliários*, 1997, p. 325, quando invoca o art. 405.° do CódMVM, afirmando que a compra e venda de um valor mobiliário em bolsa tem como efeito típico a transmissão da titularidade do valor mobiliário do vendedor para o comprador.

420 A Cessão de Créditos e o Sistema de Transmissão de Direitos Reais

É evidente ser a primeira concepção tributária da transposição do mecanismo próprio da transmissão dos títulos de crédito para a transmissão dos valores mobiliários escriturais: "[o] registo substitui a tradição como requisito de transmissão dos títulos de crédito", vigorando o princípio correspondente à posse vale título de que "registo vale título"[1102]. A incorporação nos títulos de crédito encontra um equivalente imaterial, a inerência ou imanência traduzida na relação direito-inscrição registral, substituta da relação direito-posse material[1103].

A segunda concepção entende o registo em conta não como um sucedâneo da entrega do documento, imprescindível à transmissão dos direitos incorporados[1104], mas considera-o, enquanto sistema, garante da segurança das transmissões em massa. Esta diferença é patente se analisada do ponto de vista funcional: o registo não é entendido como mecanismo de publicidade[1105], desde logo, porque o registo não é público[1106], não sendo possível à generalidade das pessoas ter acesso à informação, mas aparece associado à intervenção do intermediário financeiro; é meio de conferir segurança e transparência às transacções[1107-1108].

[1102] Ferreira de Almeida, *Desmaterialização dos Títulos de Crédito: Valores Mobiliários Escriturais*, 1993, p. 37.

[1103] *Ibidem*, pp. 37 e 38.

[1104] Amadeu Ferreira, *Valores Mobiliários Escriturais – Um Novo Modo de Representação e Circulação de Direitos*, 1997, pp. 254 e 255, explica não existir qualquer razão para se falar de entrega dos valores mobiliários escriturais, porque contraria a sua natureza imaterial e são insusceptíveis de posse. Também não é possível considerar o registo como objecto de transmissão à semelhança do que acontece com os títulos dos direitos documentados em papel, eles próprios susceptíveis de serem entendidos como coisas e como tal objecto de negócio jurídico.

[1105] Neste sentido, e a propósito da presunção de titularidade decorrente do registo, Amadeu Ferreira, *Valores Mobiliários Escriturais – Um Novo Modo de Representação e Circulação de Direitos*, 1997, p. 311, explica que o fundamento não pode estar na publicidade, mas na segurança que se consegue obter através deste registo e que permite alcançar efeito semelhante ao da fé pública mesmo sem existir publicidade em sentido formal. Raciocínio análogo vale para os casos de aquisição por terceiro de boa fé de valores escriturais: o fundamento só pode residir no próprio sistema de registo desses valores e não na função de publicidade justificadora do efeito aquisitivo dos registos públicos (p.325).

[1106] Por isso Oliveira Ascensão, *As Acções*, 2000, p. 89, reputa de bizarra a solução do art. 64.º/6 do CódMVM, porquanto inspirada num sistema fundado na publicidade (registo predial).

[1107] Amadeu Ferreira, *Valores Mobiliários Escriturais – Um Novo Modo de Representação e Circulação de Direitos*, 1997, pp. 199 e ss., concluindo ser a segurança do sistema e do comércio jurídico dos valores escriturais resultante não da publicidade, mas do

Constituição e transmissão de direitos

A terceira posição, apesar de entender os valores mobiliários fundados na teoria dos títulos de crédito, alicerça-se no regime do registo predial para compreender a eficácia do registo em conta[1109].

O actual artigo 80.°/1 do CVM, ao estatuir que os valores mobiliários escriturais se transmitem pelo registo na conta do adquirente, não parece deixar espaço para grandes hesitações, compaginando-se dificilmente com esta última posição.

Não deixa de relevar, no entanto, a solução contemplada no número 2 do mesmo artigo 80.°: a compra em mercado regulamentado de valores mobiliários escriturais confere ao comprador, independentemente do registo e a partir da realização da operação, legitimidade para a sua venda nesse mercado.

Significa isto que a legitimidade está desfasada da titularidade: o comprador ainda não é titular do direito, porque nos termos do número 1 a aquisição só se dá com o registo, mas, ainda assim, pode dispor dele? Mas então estará a dispor de algo que não lhe pertence? Ainda pertencerá ao transmitente? Será uma transmissão de bem alheio? Ou, nas circunstâncias descritas, haverá uma excepção à transmissão mediante o registo e o direito adquire-se logo (ainda que limitadamente) com a realização da operação (transmite-se a titularidade e a legitimidade para transmitir), embora o adquirente não tenha ainda a legitimidade plena[1110]?

Neste último caso, o registo não pode ser tido como constitutivo senão nas relações extra-partes. Esta solução já foi entendida como o espelho da discrepância entre o entendimento do valor mobiliário enquanto forma de representação ou direito representado[1111]. Não parece que a

---

sistema de controle instituído e das obrigações a que estão sujeitos os registadores (p.201). Também Oliveira Ascensão, *Valor Mobiliário e Título de Crédito*, 1997, p. 39, se refere ao sistema, e não à publicidade, como forma de garantir segurança e fiabilidade nos mercados.

[1108] Terá sido esta a concepção presente no actual CVM. Veja-se Alexandre Brandão da Veiga, *Sistemas de Controlo de Valores no Novo Código dos Valores Mobiliários*, 2000, em especial, pp. 122 e ss..

[1109] Oliveira Ascensão, *Valor Mobiliário e Título de Crédito*, 1997, p. 29, entende o regime dos valores mobiliários alicerçado em três pilares: depósito e registo de acções, títulos de crédito e registos públicos, em particular o registo predial. Da adopção da técnica registral retira o A. consequências decisivas ao nível da eficácia do registo (p.41 e ss.).

[1110] A resposta afirmativa corresponderá, no fundo, ao acolhimento da posição de Amadeu Ferreira relativamente à distinção entre circulação da titularidade – dependente do sistema de registo, mas independente do concreto registo em conta – e circulação da legitimidade – dependente do registo em conta.

[1111] Oliveira Ascensão, *O Actual Conceito de Valor Mobiliário*, 2001, pp. 41 e 42.

422 *A Cessão de Créditos e o Sistema de Transmissão de Direitos Reais*

explicação possa residir na diferença entre transmissão da titularidade e transferência de valores[1112], porque, sem prejuízo de permanecerem questões distintas, o novo código determina que a transmissão dos valores (referir-se-á à transmissão da titularidade sobre os valores, pensa-se) também ocorre através do registo na conta do adquirente.

Pergunta-se então se a notificação na cessão de créditos revestirá a mesma função. Há aparentemente um ponto de aproximação que se prende com a legimidade activa e passiva frente ao devedor cedido. O novo credor, apresentando-se justificadamente como tal, pode exigir o cumprimento ao devedor cedido; o devedor libera-se cumprindo perante quem lhe é apresentado justificadamente como novo credor.

Mas repare-se que só aparentemente há semelhança de situações. Em primeiro lugar, não é necessário notificação prévia à interpelação para cumprimento para que o devedor fique obrigado a pagar ao cessionário. A interpelação, reunidos determinados requisitos, pode configurar a notificação, não sendo exigíveis actos distintos. Deste modo, a notificação integrada numa interpelação para cumprimento e, de acordo com a boa doutrina, a citação judical[1113] são suficientes para que o devedor esteja obrigado perante o novo credor. Em segundo lugar, se o devedor tiver conhecimento de dada transmissão, ainda que dela não tenha sido notificado, não se libera pagando ao cedente, pelo que se pode questionar se ele ficará liberado se cumprir com base numa notificação pouco credível.

Assim, a notificação não é um acto que goze de configuração estrutural e funcional imprescindível à transmissão do direito de crédito. Pelo contrário, o que é determinante na cessão de créditos é o conhecimento do devedor cedido, de molde a que não seja prejudicado. A notificação é um meio de produzir esse conhecimento, gerando uma presunção nesse sentido.

[1112] Alexandre Brandão da Veiga, *Sistemas de Controlo de Valores no Novo Código dos Valores Mobiliários*, 2000, p. 124, explica não existir coincidência nem conceitual nem nos efeitos entre transferência e transmissão da titularidade. A transferência é um acto processual através do qual os valores circulam nas contas por dois actos de sentido contrário (débito numa conta e crédito noutra) a cargo da entidade de custódia, enquanto a transmissão é um efeito substancial. Na mesma página, na nota 32, explica que a transferência poderá ser translativa ou não translativa. O último caso será o do titular mudar valores de uma conta sua para outra sem que tal implique a transmissão da titularidade. Embora não o afirme expressamente, parece que se poderá deduzir que no caso da transferência translativa o acto em que a transferência se constitui é, ao mesmo tempo, translativo, ou seja, transmissivo da titularidade. A ser assim, percebe-se como o problema referido no texto continua a ter razão de ser.

[1113] Veja-se, acima, pp. 120 e ss..

Constituição e transmissão de direitos 423

Outro ponto de contacto reside porventura na constatação do carácter não público do registo em conta de valores mobiliários escriturais, o que leva legitimamente a questionar se a notificação, não revestindo carácter de acto público, poderá, analogamente, encontrar justificação enquanto acto imprescindível à plena eficácia da transmissão dos direitos de crédito. Não é possível concluir nesse sentido, porque, associado ao regime em conta está todo um sistema alicerçado nos deveres dos intermediários financeiros[1114], que gera a segurança e confiança no próprio sistema[1115]. O interesse, salvaguardado pelo sistema, na confiança e segurança das transacções é assumido como um interesse das próprias partes, mais do

---

[1114] Fazenda Martins, *Deveres dos Intermediários Financeiros, em especial, os Deveres para com os Clientes e o Mercado*, 2000, pp. 334 e ss., enquadra em quatro grupos os deveres a cargo do intermediário financeiro: deveres decorrentes das relações contratuais ou pré-contratuais com o cliente (Pinto Duarte, *Contratos de Intermediação no Código dos Valores Mobiliários*, 2000, p. 363, refere-se especificamente a deveres de informação no âmbito dos contratos de intermediação), deveres decorrentes das relações com qualquer interveniente no mercado incluindo os clientes, deveres gerais ligados à protecção da eficiência do mercado e à defesa do mesmo e deveres organizativos. Lembra Conceição Nunes, *Os Intermediários Financeiros*, 2000, pp. 127 e 128, que os deveres dos intermediários financeiros se concretizam em regras de deontologia profissional assentes em valores ético-materiais que são específicos dos intermediários financeiros (ainda que na sua generalidade concretizações de princípios gerais do ordenamento, como a boa fé) e não uma mera duplicação de deveres oriundos de outros sectores do ordenamento, como o bancário. Ferreira de Almeida, *Transacções de Conta Alheia*, 1997, pp. 304 e ss., interpretando o art. 183.°/1 do CódMVM, defendeu mesmo a existência de uma concreta obrigação *del credere* a cargo do intermediário financeiro (quer actuando em nome próprio, quer em nome alheio), decorrente da necessidade de garantir a transparência, segurança e eficácia das transacções, de molde que o intermediário é responsável perante o seu cliente pelo cumprimento das obrigações assumidas pela outra parte no contrato.

[1115] O âmbito e a finalidade dos diversos deveres em jogo é, naturalmente, diferente: uns estarão mais centrados na protecção do investidor (*maxime* o investidor não institucional) e outros na protecção da própria transparência e segurança do mercado, mas, em última análise, todos estão orientados para garantir estas últimas. Neste sentido, Sousa Franco, *Trabalhos Preparatórios do Cód.VM – Apresentação do Senhor Ministro das Finanças*, 1999, p. 18. A violação destes deveres específicos dos intermediários financeiros fundamenta, naturalmente, responsabilidade civil (veja-se Menezes Leitão, *Actividades de Intermediação e Responsabilidade dos Intermediários Financeiros*, 2000, pp. 142 e ss. e 147 e 148), não estando excluída responsabilidade contra-ordenacional e penal dos intermediários (veja-se Alexandre Brandão da Veiga, *A Construção dos Tipos Contra-Ordenacionais no Novo Código dos Valores Mobiliários*, 2000, e Frederico da Costa Pinto, *Crimes e Contra-Ordenações no Novo Código dos Valores Mobiliários*, 2000, em especial pp. 390 e ss.).

424   *A Cessão de Créditos e o Sistema de Transmissão de Direitos Reais*

que um interesse do "devedor", aqui entendido o emitente. Está em causa a própria protecção das partes em negociação[1116]. Este objectivo é completamente lateral, senão mesmo inexistente, no regime civil da tansmissão dos direitos de crédito. Aí a notificação é totalmente orientada para protecção do devedor e, quanto muito, de terceiros adquirentes.

IV. Importa, por fim, fazer o balanço das teorias referidas relativamente à natureza dos valores mobiliários e suas decorrências no confronto com a cessão de créditos.

Se se entenderem os valores mobiliários escriturais como o resultado directo de um processo de desmaterialização dos títulos de crédito, e, portanto, com equiparação do registo à entrega, então a proximidade aos direitos de crédito e sua transmissão é, como se viu no ponto anterior, escassa. A notificação não pode ser entendida como acto equiparável à entrega ou ao registo[1117].

Se se entenderem os valores mobiliários como forma de representação e circulação de direitos e o sistema de registo como garante da segurança nessa circulação, interessa lembrar a ideia de retorno ao consensualismo[1118-1119]. A titularidade transmite-se, desde logo em mercado

---

[1116] Noutro prisma (o da exigência de prestação de informação aos investidores), Osório de Castro, *A Informação no Direito do Mercado de Valores Mobiliários*, 1997, p. 355, não deixa, contudo, de afirmar um princípio de publicidade ou de informação estruturante do direito dos valores mobiliários, do qual decorre em primeira linha uma protecção do interesse público, ainda que por intermédio da tutela dos investidores em geral.

[1117] Levantam-se mesmo dúvidas quanto à equiparação do próprio registo à entrega. Amadeu Ferreira, *Valores Mobiliários Escriturais – Um Novo Modo de Representação e Circulação de Direitos*, 1997, p. 255, explica que não há razão para falar em entrega de valores mobiliários escriturais, porque isso contraria a sua natureza imaterial e são insusceptíveis de posse, não sendo o registo susceptível de transferência. Veja-se também, acima, nota 1105, p. 397.

[1118] Ainda na vigência do CódMVM, Amadeu Ferreira, *Valores Mobiliários Escriturais – Um Novo Modo de Representação e Circulação de Direitos*, 1997, pp. 260 e ss., explica que, estando em causa a transmissão de valores mobiliários fora de mercado secundário, a transmissão dá-se no momento em que o negócio de alienação chega ao conhecimento do intermediário financeiro que tem a seu cargo a conta de registo dos valores alienados (art. 65.º/3 CódMVM), afastando-se expressamente a regra do art. 408.º do CC; mas, tratando-se da transmissão em mercado secundário, o legislador não consagra qualquer regra expressa, pelo que deverá valer o regime geral do art. 408.º do CC.

[1119] Amadeu Ferreira, *Valores Mobiliários Escriturais – Um Novo Modo de Representação e Circulação de Direitos*, 1997, p. 391, nota 1090, cita Olivencia, quando este sugere a necessidade de um eventual retorno às origens, ou seja, a um afastamento da dog-

Constituição e transmissão de direitos

organizado, no momento da celebração da operação, mas contando que tenham sido observadas as regras do registo. Uma vez feito o registo, a data da realização da operação coincide com a do registo (porquanto este retroage à data da operação)[1120]. Antes do registo, o adquirente tem apenas um direito de crédito a ver o negócio registado a seu favor[1121]. Em qualquer dos casos é de rejeitar uma aproximação da notificação ao registo.

15. Transmissão de direitos reais: razão de ordem

Vista a impossibilidade de colher elementos decisivos quer na aproximação ao penhor de direitos de crédito quer na transmissão de títulos de crédito e de valores mobiliários escriturais, é agora altura de procurar colher elementos no regime normalmente entendido como regime regra de transmissão de direitos: o regime da transmissão dos direitos reais.

Sem antecipar elementos que serão referidos e aprofundados mais adiante[1122], refira-se apenas que faz todo o sentido analisar o sistema de transmissão de direitos reais não só porque é apontado como paradigmático[1123] (e para se concluir sobre a existência de um ou dois sistemas de transmissão de direitos é indispensável refletir sobre os dois), mas também porque, na linha do exercício feito a propósito da aproximação aos títulos de crédito ou aos valores mobiliários escriturais, faz

---

mática dos títulos de crédito, entendida como um travão à lógica evolutiva do direito, e a um retorno ao direito das obrigações, a um regime de transmissão de direitos não apoiado na entrega e apresentação física de coisas móveis corpóreas.

[1120] Ou visto o problema do prisma inverso, para Oliveira Ascensão, *Valor Mobiliário e Título de Crédito*, 1997, pp. 50 e 51, a data da transmissão é a própria data da operação de bolsa, porque o registo retroage a este momento, pelo que a data relevante não é a do registo, mas a da operação.

[1121] Amadeu Ferreira, *Valores Mobiliários Escriturais – Um Novo Modo de Representação e Circulação de Direitos*, 1997, pp. 283 e ss..

[1122] Veja-se pp. 425 e ss..

[1123] E não deixa de ser interessante que este entendimento esteja presente em direito aparentemente tão distante quanto o norte americano. Vale a pena referir trecho de *Portuguese-American Bank v. Welles* 2, 42.U.S. 7(1916), citado por Farnsworth, *Contracts*, 1990, p. 777, nota 2: "[q]uando um homem vende um cavalo, o que ele faz, do ponto de vista do Direito, é transferir um direito, e, sendo um direito visto pelo Direito como uma coisa, ainda que *res incorporalis*, não é ilógico aplicar a um crédito a mesma regra que seria aplicável a um cavalo".

sentido, igualmente, problematizar e questionar a aproximação dos direitos de crédito aos direitos reais.

Além disso, como será explicado, há suficientes elementos de direito comparado que apontam para uma reflexão conjunta da transmissão de direitos, resultando ser a matéria da disposição dos direitos de crédito mais próxima dos direitos reais do que do direito das obrigações.

Seguindo o caminho apontado, procura-se, já de seguida, aprofundar os vectores da transmissão dos direitos reais, buscando a solução através da compreensão do sistema de transmissão de direitos reais. Depois, ver-se-á como a reflexão toma outros rumos quando se questiona, em sede de transmissão de direitos, a validade da dicotomia direitos reais/direitos de crédito.

CAPÍTULO II

Vectores do sistema de transmissão dos direitos reais

16. Consensualismo

I. Na esteira do código de Napoleão, o código civil português tomou uma opção deliberada pelo consensualismo na transmissão dos direitos reais. De acordo com os já referidos artigos 408.° e 1317.°/a), os direitos reais transmitem-se, no direito português, por efeito da celebração do contrato escolhido pelas partes para operar a transmissão. Significa isto, nomeadamente, que não é necessária a entrega da coisa para transmitir o direito real incidente sobre ela.

O consensualismo é apresentado como princípio base da transmissão dos direitos reais e, por isso mesmo, o princípio da consensualidade é referido a propósito das características dos direitos reais[1124]. Estes dois aspectos suscitam duas dúvidas. A primeira prende-se com saber se o princípio do consensualismo se traduz, no nosso direito, em regra injuntiva e a segunda com aferir se a consensualidade é princípio característico apenas dos direitos reais ou se é extensível aos direitos de crédito[1125].

II. Apesar de enunciado como regra geral, a verdade é que o princípio do consensualismo, mesmo dentro do código civil, encontra inúmeras excepções. Pequeno é o número de situações em que a transmissão do direito real não necessita de qualquer acto a acrescer ao contrato[1126].

[1124] Veja-se Pinto Duarte, *Curso de Direitos Reais*, 2002, p. 38.

[1125] Sobre este ponto já se avançou alguma coisa anteriomente a propósito da notificação. Veja-se pp. 199 e ss..

[1126] Constatando esta evidência no código civil francês, e com a ajuda de alguns elementos de ordem histórica, Van Vliet, *Transfer of Movables in German, French, English and Dutch Law*, 2000, pp. 75 e ss., acaba por defender face ao direito francês (como, aliás, também faz relativamente ao direito inglês) que na generalidade dos casos é necessária a existência de um verdadeiro acordo real para transmissão da propriedade.

428   *A Cessão de Créditos e o Sistema de Transmissão de Direitos Reais*

O artigo 408.°/1 parte final admite as excepções previstas na lei. O artigo 408.°/2 oferece um elenco de situações em que é necessário um acto de concentração, de determinação, de escolha[1127], e o artigo 409.°, dada a amplitude da sua redacção, permite concluir, penso sem exagero, ser possível perante o direito civil português a compra e venda meramente obrigacional.

Sem reproduzir argumentação desenvolvida noutro local[1128], diria apenas que a construção do artigo 409.°/1, parte final, associada à falta de elementos no ordenamento que justifiquem a retroactividade do efeito transmissivo ao momento da celebração do contrato, leva a discordar da generalidade da doutrina que entende, sem prejuízo de o momento da transmissão do direito ser diverso do momento da celebração do contrato, ocorrer a transmissão da propriedade sempre por efeito do contrato e ser o contrato de compra e venda sempre um contrato real *quoad effectum*[1129].

O próprio sistema do registo predial, assente no princípio de que o acto sujeito a registo só produz efeitos perante terceiros depois de regis-

---

[1127] Já para não referir a possibilidade de o art. 408.°/1, ao referir excepções ao princípio do consensualismo, poder ser entendido como admitindo implicitamente as limitações de eficácia decorrente do próprio registo predial. Veja-se Pereira Mendes, *Estudos sobre o Registo Predial*, 1998, p. 162, ao afirmar que implicitamente o art. 408.°/1 admite que as aquisições de imóveis só se consideram eficazes, relativamente a terceiros, depois da respectiva inscrição.

[1128] Veja-se Cristas e Gouveia, *Transmissão da Propriedade e Contrato de Compra e Venda*, 2001, pp. 52 e ss..

[1129] Galvão Telles, *Venda Obrigatória e Venda Real*, 1948, pp. 81 e ss.; Galvão Telles, *Contratos Civis*, 1959, p. 9; Ventura, *O Contrato de Compra e Venda no Código Civil*, 1983, pp. 591 e ss.; Peralta, *A Posição Jurídica do Comprador na Compra e Venda com Reserva de Propriedade*, 1990, p. 151; Albuquerque, *Contrato de Compra e Venda, Efeitos Essenciais e Modalidades*, 1991, p. 28; Menezes Cordeiro, *Anotação ao Acórdão do Pleno do Supremo Tribunal de Justiça de 31 de Janeiro de 1996*, 1996, p. 320, apesar de referir que, aparentemente, a reserva de propriedade opera um desvio à regra geral da transferência dos direitos reais por mero efeito do contrato não parece daí retirar consequências distintas da generalidade da doutrina. A análise que tem sido feita pela doutrina a propósito da reserva de propriedade não tem focado este aspecto, preocupando-se mais com a natureza jurídica da cláusula de reserva de propriedade face à sua aplicação generalizada como garantia de pagamento do preço na compra e venda. Peralta, *A Posição Jurídica do Comprador na Compra e Venda com Reserva de Propriedade*, 1990, p. 151; Lima Pinheiro, *A Cláusula de Reserva de Propriedade*, 1988, pp. 108 e ss., em especial, p. 115; Romano Martinez, *Direito das Obrigações* – (Parte Especial) Contratos, 2001, p. 36, embora refira, nas páginas antecedentes, múltiplas excepções à regra do consensualismo, acaba por concluir, com Raul Ventura, que a transmissão se opera sempre por efeito do contrato, embora nem sempre no momento do contrato.

tado (art. 5.°CRPr), é passível de ser entendido como uma excepção ao consensualismo[1130].

Não obstante, é impossível fazer letra morta do princípio consagrado no artigo 408.°/1 e é inegável a sua importância enquanto regra geral/residual em matéria de transmissão de direitos reais.

Aproveitando a boa sistematização dos sistemas de transmissão de direitos reais em sistema do título, sistema do modo e sistema do título e do modo[1131], dir-se-ia que o direito português segue, como regra, o sistema do título, mas, por acordo das partes, pode vigorar o sistema do título e do modo.

A enunciação pode ser feita pela inversa, significando exactamente o mesmo: uma vez que as partes podem acordar que a transmissão do direito dependa de qualquer outro evento a acrescer ao contrato, o sistema português regra é o do título e do modo e residualmente, no caso de nada ser acordado, é um sistema do título.

O que está afastado do nosso ordenamento, em matéria de direitos reais, em virtude da invalidade genérica dos negócios abstractos, é o sistema de modo, semelhante ao do direito alemão. Ao contrato causal podem as partes associar outro evento como indispensável à produção do efeito transmissivo, mas não podem celebrar, com efeitos transmissivos, um acordo transmissivo desprovido de causa.

III. Relativamente à possibilidade de estender o consensualismo aos direitos de crédito, diria que, seguramente, não é curial uma aplicação acrítica desta regra em sede de transmissão dos direitos de crédito.

[1130] Veja-se Antunes Varela, *Anotação ao Acórdão do STJ de 4 de Março de 1982*, 1986, pp. 315 e ss., onde afirma expressamente que a transmissão de imóveis e móveis sujeitos a registo está incluída na área das excepções ao consensualismo, distinguindo o plano das relações internas – em que há a transmissão imediata da propriedade – e o plano das relações externas – em que o registo é imprescindível à produção de efeitos. Não deixa de ser muito curiosa esta leitura, que, não fosse inaplicável à transmissão de móveis não sujeitos a registo, estaria muito próxima da ideia de inglesa de *"property bettweeen the parties"*. A questão está, no entanto, longe de ser pacífica, como melhor se verá (pp. 410 e ss.).

[1131] Evidenciada recentemente por Pinto Duarte, *Curso de Direitos Reais*, 2002, p. 55, mas que já era usada, por exemplo, por Orlando de Carvalho, *Direito das Coisas*, 1977, pp. 271 e ss., mais recentemente, Orlando de Carvalho, *Terceiros para Efeitos de Registo*, 1994, p. 98, explicando ser o sistema português um sistema rigorosamente de título, porquanto não só não incorpora, à semelhança de outros direitos, um modo no título, como não acolhe a regra de "posse vale título".

430 A Cessão de Créditos e o Sistema de Transmissão de Direitos Reais

Em primeiro lugar, porque o preceito apenas se refere a direitos reais. Em segundo lugar, porque a regulação da cessão de créditos parece assumir, ela própria, contornos de regulação geral em matéria de transmissão de direitos (art. 588.º), exceptuando os direitos reais, entenda-se. Existem, portanto, dois bons argumentos para defender a não necessidade de aplicação do princípio do consensualismo à transmissão dos direitos de crédito: a circunscrição da letra do artigo 408.º aos direitos reais e a vocação geral da regulação da cessão de créditos.

Todavia, isto não significa, por si só, afastamento do princípio ou da solução, ainda que não decorrente de um princípio geral de consensualismo. É possível concluir-se pela necessidade da notificação para a transmissão de direitos de crédito, entendida como acto equiparável a tantos outros considerados necessários para a transmissão dos direitos reais *ex vi* artigo 408.º/2, mas também se pode pensar um sistema de consensualismo associado à transmissão de direitos de crédito.

17. Posse de boa fé (não) vale título

I. Normalmente, está associado à consagração do consensualismo o princípio de que "posse de boa fé vale título". É assim no sistema matriz francês[1132] (mantido na Bélgica e no Luxemburgo) e nos direitos por ele inspirados, como seja o italiano e também, embora não com a mesma formulação e por vias diversas, a solução substancialmente acolhida no direito inglês[1133].

[1132] Ao contrário do que se passa com a publicidade imobiliária, a publicidade mobiliária assenta no conhecimento natural dos direitos, desempenhando a posse o papel de uma "publicidade de facto" das operações mobiliárias na qual os terceiros se podem fiar, uma vez que é instantaneamente aquisitiva da propriedade. Duclos, *L'Opposabilité (Essai d'une Theorie Generale)*, 1984, p. 343.

[1133] Veja-se a explicação sobre o direito inglês de Mariana França Gouveia relativamente à diferença entre propriedade "entre as partes" e propriedade com eficácia relativamente a terceiros em Cristas e Gouveia, *Transmissão da Propriedade e Contrato de Compra e Venda*, 2001, pp. 87 e ss., donde se pode concluir pela prevalência de um adquirente possuidor de boa fé em detrimento de um mero adquirente consensual. Centrando a análise, precisamente, no consensualismo, Drobnig, *Transfer of Property*, 1998, pp. 497 e ss., concluiu em moldes idênticos para os direitos francês e inglês: entre as partes vale o consenso, mas trata-se de um direito de propriedade diminuído, porquanto só se torna plenamente eficaz, ou seja eficaz *erga omnes*, com a entrega.

Significa isto que, não obstante o direito se transmitir por simples efeito do contrato, o titular do direito assim adquirido pode ver a sua posição preterida em favor de um possuidor de boa fé, porque a pessoa que, de boa fé, adquire uma coisa móvel torna-se proprietária[1134], mesmo se o alienante carecer de legitimidade para efectuar a alienação.

Comparando com o sistema de matriz alemã, em que a transmissão de direitos depende de dois actos distintos, embora o acto transmissivo propriamente dito seja abstracto e, portanto, independente da validade ou mesmo da existência de um acto causal anterior, não será fugir à verdade concluir que o princípio de "posse de boa fé vale título" é o contraponto da não exigibilidade de acto autónomo de transmissão dos direitos reais[1135]. É precisamente o acolhimento do princípio de "posse de boa fé vale título" o grande ponto de aproximação dos sistemas latino e germânico de transmissão de direitos.

II. O direito português apresenta-se como verdadeiramente excepcional nesta matéria. Consagra o consensualismo, mas não aceita o princípio de que "posse de boa fé vale título"[1136-1137], resultando numa despro-

---

[1134] Por isso, afirma Billiau, *L'opposabilité des contrats ayant por objet un droit réel (rapport français)*, 1992, p. 205, que o contrato é consensual entre as partes, mas real em relação a terceiros.

[1135] Vista a questão no prisma inverso, Drobnig, *Transfer of Property*, 1998, p. 508, na esteira de Zweigert e Kötz, explica ser a manutenção do princípio da abstracção, em face da introdução no BGB, em 1900, do princípio de "posse de boa fé vale título", tributária de razões puramente dogmáticas, sem reflectir a relação com as novas regras da aquisição de boa fé.

[1136] Embora nos estudos preparatórios, Vaz Serra, *Efeitos dos Contratos (Princípios Gerais)*, 1958, tenha feito a defesa de ambos os princípios. Afirma que o princípio posse vale título "tempera as consequências do outro princípio da transferência da propriedade por mero efeito do contrato e sem o qual este pode conduzir a resultados ofensivos da segurança do comércio jurídico" (p.354) e que "a protecção de terceiros deverá fazer-se sobretudo mediante a regra *posse vale título*." (p.359).

[1137] Oliveira Ascensão, *Efeitos Substantivos do Registo Predial na Ordem Jurídica Portuguesa*, 1974, p. 26, questionando-se sobre em que medida o nosso sistema acolhe o princípio posse vale título afirma que "[a] resposta é simples e radical: em medida nenhuma.". Numa primeira apreciação da configuração legal da posse, Menezes Cordeiro, *A Posse: Perspectivas Dogmáticas Actuais*, 2000 (reimpressão 2004), p. 45, explica que o legislador consagrou soluções tímidas, devendo ter prevenido dúvidas de aplicação e buscado soluções mais justas e, dentro dos exemplos apontados, refere a impossibilidade de acção de restituição contra terceiros de boa fé (art. 1281.º/2) em contraposição com a não admissibilidade da regra geralmente adoptada da posse vale título (art. 1301.º).

432   *A Cessão de Créditos e o Sistema de Transmissão de Direitos Reais*

tecção anormal da posição de terceiros[1138] adquirentes de boa fé, com uma leve atenuante no artigo 1301.º[1139]. A excepção reside apenas nas situações abrangidas pela obrigatoriedade de registo, as quais, mercê da fé pública conferida por aquele, permitem sustentar a protecção de terceiros[1140].

Significa isto que a posse é dispensável no sistema vigente de transmissão dos direitos reais, de um ponto de vista quer negativo, quer positivo. Ou seja, a falta de posse não obsta, de acordo com o já referido princípio do consensualismo, à transmissão do direito real e a existência de uma posse de boa fé não é fundamento bastante para aquisição do direito real.

A posse não funciona ao nível da constituição do próprio facto transmissivo, como decorre do consensualismo, e também não funciona em moldes indispensáveis ao nível da publicidade das situações jurídicas[1141], como resulta do não acolhimento do princípio de "posse de boa fé vale título"[1142]. Esta desvalorização da posse atinge o cerne do próprio insti-

---

[1138] Veja-se, por exemplo, Verheyden-Jeanmart e Lepot-Joly, *L'opposabilité des contrats à l'égard des tiers et assimilés (rapport belge)*, 1992, p. 225, quando afirmam que, num sistema consensual como o belga, um sistema de publicidade (no qual se inclui, relativamente aos móveis corpóreos a regra de que "posse de boa fé vale título") se afigura indispensável para que os terceiros em relação à convenção possam conhecer a existência desta e os efeitos jurídicos que a lei lhe associa lhes possam ser oponíveis.

[1139] Que, aliás, Menezes Cordeiro, *A Posse: Perspectivas Dogmáticas Actuais*, 2000 (reimpressão 2004), p. 117, reputa de, em parte, tributário da "posse vale título", porquanto o direito português, não obstante não contemplar o princípio, está aberto a contributos de outros ordenamentos, pelo que pode receber elementos dele derivados.

[1140] Oliveira Ascensão, *Efeitos Substantivos do Registo Predial na Ordem Jurídica Portuguesa*, 1974, p. 26, afirma que as soluções que se encontrem sobre a protecção de terceiros no registo predial não são a aplicação a este de qualquer princípio geral da ordem jurídica portuguesa, antes refletem necessidades que particularmente se fazem sentir no registo e que representam especificidades desta matéria. Orlando de Carvalho, *Terceiros para Efeitos de Registo*, 1994, p. 98, fala de um princípio de publicidade como compensador da regra da causalidade de consensualidade, com tradução no registo relativamente a imóveis, e as excepções à consensualidade em matéria de doação, penhor de coisas, penhor de direitos, de títulos ao portador.

[1141] A posse que interessa para esta problemática é a posse causal, ou seja, aquela que acompanha o direito a cujo exercício corresponde e para o possuidor causal; como lembra Pinto Duarte, *Curso de Direitos Reais*, 2002, p. 266, a invocação da posse tem em regra um interesse nulo ou diminuto.

[1142] Embora a presunção de titularidade do direito associada à posse possa ser vista como uma "manifestação atenuada das razões que fazem vigorar noutros países o princípio *«en fait de meubles possession vaut titre»*". Pinto Duarte, *Curso de Direitos Reais*, 2002, p. 280.

Vectores do sistema de transmissão dos direitos reais 433

tuto quando se percebe resultar a função de publicidade na revelação da titularidade que normalmente lhe está associada[1143-1144] muitíssimo coartada nas variadas possibilidades de titularidade sem posse, para além da própria admissibilidade de posse oculta[1145].

Exemplo impressivo é a oponibilidade *erga omnes* da cláusula de reserva de propriedade. O direito de propriedade sobre a coisa pertence ao alienante, a posse está em alguém que não é titular e, no entanto, a cláusula é oponível a todos, pelo que, dessa posse, não poderá decorrer a titularidade do direito.

Repare-se que, em virtude desta impossibilidade de inferir a titularidade da posse, não se estabeleceu qualquer mecanismo orientado a publicitar esse desfasamento entre posse e direito[1146]. Não há qualquer registo. Há simplesmente um proprietário que não está na posse da coisa e um possuidor que não se presume proprietário.

Por ser uma situação híbrida e de contornos duvidosos, a jurisprudência não tem admitido a posse, com a correspondente possibilidade de usar os meios possessórios, ao adquirente com reserva de propriedade, remetendo-o para uma situação de mera detenção[1147]. O domínio dos direitos atípicos ou híbridos onde é negada a posse é reputado como "um dos aspectos visíveis mais negativos do pensamento conceptual instilado

---

[1143] Menezes Cordeiro, *A Posse: Perspectivas Dogmáticas Actuais*, 2000 (reimpressão 2004), pp. 115 e ss., aponta como efeitos da posse a publicidade, entendida no direito português como conferindo a presunção de titularidade do direito (art. 1268.°/1), o regime particular relativo aos frutos da coisa possuída, bem como ao risco da perda ou deterioração da coisa e às benfeitorias, e, por fim, a usucapião.

[1144] A desvalorização da posse na sua vertente de publicidade é sentida mesmo em ordenamentos em que vigora o princípio de que "posse de boa fé vale título". Numa perspectiva comparatista, Van Vliet, *Transfer of Movables in German, French, English and Dutch Law*, 2000, p. 203, afirma que, a partir do momento em que um sistema admite a posse indirecta, ou seja, a posse sem um poder físico sobre o objecto, ela não pode ser vista com segurança como um meio de publicidade.

[1145] Pertinentemente, Menezes Cordeiro, *A Posse: Perspectivas Dogmáticas Actuais*, 2000 (reimpressão 2004), p. 101, explica que, se sempre se tem entendido que a posse, para o ser, necessita de publicidade, sendo definida no art. 1251.° como o poder "que se manifesta" e exigindo o art. 1263.°/a) uma prática reiterada e "com publicidade" de actos materiais, o art. 1297.° admite, numa "inegável contradição" a possibilidade de a posse ser tomada ocultamente: não deixa de ser posse apesar de não ser boa para usucapião.

[1146] Solução que, por poder resultar em frustração de legítimas expectativas de terceiros, merece a crítica de Pinto Duarte, *Curso de Direitos Reais*, 2002, p. 250, nota 607.

[1147] Menezes Cordeiro, *A Posse: Perspectivas Dogmáticas Actuais*, 2000 (reimpressão 2004), p. 78, texto e nota 158.

434 A Cessão de Créditos e o Sistema de Transmissão de Direitos Reais

em torno do Código Civil.", defendendo-se a disponibilidade de acção possessória, no caso, em virtude da onerosidade, com base na locação[1148].

III. No direito português, a regra é, pois, a de que posse de boa fé não vale título. Se se pretender encontrar um contraponto na transmissão dos direitos de crédito, também será possível dizer que o cessionário de boa fé que dá conhecimento da transmissão em primeiro lugar através de notificação, não adquirirá, por essa via, o "título", se este já se encontrava transmitido. Mais uma vez, no entanto, não parece haver uma necessidade na transposição deste princípio para a transmissão dos direitos de crédito.

18. Publicidade

I. Directamente relacionado com os dois vectores já referidos está a problemática da publicidade. É normalmente apontada como princípio aplicável aos direitos reais[1149] ou como característica, ainda que tendencial[1150], dos direitos reais com expressão nos institutos da posse e do registo[1151]. Embora não tenha o peso que, em virtude da regulação do BGB, lhe é atri-

---

[1148] Menezes Cordeiro, *A Posse: Perspectivas Dogmáticas Actuais*, 2000 (reimpressão 2004), p. 79, sustentando, no entanto, não ser aplicável a usucapião, por estar reservada, por questões de tradição, aos direitos reais de gozo.

[1149] Pereira Mendes, *Estudos sobre o Registo Predial*, 1998, pp. 102 e ss., afirmando ser o princípio da publicidade inerente ao conceito de direito real.

[1150] Menezes Cordeiro, *Direitos Reais*, 1979 (reimpressão 1983), p. 265, a propósito da justificação da inserção da publicidade na parte estática (anatómica) e não na parte dinâmica dos direitos reais, escreve que a publicidade pode ou não ser característica dos direitos reais e, mais adiante (p.342), nas conclusões acerca da distinção entre direitos de crédito e direitos reais explica que os direitos reais são, tendencialmente, acompanhados de publicidade, devido à existência física das coisas corpóreas. Ainda a propósito desta distinção, noutro local, Menezes Cordeiro, *Direito das Obrigações* – 1.° Vol. , 1980 (reimpressão 1986), p. 296, volta a reiterar a ideia de que existe, no direito das coisas, um princípio tendencial de publicidade, ao contrário do que se passa nos direitos de crédito, aferidos apenas a prestações, conhecidos pelos credores e devedores respectivos. Também Carvalho Fernandes, *Lições de Direitos Reais*, 1999, p. 86 e 87, aderindo à posição de Menezes Cordeiro, afirma ser a publicidade característica tendencial dos direitos reais.

[1151] A finalidade de publicidade do registo é, paradigmaticamente, enfatizada por Hörster, *Efeitos do Registo – Terceiros – Aquisição "a non domino" – Anotação ao Acórdão do STJ de 4 de Março de 1982*, 1982, pp. 119 e 120, ao iniciar a sua anotação, precisamente, com a referência ao art. 1.° do CRPr e ao assumir que tal finalidade é, em princípio, meramente declarativa (diversas vezes reiterada, veja-se, por exemplo, pp. 152 e 153, nota 60).

Vectores do sistema de transmissão dos direitos reais   435

buída pela doutrina alemã[1152], não deixa de ser pertinente procurar o papel que especificamente desempenha no nosso sistema de transmissão de direitos.

Não interessa atender a aspectos contidos numa noção ampla de publicidade, como vocação de conhecimento generalizado decorrente da existência do objecto de comunicação na vida jurídica[1153]. Dentro desta noção ampla caberia não só a publicidade provocada e, dentro desta, a publicidade registral, mas também a designada publicidade espontânea, caracterizada por uma simples vocação de cognoscibilidade pública, sem existir qualquer intenção específica de dar a conhecer[1154].

Esta forma de publicidade está presente, por exemplo, no nome individual ou na posse de coisas móveis ou ainda na forma dos actos jurídicos formais[1155]. Acabou de ser evidenciado como a posse de coisas móveis, no direito português, não é, em regra, elemento necessário para a transmissão de direitos reais sobre coisas móveis, nem elemento suficiente para a aquisição desses mesmos direitos[1156].

Antes de centrar a discussão na publicidade num sentido restrito, ou seja, enquanto conhecimento ou cognoscibilidade pelo público, atingida por meios específicos e com a intenção própria de provocar esse conhecimento[1157], importa ainda fazer uma breve referência à forma solene.

[1152] Baur e Stürner, *Sachenrecht*, 1999, pp. 29 e 31, consideram a publicidade entre os princípios gerais de direitos reais, considerando-a própria de todas as coisas móveis e imóveis. No direito francês, veja-se, por exemplo, Duclos, *L'Opposabilité (Essai d'une Theorie Generale)*, 1984, pp. 285 e ss., quando se refere ao conhecimento natural dos elementos relativos às coisas decorrente da posse real e de certas marcas físicas.

[1153] Ferreira de Almeida, *Publicidade e Teoria dos Registos*, 1966, p. 49.

[1154] Ferreira de Almeida, *Publicidade e Teoria dos Registos*, 1966, pp. 50 e ss., distingue três formas de publicidade: espontânea, provocada e registal, sendo que esta última corresponde à modalidade de publicidade em sentido restrito. A publicidade espontânea é a publicidade não procurada ou mesmo não querida, mas que resulta inevitável pela própria natureza do objecto (p.59). Outra é a divisão proposta por Menezes Cordeiro, *Direitos Reais*, 1979 (reimpressão 1983), p. 264, distinguindo publicidade espontânea e publicidade racionalizada. A primeira resulta do mero funcionamento social do direito real, nos termos do qual os membros da sociedade tomam naturalmente conhecimento da situação jurídica em causa. A segunda deriva da intenção deliberada de dar a conhecer ao público determinada situação jurídica e equivale à publicidade registal.

[1155] Estes e outros exemplos podem ser encontrados no elenco oferecido por Ferreira de Almeida, *Publicidade e Teoria dos Registos*, 1966, pp. 59 e ss. Também Menezes Cordeiro, *Direitos Reais*, 1979 (reimpressão 1983), p. 264, se refere à posse como instituto responsável pela publicidade espontânea relativamente a bens móveis.

[1156] Sem prejuízo, naturalmente, do funcionamento da usucapião.

[1157] Ferreira de Almeida, *Publicidade e Teoria dos Registos*, 1966, p. 50.

436   A Cessão de Créditos e o Sistema de Transmissão de Direitos Reais

A visão tradicional, que associa à forma o cumprimento de funções de publicidade, de reflexão, de segurança e de prova[1158-1159], tem sido

[1158] Manuel de Andrade, *Teoria Geral da Relação Jurídica* – Vol. II, 1998 (reimpressão), pp. 143 e 144; Carlos A.Mota Pinto, *Teoria Geral do Direito Civil*, 1985 (7ª reimpressão 1992), pp. 430 e 431; Paulo Mota Pinto, *Declaração Tácita e Comportamento Concludente no Negócio Jurídico*, 1995, pp. 504 e 505; Galvão Telles, *Manual dos Contratos em Geral*, 2002, pp. 138 e 139; Carvalho Fernandes, *Teoria Geral do Direito Civil* – Vol. II, 2001, p. 239. Hörster, *A Parte Geral do Código Civil Português*, 1992, p. 444, oferece uma lista mais detalhada de finalidades e razões justificativas da imposição de forma legal. Não deixa de ser curioso que, nos trabalhos preparatórios do código civil, Rui de Alarcão, *Forma dos Negócios Jurídicos*, 1959, seja omisso na explicação das razões justificativas de forma especial, fazendo uma mera remissão para os autores (pp. 178 e 179, nota 6).

[1159] Também nos ordenamentos estrangeiros, com uma ou outra variante, são apontadas estas justificações, é ainda enfatizado com alguma frequência o entendimento das exigências de forma como meio de protecção da parte mais fraca no contrato, como seja o consumidor (ou investidor). No doutrina alemã é comum a referência a três funções da forma: prova (*Beweisfunktion*), advertência (*Warnfunktion*) e esclarecimento (nomeadamente pelo notário) (*Belehrungsfunktion* ou *Beratungsfunktion*). Por exemplo, Köhler, *BGB Allgemeiner Teil*, 1998, p. 254, referido-se, ainda, genericamente, à protecção da autonomia privada e do tráfico jurídico; Kaiser, *Bürgerliches Recht*, 1999, p. 125; Medicus, *Allgemeiner Teil des BGB*, 1997, p. 232, refere-se à facilitação da prova e à ponderação (ou, à letra, prevenção da precipitação – *Übereilungsschutz*), nomeadamente através da intenvenção de notário, mas também a protecção de certos terceiros atingidos pelo negócio sem dele fazerem parte e ainda alguns interesses públicos ligados, nomeadamente à área fiscal. Na doutrina italiana, Bianca, *Diritto Civile* – 3, Il contrato, 2000, p. 278 e 279, refere-se à responsabilização do consenso e à certeza do acto; Di Majo, *La forma del contratto*, 2000, p. 467, frisa a tutela do consumidor. No ordenamento espanhol, Lacruz Berdejo, *et al.*, *Elementos de Derecho Civil* – II, Derecho de Obligaciones – Vol. I, 2000, p. 413, enfatiza a salvaguarda de uma maior ponderação da vontade negocial, necessária sobretudo quando estejam em causa actos de certa importância patrimonial, mas, na p.416, refere-se também à protecção do consumidor. No direito francês, Ghestin e Goubeaux, *Traité de droit civil – La formation du contrat*, 1993, pp. 339 e ss., aprofundam o tema apontando vantagens e desvantagens do princípio do consenso/formalismo na tripla perspectiva das relações entre as partes (na vertente da segurança das relações contratuais, da comodidade das mesma e da protecção do consentimento), da projecção perante terceiros e perante os poderes públicos. São particularmente enfatizadas as vantagens ao nível da prevenção de litígios e da protecção da parte mais fraca no contrato (como seja o consumidor), sendo reiterado, no entanto, que as exigências de forma podem ter diversas explicações e que não há uma justificação válida para todas essas exigências (p.343). Também no direito inglês é particularmente enfatizada a protecção da parte mais fraca em determinados contratos através da entrega de um documento escrito com o conteúdo do mesmo – Treitel, *An Outline of the Law of Contract*, 1995, p. 61 e Beatson, *Anson's Law of Contract*, 1998, p. 75 –, mas não se deixa de explicar que, uma vez que as exigências de forma podem torná-la "misteriosa" e inacessível ao comum das pessoas, há o risco de consequências negativas: o desrespeito casual ou intencional dos requisitos de forma, em vez de promover, acaba por reduzir a segurança das transacções.

Vectores do sistema de transmissão dos direitos reais

suficientemente rebatida. Na doutrina portuguesa as posições vão desde aquelas que encontram algum sentido útil e lógico para a exigência de forma solene – ela interessará às partes e eventualmente à comunidade no sentido de fiscalização da realização de determinadas categorias de actos, mas não terá valor ao nível da publicidade[1160] –, àquelas que sustentam a inexistência de qualquer fundamento lógico para a justificação de forma especial, residindo esse fundamento, outrossim, em exclusivas razões históricas[1161], passando por aquelas que duvidam da coerência da aplicação das exigências formais e reputam de pouco convincentes as razões tradicionalmente justificativas de forma legal[1162], pelas que encontram expedientes para suprir a invalidade formal dos negócios[1163] e as que centram

---

[1160] Ainda na vigência do código antigo, Ferreira de Almeida escreve que a forma dos actos jurídicos formais destina-se a tutelar o interesse das partes para criação de meio probatório ou especial protecção da sua vontade real (que, nos actos solenes, seria mais dificilmente influenciável por erro, dolo ou coacção) ou a salvaguardar a fiscalização ou autorização de determinados actos pela comunidade, na medida em que se relacionem com bens colectivos ou sobre os quais persista uma convicção de certo senhorio colectivo. Assim sendo, o conhecimento decorrente desses actos acerca das situações jurídicas que criam é uma consequência secundária, espontânea, não necessária e sem eficácia especial em relação a terceiros. Ferreira de Almeida, *Publicidade e Teoria dos Registos*, 1966, pp. 75 e 76.

[1161] Menezes Cordeiro, *Tratado de Direito Civil Português I – Parte Geral*, Tomo I, 2000, pp. 378 e 379, advogando esquemas que conduzem a uma relativização da forma e das suas regras (p.384).

[1162] Oliveira Ascensão, *Direito Civil Teoria Geral – Vol. II*, 1999, p. 55, criticando ainda o reforço de burocracias e sustentando a necessidade de revisão das situações em que se exige forma legal. Em sentido concordante, Pais de Vasconcelos, *Superação Judicial da Invalidade Formal no Negócio Jurídico de Direito Privado*, 2002, pp. 315 e 316, procurando, no entanto, e uma vez que a lei exige formas especiais, salientar as razões de ordem pública que lhes estão associadas e os interesses relevantes que visam acautelar.

[1163] Pais de Vasconcelos, *Superação Judicial da Invalidade Formal no Negócio Jurídico de Direito Privado*, 2002, em especial pp. 335 e ss., sustentando o carácter excepcional das regras que cominam com nulidade a falta de forma legal e defendendo a aplicação alargada daquelas regras que limitam o regime da forma legal, porque, no seu entender, estas estão de acordo com o plano normativo do direito privado atentos os princípios da autonomia privada, consensualismo e *favor negotii*. Defende assim a redução teleológica do art. 220.º, que só será aplicado quando não seja possível suprir por sentença as deficiências formais e salvar dessa maneira a validade do negócio. Já Menezes Cordeiro, *Tratado de Direito Civil Português I – Parte Geral*, Tomo I, 2000, p. 384, procurou resultado semelhante, mas através do mecanismo da execução específica em sede de responsabilidade civil, porquanto, dada a natureza plena das regras sobre forma, nega a possibilidade de redução teleológica (pp. 382 e 383).

438   *A Cessão de Créditos e o Sistema de Transmissão de Direitos Reais*

o problema numa ponderação mais pragmática do papel do notário e do conservador[1164]. Fala-se, ainda, da evolução, embora não linear, do direito de extremamente formalista para uma redução progressiva das exigências de forma[1165]. As necessidades de prova[1166] têm sido tendencialmente colmatadas pelo recurso a formalidades, por definição, extrínsecas aos actos[1167].

[1164] Pereira Mendes, *Estudos sobre o Registo Predial*, 1998, pp. 103 e 104, nota 27.

[1165] Oliveira Ascensão, *Direito Civil Teoria Geral* – Vol. II, 1999, p. 55; Pais de Vasconcelos, *Superação Judicial da Invalidade Formal no Negócio Jurídico de Direito Privado*, 2002, p. 314. Embora na generalidade dos ordenamentos europeus vigore o princípio da liberdade de forma, aparecem referências, pelo menos no que respeita à área do direito do consumo, a um regresso ao formalismo. No direito francês, fala-se de um "renascimento do formalismo", questão aprofundada por Ghestin e Goubeaux, *Traité de droit civil – La formation du contrat*, 1993, pp. 330 e ss., em especial, pp. 336 e ss.. Se o princípio do consenso é estruturante do sistema, as excepções são muitas, sobretudo se se entender o formalismo num sentido lato, que abarca não só os requisitos de forma para a validade dos contratos, mas também para a plena eficácia dos mesmos. Entendido o formalismo neste sentido, ele tem sido reforçado, sobretudo na vertente de formalismo de protecção do próprio consentimento (da parte mais fraca no contrato) em detrimento do princípio do consenso (em especial, pp. 341 e 342). Também nos direitos italiano e espanhol é apontado um reforço do formalismo na área da protecção do consumidor: Di Majo, *La forma del contratto*, 2000, p. 467, fala de um "neo-formalismo negocial", Lacruz Berdejo, *et al.*, *Elementos de Derecho Civil* – II, Derecho de Obligaciones – Vol. I, 2000, p. 416, refere-se a certos sintomas de renascimento do formalismo. Na doutrina inglesa, Beatson, *Anson's Law of Contract*, 1998, p. 75, explica que o significado da exigência de requisitos de forma diminuiu, excepto na compra de imóveis e, para proteger a parte mais fraca (por ex. consumidor, empregado), num número limitado de contratos.

[1166] O cumprimento de uma função probatória leva mesmo a que, em alguns casos, seja exigida forma especial não para a validade do negócio, mas exclusivamente para fazer prova desse mesmo negócio. Nisto reside a diferença entre a forma *ad substantiam* e a forma *ad probationem*. No direito português, a exigência de forma legal reporta-se, por regra, à forma *ad substantiam*, o mesmo não acontecendo noutros direitos como sejam o direito francês ou o direito belga, onde há uma distinção claríssima entre a necessidade de forma para efeito de validade da convenção – que se rege pela liberdade de forma – e a necessidade de o acto revestir uma forma específica para efeito de prova do mesmo – caso em que, nomeadamente, adquire uma importância primordial a natureza civil ou comercial dos actos em causa. Veja-se De Page, *Traité élémentaire de droit civil belge* – Tome IV, Vol. I, 1997, p. 553 e p.573, onde explica que o acto solene apenas diz respeito ao domínio da prova.

[1167] Oliveira Ascensão, *Direito Civil Teoria Geral* – Vol. II, 1999, p. 50. Formalidades entendidas no seu sentido estrito e não no sentido indiferenciado da forma utilizado, por exemplo, por Pessoa Jorge, *O Mandato Sem Representação*, 1961 (reimpressão 2001), pp. 359 a 361, quando se refere às formalidades constitutivas e às formalidades de publicidade. Distingue entre formalidades *ad substanciam* ou *constitutivas* – aquelas sem as

Vectores do sistema de transmissão dos direitos reais 439

Não se vê, pois, como a forma, enquanto modo de exteriorização ou de corporização das declarações negociais[1168], possa ter um conteúdo útil ao nível da publicidade desses mesmos actos. As formalidades, no entanto, são normalmente destinadas a conferir eficácia ao acto perante terceiros. Dentro dessas formalidades incluem-se aquelas referentes à publicidade provocada.

As considerações seguintes serão, então, limitadas à publicidade provocada e, dentro desta, à publicidade registral, caracterizada pela maior perfeição dos meios utilizados e consequente maior grau de cognoscibilidade[1169].

II. As obras sobre direito português do registo distinguem, tradicionalmente, entre registo constitutivo e registo declarativo[1170]. Todavia, os contornos dessa distinção não são unânimes e a doutrina que se debruça sobre os direitos reais tende a adoptar terminologia algo oscilante e a referir-se genericamente a publicidade constitutiva e publicidade declarativa ou a qualificar o registo de acordo com inúmeros efeitos que, de acordo com a nossa lei, lhe podem ser associados[1171].

---

quais o acto jurídico não se constitui validamente e dão ao acto carácter formal e solene (ou seja, rigorosamente correpondem à forma)–, *ad probationem, ad executionem* e *ad opositionem*. Estas últimas, destinadas a tornar o acto oponível a terceiros, nas quais inclui o registo e também a notificação ao devedor cedido, correspondem às formalidades de publicidade.

[1168] Ou, nas palavras de Oliveira Ascensão, *Direito Civil Teoria Geral* – Vol. II, 1999, p. 50, a maneira como o negócio se revela, pertencendo, por isso, à própria estrutura do negócio.

[1169] Ferreira de Almeida, *Publicidade e Teoria dos Registos*, 1966, p. 81.

[1170] Veja-se Mouteira Guerreiro, *Noções de Direito Registral*, 1994, pp. 65 e 66; Seabra Lopes, *Direito dos Registos e do Notariado*, 2002, p. 134.

[1171] Oliveira Ascensão, *Direito Civil – Reais*, 1993, pp. 357 e ss., refutando a concepção tradicional de publicidade declarativa, distingue entre publicidade constitutiva, enunciativa, confirmativa ou consolidativa e atributiva. Também Menezes Cordeiro, *Direitos Reais*, 1979 (reimpressão 1983), pp. 275 e ss., sistematizado nas pp. 296 e 297, adopta construção diversa, distinguindo os efeitos da publicidade em presunções *juris tantum*, presunções *juris et de jure*, efeitos constitutivos, enunciativos e consolidativos. Carvalho Fernandes, *Terceiros para Efeitos de Registo Predial – Anotação ao Acórdão n.° 15/97 do Supremo Tribunal de Justiça*, 1997, pp. 1306 e 1307, enfatiza a relevância consolidativa e atributiva do registo predial. Detectando a dificuldade de estabelecer um quadro consensual de conceitos e nomes relativamente aos efeitos do registo predial, Pinto Duarte, *Curso de Direitos Reais*, 2002, pp. 132 e ss., refere-se a efeito enunciativo ou declarativo, efeito constitutivo ou transmissivo, efeito de oponibilidade (a terceiros), efeito presuntivo e efeito de legitimação.

440 A Cessão de Créditos e o Sistema de Transmissão de Direitos Reais

A generalidade da doutrina situa a diferença na circunstância de na publicidade constitutiva o registo ser um dos elementos do título substantivo de um direito, como no caso da hipoteca, em que a inscrição registral é elemento integrante do acto complexo de que a esta deriva[1172]. O registo é um elemento integrante do facto constitutivo de um direito real[1173], porquanto é impensável um direito real completamente desprovido de eficácia mesmo entre as próprias partes[1174]. Ao invés, na publicidade declarativa, entende-se tradicionalmente que o registo funciona como condição de oponibilidade a terceiros dos direitos a ele sujeitos[1175].

Posição algo diversa parte da explicação da diferença entre acto registral e facto sujeito a registo. Trata-se de duas realidades estruturalmente distintas, não sendo a publicidade elemento do facto que dá a conhecer: antes da publicidade, o acto está perfeito e completo, aquela não aumenta em nada a estrutura deste[1176]. E isto que é facilmente compreendido nos casos de publicidade declarativa, também vale para as situações de publicidade constitutiva. Também aqui a publicidade não é elemento interno do facto respectivo, mas facto *a se*, desligado na estrutura daquele, conjuntamente com o qual constitui a causa dos efeitos subsequentes previstos na lei. A diferença entre uma e outra modalidade de publicidade reside então na extensão da eficácia: na publicidade declarativa a eficácia é apenas em relação a terceiros, é um problema de oponibilidade, enquanto que na publicidade constitutiva a eficácia do registo é absoluta[1177]. Em qualquer dos casos está apenas em causa a eficácia do facto publicado.

[1172] Oliveira Ascensão, *Direito Civil – Reais*, 1993, pp. 358 e 545; Menezes Cordeiro, *Direitos Reais*, 1979 (reimpressão 1983), p. 281 (em crítica a posição anterior de Oliveria Ascensão, sustenta não existir uma hipoteca não registada, não existindo qualquer direito hipotecário sem registo) e p.759, onde se refere à publicidade registal constitutiva; Pinto Duarte, *Curso de Direitos Reais*, 2002, p. 133. Posição substancialmente diversa é assumida na doutrina portuguesa por Antunes Varela, *Das Obrigações em Geral* – Vol. II, 1997, p. 557, para quem na hipoteca judicial e voluntária o registo é requisito de eficácia, quer em relação a terceiros, quer perante as próprias partes.

[1173] Menezes Cordeiro, *Direitos Reais*, 1979 (reimpressão 1983), p. 281, apontando a hipoteca como o único caso de registo constitutivo no direito português, escreve ser a inscrição tabular constitutiva do próprio direito e não apenas condicionante de eficácia.

[1174] Oliveira Ascensão, *Direito Civil – Reais*, 1993, pp. 357 e 358.

[1175] Orlando de Carvalho, *Direito das Coisas*, 1977, pp. 219 e ss., nota 6, assumindo como regra a eficácia meramente declarativa; Hörster, *Efeitos do Registo – Terceiros – Aquisição "a non domino" – Anotação ao Acórdão do STJ de 4 de Março de 1982*, 1982, p. 120. Penha Gonçalves, *Curso de Direitos Reais*, 1993, p. 126.

[1176] Ferreira de Almeida, *Publicidade e Teoria dos Registos*, 1966, pp. 208 e 209.

[1177] *Ibidem*, 1966, 212.

III. Não interessa ao presente estudo a análise da publicidade constitutiva, mas tão-só a relativa à dita publicidade declarativa, porque a importância e as dúvidas conexas com a notificação, na transmissão dos direitos de crédito, se colocam ao nível da eficácia da transmissão em relação a terceiros e não entre as próprias partes. Interessa, portanto, salientar apenas alguns aspectos ligados à publicidade enquanto factor determinante da eficácia perante terceiros ou, por outras palavras, da oponibilidade a terceiros.

O primeiro aspecto a focar prende-se com a crítica à construção tradicional da publicidade declarativa. Não é líquido, no direito português[1178], que o registo condicione a eficácia da transmissão do direito de crédito relativamente a terceiro, não é unânime que a oponibilidade da titularidade do direito real a terceiros dependa do registo[1179]. Enunciado o problema de outra maneira, pergunta-se se o registo é meio de transmissão da propriedade.

Descortinam-se duas posições fundamentais e uma terceira que procura fugir às falhas assacadas a uma e a outra. Importante será referir que os dados do problema se fundam em duas ou três constatações: não faz sentido falar-se em direitos reais não oponíveis *erga omnes*; o titular de um direito real não registado pode ver a sua posição preterida face a uma aquisição posterior do mesmo direito, desde que registada e preenchidos determinados requisitos. É o caso típico da dupla alienação de um direito (de propriedade ou outro).

Com base nestes elementos alguma doutrina entendeu, por um lado, ser o registo essencial à transmissão da propriedade, porque, antes do registo, o direito do adquirente não seria oponível perante todos, pelo que

---

[1178] Como foi referido, no direito alemão, por exemplo, estas dúvidas não se colocam, porque o registo é acto determinante da própria transmissão do direito. Baur e Stürner, *Sachenrecht*, 1999, pp. 30 e 31. Já no direito francês se explica que a publicidade predial não tem uma vocação substancial, consistindo o seu papel unicamente em informar terceiros dos factos que afectam a situação jurídica dos imóveis. No entanto, na medida em que a lei condiciona ao registo a oponibilidade dos factos a ele submetidos, os terceiros (no sentido restrito de adquirentes de direitos sobre um ou mais bens pertencentes ao seu autor ou transmitente – *ayant cause à titre particulier*-, embora a jurisprudência tenda a alargar a protecção a outros terceiros, como sejam os credores comuns) são protegidos por essa via. Duclos, *L'Opposabilité (Essai d'une Theorie Generale)*, 1984, pp. 323 e ss..

[1179] Pinto Duarte, *Curso de Direitos Reais*, 2002, p. 128 (e também p.134), chama precisamente a atenção para a circunstância de ser necessário compatibilizar o princípio da prioridade do registo, que parece resultar claro do art. 5.º/1 do CRPr, com as restrições que, com apelo às regras substanciais, doutrina e jurisprudência sempre foram fazendo e o próprio texto legal acolheu, desde 1999, no n.º 4 do mesmo artigo.

442 — A Cessão de Créditos e o Sistema de Transmissão de Direitos Reais

só após a publicidade existiria verdadeiro direito real. Por outro, defendeu dever ser o direito do adquirente respeitado por todos mesmo antes do registo, prevalecendo sobre os que tivessem derivado de aquisições posteriores não registadas, pelo que haveria um direito real mesmo antes do registo. A primeira posição lida dificilmente com este último aspecto, enquanto que a segunda não consegue explicar como existe um direito de propriedade não oponível a terceiros ou como a propriedade registral de terceiro prevalece sobre a propriedade consensual anterior[1180].

Posição porventura ainda mais radical na desvalorização do registo resulta da defesa de que a titularidade do primeiro adquirente se mantém, estando a sua posição sujeita a uma inoponibilidade em sentido próprio. Significa isto que, afastado qualquer requisito que confira ao terceiro beneficiário do registo uma presunção inilidível, a presunção torna-se ilidível, continuando a ser proprietário o primeiro adquirente[1181].

Constatando estas dificuldades, foi ensaiada, entre nós, uma terceira via[1182]: os factos translativos de direitos reais, quando não registados, transferem uma série de poderes pertencentes ao conteúdo do direito de propriedade, como sejam os poderes de gozo e os poderes de disposição. O que explica a prevalência de uma segunda transmissão registada face a uma primeira não registada é a manutenção na titularidade do alienante de poderes de disposição, ficando cindido o direito de propriedade sobre a coisa: os poderes de gozo pertencem ao primeiro adquirente e os poderes de disposição ficam cindidos e na titularidade do alienante e dos dois adquirentes concorrenciais. Antes do registo, a situação define-se por uma recíproca inoponibilidade, porquanto, para o acto ser oponível a alguém é necessário que seja capaz de plena actuação de efeitos em relação a essa pessoa, o que não sucede sem o registo. A determinação do domínio através da prioridade da alienação justificar-se-ia apenas com base na necessidade de regular a propriedade das coisas independentemente do registo, resumindo-se a uma questão de propriedade num determinado momento e não a uma questão de eficácia *erga omnes*, de oponibilidade. A base do regime da inoponibilidade registral não é a divergência entre o registo e a

---

[1180] Veja-se a explicação destas posições por Ferreira de Almeida, *Publicidade e Teoria dos Registos*, 1966, pp. 280 e ss..

[1181] Menezes Cordeiro, *Direitos Reais*, 1979 (reimpressão 1983), pp. 302 e ss., em especial, pp. 305 e 306.

[1182] Ferreira de Almeida, *Publicidade e Teoria dos Registos*, 1966, pp. 282 e 283 e 267 e 268.

Vectores do sistema de transmissão dos direitos reais 443

realidade, mas antes a impossibilidade de conhecimento por terceiros da situação jurídica e a presunção de que a ignoram[1183].

Para outra posição, no caso paradigmático de alienação da mesma coisa a pessoas diferentes, pouco importa saber qual a justificação dogmática para a prevalência de uma segunda alienação registada em face de uma primeira não registada (mesmo tratando-se, como era o caso, de uma doação): importa apenas assentar que assim é porque "o direito que prevalece sobre o imóvel é o direito daquele que primeiro levou a aquisição a registo, não o daquele que primeiro adquiriu, mas negligenciou o registo da transmissão"[1184], sob pena de o registo ter muito pouco valor. Acaba por distinguir entre efeitos internos e efeitos externos da transmissão: antes do registo a transmissão opera-se apenas nas relações entre as partes, só após o registo ela vale para as relações externas[1185].

Posição substancialmente diversa refuta a possibilidade de existir um direito real não oponível *erga omnes*, adoptando a terminologia registo confirmativo ou registo consolidativo com o correspondente registo atributivo[1186]. Mesmo em sede de factos sujeitos a registo não existe qualquer privação genérica da oponibilidade, sendo esta, pelo contrário, o princípio normal[1187]. Para além de o artigo 5.º do código de registo predial adoptar um conceito técnico de terceiros, oposto ao de estranhos – aqueles que não

---

[1183] A propósito da inoponibilidade de factos relativos a situações sobre as quais não existe qualquer facto anteriormente publicado, porquanto para além do fundamento apontado, Ferreira de Almeida, *Publicidade e Teoria dos Registos*, 1966, p. 272, escreve que os terceiros podem conhecer efectivamente os factos anteriores não registados e basearem-se neles a seu favor.

[1184] Antunes Varela, *Anotação ao Acórdão do STJ de 4 de Março de 1982*, 1986, p. 316. Para o A. é indiferente saber se esta situação configura uma transmissão de coisa alheia; se o transmitente mantém formalmente o poder de transmitir; se o transmitente é o primeiro adquirente; se o titular do direito inscrito tem apenas um direito a invocar uma excepção processual da falta de inscrição do anterior adquirente. Conclui, no entanto, tratar-se, em virtude do art. 408.º/1 do CC, de uma alienação válida (p. 288) de coisa alheia, constituindo fundamento de responsabilidade do alienante perante o primeiro adquirente, mesmo tratando-se de alienação a título gratuito (p. 316).

[1185] Antunes Varela, *Anotação ao Acórdão do STJ de 4 de Março de 1982*, 1986, pp. 287 e 288 e p. 316.

[1186] Oliveira Ascensão, *Efeitos Substantivos do Registo Predial na Ordem Jurídica Portuguesa*, 1974, p. 20 e pp. 26 e ss., e Oliveira Ascensão, *Direito Civil – Reais*, 1993, pp. 359 e ss.. Relativamente à concepção do registo atributivo na óptica do terceiro adquirente de boa fé, a título oneroso e com base em registo anterior, Oliveira Ascensão, *Direito Civil – Reais*, 1993, pp. 364 e ss..

[1187] Oliveira Ascensão, *Direito Civil – Reais*, 1993, p. 362.

444 A Cessão de Créditos e o Sistema de Transmissão de Direitos Reais

invocam sobre a coisa qualquer direito incompatível com o do titular –, pelo que a ausência de registo em nada interessa a estes estranhos, o titular sem registo a seu favor tem um direito oponível a quem adquiriu posteriormente um direito incompatível sobre o mesmo bem e também não registou e ao adquirente posterior de má fé ou ao adquirente a título gratuito, ainda que estes tenham registado a aquisição[1188]. Dito de outro modo, o direito, mesmo sem registo, tem eficácia absoluta que é resolúvel pela produção de um facto complexo: aquisição aparente a título oneroso por terceiro de boa fé e registo dessa aquisição. Por isso, o registo não torna o direito oponível, não lhe confere eficácia perante terceiros, antes confirma o direito, eliminando a situação de pendência em que se encontrava[1189].

Mais radical é a posição que sustenta que o registo é meramente declarativo: não origina a constituição de direitos e apenas existe uma aquisição relativa por terceiro adquirente de boa fé[1190].

IV. Este breve percurso pelas posições da doutrina portuguesa relativamente à eficácia do registo legitima uma primeira e genérica conclusão: não é de todo segura a afirmação de que o registo é indispensável para a eficácia dos actos a ele sujeitos relativamente a terceiros. Ao invés, existem argumentos de peso para sustentar um carácter meramente consolidativo do registo. Além disso, e por isso, é muito duvidoso que se possa atender ao registo como acto necessário para a própria transmissão do direito real entendido em toda a sua extensão.

Apesar da contestação da doutrina, lembrem-se, a este propósito, as questões já referidas relacionadas com conceito de terceiro para efeitos do registo, nomeadamente a posição assumida pelo Supremo Tribunal de Justiça no acórdão n.° 3/99 e o aditamento do n.° 4 ao artigo 5.° do CRPr pelo Decreto-Lei 533/99, de 11 de Dezembro, que vão no sentido de uma afirmação do efeito meramente declarativo do registo predial[1191].

[1188] Oliveira Ascensão, *Direito Civil – Reais*, 1993, pp. 360 e 361.

[1189] *Ibidem*, 1993, p. 362.

[1190] No caso, o segundo donatário de boa fé adquiriria um direito relativo aos doadores, resultado da inoponibilidade relativa, porquanto não lhe seria oponível a aquisição, não registada, dos primeiros donatários. Hörster, *Efeitos do Registo – Terceiros – Aquisição "a non domino" – Anotação ao Acórdão do STJ de 4 de Março de 1982*, 1982, *maxime* pp. 152 e 153, e também Hörster, *Zum Erwerb vom nichtberechtigten im System des portugiesischen bürgerlichen Gesetzbuchs*, 1988, pp. 50 e ss., onde defende a natureza meramente declarativa do registo e confere particular ênfase à boa fé na protecção do terceiro.

[1191] Veja-se p.213 e ss..

Como fundamentos possíveis da publicidade são apontados a boa fé, por um lado, e a segurança e certeza dos direitos, por outro[1192]. A opção ou a ênfase de uma ou outra razão está em ligação directa com a possibilidade ou não de fazer prova do conhecimento. Quando a publicidade é entendida como instituto da boa fé, quando há conhecimento efectivo, não faz sentido exigi-la como indispensável à eficácia plena dos factos perante quem tem esse conhecimento. O mesmo não acontece se a justificação primordial for a segurança e a certeza dos direitos: ainda que haja conhecimento efectivo, não fica precludido o registo enquanto determinante da eficácia *erga omnes* dos factos a ele sujeitos.

A favor da primeira opção escreve-se que o conhecimento efectivo equivalente à boa fé prevalece sobre a publicidade, porque esta é sucedâneo daquele, encontrando a razão da sua existência na impossibilidade de se assegurar o conhecimento efectivo[1193]. A certeza não é a função essencial da publicidade, mas uma consequência. Além disso, não existe nunca verdadeiramente uma colisão entre a boa fé e a segurança e a certeza dos direitos, porque a segurança só merece protecção quando se apoia numa aparência dada pelo registo e essa aparência não é compatível com o conhecimento efectivo dos factos, mesmo se não registados[1194].

A acrescer às dúvidas já referidas relativamente à eficácia do registo, esta leitura, no limite, retira valor ao próprio registo: se houver conhecimento, não há razão para tutelar uma aparência inexistente, pelo que não é necessário o registo para a produção de efeitos perante quem tem conhecimento dos factos a ele sujeitos. O registo aparece reconduzido à sua vocação essencial: dar conhecimento de determinada realidade.

Parece ser, aliás, a posição do direito vigente quando exige a boa fé para o terceiro se aproveitar da aparência registral. Embora se afirme a inexistência de um princípio da confiança com significado geral na ordem jurídica portuguesa e, portanto, insusceptível de fundamentar a aquisição com base no registo[1195], parece evidente radicar a fé pública registral, em

---

[1192] Ferreira de Almeida, *Publicidade e Teoria dos Registos*, 1966, p. 275.

[1193] *Ibidem*, p. 276.

[1194] Esta solução não é chocante, porquanto, como é evidenciado por Ferreira de Almeida, *Publicidade e Teoria dos Registos*, 1966, p. 278, o prejuízo que possa resultar da oponibilidade limita-se aos terceiros de má fé, não colidindo com direitos de terceiros de boa fé. Outra será a solução para os casos de publicidade constitutiva, porquanto os interesses em causa já não são proteger terceiros, mas a segurança dos próprios contraentes, bem como o combate à fraude. Tratando-se de interesses de ordem pública, o conhecimento efectivo dos terceiros não é equivalente da publicidade. *Ibidem*, pp. 291 e 299.

[1195] Oliveira Ascensão, *Direito Civil – Reais*, 1993, p. 376.

446 A Cessão de Créditos e o Sistema de Transmissão de Direitos Reais

que se baseia o dito registo atributivo, em última análise, na necessidade de proteger a confiança das pessoas na informação conferida pelo registo. É certo não ser necessário fazer prova de que o terceiro fez fé no registo preexistente[1196], mas a necessidade de provar a boa fé traduz-se, na verdade, na inoperância do registo quando há conhecimento dos factos por ele revelados, porque nada há a tutelar e a proteger.

Mesmo a função probatória, traduzida numa presunção de titularidade dos direitos a favor de quem se encontram inscritos os factos que neles influem, não é levada ao extremo, porque esta presunção decorrente do registo é entendida como presunção *juris tantum* e não *juris et de jure*[1197].

Talvez por tudo isto se sustente estar a base de toda a ordem imobiliária não no registo, mas na usucapião, que, no limite, não é prejudicada pelas vicissitudes registrais[1198]. Confrontando o registo com o instituto da usucapião é incontornável concluir pela importância inquestionavelmente maior da segunda na estrutura da aquisição de direitos. O registo não confere, por si só, os direitos, mas apressa a sua aquisição pelo encurtamento dos prazos da usucapião[1199].

V. Independentemente das semelhanças ou diferenças que se encontrem entre registo e notificação, que serão estudadas mais adiante, neste momento, importou apenas pôr em evidência o papel do registo na trans-

---

[1196] *Ibidem.*

[1197] Apesar de, num primeiro momento Ferreira de Almeida, *Publicidade e Teoria dos Registos*, 1966, p. 51, distinguir publicidade espontânea e publicidade provocada da publicidade registral com base na presunção ilidível conferida pelas primeiras e inilidível pela segunda, explicita já no final do seu texto (p.325) que uma presunção inilidível nunca foi estabelecida por qualquer sistema registral, sendo sempre possível arguir a falsidade do registo ou dos documentos em que ele se baseou. É também esse o sentido da doutrina ao qualificar a presunção decorrente do registo como presunção *juris tantum*. Oliveira Ascensão, *Direito Civil – Reais*, 1993, pp. 352 e 353; Menezes Cordeiro, *Direitos Reais*, 1979 (reimpressão 1983), pp. 273 e ss.; Carvalho Fernandes, *Lições de Direitos Reais*, 1999, pp. 123 e 124. Implicitamente, Pinto Duarte, *Curso de Direitos Reais*, 2002, p. 135. Naturalmente que dentro dos requisitos exigidos pela lei para proteger o terceiro confiante na aparência do registo, a presunção é *juris et de jure*, o que significa, na opinião de Oliveira Ascensão, *Direito Civil – Reais*, 1993, p. 363, não se tratar de verdadeira presunção, mas sim da criação de uma juridicidade nova, com a efectiva atribuição do direito ao terceiro adquirente.

[1198] Oliveira Ascensão, *Efeitos Substantivos do Registo Predial na Ordem Jurídica Portuguesa*, 1974, p. 16 e pp. 42 e ss., e Oliveira Ascensão, *Direito Civil – Reais*, 1993, p. 382. Conclusão análoga retira também a propósito do confronto entre posse e propriedade: Oliveira Ascensão, *Popriedade e Posse – Reivindicação e Reintegração*, 1994, p. 22.

[1199] Oliveira Ascensão, *Direito Civil – Reais*, 1993, p. 353. Veja-se os arts. 1294.°, 1295.° e 1298.°.

Vectores do sistema de transmissão dos direitos reais 447

missão dos direitos. Se é normalmente assumido como indispensável à eficácia perante terceiros, ou seja, à oponibilidade a terceiros, é certo que, no mínimo, essa asserção está limitada a uma categoria de terceiros: os terceiros de boa fé.

Mas mesmo essa necessidade de registo é questionada. Se é duvidoso que, numa situação normal, o registo contribua de forma decisiva para a transmissão dos direitos, mesmo em situações patológicas a dúvida surge: "[n]o conflito entre direitos incompatíveis sobre o mesmo prédio, valem as regras substantivas. Mas se alguém praticou um acto de aquisição a título oneroso e de boa fé e beneficia da fé pública registal, passa a ter um direito que derrota o do verdadeiro titular."[1200]. De toda a maneira, quando há uma efectiva atribuição em virtude do registo, é apontado como fundamento a tutela da boa fé dos terceiros ou a fé pública registral[1201].

Significa isto, portanto, que, se em relação à transmissão de coisas móveis não sujeitas a registo, o não acolhimento do princípio de "posse de boa fé vale título" leva ao afastamento da ideia de uma eficácia transmissiva do contrato limitada às próprias partes[1202], também no caso de transmissão de coisas sujeitas a registo, as dúvidas que subsistem em relação à eficácia deste não permitem acolher com segurança no direito português a ideia de uma transmissão limitada às partes[1203]. Julgo, por isso, não ser possível transpor para o nosso direito a ideia de propriedade entre as partes[1204].

[1200] Oliveira Ascensão, *Direito Civil – Reais*, 1993, p. 385.

[1201] Adoptando uma perspectiva institucional, Pinto Duarte, *Curso de Direitos Reais*, 2002, p. 141, conclui, dado os efeitos do registo não serem meramente enunciativos, desempenhar o registo não apenas uma função administrativa, mas também uma função jurisdicional.

[1202] Note-se que quanto Vaz Serra, *Efeitos dos Contratos (Princípios Gerais)*, 1958, p. 335, explicava o acolhimento do princípio do consensualismo, afirmando que os efeitos directos dos contratos, como sejam a transferência da propriedade, só se produziam em relação aos contraentes, raciocinava dentro de um quadro que acolhia também o princípio de "posse de boa fé vale título" (veja-se pp. 353 e ss.). Ora não foi este o sistema vertido no nosso código.

[1203] Lembre-se a posição de Oliveira Ascensão, *Efeitos Substantivos do Registo Predial na Ordem Jurídica Portuguesa*, 1974, p. 20, ao rejeitar a ideia de direito real apenas entre as partes, aderindo a Carnelutti quando este critica a concepção de uma propriedade relativa, dizendo que se trata de um "círculo quadrado", de uma propriedade que não é propriedade.

[1204] Embora admita que porventura a ideia de propriedade oponível *erga omnes* seja um dogma do nosso ordenamento que carece de estudo aprofundado e mereça talvez ser desmontada. No estado actual da ciência jurídica, não creio que seja possível sustentar com segurança a existência de uma propriedade entre as partes, independente de qualquer publicidade, a par de uma propriedade oponível a todos, esta sim dependente de adequada publicidade.

CAPÍTULO III

O direito de crédito enquanto direito real

19. Introdução

I. Depois da reflexão desenvolvida no final da primeira parte do presente trabalho, é imperioso concluir que, embora a cessão de créditos apareça sistematicamente integrada na parte do código civil português relativa às obrigações em geral, os problemas suscitados relativamente aos conflitos de titularidade e de prioridades estão mais ligados à problemática da titularidade de direitos do que aos efeitos obrigacionais.

No direito inglês é evidente esta diferença, quando, por exemplo, se nega tratar dos problemas de prioridades em sede de contrato de cessão – *assignment* –, por se entender pertencerem ao domínio da "*property*" e não do "*contract*"[1205-1206]. Nesse ordenamento não haverá tão grande dificul-

---

[1205] Vale a pena citar no original a seguinte afirmação: "*Although assignment deals with an area of overlap between personal property and contract, the application of priority rules is a matter of pure property[...]*". Grubb, *et al.*, *The Law of Contract*, 1999, p. 1066.

[1206] Esta perspectiva não deixa de ser perceptível ao nível do direito internacional. É suficientemente esclarecedor que, quando trata de regular o direito sobre o produto do cumprimento na sequência de uma cessão de créditos, o art. 24.º da Convenção das Nações Unidas sobre a Cessão de Créditos no Comércio Internacional não ofereça qualquer regra para dirimir conflitos (aliás, o art. 22.º determina que, exceptuando o disposto nos arts.23.º e 24.º, a lei aplicável à resolução de conflitos de competência e de oponibilidade é a lei do Estado no qual o cedente está situado), antes remeta para a regra substancialmente aplicável, para as regras que, no fundo, seriam aplicáveis se não tivesse ocorrido cessão. Este art. 24.º mais não faz do que esclarecer os termos em que essas regras são aplicáveis, prevendo, por exemplo, que o cessionário tem direito ao produto do cumprimento na medida em que o seu direito sobre o crédito cedido tenha prioridade sobre o direito de um terceiro (*competing claimant*, que nos termos do art. 4.º/m) é outro adquirente do mesmo crédito, um credor do cedente ou o administrador da massa falida) sobre o crédito cedido. Como já foi referido, a Convenção prevê a possibilidade de os Estados adoptarem um de entre quatro

450   *A Cessão de Créditos e o Sistema de Transmissão de Direitos Reais*

dade na aceitação desta divisão natural em matéria da cessão de créditos, por ser admitida a categoria de *"personal property"*[1207], que engloba a titularidade dos direitos não incidentes sobre bens imobiliários – sobre a "terra" (*land*) –, incluindo quer os direitos sobre os bens móveis corpóreos, quer os direitos sobre bens incorpóreos, neste abrangidos os direitos de crédito[1208], definidos por vezes como "a piece of property"[1209-1210]. O mesmo se diga a propósito do direito norte americano, onde se afirma com simplicidade que *"a contract right is one kind of property"*[1211].

---

sistemas possíveis de regras de prioridade (art. 42.°) previstas no anexo à Convenção. Ou seja, todas a possibilidades são admitidas.

[1207] A *personal property* opõe-se a *real property*. Na primeira categoria estão quer os *"tangibles movables"* ou *"choses in possession"*, que são *"goods"* e dinheiro, quer os *"intagible movables"* ou *"choses in action"*, que se dividem em *"documentary intangibles"* (direitos incorporados num documento, de forma a que o documento representa o direito e este é transmitido com a transmissão do documento) e *"pure intangibles"*. Os direitos de crédito que interessam para o presente trabalho são direitos não incorporados em documentos, pelo que caem na categoria de *"pure intangibles"*. Veja-se Bridge, *Personal Property Law*, 1996, pp. 1 a 6. Uma explicação clara e muito elucidativa também pode ser encontrada em Goode, *Commercial Law*, 1995, pp. 32 e 33.

[1208] Esta diferença de perspectiva, que nos direitos continentais decorre da clivagem entre direitos de crédito e direitos reais, é enfatizada, precisamente para explicar o diferente enquadramento da cessão de créditos, por Calzolaio, *Il* factoring *in Europa*, 1997, pp. 6 e ss..

[1209] Grubb, *et al.*, *The Law of Contract*, 1999, pp. 1067 e ss..

[1210] Não deixa de ser relevante que, por exemplo, Gough, *Company Charges*, 1996, pp. 59 e ss., trate conjuntamente de um leque vasto de matérias desde a transmissão de *"land"* até à cessão de créditos, passando por compra e venda de *"goods"* e transmissão de garantias, e inicie o capítulo a tal dedicado referindo-se à *"transfer or assignment of proprietary interest"*.

[1211] Farnsworth, *Contracts*, 1990, p. 777, explicando que, por isso, muitas das regras aplicáveis à transmissão dos direitos de crédito são semelhantes às aplicáveis à alienação de *"land"* e *"chattels"*. Mais remotamente, Corbin, *Assignment of Contract Rights*, 1926, p. 231, afirmava, a propósito da protecção do adquirente de boa fé, que também os *"contract rights"* eram *"property"* e que, portanto, as razões a favor da protecção eram as mesmas nos dois casos e a uniformidade de soluções era desejada. Genericamente, por exemplo, Grismore, *Principles of the Law of Contracts*, 1965, p. 425, falava de uma tendência para tratar a transferência de direitos de crédito de acordo com as mesmas regras aplicáveis à transferência de *"tangible property"* e Macneil, *Cases and Materials on Contracts*, 1971, p. 488, explicava, resumidamente, que quando qualquer corpórea ou incorpórea adquire valor económico (o que acontece com a transmissibilidade de créditos) o direito tende a começar a tratá-la como trata a *"tangible property"*. Mas não deixa de haver vozes chamando a atenção para o facto de não se tratar de propriedade no sentido usual do termo: Murray (Jr.), *Murray on Contracts*, 1990, pp. 786 e 787.

O direito de crédito enquanto direito real
451

Pensando em sede de construção de um código civil europeu, explica-se que *"property ownership"* deve ser entendida latamente, abarcando não apenas a propriedade absoluta (*full ownwership*), mas também direitos de propriedade limitados (*limited proprietary rights*), como o usufruto ou direitos de garantia, e ainda, e mais importante, não se circunscrevendo à titularidade de coisas corpóreas, antes englobando direitos relativos a bens incorpóreos como créditos pecuniários e, especialmente, direitos sobre a propriedade intelectual[1212]. É de esperar que uma perspectiva como esta tenha depois o natural impacto na consideração comum dos problemas quando for necessário tratar da transmissão desses mesmos direitos.

Nos direitos continentais, embora a generalidade dos códigos civis europeus regule o instituto da cessão de créditos unitariamente, seja na parte das obrigações em geral, seja na parte do contrato de compra e venda, encontramos, por exemplo, o recente código civil holandês a contemplar uma divisão do instituto. Atende, por um lado, aos aspectos obrigacionais da relação cedente/cessionário e, por outro, ao efeito transmissivo, que está regulado juntamente com a transmissão dos direitos reais[1213], fazendo esta distinção eco daquela entre o que é matéria de propriedade e matéria de contrato.

Também não é difícil encontrar, nos direitos continentais, referências legais e doutrinais à transmissão da "propriedade dos direitos de crédito". A lei Dailly refere expressamente *"transferência da propriedade do crédito cedido"* (art. 1.°) e, mesmo fora da "cessão Dailly", os autores referem-se a propriedade do crédito[1214]. No direito belga, escreve-se que a cessão de créditos pode ter lugar "em propriedade" ou a outro título, nomeadamente a título de garantia[1215]. No ordenamento italiano, explica-

---

[1212] Drobnig, *Property Law in a Future Civil Code*, 2002, p. 104. Apoveita ainda para explicar que a construção do direito alemão, que cinge a propriedade a coisas corpóreas (§90 BGB), foi criticada desde o início, reconhecendo-se actualmente que a função típica da propriedade – atribuição de um bem – como um crédito pecuniário ou um direito de propriedade intelectual também deve ser considerada e tem sido através das regras relativas a bens incorpóreos (*intangibles*) (p.107).

[1213] Livro 3, relativo ao direito patrimonial em geral, secção 2 (relativa à transferência da propriedade), art. 94 (3:94 NBW). A restante regulação da cessão de créditos está no Livro 6, relativo às obrigações em geral, arts.142 e ss.(6:142 NBW)

[1214] "[O] factor é o único proprietário do crédito", escreve Rives-Lange, *Droit bancaire*, 1995, p. 536.

[1215] Van Ommeslaghe, *La transmission des obligations en droit positif belge*, 1980, p. 90.

452 A Cessão de Créditos e o Sistema de Transmissão de Direitos Reais

se que a notificação feita em primeiro lugar pelo segundo cessionário resolve os "efeitos reais" da cessão de créditos[1216].

Por seu turno, a doutrina alemã, sobretudo, mas não exclusivamente[1217], chama a atenção repetidas vezes para a circunstância de a matéria da cessão de créditos estar regulada junto do direito das obrigações, quando, na verdade, dogmaticamente pertence aos direitos reais[1218]. Assim, no seu entender, a regulação da cessão de créditos deveria, em bom rigor, figurar na parte dos negócios reais de disposição[1219], sendo adoptada a expressão "direito *realizado*" (*"dingliches Recht"*[1220] ou *"sachenli-*

[1216] Marani, *Notifica, accettazione e buona fede nella cessione dei crediti*, 1977, p. 110.

[1217] No direito italiano, por exemplo, Dolmetta, *Cessione dei crediti*, 1988, p. 287, defende precisamente que a cessão de créditos, enquanto acto de exercício da disponibilidade do direito de crédito entendido no seu valor económico, deve ser reconduzida à categoria dos actos de disposição voluntária de direitos e não pode por isso ser aproximada a outra espécie deste genéro que não seja a alienação de direitos reais, reputando de estéril o enquadramento tradicional da matéria da cessão de créditos junto das figuras de substituição subjectiva da relação obrigacional, como a sub-rogação.

[1218] Weber, *BGB – RGRK- Band II*, 1. Teil, 1976, §398 Rdn.1, parece encontrar a explicação na circunstância de, apesar de todas as semelhanças, faltar, na cessão de créditos um aspecto presente na transmissão dos direitos reais: a publicidade. Kaduk, *Staudinger Kommentar zum Bürgerlichen Gesetzbuch*, 1994, Einl 22 zu §§398 ff, explica que sistematicamente faria sentido colocar a cessão de créditos junto ao usufruto e penhor de créditos enquanto direitos da *"dinglichen Zuordnung"*, compreendendo-se a opção legal apenas à luz da relação entre antigo e novo credor e devedor. Para Esser, *Schuldrecht – Band I*, Allgemeiner Teil – Teilband 2, 2000, p. 304, a explicação está na limitação do conceito de coisa no código alemão, que se refere apenas a realidades corpóreas. Veja-se também Bette, *Das Factoring-Geschäft*, 1973, p. 51.

[1219] Wieacker, *Zum System des deutschen Vermögensrechts*, 1941, pp. 26 e ss., em especial, p. 37, colocando a cessão de créditos junto ao penhor de créditos. Em sentido crítico de uma inclusão da cessão de créditos próxima do penhor ou usufruto de créditos pronuncia-se Dörner, *Dynamische Relativität – Die Übergang vertraglicher Rechte und Pflichten*, 1985, pp. 115 e ss., por centrar a sua construção na consideração de um dupla natureza do processo transmissivo: enquanto direito e enquanto disposição. Pretender incluir esta matéria noutro local seria esquecer a sua natureza enquanto fenómeno dispositivo. Embora não se pronunciem directamente sobre a questão, Larenz e Wolf, *Allgemeiner Teil des Bürgerlichen Rechts*, 1997, pp. 450 e ss., não deixam de referir a cessão de créditos a propósito dos negócios de disposição (*Verfügungsgeschäfte*), explicando ser o objecto destes negócios o direito subjectivo (independentemente da categoria).

[1220] Canaris, *Die Verdinglichung obligatorischer Rechte*, 1978, p. 375, define um direito "realizado"(*dingliches Recht*) como um poder absoluto sobre coisas ou direitos. Um pouco adiante, a propósito da aplicabilidade do princípio da publicidade, enquanto princípio caracterizador dos direitos reais, a este tipo de direitos, afirma que a sua aplicação

ches Recht"[1221]) ou a referência a *"realização* de direitos obrigacionais" (*Verdinglichung obligatorischer Rechte*) ou *"realização* de créditos" (*Verdinglichung der Forderung*) para exprimir a circunstância de os direitos de crédito, à semelhança dos direitos reais, serem passíveis de disposição, sendo o seu valor transmissível a terceiros[1222].

Por fim, também na doutrina portuguesa podem ser encontrados, actualmente, pequenos sinais deste entendimento[1223] e na preparação do código civil houve, pelo menos, a percepção do problema[1224].

encontra rupturas, não valendo, em especial, para a transmissão dos direitos de crédito apesar de ter, indubitavelmente, carácter real (*obwohl diese [Übertragung von Forderungen] unzweifelhaft dinglichen Charakter hat*).

[1221] A propósito de um outro problema, o da eficácia da exclusão convencional da cedibilidade do direito de crédito, Bülow, *Zu den Vorstellung des historischen Gesetzgebers über absolute Wirkung rechtsgeschäftlicher Abtretungsverbot*, 1993, p. 901, faz referência aos trabalhos preparatórios do BGB e aí, a propósito de um primeiro entendimento (na sua opinião depois afastado) acerca do tratamento equiparado à restrição convencional de disposição de coisas, explica que, na concepção moderna da circulabilidade do direito de crédito, este era visto igualmente como um direito real (*"gleichsam versachenrechtliche"*). Lembre-se que a elaboração do direito civil feita por Savigny, *System des heutigen römischen Rechts*, Band 1, 1840 (reimpressão 1981), exclui o direito de crédito do âmbito do direito de propriedade, considerado como o domínio de uma pessoa sobre uma coisa, consagrando, dentro do direito patrimonial, uma divisão clara entre matéria de direitos reais e matéria de direito das obrigações (veja-se pp. 367 e ss.).

[1222] Roth, *Münchener Kommentar zum Bürgerliches Gesetzbuch* – Band 2, 1994, §398 RdNr.1. Outros sentidos são abarcados pela ideia de *"Verdinglichung"*, nomeadamente relacionados com a eficácia do negócio fiduciário, ou com a limitação da cedibilidade, tal como apontados por Gernhuber, *Das Schuldverhältnis*, 1989, pp. 45 e ss..

[1223] Assim, Palma Carlos, *Parecer – Embargos de Terceiro. Posse. Quotas Sociais*, 1983, p. 7, afirma que "o dono de uma quota é proprietário dela; é titular de um direito de propriedade"; Amadeu Ferreira, *Valores Mobiliários Escriturais – Um Novo Modo de Representação e Circulação de Direitos*, 1997, p. 276, refere-se à "titularidade (propriedade) dos valores" mobiliários; Nuno Pinheiro Torres, *Da Transmissão de Participações Sociais não Tituladas*, 1999, p. 50, refere-se à transmissão da "propriedade da acção" de sociedade anónima. Já perspectiva bastante diversa parece resultar da análise de Oliveira Ascensão, *Direito Comercial* – Vol. III, Títulos de Crédito, 1992, pp. 57 e ss., porquanto reporta-se ao direito de propriedade incidente sobre o título de crédito enquanto papel. Sendo certo que está a procurar traduzir e não a fazer referência ao direito português, Calvão da Silva, *Titul[ariz]ação de Créditos*, 2003, p. 17, ao explicar o modelo *"pass-through"* do direito norte-americano da titularização de créditos, não parece ter qualquer problema em utilizar a expressão "propriedade dos créditos", referindo que o *trust* é o proprietário legal dos créditos e que pela subscrição os investidores adquirem plena propriedade de créditos transformados ou incorporados em títulos, concluindo que, deste modo, a propriedade dos créditos passa *pro quota* através dos títulos representativos para os seus subscritores. Num outro campo, atendendo à propriedade privada enquanto direito funda-

454   *A Cessão de Créditos e o Sistema de Transmissão de Direitos Reais*

II. A regulação unitária do instituto da cessão de créditos não é razão suficiente para a defesa da unidade estrutural da figura, no sentido de estar exclusivamente ligada aos aspectos relativos ao vínculo obrigacional[1225]. Tal como no direito inglês, também nos direitos continentais é inegável que a estrutura da transmissão dos direitos de créditos por via convencional está numa posição de charneira entre o contrato, matéria de direito das obrigações, e a titularidade do direito e sua oponibilidade, aspectos que se assemelham às matérias tipicamente tratadas nos direitos reais. Esta posição mista não se traduz em qualquer confusão, traduz-se apenas na necessidade de atender separadamente ao aspecto obrigacional e ao aspecto transmissivo – dir-se-ia real – da cessão de créditos.

Desde o início do presente trabalho, o aspecto transmissivo foi assumido como vector condutor de toda a análise, significando que o centro não está no contrato enquanto gerador de obrigações, mas na transmissão do direito que se opera totalmente ou não por efeito do contrato. As relações obrigacionais emergentes do contrato celebrado entre as partes interessam na medida em que possam influir de alguma maneira na concretização da vertente transmissiva, não têm interesse por si só[1226].

---

mental, é assumido que o art. 62.º da Constituição, ao referir-se à propriedade privada está a englobar todos os direitos de valor patrimonial, nomeadamente os direitos de crédito e dentro dessa tutela o direito à transmissão assume-se como uma componente do direito de propriedade. Gomes Ganotilho e Vital Moreira, *Constituição da República Portuguesa Anotada*, 1993, pp. 331 e 332; Jorge Miranda, *Manual de Direito Constitucional* – Tomo IV, Direitos Fundamentais, 1993, pp. 466 e 467; Menezes Cordeiro, *Direito das Obrigações* – 2.º Vol. , 1980 (reimpressão 1994), p. 79, refere-se à transmissibilidade dos direitos de crédito como constitucionalmente protegida através do conceito amplo de propriedade acolhido pela Constituição.

[1224] Vaz Serra, *Efeitos dos Contratos (Princípios Gerais)*, 1958, p. 333, nota 1, logo no início da sua exposição, explica que, se se optar por atribuir efeitos reais aos contratos e não apenas efeitos obrigacionais, então "a regulação dos efeitos reais dos contratos exorbita, em rigor, o direito das obrigações", mas acrescenta que "talvez não seja despropositado estabelecê-la aqui, dada a conexão de matérias.". E, mais adiante (p.349), referindo-se aos efeitos reais dos contratos, refere-se à transferência da propriedade de uma coisa determinada, à constituição ou transferência de um direito real ou à "transferência de qualquer outro direito". Assimila, portanto, o fenómeno transmissivo à eficácia real, independentemente do objecto do contrato.

[1225] Veja-se como, no código civil, a propriedade aparece regulada não só no livro dedicado ao direito das coisas, mas também, quando se trata da sua transmissão em virtude de contrato de compra e venda ou de doação, no livro referente ao direito das obrigações. A aplicar-se raciocíonio análogo, também a propriedade deveria estar exclusivamente regulada junto da compra e venda e da doação.

[1226] Não se pode, pois, concordar totalmente com Costanza, *La cessione del credito da sistema di trasferimento del diritto a contratto di finanziamento*, 1995, p. 159, quando

Se se pudessem aplicar as categorias do direito inglês, dir-se-ia que o objecto do presente trabalho não é a cessão de créditos enquanto contrato, mas a cessão de créditos na sua vertente de transmissão da *personal property*: é um problema de propriedade e não de contrato.

Interessa reter ainda um outro aspecto. É possível que, em virtude de o objecto do contrato celebrado ser um direito de crédito, se pense tratar--se de um problema exclusivo do direito das obrigações. Quando se analisa a transmissão de direitos reais estar-se-ia no campo dos direitos reais e quanto se estuda a transmissão dos direitos de créditos estar-se-ia, indiscutivelmente, na área do direito das obrigações.

Adoptar esta perspectiva é não compreender o fenómeno transmissivo e pretender uma estanquicidade inexistente, quer do ponto de vista prático, quer numa perspectiva teórica. A transmissão dos direitos por via contratual é o campo por excelência para cruzar matérias tradicionalmente ligadas aos direitos reais e ao direito das obrigações.

Da mesma forma que não é possível compreender e delinear os contornos do regime, por exemplo, da compra e venda de um bem móvel corpóreo sem se atender ao contrato de compra e venda na sua vertente obrigacional e na sua vertente de contrato real *quoad effectum*, também não é possível compreender a compra e venda de um direito de crédito sem analisar esta última vertente. Ora este aspecto situa-se claramente no domínio da matéria dos direitos reais, tanto mais quando está em causa procurar o regime da oponibilidade do direito de propriedade a terceiros. Será que, por se tratar de um direito de crédito, é de todo impossível falar-se da regulação dos direitos reais[1227] ou da oponibilidade da propriedade do direito de crédito?

III. Há, na verdade, uma tendência para a aproximação dos direitos de crédito e de direitos de outra natureza aos direitos reais, porquanto aqueles são entendidos como activos de determinado património, porque

---

afirma que as características do objecto da transmissão não são elementos irrelevantes e sem influência na fisionomia do contrato de compra e venda. Se é certo que não são irrelevantes, a relevância prende-se, precisamente, com a vertente obrigacional e não com a eficácia real do contrato. No aspecto sob análise, pelo contrário, o objecto da transmissão é, como se verá, irrelevante.

[1227] Por exemplo, no direito austríaco, Ertl, *Zession*, 1992, §1393, 1, p. 942, a propósito do elenco dos direitos cedíveis, afirma que os direitos reais não são cedíveis, estando sujeitos a regulação própria em virtude especiais requisitos de publicidade.

456 A Cessão de Créditos e o Sistema de Transmissão de Direitos Reais

se objectivam com valor próprio e autónomo[1228]. Os sistemas de registo de cessão de créditos são reveladores desta mesma tendência de aproximação à riqueza imobiliária, consequência da valorização crescente da riqueza mobiliária nas economias modernas. Sinal desta proximidade encontra-se também, por exemplo, na escolha da lei do "lugar da situação" dos valores mobiliários para a regulação da transmissão dos direitos e constituição de garantias sobre valores mobiliários[1229].

Importa então atender a um problema aflorado, até aqui, apenas pontualmente: a distinção entre o aspecto obrigacional e o aspecto transmissivo da cessão de créditos[1230].

É certo que todo o estudo desenvolvido foi orientado quase exclusivamente para a análise da vertente da cessão de créditos relativa à transmissão do direito de crédito, pouco tendo sido referido a propósito da relação obrigacional vinculadora de cedente e cessionário. Propositadamente foi essa a linha seguida, porque importava e importa apenas aquilo que é relevante para a análise da transmissão do direito de crédito.

Neste momento é imperioso colocar frontalmente algumas questões. Em que medida é a transmissão de um direito de crédito diferente da transmissão de um direito real? Em que medida releva, para o aspecto transmissivo, a natureza creditícia do direito transmitido? Como se arti-

---

[1228] Antunes Varela, *Das Obrigações em Geral* – Vol. I, 2000, p. 161, refere que, através do poder de disposição, o credor pode utilizar o valor económico do seu direito, pelo que o crédito é um objecto do comércio jurídico como qualquer outro direito patrimonial. Calvão da Silva, *Titul[ariz]ação de Créditos*, 2003, p. 34, enfatiza precisamente este aspecto quando se refere à cessão de créditos que estrutura a titularização. A cessão de créditos só terá sentido "porque os créditos fazem parte do património do credor, nele se objectivando como valor próprio e autónomo", o que significa que "o credor pode utilizar o seu direito como objecto do tráfico jurídico, porquanto, dado o seu valor patrimonial, o crédito se comporta como um bem na vida económica".

[1229] Maria Helena Brito, *Sobre a Aplicação no Espaço do Novo Código dos Valores Mobiliários*, 2000, p. 64, explicita que a solução encontrada pelo art. 41.º do CVM se inspirou na regra de conflitos vertida no CC relativa aos "direitos sobre as coisas", procedendo-se a adaptações mercê da especificidade do "lugar da situação dos valores mobiliários". Explica, então, que os critérios utilizados na norma de conflitos reflectem o regime de direito material e os critérios consagrados pelo CVM em matéria de registo (p.65).

[1230] De uma forma muito elucidativa, De Page, *Traité élémentaire de droit civil belge* – Tome IV, Vol. I, 1997, pp. 538, escreve que na cessão de créditos encontramo-nos diante de uma combinação de dois fenómenos distintos que obedecem a regras próprias: uma convenção entre cedente e cessionário, que é a origem da instituição, e uma transmissão da obrigação, que é consequência dessa convenção. E um pouco à frente (p.544) afirma que se trata de dois ramos claramente diferenciados.

O *direito de crédito enquanto direito real* 457

culam estes aspectos com a ideia de relatividade dos contratos? E com a oponibilidade dos efeitos dos mesmos?

É neste ambiente que se pode explicar o título escolhido: direito de crédito enquanto direito real. Longe de querer ser provocatório, pretende chamar a atenção para este conjunto de aspectos que serão analisados. Talvez fosse mais correcto em vez de direito real escolher direito absoluto: direito de crédito enquanto direito absoluto. Ver-se-á que a generalidade de questões tratadas de seguida frisam exactamente a vertente absoluta do direito de crédito, quanto analisado na perspectiva da oponibilidade da sua titularidade. Mas trata-se, ainda assim, de análises interlocutórias. O título escolhido, no entanto, apela para uma ligação com a conclusão final que, ver-se-á, e sem querer antecipar matéria, se prende com a equivalência entre direitos de crédito e direitos reais quando olhados como objecto de um contrato transmissivo.

20. Aspectos reais do direito de crédito

20.1. *Direitos de crédito e direitos reais*

I. A distinção, nem sempre fácil[1231] e porventura irracional[1232], entre direitos reais e direitos de crédito é feita de acordo com diferentes critérios. Simplificando, pode atender-se a dois critérios fundamentais e intimamente ligados, aos quais está associada uma série de corolários: o critério do objecto e o critério da estrutura. Segundo o critério do objecto, a coisa é o objecto do direito real e a prestação é o objecto do direito de crédito: enquanto o direito real é um direito sobre uma coisa, o direito de crédito é um direito a uma conduta do devedor[1233-1234]. Daqui resulta que o direito

---

[1231] Como evidenciam Antunes Varela, *Das Obrigações em Geral* – Vol. I, 2000, pp. 165 e 166, e Almeida Costa, *Direito das Obrigações*, 2001, pp. 109 e 110.

[1232] Menezes Cordeiro, *A Posse: Perspectivas Dogmáticas Actuais*, 2000 (reimpressão 2004), pp. 72 e 73 e pp. 163 e 164, defende, actualmente, como melhor se registará, ser irracional a contraposição entre direitos de crédito e direitos reais, tratando-se, simplesmente, de uma clivagem histórico-cultural derivada do direito romano.

[1233] Gomes da Silva, *Conceito e Estrutura da Obrigação*, 1943, p. 262, explica que, enquanto a finalidade do direito de crédito é alcançada por um acto humano, o objecto dos direitos reais revela-se na utilização directa das coisas. Galvão Telles, *Direito das Obrigações*, 1997, p. 19, afirma serem os direitos reais direitos sobre coisas e os direitos de crédito direitos contra pessoas. No mesmo sentido, Menezes Leitão, *Direito das Obrigações* – Vol. I, 2000, p. 93, elege o critério do objecto como operante da distinção fundamental

458   *A Cessão de Créditos e o Sistema de Transmissão de Direitos Reais*

de crédito, mesmo quando o objecto da prestação é uma coisa, não dispensa a colaboração do devedor para ser exercido, ao contrário do direito real, que, porque incide directa e imediatamente sobre a coisa[1235-1236], não necessita da colaboração de ninguém para o seu exercício[1237].

De acordo com o critério estrutural[1238], que também pode ser enten-

---

entre direitos reais e direitos de crédito. É esse objecto diverso que irá pautar as características diferentes dos respectivos direitos. Em sentido análogo, Santos Júnior, *Da Responsabilidade Civil de Terceiro por Lesão do Direito de Crédito*, 2003, pp. 131 e ss.. Referindo o critério, mas sem o adoptar especialmente, Almeida Costa, *Direito das Obrigações*, 2001, pp. 113 e 114. Algo dubitativo, por admitir a existência de direitos reais sobre bens imateriais e dando o exemplo do usufruto de créditos, Dias Marques, *Direitos Reais – Vol. I*, 1960, pp. 18 e 19.

[1234] Dentro das muitas orientações possíveis relativamente à caracterização do direito de crédito, adopta-se, por ser acolhida pela generalidade da doutrina portuguesa, aquela que entende o direito de crédito como o direito a uma prestação. Neste sentido, Dias Marques, *Direitos Reais – Vol. I*, 1960, pp. 15 e 18; Manuel de Andrade, *Teoria Geral da Relação Jurídica* – Vol. I, 1997 (reimpressão), pp. 189 e 190; implicitamente, Galvão Telles, *Direito das Obrigações*, 1997, pp. 10 e ss. e pp. 19 e 20; Almeida Costa, *Direito das Obrigações*, 2001, p. 114; Antunes Varela, *Das Obrigações em Geral* – Vol. I, 2000, p. 154; Menezes Cordeiro, *Direito das Obrigações* – 1.º Vol. , 1980 (reimpressão 1986), pp. 221 e ss.; Menezes Leitão, *Direito das Obrigações* – Vol. I, 2000, p. 93.

[1235] Este poder directo e imediato sobre a coisa não é entendido univocamente pela doutrina. Almeida Costa, *Direito das Obrigações*, 2001, p. 113, nota 2, dá-nos conta, a este propósito, das teorias realista e personalista e da tentativa de superação através da consideração do elemento interno e do elemento externo do direito real.

[1236] Também se afirma que o direito de crédito, ao contrário do direito real, não pode ser adquirido por usucapião: Dias Marques, *Direitos Reais – Vol. I*, 1960, p. 26; Mota Pinto, *Direitos Reais* – Lições coligidas por Álvaro Moreira e Carlos Fraga, 1971, p. 89; Almeida Costa, *Direito das Obrigações*, 2001, p. 114. Aspecto que Menezes Cordeiro, *Direito das Obrigações* – 1.º Vol. , 1980 (reimpressão 1986), pp. 293 e 294, indica como sendo uma pretensa característica fisiológica e que Santos Júnior, *Da Responsabilidade Civil de Terceiro por Lesão do Direito de Crédito*, 2003, p. 131, usa como exemplo de uma mera diferença de regime, carreada pela história e acolhida legislativamente, sem pertencer ao conceito do direito.

[1237] Por exemplo, Menezes Leitão, *Direito das Obrigações* – Vol. I, 2000, p. 93.

[1238] Acolhido como traço mais importante da distinção direitos de crédito/direitos reais, por exemplo, por Antunes Varela, *Das Obrigações em Geral* – Vol. I, 2000, p. 166. Sentido semelhante pode encontrar-se em Mota Pinto, *Direitos Reais* – Lições coligidas por Álvaro Moreira e Carlos Fraga, 1971, p. 46, ao reputá-lo como a primeira nota distintiva dos direitos de crédito e dos direitos reais, desvalorizando mesmo a diferença baseada no objecto, porquanto a esse aspecto só se refere marginalmente a propósito dos direitos reais (p.83). Actualmente, também Carvalho Fernandes, *Lições de Direitos Reais*, 1999, p. 54, entende ser esta a nota mais relevante na distinção direitos de crédito/direitos reais.

O *direito de crédito enquanto direito real* 459

dido como uma decorrência do critério do objecto[1239] e seguramente está em ligação estreita com ele, os direitos de crédito são estruturalmente relativos, ou seja, assentam numa relação, enquanto os direitos reais são absolutos[1240-1241]. Isto quer dizer que os direitos de crédito só operam *inter*

[1239] É a posição de Menezes Leitão, *Direito das Obrigações* – Vol. I, 2000, pp. 93 e ss., ao fazer decorrer da distinção entre direitos de crédito e direitos reais com base no objecto desses mesmos direitos, todas as outras características. Esta elaboração é patente na síntese da p.96.

[1240] Apesar de alguma doutrina mais antiga alicerçar a absolutidade numa relação jurídica da qual decorre uma obrigação passiva universal (nesse sentido, Manuel de Andrade, *Teoria Geral das Obrigações*, 1963, pp. 56 e 57; Dias Marques, *Direitos Reais – Vol. I*, 1960, p. 6; Castro Mendes, *Teoria Geral do Direito Civil – Vol. I*, 1978 (reimpressão 1993), pp. 75 e ss.), esta perspectiva é actualmente rejeitada, reputando-se de absurda e inconsistente. Veja-se, neste sentido, Oliveira Ascensão, *As Relações Jurídicas Reais*, 1962, pp. 23 e ss.; Oliveira Ascensão, *Direito Civil – Reais*, 1993, pp. 608 e ss; Oliveira Ascensão, *Direito Civil Teoria Geral* – Vol. III, 2002, pp. 23 e ss.; Menezes Cordeiro, *Direitos Reais*, 1979 (reimpressão 1983), pp. 230 e pp. 236 e ss. e, mais adiante, nas pp. 301 e ss., rejeita mesmo qualquer distinção entre direitos de crédito e direitos reais com base na pretensa relatividade de uns e absolutidade de outros; Menezes Leitão, *Direito das Obrigações* – Vol. I, 2000, p. 93, texto e nota 217. Algo diferente é a posição de Almeida Costa, *Direito das Obrigações*, 2001, p. 111, porquanto caracteriza os direitos reais de absolutos e de exclusão, fazendo-lhes corresponder a figura da obrigação passiva universal, segundo a qual todos se encontram obrigados a não perturbar o exercício do direito real, mas, mais adiante, na p.113, nota 2, parece perfilhar a teoria que defende a consideração do elemento interno e elemento externo do direito real.

[1241] Perspectiva diversa e alheia ao presente estudo, pelo que não deve ser objecto de confusão, é a que qualifica o direito de propriedade como um direito absoluto, no sentido de não subordinado a um fim determinado do seu titular nem a fins alheios ou de interesses gerais da comunidade. Trata-se da configuração do direito de propriedade face ao Estado e aos interesses gerais que, aliás, desde há muito, com raízes na doutrina tomista, vem sendo contestado com a afirmação do desempenho de uma utilidade social de ordem colectiva e da limitação dos direitos do proprietário à execução da finalidade tendo em conta interesses de ordem superior. Esta perspectiva era frisada ainda na vigência da Constituição de 1933 e do código civil antigo por Navarro, *A Nova Concepção do Direito de Propriedade*, 1942, pp. 13 e 14, e, actualmente, quer numa perspectiva civilista, quer numa perspectiva constitucionalista, é sobejamente reiterada: Oliveira Ascensão, *Direito Civil – Reais*, 1993, pp. 190 e ss., sob o epíteto de "função social da propriedade"; Jorge Miranda, *Manual de Direito Constitucional* – Tomo IV, Direitos Fundamentais, 1993, p. 468, explica que o art. 62.° da Constituição contempla a propriedade "nos termos da Constituição", o que significa, sobretudo, que "ela não é reconhecida aprioristicamente, como princípio independente e auto-suficiente; ela é reconhecida e salvaguardada no âmbito da Constituição e em sintonia com os princípios, valores e critérios que a enformam."; Gomes Ganotilho e Vital Moreira, *Constituição da República Portuguesa Anotada*, 1993, p. 332, explicam que o direito de propriedade não é garantido em termos absolutos, mas dentro dos limites e nos termos previstos e definidos noutros lugares da Constituição.

460   A Cessão de Créditos e o Sistema de Transmissão de Direitos Reais

partes, só interessam na relação credor/devedor, só valem a favor do credor e contra o devedor, enquanto os direitos reais valem *erga omnes*, correspondendo a direitos de soberania sobre a coisa[1242].

Do objecto e da estrutura do direito real[1243] decorre que o direito real se caracteriza por uma especial ligação à coisa, denominada de inerência, que encontra a sua faceta dinâmica na chamada sequela: o titular do direito real pode perseguir a coisa onde quer que ela se encontre, opondo o seu direito a qualquer possuidor, bastando, para tal, a prova do seu direito, sem necessidade de impugnar os negócios entretanto realizados sobre a coisa[1244-1245]. Ao invés, afirma-se que o direito de crédito não possui esta característica, porquanto, se alguém tem direito a uma prestação e o devedor aliena o objecto da mesma, o credor já não a pode exigir, restando apenas a via indemnizatória[1246].

[1242] A expressão "direitos de soberania" é usada, no seguimento da dogmática alemã, por Antunes Varela, *Das Obrigações em Geral* – Vol. I, 2000, p. 167. Henrique Mesquita, *Obrigações Reais e Ónus Reais*, 1997 (reimpressão), p. 73, refere-se à relação de domínio ou soberania estabelecida entre o titular do direito e a coisa.

[1243] Mas nem sempre destes dois aspectos. Menezes Cordeiro, *Direitos Reais*, 1979 (reimpressão 1983), p. 314 e ss., em especial, p. 318, critica a concepção do direito real como direito absoluto e conclui ser a sequela uma consequência do direito real que não decorre da absolutidade dos direitos reais enquanto oponíveis *erga omnes*. Também Santos Júnior, *Da Responsabilidade Civil de Terceiro por Lesão do Direito de Crédito*, 2003, pp. 131 e ss., faz decorrer a sequela apenas do objecto dos direitos reais, do qual resulta a imediatidade típica destes: o direito real adere ao seu objecto, adere à coisa, é-lhe inerente (p. 131).

[1244] Dias Marques, *Direitos Reais* – *Vol. I*, 1960, pp. 32 e ss.; Mota Pinto, *Direitos Reais* – Lições coligidas por Álvaro Moreira e Carlos Fraga, 1971, pp. 46 e ss.; Menezes Cordeiro, *Direitos Reais*, 1979 (reimpressão 1983), pp. 317 e ss.; Ribeiro de Faria, *Direito das Obrigações* – Vol. I, 1990, pp. 39 e ss.; Oliveira Ascensão, *Direito Civil – Reais*, 1993, pp. 622 e ss.; Henrique Mesquita, *Obrigações Reais e Ónus Reais*, 1997 (reimpressão), pp. 79 e ss.; Carvalho Fernandes, *Lições de Direitos Reais*, 1999, pp. 65 ss.; Antunes Varela, *Das Obrigações em Geral* – Vol. I, 2000, pp. 171 e 172; Menezes Leitão, *Direito das Obrigações* – Vol. I, 2000, p. 95.

[1245] Mas também se afirma – Almeida Costa, *Direito das Obrigações*, 2001, p. 112, nota 2 – que nos direitos reais há casos de ausência de sequela, sendo apontado como exemplo o disposto no art. 291.º. Embora não referido expressamente como excepção à sequela, também Ribeiro de Faria, *Direito das Obrigações* – Vol. I, 1990, p. 40.

[1246] Mota Pinto, *Direitos Reais* – Lições coligidas por Álvaro Moreira e Carlos Fraga, 1971, p. 51; oferecendo diversos exemplos, Ribeiro de Faria, *Direito das Obrigações* – Vol. I, 1990, pp. 35 e 36; dando o exemplo do contrato promessa sem eficácia real seguido de alienação do objecto da prestação, Antunes Varela, *Das Obrigações em Geral* – Vol. I, 2000, p. 168; Menezes Leitão, *Direito das Obrigações* – Vol. I, 2000, p. 95.

O direito de crédito enquanto direito real 461

Existirá ainda outra característica distintiva dos direitos em análise: o direito de preferência ou prevalência. Com estas expressões pretende explicar-se que o direito real primeiramente constituído prevalece sobre posteriores constituições[1247], não sendo possível constituir sucessivamente dois direitos reais incompatíveis sobre o mesmo objecto[1248], ou ainda, dito de outro modo, que se exige um requisito de legitimidade para a aquisição dos direitos reais[1249].

Se já no âmbito da formulação clássica se levantaram dúvidas sobre a prevalência, para a limitar aos direitos reais de garantia[1250], esta matéria continua a não colher o entendimento unânime da doutrina actual. Afirma-se que, sendo a preferência um efeito normal do direito real, não é um efeito privativo desta categoria de relações[1251] e, em sentido análogo, que não se trata de um princípio absoluto[1252]. Exclui-se a prevalência da aqui-

---

[1247] Sem prejuízo, naturalmente, das regras da inscrição registral, no caso de factos sujeitos a registo.

[1248] Dias Marques, *Direitos Reais – Vol. I*, 1960, pp. 37 e 38, embora explique que o acto praticado que tenda à constituição de direitos reais está ferido de invalidade e, portanto, não chega a constituí-los; Mota Pinto, *Direitos Reais – Lições coligidas por Álvaro Moreira e Carlos Fraga*, 1971, pp. 61 e ss., afirma ser a prevalência consequência da eficácia absoluta dos direitos reais, com apoio na regra da transmissão dos direitos por mero efeito do contrato expressa no art. 408.°/1; Carvalho Fernandes, *Lições de Direitos Reais*, 1999, pp. 71 e ss.; tacitamente, por não repudiar, Menezes Leitão, *Direito das Obrigações – Vol. I*, 2000, p. 95. Santos Júnior, *Da Responsabilidade Civil de Terceiro por Lesão do Direito de Crédito*, 2003, p. 133, nota 452, embora aderindo implicitamente à doutrina que exclui a prevalência enquanto característica distintiva dos direitos reais face aos direitos de crédito, aproveita a posição de Dias Marques adaptando-a: ao contrário dos direitos reais (de gozo ou de aquisição), a incompatibilidade dos créditos não é quanto à existência, podendo ser quanto ao cumprimento de créditos idênticos.

[1249] Menezes Leitão, *Direito das Obrigações – Vol. I*, 2000, p. 95, aponta o art. 892.°, escrevendo que, com a primeira alienação, o vendedor perde a sua legitimidade para dispor do bem, já não o podendo fazer segunda vez.

[1250] Afastando-a, em termos gerais, Pinto Coelho, *Direitos Reais- Súmula das Lições Proferidas pelo Prof.Doutor Luiz Pinto Coelho por Pedro da Câmara Rodrigues de Freitas e Carmindo Rodrigues Ferreira*, 1939/40, pp. 51 e ss..

[1251] Antunes Varela, *Das Obrigações em Geral – Vol. I*, 2000, p. 169, nota 3, referindo nomeadamente como exemplo o art. 407.°, relativamente aos direitos pessoais de gozo incompatíveis.

[1252] Almeida Costa, *Direito das Obrigações*, 2001, p. 112, nota 2, onde dá precisamente o exemplo do art. 407.°, referindo que, nesse caso, verifica-se preferência nos direitos de crédito, a acrescer ao art. 751.°, onde faltará preferência nos direitos reais. Já Mota Pinto, *Direitos Reais – Lições coligidas por Álvaro Moreira e Carlos Fraga*, 1971, pp. 71 e ss., se referia ao art. 407.° para escrever que a preferência era nota característica, mas não

462   A Cessão de Créditos e o Sistema de Transmissão de Direitos Reais

sição sucessiva de direitos reais sobre a mesma coisa, explicando-se que a prevalência é duvidoso critério de distinção de situações difíceis, sendo assumida, no final, como consequência dos direitos reais e limitada à maior força dos direitos reais sobre os direitos de crédito[1253]. Contesta-se mesmo que a prevalência seja característica dos direitos reais[1254], não lhe sendo feita, por isso, qualquer referência na distinção direitos de crédito/direitos reais[1255].

Ao contrário, os direitos de crédito não são hieraquizáveis entre si pela ordem de constituição[1256], concorrendo tendencialmente em pé de igualdade sobre o património do devedor[1257].

Numa perspectiva estrutural, direitos de crédito e direitos reais são assumidos como diferentes e a doutrina, alicerçada nessa diferença, retira

---

exclusiva, dos direitos reais, existindo também nos direitos de crédito, o mesmo valendo a propósito dos direitos pessoais de gozo (pp. 38 e 39).

[1253] Na esteira de Pinto Coelho, Oliveira Ascensão, *Direito Civil – Reais*, 1993, p. 627 e ss., em especial, pp. 629 e 630.

[1254] Menezes Cordeiro, *Direitos Reais*, 1979 (reimpressão 1983), pp. 320 e ss., em especial, pp. 324 e 325, onde toma posição, sustentando que o problema do conflito entre direitos reais pertence ao foro interno do próprio direito das coisas, não sendo característica dos direitos reais.

[1255] Menezes Cordeiro, *Direito das Obrigações* – 1.º Vol. , 1980 (reimpressão 1986), p. 297; também em sede de direitos reais, Menezes Cordeiro, *Direitos Reais*, 1979 (reimpressão 1983), p. 324, escreve que, uma vez que a prevalência não é característica dos direitos reais, não pode ser usada para os distinguir dos direitos de crédito.

[1256] De acordo com Santos Júnior, *Da Responsabilidade Civil de Terceiro por Lesão do Direito de Crédito*, 2003, desde logo na p.133, nota 452, a propósito da prevalência, mas depois na defesa da sua tese, a falta de publicidade, que normalmente caracteriza os direitos de crédito, sendo um dado a ter em conta na distinção face aos direitos reais (p.134 e 135), leva a que "o Direito não possa considerar tão legítima quanto a do primeiro credor a posição do segundo credor de boa fé, ou seja, a posição do credor que constituiu o seu direito depois do primeiro, mas na ignorância deste".

[1257] Directamente, Menezes Leitão, *Direito das Obrigações* – Vol. I, 2000, p. 95; implicitamente, por exemplo, Almeida Costa, *Direito das Obrigações*, 2001, p. 112; Antunes Varela, *Das Obrigações em Geral* – Vol. I, 2000, p. 170. São ainda apontadas outras características dos direitos reais decorrentes daquelas primeiras (veja-se, por exemplo, Almeida Costa, *Direito das Obrigações*, 2001, pp. 112 e 113.): o princípio do *numerus clausus* e o princípio da tipicidade, por oposição ao princípio do *numerus apertus* e ao princípio da atipicidade ou da liberdade negocial para os direitos de crédito. Dada a posição assumida pelo A. relativamente à necessidade da notificação da cessão de créditos para a plena oponibilidade a terceiros, não deixa de ser curioso afirmar aqui que a constituição e a transmissão dos direitos reais estão sujeitas a formalidades não exigidas no âmbito dos direitos de crédito.

daí consequências exaustivamente. Ainda assim, entre nós, sustenta-se que é impossível, com base em argumentos racionais, estruturais ou regimentais, justificar cabalmente a diferença entre direitos de crédito e direitos reais, residindo a explicação da actual distinção em puras razões histórico-culturais com raízes nas *actiones in rem* ou *actiones in personam* do direito romano[1258]. Noutra perspectiva, defende-se que as duas categorias não esgotam os direitos de carácter privado[1259], sendo adoptado um conceito tipológico de direito real[1260].

II. Esta clivagem entre direitos reais e direitos de crédito é de alguma maneira mitigada por duas ordens de ideias. A primeira prende-se com a possibilidade de atingir terceiros mercê de uma eficácia contratual que lhes seja vantajosa: é, por exemplo, o caso do contrato a favor de terceiro (arts. 443.º e ss.). A segunda resulta do acolhimento da doutrina que entende deverem também os direitos de crédito, não obstante serem direitos a uma prestação e portanto direitos perante alguém determinado, gozar de protecção perante a potencial ofensa por pessoas diversas do devedor[1261-1262]. Trata-se do problema conhecido como eficácia ex-

---

[1258] Menezes Cordeiro, *A Posse: Perspectivas Dogmáticas Actuais*, 2000 (reimpressão 2004), pp. 72 e 73, a propósito do direito do locatário, e pp. 163 e 164, relativamente à configuração da posse como um direito estruturalmente real, embora, por essas razões histórico-culturais não possa ser tido como um verdadeiro direito real de gozo, mas apenas como um "direito de gozo diferenciado". No entanto, sustenta que é de manter a distinção entre direitos de crédito e direitos reais, em virtude do peso decisivo em direito civil da tradição jurídico-cultural: "A clivagem em causa sobreviveu às codificações. Não vale a pena remar contra ela." (p. 73). Logo de seguida, retira consequências ao nível da inadmissibilidade de usucapião para além dos direitos reais de gozo.

[1259] Pinto Duarte, *Curso de Direitos Reais*, 2002, pp. 27 e 307 e ss.. Embora entenda que a distinção entre direitos de crédito e direitos reais tem o peso que lhe confere a evolução histórica da doutrina, lança o desafio à construção dogmática de uma alternativa à arrumação do direito privado centrada nas categorias do direito de crédito e do direito real.

[1260] Considerando-se, assim, que a natureza real é susceptível de graus: Pinto Duarte, *Curso de Direitos Reais*, 2002, pp. 307 e ss..

[1261] Na doutrina portuguesa mais recente, Santos Júnior, *Da Responsabilidade Civil de Terceiro por Lesão do Direito de Crédito*, 2003, em especial, pp. 458 a 510, defende a oponibilidade *erga omnes* do direito de crédito, de cuja violação pode resultar responsabilidade civil, no caso de o prevaricador ter conhecimento da existência do crédito e de estarem preenchidos os requisitos da responsabilidade aquiliana.

[1262] Nesta perspectiva de proibição de violação e de correspondente protecção, explica Dörner, *Dynamische Relativität – Die Übergang vertraglicher Rechte und Pflichten*, 1985, pp. 53 e ss., que os direitos de crédito gozam do mesmo estatuto dos direitos reais, também eles serão absolutos e a destrinça entre eles é desnecessária e carente de sen-

464   *A Cessão de Créditos e o Sistema de Transmissão de Direitos Reais*

terna das obrigações, profundamente debatido e não acolhido de forma unívoca pela doutrina[1263].

Importa atender à relatividade do ponto de vista estrutural, por um lado, e do ponto de vista da eficácia, por outro. Do ponto de vista estrutural é incontestável ser o crédito um direito relativo, alicerçado numa relação jurídica entre credor e devedor da qual resulta a possibilidade de exigir a prestação ao devedor, mas não a outra pessoa, porque não tem o dever de prestar.

Do ponto de vista da eficácia do direito de crédito em relação a terceiros, ou seja, da dita eficácia externa das obrigações, descortinam-se três posições dogmáticas. Uma primeira, dita clássica, hoje abandonada, fazia decorrer da relatividade estrutural dos direitos de crédito a relatividade também ao nível da eficácia. A inexistência de um dever de respeito por parte de terceiros decorria da impossibilidade de os direitos de crédito serem violados por esses mesmos terceiros, não podendo estes serem responsabilizados pela sua frustração[1264]. Esta posição encontraria algum espelho

---

tido. É também nesta perspectiva que a doutrina alemã, desde há longo tempo, refere muitas vezes a *"realização dos direitos de crédito"* (*"Verdinglichung" der Forderungsrecht*): Canaris, *Die Verdinglichung obligatorischer Rechte*, 1978, p. 373. Ainda assim é preciso não confundir esta perspectiva com outras análises que, aparentemente no mesmo sentido, chegam, no entanto, a conclusões diversas. Assim, Dulckeit, *Die Verdinglichung obligatorischer Rechte*, 1951, procura uma nova organização do direito patrimonial, definindo o direito real como um direito de domínio directo sobre todo e qualquer objecto patrimonial (p. 48, antes, p. 41), sendo a propriedade o direito pleno sobre objectos corpóreos e incorpóreos (pp. 34 e ss. e 42 e ss.). Contudo a este entendimento não corresponde a protecção que se tem vindo a referir, porquanto Dulckeit faz depender a protecção absoluta da posse física ou do registo (*Besitz* ou *Buchbesitz*), ou seja, todos os direitos são reais, mas nem todos gozam de eficácia total (*Allwirksamkeit*), logo, protecção absoluta, estando esta reservada aos direitos de alguma maneira corporizados (pp. 48 e ss.). Significa isto que, neste ponto, a sua posição acaba por não ser diversa da decorrente de uma tradicional divisão entre direitos de crédito e direitos reais e nessa medida é criticada: Dörner, *Dynamische Relativität – Die Übergang vertraglicher Rechte und Pflichten*, 1985, pp. 83 e 84, nota 19; Canaris, *Die Verdinglichung obligatorischer Rechte*, 1978, p. 378 e ss.; Weitnauer, *Verdinglichte Schuldverhältnisse*, 1983, p. 710 e ss.

[1263] Praticamente todos os manuais de direito das obrigações e de direitos reais se referem ao problema, ou de modo autónomo ou, mais frequentemente, a propósito da destrinça entre direitos de crédito e direitos reais. Dada a importância relativamente escassa do problema para a presente investigação, limitar-se-á a exposição às suas linhas gerais, seguindo de perto a exposição sintética e clara de Menezes Leitão, *Direito das Obrigações* – Vol. I, 2000, pp. 87 a 90.

[1264] Cunha Gonçalves, *Tratado de Direito Civil* – Vol. XII, 1938, pp. 742 e ss., sustentando mesmo, na p.743, que o direito pode ser amoral e até imoral, não sendo possível invocar a moral para destruir o conceito e o alcance dos direitos relativos.

na dicotomia responsabilidade contratual/responsabilidade delitual. A primeira, *ex vi* artigo 798.°, estaria circunscrita ao devedor e a segunda, mercê do artigo 483.°, respeitaria apenas a direitos absolutos. Assim, o terceiro não poderia ser nem prejudicado nem beneficiado por um direito de crédito, tendo o direito de crédito influência nula na sua posição.

No pólo oposto, foi e continua a ser perfilhada uma posição de acordo com a qual existe um dever geral de respeito resultante no dever de não lesar direitos alheios[1265-1266]. Por se tratar de um dever geral abrange também os direitos de crédito, cuja violação por terceiros está sujeita à responsabilidade delitual decorrente do artigo 483.°.

Uma terceira posição, porventura a posição dominante na doutrina nacional, não vai tão longe, porquanto recusa a existência de um dever geral de respeito dos direitos de crédito, sustentando apenas a oponibilidade dos direitos de crédito a terceiros, *ex vi* artigo 334.°, quando a sua actuação configurar abuso de direito, ou seja, quando a actuação lesiva do direito de crédito possa ser considerada como um exercício inadmissível da liberdade de acção ou da autonomia privada[1267].

[1265] Guilherme Moreira, *Instituições do Direito Civil Português* – Vol. 2.°, Das Obrigações, 1925, p. 9; José Tavares, *Os Princípios Fundamentais do Direito Civil* – Vol. I, 1930, pp. 253 e ss.; Gomes da Silva, *O Dever de Prestar e o Dever de Indemnizar*, 1944, pp. 127 e ss.; Pessoa Jorge, *Direito das Obrigações* – 1.° Vol. , 1976, pp. 580 e ss.; Menezes Cordeiro, *Direito das Obrigações* – 1.° Vol. , 1980 (reimpressão 1986), pp. 258 e ss.; Menezes Cordeiro, *Direitos Reais*, 1979 (reimpressão 1983), p. 309 e pp. 311 e ss.; Menezes Cordeiro, *Da Boa Fé no Direito Civil*, 1983 (reimpressão 2001), p. 647; Luso Soares, *Cessão de Créditos e Eficácia Externa das Obrigações*, 1982, em geral; implicitamente, Pais de Vasconcelos, *O Efeito Externo da Obrigação no Contrato-Promessa*, 1983, pp. 3 a 6, e depois, indo mais longe na defesa dos efeitos externos do direito do promissário que, excepto no caso do sub-tipo de promessa sem "eficácia real" nem execução específica, considera ser um direito de crédito oponível *erga omnes* (p.23). Galvão Telles, *Direito das Obrigações*, 1997, p. 20; Rita Amaral Cabral, *A Tutela Delitual do Direito de Crédito*, 2001, em especial, pp. 1050 e ss.; Santos Júnior, *Da Responsabilidade Civil de Terceiro por Lesão do Direito de Crédito*, 2003, em especial, pp. 458 e ss..

[1266] A admissibilidade da eficácia externa de as obrigações pode ser analisada numa perspectiva, não directamente relacionada com esta, da violação de direitos de crédito por terceiro. Assim, Rita Amaral Cabral, *A Eficácia Externa da Obrigação e o n.° 2 do art. 406.° do Código Civil*, 1984, em especial pp. 30 e ss., distinguindo efeito relativo dos contratos e relatividade das obrigações.

[1267] Manuel de Andrade, *Teoria Geral das Obrigações* – I, com a colaboração de Rui de Alarcão, 1958, pp. 52 e 53, e também pp. 63 e ss., exigindo, pelo menos, que o terceiro tenha conhecimento da existência do direito lesado; Vaz Serra, *Responsabilidade de Terceiros no Não Cumprimento de Obrigações*, 1959, embora sustente a posição dita tradicional (pp. 346 e 352 e ss.), e por isso seja por vezes apontado como seu defensor, admite

466 *A Cessão de Créditos e o Sistema de Transmissão de Direitos Reais*

É certo que o direito permite a constituição de sucessivas obrigações e, nessa medida, o terceiro que contrata com o devedor não deverá, em princípio, ser responsabilizado pelo incumprimento deste. Desta permissão decorre a inexistência de qualquer requisito de legitimidade para a constituição de obrigações. É plenamente válida a constituição de créditos que o devedor não poderá satisfazer sem incumprir outros já estabelecidos[1268].

Esta construção explica-se por estar exclusivamente alicerçada na ideia de tratamento igualitário dos credores comuns, visível no concurso em moldes idênticos sobre o património do devedor (art. 604.º/1). Mas não se aplica nas hipóteses em que o próprio direito de crédito é objecto das diposições contratuais[1269].

---

afinal responsabilidade em caso de abuso de direito (pp. 355 e 356 e nota 3 na p.346); Vaz Serra, *Anotação ao Acórdão do Supremo Tribunal de Justiça de 16 de Junho de 1964*, 1966, em especial, pp. 26 e 29 e ss., negando o princípio em geral, e por isso criticando o aresto, mas admitindo a possibilidade excepcional de recurso a responsabilidade com base no abuso de direito, posição reiterada em Vaz Serra, *Anotação ao Acórdão do Supremo Tribunal de Justiça de 17 de Junho de 1969*, 1971, p. 462; Ferrer Correia, *Da Responsabilidade do Terceiro que Coopera com o Devedor na Violação de um Pacto de Preferência*, 1966, pp. 373 e 374, assumindo critério análogo ao de Vaz Serra, que, curiosamente, aplica no sentido de defender a posição do aresto ao responsabilizar o terceiro e também por isso merece a crítica deste autor (veja-se Vaz Serra, *Anotação ao Acórdão do Supremo Tribunal de Justiça de 17 de Junho de 1969*, 1971, p. 463 nota 1); Ferrer Correia e Lobo Xavier, *Efeito Externo das Obrigações, Abuso de Direito; Concorrência Desleal*, 1979, em especial, pp. 7 e 8, onde, embora se desenvolva o raciocínio com base na existência de abuso de direito, e portanto não se invista noutra via de solução, não se exclui explicitamente a possibilidade de equacionar a responsabilidade delitual com base na cumplicidade do terceiro na violação do direito de outrem; Rui de Alarcão, *Direito das Obrigações*, texto elaborado por J.Sousa Ribeiro, J.Sinde Monteiro, Almeno de Sá e J.C.Proença com base nas lições do Prof. Dr. Rui de Alarcão ao 3.º Ano Jurídico, 1983, pp. 74 e ss.; Ribeiro de Faria, *Direito das Obrigações* – Vol. I, 1990, p. 41 e ss., em especial, p. 46, onde escreve que só em casos particularmente graves, por isso reprovados pela consciência ética imperante ou pelo sentimento jurídico mais profundo, fará sentido falar de efeito externo; Sinde Monteiro, *Responsabilidade por Conselhos, Recomendações ou Informações*, 1989, pp. 185 e ss., entendendo que ir para além disso é entrar no domínio da intrepretação *contra legem* (p.187); Menezes Leitão, *Direito das Obrigações* – Vol. I, 2000, p. 89; Antunes Varela, *Das Obrigações em Geral* – Vol. I, 2000, pp. 177 e ss.; Almeida Costa, *Direito das Obrigações*, 2001, pp. 79 e ss..

[1268] Veja-se com toda a clareza, Menezes Leitão, *Direito das Obrigações* – Vol. I, 2000, p. 89 e, logo a seguir, na p.90, quando, secundando Kramer, afirma que "quem contrata com outrem não tem que ponderar a existência de vínculos obrigacionais anteriores do devedor, uma vez que um dos dados essenciais do sistema económico é que só o devedor deve responder por eles.".

[1269] Talvez seja mesmo um esquecimento intencional, porque, nesta perspectiva, não há razão para distinguir direitos de crédito e direitos reais.

Neste caso, não se trata já de constituir sucessivas obrigações a serem suportadas por um património presumivelmente insuficiente. Não se trata de entender o direito de crédito enquanto obrigação, ou seja, enquanto vínculo jurídico por virtude do qual uma pessoa fica adstrita para com outra à realização de uma prestação (art. 397.º). Trata-se sim de utilizar o mesmo direito de crédito como objecto contratual em moldes incompatíveis entre si, uma vez que qualquer dos contratos visa a transmissão do mesmo direito. Nesta perspectiva, o direito de crédito é o objecto do contrato, não a consequência do mesmo.

A afirmação de que os créditos anteriores não adquirem qualquer prevalência sobre os posteriores é verdadeira fora deste contexto. É verdadeira quando se pensa na constituição sucessiva de obrigações. Quando se discute o problema da transmissão do direito de crédito, no entanto, não se trata de hierarquizar ou não direitos de crédito ou de, quando exista uma identidade entre objecto da prestação e objecto do direito real, fazer ceder os direitos de crédito no confronto com direitos reais. Trata-se sim de assumir o direito de crédito enquanto activo patrimonial.

III. Assim, o problema da distinção direitos de crédito/direitos reais não se prende com esta perspectiva que não deve ser esquecida: a da consideração do direito de crédito como objecto de negócios jurídicos transmissivos[1270]. O direito de crédito aparece agora não como resultado de estipulações contratuais, mas como objecto dessas mesmas estipulações, de molde que o contrato-fonte da transmissão não cria o direito de crédito – criará, naturalmente, direitos de crédito, mas não é essa a perspectiva que importa –, mas toma-o como objecto a regular[1271]. O direito de crédito

---

[1270] Não se pode, por isso, concordar totalmente com Carvalho Fernandes, *Lições de Direitos Reais*, 1999, p. 54, quando escreve que direitos reais e direitos de crédito correspondem na vida económica a diversas modalidades de circulação de bens e por isso têm diferente natureza jurídica. Isto não será verdade se o direito de crédito for considerado, ele próprio, como bem susceptível de circulação.

[1271] Esta perspectiva não andará longe da concepção expressa por Dolmetta, *Cessione dei crediti*, 1988, p. 287, quando sustenta que a cessão de créditos e a alienação de direitos reais têm em comum a estrutura e a função de base, a natureza do acto de exercício da disponibilidade e o efeito translativo produzido pelo acto (a aquisição de um direito do património do beneficiário), divergindo apenas em relação ao instrumento adquirido pelo benficiário para satisfazer as suas necessidades. Por isso, o regime vigente de transmissão dos direitos de crédito baseia-se nos mesmos princípios essenciais da disposição dos direitos reais. Contém, no entanto, normas específicas relativas à regulação de aspectos da vicissitude translativa dos direitos em que a estrutura do crédito manifesta peculiaridades (p.289).

468 *A Cessão de Créditos e o Sistema de Transmissão de Direitos Reais*

aparece como algo preexistente ao próprio contrato-fonte da transmissão[1272] e não como nascente desse mesmo contrato. Esta perspectiva é alheia à problemática tradicional da distinção entre direitos de crédito e direitos reais.

Nesta linha, pode analisar-se uma outra ordem de eficácia dos direitos de crédito relativamente a terceiros, não recondutível à questão da eficácia ou não eficácia externa das obrigações. Trata-se da protecção da titularidade dos direitos de crédito. O que significa, no rigor técnico, titularidade, discutir-se-á de seguida.

Toda a problemática da afectação de terceiros pelos direitos de crédito, nomeadamente a da eficácia externa das obrigações, não interessa particularmente ao presente estudo, precisamente porque aborda o direito de crédito numa óptica estrutural[1273]. Já a perspectiva do direito de crédito encarado enquanto titularidade, ou seja, atribuindo determinado direito a determinado sujeito, torna-o em realidade jurídica susceptível de ser objecto contratual, utilizada enquanto valor de troca, e portanto necessariamente respeitável por todos aqueles que com ela se possam vir a relacionar, e nessa medida dotada de absolutidade, é central na presente temática[1274]. É nesta óptica que se pode compreender a diferença entre efeito

---

[1272] Corresponderá aos bens enquanto dados pré-legais ou dados extra-jurídicos nas perspectivas, respectivamente, de Oliveira Ascensão, *Direito Civil Teoria Geral* – Vol. I, 1997, p. 29 e ss., e de Pais de Vasconcelos, *Teoria Geral do Direito Civil* – Vol. I, 1999, pp. 28 e ss..

[1273] Embora a cessão de créditos, em virtude da sua estrutura triangular, já tenha sido apontada como o campo onde se revela, por excelência, a eficácia externa das obrigações (Luso Soares, *Cessão de Créditos e Eficácia Externa das Obrigações*, 1982, em especial pp. 117 e ss.) e, uma vez que o devedor cedido se torna devedor do cessionário mesmo sem ter sido parte na cessão, indicada como exemplo da oponibilidade dos contratos enquanto mecanismo complementar da força obrigatória dos mesmos (Ghestin, *Les effets du contrat a l'égard des tiers – Introduction (rapport français)*, 1992, p. 15), não são essas as perspectivas privilegiadas neste trabalho.

[1274] Nesta perspectiva acaba por esmorecer a diferença das funções que, no contexto da utilização e aproveitamento dos bens, são atribuídas aos direitos reais e aos direitos de crédito. Penha Gonçalves, *Curso de Direitos Reais*, 1993, pp. 162 e 163, explica que enquanto os direitos reais "visam, fundamentalmente, atribuir o senhorio de um bem a uma certa pessoa, facultando-lhe, de modo mais ou menos estável, o livre aproveitamento de todas ou parte de suas utilidades; os direitos de crédito são instrumentais, por excelência, promotores da circulação de bens, embora lhe possam caber (e efectivamente cabem) muitas outras funções de relevante importância social e económica.". Ora, quando a tónica é colocada no direito de crédito enquanto objecto contratual transaccionável, ele aproxima-se exactamente da função atribuída aos direitos reais. Confere-se a uma pessoa a possibi-

O *direito de crédito enquanto direito real*

relativo dos contratos e oponibilidade dos mesmos (ou da situação jurídica deles emergente) tal como enfatizada por alguma doutrina, que resulta na sua compatibilidade e mesmo complementaridade[1275-1276].

Quando denominei este capítulo de "o direito de crédito enquanto direito real" a ideia subjacente foi focalizar o problema que me ocupa na velha questão da distinção entre direitos de crédito e direitos reais. A proximidade, se não mesmo a igualdade, existente entre direitos de crédito e direitos reais reside na titularidade enquanto oponível a todos[1277]. Isto

---

lidade de aproveitar as utilidades desse bem, nomeadamente assentindo-lhe a fácil transmissão. Mesmo sem encarar especificamente o aspecto transmissivo, atendendo apenas ao direito de crédito enquanto espécie de direito subjectivo, logo, acarretando a ideia de exclusão dos outros na actuação do bem reservado ao titular ou de exclusividade do titular na actuação dirigida ao aproveitamento do bem, Santos Júnior, *Da Responsabilidade Civil de Terceiro por Lesão do Direito de Crédito*, 2003, pp. 462 e 463, afirma constituir o crédito um bem não desvalorizável em relação ao bem propriedade, não sendo mais sustentável a desvalorização da projecção do crédito em relação a terceiros e da sua tutela perante terceiros.

[1275] Distinção muito presente na doutrina francesa – por exemplo, Duclos, *L'Opposabilité (Essai d'une Theorie Generale)*, 1984, pp. 50 e ss.; Ghestin, *Les effets du contrat a l'égard des tiers – Introduction (rapport français)*, 1992, pp. 11 e ss.; Marchessaux, *L'opposabilité du contrat aux tiers (rapport français)*, 1992, em especial, pp. 78 e ss., onde faz eco da doutrina francesa – e defendida entre nós, recentemente e em termos que me parecem decisivos, por Santos Júnior, *Da Responsabilidade Civil de Terceiro por Lesão do Direito de Crédito*, 2003, pp. 463 e ss. (nas pp. 468 e ss. e já antes na p.175 estende ao contrato o que sustenta relativamente ao direito de crédito). Esta distinção é igualmente perfilhada pela doutrina belga que, no entanto, adopta preferencialmente as expressões efeitos internos/efeitos externos como sinónimas, respectivamente, de efeito relativo ou obrigacional do contrato e oponibilidade do mesmo. Veja-se Fontaine, *Les effets "internes" et effets "externes" des contrats (rapport belge)*, 1992, pp. 41 e 42. Billiau, *L'opposabilité des contrats ayant por objet un droit réel (rapport français)*, 1992, p. 191, a propósito dos contratos translativos de direitos reais, define expressivamente oponibilidade, pelo que vale a pena lembrar: é a força obrigatória do contrato encarada do ponto de vista dos terceiros.

[1276] Ghestin, *La transmission des obligations en droit positif français*, 1980, p. 24, dá-nos conta da crítica da doutrina francesa à decisão da *Cour de cassation* (Cass.civ., 2 juin 1938, D.H., 1938, p. 499), que julgou no sentido de não permitir ao devedor opor ao cedente a falta de legitimidade resultante da cessão no caso de não terem sido cumpridas as formalidades do art. 1690 do *code civil*. A reprovação generalizada resulta da constatação de que o julgador não compreendeu a diferença entre efeito relativo dos contratos e sua oponibilidade.

[1277] Larenz, *Lehrbuch des Schuldrechts* – Band I, Allgemeiner Teil, 1987, p. 18, e, depois, na p.574, explica que todos os direitos são absolutos, no sentido em que o direito é de alguém e de mais ninguém, logo expressão de exclusividade, não querendo com isso dizer que o direito de crédito é estruturalmente um direito de domínio. Na doutrina francesa, Duclos, *L'Opposabilité (Essai d'une Theorie Generale)*, 1984, pp. 162 e ss. (com quem expressamente concorda Ghestin, *Les effets du contrat a l'égard des tiers – Intro-*

470 A Cessão de Créditos e o Sistema de Transmissão de Direitos Reais

significa ainda que, no que diz respeito à transmissão dessa mesma titularidade ou, dito de outra maneira, à transferência do direito de crédito enquanto bem jurídico susceptível de alienação, a proximidade entre direitos de crédito e direitos reais é intensa. O contrato tendente à transmissão do direito de crédito interessa, portanto, no prisma da eficácia transmissiva que gera e não da eficácia obrigacional. Está em causa não o vínculo, característico da obrigação, mas o direito de crédito como bem transaccionável[1278]. Nesta perspectiva, o direito de crédito goza, também ele, de carácter absoluto[1279] e desta característica decorrem importantes consequências.

---

duction (rapport français), 1992, p. 15), referindo-se ao efeito indirecto dos direitos, explica que o princípio de oponibilidade dos direitos significa que cada um tem juridicamente o dever de respeitar os direitos dos outros, sendo a oponibilidade uma noção inerente à de direito subjectivo. Noutro local, a propósito da distinção entre direitos de crédito e direitos reais, Ghestin e Goubeaux, *Traité de droit civil – Introduction générale*, com a colaboração de Muriel Fabre-Magnan, 1994, p176, sustentam que não existe direito que não seja oponível a todos. A esse dever de respeito não corresponde, tal como entendido tradicionalmente, a sujeição ao poder jurídico que constitui o conteúdo do direito em causa (veja-se, por exemplo, José Tavares, *Os Princípios Fundamentais do Direito Civil* – Vol. I, 1930, p. 253, ou, actualmente, Menezes Cordeiro, *Direitos Reais*, 1979 (reimpressão 1983), p. 314 e 315, quando faz a ligação com a problemática da publicidade). Trata-se sim de um dever de respeito, de uma oponibilidade absoluta, decorrente da própria existência do direito (sentido acolhido por Menezes Cordeiro, *Direitos Reais*, 1979 (reimpressão 1983), p. 315; Luso Soares, *Cessão de Créditos e Eficácia Externa das Obrigações*, 1982, pp. 147 e 148; recentemente, por Santos Júnior, *Da Responsabilidade Civil de Terceiro por Lesão do Direito de Crédito*, 2003, em especial, p. 464).

[1278] É assim que se compreendem posições como a de Manuel de Andrade, *Teoria Geral da Relação Jurídica* – Vol. II, 1998 (reimpressão), pp. 177 e 178, quando parece estender o princípio do *numerus clausus* dos direitos reais aos negócios transmissivos dos direitos de crédito. Embora seja de bondade muitíssimo duvidosa, tanto mais que o princípio tem sido contestado em sede de direitos reais, deixa perceber algo importante: neste aspecto, direitos reais e direitos de crédito são equivalentes.

[1279] Canaris, *Die Verdinglichung obligatorischer Rechte*, 1978, pp. 373 e 374, elenca três características da eficácia absoluta dos direitos (justificação de acção de restituição ou de regresso perante qualquer terceiro; proteccção da transmissão do direito através da impossibilidade de lesar um direito por via da transmissão por um não titular ou no caso de transmissão prevalência do proprietário sobre o adquirente; no caso de execução ou falência, expressão da concessão de um direito de prioridade presente na dedução de embargos de terceiro e no direito de separação da massa falida) e defende que existem patamares intermédios na fronteira entre direitos reais e direitos de crédito, de maneira que uma determinada posição pode estar provida de todas ou apenas de algumas destas características (p.380). Tratando-se de direitos de crédito, a segunda característica estará sem dúvida presente (p.374). Ver-se-á, no final da presente dissertação, como um determinado enten-

O direito de crédito enquanto direito real   471

Se considerarmos que os direitos reais são encarados como direitos de domínio, estabelecidos directamente entre as pessoas e as coisas, e de exclusão, impondo um dever geral de abstenção, e os direitos de crédito são analisados como relações de cooperação, sendo que a relação de direito real é pertinencial, ordenadora ou atributiva e a relação de direitos de crédito é de cooperação[1280], podemos retirar argumento para defender que a matéria de transmissão dos direitos não pertence ao campo do direito das obrigações, mas sim ao dos direitos reais[1281]. Se as normas que integram o direito das coisas são normas de ordenação, que resolvem um problema de atribuição de bens, e as que integram o direito das obrigações são normas de relacionação, que resolvem problemas de cooperação ou de reparação (no caso de responsabilidade civil aquiliana)[1282], então as normas relativas à transmissão do direito de crédito estão mais próximas das primeiras do que das segundas, uma vez que resolvem o problema de atribuir o direito de crédito – entendido na sua titularidade – e não respeitam, directamente, à relação obrigacional.

---

dimento da transmissão dos direitos de crédito, precisamente baseado no carácter absoluto da titularidade dos mesmos, conduz, perante o direito português, a consequências muito próximas das apontadas por Canaris como caracterizadoras da absolutidade. Diga-se ainda que esta posição de Canaris é, de alguma maneira, criticada por Dörner, *Dynamische Relativität – Die Übergang vertraglicher Rechte und Pflichten*, 1985, pp. 86 e ss., que defende a possibilidade de considerar *a priori* (e não dependendo de uma concreta configuração legal) a admissibilidade de uma protecção absoluta dos direitos de crédito, no fundo tradutora de uma eficácia absoluta. Por isso critica a "tese da *realização*" (*Verdinglichunglehre*) de Canaris por sugerir uma forma intermédia na transmissão da protecção absoluta dos direitos reais para a protecção não absoluta dos direitos de crédito, defendendo, outrossim, que todos os direitos subjectivos privados e portanto também os direitos de crédito se revestem de protecção sancionatória absoluta (*absoluten Sanktionsschutz*). Todavia, acrescenta-lhe ainda outra técnica de protecção – a protecção da disposição ou sucessão (*Verfügungs- und Sukzessionsschutz*) – que significa que o poder do titular do direito de crédito não fica precludido por uma disposição desse mesmo crédito feita por quem não tenha poderes para tal (cuja fronteira é a protecção da aquisição de boa fé, o que não acontece na aquisição de direitos de crédito, onde a protecção preventiva acaba, por isso, por ir mais longe do que nos próprios direitos reais). A protecção da disposição é, assim, assumida como elemento principal da protecção preventiva dos direitos decorrente das normas genéricas de incompetência (p.87).

[1280] Henrique Mesquita, *Obrigações Reais e Ónus Reais*, 1997 (reimpressão), pp. 58 e ss..

[1281] Ou a uma área comum, que englobe o fenómeno transmissivo.

[1282] Secundando Betti e Westermann, Mesquita, *Obrigações Reais e Ónus Reais*, 1997 (reimpressão), pp. 59 e 60.

472 A Cessão de Créditos e o Sistema de Transmissão de Direitos Reais

Discute-se de seguida, precisamente, o direito de crédito entendido na sua titularidade numa dupla perspectiva: oponibilidade do direito de crédito e transmissibilidade do mesmo. No ponto seguinte discute-se ainda, em comparação com a transmissão dos direitos reais, a necessidade de publicitar a transmissão do direito de crédito para efeito da oponibilidade *erga omnes* da titularidade assim adquirida.

Na verdade, é diferente a titularidade de um direito de crédito nascente da sua constituição, seja por efeito de um contrato, seja por efeito de outro facto, como os factos conducentes à constituição de um direito a indemnização em sede de responsabilidade civil, e a oponibilidade da titularidade proveniente de uma transmissão. Não quer dizer que uma ou outra não devam ser respeitadas nos mesmos moldes, quer dizer tão-só que relativamente à transmissão se coloca o problema adicional de eficácia/oponibilidade da titularidade assim constituída.

20.2. *Titularidade do direito*

I. A expressão titularidade é usada normalmente sem grande preocupação técnica e com sentidos diversos. É possível encontrar a expressão titularidade em três sentidos: como sinónimo de propriedade; para exprimir a relação existente entre o direito subjectivo e o seu objecto; para designar a conexão entre o sujeito e o direito[1283], exprimindo a relação de domínio assim gerada.

No primeiro sentido fala-se em titularidade de direitos como equivalente à propriedade de coisas. É o sentido que aparece em muitas disposições legais (por exemplo, no art. 879.°/a), mas que também é utilizado pela doutrina[1284]. Não será inteiramente correcto, porque a categoria da titularidade faz sentido em relação ao próprio direito de propriedade. Na verdade, quando se faz essa equiparação está a utilizar-se o termo "propriedade" e não "direito de propriedade", ou seja, num sentido não técnico,

---

[1283] Ou entre o sujeito e o dever. Apesar de, exactamente neste sentido, não ser incorrecto falar em "titularidade do dever" ou "titularidade da obrigação", não são expressões normalmente utilizadas pela doutrina. Como, para o presente estudo, interessa a titularidade do direito de crédito e não a titularidade da obrigação, a análise deste ponto centra-se na titularidade do direito e é essa a expressão adoptada.

[1284] Por exemplo, Amadeu Ferreira, *Valores Mobiliários Escriturais – Um Novo Modo de Representação e Circulação de Direitos*, 1997, p. 276, emprega o termo titularidade como sinónimo de propriedade dos valores mobiliários.

O direito de crédito enquanto direito real 473

para designar uma relação de pertença. Este aspecto será retomado no final da presente dissertação.

O segundo sentido é utilizado, por exemplo, quando, com o fito de aclarar o termo "propriedade", se afirma que a relação entre os direitos subjectivos e o seu objecto deve ser designada de "titularidade"[1285]. Este entendimento não parece correcto, porque a relação entre o direito subjectivo e o seu objecto exprime-se pela própria qualificação do direito subjectivo em questão. Não haverá uma relação entre o direito subjectivo e o seu objecto, mas sim entre o sujeito e o direito subjectivo que, por seu turno, comporta determinado conteúdo, nomeadamente de atribuição a determinado sujeito de uma permissão para aproveitamento do bem.

Assim, no terceiro sentido, tecnicamente mais apurado, titularidade designa a relação entre sujeito e direito: "[d]iz-se que uma pessoa é titular de um direito quando entre este e aquela existe uma relação de pertença, isto é, quando se pode dizer que o direito pertence a essa pessoa"[1286]. A titularidade de determinado direito encontrará o seu fundamento ou causa no título, entendido como o facto ou conjunto de factos de que uma situação jurídica retira a sua existência e modo de ser[1287].

II. Titularidade designa, assim, a relação existente entre o direito subjectivo e o seu sujeito, exprimindo a pertença do direito à pessoa. Dcfinida nestes moldes, dizer que *A* é titular do direito de propriedade sobre certa coisa, equivale a dizer que *A* tem a titularidade do direito de propriedade sobre essa coisa, ou seja, o direito de propriedade sobre essa

---

[1285] Menezes Cordeiro, *Tratado de Direito Civil Português I – Parte Geral*, Tomo I, 2000, p. 277.

[1286] Ana Prata, *Dicionário Jurídico*, 1994 (reimpressão 1998), p. 947. Segue explicando que "[e]m regra o termo é apenas utilizado para significar a relação de pertença de um direito a um sujeito, embora, por exemplo, também se encontre referido a deveres ou obrigações, dizendo-se então que A é titular de certo dever ou de certa obrigação.". A expressão titular de dever ou adstrição aparece, por exemplo, em Pais de Vasconcelos, *Teoria Geral do Direito Civil* – Vol. II, 2002, p. 143.

[1287] Oliveira Ascensão, *O Direito, Introdução e Teoria Geral*, 2001, p. 582; Ana Prata, *Dicionário Jurídico*, 1994 (reimpressão 1998), p. 947. Também Oliveira Ascensão, *Direito Civil – Sucessões*, 1989, p. 462, e em sentido algo similar, embora orientado para a problemática dos títulos de crédito, Oliveira Ascensão, *Direito Comercial* – Vol. III, Títulos de Crédito, 1992, p. 3, explica, a propósito da expressão comum de que determinado documento (ex. escritura pública) titula o direito, que, na verdade, o título é o acto celebrado e não há materialização do título no sentido de a ligação ao documento ser tão intensa que sem o documento não se exerça o direito.

474   *A Cessão de Créditos e o Sistema de Transmissão de Direitos Reais*

coisa pertence-lhe. O mesmo se diga em relação a um direito de crédito: se *A* é titular de um direito de crédito, esse direito pertence-lhe. Nesta óptica, a titularidade de um direito – qualquer que seja – assume-se como posição jurídica oponível *erga omnes*. Não se trata de opor o conteúdo do direito, mas a pertença do direito a determinada pessoa.

A titularidade do direito de crédito, enquanto posição jurídica a ser respeitada por todos, é susceptível de ser encarada numa dupla perspectiva. A primeira, já sobejamente referida, e que se pode designar por perspectiva estática, é a que se prende com a oponibilidade dessa mesma titularidade[1288], a segunda, a que se chamará dinâmica, reporta-se à consideração da livre transmissibilidade do direito de crédito e tem como consequência a plena eficácia da nova titularidade.

Como é fácil concluir, são perspectivas profundamente ligadas. Até agora, no entanto, esta última não foi abordada. Analisam-se, de seguida, estas duas perspectivas.

20.2.1. *Oponibilidade da titularidade*

I. Foram referidos os moldes em que se deve entender a titularidade do direito de crédito como posição jurídica oponível *erga omnes*. Importa, então, neste ponto, completar essa perspectiva, retirando as suas consequências através de exemplos concretos que, aliás, de uma maneira ou de outra foram já sendo apontados ao longo deste texto.

É possível encarar a oponibilidade numa vertente negativa e numa vertente positiva. De acordo com a primeira, o titular do direito de crédito pode impedir que a sua posição activa seja de alguma maneira violada por outrem. Na vertente positiva, a sua titularidade, ainda que sem uma ameaça explícita, impõe-se, por si só, na ordem jurídica. O direito de cré-

---

[1288] Muitas vezes ao longo deste trabalho se utilizou a expressão "oponibilidade", sem a preocupação de a definir com rigor. Contudo, julgo ser útil, neste momento, precisar o sentido que vai implícito no uso da expressão, aproveitando a definição oferecida por Duclos, *L'Opposabilité (Essai d'une Theorie Generale)*, 1984, p. 22: oponibilidade pode definir-se *stricto sensu* como "a qualidade reconhecida a um elemento da ordem jurídica pelo qual ele radia indirectamente para fora do seu círculo de actividade directo", sendo que, em princípio, em virtude da interdependência social dos indivíduos, todos os elementos jurídicos são oponíveis. Neste momento interessa abordar a oponibilidade da titularidade enquanto qualidade desta que se traduz na sua projecção externa, ou seja, na projecção exterior do vínculo que liga o direito à pessoa.

O direito de crédito enquanto direito real 475

dito, porque direito subjectivo, é oponível a todos, na medida em que exprime um domínio exclusivamente ligado ao seu titular[1289].

Na senda de alguma doutrina alemã, escreve-se com clareza que a circunstância de a obrigação não ser, à semelhança dos direitos reais, qualificável como um direito de soberania, não obsta a que "a relação de crédito, na sua *titularidade*, constitua um valor absoluto, como tal oponível a terceiros."[1290]. Afirma-se, portanto, que "[q]uem quer que dolosamente se intitule credor da prestação devida a outrem ou como tal se deixar tratar, silenciando a sua condição de estranho à titularidade do crédito, responderá pelos prejuízos que cause ao verdadeiro credor, tal como aquele que culposamente, nos termos previstos pelo artigo 483.°, viola o direito (absoluto) de terceiro ou a norma legal destinada a proteger interesses alheios." e é dado o exemplo do recebimento pelo cedente, antes da notificação ao devedor cedido, da soma devida ao cessionário[1291]. Conclui-se responder o cedente perante o cessionário, enquanto verdadeiro credor, pela restituição do objecto da prestação devida acrescido dos prejuízos provenientes do não recebimento no momento próprio. Noutro momento, como já referido, argumenta-se também com base na violação do artigo 483.° para justificar o direito de indemnização do primeiro cessionário que, em virtude do disposto no artigo 584.°, vê a sua aquisição resolvida em benefício de uma segunda transmissão primeiro notificada[1292].

Nesta perspectiva, compreende-se que se entenda, mercê do artigo 335.°, que o direito do cessionário prevalece sobre o direito dos credores do cedente[1293]. Embora não seja explicada a razão por que o direito do cessionário e o direito dos credores do cedente são direitos de natureza

---

[1289] Ghestin e Goubeaux, *Traité de droit civil – Introduction générale*, com a colaboração de Muriel Fabre-Magnan, 1994, pp. 149 e ss.. Entre nós, Santos Júnior, *Da Responsabilidade Civil de Terceiro por Lesão do Direito de Crédito*, 2003, pp. 463 e 464.

[1290] Antunes Varela, *Das Obrigações em Geral* – Vol. I, 2000, p. 172, também pp. 174 e 177, invocando Larenz e Fikentcher. A oponibilidade, analisada nas suas diversas facetas, é amplamente trabalhada por Menezes Cordeiro, *Direito das Obrigações* – 1.° Vol., 1980 (reimpressão 1986), pp. 256 e ss., quando refuta alicerçar-se a distinção direitos de crédito/direitos reais na relatividade dos primeiros por oposição ao carácter absoluto dos segundos. Distingue oponibilidade fraca, média e forte para concluir estar qualquer delas presente também nos direitos de crédito.

[1291] Antunes Varela, *Das Obrigações em Geral* – Vol. I, 2000, pp. 174 e 175.

[1292] Antunes Varela, *Das Obrigações em Geral* – Vol. II, 1997, p. 315, nota 2 e p.331 nota 1.

[1293] Vitor Pereira das Neves, *A Afectação de Receitas Futuras em Garantia*, 2000, p. 184, nota 61.

476 *A Cessão de Créditos e o Sistema de Transmissão de Direitos Reais*

diferente, percebe-se, dentro da perspectiva referida, que, enquanto o direito dos credores do cedente é um direito à execução do património decorrente dos direitos de créditos por eles titulados, o direito do cessionário assume feições de direito real, porquanto se considera o direito de crédito na perspectiva da sua titularidade. Não se trata de exercer coercivamente um direito de crédito, mas sim de sustentar a titularidade de determinado direito de crédito, considerado na sua individualidade.

II. Considerada nestes moldes, a oponibilidade da titularidade do direito de crédito permite encontrar soluções renovadas para alguns problemas já suscitados. Pense-se nos casos apresentados em forma de pergunta na síntese conclusiva da primeira parte. Se o cedente se apresentar ao devedor cedido a cobrar o crédito devido, ele responderá contratualmente perante o cessionário[1294], mas é possível ir mais longe na tutela da posição do cessionário. No caso de o direito de crédito ainda se manter, haverá a possibilidade de impor que o cumprimento seja feito ao verdadeiro credor. Em que moldes? No caso em que o objecto da prestação é coisa identificável que continua na posse do pretenso credor prevaricador, é possível o verdadeiro titular arrogar-se dono da coisa? Quando o objecto da prestação é dinheiro, é possível considerar que o direito não se extinguiu, mas está na titularidade do *accipiens* e reivindicar o próprio direito de crédito enquanto tal? A resposta a estas questões será dada, em definitivo, no final deste trabalho, porque depende em muito da reflexão desenvolvida a propósito do conceito de coisa.

20.2.2. *Transmissibilidade*

Foi já sobejamente sublinhado que o direito de crédito é entendido modernamente como activo do acervo patrimonial do credor, como bem negociável e não apenas como relação jurídica bilateral. O percurso histórico levou a que assim fosse. Actualmente o direito de crédito é facilmente transmissível, constituindo o objecto de negócios jurídicos destinados a transmitir direitos.

A oponibilidade da transmissão do crédito está naturalmente ligada à temática dos efeitos relativos dos contratos. O campo da cessão de créditos é abrangido pelo chamado princípio geral de oponibilidade dos efeitos

---

[1294] Ribeiro de Faria, *Direito das Obrigações* – Vol. I, 1990, p. 47.

O direito de crédito enquanto direito real 477

externos dos contratos[1295] ou, porque é exigida notificação para que a transmissão seja oponível a terceiros, constitui excepção a este princípio? Esta questão só pode ser resolvida, em definitivo, no fim desde trabalho. Não se esqueça, contudo, o que acabou de ser referido: a transmissão do direito de crédito, enquanto efeito decorrente do contrato é, por princípio, oponível a todos, porque resulta na transmissão da titularidade de um direito subjectivo que goza de oponibilidade perante todos. Não será porventura excessivo dizer que oponibilidade dos direitos de crédito e oponiblidade dos contratos são duas faces da mesma moeda[1296].

Na perspectiva da transmissibilidade do direito de crédito ou, dito de outro modo, na vocação do direito de crédito para constituir o objecto de negócios jurídicos transmissivos, interessa abordar dois pontos. O primeiro prende-se com a consideração do próprio fenómeno da transmissão de direitos em comparação com a sucessão dos mesmos. O segundo respeita à eficácia da transmissão em confronto com a existência de restrições convencionais a essa mesma transmissão.

20.2.2.1. *Transmissão ou sucessão*

I. Diversos textos doutrinais e decisões jurisprudenciais[1297] sobre cessão de créditos enunciam a cessão como operadora da transmissão do crédito da esfera jurídica do cedente para a esfera jurídica do cessionário, sem que o crédito em nada resulte alterado.

Todavia, muitas vezes, os mesmos textos qualificam esta operação como de mera substituição da pessoa do credor naquela relação jurídica que tem como objecto aquele crédito[1298]. Isto significará que não se tratará de uma fenómeno de transmissão, mas sim de um fenómeno de sucessão

---

[1295] Veja-se, acima, p. 443, nota 1275.

[1296] Veja-se, por exemplo, Santos Júnior, *Da Responsabilidade Civil de Terceiro por Lesão do Direito de Crédito*, 2003, quando, embora analisando as questões em separado, assume a sua íntima ligação e estende ao campo contratual o que conclui a propósito da oponibilidade dos direitos (pp. 468 e ss..)

[1297] STJ 25-Mai.-1999 (Torres Paulo), BMJ 487 (1999), 299-302, 301.

[1298] Pires de Lima e Antunes Varela, *Noções Fundamentais de Direito Civil* – Vol. I, 1965, p. 426, definem cessão como "a sucessão num crédito, por negócio jurídico *inter vivos*, mediante um *contrato* pelo qual o credor transmite a terceiro o seu direito.". Heinrichs, *Palandt – Bürgerliches Gesetzbuch*, 2000, §398 Rn 6, escreve que o conteúdo do contrato de cessão (*Abtretung*) é a transmissão da posição do credor.

478   A Cessão de Créditos e o Sistema de Transmissão de Direitos Reais

na titularidade da parte activa de determinada relação jurídica[1299]. Não será o crédito que se "movimenta", que sai de uma esfera jurídica para entrar noutra, mas sim do sujeito titular desse crédito que é substituído por outro, mantendo-se "imóvel" o crédito objecto da relação cuja parte activa sofre a substituição[1300].

No direito alemão, quando se fala em cessão de créditos, imediatamente se pensa nas expressões *Abtretung* e *Übertragung der Forderung*. O crédito transmite-se, convencionalmente, através da celebração do contrato de cessão – *Abtretung*. Mas, apesar de em praticamente todos os manuais alemães de direito das obrigações esta matéria vir tratada sob o título "Transmissão de Crédito" ou "Sucessão no Crédito"[1301], esse título aparece muitas vezes no capítulo dedicado à alteração da pessoa do credor[1302]. Tal como acontece noutros direitos, também no direito alemão há

[1299] O que, em bom rigor, para alguma doutrina será perfeitamente indiferente. Veja-se, entre nós, Galvão Telles, *Direito das Sucessões – Noções Fundamentais*, 1996 (reimpressão), pp. 25 e ss. (e depois, pp. 48 e ss..), que equivale transmissão e sucessão, entendida esta num sentido amplo e não no sentido restrito de transmissão por morte. Dá precisamente, entre outros, o exemplo da venda de um crédito para afirmar que ocorre uma transmissão ou sucessão, que entende existir "quando uma pessoa fica investida num direito ou numa obrigação ou num conjunto de direitos e obrigações que antes pertenciam a outra pessoa, sendo os direitos e obrigações do novo sujeito considerados os mesmos do sujeito anterior e tratados como tais.".

[1300] Porventura uma outra via terá sido ensaiada entre nós nas escassas palavras de Manuel Gomes da Silva, *Conceito e Estrutura da Obrigação*, 1943, p. 37, sobre a transmissibilidade da obrigação: reporta-se à transmissão da obrigação como transferência de uma relação através da entrada no comércio da utilidade por ela representada. Não se refere à sucessão do credor, mas reporta-se à própria transferência da relação que permanece a mesma, embora alterando-se as pessoas, baseando-se no conceito de utilidade e de fim para determinar os limites a essa transferência. Esta concepção algo complexa compreende-se à luz da análise finalística que empreende: a relação obrigatória existe em virtude de um fim e esse fim, sem deixar de ser o mesmo, pode ser realizado por outra pessoa. Reportava-se, no entanto, à possibilidade genérica de transmissão de direitos e obrigações, expressa no art. 703.° do Código de Seabra, ficando, portanto, por esclarecer se outra teria sido a abordagem especificamente no contexto da cessão de créditos.

[1301] Veja-se Larenz, *Lehrbuch des Schuldrechts* – Band I, Allgemeiner Teil, 1987, p. 574, cujo capítulo dedicado à cessão de créditos é designado de "*Die Rechtsnachfolge in Forderungen*".

[1302] É muito frequente, por exemplo, nos manuais de direito das obrigações quer nos mais antigos, quer nos mais recentes. Veja-se, indicativamente, Heck, *Grundriss des Schuldrechts*, 1929 (reimpressão 1994), p. 194; Eckert, *Schuldrecht – Allgemeiner Teil*, 1997, p. 271; Esser, *Schuldrecht* – Band I, Allgemeiner Teil – Teilband 2, 2000, p. 302 e 303; Schlechtriem, *Schuldrecht – Allgemeiner Teil*, 2000, pp. 291 e ss.. O mesmo enfoque apa-

O *direito de crédito enquanto direito real* 479

uma ligação à ideia de alteração da titularidade activa. Apesar de, na explicação do contrato de cessão, ficar claro que se trata de transmitir um direito de crédito[1303], a verdade é que perdura a ideia da alteração da pessoa do credor[1304].

As expressões e redacção utilizadas, aparentemente iguais, contemplam, no entanto, com alguma subtileza, diferenças não desprezáveis. A forma como os autores hierarquizam os factos, que se depreende, a mais das vezes, da construção frásica utilizada, e não de uma clara assunção de posição nesse sentido, é o que melhor permite colocar a questão. Mas, muitas vezes, essa hierarquização nem subtilmente é sentida[1305].

Se olharmos para a cessão de créditos como efeito contratual de transmissão operado por um tipo negocial de base, como seja a compra e venda, é mais correcto entender que se trata de uma transmissão do crédito. O acento tónico está na transmissão, na movimentação de um crédito de uma esfera para outra. Como é o crédito que se move e vem a integrar-se noutra esfera jurídica, faz sentido que passe a gozar de circunstâncias que só

---

rece também na doutrina italiana. Veja-se, por exemplo, Breccia, *Le obbligazioni*, 1991, pp. 753 e ss., que trata a cessão de créditos sob o título de modificações subjectivas da relação obrigacional, falando de sucessão no crédito, embora não deixe de explicar (no seguimento de Dolmetta, *Cessione dei crediti*, 1988, pp. 289 e 290) que o acto de cessão de crédito deve ser estudado em primeiro lugar no quadro da complexa reconstrução do acto de disposição, o que pressupõe a análise do contrato ou contratos que comportam o efeito de transferência de direitos. Também em textos dedicados à cessão financeira é normal esta abordagem. Por exemplo, Santangelo, *Il factoring*, 1975, pp. 208 e ss., refere-se a sucessão a título particular *inter vivos* no crédito.

[1303] Larenz, *Lehrbuch des Schuldrechts* – Band I, Allgemeiner Teil, 1987, p. 574, em torno do que significará transmissão (*Übergang*) de um direito, afirma tratar-se de uma alteração da *Rechtszuständigkeit* (que, à letra, significa jurisdição ou competência, querendo dizer, neste contexto, domínio sobre o crédito) sem alteração do conteúdo, explicando, mais à frente (p.577), ser essa a consequência do contrato de cessão, de tal modo que o crédito se separa do património do primitivo credor para integrar o do novo credor. Resulta com maior clareza a explicação de Enneccerus e Lehmann, *Recht der Schuldverhältnis*, 1958, p. 309, ao afirmarem, simplesmente, que o conteúdo do contrato de cessão é a transmissão do direito de crédito.

[1304] Veja-se, por exemplo, Fikentscher, *Schuldrecht*, 1997, p. 353, que, para distinguir a cessão de créditos da assunção de dívida, explica tratar-se da primeira se existir uma troca de credor.

[1305] É o caso do acórdão do STJ 25-Mai.-1999 (Torres Paulo), BMJ 487 (1999), 299-302, 301, em que parece esclarecer-se ou definir-se a transmissão do crédito com a substituição do credor: "O crédito transferido fica inalterado: apenas se verifica a substituição do credor originário por um novo credor.".

480 A Cessão de Créditos e o Sistema de Transmissão de Direitos Reais

perante essa esfera jurídica se verificam, por exemplo, a possibilidade de compensação com crédito que o devedor detenha contra o novo credor.

II. A diferença entre sucessão e transmissão reside precisamente na inalterabilidade da posição jurídica[1306]. Só na sucessão há verdadeira identidade de posições jurídicas, a transmissão envolve a identidade de posições jurídicas de transmitente e transmissário, mas é uma identidade relativa, em virtude da interposição do título nessa aquisição, que altera de certo modo o direito. Na óptica da situação jurídica, a sucessão é entendida numa perspectiva estática, enquanto a transmissão é vista numa perspectiva dinâmica: na primeira há a variação subjectiva, mas a situação jurídica mantém-se igual, na segunda é a situação jurídica que passa de um sujeito para outro, é o objecto que circula e não as pessoas que são substituídas[1307].

Se é certo que a generalidade dos códigos analisa a problemática sob o ponto de vista da transmissão do crédito ou da compra e venda do crédito, a verdade é que doutrina e jurisprudência, muitas vezes, se referem ao instituto como aquele que opera a alteração da titularidade activa do crédito[1308]. Dir-se-á, porventura, que se trata apenas de um problema de enfoque: dizer-se que a cessão de créditos tem como efeito a alteração da pessoa do credor ou que tem como efeito a transferência do crédito de um património para outro é o mesmo.

É óbvio que os efeitos são correlativos. Se há um novo credor é porque o crédito mudou de mãos; se houve uma transmissão do crédito, então

---

[1306] Oliveira Ascensão, *Direito Civil – Sucessões*, 1989, pp. 456 e ss. e p.36, onde defende uma concepção atomista de sucessão, segundo a qual a sucessão é caracterizada pelo ingresso de um sujeito na posição que outro ocupara. Não obstante a existência de posições diversas, como a já referida de Galvão Telles, *Direito das Sucessões – Noções Fundamentais*, 1996 (reimpressão), p. 25, e sem querer entrar numa problemática que atinge nuclearmente o direito das sucessões (veja-se Pamplona Corte-Real, *Direito da Família e da Sucessões* – Vol. II – Sucessões, 1993, pp. 17 e ss.), opta-se por seguir, neste ponto, a doutrina de Oliveira Ascensão, que distingue sucessão e transmissão, não considerando aquela como uma modalidade desta.

[1307] Oliveira Ascensão, *Direito Civil – Sucessões*, 1989, p. 456.

[1308] Dolmetta, *Cessione dei crediti*, 1988, p. 287, por exemplo, rebela-se contra a tradição de enquadrar a cessão de créditos junto das figuras de substituição subjectiva da relação obrigacional, nomeadamente junto da sub-rogação, porque é fonte de equívocos e, ao contrário da sub-rogação, a cessão de créditos evidencia, centralmente, o valor económico da titularidade do direito de crédito e o exercício de disponibilidade do mesmo, correspondendo a uma função económica do direito de crédito distinta daquela que resulta do direito de crédito estruturalmente considerado.

o credor deixou de ser um para passar a ser outro. Onde se coloca o acento tónico – na alteração da titularidade activa ou na transmissão do crédito – não é inócuo. A essa opção corresponde um entendimento marcado sobre o direito de crédito enquanto relação creditícia pessoalmente caracterizada ou enquanto objecto negocial pertencente a determinado acervo patrimonial[1309].

III. Dir-se-ia que a análise da cessão de créditos sob o ponto de vista de alteração da pessoa do credor é uma análise historicamente marcada pela concepção da relação creditícia como intrinsecamente ligada às pessoas que a constituem. Olhar a cessão de créditos na perspectiva da transmissão do crédito enquanto objecto de uma relação obrigacional, corresponde a uma visão mais actual: ao entendimento do direito de crédito como fazendo parte do acervo patrimonial do seu titular, como objecto de fácil circulação.

Esta última perspectiva é a que melhor corresponde à realidade. O crédito é entendido nos diversos ordenamentos como um bem susceptível de ser transaccionado com poucas – cada vez menos – limitações. Atesta este entendimento não só o posicionamento sistemático do regime da cessão de créditos, mas também o dado incontornável da desnecessidade de intervenção do devedor. É também a esta luz que se compreende a possibilidade de o devedor opor excepções ao cessionário. Acresce ainda que adoptar a palavra transmissão tem a vantagem de deixar reservada a palavra sucessão para os casos de sucessão *mortis causa*[1310].

20.2.2.2. Incedibilidade

I. A transmissibilidade, limitada originariamente ao direito de propriedade, possibilitando o uso dos bens enquanto valores de troca, fazendo-os circular na sociedade, enforma os diversos direitos patrimo-

---

[1309] Será esta a perspectiva adoptada por Ghestin, *Les effets du contrat a l'égard des tiers – Introduction (rapport français)*, 1992, p. 34, quando afirma que a transmissão de créditos repousa sobre uma concepção da relação obrigacional que privilegia o seu valor patrimonial em detrimento da ligação entre as pessoas do credor e do devedor.

[1310] Veja-se, Oliveira Ascensão, *Direito Civil – Sucessões*, 1989, p. 458, defendendo que, no rigor técnico, o CC adoptou uma noção de sucessão que abrange apenas as artibuições *mortis causa* e que quis manter distinta da transmissão.

482   A Cessão de Créditos e o Sistema de Transmissão de Direitos Reais

niais privados e, nessa medida, é característica do direito privado[1311]. A transmissibilidade do direito de crédito é focada neste ponto numa perspectiva particular que permite duplamente ilustrar a oponibilidade *erga omnes* da titularidade do direito de crédito e constituir argumento de peso a favor dessa mesma oponibilidade. Considera-se a eficácia da exclusão contratual da cedibilidade do direito de crédito em conexão com a transmissão desse mesmo crédito.

O artigo 577.°/1 estatui a regra da livre cedibilidade dos direitos de crédito – o credor pode ceder o seu direito sem o consentimento do devedor – limitada, para o problema que agora interessa, pela existência de interdição resultante de convenção das partes. Dir-se-ia que, se existir tal convenção, o credor vê excluída a possibilidade de transmitir o crédito, tal como acontece quando há uma disposição legal que o impeça ou essa impossibilidade resulte da natureza estritamente pessoal da prestação. O crédito será como que colocado fora do mercado[1312].

Contudo, o número 2 do mesmo artigo dispõe que a convenção pela qual se proíba ou restrinja a possibilidade da cessão não é oponível ao cessionário a menos que este a conheça no momento da cessão. Se *A*, credor, acorda com *B*, seu devedor, que o direito de crédito de que o primeiro é titular e a que o segundo está adstrito não deverá ser cedido, ou seja, se *A* se obriga a não transmitir aquele direito de crédito, este acordo de nada vale contra a posição do cessionário desse mesmo crédito, se ele desconhecer a existência do acordo, o que equivale a dizer, desde que esteja de boa fé[1313].

[1311] Menezes Cordeiro, *Tratado de Direito Civil Português I – Parte Geral*, Tomo I, 2000, p. 279. Para além da transmissibilidade dos direitos de crédito, dá o exemplo da cessão da posição contratual (arts.424.° e ss.), da sub-rogação (arts.589.° e ss.) e da assunção de dívida (arts.595.° e ss.). Já Oliveira Ascensão, *Direito Civil – Sucessões*, 1989, p. 454, embora em moldes não totalmente claros, parecia perfilhar esta posição quando retira do art. 1305.° relativo ao conteúdo do direito de propriedade um princípio geral de transmissibilidade das situações jurídicas patrimoniais.

[1312] Segundo Larenz, *Lehrbuch des Schuldrechts – Band I, Allgemeiner Teil*, 1987, p. 581, o acordo entre as partes não vincula apenas o credor, mas retira ao direito de crédito a cedibilidade. Expressivamente, Depping e Nikolaus, *Das rechtsgeschäftliche Abtretungsverbot auf dem Prüfstand ökonomischer Analyse des Rechts*, 1994, p. 1200, escrevem que, por esta via, um importante volume de créditos se torna infungível.

[1313] A lei não diz, e pode suscitar-se a dúvida sobre, se este desconhecimento corresponde a uma boa fé subjectiva psicológica, ou seja, é o desconhecimento sem mais, sem qualquer valoração, ou se deverá corresponder a uma boa fé subjectiva ética, no sentido de ser oponível o acordo se o cessionário não conhecia da sua existência embora ela fosse

O direito de crédito enquanto direito real

Este problema foi amplamente analisado, sobretudo quando ligado aos aspectos particulares da actividade de *factoring* – a possibilidade de opor ao *factor* a existência de acordos inibitórios da transmissão dos créditos tornaria impraticável aquela actividade[1314-1315] – e da colisão entre uma proibição de cessão com uma cessão global anterior (normalmente cessão em garantia, nomeadamente através da figura do direito alemão da reserva de propriedade prolongada[1316]).

evidente ou, mais, ela pudesse ser conhecida se o cessionário tivesse usado de normal diligência na contratação. Não cabe tomar posição sobre o assunto nesta sede, mas não parece impender sobre o cessionário um dever de averiguar a pré-existência de acordos impeditivos da transmissão do direito de crédito que se propõe adquirir. O que não significa que, atendendo às circunstâncias do caso, não seja plausível outra solução, mercê da particular evidência com que se reveste a existência do dito acordo.

[1314] Não é por acaso que a Convenção do *Unidroit* sobre o *Factoring* Internacional determina, no seu art. 6.º/1, que a cessão do crédito pelo fornecedor (cedente) ao *factor* é eficaz mesmo quando entre o fornecedor e o devedor tenha sido acordada uma cláusula proibitiva da cessão, sem prejuízo, no entanto, nos termos do número 3, da obrigação de boa fé e da responsabilidade do cedente perante o devedor por ter violado o pacto de incedibilidade (solução análoga, ver-se-á, foi também acolhida pela Convenção das Nações Unidas sobre Cessão de Créditos Internacional). Prevê-se apenas a possibilidade de os Estados fazerem uma declaração nos termos do art. 18.º no sentido de tal cessão ser ineficaz perante o devedor cedido que tenha estabelecimento nesses Estados no momento da celebração do contrato de compra e venda de mercadorias. Segundo Ferrari, *Principi generali inseriti nelle convenzioni internazionali di diritto uniforme: l'esempio della vendita, del* factoring *e del* leasing *internazionale*, 1999, p. 94, este é um dos afloramentos do princípio geral da convenção tendente à protecção da circulação dos direitos de crédito.

[1315] Canaris, *Die Rechtsfolgen rechtsgeschäflticher Abtretungsverbote*, 1992, p. 9, referindo também, na esteira de Serick, as dificuldades no campo da cessão de créditos em garantia, onde esta limitação se traduz particularmente indesejável para os pequenos e médios empresários. Colocando o problema na perspectiva da análise económica do direito, Depping e Nikolaus, *Das rechtsgeschäftliche Abtretungsverbot auf dem Prüfstand ökonomischer Analyse des Rechts*, 1994, consideram a eficácia da exclusão convencional da cedibilidade dos créditos particularmente gravosa, nomedadamente no campo do *factoring* (pp. 1200 e ss., em especial, p. 1202), afirmando a necessidade de uma alteração legislativa (p.1203). Numa análise sobre um texto ainda não definitivo da Convenção do *Unidroit* sobre *Factoring* Internacional, Frignani, *L'avan-progetto di legge uniforme su certi aspetti del factoring internazionale*, 1991, p. 76 (note-se que o texto de Frignani foi originariamente escrito em 1983 e depois vertido, conjuntamente com outros textos, em livro datado de 1991), aplaudia a solução por entender particularmente relevante no encorajamento do desenvolvimento do *factoring*.

[1316] No direito alemão, ao arrepio da jurisprudência, é conhecida a posição de Mummenhoff, *Vertragliches Abtretungsverbot und Sicherungszession im deutschen, österreichischen und us-amerikanischen Recht*, 1979, pp. 428 e ss., no sentido de defender uma redução teleológica do §399/2 do BGB de molde a excluir a sua aplicabilidade no caso da

484 *A Cessão de Créditos e o Sistema de Transmissão de Direitos Reais*

II. Não há grande interesse em analisar ou mesmo apenas reproduzir os dados do problema, interessa sim centrar a análise no regime português e retirar conclusões para o problema em debate. A lei portuguesa leva à consideração de duas questões distintas. A primeira prende-se com a eficácia do próprio *pactum non cedendo*. A segunda, conexa com a primeira, mas não identificada com ela, relaciona-se com a eficácia (ou ineficácia) do contrato-fonte da transmissão que viola a proibição convencional.

Em qualquer dos casos importa distinguir consoante o cessionário tenha ou não conhecimento da existência de tal acordo proibidor da transmissão. Se não tiver conhecimento, diz a lei que o acordo lhe é inoponível, pelo que pode concluir-se ser a sua eficácia meramente relativa: o acordo produz efeitos entre as partes (credor e devedor), no sentido de sujeitar o primeiro à responsabilidade decorrente da sua violação, mas é ineficaz relativamente ao cessionário e, assim sendo, não se vê como possa ser eficaz em relação a outros terceiros. A eventual eficácia relativamente a terceiros é consumida pela ineficácia perante o cessionário. Significa isto, concomitantemente, que o contrato-fonte da transmissão, celebrado entre cedente e cessionário, é plenamente eficaz.

Se, pelo contrário, o cessionário tiver conhecimento do acordo inibidor da transmissão, então dispõe a lei, *a contrario sensu*, que este lhe é oponível, ou seja, o *pactum de non cedendo* tem eficácia absoluta, já não produz efeitos apenas entre as partes, mas também em relação a terceiros, como o cessionário.

Relativamente à segunda questão – a da eficácia do negócio transmissivo violador do pacto – pode surgir a dúvida sobre se estará em causa uma ineficácia meramente relativa, ou seja, uma ineficácia perante o devedor cedido, ou se, pelo contrário, a ineficácia é absoluta, impondo-se e aproveitando a todos.

Mercê da disposição do BGB (§399/2), que veda a transmissão do direito de crédito sobre o qual credor e devedor tenham acordado excluir a transmissão, interpretada pelo supremo tribunal[1317] e pela maioria da

---

cessão de créditos em garantia, secundada e alargada a outras situações por Matthies, *Abtretungsverbot und verlängerter Eigentumsvorbehalt*, 1981, pp. 1046 e ss., que tem vindo a colher adeptos. É, nomeadamente, o caso de Hadding, *Vertraglicher Abtretungsausschluss Überlegungen de lege lata und de lege ferenda*, 1988, p. 5 e ss..

[1317] São muitas as referências jurisprudênciais citadas pelos autores. Veja-se, por exemplo, a lista apresentada por Canaris, *Die Rechtsfolgen rechtsgeschäflticher Abtretungsverbote*, 1992, p. 10, notas 4 e 5.

O *direito de crédito enquanto direito real* 485

doutrina[1318] no sentido de considerar absolutamente eficaz a proibição (ao arrepio da regra geral para as limitações à disposição de direitos) e absolutamente ineficaz (ineficaz *erga omnes*) a cessão violadora de tal proibição, este problema foi amplamente debatido na doutrina alemã[1319-1320].

[1318] Enneccerus e Lehmann, *Recht der Schuldverhältnis*, 1958, p. 314; Weber, *BGB – RGRK-* Band II, 1. Teil, 1976, §399 Rdn.13; Larenz, *Lehrbuch des Schuldrechts* – Band I, Allgemeiner Teil, 1987, p. 581; Zeiss, *Soergel Kommentar zum BGB* – Band 2, 1990, §399 Rz 8; implicitamente, Westermann, *Handkommentar zum Bürgerliches Gesetzbuch* – §§398-413, 1993, §399 Rdn.3; Kaduk, *Staudinger Kommentar zum Bürgerlichen Gesetzbuch*, 1994, Einl 64 zu §§398 ff e §399 Rz 87 e 112; Roth, *Münchener Kommentar zum Bürgerliches Gesetzbuch* – Band 2, 1994, §399 RdNr.32 e 34; von Münchhausen e Opolony, *Schuldrecht – Allgemeiner Teil II*, 1994, p. 81; Fikentscher, *Schuldrecht*, 1997, p. 359; Busche, *Staudinger Kommentar zum Bürgerlichen Gesetzbuch*, 1999, §399 Rz 51, 52, 60, 65; Westermann e Bydlinski, *BGB – Schuldrecht Allgemeiner Teil*, 1999, p. 231; tacitamente, Esser, *Schuldrecht* – Band I, Allgemeiner Teil – Teilband 2, 2000, pp. 308 e 309; Heinrichs, *Palandt – Bürgerliches Gesetzbuch*, 2000, §399 Rn 11; Schlechtriem, *Schuldrecht – Allgemeiner Teil*, 2000, p. 303; Nörr, *et al.*, *Sukzessionen: Forderungszession, Vertragsübernahme, Schuldübernahme*, 1999, pp. 29 e ss., em especial, p. 31, dá conta da situação, sem contudo tomar expressamente partido, pelo que, tacitamente, também aderirá à maioria.

[1319] São particularmente importantes os estudos de Wagner, *Vertragliche Abtretungsverbote um System zivilrechtlicher Verfügungshindernisse*, 1994, e Wagner, *Absolute Wirkung vertraglicher Abtretungverbote gleich absolute Unwirksamkeit verbotswidriger Abtretung?*, 1994. Hadding, *Vertraglicher Abtretungsausschluss Überlegungen de lege lata und de lege ferenda*, 1988, debruça-se em especial sobre o problema face à lei das cláusulas contratuais gerais, dando conta particularmente de questões relacionadas com a colisão entre cessão global anterior ou reserva de propriedade prolongada e proibição de cessão (pp. 5 e ss.) e defendendo *de lege ferenda*, nomeadamente em atenção aos problemas do factoring, uma eficácia meramente relativa (pp. 15 e ss.). Canaris, *Die Rechtsfolgen rechtsgeschäftlicher Abtretungverbote*, 1992, centra-se na possibilidade de refutação da jurisprudência do BGH, analisando as consequências nos diversos níveis da adopção de solução diversa. Trata-se de procurar fundamentar a possibilidade de conferir ineficácia relativa – e não absoluta como decorre da casuística – à cessão violadora de pacto de incedibilidade. A análise que desenvolve alicerça-se na consideração dos interesses subjacentes à protecção da proibição: será o simples interesse das partes ou estará igualmente em causa a protecção de terceiros, como sejam os credores do cedente? Este aspecto interessa particularmente nas situação de execução ou de falência: poderá o cessionário gozar de uma acção de terceiro ou de um direito de separação do crédito da massa falida do cedente ou, mercê da violação da proibição, essas possibilidades estão-lhe vedadas (p. 23 e ss.)? Pende para a eficácia relativa, mas o centro do debate é colocado, precisamente, na discussão da solução jurisprudêncial e na abertura de novas vias para resolver o problema. Mas a discussão não termina e reveste-se de diversas matizes (por exemplo, Lüke, *Das rechtsgeschäftliche Abtretungsverbot*, 1992, analisa o problema primordialmente do ponto de vista da possibilidade do devedor autorizar ou aprovar determinada cessão violadora do pacto,

486   A Cessão de Créditos e o Sistema de Transmissão de Direitos Reais

Repare-se como é bastante mais delicado do que no direito português, porque a lei não faz qualquer distinção consoante o cessionário tenha ou não conhecimento da inibição convencional, estatuindo apenas a impossibilidade de transmitir um direito de crédito quando a transmissão tenha sido excluída através de acordo com o devedor[1321].

Actualmente a questão está parcialmente resolvida, ou melhor, resolvida para os casos em que se tornava mais premente. O §354a da HGB determina, desde 25 de Julho de 1994 (em vigor em 30 de Julho), quando o negócio jurídico de que emerge o crédito é comercial para ambas as partes, a eficácia da transmissão de créditos pecuniários mesmo se violadora de uma proibição convencional de cessão[1322]. A proibição tem a eficácia de permitir ao devedor, mesmo se tiver conhecimento da transmissão, cumprir perante o cedente com eficácia liberatória. Protege, assim, ao mesmo tempo, a circulação dos créditos comerciais, imprescindível, por exemplo, à actividade de *factoring*, e o devedor cedido. Fora deste campo, a questão permanece nebulosa.

III. A resolução do problema passa pela consideração dos interesses que a lei pretendeu acautelar ao admitir a possibilidade de excluir convencionalmente a livre cedibilidade dos direitos de crédito. Terá sido por consideração dos interesses das partes e, sobretudo, do devedor (não se vê

---

distinguindo entre proibição asboluta e proibição limitada da cessão). É sintomático, por exemplo, o recurso à recolha de elementos dos trabalhos preparatórios do BGB para a explicação do carácter absoluto da proibição convencional da cessão de créditos feita, num pequeno texto, por Bülow, *Zu den Vorstellung des historischen Gesetzgebers über absolute Wirkung rechtsgeschäftlicher Abtretungsverbot*, 1993, pp. 901 e 902, onde reitera a ideia de que o legislador terá querido contemplar a eficácia absoluta da proibição, ao contrário do que decorre da regra geral da eficácia relativa da proibição de disposição vertida no §137 do BGB.

[1320] Também no direito austríaco a jurisprudência tem entendido a proibição como absolutamente eficaz: Dittrich e Tades, *Das Allgemeine bürgerliche Gesetzbuch*, 1994, §1393, E 6, p. 1997. Todavia, como deixa entrever Ertl, *Zession*, 1992, §1393, 9, pp. 949 e ss., a solução não é pacífica para a análise doutrinária, apresentando um rol de autores defensores de uma eficácia meramente relativa.

[1321] §399: *"Eine Forderung kann nicht abgetreten werden (...) wenn die Abtretung durch Vereinbarung mit dem Schuldner ausgeschlossen ist."*

[1322] Solução idêntica é acolhida pela Convenção das Nações Unidas sobre Cessão de Créditos Internacional. Sem prejuízo da responsabilidade contratual (art. 9.°/2), a cessão de créditos é eficaz não obstante qualquer acordo entre o cedente original ou subsequente e o devedor ou qualquer cessionário subsequente de alguma maneira limitador do direito do cedente de ceder os seus créditos (art. 9.°/1).

O direito de crédito enquanto direito real   487

como o credor possa ter interesse nessa limitação) ou estarão em causa interesses de outras pessoas, como sejam os credores do cedente?

A doutrina portuguesa não é clara no tratamento da questão, sobretudo porque não separa o problema da eficácia do acordo de exclusão da cedibilidade do problema da ineficácia – absoluta ou relativa – do contrato-fonte da transmissão violador desse mesmo acordo, tratando, por vezes, apenas de um destes aspectos[1323]. Ainda assim é possível divisar duas posições: a que defende uma ineficácia meramente relativa do negócio violador da proibição e a que sustenta uma ineficácia absoluta.

De acordo com a primeira posição, afirma-se que o pacto de *non cedendo* é realizado no interesse exclusivo das partes, não sendo razoável que possa afectar os interesses do cessionário[1324]. Analisado o problema do ponto de vista de uma eventual necessidade de compatibilizar a solução do direito português perante uma adesão de Portugal à Convenção do *Unidroit* sobre *Factoring* Internacional, conclui-se que "a admissibilidade da transmissão do crédito, em violação de um *pactum de non cedendo* estipulado entre credor e devedor, não contraria, só por si, o espírito do direito português"[1325].

Pelo contrário, de acordo com a segunda posição, refere-se que a cláusula de exclusão ou de simples restrição à transmissibilidade visa "acautelar os interesses de terceiros desprevenidos", podendo a ineficácia do negócio transmissivo ser arguida pelos próprios credores do cedente[1326]. No entanto, porque a proibição é feita no principal interesse

---

[1323] É o caso, por exemplo, de Almeida Costa, *Direito das Obrigações*, 2001, p. 758, ao escrever apenas que o pacto não tem valor absoluto, visto ser somente oponível ao cessionário desde que ele conheça a sua existência ao tempo da cessão. Não retira, porém, quaisquer conclusões ao nível da violação desse mesmo pacto.

[1324] Vaz Serra, *Cessão de Créditos ou de Outros Direitos Mora do Credor*, 1955, p. 96, a cuja posição aderem directamente Pires de Lima e Antunes Varela, *Código Civil Anotado* – Vol. I (com a colaboração de Manuel Henrique Mesquita), 1987, p. 594.

[1325] Maria Helena Brito, *O «Factoring» Internacional e a Convenção do Unidroit*, 1998, p. 58, mencionando expressamente Vaz Serra. Exercício análogo é feito, relativamente ao direito italiano, por De Nova, *Il patto di incedibilità del credito e l'art. 4 del progetto Unidroit sul factoring internazionale*, 1986, que, socorrendo-se dos trabalhos preparatórios do código civil italiano, conclui que o legislador considera como princípio a ineficácia em relação a terceiros do pacto de incedibilidade do direito de crédito, sendo eficaz apenas se o terceiro dele tiver conhecimento, pelo que não há qualquer contrariedade com a solução acolhida ao nível do então ainda projecto de convenção do Unidroit.

[1326] Antunes Varela, *Das Obrigações em Geral* – Vol. II, 1997, p. 304, texto e nota 1, muito provavelmente por influência de Larenz, que reflecte a posição da jurisprudência e de boa parte da doutrina alemã.

488 *A Cessão de Créditos e o Sistema de Transmissão de Direitos Reais*

do devedor, permite-se que ele venha, mesmo depois da celebração do negócio, assentir (no fundo será aprovar ou ratificar) a transmissão efectuada[1327].

Dentro desta segunda posição, alinham-se opiniões ainda mais dúbias. Escreve-se apenas que o princípio da livre circulação dos bens cede perante o princípio fundamental da autonomia particular e do respeito pelos contratos realizados[1328]. No entanto, não são retiradas quaisquer consequências desta afirmação que, na verdade, pode mesmo ser posta em causa, quando é feito o reparo de que tal contrato será inoponível a um cessionário de boa fé[1329]. Também é possível incluir nesta posição a opinião que sustenta que os interessados, nomeadamente os credores do cedente, poderão provar o conhecimento do cessionário de molde a valerem-se da ineficácia do contrato[1330]. Se os terceiros, como sejam os credores do cedente, se podem fazer valer da ineficácia da transmissão, então é porque o negócio não é apenas ineficaz em relação ao devedor cedido, no sentido de este poder continuar a actuar como se não tivesse existido qualquer transmissão.

IV. Não julgo que seja possível defender face ao direito português qualquer posição sem um aprofundado esgrimir de argumentos. É evidente ser defensável que, quando a lei refere que a convenção não é oponível ao cessionário, decorre, *a contrario sensu*, ser oponível entre as partes e a

---

[1327] Antunes Varela, *Das Obrigações em Geral* – Vol. II, 1997, p. 305, nota 1, na esteira da posição alegadamente maioritária na doutrina alemã. Baseado, precisamente, neste trecho, Carvalho Fernandes, *A Conversão dos Negócios Jurídicos*, 1993, p. 868, nota 3, justifica a possibilidade de ratificação por parte do devedor na circunstância de a exclusão ou restrição da transmissibilidade do crédito ser definida no interesse do devedor. Não se sanando a ineficácia por esta via, defende a possibilidade de conversão do negócio, atribuindo-lhe eficácia meramente *inter partes* ou atribuindo-lhe a eficácia de um mandato irrevogável para efeito de cobrança (p.868, texto). Esta última hipótese já tinha sido aventada por Vaz Serra, *Cessão de Créditos ou de Outros Direitos Mora do Credor*, 1955, p. 101, no seguimento de Von Thur. Menezes Leitão, *Direito das Obrigações* – Vol. II, 2002, p. 20, vai porventura mais longe, quando explica que só o devedor pode reagir contra o incumprimento do *pactum de non cedendo*, podendo optar por não o fazer, reconhecendo a transmissão, pelo que a cessão não é nula e não podem outros pedir a sua anulação com esse fundamento.

[1328] Menezes Cordeiro, *Direito das Obrigações* – 2.º Vol. , 1980 (reimpressão 1994), pp. 93 e 94.

[1329] *Ibidem*, p. 93, nota 27.

[1330] Ribeiro de Faria, *Direito das Obrigações* – Vol. II, 1990, p. 512, nota 1.

O *direito de crédito enquanto direito real*

489

demais terceiros. Mas, pelo contrário, de todo o sistema construído e, sobretudo, da referência da lei exclusivamente ao cessionário resulta com bastante clareza que está em causa a protecção da transmissibilidade através da protecção do adquirente de boa fé[1331]. Não é este o local para aprofundar o tema que, só por si, representa matéria bastante para outra dissertação. Ainda assim, arrisca-se uma ou outra nota.

O artigo 577.°/2, ao circunscrever a problemática ao relacionamento com o cessionário, dá indicações para que o problema seja resolvido ao nível das relações cedente/cessionário e devedor cedido[1332]. Este último actuará como se não tivesse ocorrido qualquer transmissão (à semelhança do que acontece quando não tem conhecimento da existência de qualquer transmissão, porque, por exemplo, ainda não foi notificado), mas no relacionamento entre cedente e cessionário não há razão para considerar ineficaz tal transmissão, o mesmo se diga relativamente a terceiros[1333].

Esta solução explica-se partindo do pressuposto de que, ao pretender vedar a transmissão do crédito, a lei quer proteger interesses do credor e do devedor, *maxime* do devedor. Ora, em termos práticos, o devedor será protegido se, para ele, tudo se passar como se não tivesse ocorrido qual-

---

[1331] Vaz Serra, *Cessão de Créditos ou de Outros Direitos Mora do Credor*, 1955, p. 97, explica que, "não sendo possível encontrar uma solução que defenda perfeitamente os interesses do devedor e os do cessionário, há que dar preferência aos de um destes, e esse deve ser o cessionário, cuja boa fé merece mais protecção do que o direito do devedor a que o crédito não seja cedido, pois este contratou com o cedente e devia ter o cuidado de contratar com pessoa cumpridora.". Não se compreende, pois, a posição de Antunes Varela na própria sistemática do seu pensamento (tanto mais que contraria a posição defendida no seu *Código Civil Anotado*, onde expressamente adere à opinião de Vaz Serra).

[1332] Menezes Leitão, *Direito das Obrigações* – Vol. II, 2002, p. 20, sustenta que o *pactum de non cedendo* não coloca o crédito fora do comércio jurídico, mas apenas gera uma obrigação para o credor de não o transmitir a outrem, cuja oponibilidade ao adquirente depende do facto de este conhecer essa convenção no momento da cessão.

[1333] Canaris, *Die Rechtsfolgen rechtsgeschäftlicher Abtretungsverbote*, 1992, pp. 20 e 21, alicerçado na análoga proibição de alienação de coisas móveis, explica não existir problema na consideração do cessionário como verdadeiro (novo) credor, embora não possa cobrar nem receber o conteúdo da prestação devida, permanecendo estes poderes na titularidade do cedente. Outra será a consequência da posição acolhida maioritariamente: em virtude da cessão entretanto efectuada ser violadora do acordo, o crédito permanece sem limitações no património do cedente, pelo que poderá ser penhorado pelos seus credores e, no caso de falência do cedente pertence à massa falida, valendo, no caso de múltiplas cessões, não o princípio da prioridade, mas a cessão autorizada pelo devedor (veja-se esta explicação em Hadding, *Vertraglicher Abtretungsausschluss Überlegungen de lege lata und de lege ferenda*, 1988, p. 14, ou Canaris, *Die Rechtsfolgen rechtsgeschäftlicher Abtretungsverbote*, 1992, p. 10).

490 *A Cessão de Créditos e o Sistema de Transmissão de Direitos Reais*

quer transmissão[1334]. Para o cedente, por seu turno, mesmo se o cessionário conhecer a existência do acordo, não há qualquer motivo de protecção, porque é, ele próprio, o violador do acordo. Outros terceiros, como os credores do cedente, não encontram especial protecção através deste preceito[1335], o que decorre, de alguma maneira, da falta de fundamento para proteger o próprio cedente. Não se vê razão para proteger os credores do cedente em detrimento do cessionário e seus credores.

Mesmo sem considerar este último aspecto, atendendo apenas aquilo que é pacífico – a plena eficácia da transmissão no caso de ignorância do cessionário –, a consagração legal da prevalência da posição do cessionário quando a transmissão do direito de crédito é violadora de anterior pacto de não cedibilidade desse mesmo direito revela a oponibilidade alargada da transmissão dos direitos de crédito. Se a transmissão dos direitos de crédito é oponível ao próprio devedor, pretensamente salvaguardado por um acordo tendente à não transmissão desses direitos, por maioria de razão se retira um argumento no sentido da plena oponibilidade da transmissão às restantes pessoas.

A razão de ser da solução legal está na consideração da relativa menor importância dos interesses exclusivos das partes – credor e devedor, entenda-se – em comparação com a necessidade de tutela do cessionário de boa fé e com o interesse geral de livre transmissibilidade dos direitos de crédito. Assim, o devedor poderá, naturalmente, dirigir-se ao cedente a fim de ser ressarcido, nos termos gerais, pelos danos causados pela dita transmissão, mas nada poderá fazer para afectar a titularidade do novo credor.

V. É inevitável buscar um lugar paralelo desta relação entre o direito contratual do devedor a que o direito de crédito não seja transmitido/direito do cessionário na relação entre o direito do preferente a que lhe seja dada preferência em determinado negócio/direito do adquirente dos bens objecto da preferência convencional ou ainda direito do promissário no contrato-promessa/direito do adquirente dos bens objecto do contrato-promessa.

[1334] Neste sentido Hadding, *Vertraglicher Abtretungsausschluss Überlegungen de lege lata und de lege ferenda*, 1988, p. 9, nota que o interesse do devedor está protegido desde que esteja salvaguardada a possibilidade de continuar a pagar ao antigo credor, apesar de já não ser titular do crédito.

[1335] Em virtude do que se explicou relativamente ao direito alemão, outro é o entendimento da generalidade da doutrina germânica. Veja-se Gernhuber, *Das Schuldverhältnis*, 1989, p. 49, nota 54.

Em qualquer destes casos prevalece o direito do adquirente em detrimento do direito a determinada prestação. A questão é normalmente explicada através da ponderação da eficácia real ou obrigacional do contrato-promessa ou do pacto de preferência: caso tenha eficácia real, prevalece o direito do promissário ou do preferente contra o do terceiro, caso não tenha, vale a este apenas o regime da impossibilidade culposa de cumprimento[1336]. No caso (mais comum) em que não existe eficácia real[1337], parece estar implícita nesta explicação a consideração da prevalência dos direitos reais em detrimento dos direitos de crédito: o direito real do adquirente prevalece sobre o direito obrigacional, de génese contratual, do promissário ou do preferente.

Repare-se como isto é uma análise deturpada da realidade: o direito do adquirente não prevalece sobre os direitos do preferente ou do promissário, porque o adquirente é titular de um direito real sobre os bens, enquanto estes são titulares de direitos de crédito a uma prestação cujo objecto são esses mesmos bens. Podem não estar em causa sequer direitos reais: pode existir um pacto de preferência cujo objecto seja a transmissão de um direito de crédito ou um contrato-promessa de compra e venda de direitos de crédito. Em qualquer dos casos prevalecerá a posição do adquirente dos direitos de crédito tal como prevalece a posição do adquirente dos direitos reais ou de qualquer outra categoria. A razão está na plena oponibilidade da titularidade dos direitos, não importando a sua natureza. Visto de outro prisma, será possível dizer que estes elementos provam a igualdade dos direitos de crédito e direitos reais na perspectiva da titularidade[1338].

[1336] Ana Prata, *O Contrato-Promessa e o Seu Regime*, 1994 (reimpressão 1999), p. 694; Antunes Varela, *Das Obrigações em Geral* – Vol. I, 2000, pp. 373 e 374 e pp. 382 e 383; Almeida Costa, *Direito das Obrigações*, 2001, pp. 401 e 402 e pp. 418 e 419.

[1337] No caso de eficácia real as explicações são diversas. Enquanto tradicionalmente é explicado que a promessa com eficácia real é oponível ao terceiro adquirente considerando-se o regime da venda de bens alheios – Antunes Varela, *Das Obrigações em Geral* – Vol. I, 2000, p. 374; Almeida Costa, *Direito das Obrigações*, 2001, p. 401-, Menezes Cordeiro, *Direito das Obrigações* – 1.º Vol. , 1980 (reimpressão 1986), pp. 475 e ss., funda a solução no direito real de aquisição do promitente adquirente, porque, em qualquer caso, haja ou não eficácia real, o direito deste é oponível a todos em virtude da inexactidão da relatividade dos direitos de crédito.

[1338] Perspectiva diversa é acolhida na dogmática alemã quando aplica a ideia de *Verdinglichung* (*"realização"*) à limitação da disponibilidade dos direitos de crédito. Veja-se Gernhuber, *Das Schuldverhältnis*, 1989, p. 49.

492   *A Cessão de Créditos e o Sistema de Transmissão de Direitos Reais*

Neste caso, trata-se do confronto de dois direitos de crédito, mas um entendido na perspectiva da obrigação e outro na óptica da titularidade. Naturalmente que a titularidade é oponível à obrigação. Por isso também talvez seja mais fácil perceber a questão quando se opta pela designação de titular do direito de crédito em vez de credor. A expressão "credor" pressupõe de imediato a de "devedor", enfatizando a relação intersubjectiva[1339], enquanto a de "titular do direito de crédito" coloca a tónica no objecto da titularidade: o direito de crédito.

A obrigação pode ser encarada numa dupla perspectiva. Enquanto regulamento do crédito (*Geltungsanordnung*), a obrigação, em conjunto com o dever de cumprir e o poder de exigir, contém o programa das instruções da relação (*Programm von Verhaltensanweisungen*) para ambas as partes; enquanto facto que influi sobre a realidade, representa para o credor um valor patrimonial positivo e para o devedor um valor patrimonial negativo susceptível de transmissão[1340]. De acordo com esta construção, na transmissão do direito de crédito estará em causa a consideração do direito de crédito nesta segunda perspectiva.

20.3. *Publicidade*

20.3.1. *Justificação*

Este é o segundo título denominado "publicidade" e, por isso, merece uma palavra de justificação. Acima, quando se tratou da publicidade, estava-se num capítulo circunscrito à transmissão dos direitos reais e o objectivo prosseguido era o de aferir a necessidade de publicitar os factos transmissivos dos direitos reais. Agora pretende-se, em definitivo, proceder à mesma análise, mas relativamente à transmissão dos direitos de crédito.

Chegou agora o momento, não já de analisar, mas de sintetizar, comparar o sistema de transmissão dos direitos reais com o sistema de transmissão dos direitos de crédito e concluir. Importa, portanto, verificar se o

---

[1339] Assim, normalmente a obrigação é descrita como vínculo. Veja-se, por exemplo, Menezes Cordeiro, *Obrigação no Direito Civil*, 1986, p. 760, quando refere que a obrigação, como vínculo que relaciona, no espaço jurídico, duas pessoas em termos de direito e de dever, é um factor conceitual básico apto a dogmatizar fenómenos muito diversos. Vê-se como a perspectiva objecto deste trabalho é profundamente diversa.

[1340] Dörner, *Dynamische Relativität – Die Übergang vertraglicher Rechte und Pflichten*, 1985, pp. 111 e ss., em especial, pp. 114 e 115.

O *direito de crédito enquanto direito real* 493

princípio da publicidade, princípio conhecido no campo dos direitos reais, também fará sentido ser aplicado em sede de transmissão de direitos de crédito[1341] e se a publicidade é condição de oponibilidade a terceiros do direito do cessionário[1342].

De onde em onde, a propósito de vários ordenamentos, é possível encontrar elementos que afirmam ou, ao invés, negam a proximidade da notificação na cessão de créditos à posse ou ao registo na transmissão dos direitos reais. Pelo que foi referido relativamente à escassa importância, no ordenamento português, da posse na transmissão dos direitos reais, importa, sobretudo, comparar e aferir a possibilidade de equiparar a notificação ao registo. Ao contrário da aproximação entre posse e registo patente na generalidade dos direitos estrangeiros, no sistema regra do direito português de transmissão de direitos reais a posse tem um papel apagado. Em virtude dessa proximidade nos ordenamentos estrangeiros, é frequente encontrar, indistintamente, a propósito da notificação, referências à posse e ao registo.

A notificação enquanto equivalente à posse e ao registo corresponde ao entendimento clássico da cessão de créditos na doutrina francesa e daí a consagração da sua imprescindibilidade. A notificação da transmissão dos créditos equivaleria à tradição para as coisas corpóreas. Com a consa-

---

[1341] Menezes Cordeiro, *Direito das Obrigações* – 1.º Vol., 1980 (reimpressão 1986), p. 296, escreve que, no direito das coisas, mercê de se tratar de direitos aferidos a coisas corpóreas com existência material socialmente relevante, existe um princípio de publicidade de natureza tendencial, ao contrário do que acontece nos direitos aferidos apenas a prestações e, portanto, *a priori* conhecidos pelos credores e devedores respectivos.

[1342] Se é certo que sobretudo a doutrina francesa configura o conhecimento (resultante de publicidade que pode revestir diversas formas) como o elemento que permite passar de uma oponibilidade em abstracto ou numa perspectiva estática a uma oponibilidade em concreto ou numa visão dinâmica (veja-se Duclos, *L'Opposabilité (Essai d'une Theorie Generale)*, 1984, pp. 281 e ss.; Virassamy, *La connaissance et l'opposabilité (rapport français)*, 1992, em especial p.144), a verdade é que as conclusões que retira não permitem uma transposição directa para o problema que me ocupa. Por um lado, porque esta perspectiva parece repousar implicitamente, com nota Virassamy, *La connaissance et l'opposabilité (rapport français)*, 1992, p. 151, sobre o mecanismo da responsabilidade civil, e essa é uma abordagem não central neste trabalho. Por outro lado, porque, no direito francês, primeiro, está assente a problemática da eficácia da cessão perante terceiros para além do devedor cedido (aliás Duclos, *L'Opposabilité (Essai d'une Theorie Generale)*, 1984, pp. 350 e 351 pp. 429 e ss., explica a exigência de notificação à luz da necessidade da publicidade para tornar a transmissão oponível) e, segundo, o princípio do consensualismo é temperado pela publicidade resultante do princípio de que "posse de boa fé vale título", o que cria um sistema de transmissão de direitos reais substancialmente diferente do português.

494   *A Cessão de Créditos e o Sistema de Transmissão de Direitos Reais*

gração do consensualismo associado à regra de que "posse de boa fé vale título", a notificação é necessária apenas para a eficácia da transmissão em relação a terceiros, valendo, entre as partes, o contrato.

Actualmente, aparecem de onde em onde afloramentos deste entendimento. Não só em ordenamentos, como o francês, em que a notificação é indispensável à produção de efeitos extra-partes. Nos ordenamentos em que a notificação está quase totalmente dirigida a dar conhecimento ao devedor cedido, ela aparece como critério de prioridade no caso de aquisições conflituantes e aí é normal os autores expressa ou tacitamente mencionarem a posse ou o registo. É o caso da justificação do sistema belga actual de resolução de conflitos entre vários adquirentes do mesmo direito[1343], mas também da justificação da regra vertida em *Dearle v. Hall* no direito inglês[1344] ou da solução adoptada nos princípios do direito europeu dos contratos. É ainda a justificação encontrada, pela doutrina portuguesa, para a solução de proteger a posição do adquirente que notifica em primeiro lugar, não havendo direito à restituição do recebido.

No pólo oposto, encontram-se inúmeros contextos em que a proximidade notificação/posse e registo é negada. A doutrina alemã é unânime em explicar que não há aquisição de direitos de crédito através de um mecanismo semelhante à posse ou ao registo: a notificação é totalmente diferente, servindo apenas para informar o devedor. Os autores da lei belga, por seu turno, explicam que o sistema criado é inspirado no alemão[1345].

Mesmo fora dos direitos germânicos afirma-se não ser possível adquirir direitos de crédito através da conjugação da notificação com a boa fé do adquirente. No caso do direito francês, em relação à "cessão Dailly", diz-se que nunca seria possível recorrer à regra do direito francês de que "posse de boa fé vale título", porque essa regra só vale para bens móveis corpóreos e o direito de crédito permanece um direito incorpóreo, não

---

[1343] Lembre-se que, no actual direito belga, é expressamente afirmada a eficácia da transmissão dos direitos de crédito relativamente a terceiros independemente da notificação. No que respeita a terceiros, a notificação interessa apenas para dirimir conflitos de titularidade, valendo, nesse caso, a transmissão primeiro notificada como forma de proteger o adquirente de boa fé.

[1344] Veja-se, acima, pp. 147 e ss..

[1345] Neste enquadramento percebe-se a forte crítica de Van Ommeslaghe, *Le nouveau régime de la cession et de la dation en gage des créances*, 1995, pp. 533 e 534., a todos os que pretendem estender a solução da dupla cessão para fora dos actos translativos dos créditos.

incorporável no documento através do qual é transmitido[1346]. Ou seja, mesmo um elemento de maior força do que a notificação no que concerne à oponibilidade da cessão não vale com os efeitos da posse.

Em Espanha, onde vigora o modelo do título e modo para a transmissão dos direitos reais, é acolhido, por alguns autores, o consensualismo no que toca à transmissão dos direitos de crédito, por se entender não existir qualquer equivalente à posse. A notificação não funciona, pois, como modo, que, na transmissão dos direitos reais, está presente, precisamente, na entrega ou na tradição em sentido restrito.

Por fim, nos sistemas de consagração clara de um elemento exterior ao contrato, como seja a entrega do *borderau* no sistema francês Dailly ou o registo no sistema americano do UCC, continua a existir a notificação ao devedor cedido. A notificação aparece então, à semelhança do que se passa no direito alemão, como elemento funcionalmente dirigido a dar conhecimento da transmissão ao devedor. É na teia de relações entre as partes e devedor cedido, nomeadamente no que toca à oponibilidade de excepções, que encontra o campo privilegiado de actuação.

Resta saber, afinal, se no ordenamento português é possível buscar uma equiparação ao registo ou se, pelo contrário, a notificação se desenha com contornos diversos.

É de rejeitar liminarmente qualquer tentativa de transposição directa do regime associado à publicidade registral para a notificação, porque a publicidade que poderá estar associada à notificação está longe de qualquer mecanismo público de inscrição, por isso não pode gozar da fé pública e da cognoscibilidade geral oferecida pela primeira.

A existir qualquer aproximação de regime deverá ser sempre justificada numa proximidade funcional[1347]. Essa proximidade funcional pressupõe, necessariamente, que se considere a notificação como uma forma de publicitação de determinado acto, inserível, portanto, numa modalidade de publicidade, ainda que rudimentar. Só depois de justificar a inserção da noti-

---

[1346] Boutelet-Blocaille, *Droit du crédit*, 1995, p. 227.

[1347] Terá sido provavelmente essa perspectiva que levou Pessoa Jorge, *O Mandato Sem Representação*, 1961 (reimpressão 2001), p. 360, a colocar numa mesma categoria de "formalidades *ad oppositionem*", enquanto formalidades não destinadas a conferir validade ao acto, mas a torná-lo oponível a terceiros, a notificação da cessão ao devedor e o registo. O objectivo fundamental destas formalidades é o de dar publicidade aos actos (*ibidem*, p. 361). Importa não esquecer, no entanto, que, como já referido, o A. cinge a relevância do registo aos terceiros em sentido estrito.

496 *A Cessão de Créditos e o Sistema de Transmissão de Direitos Reais*

ficação numa forma de publicidade se poderá avaliar a diferença de grau em relação à publicidade registral, a fim de retirar consequências regimentais.

No fundo, será procurar o grau de afinidade existente entre a publicidade num sentido amplo e a publicidade em sentido restrito sem deixar de perguntar se a notificação é, ela própria, integrável num conceito, ainda que amplo, de publicidade.

20.3.2. *Princípios em oposição*

I. Antes de se avançar para a comparação entre a notificação e as formas de publicidade como seja, em última análise, o registo[1348], é importante lembrar quais os principais interesses em jogo, quando, no fundo, se procura optar entre a notificação ou o contrato-fonte da transmissão na resolução do problema da eficácia da transmissão perante terceiros. Na procura desses interesses é útil buscar o seu alicerce aos princípios estruturantes do ordenamento, neste caso, de direito privado e, dentro deste, de direito civil, que é a matriz do presente estudo[1349]. No essencial trata-se de buscar na unidade do sistema, entendido como ordem teleológica de princípios gerais de direito[1350], suporte de interpretação ou de eventual integração da lacuna[1351] possivelmente encontrada[1352].

[1348] Paradigmaticamente, registo público, como no caso de transmissão de direitos reais sujeita a registo. Mas também é possível cotejar a notificação com um registo não público, como seja o registo no caso de transmissão de valores mobiliários. Este aspecto já foi, no entanto, abordado. Veja-se, acima, pp. 393 e ss..

[1349] É certo que o problema em análise tem enorme importância na prática comercial, como aliás ficou suficientemente demonstrado no final da parte I do presente trabalho. Todavia, a raiz continua a ser o direito civil, porque é nessa sede que a cessão de créditos encontra a sua regulação fundamental e as aplicações do direito comercial alicerçam-se, precisamente, nesse regime matriz. Seria, portanto, errado, do ponto de vista metodológico, não procurar nos princípios estruturantes do direito civil a compreensão do problema e tentar buscá-la aos princípios (se é que existem) do direito comercial.

[1350] Canaris, *Pensamento Sistemático e Conceito de Sistema na Ciência do Direito*, 1996, p. 77.

[1351] Canaris, *Pensamento Sistemático e Conceito de Sistema na Ciência do Direito*, 1996, pp. 154 e ss., alicerça no sistema interno, entendido como sistema teleológico, a interpretação, colocando a argumentação a partir do sistema interno da lei ao mais alto nível entre os meios de interpretação (p.159), o mesmo valendo para a integração de lacunas, possível com recurso aos princípios gerais (p.168).

[1352] Causará, porventura, alguma estranheza, não se afirmar ou negar com segurança, em ponto tão avançado do trabalho, a existência de uma verdadeira lacuna carente

O direito de crédito enquanto direito real 497

Não parece excessivo dizer que, tal como em muitas matérias do direito privado, também no problema da eficácia extra-partes da transmissão do direito de crédito estão em causa dois princípios fundamentais estruturantes do direito civil: autonomia privada e tutela da confiança[1353-1354]. Ao primeiro pode associar-se a liberdade contratual e a eficácia geral das declarações contratuais, nomeadamente quando se trata de eficácia translativa, ou real ou, dito de outro modo, da livre disposição dos bens. Ao segundo associa-se a protecção de terceiros de boa fé no tráfico jurídico: terceiros adquirentes e terceiros credores.

Seria também possível procurar analisar o problema à luz da dualidade justiça/segurança, mas não parece poderem daí resultar bons frutos. Saber se é mais justo proteger o cessionário e seus credores ou os credores do cedente revela-se um debate, em última análise, estéril. Trata-se, obviamente, de um problema de opção política, de difícil fundamentação em valores de justiça, porque, naturalmente a solução será sempre injusta

---

de integração. É, no entanto, inevitável que assim seja, porque só do esforço interpretativo que tem vindo a ser desenvolvido se pode concluir pela existência ou não de verdadeira lacuna. Na verdade, "não se integra primeiro a lacuna e, *então*, se confecciona a teoria; a lacuna é antes integrada *aquando* da formação da teoria e a teoria é elaborada *aquando* da integração da lacuna.": Canaris, *Pensamento Sistemático e Conceito de Sistema na Ciência do Direito*, 1996, p. 171. Ao mesmo tempo, a descoberta da lacuna e da teoria pressupõe a tarefa interpretativa.

[1353] Pais de Vasconcelos, *Teoria Geral do Direito Civil* – Vol. I, 1999, pp. 13 e ss., elenca como princípios fundamentais, estruturantes do direito civil, o personalismo ético, o princípio da autonomia, o princípio da paridade jurídica, o princípio da equivalência, o princípio da responsabilidade, o princípio da confiança e da aparência e o princípio da boa fé. Os que têm particular importância para o problema em análise são sem dúvida o princípio da autonomia, segundo o qual as pessoas têm liberdade para se regerem e se vincularem, e o princípio da confiança e da aparência, que exige que as aparências fundadas sejam respeitadas de molde a garantir a necessária segurança ao normal desenvolvimento do exercício jurídico. O A., a propósito deste último aspecto, aponta como exemplo, precisamente, a confiança depositada na titularidade aparente de certa coisa com base na posse ou no registo, que, em certas condições, é admitida pelo direito, ainda que não corresponda à verdade (p.25).

[1354] A autonomia privada e a tutela da confiança, esta última enquanto inserida na boa fé, podem ser apresentadas, como faz Menezes Cordeiro, *Tratado de Direito Civil Português I – Parte Geral*, Tomo I, 2000, pp. 193 e ss., no quadro dos institutos jurídicos que dão corpo a uma doutrina geral do direito civil. Todavia, metodologicamente não é essa perspectiva que interessa para a resolução do problema em análise até porque, em prejuízo da sua importância, os institutos jurídicos não pretendem substituir, nem substituem, a utilização dos princípios, num quadro do sistema teleológico, na resolução de problemas concretos (*ibidem*, p. 197).

498   *A Cessão de Créditos e o Sistema de Transmissão de Direitos Reais*

para um dos intervenientes e não há porventura razões suficientes para entender que é mais ou menos justa uma ou outra solução[1355]. A consideração dos valores como a justiça ou a segurança, por estarem dispersos no ordenamento, só por si é inútil, carecendo da procura de elementos constitutivos – princípios gerais – que tornem perceptíveis a unidade interna e a adequação da ordem jurídica[1356]. Resta, por isso, a via de procurar o que está assente como direito vigente baseado em princípios gerais e neles alicerçar a descoberta dos pontos obscuros.

Os dois princípios referidos encontram-se, no caso em análise, em verdadeira oposição[1357], porque, atendendo ao primeiro, interessa apenas o contrato celebrado entre cedente e cessionário e, atendendo ao segundo, os terceiros de boa fé (exclui-se o devedor, porque quanto a esse não há dúvidas), confiantes em dada aparência de titularidade, não poderão ser prejudicados por um acto que não conhecem.

Não se tratará de uma colisão de princípios[1358], porque não perturbam a unidade e a harmonia da ordem jurídica. Pelo contrário, no ordenamento há variadas situações de conflito entre autonomia privada e tutela

---

[1355] Vale a pena lembrar as palavras de Goode, *The Right to Trace and its Impact in Commercial Transactions*, 1976, p. 568: "Todos os sistemas relativos à prioridade são arbitrários: nenhum pode evitar a injustiça. O melhor que se pode esperar alcançar é um conjunto estruturado de regras racionalmente tolerável que produza resultados que nos casos típicos sejam justos e confiram uma medida suficiente de certeza que lhes permita serem utilizados com alguma segurança pela comunidade comercial.".

[1356] Canaris, *Pensamento Sistemático e Conceito de Sistema na Ciência do Direito*, 1996, p. 76, sintetizando que se trata de "encontrar elementos que, na multiplicidade dos valores singulares, tornem claras as conexões interiores, as quais não podem, por isso, ser idênticas à pura soma deles.".

[1357] No sentido que Canaris, *Pensamento Sistemático e Conceito de Sistema na Ciência do Direito*, 1996, p. 205, dá à expressão: existe oposição de princípios sempre que tomados isoladamente apontem para soluções opostas, sem contudo representarem uma desarmonia do sistema. Rejeita a terminologia de Engisch de contradição de princípios (na tradução portuguesa, Engisch, *Introdução ao Pensamento Jurídico*, 1988, p. 318) por entender que uma contradição é algo que não deveria existir e portanto deve ser eliminada, enquanto a oposição de princípios pertence à essência dar ordem jurídica, emprestando-lhe pleno sentido (pp. 205 e 206).

[1358] Também no sentido que lhe atribui Canaris, *Pensamento Sistemático e Conceito de Sistema na Ciência do Direito*, 1996, pp. 206, de contradição de valores perturbadores da adequação interior e da unidade da ordem jurídica e sua harmonia, e não no sentido conferido por Engisch, *Introdução ao Pensamento Jurídico*, 1988, p. 318, de desarmonias que surgem na ordem jurídica, pelo facto de, na constituição desta, tomarem parte diferentes ideias fundamentais entre as quais se pode estabelecer um conflito, mais próximo, como referido na nota anterior, da "oposição de princípios" de Canaris.

da confiança. Basta pensar no campo dos vícios da vontade e da declaração: de acordo com a primeira, os vícios deveriam sempre relevar para efeito de invalidade do negócio construído na sua base; ao invés, de acordo com a segunda, eles nunca seriam relevantes sob pena de desproteger a contraparte e terceiros.

A solução resulta na elaboração de requisitos para arguir a invalidade, limitando os dois princípios. É inevitável a construção da ordem jurídica com base em princípios gerais de direito que muitas vezes entram em conflito e daí não decorre nenhuma dificuldade intransponível[1359]. Pertence à própria essência dos princípios esta possibilidade de conflituarem e mutuamente se limitarem, chegando, através dessa limitação, a um compromisso[1360]. No caso dos dois princípios referidos é pacífico e está no espírito dos aplicadores do direito a sua importância e mútua limitação. Dependendo dos casos em análise, haverá tendência para enfatizar mais um ou outro ou ainda outros princípios que sejam invocados. O importante é, pois, num caso de incompletude do sistema, perceber como se articulam os princípios, dentro do próprio sistema, de molde a encontrar a solução para o problema em análise.

II. Enquanto que ligado ao princípio da liberdade contratual aparece normalmente o princípio do consensualismo na transmissão dos bens, de alguma maneira tributário da defesa liberal da propriedade privada, associado à protecção de terceiros aparecem princípios como o de que "posse de boa fé vale título" ou a exigência de registo para a plena eficácia dos actos, o que equivale a dizer, o princípio da publicidade.

A este propósito afirma-se que "[a] protecção de terceiros, o princípio da boa fé no contacto das pessoas e a circulação dos bens só é possível desde que haja efectiva possibilidade de os sujeitos de direito serem conhecedores dos actos que os podem afectar.", o que se traduz, normalmente, por parte dos direitos modernos, em fazer recair sobre as pessoas deveres ou ónus de dar a conhecer[1361]. A limitação à eficácia dos actos, quer em termos absolutos, quer apenas relativamente às relações internas, com o fim de proteger o desconhecimento dos terceiros é o modo mais

---

[1359] Resumidamente, Menezes Cordeiro, *Princípios Gerais de Direito*, 1986, p. 1491, e Menezes Cordeiro, *Tratado de Direito Civil Português I – Parte Geral*, Tomo I, 2000, p. 193, nota 395.

[1360] Canaris, *Pensamento Sistemático e Conceito de Sistema na Ciência do Direito*, 1996, pp. 205 e 206 e pp. 88 e ss..

[1361] Ferreira de Almeida, *Publicidade e Teoria dos Registos*, 1966, p. 43.

500   *A Cessão de Créditos e o Sistema de Transmissão de Direitos Reais*

típico de promover a revelação mais ou menos ampla: os interessados na plena produção dos efeitos dos actos promoverão a sua revelação, ao mesmo tempo que os terceiros não ficarão nunca prejudicados por actos que não conhecem[1362].

Esse ónus de dar a conhecer pode ser dividido em três tipos: ónus relativo ao nascimento de um direito, ao exercício de um direito e à plena eficácia de um direito, sendo a notificação ao devedor cedido apontada como exemplo do segundo grupo de ónus, porque é exigida para que o devedor se deva liberar pelo pagamento ao cessionário[1363].

O que se pergunta é, exactamente, se existe no direito português um princípio geral de publicidade dos conteúdos contratuais, quando a eficácia por eles desencadeada se traduza numa alteração da titularidade de direitos passível de interessar a terceiros. Quando estão em causa relações puramente obrigacionais, o que acontece quando a eficácia contratual resulta exclusivamente na constituição ou modificação de situações jurídicas obrigacionais, o problema, em princípio, não se coloca[1364].

Dito de outra maneira: à semelhança do que se passa no campo tradicional dos direitos reais, existirá um princípio de publicidade quando estejam em causa problemas de alteração da titularidade de direitos, direitos esses que, segundo a doutrina assente, não têm natureza real? Na procura da resposta, penso que será legítimo perguntar se existirá um princípio geral de tutela da terceiros que conduza ao referido princípio[1365].

[1362] *Ibidem.*

[1363] *Ibidem*, p. 44. Este mesmo exemplo não é indicado para os ónus relativos à plena eficácia de um direito, fazendo-se referência, tão-só, aos factos sujeitos a registo. Isto não deixa de causar alguma estranheza, porque o A. escreve ainda na vigência do código de Seabra, que, como foi referido, seguia a solução do código francês, fazendo depender a produção de efeitos perante terceiros da notificação. Mas também é duvidoso que tenha sido por puro esquecimento, uma vez que tinha acabado de dar o exemplo da cessão de créditos.

[1364] Claro que se pode sempre falar na eficácia externa das obrigações, mas normalmente os problemas colocam-se a esse nível quando alguém conhece determinada situação e deliberadamente a viola – directamente ou indirectamente –, colocando o devedor numa situação de inevitável incumprimento. Não se trata de responsabilizar alguém por acto que não conhece.

[1365] Outra possibilidade de análise seria partir do princípio da oponibilidade *erga omes* enquanto princípio genericamente aplicável para questionar quando é necessária publicidade (e em que moldes) para, ao arrepio desse princípio, assegurar a oponibilidade. Esta perspectiva é adoptada, a propósito da oponibilidade dos contratos relativos aos direitos reais (nomeadamente transmissivos de direitos reais) por Billiau, *L'opposabilité des contrats ayant por objet un droit réel (rapport français)*, 1992, pp. 210 e ss., defendendo

O *direito de crédito enquanto direito real*

Apesar de ser possível encontrar no nosso ordenamento disposições legais específicas de tutela da confiança[1366], e sem prejuízo de ela relevar quando os valores fundamentais do ordenamento, expressos na boa fé, o imponham[1367], não parece que daí se possa retirar a existência de um princípio geral de tutela de terceiros no nosso direito civil, de que, por sua vez, se possa retirar um sub-princípio de publicidade das situações jurídicas.

Dos exemplos de disposições legais encontrados, apenas dois, dada a similitude de problema, poderão interessar neste percurso: a aquisição de coisa a comerciante ou a herdeiro aparente. Mesmo no campo (tradicional) dos direitos reais, a área da publicidade por excelência, viu-se como é escassa a protecção de terceiros no que respeita a transmissão de coisas móveis e como mesmo no campo do registo predial a doutrina suscita algumas dúvidas sobre a prevalência deste em relação à situação substantiva.

O registo predial, ainda assim, permanece como campo privilegiado de publicidade e, portanto, vale a pena analisar a notificação a essa luz, de molde a poder retirar conclusões. Então, será possível perguntar de novo se a cessão de créditos se impõe como sistema de transmissão de direitos fundado numa publicidade alicerçada na notificação, ainda que não comparável à publicidade registral.

20.3.3. *Publicidade provocada e notificação*

I. Relembrando as categorias acima referidas, a publicidade em sentido amplo integra três formas de publicidade: espontânea, provocada (em

---

por isso, em regra, uma equivalência entre o conhecimento e os meios exigidos de publicidade (p.221), sendo que a sanção para a falta de publicidade é a inoponibilidade (p.216). Analogamente, Verheyden-Jeanmart e Lepot-Joly, *L'opposabilité des contrats à l'égard des tiers et assimilés (rapport belge)*, 1992, pp. 226 e 228, explicam que o objectivo da publicidade é informar todos os terceiros, de maneira a protegê-los das consequências das vontades individuais criadoras ou translativas de direitos reais, sendo efeito da publicidade tornar oponível aos terceiros essa criação ou transferência de direitos reais. Consequentemente, se têm conhecimento do contrato, não se poderão prevalecer da falta de publicidade.

[1366] Menezes Cordeiro, *Tratado de Direito Civil Português I – Parte Geral*, Tomo I, 2000, p. 234, dá os exemplos da posição dos sujeitos perante certos actos de associações e sociedades civis puras (arts. 179.°, 184.°/2 e 1009.°), perante a procuração (art. 266.°), perante a anulação ou declaração de nulidade dos actos jurídicos (art. 291.°) e perante a aquisição de coisa a comerciante (art. 1301.°) ou a herdeiro aparente (art. 2076.°/1).

[1367] *Ibidem*, p. 234.

502 *A Cessão de Créditos e o Sistema de Transmissão de Direitos Reais*

sentido estrito) e registral[1368]. Na primeira, integram-se institutos como a posse: trata-se de publicidade que resulta inevitável pela própria natureza do objecto, não é procurada, nem porventura querida.

A notificação não pode partilhar com a posse uma vocação de publicidade, desde logo porque a posse assenta numa visibilidade, da qual decorre uma presunção de titularidade, intransponível para a notificação: "[a] posse implica o controlo material de coisas corpóreas. Como tal, o seu exercício é perceptível, no espaço jurídico, pelos diversos membros da comunidade. A posse *vê-se*. O direito associa, assim, determinados efeitos à demonstração exterior da sua existência."[1369].

Na notificação não existe qualquer "exercício" público, decorrente da natureza corpórea do objecto, que permita lançar luz sobre determinada situação jurídica. Pelo contrário, a notificação apresenta-se, em geral, como acto eminentemente privado. Além disso, a existir publicidade através da notificação, nunca será uma publicidade espontânea, não procurada e, eventualmente, nem querida, será, ao invés, uma revelação intencional de determinada realidade.

II. A publicidade registral diz respeito à publicidade alcançada através do registo público e recortar-se-á da publicidade provocada pela maior perfeição dos meios utilizados e consequente maior grau de cognoscibilidade[1370]. Tal como a segunda, caracteriza-se por acrescer à vocação de cognoscibilidade uma intenção específica de dar a conhecer, pelo que a diferença parece ser apenas de grau de cognoscibilidade, em consequência dos meios utilizados. Inserem-se na publicidade provocada meios de conhecimento reputados de precários como sejam as proclamações e os editais e ainda os anúncios voluntários, as publicações de actos respeitantes a sociedades comerciais e a publicidade notarial. Será que a notificação pode ser inserida em alguma destas categorias ou pode ser mais um exemplo autónomo de publicidade provocada[1371]?

[1368] Ferreira de Almeida, *Publicidade e Teoria dos Registos*, 1966, pp. 49 e ss..

[1369] Menezes Cordeiro, *A Posse: Perspectivas Dogmáticas Actuais*, 2000 (reimpressão 2004), p. 115.

[1370] Ferreira de Almeida, *Publicidade e Teoria dos Registos*, 1966, p. 81.

[1371] Não interessa cotejar a notificação com as proclamações e os editais, enquanto, respectivamente, meios de conhecimento precários por via oral ou por afixação em locais públicos, porque nestes casos é necessária a interposição de uma autoridade administrativa. Também não interessa comparar com a publicação dos actos respeitantes a sociedades comerciais, porque se reportam a actos específicos do direito societário. Será analisada apenas a aproximação aos anúncios e à publicidade notarial.

O direito de crédito enquanto direito real   503

Os exemplos apontados têm em conta um critério subjacente óbvio: o meio utilizado para exprimir determinado conteúdo. A notificação, por seu turno, é normalmente caracterizada pela liberdade de forma, o que equivale a dizer, por uma liberdade de meios de revelação do conteúdo. É caracterizada, outrossim, pela mensagem que comporta: a transmissão do direito de crédito, com a consequente alteração da pessoa do credor e indicação ao devedor para que cumpra perante esta nova pessoa.

Tendo em conta este conteúdo obrigatório, atendendo, portanto, à finalidade primeira da notificação, não parece difícil concluir-se pelo carácter eminentemente dirigido da notificação: dirige-se ao devedor, para que determinados efeitos se produzam perante ele. Para além do critério da finalidade, pode atender-se também a este último critério, o dos efeitos da notificação. O que se tem como assente é que a notificação desencadeia determinada eficácia perante o devedor cedido, que consiste em destruir alguma inoponibilidade de efeitos decorrentes da transmissão do direito de crédito. Ele deixa de poder cumprir ao cedente com eficácia liberatória, porque toma conhecimento da nova situação activa do direito de que é devedor. Que a tónica está no conhecimento percebe-se, como foi explicado, pela igualdade de efeitos no caso de não ter havido notificação, mas ainda assim o devedor conhecer a realidade. A notificação comporta, então, uma presunção de conhecimento do devedor cedido.

Cotejada esta solução com outras situações em que no código civil se exige a notificação, a conclusão não é diversa. A notificação é sempre um acto dirigido a alguém em concreto destinado a dar-lhe um conhecimento específico de certa situação que irá influir na sua conduta posterior: pagamento a novo credor, relacionamento com novo contraente, exercício de dado direito[1372].

Interessa ponderar brevemente a relevância da publicidade notarial e dos anúncios voluntários. A dúvida é apenas se a notificação poderá ser feita válida e eficazmente segundo estas vias. De acordo com o critério anteriormente adoptado[1373], qualquer via será possível, desde que admis-

---

[1372] É o caso da notificação do outro contraente na cessão de posição contratual quando o consentimento seja anterior à cessão (art. 424.º/2) ou da comunicação feita ao preferente (designada pela doutrina como notificação para preferência) informando-o do projecto de venda de molde a poder exercer o seu direito. O mesmo se passa, por exemplo, na notificação de herdeiros para aceitação ou repúdio da herança (art. 2049.º): há a informação da condição de herdeiro da qual decorre o direito de, em dado prazo, aceitar ou repudiar a herança.

[1373] Veja-se, acima, pp. 96 e ss..

504 A Cessão de Créditos e o Sistema de Transmissão de Direitos Reais

sível, de acordo com os critérios da boa fé, tendo em conta as circunstâncias do caso concreto.

A publicidade notarial, meio de conhecimento duradouro, assente em actos sem destinatário determinado orientados, primordialmente, a dar forma legal aos actos privados e a fazer prova dos mesmos, não é, por si só, adequada às exigências da notificação, que não se compagina com uma simples possibilidade de conhecimento[1374]. Do ponto de vista da finalidade e da eficácia, a notificação parece estar mais próxima do anúncio público[1375]: também ela se destina a destruir a aparência da persistente titularidade do cedente perante o devedor cedido, retirando-lhe a boa fé e, portanto, precludindo a possibilidade de cumprir com eficácia liberatória ao cedente. Todavia, se se atender ao meio utilizado para veicular a notificação – anúncio público, enquanto meio de conhecimento precário por via de publicação em papel volante de distribuição mais ou menos generalizada – é imperioso concluir em moldes análogos aos acabados de referir. Tendencialmente, e como se verá de seguida relativamente ao registo da cessão de créditos hipotecários, a finalidade da notificação e os efeitos a ela associados exigem uma informação especificamente dirigida ao devedor cedido.

Seguramente a notificação constante de um anúncio público, insusceptível de, pela sua simples existência, colocar o devedor cedido em situação de má fé, poderá ter interesse relativamente a outros terceiros. Dada a vocação de generalidade do anúncio, pode entender-se que o anúncio é apto a que a transmissão produza efeitos perante outros terceiros. Resta saber se será necessário qualquer acto destinado à produção da eficácia translativa do contrato-fonte da transmissão perante terceiros. De qualquer maneira, aquilo que se pode retirar como assente no código civil sobre a notificação está longe da dita publicidade provocada.

III. Afastada a proximidade da notificação à publicidade provocada em sentido estrito, importa, por fim, testá-la face à publicidade registral.

[1374] A notificação ao devedor cedido a ser feita notarialmente importaria, seguramente, senão a própria intervenção no acto, pelo menos a presença deste. Passa-se, porventura, o mesmo que com o registo da cessão de crédito: como se referirá, não preclude a notificação. O mesmo se poderia dizer, a ser possível, da notificação feita através de proclamação ou edital.

[1375] Que se destina a conhecer certo facto jurídico com a finalidade de destruir a aparência de determinada realidade, colocando de má fé os terceiros que, de outro modo, estariam de boa fé. Ferreira de Almeida, *Publicidade e Teoria dos Registos*, 1966, p. 85.

O direito de crédito enquanto direito real   505

Se a notificação se caracteriza do ponto de vista do conteúdo e da eficácia que desencadeia, havendo liberdade de meios (limitada, naturalmente, como já foi sobejamente justificado, às circunstâncias do caso concreto e norteada pelo princípio da boa fé), é legítimo perguntar se a notificação será substituível pelo registo do acto a que se reporta. Ou seja, uma vez que está fora de questão a notificação, ela própria, ser objecto de registo, é questionável se, sendo o facto transmissivo – o contrato-fonte da transmissão – registado, ela fica precludida, porque se consideram atingidas as finalidades de conhecimento do devedor.

Está a pensar-se no caso sujeito a registo predial de cessão de créditos hipotecários. Viu-se como a doutrina exclui a possibilidade de o registo dispensar a notificação ao devedor cedido, porque entende exigir o regime da cessão de créditos um especial cuidado com a posição do devedor, o que obriga a que lhe seja dado conhecimento directo[1376]. Veja-se como o registo, enquanto modalidade mais perfeita de publicidade, originadora de presunções de conhecimento normalmente inilidíveis, não desencadeia, por si só, os efeitos associados à notificação.

Diz-se por si só, porque, naturalmente, na medida em que o cessionário prove o conhecimento do devedor em virtude da existência de registo, os efeitos da notificação produzem-se. Mas aí produzem-se não por efeito do registo, mas por efeito do conhecimento do devedor, ainda que obtido através do registo. Ou seja, a presunção de conhecimento oferecida normalmente pelo registo não funciona, simplesmente a sua existência poderá, porventura, ajudar o cessionário na tarefa de prova do conhecimento do devedor.

Analisado o problema à luz do conceito de terceiro para efeito de registo, também será possível concluir de forma análoga. Se se entender terceiro, de acordo com um conceito técnico, restrito, tal como adoptado pelo Supremo Tribunal de Justiça no já referido acórdão unificador de jurisprudência de 18 de Maio de 1999, como adquirente de boa fé de um mesmo transmitente de direitos incompatíveis sobre a mesma coisa[1377], então o devedor cedido está fora desse conceito, logo, está fora da protecção concedida pelo registo[1378].

[1376] Veja-se pp. 180 e ss. e p.379.

[1377] Veja-se, acima, p. 219.

[1378] É esse o entendimento que doutrina e jusrisprudência fazem da lei hipotecária belga, porquanto entendem terceiros segundo um conceito estrito (embora bastante mais amplo do que decorre da actual posição do nosso STJ) de todos os que pretendem invocar sobre a coisa direitos reais ou executar os seus direitos de credores. Reportando-se ainda

506 A Cessão de Créditos e o Sistema de Transmissão de Direitos Reais

Se se pretender transpor o mesmo raciocínio para a notificação, seria possível concluir interessar a notificação apenas àqueles terceiros adquirentes de direitos incompatíveis sobre o mesmo direito, ou seja, os adquirentes concorrenciais do direito de crédito. Estaria aliás, em profunda consonância com o disposto no artigo 584.° e levaria a duas conclusões: o devedor cedido não é terceiro relativamente à transmissão do direito de crédito[1379], a notificação só importa para adquirentes concorrenciais do direito de crédito, relativamente a todos os outros não interessa, importando apenas o contrato-fonte da cessão. Seria este o resultado da transposição da doutrina do STJ relativamente a terceiros perante o registo predial para terceiros perante a notificação da cessão de créditos.

Para além de, como já referido, a doutrina mais recente do STJ ser de duvidosa bondade, existe um óbice grande à sua transposição para a notificação da cessão de créditos: seria tratar o devedor cedido como estranho a um acto que, nos termos do regime legal, lhe é particularmente dirigido. O devedor cedido é, em primeira linha, o destinatário da notificação, aliás, é o único destinatário directo da notificação e é relativamente a ele que a lei estatui importantes consequências ligadas à existência ou à falta de notificação. Ao contrário, o registo[1380] tem uma vocação de generalidade. Não se dirige a qualquer destinatário, determinado ou indeterminado, antes assume-se como facto revelador de determinada realidade acessível a todos os potenciais interessados em conhecê-la. É precisamente neste aspecto que reside a profunda diferença entre registo e notificação.

Enquanto o registo é um acto potencialmente destinado a todos, a notificação assume-se, no mínimo, como acto desdobrado em duas fases:

---

ao texto antigo do códio civil belga, Van Ommeslaghe, *La transmission des obligations en droit positif belge*, 1980, pp. 95 e 96, dá-nos conta desse entendimento e explica que, ao contrário do devedor cedido, em relação a outros terceiros, uma vez existindo registo, não será necessário cumprir as formalidades exigidas pelo art. 1690 relativamente à notificação. Refere o caso de cessões sucessivas do mesmo crédito, registadas, mas não notificadas ao devedor: entendeu o tribunal de apelação de Gand (a 15 de março de 1974) estar o devedor cedido liberado com o pagamento ao primeiro cedente, não lhe sendo oponível a segunda transmissão, e, ao contrário, entendeu ser a cessão, em virtude da inscrição, oponível aos cessionários sucessivos. Foi entendido não estar o devedor cedido obrigado a preocupar-se com inscrições marginais no registo hipotecário.

[1379] O que, aliás, nada tem de espantoso, se nos lembrarmos da já referida posição assumida por Larroumet, no sentido de destacar o devedor da massa dos terceiros, concedendo-lhe estatuto à parte.

[1380] Pensa-se, aqui, no registo público. Outras considerações já foram feitas a propósito do registo (não público) dos valores mobiliários. Veja-se, acima, pp. 393 e ss..

O direito de crédito enquanto direito real 507

numa primeira, destina-se exclusivamente ao devedor cedido, numa segunda, depois daquele ter tomado conhecimento, e por isso de forma indirecta, é possível defender-se que se dirige a todos os terceiros interessados.

Nesta perspectiva, o devedor absorve a informação e transforma-se num equivalente à conservatória do registo: local onde se podem dirigir os interessados para obter informações. Com uma grande diferença: enquanto na conservatória se obtém conhecimento de determinada realidade através da consulta do acto de inscrição registral (directamente ou por meio de certidão), o conhecimento obtido perante o devedor baseia-se tão-só no seu conhecimento pessoal. Não existe qualquer outro acto destinado a dar conhecimento a todos os interessados.

A comparação entre registo e notificação, levada a este limite de assemelhar o devedor à conservatória do registo, soa porventura a ridículo. Mas, na verdade, é difícil sustentar que a notificação se destine imediatamente a qualquer interessado. Nesta medida, é muito duvidoso que se possam assacar à notificação, enquanto declaração recipienda[1381], as características normalmente associadas à publicidade como vocação de conhecimento generalizado[1382].

Relembrando o contributo da doutrina italiana, precioso na medida em que labora sobre um texto legislativo de que o português em muito é parecido, percebe-se precisamente alguma dificuldade no entendimento da notificação como factor de publicidade.

Se a doutrina italiana compreende a notificação, em estreita conexão com a tutela da circulação dos créditos, fazendo apelo a um aspecto publicitário ou externo da notificação[1383], acaba por negar a completude do sistema assente na notificação, nomeadamente quando se coloca o problema

---

[1381] Segundo Ferreira de Almeida, *Publicidade e Teoria dos Registos*, 1966, p. 49, a publicidade em sentido amplo pode derivar de dois meios de conhecimento: notoriedade e declarações não recipiendas. Estas últimas, se integradas num meio imediato de conhecimento, asseguram sempre publicidade, se constituirem meio de conhecimento mediato, só obterão publicidade quando haja uma intenção específica de se darem a conhecer.

[1382] Não se compatibiliza, nomeadamente, com a definição genérica de publicidade oferecida por Ferreira de Almeida, *Publicidade e Teoria dos Registos*, 1966, p. 49, segundo a qual haverá publicidade se o meio empregado para o conhecimento reúne em si condições para poder chegar à generalidade das pessoas, isto é, quem quer que nele possa ter interesse, ou se o próprio objecto se exterioriza de modo a evidenciar-se às mesmas pessoas.

[1383] Marani, *Notifica, accettazione e buona fede nella cessione dei crediti*, 1977, p. 103 e 104, especialmente, nota 39.

508 *A Cessão de Créditos e o Sistema de Transmissão de Direitos Reais*

de dupla transmissão do crédito[1384]. A propósito do mesmo problema, mas em sentido algo diverso, entendeu-se buscar uma equiparação entre a notificação e o registo no que respeita à protecção do adquirente de boa fé[1385]. Ainda em sentido sustancialmente diverso, defendeu-se com clareza que não se trata de um limite ou de uma derrogação ao princípio da eficácia real dos negócios translativos: a não verificação da notificação ou a falta de conhecimento não impedem a eficácia translativa[1386]. Importará não confundir dois aspectos diferentes. Um é o aspecto translativo do crédito que identifica o sujeito, o credor, que tem direito ao cumprimento, e outro é o aspecto liberatório que exprime quando é que o devedor pode ser considerado liberado do cumprimento, sendo que estes aspectos não podem ser definidos como totalmente independentes, nem como necessariamente coincidentes[1387].

Pergunta-se, então, em definitivo, se a notificação pode ser entendida como mecanismo de publicidade? Como uma modalidade de publicidade provocada, enquanto modalidade rudimentar de publicidade não equiparada, mas próxima do registo.

Por tudo o que foi exposto a resposta não pode deixar de ser negativa. O registo existe em primeira linha para servir todos os potenciais interessados no conhecimento das situações jurídicas decorrentes dos factos registados, enquanto a notificação existe em primeiro lugar para proteger o devedor cedido. Mesmo quando a lei determina a prevalência da cessão notificada em primeiro lugar, fá-lo, mais uma vez, para proteger o devedor cedido. A notificação não é equiparável ao registo, porque lhe falta a fé pública do registo, nem sequer é próxima do registo, porque não constitui um meio dotado de vocação de conhecimento universal.

O registo público é o paradigma da publicidade. No entanto, como já se referiu, é duvidoso que seja essencial, no sentido de prevalecer sobre a realidade substantiva. Além disso, traduz-se num conhecimento ficcional: não se estabelece um prazo mínimo para permitir o conhecimento, pre-

---

[1384] Marani, *Notifica, accettazione e buona fede nella cessione dei crediti*, 1977, pp. 104 e ss., em especial, p. 109 e ss..

[1385] Bianca, *Il debitore e i mutamenti del destinatario del pagamento*, 1963, pp. 243 e 244.

[1386] Perlingieri, *Cessione dei crediti*, 1982, pp. 167.; Perlingieri, *La cessione dei crediti ordinari e d'impresa*, 1993, p. 72.

[1387] Marani, *Notifica, accettazione e buona fede nella cessione dei crediti*, 1977, pp. 109 e ss.; Perlingieri, *La cessione dei crediti ordinari e d'impresa*, 1993, p. 73; Perlingieri, *Cessione dei crediti*, 1982, p. 172.

O direito de crédito enquanto direito real 509

sume-se que no momento em que o acto é registado é conhecido; no caso de nulidade de registo, é possível intentar acção que, se der entrada antes da aquisiçao de terceiro, faz com que o terceiro não se possa prevalecer do registo a seu favor. Como é ficcional, a base do registo tem de ser a fé pública.

Para quem entenda ser a boa fé o fundamento da publicidade registral, haverá um ponto de contacto entre registo e notificação entendida esta também como tributária da boa fé: também o conhecimento do devedor cedido dispensa a notificação. Mas esta proximidade apenas pode funcionar ao nível da dispensa da notificação, não indo mais além, possibilitando, à semelhança do registo, a atribuição de direitos não decorrentes da realidade substantiva.

IV. Revisitando os princípios acima referidos, entendo que, se existe algum princípio específico da transmissão dos direitos de crédito, ele é apenas um e decorre da relação triangular que lhe subjaz: o princípio da protecção do devedor cedido ou do não prejuízo do devedor cedido ou, dito ainda por outras palavras, o princípio do não prejuízo da posição do devedor cedido. Uma vez acautelada a posição do devedor, o que se consegue através da imposição da notificação para oponibilidade da transmissão perante ele, nada contendc com a liberdade de transmissão do direito de crédito.

Ainda que se concluísse existir no ordenamento português um princípio geral de tutela da confiança do adquirente de boa fé assente na necessidade de publicitar os actos transmissivos de direitos, seria muito difícil, senão mesmo impossível, atendendo à construção estrutural e funcional da notificação, sustentar que ela pudesse desempenhar esse papel[1388]. A notificação está construída, em sede de cessão de créditos, como acto indispensável a acautelar a posição do devedor cedido. É a existência do devedor cedido que, precisamente, confere à transmissão do direito de crédito particularidades relativamente à transmissão de outros direitos, como

---

[1388] Sempre se poderá dizer, como aliás já referido (por exemplo, a propósito da cessão fechada), que, em última análise, se a falta de notificação ao devedor cedido puder configurar perante este, ou mesmo perante outros terceiros, uma situação claramente atentatória da boa fé, na vertente da tutela da confinaça, que assuma os contornos do abuso de direito, esta será uma via a explorar. No entanto, com todas as cautelas que assistem a um mecanismo subsidiário, de emergência. Relembrem-se, a este propósito, as já citadas palavras (veja-se nota 808, p. 279) de Menezes Cordeiro, *Tratado de Direito Civil Português I – Parte Geral*, Tomo I, 2000, p. 248.

510   *A Cessão de Créditos e o Sistema de Transmissão de Direitos Reais*

sejam os direitos reais. Essas particularidades residem apenas nos aspectos de regime relativos à oponibilidade da transmissão ao próprio devedor cedido. Ou seja, entre as partes e em relação a outros terceiros, a transmissão rege-se exactamente pelas mesmas regras. Não é possível comparar este aspecto particular de regime, porque ele só encontra razão de ser no campo dos direitos de crédito. A transmissão dos direitos de crédito é, pois, diferente no que não poderia deixar de o ser.

Mas essa diferença reflecte-se apenas na necessidade de informar o devedor, o que normalmente será feito através da notificação, de molde a evitar qualquer prejuízo. Não há razões sistemáticas para entender a notificação com um papel mais amplo que este, tanto mais que, mercê da sua vocação de conhecimento profundamente limitada, por dirigida ao devedor cedido, seria muitíssimo forçado integrá-la no conceito de publicidade.

A notificação não tem vocação de publicidade da transmissão do direito de crédito, porque está construída como acto dirigido ao devedor cedido. Todavia, ainda que fosse possível entender a notificação como mecanismo de publicidade, seria sempre um mecanismo rudimentar, comparado com o registo, pelo que não seria de lhe assacar mais efeitos do que aqueles associados ao próprio registo.

Novas dúvidas se levantariam, então. Não só as dúvidas persistentes na doutrina quanto à eficácia do próprio registo predial, mas também as originárias da nebulosidade de momento caracterizadora da orientação do tribunal superior relativamente ao âmbito de eficácia subjectiva do próprio registo. A manter-se a orientação definida no já referido aresto do STJ de 1999 relativamente ao conceito de "terceiro" para efeito registrais, não restariam dúvidas, para quem ainda pretendesse assemelhar a notificação ao registo, quanto a limitar os efeitos desta aos adquirentes concorrenciais do direito de crédito.

O contrato celebrado entre as partes, que tem como efeito a transmissão do direito de crédito, não representa qualquer forma de publicidade[1389]: o crédito transmite-se eficazmente entre as partes e perante os terceiros por mero efeito do contrato, sem qualquer acto ulterior dirigido à

[1389] É elucidativo deste aspecto que De Page, *Traité élémentaire de droit civil belge* – Tome IV, Vol. I, 1997, p. 540, explique que a nova lei (que alterou o código belga em 1994) tenha determinado a oponibilidade da cessão perante terceiros com a mera conclusão do contrato e que tenha mantido uma "certa publicidade" no que toca à oponiblidade da cessão perante o devedor cedido. Depreende-se facilmente desta explicação que, ao contrário do que se passa em relação ao devedor cedido, para os demais terceiros não há a necessidade de publicitar, por qualquer meio, a transmissão.

publicitação do mesmo. A notificação é apenas dirigida ao devedor, tanto mais que é perfeitamente dispensável (porque a sua falta não releva) no caso de o devedor conhecer já da ocorrência da transmissão.

A notificação não desempenha o papel da posse ou do registo. No direito de crédito há um direito sem um claro sinal exterior de recognoscibilidade. A sua titularidade só se pode deduzir de sinais exteriores do exercício do direito como da interpelação ao devedor para o cumprimento ou da recepção do pagamento. São estes sinais exteriores que corresponderiam à posse nos direitos reais e que poderão revelar, ainda que em moldes incipientes, a titularidade do direito.

Em moldes incipientes, porque são actos normalmente efémeros, sem expressão material visível com alguma durabilidade e, ainda assim, sem necessária correspondência com a realidade. Significa isto que, se, em princípio, quem cobra e recebe é o titular do direito de crédito, isso não equivale necessariamente à efectiva titularidade ou à obrigatória titularidade perante terceiros.

Bastará, para tal, ponderar que, mesmo no campo tradicional dos direitos reais, onde a posse, na sua existência física, revela materialmente, com alguma evidência, a titularidade do direito, se admitem situações em que alguém é possuidor e outrem é titular do direito de propriedade (ou de outro direito). Ora isso não parece perturbar o edifício dos direitos reais.

21. Coisa e direito de crédito

"Diz-se coisa tudo o que pode ser objecto de relações jurídicas" é a definição constante do artigo 202.°/1 do código civil português.

Poderá causar alguma estranheza que agora, nesta fase da dissertação, se pretenda tomar em mãos uma questão aparentemente com escassa ligação à temática que até agora se tem vindo a tratar. Diria que o fio da investigação levou a que assim fosse. Trata-se quase de uma inevitabilidade e, seguramente, tratar agora este ponto é uma obrigação assumida com a maior humildade científica. Não se pretende, de repente, entrar no direito das coisas e atacar o seu objecto por excelência, mas seria no mínimo cobardia, depois de tantas afirmações feitas a propósito da proximidade da transmissão de direitos de crédito e direitos reais, não procurar, a final, testar essa mesma proximidade naquilo que é mais característico dos direitos reais: incidirem sobre coisas.

512 A Cessão de Créditos e o Sistema de Transmissão de Direitos Reais

Não se alterou, no entanto, a preocupação e o enfoque que tem acompanhado todo o trabalho. Importa apenas, por razões quase de seriedade científica, procurar descortinar ainda, neste campo, alguma consequência ou, quem sabe, algum argumento. A isso levou o trabalho até agora desenvolvido, mas levou também a própria lei ao desenhar a definição de coisa no artigo 202.°.

Esta definição, como é sabido, tem sido sobejamente criticada pela doutrina e esse será o ponto de partida: a compreensão da posição doutrinária perante a definição legal de coisa. Depois, em moldes de apreciação dessa mesma doutrina, interessa, em primeiro lugar, questionar a própria vinculatividade das definições legais e, de seguida, tomar posição.

21.1. *Coisa: interpretação doutrinária*

I. De acordo com o artigo 369.° do código de Seabra, coisa era tudo o que carecesse de personalidade. Todavia, ainda na vigência deste diploma, a noção legal de coisa era reputada de excessivamente ampla e coisa era definida como tudo o que, não sendo pessoa, pudesse ser objecto de relações jurídicas[1390]. Neste conceito estavam abrangidas realidades bastante mais vastas do que, por exemplo, aquelas que caberiam num conceito limitado de coisa decorrente do §90 do BGB, segundo o qual só são coisa os objectos corpóreos[1391]. Historicamente, o conceito jurídico de coisa havia-se ligado ao que tinha existência material, mas tinha conhecido desenvolvimento posterior "por maneira a compreender entes imateriais de vária ordem, à medida que se foi tornando mais vasto o círculo dos objectos capazes de dar satisfação às necessidades ou interesses huma-

---

[1390] Manuel de Andrade, *Teoria Geral da Relação Jurídica* – Vol. I, 1997 (reimpressão), p. 202.

[1391] Repare-se que o código alemão, ao restringir o conceito de coisa aos objectos corpóreos, veio reatar a tradição romana (veja-se Kaser, *Direito Privado Romano*, 1999, p. 121; Santos Justo, *Direito Privado Romano*- I, Parte Geral, 2003, pp. 159 e 160; lembrese o que foi referido a propósito da organização do direito civil feita por Savigny, acima, nota 1221, p. 428), rompendo com o caminho, iniciado na Idade Média e reforçado pelo jusnaturalismo, de alargamento do conceito de coisa e do direito de propriedade a realidades incorpóreas. Esta orientação veio a ter reflexos decisivos nas doutrinas alemã e italiana. As doutrinas francesas e espanhola, no entanto, continuaram a fazer apelo da noção de propriedade de bens incorpóreos. Veja-se estas explicações, com indicações bibliográficas, em Pinto Duarte, *Relatório sobre o Programa, os Conteúdos e os Métodos de Ensino, Teórico e Prático das Matérias de Direitos Reais*, 2003, pp. 19 a 21.

nos."[1392]. Assim, para além das coisas corpóreas e incorpóreas, eram coisa os bens da propriedade intelectual e alguns direitos[1393].

Não é difícil encontrar este entendimento subjacente à definição de coisa acolhida no texto legal de 1966[1394]. Como é natural e conhecido, os códigos reflectem muitas vezes o conhecimento científico anterior à sua própria feitura e, sobretudo, raramente são o ponto de partida para soluções revolucionárias, representanto, outrossim, o culminar de uma dogmática sedimentada[1395]. Não espanta, por isso, que muitas críticas ao código civil sejam praticamente contemporâneas da sua própria entrada em vigor. É o caso da crítica à inclusão de uma parte geral no código[1396] ou à relação jurídica enquanto categoria estruturante do direito civil[1397].

[1392] Manuel de Andrade, *Teoria Geral da Relação Jurídica* – Vol. I, 1997 (reimpressão), p. 203, onde cita Scuto, segundo o qual o conceito jurídico de coisa progride com o progredir das necessidades da vida, e nesse progressivo desenvolvimento vai-se espiritualizando. Mais remotamente, José Tavares, *Os Princípios Fundamentais do Direito Civil* – Vol. II, 1928, p. 244 e ss., fazendo apelo à doutrina italiana, mais indo além dela na inclusão do objecto de direitos não patrimoniais na noção de coisa, explicava que "[d]esde que se reconhece a necessidade de alargar o conceito jurídico de cousa, aproximando-o do objecto dos direitos, e desde que êste é constituído não só pelos interesses materiais ou económicos, mas por toda a ordem de interesses intelectuais ou morais, que merecem e precisam de protecção jurídica, não vemos motivo para não identificar os dois conceitos, e, em vez disso, restringir o de cousa ao objecto dos direitos patrimoniais." e concluia que, consequentemente, "o conceito jurídico de *cousa* é precisamente *tudo aquilo que pode ser objecto de direitos e obrigações*" (p.247).

[1393] Pires de Lima e Antunes Varela, *Noções Fundamentais de Direito Civil* – Vol. I, 1965, p. 244, explicavam com clareza, a propósito da distinção entre direito de crédito e direitos reais, que o objecto dos direitos reais é sempre uma coisa e o objecto dos direitos de crédito é uma prestação. Contudo, afirmavam ainda, na nota 1, que essa coisa, objecto do direito real, pode ser constituída por um direito de crédito e apontavam o exemplo do direito de penhora sobre um crédito.

[1394] Pais de Vasconcelos, *Teoria Geral do Direito Civil* – Vol. I, 1999, p. 127 explica que, no fundo, o conceito de coisa acolhido pelo art. 202.º do código civil é tributário da visão bipartida do mundo entre pessoas e coisas, sendo coisa tudo o que não é pessoa.

[1395] Menezes Cordeiro, *Tratado de Direito Civil Português I – Parte Geral*, Tomo I, 2000, p. 67 em geral e pp. 104 e ss., onde chama a atenção para este fenómeno a propósito do código civil português e da manutenção da parte geral.

[1396] Orlando de Carvalho, *A Teoria Geral da Relação Jurídica. Seu Sentido e Limites*, 1969, em especial, pp. 249 e ss..

[1397] Oliveira Ascensão, *As Relações Jurídicas Reais*, 1962, pp. 23 e ss., particularmente centrado na análise da relação jurídica enquanto estrutura explicativa dos direitos reais.

514   *A Cessão de Créditos e o Sistema de Transmissão de Direitos Reais*

Mais recentemente[1398], a definição legal de coisa tem sido substancialmente criticada pela doutrina e o artigo 202.° tem sido alvo de uma forte interpretação restritiva, senão mesmo de total desprezo. Apesar de o problema não ser considerado em moldes idênticos pelos diferentes autores, há um desagrado generalizado relativamente a este preceito: tendo sido possível o código civil optar entre tomar bem ou coisa como noção mais genérica, da qual o outro seria uma espécie, preferiu, erradamente, atribuir à coisa um sentido amplo[1399]; embora a escolha de coisa como elemento central do direito civil em detrimento da categoria de bem suscite o aplauso, a definição legal de coisa é incorrecta, tecnicamente inaproveitável e por isso deve ser rejeitada de molde a "surpreender um conceito operacional de coisa"[1400]; na sua tautologia, a definição legal é vazia de conteúdo, sendo acentuadamente pobres o valor perceptivo e a qualidade teórica[1401]; é uma noção imperfeita, da qual o código poderia ter prescindido sem prejuízo[1402]. Perspectiva também crítica, mas por razões diversas, explica que a definição padece de falta de rigor, é desprovida de qualquer valor operacional, mercê do significado puramente expositivo, de tipo manualístico, porque, embora haja coisas incorpóreas, como certos direitos, há entes susceptíveis de serem objecto de relações jurídicas, como as pessoas ou os bens da personalidade, que não são coisas em sentido jurídico[1403].

II. Coisa é apresentada como toda a realidade susceptível de ser objecto de relação jurídica. É neste último elemento que se centra a discussão. A ser assim, então seriam coisas as prestações, os bens da personalidade, os bens intelectuais, eventualmente mesmo as pessoas, o que não é condizente com o regime legal associado às coisas. Se há um entendi-

---

[1398] Mas também casualmente Orlando de Carvalho, *A Teoria Geral da Relação Jurídica. Seu Sentido e Limites*, 1969, p. 261, critica o gosto do código pela definição conceitual, em seu entender por vezes incorrecta e exemplifica, com o art. 202.°/1.

[1399] Erradamente, porque a definição apresentada padece de deficiente técnica e o articulado subsequente vem negar a amplitude da noção, reportando-se apenas a coisas em sentido estrito. Oliveira Ascensão, *Direito Civil Teoria Geral* – Vol. I, 1997, pp. 313 e 314.

[1400] Menezes Cordeiro, *Tratado de Direito Civil Português I – Parte Geral*, Tomo II, 2002, pp. 25 e 29.

[1401] Pais de Vasconcelos, *Teoria Geral do Direito Civil* – Vol. I, 1999, p. 126.

[1402] Carvalho Fernandes, *Teoria Geral do Direito Civil* – Vol. I, 2001, p. 666, embora manifeste uma posição menos radical na crítica da definição.

[1403] Mota Pinto, *Teoria Geral do Direito Civil*, 1985 (7ª reimpressão 1992), p. 339.

O direito de crédito enquanto direito real

mento generalizado de que pessoa se opõe a coisa, pelo que tudo aquilo que está ligado às realidades humanas – a pessoa singular, o corpo humano ou as suas partes, os sentimentos e outros aspectos ligados à personalidade[1404] – não é coisa, o próprio modo de determinar o que é coisa não é unívoco. Coisa é determinada de acordo com um critério social, enquanto modalidade de bem entendido como realidade pré-legal[1405] ou, ao invés, o universo das coisas é determinado pelo direito, não obstante ser este sensível à realidade e à natureza das coisas[1406].

Assim, a noção de coisa acaba por ser limitada, sendo definida como realidade exterior ao homem, dele independente na sua subsistência, que tem individualidade, utilidade e é susceptível de apropriação[1407]; como toda a realidade figurativamente delimitada a que o direito dispense um estatuto historicamente determinado para os seres inanimados[1408]; como toda a realidade autónoma, que não sendo pessoa em sentido jurídico, é dotada de utilidade e susceptível de dominação pelo homem[1409].

Mas sem prejuízo destas diferenças inegáveis, tributárias do modo distinto de encarar a maneira de relacionamento entre o direito e as coisas, o problema comum de crítica ao artigo 202.º tem raízes profundas situadas ao nível da crítica à relação jurídica (e à parte geral do código civil como espelho dessa relação jurídica[1410]) enquanto elemento central na

---

[1404] Menezes Cordeiro, *Tratado de Direito Civil Português I – Parte Geral*, Tomo II, 2002, p. 29.

[1405] Oliveira Ascensão, *Direito Civil Teoria Geral* – Vol. I, 1997, pp. 314 e 315; Pais de Vasconcelos, *Teoria Geral do Direito Civil* – Vol. I, 1999, p. 127, considera as coisas como dado extra-jurídico (que já antes –pp. 28 e ss. – havia definido como realidades exteriores ao direito, com as quais tem de contar e as quais recolhe da vida).

[1406] Que poderá impor o modo de alcançar as soluções, mas não oferece ao direito realidades pré-jurídicas intocáveis. Menezes Cordeiro, *Tratado de Direito Civil Português I – Parte Geral*, Tomo II, 2002, p. 32.

[1407] Oliveira Ascensão, *Direito Civil Teoria Geral* – Vol. I, 1997, p. 316, seguido por Pais de Vasconcelos, *Teoria Geral do Direito Civil* – Vol. I, 1999, p. 127.

[1408] Menezes Cordeiro, *Tratado de Direito Civil Português I – Parte Geral*, Tomo II, 2002, p. 33.

[1409] Dias Marques, *Teoria Geral do Direito Civil*, Vol. I, 1958, p. 311, definição acolhida expressamente por Carvalho Fernandes, *Teoria Geral do Direito Civil* – Vol. I, 2001, p. 668.

[1410] Menezes Cordeiro, *Tratado de Direito Civil Português I – Parte Geral*, Tomo I, 2000, p. 125, explica que a técnica da relação jurídica resulta de um exacerbar das características conceptuais ínsitas no pensamento científico subjacente à parte geral.

516 *A Cessão de Créditos e o Sistema de Transmissão de Direitos Reais*

análise do direito civil[1411]. É natural que a doutrina civilista, que a partir dos anos sessenta encetou uma dura crítica à teoria da relação jurídica, conviva dificilmente com um preceito que directamente faz apelo a essa mesma categoria, porquanto pressupõe uma visão do direito, no seu entender, errada[1412].

De qualquer maneira, e sem prejuízo de todas as vantagens que lhe podem ser associadas, não é legítimo abandonar um preceito sem procurar qualquer conteúdo útil, antes centrando a crítica exclusivamente nos aspectos negativos. Até porque, se existe uma particular relutância em ponderar a definição legal mercê da referência à relação jurídica, ela deixa de fazer sentido quando a própria doutrina defensora da relação jurídica explica que, quando se refere a objecto da relação jurídica, está a atender apenas ao lado activo, querendo designar objecto do direito subjectivo[1413]. Ainda assim, se esta superação será muito dificilmente compaginável com o entendimento de coisa enquanto dado pré-legal, já não será porventura difícil de articular com as posições que entendam coisa como realidade recortada pelo próprio direito.

21.2. *Valor das definições legais*

I. Aquando da feitura do código civil, não obstante a indicação para evitar definições na sua elaboração, não se julgou conveniente bani-las,

---

[1411] É sintomático que Oliveira Ascensão, *Direito Civil Teoria Geral* – Vol. I, 1997, p. 313, logo no início da exposição da matéria relativa às coisas, se refira a um sentido amplo de coisa, adoptado pela definição do código, englobante de toda a realidade susceptível de ser objecto de direitos (e não de relações jurídicas).

[1412] A categoria mais vasta será a situação jurídica, sendo a relação jurídica apenas uma das várias situações jurídicas possíveis. A crítica à relação jurídica parte, precisamente, da constatação do absurdo que é admitir uma relação jurídica absoluta alicerçada numa obrigação passiva universal correspectiva dos direitos absolutos. Foi encetada por Oliveira Ascensão, *As Relações Jurídicas Reais*, 1962, e seguida por Menezes Cordeiro, no seu ensino da Teoria Geral do Direito Civil, sendo actualmente plenamente aceite na Faculdade de Direito de Lisboa. Já em Coimbra se continua a ensinar segundo o modelo da relação jurídica.

[1413] Manuel de Andrade, *Teoria Geral da Relação Jurídica* – Vol. I, 1997 (reimpressão), p. 187. Ainda assim, mais adiante (p.204) afirma que toda a coisa pode ser objecto de relações jurídicas, mas esta qualificação não é privativa das coisas. Está a referir-se às pessoas enquanto objecto de relações jurídicas e ainda ao direito de crédito para quem adopte outro conceito de objecto desse direito.

O *direito de crédito enquanto direito real* 517

em absoluto, contando que fossem meramente orientadoras para o intérprete[1414]. Embora em perspectivas diversas, continua a existir um alerta comum para o perigo das definições em direito[1415].

É neste quadro que se pode analisar o entendimento não unânime do valor das definições legais. Nas posições extremadas há quem entenda que as definições são inúteis e há quem lhes confira carácter prescritivo.

Na doutrina portuguesa estão próximo da primeira posição autores que defendem que as definições legais não vinculam o intérprete, apenas o orientam, porque: a lei não faz ciência e não tolhe a liberdade do cientista[1416]; apenas as normas interpretativas vinculam e não as definições[1417]; as regras meramente qualificativas ou definitórias não vinculam

---

[1414] Vaz Serra, *A Revisão Geral do Código Civil*, 1947, p. 50. A referida recomendação representou, no entanto, uma evolução em relação à orientação expressa anteriormente (vertida na p.34), onde constava que as definições não seriam de proscrever desde que se inserisse no código uma disposição declarando seram apenas orientadoras e não decisivas, salvo quando delas se concluisse o contrário. Parece ter ficado precludida a hipótese de adoptar tal regra e, por isso, a orientação foi mais no sentido de, tendencialmente, excluir as definições ou, a existirem, serem tidas como meramente orientadoras. Terá ficado, portanto, esquecida a parte final da anterior recomendação, que excepcionava a circunstância de da definição resultar carácter decisivo.

[1415] Baptista Machado, *Introdução ao Direito e ao Discurso Legitimador*, 1982 (reimpressão 1996), pp. 110 e 111, escreve, "à técnica legislativa da definição só pode fazer-se a tradicional reserva de que, em direito, *ommis definitio periculosa*". Oliveira Ascensão, *O Direito, Introdução e Teoria Geral*, 2001, p. 501, explica que, mercê da dificuldade em definir e da possibilidade de o legislador se enganar, há muito se recomenda evitar as definições legais: *omnis definitio in iure periculosa est*.

[1416] Galvão Telles, *Direito das Sucessões – Noções Fundamentais*, 1996 (reimpressão), p. 58, rebelando-se contra a definição legal de sucessão, escreve que "[a] lei não é feita para resolver problemas académicos [...]. E se tem a vã pretensão de os resolver, vale apenas como uma opinião entre outras, não vinculando o intérprete. A legislação beneficia da ciência, mas não é ciência. Não se faz ciência por decretos. O jornal oficial não existe para impor opiniões científicas, não tolhendo a liberdade do cientista.". Mais adiante (na p.60) volta a afirmar que a definição pretende transformar em lei uma opinião teórica, não sendo essa a sua função, pelo que "[o] intérprete mantém completa liberdade de adoptar concepção científica diferente.". Já nas suas lições de *Introdução ao Estudo do Direito* manifesta a mesma posição, embora em moldes menos contundentes, explicando que a definição pretende dar uma imagem de determinado instituto, possuindo valor meramente tendencial ou aproximativo pelo que, se resultar imprecisa ou incompleta, o jurista poderá, legitimamente, corrigi-la, não significando com isso uma sobreposição ao legislador, mas sim o "pôr o legislador de hamonia consigo mesmo" (Galvão Telles, *Introdução ao Estudo do Direito* – Vol. II, 1996, pp. 437 e 438).

[1417] Dias Marques, *Introdução ao Estudo do Direito*, 1979, pp. 195 e 196, porque, se o legislador se contradiz, é necessário aplicar o critério lógico de fazer prevalecer a norma

518 A Cessão de Créditos e o Sistema de Transmissão de Direitos Reais

por não serem regras de conduta[1418]; a lei comanda, mas não teoriza[1419]; as definições legais não têm estrutura normativa[1420]; só os aspectos dispositivos da definição vinculam, não ficando a liberdade do intérprete coarctada em relação aos aspectos construtivos[1421].

Embora partam da negação da vinculatividade das definições, estas duas últimas posições resultam já algo matizadas, porque admitem a existência de elementos vinculativos da definição. Será o caso de resultar um certo regime jurídico da própria definição, ou seja, de estabelecer uma disciplina directa para uma situação[1422], e é a situação dos aspectos dispositivos da definição, que são direito vigente e, portanto, a aplicar[1423].

Mesmo com estas *nuances*, nenhuma destas perspectivas permite conferir conteúdo útil à definição legal de coisa. No que respeita à pri-

---

que regula o particular sobre a norma que regula o geral. Assim, se ao tratar do regime particular do instituto o legislador contradiz a definição geral, devem prevalecer as particularidades do instituto e não a definição. Mas não deixa de afirmar que para afastar a definição é necessário uma norma mais concreta que a contrarie.

[1418] Rebelo de Sousa e Galvão, *Introdução ao Estudo do Direito*, 2000, p. 236.

[1419] Oliveira Ascensão e Menezes Cordeiro, *Cessão de Exploração de Estabelecimento Comercial, Arrendamento e Nulidade Formal (parecer)*, 1987, p. 859.

[1420] Oliveira Ascensão, *O Direito, Introdução e Teoria Geral*, 2001, p. 501. As definições são proposições jurídicas não normativas, por isso são elementos de orientação não decisivos, devendo, no caso de eventual conflito entre uma definição e o regime positivamente estabelecido, prevalecer o que decorre do regime, em detrimento da definição. Esta posição, assumida em sede de teoria geral, é reiterada diversas vezes a propósito de problemas concretos. Por exemplo, recentemente, a propósito da noção de valor mobiliário, escreve Oliveira Ascensão, *O Actual Conceito de Valor Mobiliário*, 2001, p. 41, a propósito da orientação do CVM no sentido de entender o valor mobiliário como documento, ou seja, como forma de representação, que determinar a essência do valor mobiliário não é competência legal, ficando o campo aberto aos intérpretes para, não obstante a tomada de posição da lei, preferirem outro entendimento. Repare-se que, neste caso, nem existirá uma verdadeira e própria definição, mas uma indicação da lei no sentido de entender o valor mobiliário como uma forma de representação de direitos, o que estará até contemplado no regime respectivo. O A. parece assumir uma posição bastante mais comprometida no que respeita ao papel da doutrina enquanto reveladora do direito.

[1421] Menezes Cordeiro, *A Posse: Perspectivas Dogmáticas Actuais*, 2000 (reimpressão 2004), p. 43. Esta perspectiva parece representar uma evolução no pensamento do autor, porque em momento anterior – Menezes Cordeiro, *Direito das Obrigações* – 1.º Vol., 1980 (reimpressão 1986), p. 10 – se refere às definições legais, simplesmente, como teorizações que, em princípio, não deverão ser feitas pela lei.

[1422] Oliveira Ascensão, *O Direito, Introdução e Teoria Geral*, 2001, p. 501.

[1423] Menezes Cordeiro, *A Posse: Perspectivas Dogmáticas Actuais*, 2000 (reimpressão 2004), p. 43.

O direito de crédito enquanto direito real 519

meira, é afirmado, noutro local, que a fórmula do artigo 202.º/1 é formal, meramente funcional, nada permitindo avançar no esclarecimento da realidade[1424]. Relativamente à segunda, é evidente não estar construída a definição de coisa em moldes dispositivos, pelo que, parece legítimo concluir não ser vinculativa.

Outra tendência consolidada, e porventura maioritária[1425], na civilística portuguesa aponta para a vinculatividade das definições legais: nas leis dispositivas (inovadoras), às quais são equiparadas as definições de actos e contratos, devem-se compreender os preceitos ou regras de carácter doutrinal ou teórico em que o legislador estabelece os princípios pelos quais se orientou para regular certos assuntos e que, sem prejuízo de, por vezes, serem inúteis, são em geral elementos valiosos de interpretação, que não podem ser postos de lado ou amesquinhados[1426]; as normas declarativas e explicativas são verdadeiras regras jurídicas[1427]; há disposições legais meramente instrumentais, porque se destinam a esclarecer o sentido e alcance de outras disposições, auxiliando a formulação das normas respectivas[1428]; mesmo incompleta ou imperfeita, a definição compreende sempre uma vontade ou intenção normativa, não é uma simples noção provisória e revisível de uma realidade que se pretende categorizar[1429]; os enunciados legais que se limitam a estabelecer definições ou classificações não são normas autónomas ou completas, mas contêm apenas partes de normas que irão integrar outras disposições legais, resultando dessa com-

---

[1424] Oliveira Ascensão, *Direito Civil Teoria Geral* – Vol. I, 1997, p. 315.

[1425] É esse o entendimento de Pinto Duarte, *Tipicidade e Atipicidade dos Contratos*, 2000, p. 78.

[1426] José Tavares, *Os Princípios Fundamentais do Direito Civil* – Vol. I, 1930, pp. 142 e 143.

[1427] Cabral de Moncada, *Lições de Direito Civil*- Vol. I, 1954, p. 45, por oposição às "regras doutrinais", que não são normas jurídicas obrigatórias, antes resultam de um enquadramento doutrinário que não é vinculativo (pp. 45 e 46, nota 2). As normas declarativas ou explicativas não ordenam, nem proibem, nem facultam coisa alguma: declaram e explicam o sentido de um certo conceito jurídico ou, por exemplo, fixam as condições necessárias para se poder dizer que existe certo negócio jurídico ou determinam o sentido técnico de certas expressões.

[1428] Pires de Lima e Antunes Varela, *Noções Fundamentais de Direito Civil* – Vol. I, 1965, p. 33, não lhes atribuindo estatuto diferente ao nível da imperatividade.

[1429] Baptista Machado, *Introdução ao Direito e ao Discurso Legitimador*, 1982 (reimpressão 1996), p. 111. Respondendo à doutrina que entende a ela caberem as construções conceptuais, afirma que no caso das verdadeiras definições legais não se trata de puras construções conceituais, mas de, "por uma forma indirecta, constituir as hipóteses a que se ligam as consequências jurídicas de determinadas normas".

520 A Cessão de Créditos e o Sistema de Transmissão de Direitos Reais

binação uma norma completa[1430]; as definições legais vinculam, no sentido que resulta da relação com os restantes elementos das normas que por elas são integradas (podendo ser designadas de proposições jurídicas incompletas), o que aponta para uma "maleabilização" e pode conduzir, inclusivamente, à imputação ao definido de sentido diverso do dado pela definição[1431].

II. No caso em apreço, se se entender que a definição de coisa oferecida pelo artigo 202.° é vinculativa, então coisa será algo bastante mais abrangente do que o defendido pela doutrina. Consequentemente, os preceitos relativos a coisas, até agora entendidos como referentes apenas a coisas no sentido estrito sustentado pelos autores, serão potencialmente aplicáveis a outras realidades.

É certo que não resulta da definição um determinado regime jurídico, pelo que, numa dada perspectiva, não comporta elementos vinculativos. Todavia, não é menos certo que, noutra perspectiva, constitui uma parte de norma que oferece conteúdo útil a outras normas a integrar por ela.

[1430] Baptista Machado, *Introdução ao Direito e ao Discurso Legitimador*, 1982 (reimpressão 1996), p. 110. Posição idêntica é perfilhada por Castro Mendes, *Introdução ao Estudo do Direito*, 1984, p. 68, quando explica, simplesmente, serem as definições legais normas incompletas, que ajudam a determinar a previsão de todas as normas contidas no capítulo, produzindo os efeitos em ligação com elas e determinando as respectivas estatuições e valorações. Provavelmente alicerçado neste entendimento, a propósito da definição legal de valor mobiliário constante no CMVM, Jorge Costa Santos, *Direitos Inerentes aos Valores Mobiliários*, 1997, p. 75, duvida que possa ser reputada de carácter não normativo e meramente orientador. Baseia-se, contudo, na circunstância de a lei assentar a definição "para os efeitos deste diploma" para questionar se terá carácter prescritivo e elementos vinculativos. Parece que a eventual vinculatividade da definição não decorre da própria definição, mas de ser acolhida para os efeitos daquele código.

[1431] Pinto Duarte, *Tipicidade e Atipicidade dos Contratos*, 2000, pp. 75 e ss.. Explica que a posição que defende a não vinculatividade das definições legais está viciada pelo entendimento implícito de que o legislador procura dar definições reais ou lexicais, quando, na verdade, a intenção da lei é dar critérios de decisão, pelo que as definições legais devem ser entendidas como nominais estipulativas, determinando não o significado que as palavras têm no léxico de um dado grupo social, mas sim o significado com que deverão ser entendidas (pp. 74 e 75). Já Sousa Mendes, *A Garantia Geral das Obrigações*, 1986, p. 91, defende, aderindo a Bierling, que as proposições jurídicas propositórias configuram autênticos imperativos, porque obrigam a que todas as vezes em que determinada palavra apareça na lei seja acolhida com o sentido determinado por essa mesma lei. Quando o legislador dá uma definição de determinada situação de facto, está antes de mais a formular a sua resposta a uma questão normativa.

O *direito de crédito enquanto direito real*

A menos que a própria norma remeta implicita ou explicitamente para outro sentido, qualquer norma onde apareça a palavra "coisa" remete para determinado significado oferecido pela definição de coisa. Essa definição, a constar da lei, não poderá ser desprezada sem mais. Não se nega o papel criador da doutrina, mas entende-se que é sempre uma criação vinculada pelas disposições legais.

Se, em última análise se concluir por uma total incompatibilidade entre definição legal e regime associado, em moldes tais que não faça qualquer sentido aquele regime aplicável às realidades constantes da definição, então porventura prevalecerá o que resulta de certo regime, porque ele é inaplicável a realidades para as quais não faz qualquer sentido. No entanto, não se pode abandonar uma definição sem um esforço verdadeiro de busca de um conteúdo útil.

Nem se diga que tal orientação metodológica está viciada de conceptualismo, porque não se trata de, *a priori*, qualificar determinada realidade para depois, mercê dessa qualificação, lhe aplicar determinado regime ou solucionar os problemas de regime através dessa mesma qualificação. Trata-se de considerar a lei vigente como ponto de partida para uma análise em direito, porventura não o único ponto, mas, seguramente, um elemento a considerar especialmente. No caso das definições, será a busca de uma primeira configuração da realidade a qual pertence já ao regime jurídico por ela e para ela recortado. Só depois de um devir constante entre definição, regime e a natureza das coisas oferecida pela realidade anterior ao próprio direito, se poderá concluir, fundadamente, sobre o afastamento de determinada definição legal.

Se, como já foi referido, é negado qualquer conteúdo útil à definição legal de coisa, porque leva a um círculo vazio de significado – coisa é tudo o que pode ser objecto de relações jurídicas, logo, o objecto de relações jurídicas é coisa, sem que nada de útil se acrescente[1432] –, será necessário, no seu entender, procurar na realidade existente, pré-existente ao próprio direito, a matéria que este se destina a regular. Assim, coisa, enquanto integrada na categoria do bem, é um dado pré-legal, como serão as pessoas ou as acções[1433].

Sem discutir, porque não é este o local, dir-se-á apenas que, tal como há pessoas físicas, existentes na sua dimensão física e de dignidade ante-

---

[1432] Oliveira Ascensão, *Direito Civil Teoria Geral* – Vol. I, 1997, Oliveira Ascensão, *Direito Civil Teoria Geral* – Vol. II, 1999, pp. 313 e ss..

[1433] Oliveira Ascensão, *Direito Civil Teoria Geral* – Vol. I, 1997, pp. 29 e ss..

522   *A Cessão de Créditos e o Sistema de Transmissão de Direitos Reais*

riormente ao direito e, portanto, necessariamente por ele respeitadas e pro-
tegidas, e pessoas jurídicas, criadas pelo próprio direito ainda que no reconhecimento de determinada existência relevante, também se afigura plausível a existência de coisas enquanto realidades que se impõem ao próprio
direito a par de coisas criadas pelo direito, coisas para o direito, em homenagem a um tratamento justificadamente semelhante. Serão coisas jurídicas, não físicas. Ou, se se quiser, serão coisas ficcionadas pelo direito,
como este ficciona a personalidade jurídica das pessoas colectivas.

Talvez seja a essas coisas a que se reporta, em primeira linha, o artigo
202.°/1, porventura porque para as outras coisas não seria sequer necessário que constasse na lei definição expressa.

Procura-se, então, de seguida, encontrar um conteúdo útil para a definição constante do código civil.

21.3. *Coisa: objecto da relação jurídica*

21.3.1. *Razão da definição legal*

I. Centre-se, novamente, o problema nos aspectos determinantes
para o presente estudo e no ponto de discussão em que se está: transmissão de direitos de crédito/transmissão de direitos reais.

Coisa nos termos do artigo 202.° será tudo o que pode ser objecto de
uma relação jurídica, seja ela corpórea, incorpórea ou mesmo um
direito[1434].

Várias hipóteses de interpretação podem configurar-se partindo da
própria categoria de relação jurídica e do seu objecto. Repare-se que, na
doutrina portuguesa[1435], a teoria da relação jurídica indica quatro elemen-

---

[1434] Pires de Lima e Antunes Varela, *Código Civil Anotado* – Vol. I (com a colaboração de Manuel Henrique Mesquita), 1987, p. 192. Era já, na vigência do código de Seabra, a posição de Manuel de Andrade, *Teoria Geral da Relação Jurídica* – Vol. I, 1997
(reimpressão), pp. 189 e ss., ao admitir como objecto do direito subjectivo (logo, da relação jurídica, como se verá) quer as coisas num sentido estrito quer os direitos.

[1435] Rigorosamente, se atentarmos à obra de Savigny, *System des heutigen römischen Rechts*, Band 1, 1840 (reimpressão 1981), pp. 7 e 331 e ss., constata-se que a teoria
da relação jurídica não aparece com este desenvolvimento e estas explicações. A sua maior
preocupação parece ser a de encontrar um critério articulado com o seu conceito de direito
subjectivo – poder pertencente a uma pessoa: "área onde reina a sua vontade e com o nosso
acordo" (*ein Gebiet, worin ihr Wille herrscht, und mit unserer Einstimmung herrscht*, p. 7)
– que lhe permita organizar o direito privado. Assim (pp. 334 e ss., sumariando nas pp. 344

O *direito de crédito enquanto direito real* 523

tos – sujeitos, objecto, facto e garantia – que, no entanto, qualifica de elementos externos. Quando explica a estrutura interna da relação jurídica, traduzida no vínculo ou nexo que liga os sujeitos, acaba por analisar o conceito de direito subjectivo[1436]. O mesmo se diga relativamente ao objecto da relação jurídica: é assumido traduzir-se, afinal, no objecto do próprio direito que, na arquitectura da teoria, corresponde ao lado activo da relação[1437].

---

e 345), distingue três objectos em relação aos quais é possível pensar um domínio da vontade e que correspondem a três círculos concêntricos nos quais a vontade pode dominar: o primitivo, que compreende o chamado direito original (*Urrecht*) e que não é tratado como verdadeiro direito; o que se estende à família e apenas parcialmente pertence ao direito, construindo o direito da família; o mundo exterior, sobre o qual o poder da vontade actua e cai quase totalmente no domínio do direito, elaborando o direito patrimonial que se desagrega em direito das coisas e direito das obrigações. O direito das coisas tem como matéria o poder/domínio sobre coisas, enquanto o direito das obrigações abarca a relação jurídica que tem por objecto um poder/domínio sobre uma actuação singular de outra pessoa (obrigação) (p.339; pp. 367 e 369). A relação jurídica, por seu turno, é um vínculo entre pessoas determinado por uma regra jurídica e essa determinação da regra jurídica reside na existência imprescindível de uma área da vontade individual, na qual ela domina independentemente de qualquer vontade de estranhos (p.333); a essência da relação jurídica corresponde a uma área independente do poder/domínio das vontades individuais (p.334).

[1436] Andrade, *Teoria Geral da Relação Jurídica* – Vol. I, 1997 (reimpressão), pp. 5 e ss., onde explica a estrutura interna da relação jurídica, desenvolvendo a temática do direito subjectivo. Já Mota Pinto, *Teoria Geral do Direito Civil*, 1985 (7ª reimpressão 1992), pp. 168 e 169, considerando, da mesma maneira, que a estrutura interna da relação jurídica é constituída pelo vínculo, o nexo, a ligação que existe entre os sujeitos, explica que essa estrutura interna ou conteúdo da relação jurídica é integrada por um direito subjectivo e por um dever jurídico ou por uma sujeição.

[1437] Para Manuel de Andrade, *Teoria Geral da Relação Jurídica* – Vol. I, 1997 (reimpressão), p. 20, o "*[o]bjecto da relação jurídica é aquilo sobre que incide o direito subjectivo; sobre que incidem o poder ou poderes em que este direito se analisa.[...]* O objecto da relação jurídica define-se, portanto, focando nela sòmente o lado activo. Reconduz-se afinal ao objecto do correspondente direito subjectivo. Objecto de relações jurídicas será pois, em última análise, a mesma coisa que objecto de direitos.". Mais à frente, na p.187, quando enceta o Livro II, subordinado à "Teoria Geral do Objecto da Relação Jurídica", intitula o primeiro ponto de "Objecto da Relação Jurídica (Objecto de Direitos). Conceito. Objecto e conteúdo da relação jurídica (de direitos)" e explica novamente que objecto de relações jurídicas quer dizer objecto de direitos subjectivos. Pires de Lima e Antunes Varela, *Noções Fundamentais de Direito Civil* – Vol. I, 1965, p. 226, afirmam que o objecto da relação jurídica é aquilo sobre que incidem os poderes do titular activo da relação. Ora isto equivale a dizer que objecto da relação jurídica e objecto do direito subjectivo são o mesmo. À semelhança de Manuel de Andrade, também Mota Pinto, *Teoria Geral do Direito Civil*, 1985 (7ª reimpressão 1992), pp. 181 e 182, faz equivaler as duas realidades, rematando que "[o]bjecto da relação jurídica é o objecto do direito subjectivo propriamente dito que constitui a face activa da sua estrutura" e, mais adiante, "[fa]la-se de

524 A Cessão de Créditos e o Sistema de Transmissão de Direitos Reais

Objecto da relação jurídica não é mais do que objecto do direito subjectivo. Tal como teoria da relação jurídica pode ser traduzida pela teoria do direito subjectivo[1438].

Assim, se se entender relação jurídica, na perspectiva da temática em análise, como substituível por direito subjectivo[1439], então será coisa qualquer bem susceptível de ser afectado a um ou mais fins das pessoas individualmente consideradas[1440], qualquer bem susceptível de ser aproveitado mediante uma permissão normativa especifíca[1441-1442]. Coisa será

---

objecto da relação jurídica para referir o *objecto do direito subjectivo*" (p.329). Hörster, *A Parte Geral do Código Civil Português*, 1992, explica que o objecto imediato da relação jurídica é o conjunto direito subjectivo – vinculação "aliás, parecido com o próprio conteúdo da relação" (p.173) e que o objecto mediato é "aquilo sobre que podem incidir os poderes que caracterizam o direito subjectivo" (p.174) e que, para o direito é "coisa" (pp. 177 e ss..). Pinto Monteiro, *Noções Gerais de Direito*, 2003, p. 77, escreve que "o objecto da relação jurídica (que é o mesmo que objecto do direito subjectivo) é o bem sobre que incidem os poderes do titular activo". Já José Tavares, *Os Princípios Fundamentais do Direito Civil* – Vol. II, 1928, pp. 241 e 242, equiparava, nesta perspectiva, direito subjectivo e relação jurídica, ao escrever que "[u]m dos elementos essenciais dos direitos subjectivos ou das relações jurídicas é o *objecto*, sôbre o qual incide o poder ou o dever jurídico.". Oliveira Ascensão, *Direito Civil Teoria Geral* – Vol. III, 2002, p. 313, embora criticando a noção legal de coisa, e propondo outra leitura, explica que o código, no art. 202.º, preferiu a noção ampla de coisa, "englobando toda a realidade que possa ser objecto de direitos". Razão terá, pois, Drobnig, *Property Law in a Future Civil Code*, 2002, p. 108, quando afirma que o art. 202.º/1 do código civil português define coisa como tudo o que pode ser objecto de direitos.

[1438] Logo na página de abertura da sua obra, Andrade, *Teoria Geral da Relação Jurídica* – Vol. I, 1997 (reimpressão), p. 1, afirma que a parte geral do direito civil compreende "a teoria geral da relação jurídica, que redunda, no fim de contas, em certo sentido, numa teoria geral do direito subjectivo.".

[1439] Perceber-se-á imediatamente de seguida a razão de praticamente existir uma equiparação entre direito subjectivo e relação jurídica. Pressupõe, naturalmente, uma doutrina dificilmente compatível com os entendimentos mais recentes de direito subjectivo.

[1440] Gomes da Silva, *O Dever de Prestar e o Dever de Indemnizar*, 1944, p. 85.

[1441] Menezes Cordeiro, *Tratado de Direito Civil Português I – Parte Geral*, Tomo I, 2000, p. 166.

[1442] Referem-se as definições de direito subjectivo propostas por Gomes da Silva e Menezes Cordeiro, porque, além da sua importância na doutrina portuguesa, incluem a referência a "bem" (o que não acontece, por exemplo, na definição proposta por Oliveira Ascensão, *Direito Civil Teoria Geral* – Vol. III, 2002, p. 79, mas acontece de novo na definição que, embora na esteira de Oliveira Ascensão, Pais de Vasconcelos, *Teoria Geral do Direito Civil* – Vol. II, 2002, p. 188, propõe), o que se afigura bastante expressivo no contexto em análise por enfatizar a perspectiva do objecto do direito. Discutir, agora, toda a problemática do direito subjectivo com a análise aturada e crítica das diversas posições –

quer o objecto do direito real quer o objecto do direito de crédito. A prestação será uma coisa. Se se entender limitar-se a relação jurídica, como resulta da própria denominação, a situações em que exista uma relação e se se entender o direito de crédito como o exemplo de uma relação jurídica, então coisa é a prestação[1443].

Não obstante a preferência por uma interpretação objectiva e actualista da lei, não será ilegítimo procurar perceber a posição legal à luz do ambiente científico contemporâneo da feitura do código civil: o da relação jurídica. Neste contexto, a relação jurídica é entendida latamente como toda a situação ou relação da vida real juridicamente relevante ou, restritamente, como a relação da vida social disciplinada pelo direito, mediante a atribuição a uma pessoa de um direito subjectivo e a correspondente imposição a outra pessoa de um dever ou de uma sujeição[1444].

O próprio direito subjectivo é entendido num contexto eminentemente relacional – é a faculdade ou o poder atribuído pela ordem jurídica a uma pessoa de exigir ou pretender de outra um determinado comportamento positivo (fazer) ou negativo (não fazer), ou de por um acto de sua vontade (com ou sem formalidades, só de *per si* ou integrado depois por um acto da autoridade pública – decisão judicial) produzir determinados efeitos jurídicos que se impõem inevitavelmente a outra pessoa[1445] – e isso explica que relação jurídica e direito subjectivo acabem por ser entendidos praticamente como equivalentes[1446]. Assim, relação jurídica

---

mesmo que apenas da doutrina nacional – seria impossível no âmbito do presente trabalho e não é determinante dos resultados que se pretendem atingir. Por isso se prescinde dessa discussão.

[1443] E, no limite, para quem não recorra à estrutura da relação jurídica (absoluta) para explicar os direitos reais, coisa não seria o objecto dos direitos reais. Talvez por isso os críticos da relação jurídica repudiem de imediato a definição do art. 202.º.

[1444] Manuel de Andrade, *Teoria Geral da Relação Jurídica* – Vol. I, 1997 (reimpressão), p. 2.

[1445] *Ibidem*, p. 3, correspondendo a primeira parte da definição ao direito subjectivo propriamente dito e a segunda ao direito potestativo (pp. 10 e ss.).

[1446] Embora Manuel de Andrade, *Teoria Geral da Relação Jurídica* – Vol. I, 1997 (reimpressão), p. 6, explique que o núcleo da relação é o enlace, o vínculo, o nexo que mediante ela se estabelece entre os respectivos sujeitos, o próprio direito subjectivo, enquanto poder de exigir a outrem determinado comportamento, é analisado enquanto enlace entre pessoas. Relembrem-se ainda as já referidas afirmações de Manuel de Andrade, *Teoria Geral da Relação Jurídica* – Vol. I, 1997 (reimpressão), p. 20 pp. 187 e ss., de que, em última análise, o objecto da relação jurídica é o mesmo que o objecto do direito subjectivo. Veja-se, acima, p. 496, nota 1437.

526 A Cessão de Créditos e o Sistema de Transmissão de Direitos Reais

abrange quer a "relação jurídica relativa" quer a relação jurídica absoluta, sendo assumidos como exemplo da primeira os direitos de créditos e da segunda os direitos reais.

A ser assim, coisa será o objecto tanto dos direitos de crédito como dos direitos reais. O que fazer, então, das prestações enquanto objecto dos direitos de crédito? Ou as prestações não são o objecto dos direitos de crédito ou as prestações são, elas próprias, coisas[1447]. Por isso a doutrina mais recente, que repudia a centralidade da construção da relação jurídica, afasta a definição, porque considera insustentável equiparar prestações a coisas, porquanto estão carregadas de sentidos, de características, de funções incompatíveis. Porque o seu objecto é definido *a priori* como distinto. Essa distinção resulta quer de um entendimento do direito que sustenta a existência dos bens como dados pré-legais, quer da constatação de que decorrem do regime associado a uma e outra situações características substancialmente diversas.

II. Resta, então, desistir de encontrar qualquer conteúdo útil na definição do artigo 202.º?

Em primeiro lugar cabe perguntar se será legítimo fazer equivaler direito subjectivo (absoluto ou relativo) a relação jurídica. A lei poderia ter definido coisa como tudo aquilo que pode ser objecto de um direito subjectivo, mas não o fez. Diz-se, por seu turno, que um direito, na medida em que seja objecto de uma relação jurídica, é, também ele, uma coisa, para efeito da lei. Afirma-se, em estudo preparatório do código civil, que "[o]s *direitos* são, na verdade, *coisas*."[1448].

Estava a pensar-se, porventura, naqueles casos, como sejam o de penhor de direitos ou de usufruto de direitos, em que aqueles direitos – reais – incidem sobre outros direitos, gerando a figura designada por direitos sobre direitos[1449]. Existirá um direito sobre direito sempre que a uma

---

[1447] Repare-se como aparentemente Hörster, *A Parte Geral do Código Civil Português*, 1992, pp. 172 e ss., convive bem com a definição de coisa: ela diz respeito ao objecto mediato da relação jurídica e, nessa medida, as prestações e mesmo os direitos podem ser objecto de direitos.

[1448] Pires de Lima, *Das Coisas*, 1959, p. 208.

[1449] Pires de Lima, *Das Coisas*, 1959, p. 208, refere-se ao usufruto sobre direitos de crédito. Manuel de Andrade, *Teoria Geral da Relação Jurídica* – Vol. I, 1997 (reimpressão), pp. 195 e ss., explica em que moldes a questão se coloca e acaba por acolher a figura, excluindo apenas os direitos de natureza pessoal, nos quais inclui a propriedade, as servidões e os direitos reais de garantia.

pessoa sejam atribuídos, no seu interesse, poderes mais ou menos amplos para influir ou actuar sobre um direito pré-existente, funcionando este como direito dominado e configurando esses poderes um direito dominante[1450]. Nestes casos, não será ilegítimo falar de uma verdadeira equiparação entre direitos (nomeadamente de crédito) e coisas, direitos e coisas pertenceriam a uma mesma categoria unificada pelo critério do objecto da relação jurídica (ou direito subjectivo). Coisa seria coisa em sentido estrito – o objecto dos direitos reais –, mas também os direitos objecto de outros direitos.

Porque isto não faria sentido dentro da construção dos bens enquanto realidade pré-legal, é explicado, ao invés, que, nestes casos, nunca se trata de verdadeiros direitos sobre direitos – figura que é inexistente –, mas sim de direitos de natureza creditícia sobre o objecto do direito de crédito: a prestação. Não serão direitos reais, porque o seu objecto não pode ser configurado como coisa e todos os direitos reais têm por objecto coisas[1451].

Mais uma vez, entrar nessa problemática extravasaria em muito o objecto desta dissertação e importa não perder o fio condutor: o do efeito transmissivo dos contratos-fonte da transmissão de créditos. Aí o problema já não é exactamente o mesmo do "direito subjectivo [que] se objectiva e como que se materializa até ao ponto de sobre ele incidir outro direito subjectivo."[1452]. O direito de crédito não aparece como o objecto potencial de um outro direito, mas sim como o objecto de um negócio jurídico transmissivo.

Perguntar-se-á, então, qual a utilidade das considerações expostas relativamente ao conceito de coisa. Embora não seja absolutamente decisivo, no sentido de implicar conclusão diversa quanto ao problema da transmissão do direito de crédito, a consideração da prestação como coisa à luz do direito não deixa de ser argumento para defender o tratamento

---

[1450] Manuel de Andrade, *Teoria Geral da Relação Jurídica* – Vol. I, 1997 (reimpressão), p. 197, explica ainda que é necessário que os poderes atribuídos se refiram ao próprio direito dominado enquanto objecto do direito dominante e não ao objecto do direito dominado.

[1451] Oliveira Ascensão, *Direito Civil – Reais*, 1993, pp. 39, 478 e 479. Fazenda Martins, *Direitos Reais de Gozo e Garantia sobre Valores Mobiliários*, 1997, pp. 100 e 101, apesar de não rejeitar esta concepção, reputa de impressionante a identidade na técnica de afectação do bem ao titular do direito em causa, traduzida na inerência e numa afectação funcional típica dos direitos reais.

[1452] Manuel de Andrade, *Teoria Geral da Relação Jurídica* – Vol. I, 1997 (reimpressão), p. 196, a propósito de direitos sobre direitos.

528   *A Cessão de Créditos e o Sistema de Transmissão de Direitos Reais*

igual da transmissão dos direitos de crédito e dos direitos reais[1453]. Se o direito de crédito incide sobre uma coisa (prestação) e o critério normalmente adoptado para distinguir direitos de crédito e direitos reais é o do objecto, então o direito de crédito é, num certo sentido[1454], um direito real. Assim, seguem-se outras consequência importantes como associar aos direitos de crédito algumas características normalmente consideradas exclusivas dos direitos reais, como a sequela ou a prevalência, ou considerar extensíveis aos direitos de crédito figuras como a reserva de propriedade[1455].

Acresce que a tendência mais recente, particularmente evidente no regime do UCC, mas expressa também, por exemplo, nos Princípios do Direito Europeu dos Contratos, é no sentido de tratar conjuntamente o problema da transmissão e do penhor dos direitos de créditos, porquanto o enfoque é precisamente a utilização do direito de crédito com a finalidade de garantia. Significa isto que, embora num caso exista apenas a transmissão do direito de crédito (ainda que com escopo de garantia) e no outro haja a constituição de um direito real sobre a prestação objecto desse crédito, as duas situações são naturalmente vistas na perspectiva de objectivização de um direito, que passa a funcionar como bem portador de valor patrimonial relevante e por isso transaccionável.

[1453] Em qualquer dos casos, rigorosamente, e como se verá de seguida, o que transmite sempre não são coisas, mas direitos.

[1454] No sentido em que pode ser comparado: o que, no direito de crédito, se prende com a oponibilidade a todos, a titularidade, que está intimamente ligado com a transmissibilidade. É neste campo que se podem detectar fenómenos análogos à sequela. Claro que no que diz respeito à relação obrigacional, aspecto que não interessa neste estudo, o paralelismo não é totalmente transponível.

[1455] Diria que aqui o processo interpretativo ilustra a metodologia da espiral hemenêutica. Se se pode objectar que um direito não é real, porque incide sobre uma coisa, mas é real e a coisa é seu objecto atendendo ao seu conteúdo, a verdade é que os dois aspectos estão intimamente ligados. A possibilidade de enquadrar a prestação na definição ampla de coisa acolhida no art. 202.º suscita a dúvida sobre se, em certo sentido, o direito que incide sobre a prestação poderá ser entendido como direito real. Esta hipótese é confrontada com o regime que no que respeita à oponibilidade da titularidade do direito de crédito bem como a sua transmissibilidade deixa antever características análogas às dos direitos reais. Constatando estes elementos é possível olhar de novo para o art. 202.º e confirmar que, para o direito, a prestação é coisa e também a essa luz faz sentido que o direito sobre ela incidente, numa determinada perspectiva, seja entendido como um direito real. Então, é possível continuar o raciocínio, pensando a aplicação aos direitos de crédito de preceitos relativos aos direitos reais "tradicionais".

Há, então, duas possibilidades de abordagem do problema da aproximação dos direitos de crédito ao conceito de coisa e aos direitos reais. Ou se entende que é possível integrar a prestação na noção de coisa, constituindo argumento para que a transmissão dos direitos de crédito se opere nos mesmos moldes da transmissão dos direitos reais, ou se entende que o fenómeno transmissivo é independente e unificador: não obstante a diferença entre direitos de crédito e direitos reais, alicerçada na própria diferença de objectos, a sua transmissão é entendida nos mesmos moldes. Independentemente das conclusões relativamente ao primeiro aspecto, este segundo aspecto é suficientemente forte para sustentar um sistema uno de transmissão de direitos. É, por isso, o aspecto que mais interessa neste estudo. No entanto, como foi explicado, importava, no mínimo, aflorar o primeiro. Ainda assim, como se verá de seguida, há pontos de ligação entre as duas perspectivas e por isso interessa ponderar a primeira antes de se concluir.

Repare-se que a doutrina, porventura numa aproximação aos direitos reais, referindo-se a registo de factos relativos à constituição ou transmissão de direitos, já tem falado de "direitos coisificados" a par de direitos sobre coisas[1456]. Parece que o critério escolhido é o de serem objecto de situações sujeitas a registo (comercial e da propriedade literária, científica e artística). A expressão "direitos coisificados" não deixa de ser interessante e sugere a aproximação aos direitos reais, no que toca, pelo menos, ao regime da transmissão ou constituição de direitos. Mas por quê fazer essa aproximação apenas quando há registo? Por que razão não a acolher quando há a transmissão de direitos sem necessidade de um acto ulterior condicionante, de alguma maneira, da sua eficácia?

Retome-se, então, a questão da eficácia transmissiva.

21.3.2. Propriedade de coisa e titularidade de direito

I. Não é difícil encontrar na redacção do código alguma dificuldade, algum desconforto, que aliás já foi referido, quando pretende designar a transmissão do direito de propriedade a par da transmissão de outros direitos. A compra e venda é, por excelência, o campo desta dificuldade.

[1456] Ferreira de Almeida, *Publicidade e Teoria dos Registos*, 1966, p. 263, refere-se a direitos coisificados como quotas de sociedades por quotas, partes de capital de sociedades em nome colectivo, acções de sociedades anónimas, direitos intelectuais e industriais.

530   A Cessão de Créditos e o Sistema de Transmissão de Direitos Reais

O artigo 874.° refere que o contrato de compra e venda é aquele pelo qual se transmite "*a propriedade de uma coisa, ou outro direito*"; o artigo 879.° define como efeito essencial da compra e venda a transmissão "*da propriedade da coisa ou da titularidade do direito*"; o artigo 886.° refere a transmissão da "*propriedade da coisa, ou o direito sobre ela*"; os artigos 895.° e 897.°/1 reportam-se à aquisição da "*propriedade da coisa ou [d]o direito vendido*"; o artigo 882.°/3 refere-se à "*coisa ou direito que foi objecto da venda*"; o artigo 933.° refere a venda de coisa ou direito; variados artigos reportam-se à "venda de bens" (arts. 880.°, 881.°, 892.°, 893.°, 894.°) ou à "venda de coisas" (arts. 887.°, 888.°, 889.°, 890.°, 913.° e 914.°, 918.°, 934.°).

Significa isto que, se claramente se admite não só a transmissão do direito de propriedade e de outros direitos, direitos reais ditos menores, mas também direitos de outras categorias, como sejam os direitos de crédito, persiste alguma dúvida na redacção sobre qual é exactamente o objecto do contrato de compra e venda ou o objecto da transmissão. Diria mesmo que da redacção da lei se pode concluir alguma incerteza sobre qual seja o objecto do direito de propriedade.

Repetidas vezes aparece a expressão "propriedade da coisa" o que indicia uma de duas situações: ou se admite o direito de propriedade sobre realidades diferentes de coisas ou a expressão é utilizada para distinguir a transmissão da propriedade dos casos em que são transmitidos outros direitos sobre a coisa (será esse o sentido do artigo 886.°?). Não se percebe, no entanto, quando não há diferença de regime, qual a razão da distinção. Não está sempre em causa a transmissão de direitos? Repare-se que aparece sempre "propriedade da coisa" e não "direito de propriedade sobre a coisa" ou, simplesmente, "direito de propriedade". Que se trata de direito de propriedade resulta de modo relativamente claro do artigo 874.°, quando se refere à propriedade da coisa ou "outro" direito, ora este "outro" só se poderá compreender se "a propriedade" não for simplesmente propriedade, mas sim direito de propriedade. Mas continua por esclarecer a razão de não constar, apenas, direito de propriedade, sendo necessário especificar tratar-se de "propriedade da coisa".

Outro aspecto a frisar é a dualidade estabelecida repetidas vezes entre transmissão da propriedade da coisa/da titularidade do direito. Cabe enunciar algumas questões. Não existe titularidade a propósito do direito de propriedade? Logo, propriedade está para a coisa assim como titularidade está para o direito? Propriedade e titularidade equivalem-se e descrevem uma mesma realidade? Pelo que, tomando como exemplo o direito de cré-

O direito de crédito enquanto direito real 531

dito, seriam equivalentes as expressões propriedade da coisa e propriedade do crédito (ou da prestação) ou titularidade da coisa e titularidade do crédito (ou da prestação)? Por fim, as expressões tecnicamente correctas serão titularidade do direito de propriedade e titularidade do direito de crédito?

Directamente ligada a este aspecto está a identificação do objecto do contrato de compra e venda. Importa esclarecer se se compra e vende a coisa ou o direito (art. 876.º) ou a propriedade da coisa (art. 874.º), logo, o direito de propriedade sobre a coisa.

Quando estão em causa direitos distintos do direito de propriedade a lei é aparentemente unívoca ao referir-se a direito sempre que se refere à transmissão, à compra ou à venda. Estará sempre em causa transmitir, comprar e vender um direito e não, por exemplo, transmitir, comprar ou vender a prestação que é objecto do direito de crédito. Todavia, em variados preceitos já indicados, como nos relativos à venda de bens alheios, a lei refere-se à "venda de bens". Interessa saber, nestes casos, se a lei ainda se está a referir a direitos ou a reportar-se, por exemplo, às prestações ou às coisas enquanto objecto, respectivamente, dos direitos de crédito ou dos direitos reais.

Já quando está em causa a transmissão da "propriedade da coisa", importa perguntar se o objecto do contrato transmissivo é o direito de propriedade ou a coisa. Acresce que a lei refere umas vezes "venda de bens" e outras "venda de coisas". Mas quando a lei refere "venda de coisas", parece fazê-lo a propósito de situações que só farão sentido face a coisas num sentido restrito, como seja a venda de coisas defeituosas (fará sentido falar de direitos de crédito defeituosos?). Quando, ao invés, faz uso da expressão "venda de bens", por exemplo, a respeito da venda de bens alheios, parece querer abranger todas as situações.

II. Há, então, três grupos de problemas que importa resolver. O primeiro, em íntima ligação com a problemática do artigo 202.º, diz respeito ao objecto do direito de propriedade, o segundo à possibilidade de identificar propriedade com titularidade e o terceiro ao objecto do contrato de compra e venda.

O direito de propriedade é definido pelos diversos ordenamentos[1457] como o direito real máximo sobre uma coisa[1458]. A circunstância de o

---

[1457] A título de exemplo, veja-se o conceito de propriedade definido nos ordenamentos português, espanhol e inglês por mim e por Mariana França Gouveia em Cristas e Gouveia, *Transmissão da Propriedade e Contrato de Compra e Venda*, 2001, pp. 33 e ss..

[1458] Pires de Lima e Antunes Varela, *Noções Fundamentais de Direito Civil* – Vol.

532   A Cessão de Créditos e o Sistema de Transmissão de Direitos Reais

código francês regular a cessão de créditos no título da compra e venda foi apontada como justificação para uma errónea equiparação dos direitos de crédito aos direitos reais: usavam-se expressões como "propriedade do crédito", "alienação da propriedade dum crédito", "compra da propriedade dum crédito"[1459]. Hoje, como foi referido, expressões parecidas são usadas a propósito da "cessão Dailly". Tratar-se-á de simples facilidade terminológica ou tais expressões encerram em si algum sentido útil?

A resposta a esta questão está em íntima ligação com o segundo grupo enunciado. Se propriedade e titularidade querem dizer o mesmo, então não há qualquer conteúdo útil em usar-se a expressão propriedade do direito de crédito em substituição de titularidade do direito de crédito. Se propriedade e titularidade tiverem sentidos diferentes, então poderá justificar-se o uso diferenciado.

Entendo que propriedade apenas por lapso, decorrente da facilidade de expressão, é usada pelo legislador sem estar precedida de "direito". A palavra "propriedade" é usada pela lei no sentido de direito de propriedade. Na compra e venda está em causa a transmissão do direito de propriedade sobre determinada coisa e ainda a transmissão de outros direitos. Só por razões de tradição e de facilidade de expressão se distinguem as duas situações. Bastaria para caracterizar o contrato de compra e venda que a lei o descrevesse como contrato através do qual se transmite um direito mediante um preço.

Todavia, isto não explica tudo. Se assim fosse, se a lei apenas quisesse dizer "transmissão do direito de propriedade", porque não referir simplesmente "transmissão de outro direito" em vez de transmissão da "titularidade" de outro direito? O sentido que parece subjazer a esta opção é o de transmissão do domínio sobre o direito, transmissão do direito entendido como algo detido por alguém. No fundo, trata-se de olhar para a transmissão do direito não atendendo ao seu conteúdo, mas àquela particularidade que permite alguém afirmar que tem certo direito, que é dono de determinado direito: a titularidade.

II, 1962, p. 3, definem o direito de propriedade como "o direito que se traduz num poder directo, imediato, perpétuo, exclusivo, elástico e em regra ilimitado conferido sobre certa coisa.". Esta concepção encontra raízes no direito romano clássico e justinianeu, no qual a propriedade era o direito privado mais amplo que alguém poderia ter sobre uma coisa. Kaser, *Direito Privado Romano*, 1999, p. 137.

[1459] Guilherme Moreira, *Instituições do Direito Civil Português* – Vol. 2.º, Das Obrigações, 1925, p. 183.

"Propriedade" é um termo usado não apenas no sentido de direito de propriedade, mas também no sentido de titularidade do direito de propriedade. Pode perguntar-se se isto não corresponderá a uma tautologia sem qualquer conteúdo útil. Não parece que assim seja e essa objecção poderá fazer sentido na óptica do pouco rigor de redacção que, neste ponto, caracteriza a lei. O direito de propriedade, tal como os outros direitos, exprime-se numa relação de titularidade, significante da ligação do sujeito ao direito. A titularidade, como se referiu, é aquilo que se afigura comum entre direitos reais e direitos de crédito no prisma da oponibilidade *erga omnes*.

Quando se diz que se transmite a propriedade do direito de crédito, pretende dizer-se que se transmite a titularidade do direito de crédito. Usa-se a palavra propriedade porventura por ser mais expressiva na designação desta relação de soberania oponível a todos, que exprime a atribuição de determinado bem a determinada pessoa. Afirmar que alguém tem um direito subjectivo, independentemente da categoria, equivale a afirmar que alguém é titular de dado direito subjectivo. Naturalmente, no uso corrente, omite-se a referência à titularidade e refere-se, simplesmente, a transmissão do direito ou a transmissão da propriedade da coisa.

Ainda assim faz algum sentido utilizar a expressão propriedade de direitos de crédito. Enquanto "titularidade" designa qualquer relação entre direito e sujeito, "propriedade" designa a vocação máxima de atribuição dc uma coisa – ou um bem – a um sujeito. Significa isto que adoptar o termo propriedade do direito de crédito permite distinguir de outras situações em que o direito de crédito (ou a prestação) é objecto de direitos distintos desse direito máximo, como sejam o penhor ou o usufruto de direitos de crédito.

Acresce que a categoria titularidade também é aplicável relativamente a estes sujeitos. Também eles são titulares de um direito de usufruto ou de penhor. O paralelismo a estabelecer não será então entre titular do direito de crédito e usufrutuário ou titular do direito de penhor, mas entre proprietário do direito de crédito e usufrutuário do direito de crédito ou titular de um direito de penhor sobre o direito de crédito. Pergunta-se se tudo isto é consequência, apenas, da inevitável limitação da linguagem[1460]

[1460] Repare-se como é possível afirmar que alguém é usufrutuário de uma coisa, uma jóia, por exemplo, ou de um direito de crédito (ou prestação, para quem entenda ser esse o objecto do usufruto de créditos), e dizer que alguém é proprietário de uma jóia, mas não é possível dizer-se que alguém é "creditário" (ou credor) de um direito de crédito. Simplesmente não existe a palavra, porque a realidade que pretende descrever é diversa. Não se é titular, nem dono de uma prestação, tem-se um direito a uma prestação, que é um

534   *A Cessão de Créditos e o Sistema de Transmissão de Direitos Reais*

ou se esconde um sentido juridicamente relevante. A verdade é que se pode constituir um direito de penhor ou um direito de usufruto sobre o direito de crédito (ou a prestação), mas não se pode constituir um direito de propriedade sobre o crédito (porque um crédito é sempre um direito de crédito, que pressupõe um sujeito seu titular[1461]). Apenas se pode transmitir a propriedade sobre o direito de crédito.

III. As considerações feitas, levadas ao extremo, resultariam na inexistência do direito de crédito enquanto tal, autónomo de um outro direito que atribuísse determinada relação de domínio ao sujeito.

Na doutrina francesa, a defesa da ideia de propriedade de direitos de crédito aparece intimamente ligada à construção de Ginossar, segundo a qual só a noção de propriedade pode exprimir a ideia de domínio/poder (*maîtrise*) exercida pelo credor sobre o seu crédito[1462]. Outros autores se referiram a propriedade do direito de crédito, mas em moldes algo diferentes, porque em Ginossar este entendimento é parte de uma construção renovada do direito patrimonial e, por isso, dentro da sistemática elaborada é intangível.

Mais difícil será defender esta ideia dentro de uma visão tradicional de distinção entre direitos de crédito e direitos reais e entendendo a propriedade como o direito real por excelência. Por isso a doutrina, nomeadamente a doutrina alemã, é, normalmente, crítica da ideia de propriedade

---

direito de crédito, por isso é-se "dono" ou titular do direito de crédito. O mesmo não se passará, porventura, no direito alemão, onde a palavra *Gläubigerschaft* designa precisamente a titularidade do direito de crédito entendida como domínio, jurisdição, competência sobre esse direito de crédito. Gernhuber, *Das Schuldverhältnis*, 1989, p. 31, define *Gläubigerschaft* como "*die Rechtzuständigkeit für die Forderung*", analisada em conjunto com o próprio direito de crédito e não como algo prévio e diferente dele mesmo. Por isso também critica o uso da expressão "propriedade de créditos", entendendo-a reservada às coisas. Já Canaris, *Die Verdinglichung obligatorischer Rechte*, 1978, p. 375, quando designa o direito de crédito como um direito "realizado" (*dingliches Recht*), porque o direito a um crédito (*Recht an einer Forderung*) junta ao seu titular externamente o seu próprio objecto, o crédito, aponta para perspectiva algo diversa.

[1461] Quando existe um direito de crédito, existe, de imediato, a sua titularidade (propriedade), não são categorias dissociáveis. Ao contrário, quando uma coisa existe, não há necessariamente qualquer direito incidente sobre ela. É possível falar-se em *res nullius*, mas não em *obligatio nullius*.

[1462] Para Ginossar, *Droit Réel, Propriété et Créance – Élaboration d'un Système Rationnel des Droits Patrimoniaux*, 1960, p. 43, propriedade exprime ainda a relação jurídica que liga o credor à generalidade dos homens. De seguida explica como também o credor goza das faculdades de uso, fruição e disposição, características do proprietário.

O direito de crédito enquanto direito real

de créditos[1463], defendendo que a ideia de propriedade nada acrescenta à existência do próprio direito de crédito entendido numa perspectiva externa ou em ligação com o próprio poder sobre o direito de crédito[1464]. Não se pode deixar de sentir alguma simpatia pela tentativa de re-elaboração do direito patrimonial desenvolvida por Ginossar. Embora o autor procure provar a diferença entre o direito de propriedade e os direitos reais, colocando num mesmo plano direitos reais e direitos pessoais, ambos sob a égide da propriedade e, portanto, o centro do seu discurso seja a justificação de um local renovado para a propriedade[1465], sem dúvida

---

[1463] Larenz, *Lehrbuch des Schuldrechts* – Band I, Allgemeiner Teil, 1987, pp. 18 e 574; Gernhuber, *Das Schuldverhältnis*, 1989, p. 31, embora explique que a proximidade possível entre propriedade de créditos e propriedade de coisas está na consideração de um direito de propriedade sobre o direito de crédito, entendido este, portanto, como objecto do primeiro, fá-lo em termos críticos; Esser, *Schuldrecht* – Band I, Allgemeiner Teil – Teilband 2, 2000, p. 304, considera a titularidade de um crédito equiparável à propriedade de uma coisa corpórea. A favor do entendimento da titularidade de um direito de crédito como propriedade sobre o direito de crédito, pronunciaram-se, no entanto: implicitamente, Roth, *Münchener Kommentar zum Bürgerliches Gesetzbuch* – Band 2, 1994, §398 RdNr.1; Fabricius, *Zur Dogmatik des "sonstigen Rechts" gemäss §823 Abs. I BGB*, 1962, p. 287, ao falar de *"eigentumsähnliche Recht an der Forderung"* e entender o §407 analogamente ao §823 (pp. 303 e 304), sendo o direito de crédito um *"sonstiges Recht"*.

[1464] Contra a ideia de "propriedade do crédito", exactamente no campo da transmissão dos direitos de crédito, opina Dörner, *Dynamische Relativität – Die Übergang vertraglicher Rechte und Pflichten*, 1985, p. 117. No seu entender, a ideia de domínio sobre o direito de crédito (*Herrschaftsrecht an Forderungen*) mais não é do que o próprio aspecto do direito de crédito enquanto valor e a expressão "propriedade do crédito" (*Forderungseigentum*) é uma escolha infeliz para designar a generalidade dos poderes de credor numa perspectiva externa da obrigação. Não haverá um direito de domínio sobre créditos à semelhança do direito de domínio sobre coisas corpóreas, porque o credor goza apenas de um direito a uma prestação perante o devedor e não de um direito a um especial objecto patrimonial. Também Gernhuber, *Das Schuldverhältnis*, 1989, p. 31, explica que o poder sobre o direito de crédito (*Gläubigerschaft*) deve ser entendido em conexão com o próprio direito de crédito, não acrescentando nada previamente à sua existência, pelo que daí não se deve falar de propriedade de crédito. Larenz, *Lehrbuch des Schuldrechts* – Band I, Allgemeiner Teil, 1987, p. 574 (e também antes, na p.18), nega a identidade do direito de crédito e o direito de domínio (*Herrschaftsrecht*) sobre um objecto corpóreo, explicando que quando se diz que um direito de crédito "me pertence" significa apenas que "é meu e de mais ninguém" e não que tenho um direito real sobre ele.

[1465] Conclui Ginossar, *Droit Réel, Propriété et Créance – Élaboration d'un Système Rationnel des Droits Patrimoniaux*, 1960, pp. 107 e ss., que os créditos, tanto pessoais como reais (quando se trata de um direito real sobre coisa de outrem), são direitos relativos pelos quais uma pessoa determinada está ligada a uma outra. Assim, a obrigação universal de respeito não é substituída pela obrigação real a cargo do proprietário da coisa gra-

536 A Cessão de Créditos e o Sistema de Transmissão de Direitos Reais

que, por caminho diverso, a minha conclusão, neste ponto, está próxima de algumas ideias que defende.

Segundo Ginossar, no direito de crédito existe uma relação jurídica absoluta e uma outra relativa: a relação absoluta é a que assegura o domínio do credor e a protecção relativamente a terceiros e designa-se por propriedade[1466]. O credor é, assim, proprietário do seu crédito. Na esteira da doutrina portuguesa mais recente, como já referido, a relação jurídica não se afigura como o melhor instrumento para descrever e apreender a realidade. Todavia, embora as diferenças de construção dogmática não sejam desprezáveis, esta dupla perspectiva de análise do direito de crédito está próxima do que defendi a respeito do entendimento do direito de crédito enquanto vínculo obrigacional entre credor e devedor e enquanto titularidade susceptível de ser oponível *erga omnes*. Isto não significa, no entanto, que seja indispensável a construção do duplo vínculo para justificar a oponibilidade absoluta da titularidade do crédito[1467].

Não obstante esta proximidade, repare-se que no ponto chave deste trabalho a minha conclusão diverge de Ginossar. Basta constatar que o A. afirma, como porventura não poderia deixar de ser face ao direito francês, que a propriedade do direito de crédito se transfere com a notificação ao devedor cedido ou sua aceitação[1468]. Mais importante que essa afirmação

---

vada: tanto direitos reais como direitos de crédito se decompõem em duas relações jurídicas coexistentes, uma relativa e outra absoluta, sendo esta o acessório indispensável à primeira (*ibidem*, p. 113, relativamente à dupla relação nos direitos de crédito, pp. 85 e 86, e também Ginossar, *Pour une meilleure définition du droit réel et du droit personnel*, 1962, pp. 575 e ss.). Desta breve explicação se percebe a impossibilidade de aderir ou rejeitar a construção, nomeadamente a respeito da argumentação dirigida a negar uma mesma natureza do direito de propriedade e dos direitos reais, sem um profundo estudo a tal dirigido (veja-se, por exemplo, os comentários de Ghestin e Goubeaux, *Traité de droit civil – Introduction générale*, com a colaboração de Muriel Fabre-Magnan, 1994, pp. 183 e ss.). Contudo, não deixa de ser sedutora, e de alguma maneira concordante com o que foi sendo afirmado neste trabalho, a perspectiva de entender os direitos de crédito a par dos direitos reais como elementos do activo patrimonial.

[1466] Ginossar, *Droit Réel, Propriété et Créance – Élaboration d'un Système Rationnel des Droits Patrimoniaux*, 1960, p. 86.

[1467] A construção do duplo vínculo de Ginossar foi, aliás, um dos aspectos criticados por Dabin, *Une nouvelle définition du droit réel*, 1962, p. 32; mas também por Duclos, *L'Opposabilité (Essai d'une Theorie Generale)*, 1984, pp. 204 e 205, porque, uma vez que a oponibilidade se basta a si mesma, é inútil e incorrecta a justificação da oponibilidade dos direitos pessoais através da concepção de propriedade de créditos.

[1468] Ginossar, *Droit Réel, Propriété et Créance – Élaboration d'un Système Rationnel des Droits Patrimoniaux*, 1960, p. 71.

O direito de crédito enquanto direito real 537

é, contudo, colocar a notificação/aceitação no mesmo plano que o registo para a transmissão dos imóveis e a entrega para a transmissão dos móveis. Portanto, apesar de a conclusão ser distinta da minha, a justificação, *mutatis mutandis*, é porventura a mesma[1469].

É possível, ainda assim, retirar outras consequências úteis da ideia de propriedade dos créditos. Quando o enfoque é colocado na transmissão do direito, não será errado falar em transmissão da propriedade do direito de crédito, entendido este como objecto susceptível de ser transacionado[1470-1471]. Direito de crédito será, então, uma realidade igual aos direitos reais[1472] enquanto objecto de negócio transmissivo[1473]. Entendo que a expressão "propriedade de crédito" goza exactamente da plasticidade necessária para perceber o direito de crédito, enquanto objecto contratual passível de uma titularidade oponível alargadamente e não apenas enquanto relação obrigacional credor/devedor. É evidente que, em virtude de a expressão ter uma carga dogmática e cultural dificilmente transponível, poderá chocar o seu uso noutro contexto, mesmo se acompanhado destas explicações[1474]. Por estas razões, titularidade do direito de crédito

---

[1469] Ginossar, *Droit Réel, Propriété et Créance – Élaboration d'un Système Rationnel des Droits Patrimoniaux*, 1960, p. 71, escreve que, entre as partes, a propriedade das coisas e dos créditos se transmite seguindo regras se não idênticas, pelo menos paralelas, prosseguindo a analogia no que concerne a transferência da propriedade relativamente a terceiros.

[1470] Terá sido esse o sentido oculto nas palavras de António Vitorino, *A Titularização de Créditos em Portugal*, 2001, p. 164, quando escreveu que na cessão de créditos a lei trata os créditos como objecto de um direito susceptível de negociação autónoma da relação jurídica que lhe deu causa.

[1471] Ginossar, *Droit Réel, Propriété et Créance – Élaboration d'un Système Rationnel des Droits Patrimoniaux*, 1960, p. 49, explica que na cessão de créditos é a propriedade do direito de crédito que o cedente se obriga a transferir para o cessionário.

[1472] Diz-se igual aos direitos reais e não igual às coisas, porque só mediatamente as coisas são objecto do negócio jurídico. Quando se compra ou vende uma coisa está-se a comprar ou vender o direito de propriedade sobre a coisa, tal como se compra ou vende o direito de usufruto sobre uma coisa.

[1473] Afirmou-se, mais do que uma vez, que a especificidade da transmissão consensual do direito de crédito se traduz apenas na protecção do devedor cedido, que implica, no mínimo, o seu conhecimento da transmissão para que ela lhe seja oponível. Excluído este aspecto, o regime da transmissão dos direitos de crédito é igual ao dos direito reais. Evidentemente, não é possível falar de devedor cedido relativamente aos direitos reais, por isso, comparando o que é comparável – efeitos da transmissão entre as partes e em relação a terceiros –, transmissão de direitos de crédito e transmissão de direitos reais seguem o mesmo regime.

[1474] Embora o código civil contenha uma disposição expressa, no seu art. 1302.°, no sentido de só poderem ser objecto do direito de propriedade as coisas corpóreas, tal signi-

538   A Cessão de Créditos e o Sistema de Transmissão de Direitos Reais

é uma designação preferível, embora também ela, como foi explicado, tecnicamente limitada e não conducente a uma harmonia terminológica perfeita[1475]. Terá a vantagem de ser dogmaticamente descomprometida, mas a desvantagem de perder a expressividade da designação "propriedade do direito de crédito".

IV. Não é difícil, chegada a este ponto, concluir sobre o terceiro ponto referido, que respeita ao objecto do contrato de compra e venda. De acordo com os bons ensinamentos da doutrina, o objecto do negócio jurídico corresponde aos bens atingidos pela regulação de interesses[1476]. Logo, o objecto do contrato de compra e venda será a coisa ou a prestação enquanto objecto do direito real ou do direito de crédito que se transmite.

Parece, contudo, mais correcto introduzir uma *nuance*. O objecto do negócio jurídico só mediatamente corresponde aos bens de que se dispõe através do negócio. Imediatamente, o objecto corresponde aos direitos, de que se pretende dispor, incidentes sobre esses bens[1477-1478]. Isto porque não se vende uma coisa, mas sim o direito de propriedade sobre a coisa, a regulação de interesses operada pelo negócio jurídico incide sobre o

---

ficará apenas que está a restringir a própria aplicação do código à propriedade sobre coisas corpóreas. Neste sentido, Pinto Duarte, *Curso de Direitos Reais*, 2002, p. 29, escreve não ser legítimo retirar do art. 1302.º que o direito de propriedade só pode ter por objecto coisas corpóreas, porquanto "[é] ao intérprete que cabe retirar conclusões quanto aos objectos possíveis do conceito doutrinário de propriedade.".

[1475] Ginossar, *Droit Réel, Propriété et Créance – Élaboration d'un Système Rationnel des Droits Patrimoniaux*, 1960, p. 55, afirma que o domínio exercido pelo credor sobre o seu crédito pode ser explicado pelo conceito de titularidade, mas o usufruto, o penhor ou a posse (posse jurídica, e não física, que explica, por exemplo, o regime do art. 1240 do *code civil*, segundo o qual o pagamento feito a quem está na posse do crédito é válido – p.54) são indissociáveis da ideia de plena propriedade sobre o crédito.

[1476] Oliveira Ascensão, *Direito Civil Teoria Geral* – Vol. II, 1999, p. 87; Pais de Vasconcelos, *Teoria Geral do Direito Civil* – Vol. I, 1999, p. 183. Carvalho Fernandes, *Teoria Geral do Direito Civil* – Vol. II, 2001, p. 111, define objecto (objecto *stricto sensu* ou objecto em sentido material, por oposição a conteúdo ou objecto em sentido jurídico) como a realidade sobre que recaem os efeitos do negócio.

[1477] A aplicação desta terminologia não deve ser confundida com a utilizada tradicionalmente na doutrina (veja-se, por exemplo, Mota Pinto, *Teoria Geral do Direito Civil*, 1985 (7ª reimpressão 1992), p. 547), segundo a qual objecto imediato era o conteúdo, ou seja, os efeitos jurídicos a que o negócio tende, e objecto mediato ou objecto *stricto sensu* o *quid* sobre que incidem os efeitos do negócio jurídico.

[1478] Larenz, *Lehrbuch des Schuldrechts* – Band I, Allgemeiner Teil, 1987, p. 450, afirma que o objecto de uma disposição é um direito ou uma situação jurídica.

O direito de crédito enquanto direito real 539

direito de que se dispõe e, evidentemente, por consequência, sobre o objecto desse mesmo direito.

Assim, o objecto do contrato é o direito, a referência a coisa é uma mera simplificação de linguagem[1479]. O direito, esse sim, tem por objecto a coisa (nela incluída a prestação), mas o objecto da transmissão, aquilo que é transmitido, é o direito real – direito de propriedade ou direito de crédito. Isto não se confunde com o conteúdo, porque este designa as próprias cláusulas negociais, a regulação de interesses operada negocialmente. Numa óptica de eficácia do negócio, o que se transmite é o direito entendido na sua titularidade, o conteúdo será essa mesma transmissão, ou as cláusulas que a exprimem, mas o objecto, o *quid* sobre que incidem as declarações negociais é o direito incidente sobre uma coisa (nela se incluindo a prestação).

21.3.3. *Posse e direito de crédito*

I. De acordo com o artigo 202.°, a prestação é coisa à luz do direito. Tal terá consequências ao nível da configuração de direitos que possam recair sobre a prestação[1480], que não é o aspecto que mais importa para este estudo. Mas terá também consequências ao nível da própria consideração da aplicação da posse ao direito de crédito, bem como da possibili-

---

[1479] Não deixa de ser significativo que, num outro contexto, a propósito da penhora, Lebre de Freitas, *A Penhora de Bens na Posse de Terceiros*, 1992, p. 317, nota 9, unifique o fenómeno atendendo não ao conceito de direito, mas ao de bem. No seu entender, e expressamente contra o que já havia defendido, sustenta que a penhora é sempre um acto de apreensão de bens e não de direitos. Para além de outras razões apontadas, o A. foi sensível ao aspecto da constituição do direito real de garantia operado pela penhora: a seu ver, tal explica-se e justifica-se porque a penhora actua sempre sobre um bem. Sem querer discutir o problema, ressaltaria apenas a necessidade sentida de unificar o fenómeno, considerando paritariamente "coisas" e "direitos". Não obstante ter sido outra a opção do A., preferindo a noção de bem, seria possível defender que existe apenas penhora de direitos (equivalendo a penhora de direitos reais à penhora de coisas e a penhora de direitos de crédito ou de outros direitos à penhora de direitos).

[1480] Como sejam o penhor ou o usufruto. Se, no rigor técnico, correspondem a direitos de crédito ou a direitos reais é questão sem interesse para este estudo. O que não se reputa como argumento válido é sustentar-se que não se trata de direitos reais por não incidirem sobre coisas, quando a doutrina refuta a figura dos direitos sobre direitos, sustentando que se trata de direitos sobre prestações. Ora uma outra leitura do art. 202.° leva à constatação de que, para o direito, as prestações são coisas.

540 *A Cessão de Créditos e o Sistema de Transmissão de Direitos Reais*

dade de aplicar alguns mecanismos clássicos da tutela das coisas e direitos sobre elas incidentes. Se o direito de crédito incide sobre uma prestação e se a prestação é uma coisa, então é defensável que, numa certa perspectiva, o direito de crédito seja também um direito real.

A particularidade das prestações em relação às restantes coisas residirá na insusceptibilidade de lhes ser aplicada a categoria da posse e das acções possessórias? Se a posse física é obviamente inadequada, fará sentido, no direito português, falar de uma posse jurídica[1481]? Será possível falar de posse nos termos de direitos não reais?

A posse é uma categoria referenciada sempre a coisas corpóreas[1482], o que não significa, necessariamente, exigir-se um efectivo controle material da coisa[1483] e ser o regime de defesa da posse exclusivo de realidades materiais.

São apontados três efeitos práticos da posse recondutíveis à tutela dominial e à protecção da confiança: publicidade e defesa, usucapião e aquisição dos frutos[1484]. A publicidade e a defesa, presentes nas presunções possessórias e nas acções possessórias, são expressão da tutela dominial quando o beneficiário dos esquemas possessórios é o titular do direito de base e tutelam a confiança nos restantes casos[1485]. A usucapião e a

---

[1481] Ao contrário, por exemplo, do que acontece no direito francês, onde, *ex vi* art. 1240 do código civil francês, o pagamento feito a quem está na posse do crédito é considerado liberatório. Lembre-se também que o art. 2228 define a posse como a detenção ou fruição de uma coisa ou de um direito. Já o art. 1251.° do código civil português reporta-se apenas ao direito de propriedade ou outro direito real.

[1482] Apesar do Código de Seabra dispor, no seu art. 474.°, ser posse a retenção ou fruição de qualquer coisa ou direito, a posse sempre foi entendida por referência a coisas corpóreas.

[1483] É elucidativo, quando Menezes Cordeiro, *A Posse: Perspectivas Dogmáticas Actuais*, 2000 (reimpressão 2004), p. 85, faz a contraposição entre posse causal e posse formal, a eventual desnecessidade de controle material da coisa. Na verdade, explica que, na posse causal, porque não é uma decorrência da titularidade do correspondente direito, é exigido sempre um *plus*: o controlo material da coisa a que se reporte ou, pelo menos, uma forma juridicamente equivalente. Desta explicação é possível retirar duas consequência: o controle material da coisa é assumido como um acréscimo, como algo mais a acrescentar para se poder falar de posse, quando não exista um direito que a ela conduza, o que significa, *a contrario sensu*, não ser indispensável o controlo material na posse formal; é admissível, mesmo na posse causal, uma forma juridicamente equivalente ao controlo material da coisa.

[1484] Menezes Cordeiro, *A Posse: Perspectivas Dogmáticas Actuais*, 2000 (reimpressão 2004), p. 49.

[1485] *Ibidem*, p. 49: tutelam a confiança do próprio em não ser subitamente molestado e de terceiros que, com referência aos bens possuídos, terão, pelo menos, um interlocutor provisório.

O *direito de crédito enquanto direito real* 541

aquisição de frutos, embora podendo aproveitar ao proprietário, interessam, primordialmente, na vertente da tutela da confiança, que permite conferir a quem possua dada coisa por longo tempo a certeza de que não será despojado dela, o mesmo valendo relativamente aos frutos de certa coisa possuída de boa fé e ainda na protecção conferida aos adquirentes de coisas ou frutos que sabem ter uma hipótese suplementar de não adquirir a *non domino*[1486].

A estes efeitos distintos corresponderá, no fundo, a distinção entre dois tipos de posse: a posse interdictal, relativa à defesa e, eventualmente, à fruição, e a posse civil, que abrange a generalidade dos efeitos possessórios, incluindo a usucapião[1487]. Esta distinção interessa, sobretudo, porque se relaciona com a possibilidade de estender a tutela possessória a realidades imateriais. Enquanto controlo material, a posse surge apenas no domínio das coisas corpóreas, mas no tocante à tutela interdictal, não é excepção, sendo possível, por isso, aplicar as inerentes normas "fora do estrito campo das coisas corpóreas, caso a caso, quando a analogia de situações o justifique", ao contrário da usucapião, que só poderá funcionar perante elementos corpóreos[1488]. Particularmente interessante é verificar que, por exemplo, por se tratar de realidade imaterial, a posse de quotas de sociedades[1489] não tem tido reconhecimento[1490].

[1486] Menezes Cordeiro, *A Posse: Perspectivas Dogmáticas Actuais*, 2000 (reimpressão 2004), pp. 49 e 50.

[1487] *Ibidem*, pp. 69 e ss., *maxime*, p. 83. Um pouco mais adiante, na p.86, explica com clareza conferir a posse civil a plenitude dos efeitos possessórios, sendo apanágio, embora com excepções, dos direitos reais de gozo, e facultar a posse interdictal apenas as defesas possessórias e eventualmente a fruição, mas não a usucapião.

[1488] *Ibidem*, p. 81, dando o exemplo da tutela possessória do estabelecimento comercial ou de participações sociais.

[1489] Já não de acções de sociedades anónimas, porque aí existe a materialização no próprio título. Menezes Cordeiro, *A Posse: Perspectivas Dogmáticas Actuais*, 2000 (reimpressão 2004), p. 80, nota 170, indica jurisprudência nesse sentido e levanta a dúvida para o caso de se tratar de títulos escriturais.

[1490] Ac STJ 10-Nov.-1992 (Amâncio Ferreira), BMJ 421, p. 456, nega a possibilidade de aquisição de quotas por usucapião por não ser admissível a sua posse. Já Manuel Rodrigues, *A Posse*, 1940, pp. 122 e ss., limitava a posse às coisas corpóreas, explicando que, depois da concepção restrita da posse de coisas corpóreas dos romanos e do alargamento da posse pelos canonistas medievais, no fim do século XVIII, se desenha a reacção dos juristas a uma concepção generalizada da posse para além da propriedade e há um retorno ao direito romano (pp. 117 e ss.). Mas a exclusão de posse de direitos é questão controversa. Pires de Lima e Antunes Varela, *Código Civil Anotado* – Vol. III, 1987, pp. 2 e ss., negam a possibilidade de possuir um direito de crédito. Rejeitando esta opinião,

542 *A Cessão de Créditos e o Sistema de Transmissão de Direitos Reais*

A posse de um direito de crédito, a fazer sentido, traduzir-se-á na prática de actos correspondentes ao exercício do direito, o que equivale a dizer, a actos como a interpelação para cumprimento, a cobrança ou o recebimento da prestação devida. Se alguém, sem título legítimo para tal, procede à interpelação do devedor cedido, é possível, por exemplo, o mandatário sem representação do verdadeiro titular impedir tal atitude com base numa acção possessória? O mesmo se diga relativamente aos frutos. Se alguém se julga titular de um determinado direito de crédito e nessa medida recebe frutos civis (pense-se no caso de mútuo com prestações periódicas), se estiver de boa fé, poderá fazê-los seus, à semelhança do regime da atribuição dos frutos ao possuidor de boa fé, ou terá de restituir o recebido ao verdadeiro titular?

Como se vê são situações que podem ser configuradas. Resta saber se encontram enquadramento jurídico no nosso sistema.

II. Não existe no direito português um princípio do efeito liberatório do pagamento feito ao credor aparente (como, aliás, também não vigora a regra, em sede de coisas móveis, de que "posse de boa fé vale título"). Isso não significa, no entanto, a impossibilidade de sustentar uma defesa de um direito de crédito através de uma acção possessória. Se alguém não se encontra em condições de provar a titularidade do direito de crédito, mas oferece prova de que sempre cobrou e recebeu prestações, poderá invocar essa situação para impedir que outrem cobre e receba esses mesmos pagamentos através de uma acção de manutenção da posse. Será o caso de alguém se julgar, de boa fé, titular do direito de crédito ou ainda dos casos de penhor ou de usufruto de direitos de crédito. Não se vê razão para negar ao credor pignoratício ou ao usufrutuário de um direito de crédito uma

---

Palma Carlos, *Parecer – Embargos de Terceiro. Posse. Quotas Sociais*, 1983, p. 9, defende a existência de posse de quotas, sendo por isso possível ao seu dono embargar de terceiros. Menezes Cordeiro, *A Posse: Perspectivas Dogmáticas Actuais*, 2000 (reimpressão 2004), p. 81, sustenta a admissibilidade da tutela possessória das participações sociais, mas implicitamente nega a possibilidade de as usucapir, uma vez que, logo de seguida, embora referindo-se apenas ao estabelecimento comercial, afirma que só os seus elementos corpóreos são susceptíveis de usucapião. Durval Ferreira, *Posse e Usucapião*, 2002, pp. 75 e ss., embora entenda que objecto primacial da posse são as coisas corpóreas, admite que, excepcionalmente, coisas incorpóreas possam ser objecto de posse, contando que essa extensão seja feita pela lei. Será o caso das quotas de sociedades comerciais, em virtude dos arts. 94.° e 89.°/2 do código do notariado (DL 207/95, de 14 de Agosto) (pp. 81 e 82).

acção de manutenção ou restituição da posse contra qualquer terceiro ou contra o próprio titular do direito de crédito com a consequente restituição do objecto da prestação inadvertidamente recebido. Pelas mesmas razões é possível configurar a aplicabilidade de uma acção de prevenção ou acção directa e defesa judicial dessa posse.

Pergunta-se, então, no limite, se é possível usucapir um direito de crédito. Mesmo a doutrina mais flexível em matéria de posse, como seja a posição de Menezes Cordeiro, nega a possibilidade de aplicação do instituto da usucapião aos direitos de crédito, porque considera necessária a posse física.

É impossível desenvolver uma análise aturada sobre este ponto. No entanto, não se pode deixar de fazer notar que a exigência de posse física aparece algo desvirtuada nos pressupostos da aquisição por usucapião, porque só seria intocável enquanto requisito da aquisição se não fosse possível usucapir através da detenção de outrem. Repare-se que o detentor, na terminologia da lei, não pode adquirir para si o direito possuído, mas essa detenção encontra o seu reverso na posse que aproveita ao titular do direito, para efeito de usucapião, porquanto o detentor actuará em nome do possuidor. Esta possibilidade é gritante no caso da posse adquirida por constituto possessório. O mesmo se diga relativamente à possibilidade de somar a posse dos anteriores possuidores (sucessão e acessão na posse): a posse destes aproveita a alguém que, efectivamente, não tinha, naquele período, a posse física.

Nada disto é tangido pela consideração do carácter não liberatório do pagamento feito a um credor aparente, porque também em sede de coisas móveis não vale a regra de que "posse de boa fé vale título" e isso em nada prejudica o funcionamento da usucapião.

A dificuldade em entender a defesa da posse extensível às realidades imateriais, nomeadamente aos direitos de crédito, prende-se ainda, porventura, com a dificuldade de imaginar cenários em que esteja em causa um equivalente à posse de coisas materiais sem que resulte extinto o próprio direito de crédito através do cumprimento. Se alguém é possuidor do direito de crédito, porque embora não sendo credor, actua enquanto tal, e se o pagamento lhe é efectuado, esse pagamento não se considera liberatório e, portanto, não se coloca o problema de extinção do direito de crédito.

Mas pense-se no objecto deste trabalho e no caso do pagamento exoneratório feito pelo devedor ao cedente. Será possível o cessionário intentar contra o cedente uma acção de restituição da posse, fundando-se na mera detenção do cedente, porque, quando cobra e recebe o pagamento, o

544 A Cessão de Créditos e o Sistema de Transmissão de Direitos Reais

faz por conta do cessionário? Numa óptica mais tradicional, todas estas considerações estarão originariamente erradas, porque a posse só é possível relativamente a coisas materiais, mas, mesmo que se procure ir mais longe, encontra-se o obstáculo da própria natureza relativa do direito de crédito. Se o pagamento é considerado liberatório, então de nada valerá a defesa da posse por parte do cessionário contra o cedente. No entanto, na perspectiva de defesa da titularidade do direito de crédito pode pensar-se ir mais além na tutela do direito do cessionário, não só através das acções de defesa possessória, mas também através da acção de reivindicação.

A acção de reivindicação tem como causa de pedir o direito de propriedade e não a posse[1491]. Entendida a titularidade do direito de crédito como uma verdadeira propriedade no que se prende com a oponibilidade da posição de domínio do credor em relação ao seu crédito, será possível utilizar a acção de reivindicação como meio de tutela da titularidade/propriedade do direito de crédito[1492], analogamente ao que acontece com a tutela do direito de propriedade sobre coisas móveis?

A grande vantagem em relação a uma acção de enriquecimento sem causa é evidente. Esta é uma acção da natureza pessoal. A ser procedente, gera a obrigação de restituir ou pagar algo, enquanto aquela é uma acção real, resultando, efectivamente, na apreensão e restituição de coisa[1493]. A admitir-se a reivindicação de direitos de crédito, ela só poderá ser entendida, enquanto tal, no momento em que o direito de crédito ainda existe, ou seja, quando ainda não houve cumprimento (a menos que se defenda não ser extintivo do direito de crédito um pagamento exoneratório feito a um não titular). A ser assim, essa reivindicação nunca teria como conteúdo a restituição de uma coisa, mas sim a obrigação imposta ao não titular de praticar actos próprios do titular potencialmente lesivos

---

[1491] Oliveira Ascensão, *Acção de Reivindicação*, 1995, p. 20, sustenta a distinção da acção de reivindicação da acção de reintegração da posse nas razões absolutas que assistem a primeira em comparação com razões relativas acompanhantes da segunda.

[1492] Oliveira Ascensão, *Acção de Reivindicação*, 1995, p. 20, explica com clareza que o objecto da acção de reivindicação é sempre uma coisa corpórea, porque só estas podem ser objecto de direitos reais.

[1493] Se há casos, como procura enfatizar Vieira Gomes, *O Conceito de Enriquecimento, o Enriquecimento Forçado e os Vários Paradigmas do Enriquecimento Sem Causa*, 1998, p. 428 e ss., em que se procura justificar um papel relevante da acção de restituição baseada no enriquecimento sem causa face à acção de reivindicação, aqui a questão é precisamente a inversa: trata-se de procurar justificação para a acção de reivindicação em casos que normalmente são apenas tutelados via enriquecimento sem causa.

do direito deste, o que não desvirtuaria o seu entendimento como acção declarativa condenatória[1494].

Isto não significa que, nesta óptica, a acção de reivindicação de direitos de crédito seja igual à acção de reintegração da posse. Se a finalidade e o efeito prático são, porventura, os mesmos, diferenciam-se substancialmente ao nível da legitimidade activa e da prova necessária para obter o efeito visado. Não só o proprietário, mas também o possuidor, podem intentar uma acção de reintegração na posse, sendo a reivindicação particularmente importante nos casos em que o proprietário não é possuidor[1495]. Além disso, a acção de reivindicação baseia-se exclusivamente na titularidade do direito, sendo indiferente a pessoa do detentor, enquanto a acção de restituição da posse é dirigida contra o detentor e pressupõe razões ligadas a esse mesmo detentor[1496].

III. Para além da dificuldade de falar de reivindicação de direitos de crédito, o problema maior estará na possibilidade de reivindicar o produto do cumprimento desses mesmos créditos. Tratando-se de montantes pecuniários, a acção não será aplicável. Mas mesmo tratando-se de coisa, a pretensão do cessionário esbarra, como já foi referido, na consideração da extinção do direito de crédito através do cumprimento. Sem repetir o que já ficou assente no final da primeira parte, é agora o momento de tratar em definitivo, e em estreita ligação com o trabalho desenvolvido nesta segunda parte, a possibilidade de aplicar aos direitos de crédito a figura da sequela.

A sequela é apontada como uma das características dos direitos reais que os permite distinguir dos direitos de crédito. Diz-se que a impugnação pauliana é o sucedâneo da sequela para os direitos de crédito[1497]. Será esta a via de tutela, ainda que precária, dos direitos de crédito relativamente a terceiros[1498]. Na linha do que foi sendo dito, se se entender a titularidade

---

[1494] Entendendo a acção de reivindicação como uma acção declarativa de condenação, Oliveira Ascensão, *Acção de Reivindicação*, 1995, p. 22. Assim, a causa de pedir seria constituída não só pela titularidade resultante dos factos constitutivos do direito, mas também pela situação de desconformidade ao direito expressa na detenção por terceiro (*ibidem*, p. 30 e 32).

[1495] Oliveira Ascensão, *Acção de Reivindicação*, 1995, p. 23.

[1496] *Ibidem*, p. 20, referindo-se, naturalmente, à reivindicação de coisas.

[1497] Carvalho Fernandes, *Lições de Direitos Reais*, 1999, p. 74.

[1498] Ainda assim, em moldes não unívocos na doutrina. Menezes Cordeiro, *Direitos Reais*, 1979 (reimpressão 1983), p. 310, explica que em certas circunstâncias o titular do

546 *A Cessão de Créditos e o Sistema de Transmissão de Direitos Reais*

do direito de crédito como uma posição activa oponível *erga omnes*, não se vê como negar ao titular desse direito, em abstracto, a possibilidade de o reivindicar.

Tal como se referiu relativamente à posse, também enquanto o devedor não cumpre com eficácia liberatória é possível ao titular do direito de crédito opor a sua titularidade, *ex vi* acção de reivindicação contra quem se pretenda arrogar dono do crédito e pratique actos nesse sentido possivelmente lesivos do direito do verdadeiro titular. No entanto, os problemas mais delicados colocam-se quando o pagamento já foi efectuado: como justificar então um direito do titular do crédito ao produto desse cumprimento?

Referiu-se a possibilidade de invocar a figura da sub-rogação real. Importa agora justificar mais aprofundadamente a sua aplicabilidade. A maior dificuldade no uso deste expediente reside na consideração pela generalidade da doutrina de que se tratará de uma figura excepcional. Além disso, é explicado que, mesmo quando a lei admite a sub-rogação, ao direito antigo sobrevém um direito novo que nem sequer será um direito real[1499]. Em sentido diverso é entendido, no entanto, que, sem prejuízo de em regra o direito se extinguir e nascer um novo direito, muitas vezes a sub-rogação é acompanhada da mudança do tipo de direito real (porque, por exemplo, não há hipoteca sobre crédito ou sobre coisa móvel – art. 692.°), noutros casos, o tipo é o mesmo, mas o direito assume modalidades diferentes com projecção no conteúdo (arts. 1479.°, 1480.°, 1481.°) e noutros casos ainda a sub-rogação real é acompanhada da manutenção do direito (arts. 1478.°/1, 1536.°/1/b))[1500].

O expediente da sub-rogação real aparece em variados preceitos do código[1501] e não se percebe em nenhum deles tratar-se de uma construção

---

direito de crédito pode exigir a qualquer pessoa a restituição através da impugnação pauliana, significando que o direito de crédito pode ser actuado directamente contra terceiros, à semelhança do direito real. Criticamente, Carvalho Fernandes, *Lições de Direitos Reais*, 1999, p. 52, explica, ao contrário do que acontece no campo dos direitos reais, não ser esta a regra nos direitos de crédito: nestes, a possibilidade de seguir os bens é excepcional e depende de requisitos severos e limitativos.

[1499] Oliveira Ascensão, *Direito Civil – Reais*, 1993, p. 635; concordando, Penha Gonçalves, *Curso de Direitos Reais*, 1993, p. 84 e 85.

[1500] Carvalho Fernandes, *Lições de Direitos Reais*, 1999, p. 64. O A. não deixa de expressar dúvidas na articulação da sub-rogação real com a inerência, entendida como inseparabilidade do direito e da coisa.

[1501] Veja-se:

– o art. 119.°/1 estatui, no caso do regresso do ausente, a devolução do seu património no estado em que se encontrar com o preço dos bens alienados (logo, o direito sobre

excepcional. Pode argumentar-se que a excepcionalidade se deduz apenas de ter sido consagrado nesses casos e não na generalidade. O argumento

---

os bens fica sub-rogado no seu preço) ou com os bens directamente sub-rogados e com os bens adquiridos mediante o preço dos alienados (ou seja, indirectamente sub-rogados), quando no título de aquisição se declare expressamente a proveniência do dinheiro;

– o art. 692.°/1 determina que, no caso de perecimento ou perda de valor da coisa hipotecada, o credor hipotecário (extensível ao credor pignoratício *ex vi* art. 678.°) conserva sobre o crédito da indemnização ou o montante pago a esse título a preferência que lhe competia em relação à coisa onerada;

– o art. 823.° confere idêntica solução no caso de perda, expropriação ou deterioração da coisa empenhada;

– o art. 824.°/1 estatui que a venda em execução transfere para o adquirente os direitos do executado sobre a coisa vendida;

– o art. 834.°/3 determina que os direitos de terceiros caducados por imperativo da lei nos termos do n.° 2 se transferem para o produto da venda em execução dos bens objecto desses direitos;

– o art. 1478.°/1 dispõe a continuidade do usufruto relativamente ao remanescente da perda da coisa ou direito usufruído, valendo igual solução no caso de a coisa se transformar noutra que ainda tenha valor, embora com finalidade económica distinta (n.° 2);

– o art. 1479.° relativo ao usufruto constituído por prédio urbano, estatui que, no caso da sua destruição, o usufrutuário tem o direito de desfrutar o solo e os materiais restantes;

– o art. 1480.° determina que, em caso de perda, deterioração ou diminuição de valor da coisa ou direito usufruído, e se o proprietário tiver direito a ser indemnizado, o usufruto passa a incidir sobre a indemnização (solução extensível, nos termos do n.° 2, a outros casos, como a indemnização resultante de expropriação, acabando por ser elevada a regra para todos os casos análogos);

– o art. 1481.°/1 determina, no caso do usufrutuário ter feito seguro da coisa ou ter pago os prémios do seguro já feito, a transferência do usufruto para a indemnização devida pelo segurador, ou, tendo-se reconstruído o edifício, a transferência do usufruto (no todo ou em parte) para o novo edifício nos temos do número 2;

– o art. 1536.°/1/b), *a contrario sensu*, estatui a não extinção do direito de superfície se, destruída a obra ou as árvores, o superficiário reconstruir a obra ou renovar a plantação no prazo fixado para a conclusão da obra ou feitura da plantação ou, na falta dele, no prazo de 10 anos;

– o art. 1539.°/2 determina, no caso de extinção do direito de superfície, a transferência dos direitos reais de gozo ou de garantia constituídos pelo superficiário em benefício de terceiro para a indemnização se a ela houver lugar;

– o art. 1723.° estatui que conservam a qualidade de bens próprios os bens sub-rogados no lugar dos bens próprios de um dos cônjuges por meio de troca directa (a)), bem como o preço dos bens próprios alienados (b)) e os bens adquiridos ou benfeitorias feitas com dinheiro ou valores próprios de um dos cônjuges, contando que seja possível identificar, segundo determinados requisitos, a proveniência do dinheiro ou valores.

Perante esta enumeração, não se precebem as afirmações da doutrina no sentido de admitir limitadamente a figura da sub-rogação real.

548 *A Cessão de Créditos e o Sistema de Transmissão de Direitos Reais*

não procede. Não se previu a aplicação do mecanismo noutros casos simplesmente porque não era necessário, o que não significa que, se se encontrarem razões justificativas para essa aplicação, ela não seja feita.

Mais importante do que estes aspectos, e porque não se pretende analisar a fundo a sub-rogação real, é perceber que, ao contrário daquele que parece ser o entendimento na doutrina civilista[1502], a sub-rogação real não se apresenta como excepcional no direito português. Dos exemplos apontados é possível retirar um princípio segundo o qual o titular de um direito real de gozo ou de garantia, no caso de destruição total ou parcial da coisa ou do direito sobre que incide o seu direito, vê o direito originário transformado num direito sobre o remanescente ou num direito que, de alguma maneira, substitua a sua função económica.

O critério é a manutenção da finalidade – de gozo ou garantística – do direito inicial, sendo esta finalidade moldada segundo os casos. Isto poderá implicar uma mudança no tipo de direito real ou, porventura, uma mudança no próprio tipo de direito em causa. No limite, é a expressão da sequela quando já não existe direito (e não coisa) para perseguir.

É legítimo concluir que, em sede de direitos reais de gozo e de garantia, vigora o princípio da sub-rogação real. Evidentemente, o princípio só funciona quando se encontrarem reunidas as condições da sua aplicabilidade, que passam pela perda (num sentido lato) do objecto do direito, mas, ao mesmo tempo e em consequência dessa perda, pelo aparecimento de outro objecto sobre o qual é plausível a existência de um direito (o mesmo ou outro não cabe aqui discutir) que assegure ao seu titular a manutenção da finalidade do direito originário. Não se encontra razão para não aplicar o mesmo princípio quando esteja em causa a ofensa directa de um direito de crédito entendido na sua titularidade como situação jurídica activa oponível *erga omnes*.

Acresce que o princípio da sub-rogação real encontra afloramentos mesmo no campo obrigacional. O chamado "*commodum* de representação" é um fenómeno de sub-rogação no objecto da prestação[1503]. Uma vez tornada impossível a prestação, quer por facto não imputável quer por facto imputável ao devedor (arts. 794.º e 803.º/1, respectivamente e este

---

[1502] Porventura porque norteada pela preocupação de justificar a inseparabilidade do direito e da coisa enquanto corolário da inerência. Veja-se, por exemplo, as dúvidas manifestadas por Carvalho Fernandes, *Lições de Direitos Reais*, 1999, p. 64, a propósito da articulação da sub-rogação real com a inerência.

[1503] Antunes Varela, *Das Obrigações em Geral* – Vol. II, 1997, p. 113; Almeida Costa, *Direito das Obrigações*, 2001, pp. 762 e 763, nota 5.

O *direito de crédito enquanto direito real*

por remissão para aquele), o credor pode exigir a entrega da coisa ou substituir-se ao devedor na titularidade do direito que o devedor tenha adquirido contra terceiro em substituição do objecto da prestação. Impõe-se apenas que a aquisição do direito sobre coisa ou contra terceiro seja decorrente do facto que impossibilitou a prestação[1504].

Em substituição da prestação devida que se tornou impossível, a lei permite ao credor optar por fazer-se titular do direito de propriedade ou de outro direito, num fenómeno de perseguição do objecto da prestação. Sem poder entrar na discussão aprofundada desta matéria, ressaltaria apenas que o *commodum* de representação traduz em matéria de incumprimento das obrigações uma tutela acrescida do direito de crédito e essa tutela reveste coloração real.

Não se vê razão pois para, no quadro da transmissão do direito de crédito, não se sustentar a possibilidade de o cessionário perseguir o objecto da prestação, ou mesmo do que ficou em sua substituição, quando o cumprimento feito pelo devedor cedido seja liberatório, mas não extintivo do direito de crédito transmitido. Tal decorre, por um lado, da consideração da oponibilidade *erga omnes* do direito de crédito, entendido na perspectiva da titularidade. Por outro lado, é potenciado pela consideração da prestação como coisa, à luz do artigo 202.°. Ao admitir a prestação como coisa, o código civil abre portas para tutelar os direitos de crédito através da aplicação de preceitos dirigidos à tutela dos direitos reais tal como entendidos tradicionalmente. É o caso dos preceitos relativos à acção de reivindicação. Naturalmente que o recurso a este expediente está limitado à consideração do direito de crédito na sua vertente de titularidade, logo, oponível a todos, num quadro de transmissão do direito, ficando de fora o que diga respeito à mera eficácia obrigacional do direito de crédito.

[1504] Por exemplo, o preço da coisa indevidamente alienada pelo devedor a terceiro. Pires de Lima e Antunes Varela, *Código Civil Anotado* – Vol. II, 1986, p. 62.

TESE

I. Chegada a este ponto, importa retirar consequências de tudo o que se foi construindo. Ainda agora é possível gizar duas vias diferentes de solução para a questão em estudo. Não seria intelectualmente honesto ocupar-me apenas daquela que penso ser a boa solução, sem apresentar a outra, também defensável, embora não preferível. É, pois, esta a pedra de toque deste ponto denominado "tese".

O objectivo deste capítulo é traçar o percurso das duas soluções possíveis, em moldes críticos e argumentativos, deixando clara a tese que se defende como resultado da investigação desenvolvida. Não se reproduzem exaustivamente os argumentos que foram sendo apontados e rebatidos ou acolhidos ao longo do trabalho. Refere-se apenas, dentro deste fio condutor, o estritamente necessário para uma discussão final.

As duas vias possíveis podem ser enunciadas da seguinte maneira: primeira, o sistema de transmissão dos direitos de crédito é distinto do sistema de transmissão dos direitos reais; segunda, o sistema de transmissão dos direitos de crédito é igual ao sistema de transmissão dos direitos reais. É neste momento evidente que a tese acolhida é, no essencial, a segunda. Decorre, quanto mais não seja, de tudo o que já foi sendo afirmado, com especial incidência para esta última parte. Contudo, é ainda possível pensar o problema noutros moldes. É por aí que se enceta este ponto, para, da sua crítica, se partir para a elaboração definitiva da tese defendida na presente dissertação.

II. Há, na verdade, alguns elementos de peso não desprezável a favor da construção de um mecanismo de transmissão dos direitos de crédito substancialmente distinto do sistema de transmissão dos direitos reais. Assim:
- O código civil estabelece um conjunto de regras dedicadas à regulação da transmissão dos direitos de créditos e, no artigo 588.°, determina a aplicabilidade subsidiária dessa regulação à transmis-

são de direitos. Qualifica, assim, essa regulação como geral. Deste quadro decorre que a regra para a transmissão de direitos reais será a resultante do princípio do consensualismo tal como expresso no artigo 408.°, enquanto a regra norteadora da transmissão dos direitos de crédito será a encontrada na sua regulação específica, ou seja, nos artigos 577.° e seguintes, e valerá como regra geral, subsidiariamente aplicável, na transmissão de direitos. É natural, portanto, que se trate de regras diferentes. De outro modo não faria sentido a lei referir-se expressamente, no artigo 408.°, apenas à transmissão dos direitos reais e construir, simultaneamente, o artigo 588.°.

- Esta construção sistemática fará sentido se se atender à clivagem entre direitos de crédito e direitos reais. Serão realidades jurídicas distintas, tributárias de um percurso histórico revelador dessa mesma distinção. Por serem realidades diversas, com características e regime diferentes, é natural que sigam regras de transmissão também elas diferentes.

- O artigo 578.°/1 refere-se expressamente a "requisitos e efeitos da cessão entre as partes". Ora, se não é possível no direito português – ao contrário, por exemplo, do que se passa no direito inglês – sustentar a ideia de transmissão do direito de propriedade entre as partes, porque o direito de propriedade é, no ordenamento nacional, o direito real por excelência, oponível *erga omnes*, já fará algum sentido falar-se em transmissão do direito de crédito entre as partes mercê da própria natureza relativa dos direitos obrigacionais. Haverá, assim, uma titularidade entre as partes e uma titularidade perante terceiros.

- O artigo 584.°, ao estatuir a prevalência da transmissão notificada em primeiro lugar, coloca a notificação no centro da eficácia transmissiva, tornando-a indispensável à oponibilidade da transmissão no confronto com os restantes adquirentes. Embora este factor não seja decisivo, podendo encontrar lugar na outra via de solução, sempre é possível o seu entendimento nesta linha.

- Resultaria, então, um sistema profundamente diferente do consensualismo característico dos direitos reais. Para transmitir um direito de crédito eficazmente perante todos seria necessário um duplo acto: contrato + notificação.

- O contrato transmitiria o direito de crédito entre as partes e a notificação torná-lo-ia oponível a terceiros. A plena transmissão do direito de crédito seria resultado deste mecanismo complexo. Antes da notificação, o direito de crédito não se poderia considerar verdadeiramente transmitido, porque seria o cedente – e não o cessionário – que continuaria a poder cobrar e receber o objecto da prestação em dívida, seria perante ele que o devedor se exoneraria. Isto seria a prova de que o direito de crédito ainda se manteria na sua esfera jurídica. O direito de crédito pertenceria, ainda, ao seu património, embora existisse um dever assumido pelo cedente perante o cessionário de o transmitir plenamente através da notificação. Consequentemente, até à notificação os credores do cedente poderiam penhorar o direito de crédito objecto do contrato tendente à transmissão e, em caso de insolvência do cedente, esse direito pertenceria à massa falida.

– A notificação desempenharia, então, papel análogo ao da entrega na transmissão dos direitos reais nos ordenamentos – como o germânico – em que, ao invés do consensualismo, vigora o princípio da entrega. Não causa qualquer estranheza esta dualidade de sistemas de transmissão de direitos. Em Espanha, por exemplo, onde vigora o mecanismo do título e modo para a transmissão dos direitos reais, é acolhido, por muitos, o consensualismo na transmissão dos direitos de crédito.

III. Retomando as questões enunciadas no final da síntese conclusiva da primeira parte, é possível agora ensaiar as respostas que resultariam desta construção[1505].

(1) Se *A* vende um direito de crédito a *B* e não é feita notificação ao devedor cedido, a tansmissão do direito de crédito ainda não operou plenamente, pelo que, quando *D* paga a *A*, paga bem, com eficácia liberatória, e *B* poderá exigir de *A* o montante cobrado com base no contrato por eles celebrado. Todavia, o direito que tem sobre esse montante é um simples direito de crédito (que, consoante o estipulado pelas partes, pode assumir-se como um direito resultante de responsabilidade por incumprimento contratual). Isto significa que o direito de *B* não prevalece sobre os direitos dos credores de *A* e *B* não tem qualquer direito à separação do montante no caso de insolvência de *A*.

[1505] A numeração entre parêntesis corresponde à numeração das questões formuladas no final da primeira parte, na sintese crítica, pp. 117 e ss..

(2) Se *A* vende o mesmo direito de crédito a *B* e a *C* e não há notificação, quando *D* paga a *A* fá-lo com eficácia liberatória. Não existe por parte de *B* ou *C* um efectivo direito ao montante recebido por *A*, porque ainda não se efectuou qualquer transmissão. Os dois terão, apenas, um direito de crédito, igual perante *A*. Concorrem em igualdade com os restantes credores de *A*.

(3) No caso de *A* vender o mesmo direito de crédito a *B* e a *C*, mas existir notificação a favor de *C*, pelo que *D* lhe paga, ficando exonerado, *B* não terá qualquer pretensão contra *C*. *C* adquiriu a titularidade plena do direito de crédito através da notificação que, assim, concluiu o processo transmissivo. *B* terá apenas, porventura, uma acção indemnizatória contra *A*. Se ainda não tiver cumprido, poderá excepcionar com o não cumprimento, recusando-se ao pagamento do preço acordado (no todo ou em parte).

(4) Na hipótese de *A* vender o mesmo direito de crédito a *B* e a *C* e *C*, por seu turno, revendê-lo a *E*, que notifica e recebe o pagamento de *D*, *E* adquire de um *non dominus*, porquanto a transmissão a favor de *C* não foi notificada. Esta transmissão, em princípio, padece de invalidade. Todavia, é possível entender a notificação como acto análogo à posse, pelo que é defensável valer, *ex vi* artigo 584.º, a regra paralela de que notificação (de boa fé) vale título.

(5) Por fim, no caso de *A* vender o direito de crédito a *B* e, sem ter havido notificação, *D* pagar a *A* através de depósito em conta bancária deficitária de *A*, razão pela qual *C* (banco) opera compensação de imediato, *B* nada poderá contra *C*. Mais uma vez, não só o pagamento feito a *A* é liberatório, como o direito de crédito ainda se encontra na sua titularidade, pelo que se encontram reunidos os pressupostos da compensação a favor de *C*. *B* tem um simples direito de crédito perante *A*: como já cumpriu, resta-lhe a via da indemnização por incumprimento contratual.

IV. Veja-se, então, quais as razões para afastar esta via de solução, perfeitamente defensável e tecnicamente capaz de responder a problemas concretos, conduzindo a soluções plausíveis.

Não são decisivos argumentos que procurem encontrar uma solução que conduza a resultados mais justos, porque, como já foi referido, em última análise a solução será sempre injusta para alguém e é porventura impossível empreender, racionalmente, juízos deste tipo.

Repare-se que, se é verdade que o adquirente de um direito de crédito se encontra desprotegido em comparação com o adquirente de um direito incorporado num título de crédito, conduzindo, porventura, a soluções injustas, o problema também pode ser analisado inversamente e concluir-se ser o campo dos títulos de crédito profundamente lesivo da realidade substantiva e, nessa medida, também ele palco de soluções injustas. Nessa óptica, o consensualismo afigura-se como protector dessa realidade substantiva (é evidente que a própria realidade substantiva pode ser configurada noutros moldes, exigindo-se a entrega/notificação para se considerar transmitido o direito).

Importa, por isso, atender em especial a argumentos técnicos de ordem sistemática. Ou seja, interessa procurar nos preceitos concretos analisados à luz do sistema a solução mais plausível. Assim:

– Se é verdade que o artigo 408.° só se refere à transmissão de direitos reais, não deixa de ser significativo que a doutrina portuguesa, unanimemente, se refira ao princípio do consensualismo como estruturante de todo o sistema de transmissão dos direitos e o invoque, nomeadamente, para explicar a transmissão dos direitos de crédito. É evidente que, por si, não é um argumento decisivo, mas não deixa de importar, sobretudo por reflectir determinada concepção profundamente enraizada na nossa dogmática.

– Procurar fundamentar diferentes mecanismos de transmissão de direitos de crédito e de direitos reais na diferença entre as duas categorias de direito não se afigura correcto, porque, como ficou demonstrado, se se levantam dúvidas sobre a diferença estrutural entre direitos de crédito e direitos reais, não parecem restar hesitações sobre a sua identidade quando entendidos como titularidade. Direitos de crédito e direitos reais são iguais do ponto de vista do respeito da titularidade e enquanto realidade susceptível de ser transmitida, ou seja, enquanto bens susceptíveis de serem objecto de negócios jurídicos.

– Depõe nesse sentido a ineficácia relativa da incedibilidade convencional, da qual decorre a também ineficácia relativa do contrato-fonte da transmissão violador dessa proibição. A transmissibilidade do direito de crédito é entendida pela lei com grande amplitude. O interesse na fácil circulação do direito de crédito é salvaguardado acima do próprio interesse das partes (*maxime* do devedor cedido) em obstar à transmissão. Em sede de transmissão dos direitos de crédito o enfoque primordial reside no entendimento do direito de crédito enquanto activo patrimonial de fácil circulação. A tónica está no direito de crédito enquanto bem susceptível de ser transaccionado e não enquanto relação obrigacional intersubjectiva.

– Enquanto bem susceptível de ser objecto do direito objecto de negócios jurídicos, a prestação é susceptível de ser entendida como coisa de acordo com a definição do artigo 202.º. O direito de crédito, incidente sobre uma prestação, pode ser entendido como direito real. Não em todas as suas vertentes, mas naquelas que se aproximam da configuração conhecida da relação entre coisa e direito, ou seja, enquanto titularidade do direito de crédito. Esta abordagem enfatiza a perspectiva do direito de crédito como activo patrimonial transaccionável e confere ao seu titular uma tutela particular decorrente da oponibilidade *erga omnes* da sua posição. Repare-se que esta oponibilidade diz respeito à própria existência do direito de crédito e não ao conteúdo da prestação em dívida.

– Entendido o direito de crédito na sua plenitude, como titularidade de uma situação jurídica activa, a ser respeitada por todos e transmissível, também não é compaginável com uma transmissão "entre as partes". Talvez esta expressão legal seja tributária de um entendimento estrutural do direito de crédito, mas não é esse entendimento que está em causa quando se procura encontrar o esquema legal da transmissão dos direitos de crédito: pretende-se saber, sim, quando é oponível a todos a titularidade do direito de crédito.

– Assim, o artigo 578.º/1, quando remete para o negócio que está na base para determinar o regime aplicável aos requisitos e efeitos da cessão, padece de uma deficiente redacção. A palavra "cessão" é utilizada indistintamente para designar o acto (contrato-fonte da transmissão), quando estão em causa os requisitos, e para referir o efeito transmissivo, quando está em causa a eficácia. Só relativamente ao primeiro aspecto faz sentido a expressão "entre as partes", não relativamente ao segundo, porque a eficácia transmissiva, mercê desta remissão para o negócio que está na base, é insusceptível de ser analisada parcelarmente.

– Repare-se que, se o negócio que está na base é, por exemplo, a compra e venda, aplicando as regras relativas à eficácia da compra e venda, é difícil não concluir no sentido da eficácia *erga omnes* da transmissão do direito de crédito. O consensualismo está patente nas regras da compra e venda (artigos 879.º/a) e 874.º). É evidente estarem estes preceitos pensados não apenas para a transmissão dos direitos reais, mas também para a transmissão de quaisquer outros direitos. Talvez por isso – e não tanto pelo disposto no artigo 408.º – a doutrina assuma o consensualismo como princípio estruturante da transmissão de todos os direitos. Esta remissão para o negócio que está na base representa um profundo golpe na possibilidade de considerar isoladamente, como constituindo um subsistema à parte, a transmissão dos direitos de crédito. Isto em nada afecta a aplicação dos desvios (ou mesmo excepções) previstos na lei à regra do consensualismo quando o objecto do negócio transmissivo seja um direito de crédito. Desde logo, por exemplo, a transmissão de crédito futuro só se opera no momento em que o crédito se constitui. Esta conclusão parte do pressuposto de que a regra, no direito português, ainda que supletiva, é a do consensualismo, pelo que só quando existirem elementos suficientes para concluir em sentido inverso deve ser afastada.

— Ficou também sobejamente demonstrado ser a notificação um acto destinado a dar conhecimento ao devedor cedido da ocorrência da transmissão. Nessa medida, a lei não a configura como como acto indispensável, porque se o devedor tiver conhecimento da transmissão, os efeitos produzem-se mesmo sem ter havido notificação. E produzem-se perante todos e não apenas perante o devedor cedido: a transmissão vale em relação a todos, pelo que também não fará sentido sustentar-se ser a notificação indispensável em relação a outros terceiros.

— A única particularidade na transmissão dos direitos de crédito, quando comparada com a transmissão dos direitos reais, resultante do objecto em causa, reside na necessidade de proteger o devedor cedido. A lei introduz preceitos especificamente dirigidos a assegurar essa protecção (relacionados com a eficácia liberatória do pagamento feito ao cedente) e fora desse campo não há por que desamparar a realidade substantiva.

— A notificação não é acto análogo à entrega nem semelhante à posse de coisas móveis. Ainda assim, é possível compreender o artigo 584.º à luz dessa pretensa proximidade. Este preceito, ao estatuir a prevalência da cessão primeiro notificada, pode ser explicado por ter origem nos direitos francês e italiano onde vigora a regra de que "posse de boa fé vale título". Nesse contexto, esta solução mais não seria do que a transposição da referida regra para o campo da transmissão dos direitos de crédito: vale o consensualismo, mas, em caso de anterior notificação feita de boa fé, prevalece a cessão primeiro notificada, ou seja, notificação de boa fé vale título.

– Assim, a notificação já não seria o acto equivalente à entrega, indispensável na transmissão do direito de crédito, mas o complemento natural do consensualismo na regra de que posse/notificação de boa fé vale título.

– Que a notificação não é um acto equivalente à entrega, enquanto constituinte de um mecanismo composto de transmissão dos direitos, não é difícil de sustentar perante o direito português. Na verdade não é correcto que o cedente se obrigue, através do contrato, a transmitir o direito de crédito, o que conseguiria através da notificação. Não decorre da lei qualquer obrigação de notificação a cargo do cedente. Parece resultar, pelo contrário, um ónus a cargo do cessionário. Não fará sentido, portanto, configurar um sistema semelhante ao do duplo acto dos direitos germânicos.

– Mas também não faz sentido configurar a notificação, face à nossa lei, como acto análogo à posse. A existirem actos análogos à posse seriam a cobrança e o recebimento do conteúdo da prestação devida, enquanto actos expressivos do exercício do direito. Ora a posse, no direito português, tem apenas a função de presunção de titularidade, pelo que também esses actos assim poderão ser entendidos e, de acordo com a regra relativamente às presunções, é admissível prova em contrário.

– Na verdade, não existe no direito português um princípio geral de eficácia liberatória do cumprimento feito de boa fé a credor aparente ou putativo. Ainda que o devedor cedido esteja de boa fé, se pagar a um cessionário com base em contrato inválido, o pagamento será nulo.

– O artigo 588.°, ao estender à transmissão de outros direitos as regras gizadas para a cessão de créditos, não está a criar um sistema alternativo ao sistema de trasmissão dos direitos reais. Rigorosamente, nem faz muito sentido que ele exista. A sua justificação reside, provavelmente, na influência dos direitos a que o nosso código civil foi buscar inspiração. Por um lado, aos direitos italiano e francês, por outro lado, ao direito alemão. Repare-se que os primeiros adoptam o consensualismo, mas acolhem o princípio de que "posse de boa fé vale título" e o segundo exige um duplo acto e a entrega para a transmissão dos direitos reais. Nesse contexto, era necessário encontrar um sistema que se adequasse à transmissão dos direitos de crédito e de outros direitos incidentes sobre bens incorpóreos. No primeiro caso, adoptou-se o sistema do consensualismo acompanhado da notificação (ainda assim, com as dúvidas já expostas, sobretudo no que respeita ao direito italiano) e no segundo caso gizou-se um sistema de duplo acto, em que a notificação é desvalorizada. No direito português, este tipo de adaptações não é necessário nem faz sentido, porque é um sistema baseado apenas no consensualismo. Enquanto que nestes ordenamentos o regime da cessão de créditos é âncora de um segundo sistema de transmissão de direitos, porque o dos direitos reais está marcadamente ligado à existência material da coisa, no direito português não é necessário nem se justifica esse segundo modelo.

V. Importa agora responder às mesmas cinco questões colocadas na parte final da síntese crítica[1506]. As respostas não se afiguram tão simples como as decorrentes da aplicação da primeira via de análise, agora afastada. Dentro desta perspectiva é ainda possível abrir sub-hipóteses e problematizar em torno das respostas.

(1) Quando *A* vende o direito de crédito a *B*, a transmissão operou-se por efeito do contrato de compra e venda cujo objecto é, precisamente, o direito de crédito. Apesar de ainda não ter havido notificação ao devedor cedido, *B* é já o titular do direito de crédito com eficácia perante todos. Contudo, não tendo havido notificação e no caso de *D* não ter conhecimento da ocorrência da transmissão, ele poderá pagar com eficácia liberatória a *A*. *A*, quando recebe o conteúdo da prestação devida, fá-lo por conta de *B*, pelo que *B* tem direito a que este lhe seja entregue.

Colocam-se então duas hipóteses: ou *B* tem um simples direito de crédito perante *A* a que lhe seja restituído o conteúdo da prestação por aquele percebida ao abrigo das regras do mandato sem representação (porquanto recebe o objecto da prestação por conta do cessionário, embora não em nome deste) ou, a existir mandato com representação, considera-se o cumprimento feito ao cessionário.

[1506] Veja-se p.117.

No primeiro caso, haverá um simples direito de crédito, será *B* um credor comum de *A*, concorrendo em igualdade com os demais credores ou poderá *B* ainda gozar de uma protecção com coloração real?

No segundo caso, é mais fácil fundar a pretensão de *B* sobre os proventos do cumprimento. *B* tem um direito de crédito, cuja titularidade é oponível *erga omnes* e, nessa medida, também oponível aos credores de *A* ou à massa falida. Significa isto que ele goza de um direito de separação da massa falida e pode subtrair esses proventos à penhora dos demais credores. Mas fica por justificar este passo.

Tratando-se de mandato com representação, não é difícil, porque, juridicamente, os efeitos do cumprimento produzem-se de imediato na esfera jurídica do cessionário. Ainda que por interposta pessoa, é ao cessionário que o devedor cedido cumpre, pelo que tratar-se-á apenas de realizar materialmente as consequências da eficácia jurídica.

Já no caso de existir mandato sem representação, a pretensão não se poderá fundar numa espécie de sequela do seu direito de crédito, pois o direito de crédito extinguiu-se com o cumprimento e, por ser um direito de crédito, não confere ao seu titular uma acção real sobre a coisa objecto da prestação. A titularidade do direito de crédito de *B*, oponível perante todos, converteu-se através do cumprimento feito a um não titular, num simples direito de crédito perante o *accipiens*. Não é possível intentar-se uma acção de reivindicação, porque a reivindicação é própria do direito de propriedade, ele mesmo incidente sobre coisas corpóreas, e o titular do direito de crédito não goza de um poder directo e imediato sobre a coisa objecto da prestação.

Mas significa isto que *B* fica sem meios para defender a sua própria titularidade, fica condenado a vê-la esfumar-se através de um cumprimento liberatório sem que nada possa fazer para recuperar os proventos desse cumprimento com uma ampla eficácia? Há, seguramente, a via da acção de enriquecimento sem causa, mas, de acordo com esta, ser-lhe-á atribuído um direito de crédito que, por si, não prevalece sobre os direitos de crédito dos outros credores nem lhe confere um direito de separação no caso de falência, podendo, aliás, ficar aquém do pagamento feito ao cedente.

Mas há outra via. Só quando cedente e cessionário acordam, expressamente, dever o primeiro receber por conta do segundo nos termos do mandato sem representação se poderá considerar que o pagamento feito ao cedente é ao mesmo tempo liberatório do devedor cedido e extintivo do direito de crédito. Nesse caso, são as partes que assim o acordam e, se diferentemente não for acordado, o cessionário assume o risco do incumprimento por parte do cedente.

Não será assim no caso de o devedor cedido pagar ao cedente e este receber sem que para tal esteja legitimado pelo cessionário. Então, o cumprimento foi feito a quem não é credor nem está legitimado para receber. Se a lei determina o efeito exoneratório desse pagamento, daí não decorre, obrigatoriamente, a extinção do direito de crédito. Consequentemente, o titular do direito de crédito, o cessionário, continua a poder opor o seu direito perante todos.

Mas sendo o direito de crédito um direito a uma prestação, se a prestação já foi efectuada, como é possível sustentar que o cessionário goza de uma oponibilidade total do seu direito?

Não se tratando de um direito real entendido nos moldes tradicionais, não haverá uma verdadeira e própria sequela. No entanto, é possível sustentar a existência de uma perseguição dos proventos do cumprimento através da figura da sub-rogação real: o cessionário não pode exigir ao devedor cedido que repita o cumprimento, mas poderá exigir ao cedente que lhe entregue os proventos desse mesmo cumprimento, porque o seu direito de crédito não se extinguiu, antes se transformou, *ex vi* sub-rogação real, num direito aos proventos do cumprimento.

O seu direito é um direito específico e concreto, oponível perante todos, pelo que *B* goza de um direito de separação da massa falida e pode deduzir embargos de terceiro no caso de penhora por parte dos credores de *A*. O mecanismo da sub-rogação real, conhecido dos direitos reais de garantia, funcionará, neste caso, como um sucedâneo da sequela nos direitos reais clássicos.

Assim, *B* tem um direito com coloração real, ou seja, oponível *erga omnes*, à restituição dos proventos recebidos por *A*, direito esse decorrente da eficácia absoluta da titularidade do direito de crédito. Não se vê razão pois para não afirmar que, nesta perspectiva, o direito de crédito de *B* é um verdadeiro direito real.

(2) Quando *A* vende o mesmo direito de crédito a *B* e a *C*, *B* adquire a titularidade, porque celebrou em primeiro lugar com *A* o contrato de compra e venda. Mais uma vez, de acordo com o princípio do consensualismo, o direito de crédito transmite-se, com oponibilidade *erga omnes*, por efeito do contrato. Por consequência, quando *A* vende o mesmo direito de crédito a *C* está a operar a venda de um bem alheio.

Sem reproduzir a análise já desenvolvida, essa venda, a não ser seguida da aquisição do direito vendido por parte do vendedor, está ferida de invalidade. *C* terá direito a uma indemnização perante *A*. *B*, por seu turno, terá direito aos proventos recebidos em virtude do cumprimento, nos moldes referidos em (1).

(3) É diferente a resposta ao problema se, em vez de ter sido *A* a receber o cumprimento, tiver sido *C*, no seguimento de notificação? A notificação não confere mais direitos do que os decorrentes da realidade substantiva, acresce apenas a circunstância de o devedor cedido poder confiar nela para efeito de se liberar pelo cumprimento a quem lhe seja justificadamente apresentado como novo credor.

Remetendo para a argumentação já desenvolvida, refira-se apenas, sinteticamente, que o artigo 584.º não pode ser lido como expressando um princípio de que notificação de boa fé vale título ou registo de boa fé vale título.

Desde logo, porque não há qualquer menção à boa fé, o que significa um afastamento desses princípios, mas também porque a notificação, mercê da sua insusceptibilidade para ser configurável como meio eficaz de publicidade, é incapaz de fundar a aquisição de direitos. Acresce que uma leitura desse tipo não encontra, no ordenamento português, justificação sistemática coerente.

Portanto, *B* goza de um direito à restituição perante *C* nos moldes acima descritos: o direito de *B* prevalece sobre o direito de *C* e sobre os direitos dos credores deste.

Aqui reside, porventura, o grande foco de injustiça neste caminho. Estando *C* de boa fé, por que não protegê-lo? Sempre será possível considerar este ponto como excepcional dentro do caminho escolhido e, à semelhança do que se passa em alguns ordenamentos e mesmo a nível internacional, considerar uma medida excepcional de tutela do terceiro adquirente e, então, juntar os requisitos de onerosidade e da boa fé. *B* veria o seu direito precludido perante a aquisição de *C* e gozaria, então, de uma acção perante *A*.

Será possível sustentar a existência de um verdadeiro direito à separação do montante correspondente ao direito de crédito adquirido ou, ao menos, ao montante pago por *B*? Vale o mesmo, relativamente a *C*, no caso de prevalecer a posição de *B*?

No caso de *C*, ele nunca foi titular do direito de crédito, pelo que, se prevalecer a posição de *B*, ele poderá assacar responsabilidade a *A*, por lhe ter vendido um direito de que não era titular, mas a sua posição revestirá sempre natureza creditícia: intentará uma acção de restituição com base em enriquecimento sem causa.

E a posição de *B* poderá ser configurada noutros moldes? Se se entender que deve prevalecer a posição de *C*, então o direito de crédito de *B*, adquirido por transmissão através do contrato de compra e venda, é resolvido a favor de *C*. Mas, a existir efectiva aquisição por parte de *C* através da notificação e do cumprimento, o direito de *B* extingue-se, não sendo possível sustentar raciocínio análogo ao desenvolvido em (1) e (2).

Também *B* terá, perante *A*, um direito de crédito decorrente de responsabilidade contratual e extracontratual. *B* será um credor comum de *A*, não gozará de qualquer direito de separação, nem poderá deduzir embargos de terceiro para, ao menos, obter a restituição do montante pago.

Veja-se como também esta situação se afigura injusta e, por isso, se referiu que a solução a encontrar dificilmente se poderia alicerçar em critérios de justiça material, devendo, outrossim, buscar a justiça inerente à construção sistemática.

É de acordo com o sistema, profundamente revelado na remissão para o negócio que serve de base, que se sustenta a defesa do primeiro cessionário, primeiro adquirente, em detrimento de um segundo cessionário, embora gozando de notificação a seu favor.

Repare-se que, se *C* notificar em primeiro lugar, mas, antes de efectuar o cumprimento, *B* vier a notificar, oferecendo prova de que adquiriu em primeiro lugar, não fará sentido defender que o devedor cedido deve (ou mesmo pode) pagar a *C*, simplesmente porque notificou primeiro. O devedor cedido, no conhecimento da aquisição válida, deverá cumprir perante o primeiro cessionário.

Será então o cumprimento acto suficientemente poderoso para alterar a realidade substantiva? Tal como está construído o sistema português, julgo que não: ficar o devedor exonerado não significa ter o *accipiens* recebido bem.

(4) Nos mesmos moldes, *E*, sub-adquirente de um pseudo-adquirente, não pode prevalecer sobre o titular do direito de crédito, *B*, simplesmente porque notificou e recebeu o cumprimento do devedor cedido.

B, detentor de título válido, pode arguir a nulidade da aquisição de *E* e exigir o montante que lhe é devido. O regime da nulidade entronca necessariamente na posição de *B*. Como interessado, *B* pode arguir a nulidade do negócio celebrado entre *C* e *E*. De acordo com o artigo 289.º/1, deve ser restituído tudo aquilo que tiver sido prestado, ou, se não for possível, o valor correspondente.

Assim, *C* deverá devolver a *E* o preço pago e *E* devolveria a *C* o direito de crédito. Ora o direito de crédito já não existe, pelo que estará em causa a devolução do que foi prestado em cumprimento. Não faz sentido, no entanto, devolver a *C*, porque o problema está precisamente na sua ilegitimidade. Deverá, então, ser a devolução feita ao devedor cedido que, depois, no conhecimento da transmissão a *B*, cumprirá, ou poderá ser feita directamente a *B*?

Se, no rigor dos princípios, a reconstituição da situação anterior à nulidade conduziria à entrega do produto do cumprimento ao devedor, na verdade tal solução é ilógica, podendo resultar em prejuízo e despesas para o próprio devedor. Não há razão para não defender, uma vez provada a titularidade de *B*, a entrega do produto do cumprimento, em vez de obrigar a passar pelo devedor cedido. Também este passo só pode ser justificado tecnicamente através da sub-rogação real: o direito de crédito de *B* transforma-se e ganha coloração real, passando a incidir sobre o produto do cumprimento que, numa situação de normalidade, lhe era devido. É um direito real.

(5) *B*, titular do direito de crédito, não obstante a inexistência de notificação, poderá opor o seu direito a *C*, provando não pertencer o direito de crédito a *A* e, portanto, não ter aquele direito ao montante recebido a título de cumprimento.

Se o problema se colocar numa situação de solvência de *A*, poderá não revestir qualquer importância, o mesmo não aconterá num caso de insolvência. Neste caso, a possibilidade de *B* opor a titularidade do direito de crédito a *C* poderá ser a única via para não ficar totalmente desprotegido. Nos moldes já explicados, *B* terá ficado sub-rogado no montante recebido por *A*, pelo que *C* não poderia compensar com esse montante.

VI. Conclui-se, assim, que do entendimento da titularidade do direito de crédito oponível *erga omnes* resulta a necessidade de lhe conferir meios eficazes de tutela. Esses meios passam pela possibilidade de, no caso de violação por terceiro dessa mesma titularidade, através de alienação de direito alheio ou de cobrança e recepção do cumprimento, pela possibilidade de alcançar, com a mesma eficácia absoluta, o produto do cumprimento.

No fundo, será encontrar um equivalente da acção de reivindicação, que permita perseguir o produto do cumprimento como sucedâneo da perseguição do próprio direito de crédito enquanto tal, mercê da liberação do devedor cedido.

Assim, o direito de crédito, entendido na sua vertende absoluta de titularidade e transmissibilidade, goza de características análogas à inerência e à sequela próprias dos direitos reais. Neste contexto, faz sentido o entendimento da prestação como coisa à luz do artigo 202.°/1: não sendo já possível a prestação, o direito transfere-se para o objecto dessa mesma prestação ou para o que estiver em seu lugar. Esta possibilidade de perseguir o produto do cumprimento é concretizada, na prática, através da figura da sub-rogação real. Não se objecte que a sub-rogação real é excepcional no direito português, porquanto tal não decorre da lei. Como se explicou, ela está contemplada em casos circunscritos, o que não significa, por si só, ser um mecanismo excepcional de tutela.

VII. O percurso feito permite agora uma última palavra de explicação do título escolhido para este último capítulo da dissertação, "direito de crédito enquanto direito real". A justificação reside em dois aspectos. Primeiro, enquanto objecto de um contrato destinado à transmissão de um direito, por exemplo, enquanto objecto de um contrato de compra e venda, direito de crédito e direitos reais são iguais; transmitem-se da mesma maneira, a sua transmissão rege-se pelo princípio do consensualismo, fazendo sentido aplicar-lhe o artigo 408.°. Segundo, enquanto direito subjectivo que deve ser respeitado por todos, o direito de crédito é um direito absoluto e, em certa medida, de exclusão. Entendido na sua titularidade, o direito de crédito é igualmente oponível a terceiros.

Estes dois aspectos conjugados permitem concluir que o cessionário, no caso de interferência de um terceiro no seu direito de crédito (por exemplo, o cedente que recebe o pagamento do devedor cedido e se recusa a entregá-lo ao cessionário ou que vende o direito de crédito duas vezes) tem um direito de perseguir o objecto da prestação análogo ao que o titular do direito real tem em relação à coisa que é inerente ao direito. Acresce que, se se entender "coisa" com toda a amplitude oferecida pelo artigo 202.°, a prestação é uma coisa para o direito, pelo que também por esta via se verifica a similitude com os direitos reais. Ambos incidem sobre coisas, só que no caso dos direitos reais, provavelmente essas coisas correspondem a realidades pré-legais, enquando que no caso dos direitos de crédito, as coisas que são o seu objecto, ou seja, as prestações, são configuradas pelo próprio direito.

Direitos de crédito e direitos reais continuarão a ter particularidades distintas. No entanto, provavelmente tem razão quem explica que a distinção essencial reside em aspectos de ordem histórico-cultural, carecendo de qualquer base racional segura. Mas esta é outra temática e seria outra dissertação.

VIII. Julga-se poder agora, com segurança, responder à questão exemplar enunciada na introdução do presente trabalho: *se tiver ocorrido uma transmissão de créditos sem que o devedor cedido tenha sido notificado, poderão, posteriormente, os credores do cedente penhorar o direito de crédito ou, em caso de falência, considerar o direito de crédito integrado na massa falida?*

Não. Respondendo à questão do ponto de vista do cessionário: o cessionário pode deduzir embargos em caso de penhora do direito de crédito de que é titular, alegando e provando essa mesma titularidade, e, no caso de falência, com base no mesmo fundamento, goza de um direito de separação do crédito da massa falida. Mais ainda, se já tiver havido cumprimento exoneratório ao cedente, o cessionário gozará de direito idêntico relativamente ao produto desse cumprimento.

CONCLUSÕES

No capítulo denominado "tese" retiraram-se as consequências do trabalho desenvolvido previamente, tendo sido assumida e justificada a tese defendida. Aí está a conclusão no sentido próprio do termo. Agora, nada se acrescenta em relação ao que foi escrito, apenas se apresentam de forma simplificada as opções que se foram tomando até chegar à resposta da pergunta exemplar colocada no início. Trata-se, por isso, apenas, de apresentar de maneira que se pretende clara e sintética os aspectos mais relevantes de todo o caminho percorrido.

I. O código civil vigente não contém disposição especificamente dirigida à eficácia da transmissão do direito de crédito perante terceiros para além do devedor cedido e de adquirentes concorrenciais do mesmo direito de crédito. Esta omissão foi, possivelmente, intencional, porque, para além de o texto legislativo anterior conter disposição expressamente relativa aos terceiros, o problema foi amplamente debatido no estudo aprofundado de Vaz Serra sobre cessão de créditos. Nem a doutrina nem a jurisprudência aprofundam a questão, embora exista uma divergência de posições na doutrina portuguesa e a temática revista importância teórica e prática inegável, encontrando, mais recentemente, campo importante de discussão, por exemplo, em matéria de cessão financeira ou de titularização. Para perceber como o problema da eficácia da transmissão do direito de crédito perante terceiros, por exemplo, credores das partes, deve ser resolvido no direito português, é essencial aprofundar criticamente os factos que legalmente determinam a eficácia da transmissão entre as partes, perante o devedor cedido e no caso de aquisição concorrencial do mesmo crédito: o contrato e a notificação (ou aceitação, ou conhecimento).

568 Transmissão Contratual do Direito de Crédito

II. A cessão de créditos é analisada pela doutrina nacional e estrangeira de acordo com diversas perspectivas que enfatizam o entendimento da cessão como acto negocial ou como efeito de negócios translativos. Analisada a eficácia da notificação, a perspectiva que melhor se conjuga com o direito português é a que entende a cessão de créditos como o efeito de negócios translativos cujo objecto é um direito de crédito. Assim, mais correcto será falar, por exemplo, em venda ou em doação de direitos de crédito. Consequentemente, aplica-se o regime dos tipos contratuais utilizados à generalidade das questões suscitadas a propósito da transmissão do crédito, salvaguardando-se, no entanto, a regulação específica dedicada na lei à cessão de créditos que, atendendo à especificidade do objecto contratual em causa, se destina a proteger o devedor cedido.

III. A transmissão do direito de crédito é efeito do contrato translativo que cedente e cessionário celebram: não há um tipo contratual de cessão de créditos, há vários tipos contratuais que têm como efeito a transmissão de direitos e que podem ter por objecto um direito de crédito. A lei designa o contrato celebrado pelas partes como "negócio que está na base", gerando porventura alguma nebulosidade na explicação do instituto da cessão de créditos. A notificação é exterior à transmissão e serve o intuito de dar conhecimento ao devedor, retirando-lhe assim a protecção que até aí a lei lhe confere. Proteger o devedor não se justifica porque a transmissão do direito de crédito ainda não ocorreu, mas sim porque ela já ocorreu e o devedor está na sua ignorância, pelo que a nova titularidade não lhe pode ser oposta. Assim se explica a relevância do conhecimento do devedor, mesmo quando não tenha havido notificação.

IV. A notificação é apresentada pela lei numa óptica funcional: destina-se a levar ao conhecimento do devedor a transmissão do direito de crédito. Por isso, a forma (em princípio livre) de que se deve revestir e o conteúdo que, em concreto, deve ter estão numa dependência estreita do cumprimento desta finalidade. Por isso também estes aspectos são permeáveis à incidência das circunstâncias do caso concreto, sejam elas relativas à própria pessoa que notifica, ao tipo de relação contratual existente ou mesmo ao objecto da transmissão. É essencial, portanto, adoptar uma visão finalista e orientada pelo princípio genérico da boa fé para aferir se determinada notificação deve ser ou não entendida como válida e eficaz.

V. A notificação não é um dever do cedente ou do cessionário, antes é configurada como um ónus de ambos, embora as consequências da falta de notificação afectem mais o cessionário do que o cedente. Também não pode ser vista como um direito do devedor. No entanto, perante as circunstâncias do caso concreto e com recurso à boa fé e à figura do abuso de direito, não é de excluir um exercício inadmissível do direito das partes de não notificar o devedor cedido. O devedor, por seu turno, também está vinculado por uma actuação de boa fé, no sentido em que não deve cumprir perante quem lhe é apresentado como novo credor quando a notícia e as circunstâncias que a rodeiam não sejam minimanente idóneas. Neste caso, o devedor tem simultaneamente o direito de recusar o cumprimento até que lhe seja oferecida prova consistente da transmissão do crédito e o dever de não efectuar o cumprimento.

VI. A par da notificação e da aceitação, também o simples conhecimento da ocorrência da transmissão do direito de crédito desencadeia a oponibilidade da transmissão perante o devedor cedido. Ao invés, o registo de uma transmissão de direito de crédito, por si só, não permite presumir o conhecimento e tornar a transmissão oponível ao devedor. A notificação vale como significado e prova do conhecimento do devedor cedido, constituindo presunção inilidível desse mesmo conhecimento. O conhecimento do devedor cedido, como mínimo denominador comum da oponibilidade da transmissão do direito de crédito perante ele, inscreve-se no princípio partilhado por todos os ordenamentos de protecção do devedor cedido ou de não prejuízo da sua posição. Este princípio é o contraponto e a justificação do princípio da livre cedibilidade do direito de crédito.

VII. Do artigo 584.º do código civil não resulta uma verdadeira aquisição do direito de crédito pelo segundo adquirente, primeiro notificante, representando apenas mais uma via de protecção do devedor cedido. Ainda que outro seja o entendimento perfilhado, não se pode concluir deste preceito que a notificação desempenha um papel determinante na transmissão do direito de crédito com eficácia *erga omnes*, permanecendo a dúvida sobre a eficácia da transmissão relativamente a outros terceiros.

VIII. Da análise dos quatro grandes sistemas de oponibilidade da transmissão do direito de crédito a terceiros – notificação, contrato translativo, contrato formal e entrega de documento e registo – e das consequências da sua aplicação a situações da vida comercial de relevo resultaram várias consequências: o sistema de notificação encontra-se em declínio, é alvo de fortes críticas e levou a que os ordenamentos onde vigora como regra tenham procurado de maneiras diversas fugir à sua aplicação; o sistema de contrato translativo funciona sem sobressaltos, embora se possa detectar alguma necessidade de correcção de soluções pela jurisprudência; comparativamente, o sistema de contrato formal e entrega de documento é recente para se poder concluir com a mesma segurança, mas é apontado como uma evolução fundamental para o desenvolvimento do comércio jurídico e o balanço feito é francamente positivo; de todos, o sistema de registo é o que parece mais ajustado às modernas necessidades do comércio jurídico, reforça o vector segurança e é elogiado e inspirador de diversas alterações em ordenamentos a que é alheio.

IX. A opção por um ou outro sistema é determinante das soluções para problemas concretos. Dificilmente, no entanto, se poderá justificar a opção sem o necessário enquadramento dogmático, sobretudo por apelo ao sistema português. *De jure condito*, está afastada, naturalmente, a opção por um sistema de contrato formal e entrega de documento ou de registo. É possível, no entanto, perguntar se a notificação no direito português pode, justificadamente, desempenhar o mesmo papel que o registo e, portanto, *mutatis mutandis*, defender solução análoga para o problema da eficácia da transmissão perante terceiros. A resposta é negativa. A notificação no direito português não tem uma configuração próxima do registo no sistema de registo, está próxima sim da notificação tal como entendida nesse mesmo sistema de registo. A notificação também não se afigura próxima de outros actos relevantes, no ordenamento português, para a transmissão de direitos de outra ordem, como o endosso, a entrega ou o registo de valores mobiliários escriturais ou mesmo o registo predial.

X. No direito português vigente, a opção coloca-se, portanto, entre o sistema de notificação e o sistema de contrato translativo. Para além de a experiência nos outros ordenamentos e a tendência do direito internacional desaconselharem o modelo da notificação e da suposta vantagem de dificultar a fraude carecer de peso e suficiente justificação dogmática, a notificação, enquanto acto estritamente dirigido ao devedor, não pode nem deve funcionar como meio de publicidade, porque não consegue garantir minimanente uma publicidade fidedigna. Por seu turno, o artigo 584.º não se revela âncora suficientemente segura para justificar o alargamento da solução para além da situação prevista e não se encontra razão válida para defender a aplicação analógica do regime do penhor de créditos. Acresce ainda que, na situação algo frequente de transmissão onerosa com antecipação de pagamento, o cessionário fica, no sistema de notificação, numa situação fragilizada perante possíveis credores do cedente.

XI. À semelhança do que acontece na resolução de outros problemas, também aqui se está perante uma oposição entre o princípio da autonomia privada e o princípio da tutela da confiança, apontando o primeiro para a plena eficácia das declarações contratuais e o segundo para a necessidade de protecção dos terceiros que desconhecem o conteúdo dessas declarações através de um princípio geral de publicidade da alteração de titularidade de direitos não necessariamente reais. Não há, no direito português, um princípio geral de tutela de terceiros do qual se possa retirar um outro princípio geral, o princípio da publicidade das situações jurídicas. Mesmo no campo dos direitos reais, é escassa a protecção de terceiros no que respeita à transmissão de coisas móveis e mesmo o valor do registo predial não é consensual. No entanto, ainda que se concluísse existir esse princípio no direito português, a notificação não poderia ser entendida como um mecanismo de publicidade rudimentar próximo do registo. Este existe para servir todos os potenciais interessados no conhecimento das situações jurídicas decorrentes dos factos registados. Aquela existe em primeiro lugar para proteger o devedor cedido e, mesmo quando a lei determina a prevalência da cessão notificada em primeiro lugar, fá-lo, mais uma vez, para o proteger. A notificação não goza de fé pública nem constitui um meio dotado de vocação de conhecimento universal, devendo antes ser encarada como acto dirigido ao devedor cedido. Também a notificação não se afigura como acto análogo à entrega ou à posse, sendo certo que, face ao direito português, essa suposta analogia teria escassa relevância argumentativa. Na verdade, para além de valer o princípio do consensualismo, o princípio de que "posse de boa fé vale título" não tem expressão e não existe um princípio geral paralelo de eficácia liberatória do cumprimento feito de boa fé a credor aparente ou putativo.

XII. O direito de crédito, entendido como titularidade de uma situação jurídica activa, e não encarado especificamente de um ponto de vista estrutural, é oponível a todos e não é compaginável com uma mera transmissão "entre as partes". Entendido nesta perspectiva, como activo patrimonial transaccionável e respeitado por todos, o direito de crédito é igual aos direitos reais.

XIII. A remissão para o negócio que está na base é insusceptível de ser entendida parcelarmente. No que respeita à eficácia transmissiva, e também porque a cessão de créditos não é um tipo contratual *a se*, aplicam-se as regras decorrentes dos tipos contratuais concretamente utilizados, como as constantes dos artigos 879.º/a) e 874.º, que espelham o princípio do consensualismo. Esta remissão é um forte entrave à defesa de um sistema dual de transmissão dos direitos reais/direitos de crédito. Isto significa que quem vende um crédito a alguém e o torna a vender a outrem opera uma venda de bem alheio.

Conclusões   573

XIV. Os dois princípios estruturantes em matéria de transmissão dos direitos de crédito são, por um lado, a livre cedibilidade do direito de crédito, de que é exemplo expressivo a ineficácia relativa da incedibilidade convencional, e, por outro, a protecção do devedor cedido. A única particularidade da transmissão dos direitos de crédito em relação à transmissão dos direitos reais e resultante do objecto da transmissão reside, precisamente, na atenção ao princípio da protecção do devedor cedido. Na verdade, a lei consagra preceitos especificamente dirigidos a assegurar a protecção do devedor cedido e fora desse campo não há fundamento para defender uma realidade substancialmente diversa daquela que rege a transmissão dos direitos reais.

XV. Assim, entendido na sua vertente absoluta, que tem expressão na titularidade e se revela na transmissibilidade, o direito de crédito goza de características análogas à sequela e inerência dos direitos reais. Por isso, o titular do direito de crédito, quando vir a sua titularidade violada por terceiro, através da alienação de direito alheio ou de cobrança e recepção do cumprimento, pode alcançar, com a mesma eficácia absoluta, o produto desse mesmo cumprimento através do mecanismo da sub-rogação real. Sendo o direito sobre a prestação um direito, nesta perspectiva, absoluto, é possível sustentar, através do mecanismo da sub-rogação real, e no caso da prestação não ser mais possível, um direito ao objecto dessa mesma prestação. Esta solução condiz com o entendimento da prestação como coisa à luz do artigo 202.º/1.

XVI. No direito português vigente, não existe um sistema dual de transmissão dos direitos: para os direitos reais assente no consensualismo e sem consideração do princípio de que "posse de boa fé vale título" e para os direitos de crédito e demais direitos alicerçado no contrato-fonte da transmissão e na notificação. Sistemas duais compreendem-se em ordenamentos que acolhem o princípio de que "posse de boa fé vale título" ou o princípio da entrega para a transmissão dos direitos reais e que têm a necessidade, portanto, de construir um regime coerente para a transmissão de direitos que não assentem sobre bens corpóreos. O artigo 588.º é possivelmente o resultado da influência destes ordenamentos, mas no contexto do nosso sistema tem escassa importância enquanto suposta base de um modelo transmissivo distinto do dos direitos reais. O sistema de transmissão de direitos português é uno e baseia-se no consensualismo.

XVII. Por tudo isto, mesmo no caso de não ter havido notificação, os credores do cedente não podem penhorar o direito de crédito ou, em caso de falência, considerar o direito de crédito integrado na massa falida. O cessionário, por seu turno, alegando e provando a titularidade do crédito, pode deduzir embargos em caso de penhora e, no caso de falência, goza de um direito de separação do crédito em relação à massa falida. Se já tiver havido cumprimento exoneratório ao cedente, o cessionário goza de direito idêntico relativamente ao produto desse cumprimento. Esta é a resposta à questão exemplar enunciada na introdução desta dissertação.

RESUMO

O objectivo da presente dissertação é descobrir, no direito português, quais os actos necessários para que a transmissão convencional de um direito de crédito tenha eficácia *erga omnes*. Enunciado sob a forma de pergunta, o objectivo da tese é responder à seguinte questão exemplar: se tiver ocorrido uma transmissão de créditos sem que o devedor cedido tenha sido notificado, poderão, posteriormente, os credores do cedente penhorar o direito de crédito ou, em caso de falência, considerar o direito de crédito integrado na massa falida?

No desenvolvimento do trabalho necessário à resposta fundada a esta pergunta, procura-se descobrir se existe no direito português um sistema uno de transmissão de direitos, assente no consensualismo e sem consideração do princípio de que "posse de boa fé vale título", ou se, pelo contrário, existe um sistema dual de transmissão de direitos. Neste caso, a regulação da cessão de créditos seria uma matriz alternativa do sistema, assente no consenso e num outro acto, como a notificação, destinado a dar eficácia a esse mesmo consenso.

Para alcançar este resultado, parte-se da regulação do instituto da cessão de créditos e procura-se definir os contornos dos dois actos legalmente ligados à eficácia transmissiva, o contrato e a notificação, analisando-se em particular a notificação numa perspectiva funcional. Depois, estudam-se mais aprofundadamente os diferentes sistemas conhecidos de oponibilidade da transmissão dos direitos de crédito a terceiros. Avaliam-se esses sistemas à luz de problemas conhecidos do giro comercial mais recente, procurando-se elementos de particular relevo no campo da falência. Mediante a recolha desses elementos de ordem teórica e do teste feito à luz da prática comercial, conclui-se sobre as vantagens e os inconvenientes de cada um dos modelos e relança-se o problema no confronto com a transmissão dos direitos reais.

O direito português vigente é o ponto de partida para todos os problemas considerados, mas é confrontado continuamente com as soluções dos direitos estrangeiros. Os elementos fundamentais de análise são a lei e o labor doutrinário. O recurso aos direitos estrangeiros é assimétrico: são chamados quando revestem particular relevo para uma questão concretamente em análise, não se fazendo, verdadeiramente, microcomparação jurídica.

Da análise desenvolvida resulta a possibilidade de optar entre um sistema de transmissão dos direitos de crédito assente no contrato ou um sistema assente no contrato e na notificação ao devedor cedido. A questão inicial é desdobrada em cinco questões parcelares que são respondidas criticamente. Fundamental para a opção tomada é a consideração do sistema jurídico, e dos princípios que o enformam, enquanto depositário de valores fundamentais como a justiça e a segurança.

Conclui-se existir apenas um sistema padrão de transmissão de direitos no ordenamento português, assente no consensualismo e escassamente revelador de um princípio de publicidade das situações jurídicas, logo, pouco preocupado com a protecção de terceiros. Conclui-se ainda que, relativamente à transmissão e oponibilidade da titularidade, a cessão de créditos constitui problema de direitos reais e não de direito das obrigações, a analisar conjuntamente com a transmissão e a oponibilidade da titularidade dos direitos reais.

Conclui-se, por fim, respondendo à questão inicialmente colocada: mesmo no caso de não ter havido notificação, os credores do cedente não podem penhorar o direito de crédito ou, em caso de falência, considerar o direito de crédito integrado na massa falida; o cessionário, por seu turno, alegando e provando a titularidade do crédito, pode deduzir embargos em caso de penhora e, no caso de falência, goza de um direito de separação do crédito em relação à massa falida. Se já tiver havido cumprimento exoneratório ao cedente, o cessionário goza de direito idêntico relativamente ao produto desse cumprimento.

ABSTRACT

The aim of this dissertation is to study the acts required under the Portuguese law so that consensual assignment of claims can be effective *erga omnes*. That is: should notice to the debtor fail in a case of assignment of claims, will the assignor's creditors be able to seize the assigned claims or, in the case of assignor's insolvency, must the claims be considered comprised in the bankrupt's estate?

What is at stake in my work is whether Portuguese law is based on a unified system of transfer of rights (relying on the principle of consent and the non application of the *"possession vaut titre"* principle) or, on the contrary, on a dual system. If this is the case, the rules applicable to the assignment of claims – found on the *solo consensus* and on a further act, as the notice, aimed at making the contract effective – would be the second rule of the system.

The rules applicable to the assignment of claims are my starting point. By analysing those rules, we shall be able to better understand the outlines of the two acts legally bound to the effectiveness of the transmission: the contract and the notice. I pay particular attention to the notice on a target-oriented perspective. Subsequently, I go through the different systems regulating assignment of claims as fully effective against third parties. Current commercial illustrations are considered in order to evalute these systems. Insolvency is particularly taken into account in order to find relevant elements. Based both on this evaluation and on the theoretical elements, advantages and disadvantages are drawn for each of the systems.

The problems are initially dealt within the framework of the Portuguese law, but they are permanently confronted with the solutions put forward by foreign laws. The core elements of analysis are the law and the authors' lessons. The use of foreign laws is unbalanced – they are called upon when and if they are particularly relevant to a certain problem. Microcomparative analysis is not done.

As a result of my investigation, an option has to be made between either a system of assignment of claims based on the contract, or a system based on the contract plus notice to the debtor. The main question is divided into five distinct subquestions which are critically answered. For the option made, the legal system, as an anchor of basic values such as justice and legal certainty, is determinant.

A single pattern for the transmission of rights was the conclusion I came to. This reflects the principle of consent and far less a principle of publicity of rights. Third parties are, therefore, scarcely protected. As far as the transmission of title is concerned, the assignment of claims is a matter of property, not of contract. That should be considered, I sustain, side by side with transmission of property rights, bearing in mind the transmission as fully effective against third parties.

Returning to my initial question, I would answer it as follows. The assignors' creditors may not seize the claim or, in case of insolvency, consider the credit comprised in the bankrupt's estate, even if the notice has not occurred. Should the assignee be able to voice and prove its title, he may contest seizure and, in case of insolvency, he may set aside his right from the bankrupt's estate. It should be underlined that if the debtor has previously obtained a good discharge by paying to the assignor without knowledge of the assignment, the assignee has a similar right to the proceeds of that performance.

RÉSUMÉ

L'objectif de cette dissertation est de comprendre, dans le droit portugais, quels sont les actes nécessaires pour que la transmission conventionnelle d'une créance soit effective *erga omnes*. C'est à dire, sous la forme d'une question: en face d'une cession de créance sans une notification préalable au débiteur, est-ce que les créditeurs du cédant peuvent saisir la créance? Et, en cas de faillite, peuvent-ils considérer le droit de créance comme partie de la masse de la faillite?

Ce que je veux comprendre c'est si le droit portugais est fondé sur un système unifié de transmission des droits – qui se soutiendrait sur le principe du consensualisme et qui s'éloignerait du principe "possession vaut titre" – ou si, par contre, il y a un système double de transmission des droits. Dans ce cas, les règles applicables au régime de la cession des créances – fondés sur le consensualisme et sur un acte supplémentaire, comme la notification, destiné à rendre le contrat effectif – constituerait l'autre branche du système.

Pour donner une réponse a ce problème, je commence pour analyser le régime applicable à la cession des créances, me permetant déterminer les contours des deux actes légalement liés à l'efficace de la transmission: le contrat et la notification. Je donne une attention particulière à la notification, dans une perspective téléologique. En suite, j'étude les différents systèmes d'opposabilité de la cession des créances aux tiers. Tous ces systèmes sont évalués en considérant quelques problèmes de la pratique commerciale. Dans le domaine de la faillite on fait une recherche des éléments qui puissent être pertinents. À partir de cette évaluation et des éléments théoriques, les avantages et les désavantages sont considérés pour chacun des systèmes et le problème est relancé vis-à-vis la transmission des droits réels.

Le droit portugais en vigueur est le point de départ pour tous les problèmes considérés mais il est constamment confronté avec les solutions des droits étrangers. Les éléments essentiels pris en considération sont la loi et la doctrine. L'utilisation des droits étrangers est irrégulière: ils sont considérés quand sa présence est particulièrement pertinente pour une question spécifique. On ne fait pas, donc, une vraie microcomparaison juridique.

Comme résultat de mon investigation, il faudrait faire une option entre un système de cession de créance fondé sur le contrat ou, par contre, un système fondé sur le contrat et la notification au débiteur. La question initiale est divisée en cinq questions parcellaires qui sont répondues sous la forme critique. Pour faire l'option entre ces deux systèmes, l'encadrement juridique est essentiel comme ancre des valeurs tels que la justice et la sécurité juridique.

Ce parcours nous permet de conclure pour l'existence d'un système patron unifié en ce qui concerne la transmission des droits. Cela est fondé sur le principe du consensualisme et ne prend pas en compte la publicité des droits. Donc, la protection des tiers n'est pas une préoccupation essentielle. Pour la transmission et l'opposabilité de la titularité, la cession de créance est liée à la question de la propriété et non au contrat. Ceci nous conduit à considérer la cession de créance avec la transmission et l'opposabilité de la titularité des droits réels.

La question posée au début peut maintenant être répondue comme suit. Même s'il n'y a pas une notification, les créancières du cédant ne peuvent pas saisir le droit de créance ni, en cas de redressement judiciaire, considérer ce droit comme faisant partie de la faillite. Le cessionnaire, s'il est capable de faire preuve de son droit, peut contester en cas de saisie et, en cas de faillite, il peut profiter d'un droit de séparation de la créance de la faillite. Il faut souligner que si le débiteur s'est libéré valablement en payant le cédant sans connaissance de la cession, le cessionnaire a le même droit en ce qui concerne le produit de ce payement.

BIBLIOGRAFIA

AGUILERA RAMOS, Agustín, *El Contrato de Factoring. Derecho Español. La Posición del Deudor Cedido y de los Terceros*, *in* El Contrato de Factoring, editado por Rafael García Villaverde, Madrid, McGraw Hill, 1999, 328-331

ALARCÃO, Rui de, *Forma dos Negócios Jurídicos*, BMJ, n.º 86, 1959, 177-207

ALARCÃO, Rui de, *Direito das Obrigações*, texto elaborado por J.Sousa Ribeiro, J.Sinde Monteiro, Almeno de Sá e J.C.Proença com base nas lições do Prof. Dr. Rui de Alarcão ao 3.º Ano Jurídico, Coimbra, policopiado, 1983

ALBALADEJO, Manuel, *Derecho Civil II – Derecho de Obligaciones* – Vol. I, 10.ª edição, Barcelona, Bosch, 1997

ALBALADEJO, Manuel, *Derecho Civil II Derecho de Obligaciones* – Vol. II, 10.ª edição, Barcelona, Bosch, 1997

ALBUQUERQUE, Pedro, *Contrato de Compra e Venda, Efeitos Essenciais e Modalidades*, *in* Direito das Obrigações, sob a Coordenação de Menezes Cordeiro, 3.º volume, 2.ª edição, Lisboa, AAFDL, 1991

ALESSI, Giuseppe, *Cessione dei crediti di impresa (factoring) e fallimento*, Il Fallimento, n.º 6, 1991, 545-552

ALESSI, Giuseppe, *Revocatoria fallimentare dei pagamenti del debitore ceduto e garanzia di solvenza nella cessione dei crediti di impresa*, Dir. fall., 1992, 615-621

ALLCOCK, Bob, *Restrictions on the Assignment of Contractual Rights*, CLJ, 42, 1983, 328-346

ALMEIDA COSTA, Mário Júlio de, *Anotação ao Acórdão n.º 4/98 do STJ de 5 de Dezembro de 1998*, RLJ n.º 3893, Coimbra, 1998, 244-246

ALMEIDA COSTA, Mário Júlio de, *Direito das Obrigações*, 9.ª edição, Coimbra, Almedina, 2001

ALMEIDA COSTA, Mário Júlio de, *Noções Fundamentais de Direito Civil*, 4.ª edição, Coimbra, Almedina, 2001

ALPA, Guido, *Qualificazione dei contratti di leasing e di factoring e suoi effeti nella procedura fallimentare*, Dir. fall., 1988, 174-204

AMARAL CABRAL, Rita, *A Eficácia Externa da Obrigação e o n.º 2 do art. 406.º do Código Civil*, Braga, Livraria Cruz, 1984

AMARAL CABRAL, Rita, *A Tutela Delitual do Direito de Crédito*, *in* Estudos em Homenagem ao Professor Doutor Manuel Gomes da Silva, editado pela Faculdade de Direito de Lisboa, Coimbra, Coimbra Editora, 2001, 1026-1053

582   *Transmissão Contratual do Direito de Crédito*

AMATO, Cristina, *Annotazioni alla l.21/2/1991, sulla cessione dei crediti d'impresa*, Quadrimestre, 1992, 481-507

American Law Institute, *Comment on Restament, Second, Contracts, in* Restatement Second of the Law of Contracts – Student Edition, Pamphlet 3, editado por The American Law Institute, Whashington, 1979

American Law Institute e National Conference of Commissioners on Uniform State Laws, *Uniform Commercial Code – Official Text with Comments (1972 Version)*, St.Paul, West Group, 2000

American Law Institute e National Conference of Commissioners on Uniform State Laws, *Uniform Commercial Code – Official Text with Comments (1999 Version)*, St. Paul, West Group, 2000

ANCEL, Pascal, *Manuel de Droit du Crédit*, 4.ª edição, Paris, Litec, 1995

ANDRADE, Manuel A. Domingues de, *Teoria Geral das Obrigações*, 2.ª edição, Coimbra, Almedina, 1963

ANDRADE, Manuel A. Domingues de, *Teoria Geral da Relação Jurídica* – Vol. I, Coimbra, Almedina, 1997 (reimpressão)

ANDRADE, Manuel A. Domingues de, *Teoria Geral da Relação Jurídica* – Vol. II, Coimbra, Almedina, 1998 (reimpressão)

ANDRADE, Manuel de, *Teoria Geral das Obrigações* – I, com a colaboração de Rui de Alarcão, Coimbra, Almedina, 1958

ANSELMO VAZ, Teresa, *O Contrato de* Factoring, RB, n.º 3, 1987, 53-78

ANTUNES VARELA, João de Matos, *Anotação ao Acórdão do STJ de 4 de Março de 1982*, RLJ n.º s 3738 e 3739, 1986, 282-288 e 307-316

ANTUNES VARELA, João de Matos, *Das Obrigações em Geral* – Vol. II, 7.ª edição, Coimbra, Almedina, 1997

ANTUNES VARELA, João de Matos, *Das Obrigações em Geral* – Vol. I, 10.ª edição, Coimbra, Almedina, 2000

ANTUNES VARELA, João de Matos e Henrique Mesquita, *Anotação ao Acórdão do STJ de 3 de Junho de 1992*, RLJ n.º s 3837 e 3838, 1994, 374-384 e 19-32

ARNDT, Karl, *Zessionrecht, 1.Teil- Rechtsvergleichung*, Berlin, Leipzig, Walter de Gruyter, 1932

ASCARELLI, Tulio, *Teoria Geral dos Títulos de Crédito*, Nicolau Nazo, São Paulo, Livraria Acadêmica – Saraiva & Cia., 1943

BACKHAUS, Ralph, *Befreiende Leistung des "bösgläubigen" Schuldners im Fall des §407 II BGB und verwandter Vorschriften?*, JA 15.Jahrgang, Bielefeld, 1983, 408-414

BADENES GASSET, Ramón, *El Contrato de Compraventa* – Tomo I, 3.ª edição, Barcelona, Bosch, 1995

BADENES GASSET, Ramón, *El Contrato de Compraventa* – Tomo II, 3.ª edição, Barcelona, Bosch, 1995

BAILEY, Edward, *Bankruptcy and Insolvency, in* Halsbury's Laws of England – Volume 3(2), 4.º edição, editado por Gordon Hobbs, London, Butterworths, 1989

BAPTISTA MACHADO, João, *Introdução ao Direito e ao Discurso Legitimador*, 9.ª edição, Coimbra, Almedina, 1982 (reimpressão 1996)

BASSI, Amadeo, *Factoring e cessione dei crediti di impresa*, Milano, Giuffrè, 1993

BAUR, Jürgen F. e Rolf Stürner, *Sachenrecht*, 17.ª edição, München, C.H.Beck, 1999

BEATSON, J., *Anson's Law of Contract*, 27.ª edição, Oxford, Oxford University Press, 1998

BELVISO, Umberto, *L'ambito di applicabilità della nuova disciplina sulla cessione dei crediti d'impresa*, Riv.dir.imp., 1992, 1-14

BELVISO, Umberto, *Inopponibilità della cessione del credito al fallimento del cedente e revocatoria fallimentare nella legge 21 febbraio 1991, n. 52, in* La cessione dei crediti d'impresa, editado por Giovanni Tatarano, Napoli, Edizione Scientifiche Italiane, 1995, 73-93

BÉNABENT, Alain, *Droit civil – Les obligations*, 6.ª edição, Paris, Montchrestien, 1997

BENATTI, Francesco, *Le dichiarazioni del debitore ceduto nel contratto di* factoring, *in* Sviluppi e nuove prospettive della disciplina del leasing e del factoring in Italia, editado por Alessandro Munari, Milano, Giuffrè, 1988, 103-109

BERMOND, Marie-Laure, *Droit du crédit*, 2.ª edição, Paris, Economica, 1990

BETTE, Klaus, *Das Factoring-Geschäft*, Stuttgart-Wiesbaden, Forkel-Verlag, 1973

BIANCA, C. Massimo, *Il debitore e i mutamenti del destinatario del pagamento*, Milano, Giuffrè, 1963

BIANCA, C. Massimo, *Gli oneri del debitore com riguardo all'accertamento dell'avvenuta cessione del credito*, RTDPC, ano 23, 1969, 799-809

BIANCA, C. Massimo, *La Vendita e la Permuta, in* Trattato di Diritto Civile – Vol. VII.1-1, 2.ª edição, editado por Vassali, Torino, UTET, 1993

BIANCA, C. Massimo, *Diritto Civile – 4*, L'obbligazione, Milano, Giuffrè, 1993 (reimpressão 1997)

BIANCA, C. Massimo, *Diritto Civile – 3*, Il contrato, Milano, Giuffrè, 2000

BILLIAU, Marc, *L'opposabilité des contrats ayant por objet un droit réel (rapport français), in* Les effets du contrat à l'égard des tiers, editado por Marcel Fontaine e Jacques Ghestin, Paris, L.G.D.J., 1992, 190-221

BISCOE, Peter M., *Law and Practice of Credit Factoring*, London, Butterworths, 1975

BLAUROCK, Uwe, *Die Factoring-Zession. Überlegung zum Abtretungverbot und zur Kollision mit anderen Vorausabtretungen*, ZHR, 1978, 325-341

BLAUROCK, Uwe, *Erwiederung* (a Rolf Serick, Die Factoring-Zession), ZHR, 1979, 71-73

BONFANTE, Guido, *Il contrato di vendita, in* Contratti commerciali, editado por Gastone Cottino, Padova, CEDAM, 1991

BOUTELET-BLOCAILLE, Marguerite, *Droit du crédit*, 2.ª edição, Paris, Milano, Barcelona, Masson, 1995

BOZZA, Giuseppe, *L'opponibilità al fallimento del cedente della cessione dei crediti attuata in precendenza*, Il Fallimento, 1988, 1052-1056

BRECCIA, U., *Le obbligazioni*, Milano, Giuffrè, 1991

BRIDGE, Michael, *Personal Property Law*, 2.ª edição, London, Blackstone, 1996

BRITO, Maria Helena, *O Contrato de Concessão Comercial*, Coimbra, Almedina, 1990

BRITO, Maria Helena, *O «Factoring» Internacional e a Convenção do Unidroit*, Lisboa, Edições Cosmos, 1998

BRITO, Maria Helena, *A Representação nos Contratos Internacionais. Um Contributo para o Estudo do Princípio da Coerência em Direito Internacional Privado*, Coimbra, Almedina, 1999

584   *Transmissão Contratual do Direito de Crédito*

BRITO, Maria Helena, *Sobre a Aplicação no Espaço do Novo Código dos Valores Mobiliários*, CadMVM, n.º 7, Edição Especial Sobre o Código dos Valores Mobiliários, Lisboa, 2000, 49-73

BROX, Hans, *Allgemeines Schuldrecht*, 26.ª edição, München, C.H. Beck, 1999

BUCHER, Eugen, *Schweizerisches Obligationenrecht – Allgemeiner Teil onhe Deliktsrecht*, 2.ª edição, Zürich, Schulthess Polygraphischer Verlag, 1988

BÜLOW, Peter, *Grundprobleme des Schuldnerschutzes bei der Forderungsabtretung*, JA, Bielefeld, 1983, 7-12

BÜLOW, Peter, *Zu den Vorstellung des historischen Gesetzgebers über absolute Wirkung rechtsgeschäflticher Abtretungsverbot*, NJW, 1993, 901-902

BUSCHE, Jan, *Staudinger Kommentar zum Bürgerlichen Gesetzbuch*, 10.ª edição, Berlin, Sellier- de Gruyter, 1999

BUSSANI, Mauro e Paolo Cendon, *I contratti nuovi*, Milano, Giuffrè, 1989

CABOZ SANTANA, João, *O Contrato de* Factoring *(sua caracterização e relações* factor-aderente*)*, Lisboa, Edições Cosmos – Livraria Arco-Iris, 1995

CABRAL DE MONCADA, Luís, *Lições de Direito Civil-* Vol. I, Coimbra, Depositário Arménio Amado, 1954

CADIET, Loïc, *Cessions de Créance: Conditions*, J. Cl. Civ.- art. 1689 à 1695 Fasc.20, Paris, 1996, 1-21

CADIET, Loïc, *Cessions de Créance: Effets*, J. Cl. Civ.- art. 1689 à 1695 Fasc.30, Paris, 1996, 1-14

CADIET, Loïc, *Cessions de Créance: Généralités*, J. Cl. Civ.- art. 1689 à 1695 Fasc.10, Paris, 1996, 1-7

CALAMARI, John D. e Joseph M. Perillo, *The Law of Contracts*, 4.ª edição, St.Paul, West Group, 1998

CALVÃO DA SILVA, João, *Titul[ariz]ação de Créditos*, Coimbra, Almedina, 2003

CALZOLAIO, Ermanno, *Il factoring in Europa*, Milano, Giuffrè, 1997

CÂMARA, Paulo, *A Operação de Titularização, in* Titularização de Créditos, Lisboa, Instituto de Direito Bancário, 2000, 65-94

CANARIS, Claus-Wilhelm, *Die Verdinglichung obligatorischer Rechte, in* FS für Werner Flume zum 70. Geburtstag, Band I, editado por Köln, Verlag D.R. Otto Schmidt KG, 1978, 371-427

CANARIS, Claus-Wilhelm, *Verlängerter Eigentumsvorbehalt und Forderungseinzug durch Banken*, NJW, 1981, 249-259

CANARIS, Claus-Wilhelm, *Die Feststellung von Lücken im Gesetz*, 2.ª edição, Berlin, Dubcker & Humblot, 1983

CANARIS, Claus-Wilheim, *Die Rechtsfolgen rechtsgeschäflticher Abtretungsverbote, in* FS Rolf Serick, Heidelberg, Verlag Recht und Wirtschaft, 1992, 9-35

CANARIS, Claus-Wilhelm, *Pensamento Sistemático e Conceito de Sistema na Ciência do Direito*, 2.ª edição, traduzido por António Menezes Cordeiro, Lisboa, Fundação Calouste Gulbenkian, 1996

CANTELE, Vittorio, *Il factoring*, Roma, Ipsoa Informatica, 1986

CAPALDO, Luigi, *La cessione dei crediti d'impresa ai sensi della legge 21 febbraio 1991, n.52*, Bancaria, 1991, 61-66

CAPOBIANCO, Ernesto, *Data certa del pagamento del corrispettivo e quietanza nella cessione dei crediti d'impresa*, in La cessione dei crediti d'impresa, editado por Giovanni Tatarano, Napoli, Edizione Scientifiche Italiane, 1995, 147-153

CARNEVALI, Ugo, *I problemi giuridici del* factoring, RDCiv, I, 1978, 299-327

CARNEVALI, Ugo, *Struttura e natura del contratto di factoring*, in Il factoring per le piccole e medie imprese, Milano, Giuffrè, 1982, 97-110

CARNEVALI, Ugo, *Il problema del factoring*, in Tipicità e atipicità nei contratti, Milano, Giuffrè, 1983, 21-28

Carraro, L., *Recensione a Panuccio – La cessione volontaria dei crediti nella teoria del trasferimento*, RDCiv, ano III, parte I, 1957, 117-132

CARRETTA, Alessandro, *Il factoring: uno sconosciuto per la legge*, in Factoring problemi e prospettive, editado por Roberto Ruozi e Gian Guido Oliva, Milano, Editrice il Sole 24 Ore, 1983, 69-74

CARRETTA, Alessandro, *Perchè l'impresa fa ricorso al factoring*, in Factoring problemi e prospettive, editado por Roberto Ruozi e Gian Guido Oliva, Milano, Editrice il Sole 24 Ore, 1983, 19-23

CARVALHO FERNANDES, Luís, *Simulação e Tutela de Terceiros*, in Separata dos Estudos em Memória do Prof. Doutor Paulo Cunha, Lisboa, AAFDL, 1988

CARVALHO FERNANDES, Luís, *A Conversão dos Negócios Jurídicos*, Lisboa, Quid Juris, 1993

CARVALHO FERNANDES, Luís, *Efeitos Substantivos da Declaração de Falência*, DJ, Vol. IX, tomo 2, 1995, 19-49

CARVALHO FERNANDES, Luís, *Sentido Geral dos Novos Regimes de Recuperação da Empresa e de Falência*, DJ, Vol. IX, tomo 1, 1995, 11-32

CARVALHO FERNANDES, Luís, *O Código dos Processos Especiais de Recuperação da Empresa e de Falência: Balanço e Perspectivas*, RDES, ano XXXIX, 1997, 5--21

CARVALHO FERNANDES, Luís, *Terceiros para Efeitos de Registo Predial – Anotação ao Acórdão n.º 15/97 do Supremo Tribunal de Justiça*, ROA, 1997, 1303-1320

CARVALHO FERNANDES, Luís, *Teoria Geral do Direito Civil – Vol. I*, 3.ª edição, Lisboa, Universidade Católica Editora, 2001

CARVALHO FERNANDES, Luís, *Teoria Geral do Direito Civil – Vol. II*, 3.ª edição, Lisboa, Universidade Católica Editora, 2001

CARVALHO FERNANDES, Luís e João Labareda, *Código dos Processos Especiais de Recuperação da Empresa e de Falência Anotado*, 3.ª edição, Lisboa, Quid Juris, 1999 (reimpressão 2000)

CARVALHO FERNANDES, Luís A., *Lições de Direitos Reais*, 3.ª edição, Lisboa, Quid Juris, 1999

CARVALHO, Orlando de, *A Teoria Geral da Relação Jurídica. Seu Sentido e Limites*, RDES, Ano XVI, n.º s 1-2 e 3-4, 1969, 55-101 e 249-268

CARVALHO, Orlando de, *Direito das Coisas*, Coimbra, 1977

CARVALHO, Orlando de, *Terceiros para Efeitos de Registo*, BFD, 1994, 97-106

CASSANDRO, Bianca, *I problemi della cessione globale al* factor *dei crediti di impresa: possibili soluzione contrattuali e legislative*, Giur. comm., 1982, 157-166

CASSANDRO, Bianca, *I problemi della cessione globale dei crediti di impresa: possibili soluzione a livello contrattuale e legislativo*, *in* Il factoring per le piccole e medie imprese, Milano, Giuffrè, 1982, 111-122

CASSANDRO SULPASSO, Bianca, *Brevi note sul* factoring *«doméstico» e su quello internazionale*, Giur. comm., parte II, 1978, 436-441

CASSANDRO SULPASSO, Bianca, *Il* factoring *internazionale ed il progetto Unidroit*, *in* Sviluppi e nuove prospettive della disciplina del leasing e del factoring in Italia, editado por Alessandro Munari, Milano, Giuffrè, 1988, 21-42

CASSANDRO SULPASSO, Bianca, *Italo Calvino, Hermann Melville e la legge 21 febbraio 1991 sulla cessione dei crediti di impresa*, Giur. comm, 1994, 402-418

CASTRO MENDES, João, *Introdução ao Estudo do Direito*, Lisboa, 1984

CASTRO MENDES, João de, *Teoria Geral do Direito Civil – Vol. I*, Lisboa, AAFDL, 1978 (reimpressão 1993)

CASTRO MENDES, João de, *Teoria Geral do Direito Civil – Vol. II*, Lisboa, AAFDL, 1979 (reimpressão 1993)

CHAPUT, Y., *La transmission des obligations en droit bancaire français*, *in* La transmission des obligations – Travaux des IXes. journées d'études juridiques Jean Dabin, editado pelo Centre de Droit des Obligations de la Faculté de Droit de l'Université Catholique de Louvain, Bruxelles, Paris, Établissements Émile Bruylant, L.G.D.J., 1980, 371-385

CHESHIRE, Fifoot e Furmston, *Law of Contract*, 13.ª edição, London, Edinburgh, Dublin, Butterworths, 1996

CHITTY, *Chitty on Contracts – Vol. I, General Principles*, 28.ª edição, London, Sweet & Maxwell, 1999

CHULIÁ VICÉNT, Eduardo e Teresa Beltrán Alandete, *Aspectos Jurídicos de los Contratos Atípicos I*, 3.ª edição, Barcelona, Bosch, 1996

CIAN, Giorgio, *Disciplina della cessione dei crediti di impresa*, Nuove leggi civ. comm., 94, 1994, 245-264

CLARIZIA, Renato, *Il factoring deve essere considerato un contratto atipico*, *in* Factoring problemi e prospettive, editado por Roberto Ruozi e Gian Guido Oliva, Milano, Editrice il Sole 24 Ore, 1983, 81-85

CLARIZIA, Renato, *I contratti di finanziamento: leasing e factoring*, *in* Sviluppi e nuove prospettive della disciplina del leasing e del factoring in Italia, editado por Alessandro Munari, Milano, Giuffrè, 1988, 11-19

CLARIZIA, Renato, *I contratti di finanziamento leasing e factoring*, Torino, UTET, 1989

CLARIZIA, Renato, *Necessità di um quadro generale normativo di riferimento*, Il Factoring nella Prospettiva del 2000, Torino, 1989, 27

CLARIZIA, Renato, *La cessione del contratto*, Milano, Giuffrè, 1991

CLARIZIA, Renato, *La funzione dell'anticipo nella l.52/92*, *in* La cessione dei crediti d'impresa, editado por Giovanni Tatarano, Napoli, Edizione Scientifiche Italiane, 1995, 155-158

CLARIZIA, Renato, *Il factoring*, Torino, Giappichelli, 1998

CLARIZIA, R. e E. Corradi, *Disciplina della cessione dei crediti di impresa*, *in* Commentario Breve al Codice Civile – Leggi Complementari, 3.ª edição, editado por Guido Alpa e Paolo Zatti, Padova, CEDAM, 1999, 1289-1296

COELHO, Fábio Ulhoa, *Roteiro de Lógica Jurídica*, 3.ª edição, S.Paulo, Max Limonad, 2000

Coen, Liana, *Nuove norme per l'acquisto dei crediti di impresa (legge 21 febbraio 1991, n.52)*, Riv. it. leasing, ano VIII, 1992, 223-235

CONCEIÇÃO NUNES, Fernando, *Os Intermediários Financeiros*, in Direito dos Valores Mobiliários – Vol. II, Coimbra, Coimbra Editora, 2000, 91-128

COOTER, Robert e Thomas Ulen, *Law and Economics*, 2.ª edição, Reading, Menlo Park, New York, Harlow, Don Mills, Sydney, Mexico City, Madrid, Amsterdam, Addison-Wesley, 1997

CORBIN, *Corbin on Contracts – A Comprehensive Treatise on the Rules of Contract Law –* Vol. 4, St.Paul, West Publishing Co., 1951

CORBIN, Arthur L., *Assignment of Contract Rights*, U. of Pa.L.Rev., Philadelphia, 1926, 207-234

CORBISIER, Isabelle, *Les differentes tiers au contrat (rapport belge)*, in Les effets du contrat à l'égard des tiers, editado por Marcel Fontaine e Jacques Ghestin, Paris, L.G.D.J., 1992, 100-131

CORBO, Nicola, *Autonomia privata e causa di finanziamento*, Milano, Giuffrè, 1990

COSTA E SILVA, Ana Paula, *Exequente e Terceiro Adquirente de Bens Nomeados à Penhora*, ROA, ano 59, I, 1999, 321-333

COSTA E SILVA, Paula, *Compra, Venda e Troca de Valores Mobiliários*, in Direito dos Valores Mobiliários, Lisboa, Lex, 1997, 243-266

COSTA PINTO, Fr ederico da, *Crimes e Contra-Ordenações no Novo Código dos Valores Mobiliários*, CadMVM, n.º 7, Edição Especial sobre o Código dos Valores Mobiliários, Lisboa, 2000, 375-429

COSTA SANTOS, Jorge, *Direitos Inerentes aos Valores Mobiliários*, in Direito dos Valores Mobiliários, Lisboa, Lex, 1997, 55-98

COSTANZA, Maria, *La cessione del credito da sistema di trasferimento del diritto a contratto di finanziamento*, in La cessione dei crediti d'impresa, editado por Giovanni Tatarano, Napoli, Edizione Scientifiche Italiane, 1995, 159-163

CRICHTON, Susan e Charles Ferrier, *Understanding Factoring and Trade Credit*, London, Waterlow Publishers, 1986

CRISTAS, Assunção, *Dupla Venda de um Direito de Crédito*, O Direito, ano 132, 2000, 197-254

CRISTAS, Assunção e Mariana França Gouveia, *Transmissão da Propriedade e Contrato de Compra e Venda*, in Transmissão da Propriedade e Contrato, Coimbra, Almedina, 2001, 15-137

CUNHA GONÇALVES, Luiz da, *Da Compra e Venda no Direito Comercial Português*, 2.ª edição, Coimbra, Coimbra Editora, 1924

CUNHA GONÇALVES, Luiz da, *Tratado de Direito Civil* – Vol. V, Coimbra, Coimbra Editora, 1932

CUNHA GONÇALVES, Luiz da, *Tratado de Direito Civil* – Vol. XII, Coimbra, Coimbra Editora, 1938

CUNHA GONÇALVES, Luiz da, *Dos Contratos em Especial*, Lisboa, Edições Atica, 1953

CUNHA, Paulo, *Direito das Obrigações – O Facto Jurídico na Relação Obrigacional*, Apontamentos das Aulas da 2.ª Cadeira de Direito Civil da Faculdade de Direito da Universidade de Lisboa pelo Aluno Orlando Courrège, Lisboa, 1942

D'AMARO, Tommaso, *Il contratto di factoring*, in Contratti d'impresa Vol. II, editado por Vincenzo Buonocore e Angelo Luminoso, Milano, Giuffrè, 1993, 1737-1807

DABIN, M. Jean, *Une nouvelle définition du droit réel*, Rev.Trim.Droit Civil, 1962, 20--44

DE LACY, John, *Reflections on the Ambit of the Rule in* Dearle v. Hall *and the Priority of Personal Property Assignments*, A-A L. Rev., 1999, 87-131, 197-219

DE MARCHI, Gianluigi e Giuseppe Cannata, *Leasing e factoring*, 4.ª edição, Milano, Pirola Editore, 1986

DE NOVA, Giorgio, *Il patto di incedibilità del credito e l'art. 4 del progetto Unidroit sul factoring internazionale*, Riv. it. leasing, ano II, 1986, 5-7

DE NOVA, Giorgio, *La nuova disciplina della cessione dei crediti (*factoring*)*, in Sviluppi e nuove prospettive della disciplina del leasing e del factoring in Italia, editado por Alessandro Munari, Milano, Giuffrè, 1988, 79-90

DE NOVA, Giorgio, *Il progetto Unidroit di convenzione sul factoring internazionale*, Dir. del comm. internaz., Milano, 1989, 715-718

DE NOVA, Giorgio, *Factoring*, Digesto comm., 1990, 351-366

DE NOVA, Giorgio, *Nuovi contratti*, Torino, UTET, 1990

DE NOVA, Giorgio, *L'adeguamento dei contratti di factoring alla nuova normativa*, in La cessione dei crediti d'impresa, editado por Giovanni Tataranо, Napoli, Edizione Scientifiche Italiane, 1995, 47-53

DE PAGE, Henri, *Traité élémentaire de droit civil belge* – Tome IV, Vol. I, 4.ª edição, Bruxelles, Bruylant, 1997

DEPPING, RA Bernd e Frank Nikolaus, *Das rechtsgeschäftliche Abtretungsverbot auf dem Prüfstand ökonomischer Analyse des Rechts*, DB, 1994, 1199-1203

DHAEYER, B., *L'affacturage en droit belge*, in La transmission des obligations – Travaux des IXes. journées d'études juridiques Jean Dabin, editado pelo Centre de Droit des Obligations de la Faculté de Droit de l'Université Catholique de Louvain, Bruxelles, Paris, Établissements Émile Bruylant, L.G.D.J., 1980, 403-413

DI MAJO, Adolfo, *La forma del contratto*, in Lineamenti di diritto privato, editado por Mario Bessone, Torino, Giappichelli, 2000, 465-471

DIAS MARQUES, José, *Teoria Geral do Direito Civil*, Vol. I, Coimbra, Coimbra Editora, 1958

DIAS MARQUES, José, *Direitos Reais – Vol. I*, Lisboa, policopiado, 1960

DIAS MARQUES, José, *Introdução ao Estudo do Direito*, Lisboa, policopiado, 1979

DIÉZ-PICAZO, Luis, *Prólogo* a Julio Vicente Gavídia Sanchez, *La Cesión de Créditos*, Valencia, Tirant lo Blanch, 1993

DIÉZ-PICAZO, Luis e Antonio Gullón, *Sistema de Derecho Civil* – Volumen II, 7.ª edição, Madrid, Tecnos, 1995

DITTRICH, Robert e Helmuth Tades, *Das Allgemeine bürgerliche Gesetzbuch*, 34.ª edição, Wien, Manzsche Verlags- und Universitätsbuchhandlung, 1994

DOGLIOTTI, Massimo e Alberto Figone, *Giurisprudenza del contratto I*, Milano, Giuffrè, 1998

DOLMETTA, Aldo, *Cessione dei crediti*, Digesto civ., II, 1988, 285-338

Bibliografia 589

DOLMETTA, Aldo, *La cessione dei crediti: dalla disciplina codicista alla novella 52/1991*, *in* La cessione dei crediti d'impresa, editado por Giovanni Tatarano, Napoli, Edizione Scientifiche Italiane, 1995, 11-25

DOLMETTA, Aldo e Giuseppe Portale, *Cessione del credito e cessione in garanzia nell'ordenamento italiano*, BBTC, 1985, 258-290

DÖRNER, Heinrich, *Dynamische Relativität – Die Übergang vertraglicher Rechte und Pflichten*, München, C.H. Beck, 1985

DROBNIG, Ulrich, *Is Article 9 of the Uniform Commercial Code Exportable? A German View*, *in* Aspects of Comparative Commercial Law: Sales, Consumer Credit, and Secured Transactions, editado por Jacob S. Ziegel e William F. Foster, Montreal, New York, McGill University, Oceana Publications, 1969, 368-373

DROBNIG, Ulrich, *Transfer of Property*, *in* Towards a European Civil Code, 2.ª edição, editado por Arthur HartKamp, Martijn Hesselink, Ewoud Hondius, Carla Joustra e Edgar du Perron, The Hague, London, Boston, Kluwer Law International, 1998, 495-510

DROBNIG, Ulrich, *Property Law in a Future Civil Code*, Um Código Civil para a Europa, Coimbra, 2002, 103-115

DUCLOS, José, *L'Opposabilité (Essai d'une Theorie Generale)*, Paris, L.G.D.J., 1984

DULCKEIT, Gerhard, *Die Verdinglichung obligatorischer Rechte*, Tübingen, J.C.B. Mohr (Paul Siebeck), 1951

ECKERT, Jörn, *Schuldrecht – Allgemeiner Teil*, Baden-Baden, Nomos Verlagsgesellschaft, 1997

ENGISCH, Karl, *Introdução ao Pensamento Jurídico*, 6.ª edição, Lisboa, Fundação Calouste Gulbenkian, 1988

ENNECCERUS, Ludwig e Henrich Lehmann, *Derecho de Obligaciones* – Vol. I, *in* Tratado de Derecho Civil, 2.ª edição, traduzido por Blas Perez Gonzalez e José Alguer, editado por Ludwig Enneccerus, Theodor Kipp e Martin Wolff, Barcelona, Bosch, 1954

ENNECCERUS, Ludwig e Henrich Lehmann, *Recht der Schuldverhältnis*, *in* Lehrbuch des Bürgerlichen Recht – Vol. II, 15.ª edição, editado por Ludwig Enneccerus, Theodor Kipp e Martin Wolff, Tübingen, J.C.B. Mohr (Paul Siebeck), 1958

EPIFÂNIO, Maria do Rosário, *Os Efeitos Substantivos da Falência*, Lisboa, Publicações Universidade Católica, 2000

ERTL, Gunter, *Zession*, *in* Kommentar zum Allgemeinen bürgerliches Gesetzbuch – 2. Band, 2.ª edição, editado por Peter Rummel, Wien, Manzsche Verlags- und Universitätsbuchhandlung, 1992, 929-966

ESSER, Josef e Eike Schmidt, *Schuldrecht* – Band I, Allgemeiner Teil – Teilband 2, 8.ª edição, Heidelberg, C.F.Müller, 2000

FABRICIUS, Fritz, *Zur Dogmatik des "sonstigen Rechts" gemäss §823 Abs. I BGB*, AcP, 160, 1962, 273-336

FARNSWORTH, E.Allan, *Contracts*, 2.ª edição, Boston, Toronto, London, Little, Brown and Company, 1990

FARNSWORTH, E.Allan, *Farnsworth on Contracts* – Vol. III, 2.ª edição, New York, Aspen Publishers, 1998

590   *Transmissão Contratual do Direito de Crédito*

FAZENDA MARTINS, José Pedro, *Direitos Reais de Gozo e Garantia sobre Valores Mobi-liários*, *in* Direito dos Valores Mobiliários, Lisboa, Lex, 1997, 99-119

FAZENDA MARTINS, José Pedro, *Deveres dos Intermediários Financeiros, em especial, os Deveres para com os Clientes e o Mercado*, CadMVM, n.° 7, Edição Especial Sobre o Código dos Valores Mobiliários, Lisboa, 2000, 329-349

FERNANDES THOMAZ, Fernão, *Penhora de Créditos e Eficácia Externa das Obrigações*, ROA, ano 42, Lisboa, 1982, 57-81

FERRARI, Franco, *Principi generali inseriti nelle convenzioni internazionali di diritto uni-forme: l'esempio della vendita, del* factoring *e del* leasing *internazionale*, *in* I con-tratti in generale, volume primo, Aggiornamento 1991-1998, editado por Guido Alpa e Mario Bessone, Torino, UTET, 1999, 77-99

FERREIRA, Amadeu José, *Direito dos Valores Mobiliários*, Lisboa, AAFDL, 1997

FERREIRA, Amadeu José, *Valores Mobiliários Escriturais – Um Novo Modo de Represen-tação e Circulação de Direitos*, Coimbra, Almedina, 1997

FERREIRA, Durval, *Posse e Usucapião*, Coimbra, Almedina, 2002

FERREIRA DE ALMEIDA, Carlos, *Publicidade e Teoria dos Registos*, Coimbra, Almedina, 1966

FERREIRA DE ALMEIDA, Carlos, *Texto e Enunciado na Teoria do Negócio Jurídico – Vols.I e II*, Coimbra, Almedina, 1992

Ferreira de Almeida, Carlos, *Desmaterialização dos Títulos de Crédito: Valores Mobiliá-rios Escriturais*, RB, n.° 26, 1993, 23-39

FERREIRA DE ALMEIDA, Carlos, *O Âmbito de Aplicação dos Processos de Recuperação da Empresa e de Falência: Pressupostos Objectivos e Subjectivos*, RFDUL, Vol. 36, 1995, 383-400

FERREIRA DE ALMEIDA, Carlos, *Transacções de Conta Alheia*, *in* Direito dos Valores Mobi-liários, Lisboa, Lex, 1997, 291-309

FERREIRA DE ALMEIDA, Carlos, *Introdução ao Direito Comparado*, 2.ª edição, Coimbra, Almedina, 1998

FERREIRA DE ALMEIDA, Carlos, *Contratos – I Conceito, Fontes, Formação*, 2.ª edição, Coimbra, Almedina, 2003

FERRER CORREIA, António, *Da Responsabilidade do Terceiro que Coopera com o Devedor na Violação de um Pacto de Preferência*, RLJ, ano 98.°, 1966, n.° 3308, 355-360; n.° 3309, 389-374

FERRER CORREIA, António, *Lições de Direito Comercial – Vol. III, Letra de Câmbio*, Coim-bra, Universidade de Coimbra – policopiado, 1975

FERRER CORREIA, António e Vasco Lobo Xavier, *Efeito Externo das Obrigações, Abuso de Direito; Concorrência Desleal*, RDE, 1979, 3-19

FERRIGNO, Lucia, *Factoring*, Cont. impr., 1988, 957-983

FIKENTSCHER, Wolfgang, *Schuldrecht*, 9.ª edição, Berlin, New York, Walter de Gruyter, 1997

FIORENTINI, Maria, *Osservazione sulla struttura del contratto di «factoring»: sua natura e qualificazione giuridica*, *in* Tipicità e atipicità nei contratti, Milano, Giuffrè, 1983, 101-106

FLETCHER, Ian F., *The Law of Insolvency*, 2.ª edição, London, Sweet & Maxwell, 1996

Bibliografia 591

FLUME, Werner, *Der verlängerte und erweiterte Eigentumsvorbehalt*, NJW, 1950, 841-850

FLUME, Werner, *Allgemeiner Teil des Bürgerlichen Rechts* – Zweiter Band – Das Rechtsgeschäft, 4.ª edição, Berlin, Heidelberg, New York, London, Paris, Tokyo, Hong Kong, Barcelona, Budapest, Springer-Verlag, 1992

FONTAINE, M., *La transmission des obligations «de lege ferenda»*, in La transmission des obligations – Travaux des IXes. journées d'études juridiques Jean Dabin, editado pelo Centre de Droit des Obligations de la Faculté de Droit de l'Université Catholique de Louvain, Bruxelles, Paris, Bruylant, L.G.D.J., 1980, 612-672

FONTAINE, Marcel, *Les effets "internes" et effets "externes" des contrats (rapport belge)*, in Les effets du contrat à l'égard des tiers, editado por Marcel Fontaine e Jacques Ghestin, Paris, L.G.D.J., 1992, 40-66

FOSSATI, Giorgio e Alberto Porro, *Il factoring – aspetti economici, finanziari e giuridici*, Milano, Giuffrè, 1974

FOSSATI, Giorgio e Alberto Porro, *Il factoring – aspetti economici, finanziari e giuridici*, 4.ª edição, Milano, Giuffrè, 1994

FRANCESCHELLI, Bruno, *Appunti in tema di cessione dei crediti*, Napoli, Casa Editrice Dott. Eugenio Jovene, 1957

FRIEDMAN, David, *Direito e Ciência Económica*, Sub Judice, n.º 2, Caderno Ideias, 1992, 31-38

FRIGNANI, Aldo, *Il difficile cammino del "factoring" (sulla pretesa notifica, al debitore ceduto, a mezzo ufficiale giudiziario)*, Giur. it., parte prima, sez.II, 1975, 538-552 (= Frignani, Aldo, *Il difficile cammino del "factoring" (sulla pretesa notifica, al debitore ceduto, a mezzo ufficiale giudiziario)*, in Factoring, Leasing, Franchising, Venture capital, Leveraged buy-out, Hardship clause, Countertrade, Cash and carry, Merchandising, 4.ª edição, editado por Aldo Frignani, Torino, G.Giappichelli Editore, 1991, 15-31)

FRIGNANI, Aldo, *Il regime delle eccezioni opponibili al factor*, in Il factoring per le piccole e medie imprese, Milano, Giuffrè, 1982, 123-132

FRIGNANI, Aldo, *"Factoring"*, in Factoring, Leasing, Franchising, Venture capital, Leveraged buy-out, Hardship clause, Countertrade, Cash and carry, Merchandising, 4.ª edição, editado por Aldo Frignani, Torino, G.Giappichelli Editore, 1991, 59-71

FRIGNANI, Aldo, *Il factoring: modelli europei e convenzione di diritto uniforme*, in Factoring, Leasing, Franchising, Venture capital, Leveraged buy-out, Hardship clause, Countertrade, Cash and carry, Merchandising, 4.ª edição, editado por Aldo Frignani, Torino, G.Giappichelli Editore, 1991, 107-114

FRIGNANI, Aldo, *Il regime delle eccezione opponibili al "factor"*, in Factoring, Leasing, Franchising, Venture capital, Leveraged buy-out, Hardship clause, Countertrade, Cash and carry, Merchandising, 4.ª edição, editado por Aldo Frignani, Torino, G.Giappichelli Editore, 1991, 82-90

FRIGNANI, Aldo, *L'avan-progetto di legge uniforme su certi aspetti del factoring internazionale*, in Factoring, Leasing, Franchising, Venture capital, Leveraged buy-out, Hardship clause, Countertrade, Cash and carry, Merchandising, 4.ª edição, editado por Aldo Frignani, Torino, G.Giappichelli Editore, 1991, 72-81

592   *Transmissão Contratual do Direito de Crédito*

FRIGNANI, Aldo, *Prime decisione dei giudici italiani in tema di factoring*, in Factoring, Leasing, Franchising, Venture capital, Leveraged buy-out, Hardship clause, Countertrade, Cash and carry, Merchandising, 4.ª edição, editado por Aldo Frignani, Torino, G.Giappichelli Editore, 1991, 3-14

FRIGNANI, Aldo, *Quando il legislatore affronta il factoring*, in Factoring, Leasing, Franchising, Venture capital, Leveraged buy-out, Hardship clause, Countertrade, Cash and carry, Merchandising, 4.ª edição, editado por Aldo Frignani, Torino, G.Giappichelli Editore, 1991, 99-106

FRIGNANI, Aldo, *Recente sviluppi del* factoring *in Itallia*, in Factoring, Leasing, Franchising, Venture capital, Leveraged buy-out, Hardship clause, Countertrade, Cash and carry, Merchandising, 4.ª edição, editado por Aldo Frignani, Torino, G.Giappichelli Editore, 1991, 38-58

FRIGNANI, Aldo, *Tre volumi sul factoring*, in Factoring, Leasing, Franchising, Venture capital, Leveraged buy-out, Hardship clause, Countertrade, Cash and carry, Merchandising, 4.ª edição, editado por Aldo Frignani, Torino, G.Giappichelli Editore, 1991, 32-37

FRIGNANI, Aldo e Enrico Bella, *Il «factoring»: la nuova legge italiana (con riferimenti alla Convenzione di diritto uniforme)*, Giur. it., parte quarta, 1991, 481-489

FULLER, Lon L. e Robert Braucher, *Basic Contract Law*, St.Paul, West Publishing Co., 1964

FULLER, Lon L. e Melvin Aron Eisenberg, *Basic Contract Law*, 6.ª edição, St.Paul, West Publishing Co., 1996

FUSARO, Andrea, *La cessione*, in I contratti in generale, volume terzo, Aggiornamento 1991-1998, editado por Guido Alpa e Mario Bessone, Torino, UTET, 1999, 2097-2099

GALGANO, Francesco, *Diritto civile e commerciale* – Vol. II, Le obbligazione e i contratti – Tomo I, 3.ª edição, Milano, CEDAM, 1999

GALGANO, Francesco, *Diritto privato*, 10.ª edição, Padova, CEDAM, 1999

GALVÃO TELLES, Inocêncio, *Venda Obrigatória e Venda Real*, RFDUL, ano V, 1948, 76-87

GALVÃO TELLES, Inocêncio, *O Penhor sem Entrega no Direito Luso – Brasileiro*, Separata da SI, tomo IV, Braga, 1955

GALVÃO TELLES, Inocêncio, *Contratos Civis*, BMJ, 1959, 114 e ss..

GALVÃO TELLES, Inocêncio, *Introdução ao Estudo do Direito* – Vol. II, 8.ª edição, Lisboa, policopiado, 1996

GALVÃO TELLES, Inocêncio, *Direito das Sucessões – Noções Fundamentais*, 6.ª edição, Coimbra, Coimbra Editora, 1996 (reimpressão)

GALVÃO TELLES, Inocêncio, *Direito das Obrigações*, 7.ª edição, Coimbra, Coimbra Editora, 1997

GALVÃO TELLES, Inocêncio, *Manual dos Contratos em Geral*, 4.ª edição, Coimbra, Coimbra Editora, 2002

GARCIA DE ENTERRIA, Javier, Contrato de Factoring Y Cesión de Créditos, Madrid, Civitas, 1995

GARCÍA VILLAVERDE, Rafael, *El Contrato de Factoring. Derecho Español. Naturaleza Jurídica*, in El Contrato de Factoring, editado por Rafael García Villaverde, Madrid, McGraw Hill, 1999, 368-374

GARCIA-CRUCES GONZALEZ, Jose Antonio, *El Contrato de Factoring como Cesíon Global de Creditos Futuros*, ADC, tomo XLII, fascículo II, 1989, 376-442

GAVALDA, Christian, *La cession et le nantissement à un banquier des créances profession-nelles (décret d'application n.º 81-862 du 9 septembre 1981)*, D., 1981, 329-330

GAVALDA, Christian, *La cession et le nantissement à un banquier des créances profession-nelles (loi n.º 81-1 du 2 janvier 1981)*, D., 1981, 199-208

GAVÍDIA SANCHEZ, Julio Vicente, *La Cesión de Créditos*, Valencia, Tirant lo Blanch, 1993

GERALDES, António Santos Abrantes, *Temas da Reforma do Processo Civil* I Vol. , 2.ª edi-ção, Coimbra, Almedina, 1999

GERNHUBER, Joachim, *Das Schuldverhältnis*, Tübingen, J.C.B. Mohr (Paul Siebeck), 1989

GHESTIN, Jacques, *La transmission des obligations en droit positif français*, in La trans-mission des obligations – Travaux des IXes. journées d'études juridiques Jean Dabin, editado pelo Centre de Droit des Obligations de la Faculté de Droit de l'Uni-versité Catholique de Louvain, Bruxelles, Paris, Bruylant, L.G.D.J., 1980, 4-79

GHESTIN, Jacques, *Les effets du contrat a l'égard des tiers – Introduction (rapport fran-çais)*, in Les effets du contrat à l'égard des tiers, editado por Marcel Fontaine e Jac-ques Ghestin, Paris, L.G.D.J., 1992, 4-39

GHESTIN, Jacques e Gilles Goubeaux, *Traité de droit civil – La formation du contrat*, 3.ª edição, Paris, L.G.D.J., 1993

GHESTIN, Jacques e Gilles Goubeaux, *Traité de droit civil – Introduction générale*, com a colaboração de Muriel Fabre-Magnan, 4.ª edição, Paris, L.G.D.J., 1994

GILMORE, Grant, *Security Interests in Personal Property* – Volume I, Boston, Toronto, Lit-tle, Brown and Company, 1965

GINOSSAR, S., *Droit Réel, Propriété et Créance – Élaboration d'un Système Rationnel des Droits Patrimoniaux*, Paris, L.G.D.J., 1960

GINOSSAR, S., *Pour une meilleure définition du droit réel et du droit personnel*, Rev.Trim.Droit Civil, 1962, 573-589

GLENN, Garrard, *The Assignment of Choses in Action; Rights of Bona Fide Purchase*, Vir-ginia L.Rev., volume 20, 1934, 621-654

GOMES DA SILVA, Manuel, *Conceito e Estrutura da Obrigação*, Lisboa, 1943

GOMES DA SILVA, Manuel, *O Dever de Prestar e o Dever de Indemnizar*, Lisboa, 1944

GOMES GANOTILHO, J.J. e Vital Moreira, *Constituição da República Portuguesa Anotada*, 3.ª edição, Coimbra, Coimbra Editora, 1993

GOMES, Júlio Manuel Vieira, *O Conceito de Enriquecimento, o Enriquecimento Forçado e os Vários Paradigmas do Enriquecimento Sem Causa*, Porto, Universidade Católica Portuguesa, 1998

GOMES, Manuel Januário, *Assunção Fidejussória de Dívida*, Coimbra, Almedina, 2000

GOODE, Roy, *The Modernisation of Personal Property Security Law*, L.Q.R., Vol. 100, 1984, 234-251

GOODE, Roy, *Ownership and Obligation in Commercial Transactions*, L.Q.R,. Vol. 103, 1987, 433-460

GOODE, Roy, *Conclusions on the Leasing and Factoring Conventions*, J.B.L., 1988, 347--350, 510-513

GOODE, Roy, *Commercial Law*, 2.ª edição, London, Penguin, 1995

594   *Transmissão Contratual do Direito de Crédito*

GOODE, Roy, *Principles of Corporate Insolvency Law*, 2.ª edição, London, Sweet & Maxwell, 1997

GOODE, Roy, *Foreword to Salinger, Freddy, Factoring: The Law and Practice of Invoice Financing*, 3.ª edição, London, Sweet &Maxwell, 1999

GOODE, Roy, *The Right to Trace and its Impact in Commercial Transactions*, L.Q.R., Vol. 92, 1976, 360-582

GOODE, Roy, *Proprietary Rights and Insolvency in Sales Transaction*, 2.ª edição, London, Sweet & Maxwell, 1989

GOODE, Roy e L.C.B. Gower, *Is Article 9 of the Uniform Commercial Code Exportable? An English Reaction*, *in* Aspects of Comparative Commercial Law: Sales, Consumer Credit, and Secured Transactions, editado por Jacob S. Ziegel e William F. Foster, Montreal, New York, McGill University, Oceana Publications, 1969, 298-349

GOUGH, William James, *Company Charges*, 2.ª edição, London, Butterworths, 1996

GOUVEIA, Mariana França, *A Causa de Pedir na Acção Declarativa*, inédito, 2002

GRAZIANI, Alessandro, *Studi di Diritto Civile e Commerciale*, Napoli, Casa Editrice Dott. Eugenio Jovene, 1953

GRISMORE, Grover, *Principles of the Law of Contracts*, edição revista por John Edward Murray, Jr., Indianapolis, Kansas City, New York, The Bobbs-Merrill Company, Inc., 1965

GRUBB, Andrew, Michael Furmston, Roger Brownsword, Robert Bradgate, Elizabeth Macdonald, Malcolm Clarke, Andrew Phang, John Adams, G J Tolhurst, J W Carter e Roger Halson, *The Law of Contract*, London, Dublin, Edinburgh, Butterworths, 1999

GUHL, Theo, *Das schweizerische Obligationenrecht*, 7.ª edição, Zürich, Schulthess Polygraphischer Verlag, 1980

HADDING, Walther e Frank van Look, *Vertraglicher Abtretungsausschluss Überlegungen de lege lata und de lege ferenda*, WM, 1988, 1-20

HECK, Philipp, *Grundriss des Schuldrechts*, Tübingen, Scientia Verlag Aalen, 1929 (reimpressão 1994)

HEINRICHS, Helmut, *Palandt – Bürgerliches Gesetzbuch*, 59.ª edição, München, C.H.Beck, 2000

HENNRICHS, Joachim, *Gedanken zum Schuldner – und Gläubigerschutz bei der Abtretung*, WM, 1992, 85-87

HENRIQUE Mesquita, Manuel, *Obrigações Reais e Ónus Reais*, Coimbra, Coimbra Editora, 1997 (reimpressão)

HENRIQUES, Paulo Videira, *Terceiros para Efeitos do Artigo 5.º do Código de Registo Predial*, Volume Comemorativo do 75.º tomo do BFD, 2003, 389-452

HOENIKE, Mark, *Die Anzeige der Forderungsabtretung nach §409 BGB*, Frankfurt am Main, Berlin, Bern, New York, Paris, Wien, Peter Lang Europäischer Verlag der Wissenschaft, 1993

HÖRSTER, Heinrich Ewald, *Efeitos do Registo – Terceiros – Aquisição "a non domino" – Anotação ao Acórdão do STJ de 4 de Março de 1982*, RDE, ano VIII, n.º 1, 1982, 116-155

HÖRSTER, Heinrich Ewald, *Zum Erwerb vom nichtberechtigten im System des portugiesischen bürgerlichen Gesetzbuchs*, Separata do número especial do BFD – Estudos em Homenagem ao Prof. Doutor António Ferrer Correia, 1984, Coimbra, 1988

HÖRSTER, Heinrich Ewald, *A Parte Geral do Código Civil Português*, Coimbra, Almedina, 1992

HUC, Théophile, *Traité théorique et pratique de la cession et de la transmission des créances*, tomo I, Paris, Librarie Cotillon, 1891

HUC, Théophile, *Traité théorique et pratique de la cession et de la transmission des créances*, tomo II, Paris, Librarie Cotillon, 1894

HUC, Théophile, *Commentaire Théorique et Pratique du Code Civil*, tomo X, Paris, Librarie Cotillon, 1897

HUET, Jérôme, *Traité de Droit Civil – Les Principaux Contrats Spéciaux*, Paris, L.G.D.J., 1996

JACKSON, Thomas H., *Translating Assets and Liabilities to the Bankruptcy Forum*, in Corporate Bankruptcy, editado por Jagdeep S. Bhandari e Lawrence A. Weiss, Cambridge, New York, Melbourne, Cambridge University Press, 1996, 58

JORIO, Alberto, *Patologia dei crediti e factoring*, Il Factoring nella Prospettiva del 2000, Torino, 1989, 22-23

KADUK, *Staudinger Kommentar zum Bürgerlichen Gesetzbuch*, 12.ª edição, Berlin, Dr.Arthur L.Sellier – Walter de Gruyter, 1994

KAISER, Gisbert A., *Bürgerliches Recht*, 6.ª edição, Heidelberg, C.F.Müller, 1999

KAROLLUS, Martin, *Unbeschränkter Schuldnerschutz nach §409 BGB?*, JZ, 1992, 557--564

KASER, Max, *Direito Privado Romano*, traduzido por Samuel Rodrigues e Ferdinand Hämmerle, Lisboa, Fundação Calouste Gulbenkian, 1999

KÖHLER, Helmut, *BGB Allgemeiner Teil*, 24.ª edição, München, C.H.Beck, 1998

KÖTZ, Hein, *The Transfer of Rights by Assignment*, International Encyclopedia of International Law, Vol. VII, Chapter 13, Tübingen, Boston, Lancaster, 1992, 52-99

KÖTZ, Hein, *Europäisches Vertragrecht – Band I*, Tübingen, J.C.B. Mohr (Paul Siebeck), 1996

KÖTZ, Hein, *European Contract Law – Vol. 1*, traduzido por Tony Weir, Oxford, Clarendon Press, 1997

KRIPKE, Homer, *Suggestions for Clarifying Article 9: Intangibles, Proceeds, and Priorities*, N.Y.U.L.Rev., Vol. 41, 1966, 687-735

LABAREDA, João, *Providências de Recuperação de Empresas*, DJ, Vol. IX, tomo 2, 1995, 51-112

LACRUZ BERDEJO, José Luis, Francisco de Asís Sancho Rebullida, Agustín Luna Serrano, Jesús Delgado Echeverría, Francisco Rivero Hernández e Joaquín Rams Albesa, *Elementos de Derecho Civil – II*, Derecho de Obligaciones – Vol. I, 2.ª edição, Madrid, Dykinson, 2000

LARENZ, Karl, *Lehrbuch des Schuldrechts – Band I*, Allgemeiner Teil, 14.ª edição, München, C.H.Beck, 1987

LARENZ, Karl, *Metodologia da Ciência do Direito*, 2.ª edição, traduzido por José Lamego, Lisboa, Fundação Calouste Gulbenkian, 1989

596   *Transmissão Contratual do Direito de Crédito*

LARENZ, Karl e Manfred Wolf, *Allgemeiner Teil des Bürgerlichen Rechts*, 8.ª edição, München, C.H.Beck, 1997

LEBRE DE FREITAS, José, *A Penhora de Bens na Posse de Terceiros*, ROA, 1992, 313-339

LEBRE DE FREITAS, José, *Apreensão, Restituição, Separação e Venda de Bens no Processo de Falência*, RFDUL, Vol. 36, 1995, 375-382

LEBRE DE FREITAS, José, *A Acção Declarativa Comum*, Coimbra, Coimbra Editora, 2000

LEBRE DE FREITAS, José, João Redinha e Rui Pinto, *Código de Processo Civil Anotado* – Vol. 1.º, Coimbra, Coimbra Editora, 1999

LEITE DE CAMPOS, Diogo, *A Titularização de Créditos: Bases Gerais*, in Titularização de Créditos, Lisboa, Instituto de Direito Bancário, 2000, 9-15

LEITE DE CAMPOS, Diogo, *A Subsidariedade da Obrigação de Restituir o Enriquecimento*, Coimbra, Almedina, 2003 (reimpressão)

LEITE DE CAMPOS, Diogo e Manuel Monteiro, *Titularização de Créditos – Anotações ao Decreto-Lei n.º 453/99, de 5 de Novembro*, Coimbra, Almedina, 2001

LIMA PINHEIRO, Luís, *A Cláusula de Reserva de Propriedade*, Coimbra, Almedina, 1988

LONGO, Avv. G., *Diritto delle obbligazioni*, Torino, UTET, 1950

LÜKE, Wolfgang, *Das rechtsgeschäftliche Abtretungsverbot*, JuS, 1992, 114-116

LUSO SOARES, Fernando, *Cessão de Créditos e Eficácia Externa das Obrigações*, RMP, ano 3 vols. 9 e 11, 1982, 135-152 e 117-142

MACNEIL, Ian R., *Cases and Materials on Contracts*, New York, The Foundation Press, Inc., 1971

MADRIDEJOS SARASOLA, Jose, *La Cesión de Créditos*, RDN, n.º XXXII, 1961, 381-402

MANCINI, Tommaso, *La cessione dei crediti futuri a scopo di garanzia*, Milano, Giuffrè, 1968

MANCINI, Tommaso, *La cessione dei crediti*, in Tratatto di Diritto Privato – 9, Obbligazione e Contratti, 2.ª edição, editado por Pietro Rescigno, Torino, UTET, 1999, 459

MARANI, Francesco, *Notifica, accettazione e buona fede nella cessione dei crediti*, Modena, Mucchi, 1977

MARCHESSAUX, Isabelle, *L'opposabilité du contrat aux tiers (rapport français)*, in Les effets du contrat à l'égard des tiers, editado por Marcel Fontaine e Jacques Ghestin, Paris, L.G.D.J., 1992, 68-99

MARIANI, Giorgio, *Principio consensualistico e cessione dei crediti*, Banche e Banchieri n.º 4, 1994, 267-272

MARSH, P.D.V., *Comparative Contract Law England, France, Germany*, Hampshire, Vermont, Gower, 1994

MARSHALL, O.R., *The Assignment of Choses in Action*, London, Sir Isaac Pitman & Sons, 1950

MATTHIES, Karl-Heinz, *Abtretungsverbot und verlängerter Eigentumsvorbehalt*, WM, 1981, 1042-1047

McCORMACK, Gerard, *Effective Reservation of Title and Priorities*, J.B.L., 1990, 314-324

McLAUCHLAN, D. W., *Priorities – Equitable Tracing Rights and Assignments of Book Debts*, L.Q.R., Vol. 96, 1980, 91-100

MEDICUS, Dieter, *Allgemeiner Teil des BGB*, 7.ª edição, Heidelberg, C.F.Müller, 1997

MEDICUS, Dieter, *Shuldrecht I – Allgemeiner Teil*, 11.ª edição, München, C.H.Beck, 1999

MENDES, Victor e Susana Lamas, *Guia dos Contratos*, Porto, Legis Editora, 2002

MENEZES CORDEIRO, António, *Direitos Reais*, Lisboa, Lex, 1979 (reimpressão 1983)

MENEZES CORDEIRO, António, *Direito das Obrigações* – 1.º Vol. , Lisboa, AAFDL, 1980 (reimpressão 1986)

MENEZES CORDEIRO, António, *Direito das Obrigações* – 2.º Vol. , Lisboa, AAFDL, 1980 (reimpressão 1994)

MENEZES CORDEIRO, António, *Da Boa Fé no Direito Civil*, Coimbra, Almedina, 1983 (reimpressão 2001)

MENEZES CORDEIRO, António, *Da Pós-Eficácia das Obrigações, in* Separata dos Estudos em honra do Prof.Doutor Cavaleiro de Ferreira, Lisboa, 1984

MENEZES CORDEIRO, António, *Obrigação no Direito Civil*, Enciclopédia Polis, 4, Lisboa, 1986, 760-767

MENEZES CORDEIRO, António, *Princípios Gerais de Direito*, Enciclopédia Polis, 4, Lisboa, 1986, 1490-1493

MENEZES CORDEIRO, António, *Da Falência e das Benfeitorias feitas por Terceiros, in* Estudos de Direito Comercial – Vol. I – Das Falências, editado por Coimbra, Almedina, 1989, 117-139

MENEZES CORDEIRO, António, *Da Cessão Financeira (Factoring)*, Lisboa, Lex, 1994

MENEZES CORDEIRO, António, *Anotação ao Acórdão do Pleno do Supremo Tribunal de Justiça de 31 de Janeiro de 1996*, ROA, ano 56, 1996, 307

MENEZES CORDEIRO, António, *A Posse: Perspectivas Dogmáticas Actuais*, 3.ª edição Coimbra, Almedina, 2000 (reimpressão 2004)

MENEZES CORDEIRO, António, *Tratado de Direito Civil Português I – Parte Geral*, Tomo I, 2.ª edição, Coimbra, Almedina, 2000

MENEZES CORDEIRO, António, *Manual de Direito Comercial* I Vol. , Coimbra, Almedina, 2001

MENEZES CORDEIRO, António, *Tratado de Direito Civil Português I – Parte Geral*, Tomo II, 2.ª edição, Coimbra, Almedina, 2002

MENEZES LEITÃO, Luís, *O Enriquecimento Sem Causa no Direito Civil*, Lisboa, Centro de Estudos Fiscais, 1996

MENEZES LEITÃO, Luís, *Actividades de Intermediação e Responsabilidade dos Intermediários Financeiros, in* Direito dos Valores Mobiliários- Vol. II, Coimbra, Coimbra Editora, 2000, 129-156

MENEZES LEITÃO, Luís, *Direito das Obrigações* – Vol. I, Coimbra, Almedina, 2000

MENEZES LEITÃO, Luís, *Direito das Obrigações* – Vol. II, Coimbra, Almedina, 2002

MESSINA, Patrizio, *Sulla causa nel contratto di* factoring, Contratto e Impresa, 1997, 1062--1079

MESSINA, Patrizio, *Il* factoring, *in* I contratti in generale, volume secondo, Aggiornamento 1991-1998, editado por Guido Alpa e Mario Bessone, Torino, UTET, 1999, 931-950

MILLOZZA, Giuseppe, *Il contrato di «factoring»*, Dir. fall., 1991, 86-93

MIRANDA, Jorge, *Manual de Direito Constitucional* – Tomo IV, Direitos Fundamentais, 2.ª edição, Coimbra, Coimbra Editora, 1993

MONACO, Riccardo, *La convenzione internazionale per i contratti di factoring*, Bancaria, 1989, 13-16

MONTEIRO, Jorge Ferreira Sinde, *Responsabilidade por Conselhos, Recomendações ou Informações*, Coimbra, Almedina, 1989

MONTEIRO, Manuel, *O Recente Regime Português da Titularização de Créditos*, in Titularização de Créditos, Lisboa, Instituto de Direito Bancário, 2000, 193-233

MOREIRA, Guilherme Alves, *Instituições do Direito Civil Português* – Vol. 2.°, Das Obrigações, 2.ª edição, Coimbra, Coimbra Editora, 1925

MOTA PINTO, Carlos Alberto, *Direitos Reais* – Lições coligidas por Álvaro Moreira e Carlos Fraga, Coimbra, Almedina, 1971

MOTA PINTO, Carlos Alberto, *Direito das Obrigações*, Coimbra, policopiado, 1973

MOTA PINTO, Carlos Alberto da, *Cessão da Posição Contratual*, Coimbra, Almedina, 1970 (reimpressão 1982)

MOTA PINTO, Carlos Alberto da, *Teoria Geral do Direito Civil*, 3.ª edição, Coimbra, Coimbra Editora, 1985 (7.ª reimpressão 1992)

MOTA PINTO, Paulo, *Declaração Tácita e Comportamento Concludente no Negócio Jurídico*, Coimbra, Almedina, 1995

MOUTEIRA GUERREIRO, J.A., *Noções de Direito Registral*, 2.ª edição, Coimbra, Coimbra Editora, 1994

MUMMENHOFF, Winfried, *Vertragliches Abtretungsverbot und Sicherungszession im deutschen, österreichischen und us-amerikanischen Recht*, JZ, 1979, 425-430

MUNARI, Alessandro, *Il factoring internazionale nella convenzione Unidroit*, Dir. del comm. internaz., 1989, 457-466

MURRAY (JR.), John Edward, *Murray on Contracts*, 3.ª edição, Charlottesville, Virginia, The Michie Company Law Publishers, 1990

NASCIMENTO, Esmeralda e Márcia Trabuco, *Elucidário de Como Elaborar Documentos de Interesse Geral*, 6.ª edição, Lisboa, ELCLA Editora, 1994

NAVARRO, Luiz Lopes, *A Nova Concepção do Direito de Propriedade*, Lisboa, Bertrand, 1942

NAVARRO PÉREZ, José Luis, *La Cesión de Créditos en el Derecho Civil Español*, 2.ª edição, Córdoba, Ibarra de Arce, 1998

NEUMANN-DUESBERG, Horst, *Einrede der Anfechtbarkeit gegenüber dem Zessionar*, in FS für Hans Carl Nipperdey zum 70. Geburtstag, editado por Rolf Dietz e Heinz Hübner, München, C.H. Beck, 1965, 659-665

NEUMAYER, K. H., *La transmission des obligations en droit comparé*, in La transmission des obligations – Travaux des IXes. journées d'études juridiques Jean Dabin, editado pelo Centre de Droit des Obligations de la Faculté de Droit de l'Université Catholique de Louvain, Bruxelles, Paris, Bruylant, L.G.D.J., 1980, 196-276

NEVES, Vitor Pereira das, *A Afectação de Receitas Futuras em Garantia*, Themis, ano I, n.° 2, 2000, 153-188

NEVES, Vitor Pereira das, *A Protecção do Proprietário Dessapossado de Dinheiro*, in Transmissão da Propriedade e Contrato, Coimbra, Almedina, 2001, 139-250

NICOLINI, Paola, *Aspetti giuridici del* factoring, RassDC, 1982, 50-61

NÖRR, Knut Wolfgang, Robert Scheyhing e Wolfgang Pöggeler, *Sukzessionen: Forderungszession, Vertragsübernahme, Schuldübernahme*, 2.ª edição, Tübingen, Mohr Siebeck, 1999

NUZZO, Antonio, *Il* factoring *nella dottrina italiana*, Riv. it. leasing, ano I, 1985, 311-338

ODITAH, Fidelis, *Priorities: Equitable* versus *Legal Assignments of Book Debts*, O.J.L.S., 1989, 513-533

ODITAH, Fidelis, *Legal Aspects of Receivables Financing*, London, Sweet & Maxwell, 1991

OLAVO CUNHA, Paulo, *Venda de Bens Alheios*, separata da ROA, ano 47, Lisboa, 1987

OLAVO, Fernando, *Direito Comercial* – Vol. II, Fasc.I, 2.ª parte, Títulos de Crédito em Geral, 2.ª edição, Coimbra, Coimbra Editora, 1978

OLIVEIRA ASCENSÃO, José de, *As Relações Jurídicas Reais*, Lisboa, 1962

OLIVEIRA ASCENSÃO, José de, *Efeitos Substantivos do Registo Predial na Ordem Jurídica Portuguesa*, ROA, Lisboa, 1974, 5-46

OLIVEIRA ASCENSÃO, José de, *Direito Civil – Sucessões*, 4.ª edição, Coimbra, Coimbra Editora, 1989

OLIVEIRA ASCENSÃO, José de, *Direito Comercial* – Vol. III, Títulos de Crédito, Lisboa, policopiado, 1992

OLIVEIRA ASCENSÃO, José de, *Direito Civil – Reais*, 5.ª edição, Coimbra, Coimbra Editora, 1993

OLIVEIRA ASCENSÃO, José de, *Popriedade e Posse – Reivindicação e Reintegração*, Lisboa, Lex, 1994

OLIVEIRA ASCENSÃO, José de, *Acção de Reivindicação, in* Estudos em Memória do Professor Doutor João de Castro Mendes, Faculdade de Direito da Universidade de Lisboa, Lisboa, Lex, 1995, 19-42

OLIVEIRA ASCENSÃO, José de, *Efeitos da Falência sobre a Pessoa e Negócios do Falido*, ROA, ano 55, Lisboa, 1995, 641 688

OLIVEIRA ASCENSÃO, José de, *Direito Civil Teoria Geral* – Vol. I, Coimbra, Coimbra Editora, 1997

OLIVEIRA ASCENSÃO, José de, *Interpretação das Leis. Integração das Lacunas. Aplicação do Princípio da Analogia*, Separata da ROA, Ano 57, III, Lisboa, 1997, 913-941

OLIVEIRA ASCENSÃO, José, *Valor Mobiliário e Título de Crédito, in* Direito dos Valores Mobiliários, Lisboa, Lex, 1997, 27-54

OLIVEIRA ASCENSÃO, José de, *Direito Civil Teoria Geral* – Vol. II, Coimbra, Coimbra Editora, 1999

OLIVEIRA ASCENSÃO, José de, *As Acções, in* Direito dos Valores Mobiliários – Vol. II, Instituto dos Valores Mobiliários, Coimbra, Coimbra Editora, 2000, 57-90

OLIVEIRA ASCENSÃO, José de, *O Actual Conceito de Valor Mobiliário, in* Direito dos Valores Mobiliários – Vol. III, Instituto dos Valores Mobiliários, Coimbra, Coimbra Editora, 2001, 37-60

OLIVEIRA ASCENSÃO, José de, *O Direito, Introdução e Teoria Geral*, 11.ª edição, Coimbra, Almedina, 2001

OLIVEIRA ASCENSÃO, José de, *Direito Civil Teoria Geral* – Vol. III, Coimbra, Coimbra Editora, 2002

OLIVEIRA ASCENSÃO, José de e António Menezes Cordeiro, *Cessão de Exploração de Estabelecimento Comercial, Arrendamento e Nulidade Formal (parecer)*, ROA, ano 47, 1987, 845-927

600   *Transmissão Contratual do Direito de Crédito*

OLIVEIRA ASCENSÃO, José e Maria Augusta Pesquita França, *As Repercussões da Declaração de Falência sobre a Situação dos Credores Hipotecários*, in Estudos de Direito Comercial – Vol. I, Das Falências, Coimbra, Almedina, 1989, 55-67

OSÓRIO DE CASTRO, Carlos, *Valores Mobiliários: Conceito e Espécies*, Porto, Universidade Católica Portuguesa, 1996

OSÓRIO DE CASTRO, Carlos, *A Informação no Direito do Mercado de Valores Mobiliários*, in Direito dos Valores Mobiliários, Lisboa, Lex, 1997, 333-347

OTT, Claus, *Alternativkommentare zum Bürgerlichen Gesetzbuch* – Band 2, editado por Rudolf Wassermann, Neuwied, Luchterhand, 1980, 520-543

PAIS DE VASCONCELOS, Pedro, *O Efeito Externo da Obrigação no Contrato-Promessa*, Separata da SI, tomo XXXII, n.º s 181-183, Braga, 1983, 3-23

PAIS DE VASCONCELOS, Pedro, *Direito Comercial – Títulos de Crédito*, Lisboa, AAFDL, 1989

PAIS DE VASCONCELOS, Pedro, *Contratos Atípicos*, Coimbra, Almedina, 1995

PAIS DE VASCONCELOS, Pedro, *Teoria Geral do Direito Civil* – Vol. I, Lisboa, Lex, 1999

PAIS DE VASCONCELOS, Pedro, *O Problema da Tipicidade dos Valores Mobiliários*, in Direito dos Valores Mobiliários – Vol. III, Instituto dos Valores Mobiliários, Coimbra, Coimbra Editora, 2001, 61-72

PAIS DE VASCONCELOS, Pedro, *Superação Judicial da Invalidade Formal no Negócio Jurídico de Direito Privado*, Separata de Estudos em Homenagem à Professora Doutora Isabel de Magalhães Collaço, Vol. II, Coimbra, 2002

PAIS DE VASCONCELOS, Pedro, *Teoria Geral do Direito Civil* – Vol. II, Coimbra, Almedina, 2002

PALMA CARLOS, Adelino, *Parecer – Embargos de Terceiro. Posse. Quotas Sociais*, CJ, ano VIII, tomo I, 1983, 7-9

PAMPLONA CORTE-REAL, Carlos, *Direito da Família e da Sucessões* – Vol. II – Sucessões, Lisboa, Lex, 1993

PANTALEÓN PRIETO, Fernando, *Césion de Creditos*, ADC, Tomo XLI, Fasciculo IV, 1988, 1033-1130

PANUCCIO, Vincenzo, *La cessione volontaria dei crediti nella teoria del trasferimento*, Milano, Giuffrè, 1955

PANUCCIO, Vicenzo, *Cessione dei crediti*, in Enc. dir., IV, Milano, Giuffrè, 1960, 846-878

PARDOLESI, Roberto, *La cessione dei crediti d'impresa nel sistema comunitaria e comparato*, in La cessione dei crediti d'impresa, editado por Giovanni Tatarano, Napoli, Edizione Scientifiche Italiane, 1995, 27-36

PARDON, Jean, *La transmission des obligations en droit bancaire belge*, in La transmission des obligations – Travaux des IXes. journées d'études juridiques Jean Dabin, editado pelo Centre de Droit des Obligations de la Faculté de Droit de l'Université Catholique de Louvain, Bruxelles, Paris, Bruylant, L.G.D.J., 1980, 387-402

PENHA GONÇALVES, Augusto da, *Curso de Direitos Reais*, 2.ª edição, Lisboa, Universidade Lusíada, 1993

PERALTA, Ana Maria, *A Posição Jurídica do Comprador na Compra e Venda com Reserva de Propriedade*, Coimbra, Almedina, 1990

Bibliografia 601

PEREIRA MENDES, Isabel, *Hipoteca Mobiliária e Penhor sem Entrega de Coisa*, Coimbra, Almedina, 1990

PEREIRA MENDES, Isabel, *Estudos sobre o Registo Predial*, Coimbra, Almedina, 1998

PÉREZ GONZÁLEZ, Blas e José Alguer, *Anotações a* Enneccerus/Lehmann, *Derecho de Obligaciones* – Volumen primero, *in* Tratado de Derecho Civil, 2.ª edição, editado por Theodor Kipp Ludwig Enneccerus, Martin Wolf, Barcelona, Bosch, 1954

PERLINGIERI, Pietro, *Il trasferimento del credito – Nozione e orientamenti giurisprudenziali*, Roma, Edizioni Scientifiche Italiane, 1981

PERLINGIERI, Pietro, *Cessione dei crediti, in* Commentario del Codice Civile, Libro quarto: Obbligazione art. 1260-1267, editado por A. Scaloja e G. Branca, Roma, Zanichelli Editore Bologna Il Foro Italiano, 1982

PERLINGIERI, Pietro, *La cessione dei crediti ordinari e d'impresa*, Napoli, Edizione Scientifiche Italiane, 1993

PERLINGIERI, Pietro, *Relazione di sintesi (La cessione dei crediti d'impresa), in* La cessione dei crediti d'impresa, editado por Giovanni Tatarano, Napoli, Edizione Scientifiche Italiane, 1995, 265-273

Permanent Editorial Board, *PEB Commentary No.7 – The Relative Priorities of Security Interests in the Cash Proceeds of Accounts, Chattel Paper, and General Intangibles, 1990*, Uniform Commercial Code – Offical Text with Comments, St. Paul, 2000, 1105-1106

Permanent Editorial Board, *PEB Commentary No.14 – Section 9-102(1)(b), 1994*, Uniform Commercial Code – Offical Text with Comments, St. Paul, 2000, 1162-1164

Permanent Editorial Board for the Uniform Commercial Code, *Report of the Article 9 Study Committee of the Permanent Editorial Board for the UCC, December 1, 1992*, The American Law Institute and The National Conference of Commissioners on Uniform State Laws, 1992

PESSOA JORGE, Fernando, *O Mandato Sem Representação*, Coimbra, Almedina, 1961 (reimpressão 2001)

PESSOA JORGE, Fernando, *Direito das Obrigações* – 1.º Vol. , Lisboa, AAFDL, 1976

PESTANA DE VASCONCELOS, Luís Miguel, *Dos Contratos de Cessão Financeira* (Factoring), Coimbra, Coimbra Editora, 1999

PHILIPPE, Denis, *L'endossement de la facture est-il le mode idéal de transmission des créances dans l'affacturage?, in* La transmission des obligations – Travaux des IXes. journées d'études juridiques Jean Dabin, editado pelo Centre de Droit des Obligations de la Faculté de Droit de l'Université Catholique de Louvain, Bruxelles, Paris, Bruylant, L.G.D.J., 1980, 551-561

PIAZZA, Giovanni, *Qualificazione del contratto di* factoring *e fallimento del cedente*, Giur. comm., parte 2, Milano, 1996, 113-125

PINTO COELHO, José Gabriel, *Direito Civil (Obrigações)* – Prelecções dirigidas ao Curso de 1939-40 e coligidas pelo aluno Augusto Rebello, Lisboa, 1939

PINTO COELHO, Luiz, *Direitos Reais*- Súmula das Lições Proferidas pelo Prof.Doutor Luiz Pinto Coelho por Pedro da Câmara Rodrigues de Freitas e Carmindo Rodrigues Ferreira, Lisboa, policopiado, 1939/40

602   *Transmissão Contratual do Direito de Crédito*

PINTO DUARTE, Rui, *Notas sobre o Contrato de* Factoring, *in* Novas Perspectivas do Direito Comercial, Coimbra, Almedina, 1988, 138-158

PINTO DUARTE, Rui, *Contratos de Intermediação no Código dos Valores Mobiliários*, CadMVM, n.° 7, Edição Especial Sobre o Código dos Valores Mobiliários, Lisboa, 2000, 351-372

PINTO DUARTE, Rui, *A Jurisprudência Portuguesa sobre Factoring – Algumas Observações*, Themis, ano I, n.° 2, 2000, 269-274

PINTO DUARTE, Rui, *Tipicidade e Atipicidade dos Contratos*, Coimbra, Almedina, 2000

PINTO DUARTE, Rui, *Estudo sobre a Regulação da Actividade de* Factoring *em Macau, in* Escritos sobre *Leasing* e *Factoring*, Cascais, Principia, 2001, 138-159

PINTO DUARTE, Rui, *Curso de Direitos Reais*, Cascais, Principia, 2002

PINTO DUARTE, Rui, *Relatório sobre o Programa, os Conteúdos e os Métodos de Ensino, Teórico e Prático das Matérias de Direitos Reais*, Lisboa, inédito, 2003

PINTO FURTADO, Jorge, *Obrigação Cartular e Desconto Bancário, in* Temas de Direito Comercial, editado por Coimbra, Almedina, 1986, 89-175

PINTO MONTEIRO, António, *Noções Gerais de Direito*, Coimbra, CEFA, 2003

PINTO MONTEIRO, António e Carolina Cunha, *Sobre o Contrato de Cessão Financeira ou de "Factoring"*, Volume Comemorativo do 75.° tomo do BFD, 2003, 509-554

PIRES DE LIMA, Fernando, *Das Coisas*, BMJ, n.° 91, 1959, 207-222

PIRES DE LIMA, Fernando e João de Matos Antunes Varela, *Noções Fundamentais de Direito Civil –* Vol. II, 5.ª edição, Coimbra, Coimbra Editora, 1962

PIRES DE LIMA, Fernando e João de Matos Antunes Varela, *Noções Fundamentais de Direito Civil –* Vol. I, 6.ª edição, Coimbra, Coimbra Editora, 1965

PIRES DE LIMA, Fernando e João de Matos Antunes Varela, *Código Civil Anotado –* Vol. II, 3.ª edição, Coimbra, Coimbra Editora, 1986

PIRES DE LIMA, Fernando e João de Matos Antunes Varela, *Código Civil Anotado –* Vol. I (com a colaboração de Manuel Henrique Mesquita), 4.ª edição, Coimbra, Coimbra Editora, 1987

PIRES DE LIMA, Fernando e João de Matos Antunes Varela, *Código Civil Anotado –* Vol. III, 2.ª edição, reimpressão, Coimbra, Coimbra Editora, 1987

PIZARRO, Sebastião Nóbrega e Margarida Mendes Calixto, *Contratos Financeiros*, Coimbra, Almedina, 1995

PLANIOL, Marcel e Georges Ripert, *Traité pratique de droit civil français –* Tome VII, Obligations, 2.ª edição, Paris, L.G.D.J., 1954

PORRO, Alberto, Leasing e Factoring *nell'esperienza giudiziaria, in* Sviluppi e nuove prospettive della disciplina del leasing e del factoring in Italia, editado por Alessandro Munari, Milano, Giuffrè, 1988, 55-66

POSNER, Richard A., *Economic Analysis of Law*, 4.ª edição, Boston, London, Toronto, Little, Brown and Company, 1992

PRATA, Ana, *Dicionário Jurídico*, 3.ª edição, Coimbra, Almedina, 1994 (reimpressão 1998)

PRATA, Ana, *O Contrato-Promessa e o Seu Regime*, Coimbra, Almedina, 1994 (reimpressão 1999)

QUATRARO, Bartolomeo, *Factoring e fallimento del cedente, in* Il factoring per le piccole e medie imprese, Milano, Giuffrè, 1982, 123-146

Bibliografia

REBELO DE SOUSA, Marcelo e Sofia Galvão, *Introdução ao Estudo do Direito*, 5.ª edição, Lisboa, Lex, 2000

REY, Heinz, *Schweizerisches Obligationenrecht- Allgemeiner Teil- Band II*, 7.ª edição, Zürich, Schulthess Polygraphischer Verlag, 1998

RIBEIRO DE FARIA, Jorge, *Direito das Obrigações* – Vol. I, Coimbra, Almedina, 1990

RIBEIRO DE FARIA, Jorge, *Direito das Obrigações* – Vol. II, Coimbra, Almedina, 1990

RICCI, Edoardo F., *Sintese giuridica sul presente e sul futuro del factoring*, in Factoring problemi e prospettive, editado por Roberto Ruozi e Gian Guido Oliva, Milano, Editrice il Sole 24 Ore, 1983, 87-91

RIEG, Alfred, *Cession de créance*, in Encyclopédie Juridique Dalloz – Droit Civil III, Paris, Dalloz, 1970

RIPERT, Georges e Jean Boulanger, *Traité de Droit Civil* – Tome II, Paris, L.G.D.J., 1957

RIVES-LANGE, Jean-Louis et Monique Contamine-Raynaud, *Droit bancaire*, 6.ª edição, Paris, Dalloz, 1995

RIVOLTA, Gian Carlo M., *La Nuova Legislazione Commerciale – La Disciplina della Cessione dei Crediti D'Impresa*, Rivista di Diritto Civile, 1991, 709-727

RLJ, Direito Civil- Consulta, RLJ, ano 66, Coimbra, 1966, 347-350

RODRIGUES, Manuel, *A Posse*, 2.ª edição, Coimbra, Coimbra Editora, 1940

ROMANO MARTINEZ, Pedro, *Direito das Obrigações* – (Parte Especial) Contratos, 2.ª edição, Lisboa, Almedina, 2001

ROMANO MARTINEZ, Pedro e Pedro Fuzeta da Ponte, *Garantias de Cumprimento*, 3.ª edição, Coimbra, Almedina, 2002

ROPPO, E., *Qualificazione del contratto, contratto innominato e nuovi tipi contrattuali*, in Casi e questioni di diritto privato, V – obbligazioni e contratti, editado por Mario Bessone, Milano, Giuffrè, 1993, 14

ROSSIGNOLI, Bruno, *La natura giuridica del factoring*, in Factoring problemi e prospettive, editado por Roberto Ruozi e Gian Guido Oliva, Milano, Editrice il Sole 24 Ore, 1983, 75-80

ROTH, Günter H., *Münchener Kommentar zum Bürgerliches Gesetzbuch* – Band 2, 3.ª edição, München, C.H.Beck, 1994

RUBINO, Domenico, *La Compravendita*, in Trattato di Diritto Civile e Commerciale, Vol. XXIII, editado por Antonio Cicu e Francesco Messineo, Milano, Giuffrè, 1952

RUOZI, Roberto e Bruno Rossignoli, *Manuale del factoring*, Milano, Giuffrè Editore, 1985

SALINGER, Freddy, *Factoring: The Law and Practice of Invoice Finance*, 3.ª edição, London, Sweet & Maxwell, 1999

SALVADOR, Manuel J.G., *Terceiro e os Efeitos dos Actos ou Contratos. A Boa Fé nos Contratos*, Lisboa, 1962

SANTANGELO, Ignacio Augusto, *Il factoring*, Dir. fall., 1975, 197-219

SANTI, Francesco, *Il factoring*, Milano, Giuffrè, 1999

SANTOS JÚNIOR, E., *Da Responsabilidade Civil de Terceiro por Lesão do Direito de Crédito*, Coimbra, Almedina, 2003

SANTOS JUSTO, A., *Direito Privado Romano* – I, Parte Geral, 2.ª edição, Coimbra, Coimbra Editora, 2003

604 *Transmissão Contratual do Direito de Crédito*

SARAIVA MATIAS, Armindo, *Efeitos do Registo Predial Português*, Galileu RED Vol. V, n.º 1, 2000, 43-65

SAVIGNY, Friedrich Karl von, *System des heutigen römischen Rechts*, Band 1, Berlin, Scientia Verlag Aalen, 1840 (reimpressão 1981)

SCHELLHAMMER, Kurt, *BGB Allgemeiner Teil und gesamtes Schuldrecht mit Nebengesetzen*, 3.ª edição, Heidelberg, C.F.Müller Verlag, 1999

SCHLECHTRIEM, Peter, *Schuldrecht – Allgemeiner Teil*, 4.ª edição, Tübingen, J.C.B. Mohr (Paul Siebeck), 2000

SCHLESINGER, Piero, *Invalidità o inefficacia della cessione del credito e posizione del debitore ceduto*, Dir. econ., 1958, 233-253

SCHLESINGER, Piero, *Il pagamento al terzo*, Milano, Giuffrè, 1961

SCHMIDT, Dominique e Philippe Gramling, *La loi n.º 81-1 du 2 janvier 1981 facilitant le crédit aux entreprises*, D., Paris, 1981, 271-226

SEABRA LOPES, J. de, *Direito dos Registos e do Notariado*, Coimbra, Almedina, 2002

SEQUEIRA MARTÍN, Adolfo, *El Contrato de Factoring. Derecho Español. Derechos y Obligaciones del Cliente, in* El Contrato de Factoring, editado por Rafael García Villaverde, Madrid, McGraw Hill, 1999, 304-328

SÉRIAUX, Alain, *Droit des Obligations*, 2.ª edição, Paris, PUF, 1998

SERICK, Rolf, *Rechtsprobleme des Factoring-Geschäftes*, BB, 1976, 425-434

SERICK, Rolf, *Die Factoring-Zession*, ZHR, 1979, 68-73

SERICK, Rolf, *Neuere Entwicklungen beim Factoring-Geschäft*, BB, 1979, 845-853

SERRA, Catarina, *Alguns Aspectos da Revisão do Regime da Falência*, SJ, tomo XLVII, 1998, 183-206

SERRA, Catarina, *Efeitos da Declaração de Falência sobre o Falido*, SJ, tomo XLVIII, 1998, 267-313

SERRA, Catarina, *Falências Derivadas e Âmbito Subjectivo da Falência*, Coimbra, Coimbra Editora, 1999

SOARES, António Ferreira, *Negociação, Liquidação e Compensação de Operações Sobre Valores Mobiliários, in* Direito dos Valores Mobiliários, Lisboa, Lex, 1997, 311-331

SOUSA FRANCO, António, *Análise Económica do Direito: Exercício Intelectual ou Fonte de Ensinamento*, Sub Judice, n.º 2, Caderno Ideias, 1992, 63-70

SOUSA FRANCO, António, *Trabalhos Preparatórios do Cód.VM – Apresentação do Senhor Ministro das Finanças, in* Trabalhos Preparatórios do Cód.VM, Ministério das Finanças/CMVM, Lisboa, 1999, 9-33

SOUSA MENDES, Paulo, *A Garantia Geral das Obrigações*, RJ n.º 6, 1986, 87-131

SPOLVERINI, Aldo, *I vantaggi che il factoring offre all'imprenditore, in* Factoring problemi e prospettive, editado por Roberto Ruozi e Gian Guido Oliva, Milano, Editrice il Sole 24 Ore, 1983, 25-29

STOGIA, Sergio, *Cessione di crediti e di altri diritti (diritto civile), in* Nss.DI, IV, 1957, 156-161

STOUFFLET, Jean e Yves Chaput, *L'allegement de la forme des transmissions de créances liées a certaines operations de credit*, J.C.P. 81.I, 1981, 3044

Bibliografia 605

STÜRNER, Rolf, *BGB, Jauernig/Stürner, §§398-413*, in Bürgerliches Gesetzbuch, 8.ª edição, editado por Otham Jauernig, Peter Schlechtriem, Rolf Stürner, Arndt Teichmann e Max VollKommer, München, C.H.Beck, 1997, 377

TAVARES DE CARVALHO, Fernando, *Actos dos Notários*, 6.ª edição, Lisboa, 1953

TAVARES, José, *Os Princípios Fundamentais do Direito Civil* – Vol. II, Coimbra, Coimbra Editora, 1928

TAVARES, José, *Os Princípios Fundamentais do Direito Civil* – Vol. I, 2.ª edição, Coimbra, Coimbra Editora, 1930

TEIXEIRA DE SOUSA, Miguel, *A Verificação do Passivo no Processo de Falência*, RFDUL, Vol. 36, Lisboa, 1995, 353-369

TEIXEIRA DE SOUSA, Miguel, *Estudos sobre o Novo Processo Civil*, 2.ª edição, Lisboa, Lex, 1997

TEIXEIRA DE SOUSA, Miguel, *Sobre o Conceito de Terceiros para Efeitos de Registo*, ROA, ano 59, I, 1999, 29-46

TORRES, Nuno Maria Pinheiro, *Da Transmissão de Participações Sociais não Tituladas*, Porto, Universidade Católica Portuguesa, 1999

TREITEL, G.H., *The Law of Contract*, 9.ª edição, London, Sweet & Maxwell, 1995

TREITEL, G.H., *An Outline of the Law of Contract*, 5.ª edição, London, Dublin, Edinburgh, Butterworths, 1995

TROIANO, Stefano, *La cessione di crediti futuri*, Padova, CEDAM, 1999

TUCCI, Giuseppe, *Factoring*, in I Contratti del Commercio, dell'Industria e del Mercado Finanziario, editado por Francesco Galgano, Torino, UTET, 1996, 527-554

TYLER, E.L.G. e N.E. Palmer, *Crossely Vaines' Personal Property*, 5.ª edição, London, Butterworths, 1973

VAN OMMESLAGHE, P., *La transmission des obligations en droit positif belge*, in La transmission des obligations – Travaux des IXes. journées d'études juridiques Jean Dabin, editado pelo Centre de Droit des Obligations de la Faculté de Droit de l'Université Catholique de Louvain, Bruxelles, Paris, Bruylant, L.G.D.J., 1980, 83-192

VAN OMMESLAGHE, Pierre, *Le nouveau régime de la cession et de la dation en gage des créances*, J.T., 114.º ano, n.º 5767, Bruxelles, 1995, 529-539

VAN VLIET, Lars Peter Wunibald, *Transfer of Movables in German, French, English and Dutch Law*, Nijmegen, Ars Aequi Libre, 2000

VASSEUR, Michel, *L'application de la loi Dailly*, D., 1982, 273-278

VAZ SERRA, Adriano, *A Revisão Geral do Código Civil*, BMJ, n.º 2, 1947, 24-76

VAZ SERRA, Adriano, *Cessão de Créditos ou de Outros Direitos Mora do Credor*, Lisboa, 1955

VAZ SERRA, Adriano, *Penhor de Coisas*, BMJ, n.º s 58 e 59, 1956, 17-292 e 13-176

VAZ SERRA, Adriano, *Penhor de Direitos*, BMJ, n.º 59, 1956, 177-299

VAZ SERRA, Adriano, *Títulos de Crédito*, Lisboa, 1956

VAZ SERRA, Adriano, *Efeitos dos Contratos (Princípios Gerais)*, BMJ, n.º 74, 1958, 333--368

VAZ SERRA, Adriano, *Responsabilidade de Terceiros no Não Cumprimento de Obrigações*, BMJ, n.º 85, Lisboa, 1959, 345-360

606 Transmissão Contratual do Direito de Crédito

VAZ SERRA, Adriano, *Anotação ao Acórdão do Supremo Tribunal de Justiça de 16 de Junho de 1964*, RLJ, ano 98.º, n.º 3287, 1966, 25-32

VAZ SERRA, Adriano, *Anotação ao Acórdão do Supremo Tribunal de Justiça de 11 de Fevereiro de 1969*, RLJ, ano 103.º, n.º 3415, 1970, 158-165

VAZ SERRA, Adriano, *Anotação ao Acórdão do Supremo Tribunal de Justiça de 17 de Junho de 1969*, RLJ, ano 103.º, n.º 3434, 1971, 461-463

VAZ SERRA, Adriano, *Anotação ao Acórdão do Supremo Tribunal de Justiça de 16 de Junho de 1972*, RLJ, ano 106.º, n.º s 3503 e 3504, 1974, 219-223 e 228-236

VAZ TOMÉ, Maria João, *Algumas Notas Sobre a Natureza Jurídica e a Estrutura do Contrato de 'Factoring'*, Direito e Justiça, 1992, 251-285

VAZ TOMÉ, Maria João, *O Trust e a Titularização de Créditos – Breves Considerações, in* Titularização de Créditos, Lisboa, Instituto de Direito Bancário, 2000, 165-190

VAZ TOMÉ, Maria João e Diogo Leite de Campos, *A Propriedade Fiduciária (Trust): Estudo para a sua Consagração no Direito Português*, Coimbra, Almedina, 1999

VAZQUEZ GARCIA, Ramon Jose, *El Contrato de Factoring, in* Contratos Bancarios y Parabancarios, editado por Ubaldo Nieto Carol, Valladolid, Editorial Lex Nova, 1998, 1203-1233

VEIGA, Alexandre Brandão da, *A Construção dos Tipos Contra-Ordenacionais no Novo Código dos Valores Mobiliários*, CadMVM, n.º 7, Edição Especial Sobre o Código dos Valores Mobiliários, Lisboa, 2000, 415-429

VEIGA, Alexandre Brandão da, *Sistemas de Controlo de Valores no Novo Código dos Valores Mobiliários*, CadMVM, n.º 7, Edição Especial Sobre o Código dos Valores Mobiliários, Lisboa, 2000, 105-128

VENTURA, Raul, *O Contrato de Compra e Venda no Código Civil*, ROA, ano 43, Lisboa, 1983, 261-318 e 587-643

VERHEYDEN-JEANMART, Nicole e Nahtalie Lepot-Joly, *L'opposabilité des contrats à l'égard des tiers et assimilés (rapport belge), in* Les effets du contrat à l'égard des tiers, editado por Marcel Fontaine e Jacques Ghestin, Paris, L.G.D.J., 1992, 222-262

VICINI, Massimo, *Le eccezioni opponibili dal debitore ceduto al "factor"*, RTDPC, 1989, 584-590

VIGONE, Luisa, *Contratti atipici*, 2.ª edição, Milano, Giuffrè, 1998

VILLA, Gianroberto, *Prospettive e problemi per una regolamentazione del contratto di factoring*, Quadrimestre, Milano, 1986, 513-571

VILLA, Gianroberto, *Le condizione generali di factoring e la costruzione di un modello contrattuale uniforme*, Quadrimestre, 1988, 590-625

VIRASSAMY, Georges, *La connaissance et l'opposabilité (rapport français), in* Les effets du contrat à l'égard des tiers, editado por Marcel Fontaine e Jacques Ghestin, Paris, L.G.D.J., 1992, 132-151

VITORINO, António Macedo, *A Titularização de Créditos em Portugal, in* Direito dos Valores Mobiliários – Vol. III, Coimbra, Coimbra Editora, 2001, 161-177

VIVANTE, Cesare, *Trattato di Diritto Commerciale – Volume III*, Milano, Casa Editrice Dottor Francesco Vallardi, 1924

VIVANTE, Cesare, *Istituzioni di Diritto Commerciale*, 41.ª edição, Milano, Ulrico Hoepli, 1929

Von Münchhausen, Marco e Bernhard Opolony, *Schuldrecht – Allgemeiner Teil II*, München, C.H. Beck, 1994

Von Thur, Andreas e Arnold Escher, *Allgemeiner Teil des Schweizerischen Obligationenrechts – Band II*, 3.ª edição, Zürich, Schulthess Polygraphischer Verlag, 1974

Wagner, Eberhard, *Absolute Wirkung vertraglicher Abtretungverbote gleich absolute Unwirksamkeit verbotswidriger Abtretung?, JZ*, 1994, 227-233

Wagner, Eberhard, *Vertragliche Abtretungsverbote um System zivilrechtlicher Verfügungshindernisse*, Tübingen, J.C.B. Mohr (Paul Siebeck), 1994

Weber, Reinhold, *BGB – RGRK- Band II*, 1. Teil, *in* 12.ª edição, editado por Richard Alff, Werner Ballhaus e Reinhold Weber, Berlin, New York, Walter de Gruyter, 1976

Weimar, Wilhelm, *Zweifelsfragen bei Leistung eines gutgläubigen Schuldners an den Zedenten, JR*, 1966, 461-462

Weimar, Wilhelm, *Der Vertrauenschutz des Erwerbers bei verbriefter Scheinschuld*, MDR, 1968, 556-557

Weimar, Wilhelm, *Zur Ausbildungsförderung: Der Schuldnerschutz nach erfolgter Zession*, MDR, 1979, 283-285

Weitnauer, Hermann, *Verdinglichte Schuldverhältnisse, in* FS für Karl Larenz zum 80. Geburtstag, editado por Claus-Wilhelm Canaris e Uwe Diederichsen, München, C.H. Beck, 1983, 705-721

Westermann, Harm Peter, *Handkommentar zum Bürgerliches Gesetzbuch – §§398-413*, *in* Handkommentar zum Bürgerlichen Gesetzbuch, 9. neuarbeitete Auflage, editado por Walter Erman e Harm Peter Westermann, Müster, Aschendorff Müster, 1993

Westermann, Harm Peter e Peter Bydlinski, *BGB – Schuldrecht Allgemeiner Teil*, 4.ª edição, Heidelberg, C.F.Müller Verlag, 1999

White, James J. e Robert S. Summers, *Uniform Commercial Code*, 5.ª edição, St.Paul, West Group, 2000

Wieacker, Franz, *Zum System des deutschen Vermögensrechts*, Leipzig, Verlag von Theodor Weicher, 1941

Williston, Samuel e Walter H.E. Jaeger, *A Treatise on the Law of Contracts – Vol. 3*, 3.ª edição, New York, Baker, Voorhis & Company, 1960

Wood, Philip R., *Comparative Financial Law*, London, Sweet & Maxwell, 1995

Zaccaria, Alessio, *Della cessione dei crediti, in* Commentario breve al codice civile, 4.ª edição, editado por Giorgio Cian e Alberto Trabucchi, Padova, CEDAM, 1992, 985-996

Zaccaria, Alessio, *Della cessione dei crediti – complemento giurisprudenziale, in* Commentario breve al codice civile – Complemento giurisprudenziale, 2.ª edição, editado por Giorgio Cian e Alberto Trabucchi, Padova, CEDAM, 1992, 1100-1106

Zeiss, Walter, *Soergel Kommentar zum BGB – Band 2*, 12.ª edição, Stuttgart, Berlin, Köln, Verlag W.Kohlhammer, 1990

Zuddas, Goffredo, *Il contratto di factoring*, Napoli, Casa Editrice Dott. Eugenio Jovene, 1983

Zweigert, Konrad e Hein Kötz, *Introduction to Comparative Law*, 2.ª edição, traduzido por Tony Weir, Oxford, Clarendon Press, 1992

Zweigert, Konrad e Hein Kötz, *Einführung in die Rechtsvergleichung*, 3.ª edição, Tübingen, J.C.B. Mohr, 1996

ÍNDICE

Modo de citar e outras convenções	13
Abreviaturas	15
Introdução	19

PARTE I
A cessão de créditos como estrutura contratual com eficácia translativa

CAPÍTULO I
Enunciação do problema

1.	*Apresentação teórica e prática do problema*	31
2.	*Posições da doutrina portuguesa*	38
	2.1. As soluções de Vaz Serra	38
	2.2. Posições de Antunes Varela e Almeida Costa	42

CAPÍTULO II
A construção do código civil: contrato e notificação

3.	*Razão de ordem*	47
4.	*O contrato de 'cessão de créditos'*	47
	4.1. A cessão de créditos enquanto contrato	52
	4.1.1. Negócio de causa variável	52
	4.1.2. Negócio dispositivo abstracto	64
	4.2. A cessão de créditos enquanto efeito	73
	4.3. A cessão de créditos integrada em categorias mais amplas	81
	4.3.1. Direito inglês	82
	4.3.2. Direito americano	85
5.	*A Notificação*	95
	5.1. Razão de ordem	95
	5.2. Noção funcional	97
	5.3. Notificação enquanto declaração: requisitos e eficácia	106

610   *Transmissão Contratual do Direito de Crédito*

	5.3.1.	Forma	107
	5.3.2.	Conteúdo	113
	5.3.3.	Eficácia	128
5.4.	Notificação enquanto acto: aplicabilidade funcional		135
	5.4.1.	Protecção do devedor	135
		5.4.1.1. *Efeito liberatório do pagamento feito ao cedente ou ao cessionário*	136
		5.4.1.2. *Oportunidade da defesa por parte do devedor*	151
	5.4.2.	Resolução de conflitos de titularidade entre vários adquirentes....	156
		5.4.2.1. *Conflito entre adquirentes do mesmo crédito*	156
		5.4.2.2. *Conflito entre sub-adquirentes*	185
5.5.	Dever ou ónus de notificar		187
6.	*A boa fé e a tutela da confiança*		190
7.	*A estrutura da cessão de créditos*		203

CAPÍTULO III
Terceiros: contrato ou notificação

8.	*Delimitação e justificação*		221
	8.1.	Razão de ordem	221
	8.2.	Terceiros	227
9.	*Sistemas de oponibilidade da transmissão do direito de crédito*		236
	9.1.	Notificação ao devedor cedido	236
	9.2.	Contrato translativo	253
		9.2.1. Duplo contrato	254
		9.2.2. Contrato único	257
		9.2.3. Sub-rogação pessoal	263
	9.3.	Contrato formal e entrega de documento	266
	9.4.	Registo	275
10.	*Aplicações frequentes da cessão de créditos e seus problemas*		283
	10.1.	Justificação do método e razão de ordem	283
	10.2.	Cessão fechada	289
	10.3.	Titularização	298
	10.4.	Conflitos de titularidade	308
		10.4.1. Cessão global e *factoring*	313
		10.4.2. Reserva de propriedade prolongada e cessão global ou *factoring*.	324
	10.5.	Oponibilidade da transmissão aos credores do cedente	333
		10.5.1. Credores comuns do cedente: penhora do crédito cedido	335
		10.5.2. Credor pignoratício do crédito cedido	346
11.	*Falência*		347
	11.1.	Oponibilidade da cessão aos credores e à massa falida	349
	11.2.	Oponibilidade da cessão ao cedente-mandatário	370
12.	*Síntese crítica*		372

Índice

PARTE II
A cessão de créditos e o sistema de transmissão de direitos reais

CAPÍTULO I
Constituição e transmissão de direitos

13. *Justificação* 395
14. *Proximidades* 397
    14.1. Penhor de direitos de crédito 397
    14.2. Transmissão de títulos de crédito 404
    14.3. Transmissão de valores mobiliários escriturais 413
15. *Transmissão de direitos reais: razão de ordem* 425

CAPÍTULO II
Vectores do sistema de transmissão dos direitos reais

16. *Consensualismo* 427
17. *Posse de boa fé (não) vale título* 430
18. *Publicidade* 434

CAPÍTULO III
O direito de crédito enquanto direito real

19. *Introdução* 449
20. *Aspectos reais do direito de crédito* 457
    20.1. Direitos de crédito e direitos reais 457
    20.2. Titularidade do direito 472
        20.2.1. Oponibilidade da titularidade 474
        20.2.2. Transmissibilidade 476
            20.2.2.1. *Transmissão ou sucessão* 477
            20.2.2.2. *Incedibilidade* 481
    20.3. Publicidade 492
        20.3.1. Justificação 492
        20.3.2. Princípios em oposição 496
        20.3.3. Publicidade provocada e notificação 501
21. *Coisa e direito de crédito* 511
    21.1. Coisa: interpretação doutrinária 512
    21.2. Valor das definições legais 516
    21.3. Coisa: objecto da relação jurídica 522
        21.3.1. Razão da definição legal 522
        21.3.2. Propriedade de coisa e titularidade de direito 529
        21.3.3. Posse e direito de crédito 539

Tese	551
Conclusões	567
Resumo	575
Abstract	577
Résumé	579
Bibliografia	581
Índice	609